Schwerpunkte Band 13 Degenhart · Staatsrecht I

Schwerpunkte

Eine systematische Darstellung der wichtigsten Rechtsgebiete anhand von Fällen
Begründet von Professor Dr. Harry Westermann †

Staatsrecht I Staatsorganisations-recht

von

Dr. Christoph Degenhart

Professor an der Universität Leipzig

20., neu bearbeitete Auflage

CFM

C.F. Müller Verlag

Heidelberg

Bibliografische Information Der Deutschen Bibliothek

Die Deutsche Bibliothek verzeichnet diese Publikation in der Deutschen Nationalbibliografie; detaillierte bibliografische Daten sind im Internet über <http://dnb.ddb.de> abrufbar.

Gedruckt auf säurefreiem, alterungsbeständigem Papier aus 100% chlorfrei gebleichtem Zellstoff (DIN-ISO 9706).

Satz: Textservice Zink, Schwarzach
Druck und Bindung: Gulde-Druck, Tübingen
ISBN 3-8114-9007-9

Vorwort

Seit dem Erscheinen der Vorauflage sind weitere grundsätzliche Entscheidungen des Bundesverfassungsgerichts zur Verteilung der Gesetzgebungskompetenzen im Bundesstaat ergangen, so etwa die auch für die Methodik der Verfassungsauslegung wichtige Entscheidung zu den Unterbringungsgesetzen der Länder und die Entscheidung zum Ladenschluss, auch Fragen des strafrechtlichen wie des allgemein rechtsstaatlichen Rückwirkungsverbots wurden weiterer grundsätzlicher Klärung zugeführt. Diese und weitere grundsätzliche Entscheidungen wurden ebenso eingearbeitet, wie aktuelle Entwicklungen im Parlamentsrecht, etwa zu den Statusrechten des Abgeordneten und der Stellung der Fraktion. Die Abschnitte zur demokratischen Legitimation der Staatsgewalt und Verfassungsgebung, zum Wahlrecht, zu Parlamentsvorbehalten und zur Kooperation von Bundesverfassungsgericht und EuGH wurden ebenso überarbeitet, wie das Kapitel über den Bundesrat, wo insbesondere den Konsequenzen aus der Entscheidung zum Zuwanderungsgesetz Rechnung zu tragen war. Verfassungsprozessuale Entwicklungen waren ebenso zu berücksichtigen wie der Plenarbeschluss des Bundesverfassungsgerichts zum Recht auf Gehör. Das Urteil zum Juniorprofessor vom 27. Juli 2004 konnte noch einbezogen werden.

Wie stets, wurden Entwicklungen auf europäischer Ebene berücksichtigt, wie stets wurde auch die Darstellung im Übrigen an zahlreichen Stellen aktualisiert, ergänzt, aber auch gestrafft.

Mit dem „Klausurenkurs im Staatsrecht" (2. Aufl. 2003) steht eine auf die Schwerpunkte-Bände Staatsrecht I und II abgestimmte Grundlage zur Vorbereitung auf Übung und Examen zur Verfügung.

Der Verfasser dankt für zahlreiche Anregungen und Anfragen aus dem Leserkreis. Sie sind stets willkommen (E-Mail: degen@rz.uni-leipzig.de). Meinen Mitarbeitern, Frau *Nannette Ruß* und Herrn *Dr. Stefan Haack*, danke ich für die umsichtige Erledigung der Korrekturen und manches weiterführende Gespräch.

Leipzig, im Juli 2004 *Christoph Degenhart*

Vorwort zur ersten Auflage

Die Darstellung konzentriert sich auf die Schwerpunkte des Staatsrechts, auf den Rechtsstaat als dessen Zentralbegriff, auf Demokratie und Bundesstaat als strukturprägende Grundentscheidungen der Verfassung, auf das Recht der maßgeblichen Staatsorgane. Damit werden die für den Studierenden – und auch den Referendar – relevanten Bereiche des Staatsorganisationsrechts abgedeckt.

Dabei wurde eine auch tatsächlich schwerpunktmäßige Darstellung angestrebt, ausführlich genug, um dem Anfänger zu ermöglichen, sich den Stoff zu erarbeiten, gleichermaßen aber auch in einer für den Examenskandidaten ausreichenden Breite und Vertiefung. Die Zielsetzung des Buches geht insoweit über die eines Grundrisses, aber auch eines Kurzlehrbuchs hinaus.

Bei der Auswahl der Fallbeispiele wurde auf Aktualität und Praxisnähe besonderes Gewicht gelegt – was nicht ausschließt, dass mitunter auf die überlieferten Schulfälle zurückgegriffen werden musste. Hinweise auf Schrifttum und Rechtsprechung wurden in realistischer Einschätzung der für weiterführende Lektüre verfügbaren Arbeitskapazitäten bewusst knapp gehalten.

Münster, im September 1984 *Christoph Degenhart*

Inhaltsverzeichnis

Abkürzungsverzeichnis

Im Folgenden werden einem häufig vorgebrachten Wunsch der Leser entsprechend neben der abgekürzt zitierten Literatur einige häufig gebrauchte Abkürzungen wiedergegeben; iÜ werden die üblichen Abkürzungen gebraucht.

*Zur **Zitierweise**: Gerichtsentscheidungen werden soweit möglich mit ihrer Fundstelle in der amtlichen Sammlung des Gerichts zitiert – also: BVerfGE 12, 205, 261: Bundesverfassungsgericht – Entscheidungssammlung, 12. Band, S. 205: Beginn des Abdrucks, dort S. 261: Belegstelle; Ausnahme: Entscheidungen der Landesverfassungsgerichte, für die die Entscheidungssammlungen meist nur schwer zugänglich sind, werden idR nach einer Fundstelle in einer der gängigen Zeitschriften zitiert.*

aaO	am angegebenen Orte
aF	alter Fassung
AöR	Archiv des öffentlichen Rechts
aM	andere(r) Meinung
BayVerfGH	Bayerischer Verfassungsgerichtshof
BbgVerfG	Verfassungsgericht des Landes Brandenburg
Benda/Klein	Lehrbuch des Verfassungsprozeßrechts, 2. Aufl. Heidelberg 2002
BerlVerfGH	Berliner Verfassungsgerichtshof
BonnK	Kommentar zum Bonner Grundgesetz, Hamburg/Heidelberg 1950 ff, zit. nach Bearbeitern
BremStGH	Bremer Staatsgerichtshof
BVerfG	Bundesverfassungsgericht
BVerfGG	Bundesverfassungsgerichtsgesetz (Textbuch Nr 20)
BWahlG	Bundeswahlgesetz (Textbuch Nr 30)
DÖV	Die öffentliche Verwaltung
Dreier	Grundgesetz, Bd. I, 1996, Bd. II, 1999, zit. nach Bearbeitern
DVBl	Deutsches Verwaltungsblatt
EG	Europäische Gemeinschaft
EGV	Vertrag über die Gründung der Europäischen Gemeinschaft
EMRK	Europäische Menschenrechtskonvention
EU	Europäische Union
EuGH	Europäischer Gerichtshof
EuGRZ	Europäische Grundrechte Zeitschrift
EUV	Vertrag über die Europäische Union
f	folgende
FAG	Finanzausgleichsgesetz
ff	fortfolgende
HdBStR	Isensee/Kirchhof (Hrsg.), Handbuch des Staatsrechts der Bundesrepublik Deutschland, Bd. I, 2. Aufl., Heidelberg 1985, Bd. II, 2. Aufl. 1998; Bd. III, 2. Aufl. 1996, Bd. VI, 2. Aufl. 2001, Bd. VII, 1992, Bd. VIII, 1995, Bd. IX, 1997

HdBVfR	Handbuch des Verfassungsrechts der Bundesrepublik Deutschland, 2. Aufl., Bd. I und II, Berlin/New York 1995
Hesse	Grundzüge des Verfassungsrechts der Bundesrepublik Deutschland, 20. Aufl., Heidelberg 1995, Neudruck 1999.
HessStGH	Hessischer Staatsgerichtshof
Hillgruber/Goos	Verfassungsprozessrecht, Heidelberg 2004
ieS	im engeren Sinne
idF	in der Fassung
idR	in der Regel
iFd	im Falle des
iSv	im Sinne von
JA	Juristische Arbeitsblätter
Jarass/Pieroth	Grundgesetz, Kommentar, 6. Aufl., München 2002
Jura	Juristische Ausbildung
JuS	Juristische Schulung
JZ	Juristenzeitung
K&R	Kommunikation & Recht
Klausurenband	*Degenhart*, Klausurenkurs im Staatsrecht, 2. Aufl., Heidelberg 2003
Leibholz/Rinck	Grundgesetz für die Bundesrepublik Deutschland, Kommentar anhand der Rechtsprechung des Bundesverfassungsgerichts, 7. Aufl., Köln 1993 ff
LKV	Landes- und Kommunalverwaltung
LVerfG MV	Landesverfassungsgericht Mecklenburg-Vorpommern
Maunz/Dürig	Grundgesetz, Kommentar, München 1958 ff, zit. nach Bearbeitern
Maunz/Zippelius	Deutsches Staatsrecht, 30. Aufl., München 1998
mE	meines Erachtens
MMR	Multimedia und Recht
NJ	Neue Justiz
NJW	Neue Juristische Wochenschrift
NVwZ	Neue Zeitschrift für Verwaltungsrecht
NWVBl	Nordrhein-Westfälische Verwaltungsblätter
PartG	Parteiengesetz (Textbuch Nr 35)
Pestalozza	Verfassungsprozeßrecht, 3. Aufl., München 1991
Pieroth/Schlink	Grundrechte Staatsrecht II, 20. Aufl., Heidelberg 2004
PUAG	Untersuchungsausschussgesetz (Textbuch Nr 17)
RhPfVerfGH	Verfassungsgerichtshof Rheinland-Pfalz
Rspr	Rechtsprechung
Sachs	Grundgesetz, Kommentar, 3. Aufl., München 2002, zit. nach Bearbeitern
SächsVBl	Sächsische Verwaltungsblätter
SächsVerfGH	Sächsischer Verfassungsgerichtshof

Schenke	Verwaltungsprozessrecht, 9. Aufl., Heidelberg 2004
Schlaich	Das Bundesverfassungsgericht, 4. Aufl., München 1997
Scholz, G.	Grundgesetz II, 5. Aufl., München 1987
Schweitzer	Staatsrecht III, 8. Aufl., Heidelberg 2004
Seifert/Hömig/Antoni	Grundgesetz, 6. Aufl., Baden-Baden 1999
Stein/Frank	Staatsrecht, 17. Aufl., Tübingen 2000
Stern I, II	Das Staatsrecht der Bundesrepublik Deutschland, Band I, 2. Aufl., München 1984, zit.: *Stern* I, Bd. II, München 1980, zit.: *Stern* II
str	strittig
Streinz	Europarecht, 6. Aufl., Heidelberg 2003
Textbuch	Textbuch Deutsches Recht – Staats- und Verwaltungsrecht Bundesrepublik Deutschland, 38. Aufl., Heidelberg 2004
ThürVBl	Thüringer Verwaltungsblätter
ThürVerfGH	Thüringer Verfassungsgerichtshof
Übbl	Überblick
unstr	unstrittig
v. Münch	Staatsrecht, 5. Aufl., Stuttgart 1993
v. Münch/Kunig	(Hrsg.), Grundgesetz-Kommentar, Bd. 1, 5. Aufl., München 2000, Bd. 2, 3. Aufl., München 1995, Bd. 3, 3. Aufl., München 1996, zit. nach Bearbeitern
VersG	Versammlungsgesetz (Textbuch Nr 80)
VerwArch	Verwaltungsarchiv
vMKS	von Mangoldt/Klein/Starck, Grundgesetz, Kommentar, 4. Aufl., Bd. 1: München 1999, Bd. 2: München 2000, Bd. 3: München 2001
VO	Verordnung
zw	zweifelhaft

Zur Arbeit mit diesem Buch

Die Darstellung behandelt im **ersten Teil** schwerpunktmäßig das *Demokratiegebot* (§ 1), hierbei insbesondere Fragen des parlamentarischen Systems und des Wahlrechts (I, III, V), der direkten Demokratie (IV), der politischen Parteien (VI) sowie der Demokratie in der EU (II), die *bundesstaatliche Ordnung* des Grundgesetzes (§ 2), hierbei – neben Grundsatzfragen des Bundesstaatsbegriffs (I) – vor allem die Verteilung der Gesetzgebungs-, Verwaltungs- und Rechtsprechungskompetenzen (II, III, IV), die bundesstaatliche Finanzverfassung (V), die Bundestreue (VII), sowie das *Rechtsstaatsgebot* (§ 3) als den eigentlichen Zentralbegriff des Staats*rechts*. Schwerpunktmäßig werden bei Letzterem die Staatsfunktionen im System der Gewaltenteilung behandelt (II), insbesondere Gesetzgebung (III), Gesetzmäßigkeit der Verwaltung (IV) und Rechtsschutzgarantie (VII), sowie allgemein-rechtsstaatliche Prinzipien wie Rechtssicherheit (V) und Übermaßverbot (VI). Das *Sozialstaatsprinzip* wird dargestellt, soweit es von aktueller Bedeutung für den Benutzer dieses Buches erscheint (§ 4), ebenso das Staatsziel Umweltschutz (§ 4a). Im **zweiten Teil** werden schwerpunktmäßig Rechtsstellungen, Aufgaben und Befugnisse der wichtigsten **Staatsorgane** – *Bundestag* und *Bundesrat, Bundesregierung, Bundespräsident* – ausgeführt (§§ 5-8), ferner ausführlich die einzelnen Verfahren vor dem *Bundesverfassungsgericht* (§ 9). Gegenstand des **dritten Teils** sind Gesetzgebung und Rechtsprechung als **Staatsfunktionen**. Da die kompetenzmäßige Zuordnung der Staatsfunktionen im Verhältnis der Teilgewalten im Zusammenhang mit dem Rechtsstaatsprinzip (§ 3 III) behandelt wird, konzentriert sich die Darstellung im dritten Teil auf Verfahrensaspekte. Auf einen eigenen Abschnitt über die Staatsfunktion Verwaltung wurde insoweit verzichtet; sie wird üblicherweise im Zusammenhang mit dem Allgemeinen Verwaltungsrecht beschrieben.

Verzichtet wurde auch weitestgehend auf die Darstellung allgemeiner staats- und verfassungstheoretischer Grundlagen. Gegenstand dieses Buches ist das positiv geltende Staatsrecht der Bundesrepublik Deutschland. Auf Fragen der Verfassungsinterpretation wird eingegangen, wo es für die Beantwortung konkreter Fragestellungen erforderlich ist. Im jeweiligen Sachzusammenhang werden auch Verfassungsfragen der deutschen Einigung wie auch der europäischen Integration einbezogen; letztere jedoch überwiegend unter Verweis auf den Teilband Staatsrecht III von Schweitzer, in dem die Bezüge des Staatsrechts zum Völker- und Europarecht ausführlich dargestellt werden.

Besonderheiten des **Landesverfassungsrechts** werden jeweils im Anhang zu den entsprechenden Abschnitten über das Staatsrecht der Bundesrepublik gebracht, insbesondere im Anhang zu § 1 I (*Volksbegehren und Volksentscheid* in den Ländern), zu § 4 (*Staatszielbestimmungen* der Landesverfassungen, insbesondere auch *Umweltschutz als Staatsziel*), zu §§ 5-8 (*Staatsorgane* der Länder) und zu § 9 III *(Landesverfassungsgerichtsbarkeit).*

Den einzelnen Teilabschnitten sind insgesamt 73 Ausgangsfälle vorangestellt, auf die die Darstellung – unter Einbeziehung weiterer Fallbeispiele – laufend zurückkommt; die Ausgangsfälle werden – meist am Schluss des jeweiligen Abschnitts – zusammenfassend gelöst. Die prozessualen Fragen der Ausgangsfälle werden im Zusammenhang nach § 9 erörtert. Soweit als möglich ist bei der Auswahl der Fälle auf aktuelle Verfassungskonflikte Bezug genommen.

Insbesondere für Studienanfänger sind die einleitenden Hinweise zu den einzelnen Teilabschnitten und den dort behandelten Fragen gedacht.

Verweisungen auf Literatur und Rechtsprechung sind im Text knapp gehalten, die Darstellung soll aus sich heraus verständlich sein. Schrifttumshinweise im Anschluss an die einzelnen Teilabschnitte mögen zu vertiefendem Studium anregen; die vorangestellten Leitentscheidungen des BVerfG sollte der Leser/die Leserin gelegentlich nachschlagen.

Aufbauhinweise werden im Zusammenhang der Darstellung gegeben. Einzelnen Abschnitten wurden zusammenfassende Übersichten und Prüfungsschemata angefügt. Auf *generelle* Klausurregeln wurde verzichtet, da es sie – jedenfalls im Staatsorganisationsrecht – nicht gibt; positives Wissen und tatsächliche Klausurpraxis bieten allein die Gewähr für den Examenserfolg. Zu Ersterem möchte dieses Buch einen Beitrag leisten.

Mit dem Fall- und Repetitionsbuch des Verfassers „Klausurenkurs im Staatsrecht", derzeit vorliegend in 2. Aufl. 2003, steht jedoch nunmehr eine auf die Schwerpunkte-Bände Staatsrecht I und Staatsrecht II abgestimmte Grundlage für Übungsteilnahme und Examensvorbereitung zur Verfügung. Die dort enthaltenen 16 Musterklausuren mit Repetitoriumsteil ermöglichen die klausurmäßige Einübung des Stoffes, machen mit typischen Problemkonstellationen, auch in verwaltungsrechtlicher Einkleidung, vertraut und bringen einen gedrängten Überblick über den wichtigsten Examensstoff, der dann an Hand der Schwerpunkte-Bände erarbeitet bzw nachgearbeitet werden kann.

Erster Teil

Verfassungsgestaltende Grundentscheidungen – Staatszielbestimmungen

Einführung I: Das Grundgesetz als die Verfassung der Bundesrepublik Deutschland

1 Das **Grundgesetz** als die **Verfassung**, also die rechtliche Grundordnung der Bundesrepublik Deutschland trifft in Art. 20 grundlegende Aussagen über deren Staatsform, ihre staatliche Organisation. Aus Abs. 1 ist zu entnehmen, dass ihre Staatsform jedenfalls die einer **Republik** und einer **Demokratie** ist und dass sie als **Bundesstaat** organisiert und ein **sozialer** Staat sein muss. Abs. 3 bindet alle staatliche Gewalt an Gesetz und Recht. Dies bedeutet die Festlegung auf das Prinzip des **Rechtsstaats**. Demokratieprinzip, republikanische Staatsform, Bundesstaatlichkeit, Rechtsstaatsprinzip und Sozialstaatsprinzip – dies sind die tragenden Strukturprinzipien für den Staat Bundesrepublik. Sie konstituieren seine verfassungsmäßige Ordnung; es sind die maßgeblichen verfassungsgestaltenden Grundentscheidungen.

2 Sie sind im Grundgesetz enthalten und werden in dessen einzelnen Bestimmungen näher ausgeführt. Das Grundgesetz konstituiert also die rechtliche Grundordnung des Gemeinwesens als einer politischen Einheit (*Hesse*, Rn 6 ff, 16 ff); es ist **Verfassung** im materiellen Sinn und Verfassung auch im formellen Sinn, deren Inhalte in einer besonderen Verfassungsurkunde niedergelegt sind, deren Regelungen nur in einem besonderen Verfahren geändert werden können (zu Art. 79 GG s.u. Rn 691 ff). Das Grundgesetz als Verfassung der Bundesrepublik Deutschland wurde nicht unmittelbar vom Volk – als dem Inhaber der verfassungsgebenden Gewalt – in einem Plebiszit bestätigt; es trat vielmehr in Kraft nach Maßgabe des in Art. 144 GG vorgesehenen Verfahrens: Zustimmung durch eine qualifizierte Mehrheit der Landtage.

3 Die in der Verfassung niedergelegten Rechtssätze betreffen die Organisation des Staates und der Organe, durch die er handelt, seine wesentlichen Funktionen und das grundsätzliche Verhältnis des Bürgers zum Staat und sind deshalb Staatsrecht; sie reichen freilich darüber hinaus, da sie auch Grundlage für die rechtliche Verfassung des nicht-staatlichen Lebens – etwa des freien Austausches von Meinungen und Ideen (Art. 5 GG), des wirtschaftlichen Geschehens (Art. 12 GG), der Eigentumsordnung (Art. 14 GG) – sind. Im folgenden wird jedoch das in der Verfassungsordnung des Grundgesetzes enthaltene Staatsrecht im engeren Sinn behandelt, das die Organisation und das Handeln des Staates betrifft.

4 Dabei werden zunächst schwerpunktmäßig Demokratie und Rechtsstaat sowie die bundesstaatliche Ordnung des Grundgesetzes erörtert (§§ 1-3) – die Probleme des Sozialstaats (§ 4) liegen weniger im rechtlichen, mehr im politischen Feld. Die

Staatsform der **Republik** wirft in der Praxis keine rechtlichen Probleme auf. Sie ist primär historisch in Abgrenzung zur *monarchischen Staatsform* zu sehen (vgl *Herzog*, Maunz/Dürig, Art. 20, Rn 5; *Sachs*, in: Sachs, GG, Art. 20, Rn 9). Gewisse historische Inhalte des Begriffs der Republik mögen vom Grundgesetz damit jedoch aufgenommen worden sein, so etwa die Entscheidung für Freiheitlichkeit, für einen rationalen, antitotalitären Staat (näher *Henke*, HdBStR I, § 21 Rn 1, 20 ff).

Schrifttum: Zur Bedeutung und Aufgabe der Verfassung etwa *Hesse*, § 1; zur Entstehung des Grundgesetzes s. *Ziekow*, Einheit in Freiheit – 50 Jahre Grundgesetz für die Bundesrepublik Deutschland, JuS 1999, 417.

Einführung II: Zur Verfassungsinterpretation

5 Die Verfassung ist Gesetz. Deshalb sind für die Verfassungsinterpretation zunächst die klassischen Methoden der Gesetzesinterpretation heranzuziehen. Es ist dies zunächst der Wortlaut der Norm: Wortlautinterpretation bzw grammatikalische Interpretation als eine der klassischen Auslegungsmethoden sind auch verfassungsrechtlich bedeutsam. Gleiches gilt für systematische und teleologische Interpretation als anerkannte Auslegungsmethoden. Der Entstehungsgeschichte wird in der Rechtsprechung des Bundesverfassungsgerichts zu Fragen der Verfassungsinterpretation regelmäßig keine ausschlaggebende Bedeutung zugesprochen, da die Auslegung vor allem den objektivierten Willen des Gesetzgebers, auch des Verfassungsgebers ermitteln soll:

„*Maßgebend für die Auslegung einer Gesetzesvorschrift ist der in dieser zum Ausdruck kommende objektivierte Wille des Gesetzgebers, so wie er sich aus dem Wortlaut der Gesetzesbestimmung und dem Sinnzusammenhang ergibt, in den diese hineingestellt ist. Der Entstehungsgeschichte einer Vorschrift kommt für deren Auslegung nur insofern Bedeutung zu, als sie die Richtigkeit einer nach den angegebenen Grundsätzen ermittelten Auslegung bestätigt oder Zweifel behebt, die auf dem angegebenen Weg allein nicht ausgeräumt werden können.*“ (BVerfGE 1, 299, 312).

6 Der Entstehungsgeschichte wird dabei also vor allem eine bestätigende Funktion für ein in Anwendung anderer Auslegungsmethoden ermitteltes Ergebnis zugewiesen, vgl BVerfGE 90, 263, 275; 92, 365, 409 f; 95, 64, 95. Sie wird auch dann herangezogen, wenn der Wortlaut der Norm und ihr systematischer Zusammenhang zu keinem eindeutigen Ergebnis führen, um Zweifel zu beheben. In der tatsächlichen Auslegungspraxis des Bundesverfassungsgerichts wird die Entstehungsgeschichte mitunter auch gleichrangig neben den genannten Kriterien herangezogen, unter Berücksichtigung auch des wechselseitigen Zusammenhangs der Auslegungsmethoden, vgl BVerfGE 87, 48, 66; 87, 273, 279, 281; 88, 187, 196; 90, 263, 275; 94, 49, 95. Dabei wird innerhalb der entstehungsgeschichtlichen Auslegung auch weiter differenziert nach genetischer Auslegung (die also die Äußerungen der am Gesetzgebungsverfahren Beteiligten, für das Grundgesetz also der Mitglieder des Parlamentarischen Rates, heranzieht) sowie historischer Auslegung ieS, also unter

Berücksichtigung der Vorläuferverfassung der WRV und ggf weiterer Verfassungstexte, etwa der Länderverfassungen aus der Entstehungszeit (vgl zur Problematik auch *Müller/Christensen*, Juristische Methodik, 8. Aufl. 2002, S. 38 f; *Sachs*, DVBl 1984, 73 ff).

Spezifische Methoden der Verfassungsinterpretation ergänzen die klassischen Me- 7
thoden (die nach *Hesse* für die Verfassungsinterpretation ohnehin problematisch sind, in der Praxis aber doch zugrundegelegt werden) und können sie ggf auch modifizieren. Denn die Normen des Verfassungsrechts, vor allem Grundrechtsgewährleistungen oder auch Staatsgrundlagennormen und Staatszielbestimmungen weisen meist eine besondere Offenheit und Konkretisierungsbedürftigkeit einer „Rahmenordnung" auf, die in Anwendung der herkömmlichen Auslegungsmethoden zu bedenken ist (*Böckenförde,* NJW 1976, 2089, 2091). Zu nennen ist hier der spezifisch verfassungsrechtliche Interpretationsgrundsatz der **praktischen Konkordanz** (*Hesse*, Rn 72): wo Kollisionen zwischen verfassungsrechtlich geschützten Rechtsgütern entstehen – zB zwischen dem Enquêterecht des Parlaments einerseits, Regierungsverantwortung und Persönlichkeitsrecht andererseits, s. Rn 483 f, bei Grundrechtskollisionen und Grundrechtsbeschränkungen, s. Rn 400 – sind diese Verfassungsgüter einander so zuzuordnen, dass beide zu optimaler Wirksamkeit gelangen, es darf nicht eines einseitig auf Kosten des anderen durchgesetzt werden. Es ist dies letztlich das Prinzip der Güterabwägung. Dabei können sich auch innerhalb eines Verfassungsgrundsatzes entsprechende Spannungslagen ergeben, die einen Ausgleich erfordern: so zB innerhalb des demokratischen Prinzips zwischen dem Grundsatz der Bestandskraft der demokratisch gewählten Volksvertretung einerseits, der demokratischen Wahl andererseits im Fall unzulässiger Wahlbeeinflussung oder sonstiger Verstöße gegen Wahlrechtsgrundsätze (Rn 23 ff). Schließlich muss der Auslegung der Vorzug gegeben werden, die der Verfassungsnorm zu optimaler **Wirksamkeit** verhilft (*Hesse*, Rn 75).

Beim Grundsatz der **verfassungskonformen Auslegung** geht es demgegenüber um 8
die Auslegung nicht der Verfassung selbst, sondern des einfachen Gesetzesrechts am Maßstab der Verfassung, s. Rn 633.

§ 1 Das demokratische Prinzip des Grundgesetzes

Demokratie bedeutet Herrschaft des Volkes. Es ist der Souverän, der Träger der Staatsgewalt. Es übt diese in der Regel allerdings nicht unmittelbar aus, sondern durch seine gewählten Repräsentanten, durch das Parlament (I.). Deshalb fordert das Demokratieprinzip demokratische Wahlen. Wie deshalb das Wahlsystem auszugestalten ist, dies ist im folgenden darzulegen (III.). Auch ist der Frage nachzugehen, wann das Volk unmittelbar zu entscheiden hat (IV.), und ebenso der Frage, was das Demokratieprinzip für die europäische Integration bedeutet (II.).

➡ **Leitentscheidungen:** BVerfGE 8, 104 (Volksbefragungen); BVerfGE 83, 37 (Ausländerwahlrecht); BVerfGE 89, 155 (Maastricht); BVerfGE 95, 335 und 408 (Wahlrecht – Überhangmandate und Grundmandatsklausel).

Ausgangsfälle:

9 **Fall 1 – Volksbefragung –:** Angesichts einer neu aufgeflammten Diskussion um die Reform des „Abtreibungs-§" 218 StGB scheuen sich die im Bundestag vertretenen Parteien, dieses „heiße Eisen" anzufassen. Stattdessen wird ein Bundesgesetz verabschiedet, das verschiedene Reformmodelle vorsieht, die dem Volk unmittelbar zur Abstimmung vorgelegt werden sollen. Ist dies verfassungsrechtlich zulässig? Und falls nicht, könnte zumindest im Wege einer Volksbefragung die Meinung des Volkes erkundet werden? **Rn 62b**

9a **Fall 1a – Volksentscheid –:** Gegen Ende der 14. Legislaturperiode wurde ein Gesetzentwurf zur Änderung des Grundgesetzes eingebracht, der Volksbegehren und Volksentscheid auf Bundesebene einführen sollte. Vorgesehen war, dass ein Volksbegehren auf Erlass eines Gesetzes bei Unterstützung von 5 v.H. der Wahlberechtigten zustandekommen sollte. Für Volksentscheide war eine Mindestbeteiligung von 20 v.H. der Stimmberechtigten (Quorum) an der Abstimmung als Voraussetzung für das Zustandekommen des Gesetzes vorgesehen, für Grundgesetzänderungen eine Beteiligung von 40 v.H. und eine Abstimmendenmehrheit von 2/3.

Gegen den Entwurf wurde ua der Einwand erhoben, das Grundgesetz schließe die Einführung derartiger Verfahren direkter Demokratie zwingend aus, jedenfalls aber sei durch die niedrigen Quoren die notwendige demokratische Legitimation von Volksbegehren und Volksentscheid nicht gewährleistet; auch seien die vorgesehenen Sicherungen gegenüber Änderungen des Grundgesetzes nicht ausreichend. – Zu Recht? **Rn 62c**

10 **Fall 2 – Legislaturperiode –:** Um gesetzliche Reformvorhaben künftig unter geringerem Zeitdruck durchführen zu können, beschließt der Bundestag im Jahre 1995 mit 2/3-Mehrheit und unter einstimmiger Zustimmung des Bundesrats ein Gesetz zur Änderung des Grundgesetzes, das am 1.1.1996 in Kraft tritt und dessen hier interessierende Bestimmungen lauten:

„Art. 1: in Art. 39 Abs. 1 S. 1 GG wird das Wort „vier" durch das Wort „sechs" ersetzt."

„Art. 2: Dies gilt erstmals für den im Jahr 1994 gewählten Bundestag."

Ist dieses Gesetz gültig? **Rn 38**

11 **Fall 3 – Ausländerwahlrecht –:** Bei Landtagswahlen im Bundesland A im Herbst 1993 erringt die „Radikaldemokratische Basispartei" (RBP) die absolute Mehrheit der Mandate. Wenig später verwirklicht sie eines ihrer Wahlversprechen, die Einführung des kommunalen Wahlrechts für Ausländer; die entsprechend geänderte Bestimmung des Kommunalwahlgesetzes von A sieht vor:

„Wahlberechtigt sind alle volljährigen Gemeindebürger. Gemeindebürger ist, wer am Tag der Wahl mindestens seit 3 Monaten den 1. Wohnsitz in der Gemeinde hat und Deutscher im Sinne des Grundgesetzes ist oder sich seit mindestens 3 Jahren legal im Geltungsbereich des Grundgesetzes aufhält."

Die Bundesregierung hält diese Bestimmung für grundgesetzwidrig, soweit hiernach alle Ausländer Wahlrecht besitzen.

Zu Recht? **Rn 42**

Fall 3a – Europäische Verfassung –: Da nach dem Beitritt weiterer Mitgliedstaaten die Entscheidungsverfahren in der auf 26 Mitgliedstaaten angewachsenen Europäischen Union immer aufwendiger und schwerfälliger geworden sind und die 2004 vereinbarte „Verfassung" nicht hält, was sie verspricht, vereinbaren die Regierungen der Mitgliedstaaten in einem Vertrag eine neue Europäische Verfassung. Diese enthält Grundrechte, regelt die Aufgaben und Befugnisse der europäischen Organe, enthält einen Zuständigkeitskatalog nach dem Muster der Art. 70 ff GG und erweitert die Rechte des Europaparlaments, dessen Mitglieder in allgemeinen, freien, gleichen, geheimen und unmittelbaren Wahlen gewählt werden sollen. Es soll künftig in der Lage sein, ohne Mitwirkung der Mitgliedstaaten auf bestimmten Gebieten mit einfacher Mehrheit Rechtsvorschriften zu erlassen und mit 2/3-Mehrheit auch die Europäische Verfassung selbst zu erweitern. Das deutsche Zustimmungsgesetz zu diesem Vertrag wird nahezu einstimmig im Bundestag und Bundesrat verabschiedet. Die Landesregierung von L. hält das Zustimmungsgesetz jedoch für nichtig. Denn es bedeute nicht mehr und nicht weniger als das Ende Deutschlands als souveräner Staat. **Rn 22** **11a**

I. Staatsgewalt in demokratischer Legitimation – Volkssouveränität und repräsentatives Prinzip

Demokratie heißt: Herrschaft des Volkes. Dies bedeutet: Das Volk ist Träger der Staatsgewalt. Nichts anderes besagt Art. 20 Abs. 2 S. 1 GG: *„Alle Staatsgewalt geht vom Volke aus."* **12**

Was Staatsgewalt in diesem Zusammenhang bedeutet, wird nicht ausdrücklich gesagt. Gemeint ist: die ursprüngliche und prinzipiell unbeschränkte Herrschaftsmacht des Staates. Sie muss gegeben sein, um überhaupt von einem „Staat" sprechen zu können, neben dem Vorhandensein eines Staatsgebiets und eines Staatsvolks (Drei-Elemente-Lehre). Diese Herrschaftsmacht – der nach außen die Souveränität entspricht – bedeutet Herrschaft über Menschen (*Hesse*, Rn 134), doch nicht Herrschaft (der Regierenden) aus eigenem Recht, sondern eine Herrschaft, die auf das Volk zurückgeführt werden muss. In Art. 20 Abs. 2 S. 1 GG kommt daher das Prinzip der Volkssouveränität als entscheidendes Element des grundgesetzlichen Demokratieprinzips zum Ausdruck.

Dies bedeutet konkret: die Ausübung jeglicher staatlicher Macht bedarf der Legitimation durch das Volk und muss in einer „ununterbrochenen demokratischen Legitimationskette" (*Böckenförde*, HdBStR I, § 22 Rn 11) auf das Volk zurückführbar sein. Das Volk als Träger der Staatsgewalt, als der Souverän im demokratischen Staat, ist jedoch als solches nur beschränkt handlungsfähig: es kann abstimmen, es kann wählen, es kann aber nicht alle Entscheidungen selbst treffen. Deshalb handelt es durch besondere staatliche Organe. Dies ist die Aussage des Art. 20 Abs. 2 Satz 2 GG: Die Staatsgewalt wird vom Volk *„in Wahlen und Abstimmungen"*, aber auch *„durch besondere Organe der Gesetzgebung, der vollziehenden Gewalt und der Rechtsprechung"* ausgeübt. Organ der Gesetzgebung ist in erster Linie das Parlament, also der Bundestag. Organe der vollziehenden Gewalt sind die Bundesregierung und alle nachgeordneten Verwaltungsbehörden. Organe der Rechtsprechung sind die Gerichte.

Hierin kommt ein weiteres grundlegendes Verfassungsprinzip zum Ausdruck: das der **Gewaltenteilung** (ohne dass damit schon gesagt wird, wie im einzelnen das Verhältnis dieser Organe zueinander sich gestaltet). Im **Bundesstaat** des Grundgesetzes wird die Staatsgewalt schließlich weiter aufgeteilt zwischen Bund und Ländern, in der Weise, dass die staatlichen Befugnisse sich zur einheitlichen und umfassenden Staatsgewalt ergänzen, deren Träger das Volk ist: das Volk in den Ländern, soweit es um deren staatliche Befugnisse geht, das Bundesvolk für die Staatsgewalt in der Bundesrepublik.

13 Da es das Volk ist, das durch diese besonderen Organe handelt, müssen diese ihrerseits ihre Legitimation, für das Volk zu handeln, auf das Volk zurückführen: sie müssen demokratisch legitimiert sein. Der Bundestag ist unmittelbar auf Grund der **Wahlen**, durch die das Volk seine Repräsentanten bestimmt, demokratisch legitimiert. Die weiteren in Art. 20 Abs. 2 S. 2 GG genannten „besonderen Organe" werden demgegenüber nicht unmittelbar vom Volk durch Wahlen bestimmt. Eben deshalb müssen sie ihre Legitimation vom Parlament ableiten und sind auch diesem verantwortlich. Das Bundesverfassungsgericht spricht hier von einem *„Zurechnungszusammenhang zwischen Volk und staatlicher Herrschaft"* (BVerfGE 83, 60, 71 f). Wahlen sind im Grundgesetz also nur für das Parlament vorgesehen; dieses ist das allein unmittelbar vom Volk bestimmte Verfassungsorgan. Die Demokratie des Grundgesetzes ist also **parlamentarische Demokratie**. Während durch **Wahlen** Repräsentativorgane bestimmt werden, wird in **Abstimmungen** unmittelbar über Sachfragen entschieden. Abstimmungen in diesem Sinn sind nach dem Grundgesetz ausdrücklich nur für den Fall einer Neugliederung des Bundesgebiets vorgesehen.

14 Die demokratische Legitimation der nicht unmittelbar durch Wahlen bestimmten „besonderen Organe" des Art. 20 Abs. 2 GG wird also dadurch vermittelt, dass diese entweder unmittelbar durch das Parlament eingesetzt und diesem verantwortlich sind, oder aber jedenfalls in einer zum Parlament führenden Legitimationskette stehen. Der Bundeskanzler wird vom Bundestag gewählt und ist diesem verantwortlich. Die übrigen Mitglieder der Bundesregierung werden vom Bundeskanzler bestimmt; auch sie sind dem Bundestag verantwortlich. Alle weiteren Angehörigen der Exekutivgewalt sind letztlich über die Regierung in eine zum Parlament führende Legitimationskette eingebunden. Dies bedeutet **personelle** demokratische Legitimation. **Sachliche** demokratische Legitimation wird durch die Bindung der Verwaltung an das parlamentarische Gesetz vermittelt, Art. 20 Abs. 3 GG. Eine vergleichbare Legitimationskette besteht für die rechtsprechende Gewalt.

15 Staatliche Gewalt nehmen auch die **Gebietskörperschaften**, also die Gemeinden, Landkreise und (nicht in allen Bundesländern) die Bezirke wahr. Sie haben das Recht der Selbstverwaltung, also das Recht, ihre Aufgaben (bei denen es sich um spezifisch örtliche, „eigene" Angelegenheiten handelt), weisungsfrei wahrzunehmen. Auch sie müssen daher demokratisch gewählte Organe haben – dies wird in Art. 28 Abs. 1 S. 2 GG ausdrücklich festgehalten. Für einzelne Staatsaufgaben können darüber hinaus selbstständige Verwaltungsträger gebildet werden, die diese autonom, also nicht weisungsgebunden, in „Selbstverwaltung" wahrnehmen. Hier besteht nur eine abgeschwächte demokratische Legitimation, da die Organe derartiger Körperschaften ihre Stellung nicht unmittelbar auf das Parlament zurückführen können. Deshalb ist jedenfalls für deren Gründung ein vom Parlament beschlossenes Gesetz zu fordern, ebenso wie eine staatliche Aufsicht. Ob Selbstverwaltung eine Ergänzung und Verstärkung des demokratischen Prinzips darstellt, oder dessen Abschwächung, wird unterschiedlich eingeschätzt – s. dazu BVerfGE 107, 59 und hierzu die Anm. von *Musil*, DÖV 2004, 116.

Auch wenn das Volk als Träger der Staatsgewalt diese, abgesehen von den Wahlen, **15a** mittelbar durch die besonderen Organe des Art. 20 Abs. 2 GG wahrnimmt, bleibt es doch der Souverän und insbesondere auch Inhaber der **verfassungsgebenden Gewalt**, des „*pouvoir constituant*", wie dies auch in der Präambel zum Grundgesetz festgehalten ist. Es müsste also über eine völlig neue Verfassungsordnung entscheiden – während Änderungen der Verfassung, also des Grundgesetzes, im Rahmen der bestehenden Ordnung Sache der verfassten Staatsgewalt, des „*pouvoir constitué*" sind und nach dem im Grundgesetz hierfür vorgesehenen Verfahren von Bundestag und Bundesrat, beschlossen werden können, wenn auch, wegen der erhöhten Bestandskraft der Verfassung (Rn 2, 691 ff), nur mit besonderen, qualifizierten Mehrheiten. Der „*pouvoir constituant*", das Volk als Souverän wäre dann gefordert, wenn die Bundesrepublik Deutschland ihre Existenz als souveräner Staat aufgeben und ihre Verfassung einer europäischen Verfassung unterordnen wollte. Denn dazu ermächtigt das Grundgesetz selbst noch nicht.

II. Volkssouveränität, Staatsgewalt und europäische Integration

1. Ausübung von Staatsgewalt durch Organe der Europäischen Gemeinschaft

Träger der Staatsgewalt ist in der Demokratie des Grundgesetzes das Volk; Staats- **16** gewalt wird ausgeübt durch die nach dem Grundgesetz vorgesehenen „besonderen Organe" – in der Bundesrepublik als Mitgliedstaat der Europäischen Gemeinschaft allerdings nicht nur durch diese: staatliche Befugnisse werden auch durch die Europäischen Gemeinschaften wahrgenommen. Die Bundesrepublik hat ihnen staatliche Befugnisse übertragen.

Es sind dies die EG (Europäische Gemeinschaft), ursprünglich EWG (Europäische Wirtschaftsgemeinschaft), ferner EAG (Europäische Atomgemeinschaft) und EGKS (Europäische Gemeinschaft für Kohle und Stahl – die seit 2002 beendet ist). Diese Gemeinschaften wurden durch die jeweiligen Gründungsverträge 1957 ins Leben gerufen. Grundlage war für die Bundesrepublik der seinerzeitige Art. 24 GG, an dessen Stelle 1992 der „Europa-Artikel" 23 des Grundgesetzes getreten ist. So wurde die EWG (jetzt: EG) geschaffen als eine Gemeinschaft für unbegrenzte Zeit, mit eigenen Organen, internationaler Handlungsfähigkeit und *„insbesondere mit echten, aus der Beschränkung der Zuständigkeit der Mitgliedstaaten oder der Übertragung von Hoheitsrechten der Mitgliedstaaten auf die Gemeinschaft herrührenden Hoheitsrechten" (EuGH, U. v. 15. Juli 1964, Slg. der Rspr des Gerichtshofs der Europ. Gemeinschaften 1964, S. 1251 ff, 1269 ff).* Nach Maßgabe der Gründungsverträge, die das primäre Gemeinschaftsrecht enthalten, sind die Organe der Europäischen Gemeinschaften zum Erlass von Rechtsvorschriften und Einzelentscheidungen befugt; insoweit spricht man von sekundärem Gemeinschaftsrecht (hierzu iE *Schweitzer*, Rn 334 ff).

17 Die **Europäische Union**, die durch den *Maastricht-Vertrag* (Vertrag über die Europäische Union vom 7.2.1992, BGBl II S. 1253, in Kraft getreten am 1.11.1993), gültig nunmehr idF des Vertrags von Amsterdam vom 2.10.1997, in Kraft getreten am 1.5.1999 (BGBl II S. 296), vereinbart wurde, ist selbst noch keine derartige Gemeinschaft mit eigener Rechtspersönlichkeit und mit eigenen Organen, durch die sie handeln könnte. Sie ist im Grundsatz nur durch die Europäischen Gemeinschaften handlungsfähig, deren Organe gemäß Art. 5 (vorm. E) des Vertrags über die Europäische Union (EUV) ihre Befugnisse entsprechend den Zielen auch dieses Vertrags wahrnehmen. Die Europäische Union ist also gleichsam eine Rahmenordnung für die Europäischen Gemeinschaften (der Sprachgebrauch ist uneinheitlich: mitunter wird der Begriff der „Europäischen Gemeinschaft" gebraucht, wenn an sich die drei Gemeinschaften gemeint sind). BVerfGE 89, 155, 186 spricht insoweit von einem Staatenverbund demokratischer Staaten. Nur die einzelnen Europäischen Gemeinschaften können aber verbindliche Rechtsakte erlassen, mit Wirkung insbesondere auch für die Bürger der Gemeinschaft (vgl zur Struktur der EU zB *Everling*, DVBl 1993, 936, 940; zum Verhältnis EU-EG *v. Bogdandy/Nettesheim*, NJW 1995, 2324; *Epping*, Jura 1995, 449.) Wenn es im Folgenden um die Bedeutung europäischen Rechts für die Rechtsordnung der Bundesrepublik geht, so ist dies stets das Recht der Europäischen Gemeinschaft – eben das Gemeinschaftsrecht (näher zu den Begriffen EU und EG s. *Jeske*, NJW 2001, 1986).

2. Folgerung: Demokratiegebot auch für die EU/EG

18 Die Mitgliedschaft der Bundesrepublik Deutschland in der Europäischen Gemeinschaft bedeutet: diese übt Staatsgewalt aus, die von der Bundesrepublik als Mitgliedstaat herrührt und deshalb ebenfalls vom Volk der Bundesrepublik ausgehen muss. Dies will Art. 23 GG sicherstellen. Die Bestimmung enthält die – ursprünglich in Art. 24 GG enthaltene – Ermächtigung, Hoheitsbefugnisse auf die Europäische Gemeinschaft zu übertragen, fordert aber gleichzeitig, dass die grundlegenden Verfassungsprinzipien des Grundgesetzes (s. Rn 1 ff) hierbei gewahrt bleiben. Deshalb fordert Art. 23 Abs. 1 S. 3 GG auch ausdrücklich die Beachtung des Art. 79 GG, wo diese Verfassungsgrundsätze als auch im Wege der Verfassungsänderung unveränderbar festgehalten werden. Nur dann findet also eine wirksame Übertragung von Hoheitsbefugnissen auf die Europäische Gemeinschaft statt, wenn diese ihrerseits in ihrer Organisation den genannten Verfassungsprinzipien entspricht.

3. Die Verträge von Maastricht und Amsterdam – Schranken der Integration?

19 Gegen den Vertrag von Maastricht war eingewandt worden (zB von *Rupp*, NJW 1993, 38), er bewirke unter Verstoß gegen Art. 79 Abs. 3 iVm Art. 20 Abs. 1 GG eine unumkehrbare Übertragung von Hoheitsrechten und damit eine Aushöhlung der Staatlichkeit der Bundesrepublik, über die nur das Volk entscheiden dürfe. Einen so weitreichenden Souveränitätsverzicht sah BVerfGE 89, 155 noch nicht; zu einer Übertragung von Hoheitsbefugnissen ist die Bundesrepublik jedoch befugt,

doch muss demokratische Legitimation gewahrt bleiben. Auf europäischer Ebene sieht hier das BVerfG im Fehlen einer gemeinsamen Sprache ein Hindernis, denn der Bürger müsse „mit der Hoheitsgewalt, der er unterworfen ist, in seiner Sprache kommunizieren" können. Deshalb ist eine Rückbindung an die Parlamente der Mitgliedstaaten erforderlich; das Europaparlament allein kann die notwendige demokratische Legitimation nicht leisten. Deshalb müssen dem Bundestag auch substanzielle Aufgaben verbleiben (BVerfGE 89, 155, 184 ff). Ist dies nicht der Fall, so kann der Bürger dies über Art. 38 GG im Wege der Verfassungsbeschwerde geltend machen. Art. 38 enthält die Garantie des Wahlrechts – hieraus folgt also das Recht darauf, einen Bundestag zu wählen, der tatsächlich auch noch zu entscheiden hat.

Dies bedeutet für die Verfassungsorgane der Bundesrepublik: Die **Übertragung von Hoheitsrechten** muss in einer Weise erfolgen, die ihre Tragweite und das „Integrationsprogramm" hinreichend festlegt; es darf **keine Generalermächtigung** erfolgen. Das **BVerfG** nimmt nun für sich in Anspruch, künftig zu überprüfen, ob der **Rahmen der Ermächtigung**, wie sie im Zustimmungsgesetz zum EU-Vertrag enthalten ist, gewahrt bleibt (s. Rn 305). Sollten die Organe der EU – so das BVerfG – den Vertrag in einer Weise handhaben oder fortbilden, die vom Zustimmungsgesetz nicht mehr gedeckt ist, so wären die hieraus hervorgehenden Rechtsakte für die Bundesrepublik nicht verbindlich und dürften von deren Staatsorganen – wegen fehlender Ermächtigung nach Art. 23 GG – nicht angewandt werden. Ihre Anwendung wäre ein vom BVerfG festzustellender Verfassungsverstoß. **20**

4. Europäische Verfassung

Den Mitgliedstaaten der EU liegt der von einem Verfassungskonvent ausgearbeitete **21** *Entwurf* einer Europäischen Verfassung vor (deutscher Text unter: http://european-convention.eu.int/docs/Treaty sowie in EuGRZ 2003, 357). Er enthält für die supranationale Ebene der EU wesentliche Elemente, die eine staatliche Verfassung ausmachen: Bestimmungen über die Organe der EU und deren Befugnisse, die Zuständigkeitsverteilung im Verhältnis von EU und Mitgliedstaaten, einen Grundrechtsteil. Der Entwurf wurde vom Europäischen Rat vereinbart. Ihm müssen die einzelnen Mitgliedstaaten nach Maßgabe ihrer jeweiligen Verfassung zustimmen (ihn ratifizieren) – erst dann tritt er in Kraft. Für die Bundesrepublik wäre hierfür nach Art. 23 Abs. 1 GG ein verfassungsänderndes Gesetz erforderlich – demgegenüber lassen die anderen Mitgliedstaaten überwiegend den Souverän selbst, also das Volk durch Plebiszit entscheiden. Die EU kann sich also nicht selbst eine Verfassung geben – sie ist eben selbst kein Staat. Deshalb müssten auch künftige Änderungen dieser „Verfassung" vertraglich vereinbart werden.

Ob man im vorliegenden Entwurf eine „Verfassung" nach herkömmlichem Verständnis sehen will, ist eine Frage der Definition: Zweifellos enthält sie eine rechtliche Grundordnung für die EU – was Kennzeichen einer Verfassung im materiellen Sinn ist. Andererseits bleibt sie immer noch auf der vertraglichen Ebene. Sie verleiht der EU noch nicht den Charakter eines Bundesstaates – letzteres wäre dann der

Fall, wenn die EU die Befugnis hätte, künftig selbst Verfassungsrecht zu setzen, ihre Befugnisse einseitig zu erweitern. Einer solchen „**europäischen Verfassung**“, also der Begründung eines europäischen Bundesstaats zuzustimmen, dazu ermächtigt **Art. 23 GG nicht.** Insoweit muss die souveräne **Staatlichkeit der Bundesrepublik** gewahrt bleiben (so jedenfalls die überwiegende Auffassung, vgl *Streinz*, in: Sachs, GG, Art. 23, Rn 84; *Fink*, DÖV 1998, 133).

Die **verfassungsgebende Gewalt des Volkes** selbst (s. Rn 15) allerdings könnte einem Aufgehen der Ordnung des Grundgesetzes in eine europäische Verfassungsordnung durch Plebiszit zustimmen. Dies wäre dann kein Fall des Art. 23 GG mehr, der sich an die verfasste Staatsgewalt (pouvoir constitué) richtet.

Der vorliegende Entwurf nimmt Elemente einer **europäischen Verfassungsordnung** auf, die sich bereit abzeichneten und die im EUV (s. Rn 17) teilweise bereits positiv festgehalten sind. Art. 6 EUV verpflichtet die Union auf Freiheitlichkeit, Achtung der Menschenrechte, auf Demokratie und Rechtsstaatlichkeit. Diese Grundsätze sind auch aus den **gemeinsamen Verfassungsüberlieferungen** der Mitgliedstaaten zu bestimmen. Grundsätze des Rechts der EU werden also aus dem Verfassungsrecht der Mitgliedstaaten abgeleitet und wirken dann ihrerseits auf dieses zurück. Dies gilt insbesondere für die Grundrechte des Gemeinschaftsrechts, die aus der **EMRK** und aus den Verfassungstraditionen der Mitgliedstaaten deduziert werden; die Grundrechte des Grundgesetzes sind deshalb auch im Lichte der europäischen Grundrechte auszulegen (s. für die Rundfunkfreiheit: *Degenhart*, K&R 2000, 49 ff).

22 **Lösung Fall 3a – Europäische Verfassung –:**

1. Mit dem Zustimmungsgesetz zum Vertrag werden weitere Hoheitsrechte auf die EG übertragen, da die EU bzw die für sie handelnde EG ohne Zustimmung der Bundesrepublik Rechtsvorschriften erlassen kann, die für die Bundesrepublik verbindlich sind, sowie die europäische Verfassung selbst ohne Mitwirkung der Mitgliedstaaten geändert werden darf.

Grundlage für eine derartige Übertragung von Hoheitsrechten ist Art. 23 Abs. 1 GG. Hieraus ergeben sich auch die verfassungsrechtlichen Maßstäbe. Da hier zudem die vertraglichen Grundlagen der EU verändert werden und auch auf die Kompetenzordnung des Grundgesetzes eingewirkt wird, sind gemäß Art. 23 Abs. 1 Satz 3 GG die Vorgaben des Art. 79 Abs. 2 und 3 GG für Verfassungsänderungen zu beachten.

2. Die Verfahrenserfordernisse des Art. 79 Abs. 2 GG – qualifizierte Mehrheiten in Bundestag und Bundesrat – sind gewahrt.

3. Fraglich ist, ob auch die in Art. 79 Abs. 3 GG für unveränderlich erklärten Grundsätze des Art. 20 GG, insbesondere des Demokratiegebots, gewahrt sind. Fordert man hierfür den Erhalt substanzieller Befugnisse für den Bundestag, so ist diese Grenze der Integrationsermächtigung dann nicht mehr gewahrt, wenn die EU durch Änderung der Europäischen Verfassung ohne Mitwirkung des Bundestags diesem Zuständigkeiten entziehen kann. Schon deshalb überschreitet das Zustimmungsgesetz zum Vertrag den Rahmen der Art. 23 Abs. 1, 79 Abs. 3 GG. Hinzu kommt, dass künftig die Befugnisse der EU ohne Zustimmung der Bundesrepublik erweitert werden dürfen. Art. 23 Abs. 1 GG ermächtigt aber nur zur Übertragung von Hoheitsbefugnissen durch Bundestag und

Bundesrat. Deren Befugnisse müssen also jeweils gewahrt bleiben. Dies ist nicht der Fall, wenn die EU einseitig Befugnisse an sich ziehen kann; schon deshalb wird der Rahmen der Intergrationsermächtigung überschritten. Dies verstößt zudem gegen die demokratischen Grundsätze des Art. 79 Abs. 3 iVm Art. 20 GG, aber auch gegen bundesstaatliche Prinzipien, da auch die Mitwirkung der Länder aufgehoben wird. Letztlich gibt hier die Bundesrepublik ihre Staatlichkeit teilweise auf, dazu ist der verfassungsändernde Gesetzgeber nicht befugt (s. hierzu den Examensfall „finis Germaniae?" von *Franzke* in NWVBl 2000, 158); hier müsste vielmehr der Inhaber der verfassungsgebenden Gewalt („pouvoir constituant") entscheiden, also das Staatsvolk der Bundesrepublik; dieses wäre hierzu befugt.

Schrifttum zu II.: *Magiera*, Die Grundgesetzänderung von 1992 und die Europäische Union, Jura 1994, 1; *Gundel*, Die Neuordnung der Rechtsangleichung durch den Vertrag von Amsterdam – neue Voraussetzung für den Alleingang, JuS 1999, 1171; *Riedel*, Reform der EU durch den Vertrag von Nizza, JA 2001, 821; s. ferner Schrifttumshinweise zu § 3 III.6. nach Rn 309.

III. Ausübung der Staatsgewalt in Wahlen – die maßgeblichen Wahlrechtsgrundsätze

1. Bedeutung der Wahlen – Wahlrechtsgrundsätze

In der demokratischen Ordnung des Grundgesetzes äußert sich die Volkssouveränität unmittelbar also nur in Wahlen – dabei handelt es sich um die Wahlen zum Parlament, also zum Bundestag. Dieser wird durch die Wahlen unmittelbar demokratisch legitimiert. Die weiteren Organe, durch die die Staatsgewalt ausgeübt wird, müssen dann ihre demokratische Legitimation ihrerseits vom Parlament ableiten. Damit jedoch die Wahlen zum Bundestag diesem tatsächlich demokratische Legitimation als dem Repräsentanten des Volkswillens verleihen können, müssen sie bestimmten verfassungsrechtlichen Anforderungen genügen. Diese enthält Art. 38 Abs. 1 S. 1 GG. Die Abgeordneten des Bundestages werden hiernach gewählt in „allgemeiner, unmittelbarer, freier, gleicher und geheimer Wahl". Dies gilt für alle demokratischen Wahlen, also auch in den Ländern und in den Gemeinden – Art. 28 Abs. 1 S. 2 GG legt dies ausdrücklich fest. **23**

Art. 38 Abs. 1 S. 1 GG enthält also die grundgesetzlichen Wahlrechtsgrundsätze. **23a** Sie binden den einfachen Gesetzgeber bei der Ausgestaltung des Wahlrechts und sind bei allen Wahlrechtsänderungen als Maßstab heranzuziehen; vgl zB für die aktuelle Diskussion, ob eine Stimmabgabe auf elektronischem Weg („Internetwahlen") anstelle der bisher im BWahlG vorgeschriebenen Wahlscheine erfolgen könnte, *Bremke,* LKV 2004, 102 ff. Wenn demgegenüber eine Änderung des Wahlrechts im Wege der Verfassungsänderung vorgenommen werden soll, bindet Art. 38 GG nicht unmittelbar. Maßstab ist – wie stets für Verfassungsänderungen – nur Art. 79 Abs. 3 GG. Änderungen des Wahlrechts im Wege der Verfassungsänderung wären nur dann verfassungswidrig, wenn sie die dort genannten Grundsätze berühren würden. Es kommt also darauf an, inwieweit die Wahlrechtsgrundsätze des Art. 38 Abs. 1 S. 1 GG gleichzeitig änderungsfester Inhalt des Demokratieprinzips sind (s. für das „Familienwahlrecht" Rn 25).

a) „Allgemeine, unmittelbare, freie, gleiche und geheime Wahl"

24 Dabei bedeutet **Allgemeinheit der Wahl**: das Wahlrecht steht grundsätzlich allen Bürgern zu. Ausnahmen bedürfen zwingender Gründe – sie wurden bejaht für den (inzwischen beseitigten) Ausschluss der Auslandsdeutschen vom Wahlrecht (BVerfGE 58, 205). Zulässig sind auch die herkömmlichen Altersgrenzen. Eine Absenkung der Altersgrenzen ist an sich kein Problem der Allgemeinheit der Wahlen: der Kreis der Wahlberechtigten wird hierdurch ja erweitert und nicht verengt. Eine andere Frage ist, ob das Grundgesetz hier Grenzen nach unten setzt. Dies ist zu bejahen: die Stimmabgabe kann nur dann ihre demokratische Funktion der Legitimation der Staatsgewalt erfüllen, wenn auf Seiten des Abstimmenden hinreichende Einsichtsfähigkeit in ihre Bedeutung besteht. Verfassungsgemäß ist auch der Ausschluss von Personen, die unter Betreuung stehen (BayVerfGH BayVBl 2003, 44). Der Gesetzgeber durfte dies in einer typisierenden Wertung anordnen.

> *Typisierend* bedeutet: der Gesetzgeber stellt im Interesse der Rechtssicherheit und gleichmäßiger Gesetzesanwendung auf „typische" Anwendungsfälle ab, auch wenn dadurch nicht in allem den Besonderheiten des Einzelfalles Rechnung getragen wird. Der Konflikt zwischen Rechtssicherheit und größtmöglicher Gerechtigkeit im Einzelfall durchzieht die gesamte Rechtsordnung.

24a **Unmittelbar** sind Wahlen dann, wenn allein durch die Entscheidung des Wählers unmittelbar, also ohne dazwischengeschaltete Instanzen entschieden wird, wer Abgeordneter wird. Unmittelbarkeit bedeutet auch: der Wähler muss vor dem Wahlakt erkennen, wer sich um ein Mandat bewirbt und wie sich seine Stimmabgabe darauf auswirkt (BVerfGE 95, 335, 350). Ob die Unmittelbarkeit der Wahl im gegenwärtigen Wahlsystem gewahrt ist, stellt *v. Arnim* (JZ 2002, 578) in Frage. **Freie** Wahlen schließen jeden auch nur mittelbaren Zwang oder Druck auf die Entscheidungsfreiheit des Wählers von außen aus. Aber auch das Wahlverfahren muss die Entschließungsfreiheit des Wählers beachten (BVerfG, aaO). Was **geheime Wahlen** sind, ist aus sich heraus verständlich: es muss gewährleistet sein, dass die Stimmabgabe keinem anderen bekannt wird (vgl dazu etwa BerlVerfGH NVwZ-RR 2000, 193, 194: Verwendung besonderer Wahlumschläge ist nicht erforderlich). Freie und geheime Wahl ist bei der **Briefwahl** nur bedingt gewährleistet: dass bei der Ausfüllung des Stimmzettels Dritte dem Wähler „über die Schulter blicken" und auch auf ihn Einfluss nehmen, kann nicht ausgeschlossen werden. Der Wähler hat daher eidesstattlich zu versichern, dass er den Stimmzettel persönlich und unbeeinflusst ausgefüllt hat (s. BVerfGE 59, 119, 126); die Stimmabgabe im Wahllokal hat der Regelfall zu sein. Die Auszählung der Stimmen erfolgt demgegenüber öffentlich. Dies schreibt zwar Art. 38 Abs. 1 S. 1 GG nicht ausdrücklich vor, dürfte aber unmittelbar aus dem

Demokratieprinzip folgen: nur der transparente Wahlvorgang kann Legitimation verschaffen. Geheim ist also die Stimmabgabe, nicht die Auszählung (zu Problemen, die sich daraus für „Internet-Wahlen" ergeben können, s. *Bremke*, LKV 2004, 102, 107).

Was allgemeine, unmittelbare, freie und geheime Wahlen bedeuten, lässt sich also aus dem Wortsinn und aus der historischen Entwicklung bestimmen und ist auch iW nicht umstritten. Anders verhält es sich mit dem Gebot der **Gleichheit** der Wahl. Es bedeutet ja nicht nur Zählwertgleichheit (jede abgegebene zählt als eine Stimme – *one man one vote*), sondern grundsätzlich auch **Erfolgswertgleichheit**: jede Stimme muss gleiches Gewicht für die Zusammensetzung des Parlaments, gleiche rechtliche Erfolgschancen haben (vgl BVerfGE 82, 322, 337; BVerfGE 95, 335, 353). Dies ist ganz entscheidend eine Frage des Wahlsystems, der Verhältnis- oder Mehrheitswahl, des Vorhandenseins von Sperrklauseln, der „Wahlkreisarithmetik" – wie auch das Problem der Überhangmandate deutlich macht. Diese Fragen hat nach Art. 38 Abs. 3 GG der Bundesgesetzgeber zu regeln – unter Beachtung der Wahlrechtsgrundsätze des Art. 38 Abs. 1; die hierdurch aufgeworfenen Fragen werden nachstehend unter 2. näher behandelt. Das gelegentlich in die Diskussion eingeworfene „Familienwahlrecht" (zusätzliche Stimmen für Erziehungsberechtigte Minderjähriger) dürfte gegen den Grundsatz der Zählwertgleichheit verstoßen (vgl den Fall bei *Lechleitner*, Jura 2002, 602 und den Beitrag von *Schroeder*, JZ 2003, 917); entscheidet man sich für eine „Treuhänder-" oder „Stellvertreter"-Lösung, stellt sich das Problem der Unmittelbarkeit der Stimmabgabe. Einführung durch Änderung des BWahlG ist also ausgeschlossen. **25**

b) Freiheit der Wahl und unzulässige Wahlbeeinflussung: zum Streit um die „Hessen-Wahl" 1999

Die Wahlrechtsgrundsätze des Art. 38 Abs. 1 S. 1 GG standen auch beim Streit um die Gültigkeit der Wahl zum Hessischen Landtag 1999 (BVerfGE 103, 111 mit Anm. *Hermes*, JZ 2001, 873) in Frage; es ging hier auch um die Grundsatzfrage unzulässiger Wahlbeeinflussung (wegen eines auf unrechtmäßiger Parteienfinanzierung beruhenden Wahlkampfs), wie sie etwa auch dann vorliegen kann, wenn die Regierung im Wahlkampf in ihrer amtlichen Autorität als Regierung einseitig Einfluss nimmt, wie sie uU auch bei Wahlbeeinflussung von privater Seite denkbar ist (so waren in den 50er Jahren, als die Autorität der Kirchen noch ungebrochen war, die „Hirtenworte zur Wahl" ein häufiger Streitpunkt). Inhaber staatlicher oder kommunaler Ämter dürfen als Amtsträger jedenfalls Kandidaten nicht unterstützen (VerfGH RhPf DÖV 2002, 163). **26**

Das BVerfG hatte zu entscheiden, ob Art. 78 Abs. 2 HessVerf, wonach „gegen die guten Sitten verstoßende Handlungen, die das Wahlergebnis beeinflussen", die Wahl ungültig machen, mit den Wahlrechtsgrundsätzen des Art. 38 Abs. 1 S. 1 GG vereinbar ist, die wegen Art. 28 Abs. 1 S. 2 GG auch für die Länder verbindlich sind, und ob das **Hessische Wahlprüfungsgericht** nach Art. 78 Abs. 1 HessVerf auf Grund von Unregelmäßigkeiten in der Wahlkampffinanzierung deshalb die Wahl für ungültig erklären durfte. **27**

27a In der Ungültigerklärung einer Wahl liegt jedoch ein schwerwiegender Eingriff in die Wählerentscheidung. Sie bedarf deshalb vor dem demokratischen Prinzip besonderer Rechtfertigung. Das BVerfG betont hier den **Bestandsschutz der gewählten Volksvertretung**: der Eingriff in deren Zusammensetzung müsse deshalb von entsprechend schwerwiegenden Gründen getragen sein, etwa bei schwerwiegenden Verstößen gegen die Freiheit oder Gleichheit der Wahl oder bei erheblicher unzulässiger Wahlbeeinflussung. In diesem Sinn wurde die fragliche Norm des Art. 78 HessVerf ausgelegt (ob tatsächlich ein so schwerwiegender Wahlrechtsverstoß gegeben war, dies zu entscheiden war dann Aufgabe des Wahlprüfungsgerichts, das das Verfahren einstellte, HessWahlprüfGer NJW 2001, 1054).

> **Methodischer Hinweis:** Auch hier geht es um den Ausgleich unterschiedlicher und kollidierender Verfassungsgrundsätze: zum einen die Bestandskraft der gewählten Volksvertretung, zum anderen das Gebot der freien und damit auch von sachwidriger Beeinflussung freien Wahl; hier geraten also demokratische Erfordernisse in Kollision und sind nach dem Prinzip der Konkordanz in Ausgleich zu bringen (Rn 7). – Zu bundesstaatlichen Aspekten des Falles – Homogenitätsgebot des Art. 28 Abs. 1 GG – s. Rn 100; zu Gesichtspunkten der Gewaltenteilung s. Rn 248; s. auch die Anm. von *Schmidt*, JuS 2001, 545.

2. Insbesondere: Gleichheit der Wahl und Wahlsystem

a) „Personalisierte Verhältniswahl" – zum Wahlsystem

28 Gleichheit der Wahl verwirklicht das demokratische Prinzip im egalitären Sinn und muss daher im strengen Sinn formaler Gleichheit verstanden werden. Deshalb sind Ungleichheiten im Zählwert der Stimmen generell ausgeschlossen (s. Rn 25) und bedürfen Ungleichheiten im Erfolgswert eines zwingenden Grundes (BVerfGE 82, 322, 337). Dem hat der Gesetzgeber, wenn er nach Art. 38 Abs. 3 GG „das Nähere" bestimmt, also das Wahlrecht regelt, Rechnung zu tragen.

28a Zwei prinzipiell unterschiedliche Wahlsysteme stehen ihm zur Verfügung: Mehrheitswahl und Verhältniswahl. **Mehrheitswahl** heißt: Stimmenmehrheit im Wahlkreis entscheidet über den gewählten Kandidaten – die übrigen Stimmen bleiben ohne Auswirkung auf die Zusammensetzung des Parlaments. Der Vorteil hierbei ist die engere persönliche Beziehung des Abgeordneten zu seinem Wahlkreis, die Stärkung seines repräsentativen Status. **Verhältniswahl** bedeutet: Wahl der Abgeordneten nach Listen, Zusammensetzung des Parlaments nach dem Verhältnis der abgegebenen Stimmen. Der Vorteil dieses Systems ist, dass damit das Parlament das politische Kräfteverhältnis in der Gesellschaft genauer wiedergibt. Das Grundgesetz enthält keine Festlegung auf eines dieser Systeme (anders zB Art. 41 Abs. 1 S. 2 SächsVerf). Der Gesetzgeber ist also frei, welches System er wählt. Er muss jedoch innerhalb des jeweiligen Wahlsystems die Wahlrechtsgrundsätze des Art. 38 Abs. 1 S. 1 GG verwirklichen, insbesondere Gleichheit der Wahl – und auch die aus Art. 21 Abs. 1 GG folgende Chancengleichheit der Parteien – gewährleisten. Das geltende Wahlrecht kombiniert Verhältnis- und Mehrheitswahl, um die Vorteile dieser Systeme zu sichern und ihre Nachteile zu vermeiden: sog. **personalisierte Verhältniswahl**.

Dabei wird wie folgt verfahren: in den einzelnen Bundesländern wird jeweils die Hälfte der Abgeordneten direkt in den Wahlkreisen gewählt, und zwar durch die Mehrheit der *Erststimmen*, die andere Hälfte über Landeslisten mit den *Zweitstimmen*. Landeslisten können nur von Parteien eingereicht werden, die Landeslisten der gleichen Parteien gelten als verbunden. Dh, es wird also für jede Partei jeweils eine Landesliste fingiert, die das gesamte Wahlgebiet umfasst. Die für verbundene Listen abgegebenen Zweitstimmen werden zusammengezählt. Zunächst erfolgt eine Verteilung auf die verbundenen Listen der Parteien. Die Verteilung erfolgt nach dem Verfahren von *Hare/Niemeyer*: die Zahl der zu vergebenden Sitze (598) wird mit einem Quotienten multipliziert, der sich aus der Zahl der auf eine Partei entfallenden Stimmen geteilt durch die Gesamtzahl aller Stimmen ergibt (vgl § 6 Abs. 2 BWahlG). Denn dieser Quotient bezeichnet den Stimmanteil einer Partei. Jede Partei erhält soviel Sitze zugesprochen, wie ganze Zahlen auf sie entfallen, § 6 Abs. 2 Satz 3 BWahlG – zur Behandlung der Bruchzahlen s. Satz 4. Damit steht im Prinzip fest, wie viele Mandate auf jede Partei entfallen. **29**

Nun erfolgt eine Unterverteilung auf die einzelnen Landeslisten, § 7 Abs. 3 S. 1 iVm § 6 BWahlG. Die Methode ist die gleiche: Die Zahl der Stimmen, die eine Partei in einem Land erhalten hat, wird geteilt durch die Zahl der Stimmen, die sie im ganzen Bundesgebiet erhalten hat. Der hieraus sich ergebende Quotient wird multipliziert mit der Gesamtzahl der auf die Partei entfallenden Mandate. Hieraus ergibt sich dann die Verteilung der Mandate einer Partei auf die einzelnen Landeslisten. Hierauf werden die im jeweiligen Land erworbenen Direktmandate angerechnet, die verbleibenden Mandate aus der Landesliste besetzt, § 6 Abs. 4 BWahlG. Hat die Partei innerhalb eines Landes mehr Direktmandate erworben, als ihr nach der Unterverteilung an sich zustehen, verbleiben ihr diese: dies sind die sog. **Überhangmandate**, um die sich die Zahl der Abgeordneten erhöht. Ein Ausgleich erfolgt nicht, § 6 Abs. 5 BWahlG.

Berechnungsbeispiel: Die Zahl der gültigen Zweitstimmen möge 45 000 000 betragen. Hierauf entfallen auf die A-Partei und B-Partei je 15 000 000, auf die D-Partei 9 000 000 und auf die E-Partei 6 000 000 Stimmen. Auf die A-Partei und B-Partei entfallen dann je 598 × (15 000 000 : 45 000 000) = 199,33 Mandate, auf die D-Partei 598 × (9 000 000 : 45 000 000) = 119,6 Mandate, auf die E-Partei 79,73 Mandate; A-und B-Partei erhalten also zunächst je 199, D- und E-Partei 119 bzw 79 Mandate. Dies sind 596 Mandate – die beiden restlichen erhalten D- und E-Partei wegen § 6 Abs. 2 Satz 4 BWahlG. Das kleine Bundesland X stellt 40 Abgeordnete. Hier wurden für die A-Partei 1 000 000 Zweitstimmen (von 2 900 000) abgegeben. Dies bedeutet: auf die Landesliste X entfallen bei der Unterverteilung der 199 Mandate der A-Partei 199 × (1 000 000 : 15 000 000) = 13,26 Mandate; nach § 7 Abs. 3 Satz 1 iVm § 6 Abs. 2 Satz 4 BWahlG möge es bei 13 Mandaten bleiben. War nun die A-Partei in 15 der 20 Wahlkreise mit ihrem Direktkandidaten erfolgreich, so erhält sie zwei Mandate mehr, als ihr rechnerisch zustehen: die Direktmandate verbleiben ihr in jedem Fall.

Ob dieses System der personalisierten Verhältniswahl nun im Grundsatz eine Verhältniswahl bedeutet, der lediglich Elemente der Mehrheitswahl vorgeschaltet sind, oder ob es sich hierbei um ein echtes Mischsystem handelt, bei dem die Abgeordneten zum Teil nach den Grundsätzen der Verhältniswahl und zum Teil nach den Grundsätzen der Mehrheitswahl bestimmt werden, darüber ist sich offenbar auch **30** das Bundesverfassungsgericht nicht einig. Jedenfalls scheinen in der Entscheidung vom 10.04.1997 (BVerfGE 95, 335) zur Verfassungsmäßigkeit der Überhangmandate die die Entscheidung tragenden Richter zu letzterem zu neigen (vgl die Anm. von *Badura*, JZ 1997, 682, 683); für sie kommt es vor allem auf die Gleichheit der Erfolgschancen an (vgl *Ipsen*, JZ 2002, 469). Auf jeden Fall entspricht nur im Idealfall die Zusammensetzung des Bundestags exakt dem Verhältnis der abgegebenen Zweitstimmen, sodass durchgängige Erfolgswertgleichheit hergestellt ist.

b) Sperrklauseln, Grundmandate, Überhangmandate – Verfassungsfragen des geltenden Wahlrechts

aa) 5%-Sperrklausel

31 Insbesondere die 5%-Sperrklausel des § 6 Abs. 6 1. Halbs. BWahlG bewirkt eine erhebliche Einschränkung der **Wahlrechtsgleichheit**. Hiernach bleiben Parteien bei der Sitzvergabe unberücksichtigt, die nicht mindestens 5% der gültigen Zweitstimmen erhalten haben. Scheitert eine Partei an der 5%-Hürde, ist der Erfolgswert der für sie abgegebenen Stimmen 0. Auch wird die **Chancengleichheit** vor allem kleinerer und noch nicht etablierter Parteien beeinträchtigt. Als rechtfertigenden „zwingenden Grund" für die 5%-Sperrklausel wird die Wahrung der **Funktionsfähigkeit des Parlaments** im Interesse auch der Bildung regierungsfähiger Mehrheiten anerkannt (s. zuletzt BVerfGE 95, 408, 418 f.). 5% sind jedoch die Obergrenze für ein Quorum, auch wegen der Funktion der Wahlen, zur Integration aller Kräfte und Strömungen im Volk beizutragen (BVerfG aaO).

Für die erste **gesamtdeutsche Bundestagswahl** forderte BVerfGE 82, 322 die Anwendung der 5%-Sperrklausel jeweils im Rahmen **getrennter Wahlgebiete** Ost und West: andernfalls hätten Parteien mit Schwerpunkt im Osten keine reellen Wahlchancen gehabt; sie hätten im Osten weit über 20% Stimmen erzielen müssen (damals für die PDS unvorstellbar), um bundesweit auf 5% zu kommen.

32 Auch für **Kommunalwahlen** gelten wegen Art. 28 Abs. 1 Satz 2 GG die hier dargelegten Wahlrechtsgrundsätze. **Umstritten** ist insoweit die Berechtigung von **Sperrklauseln** nach dem Vorbild der 5%-Sperrklausel. Zwar kann auch die Funktionsfähigkeit der Gemeindevertretung als zwingender Grund die Beeinträchtigung der Wahlrechtsgleichheit und der Chancengleichheit der Parteien rechtfertigen. Der Gesetzgeber steht hierfür jedoch unter besonderem Rechtfertigungszwang, zumal in den Bundesländern, die keine entsprechende Sperrklausel im Kommunalwahlrecht kennen, wie etwa Bayern oder Baden-Württemberg, es in den zurückliegenden 50 Jahren zu keiner signifikanten Gefährdung der Funktionsfähigkeit der Gemeindevertretungen gekommen ist. Für die Beibehaltung der 5%-Klausel anlässlich einer Änderung des Kommunalwahlrechts des Landes Nordrhein-Westfalen sah VerfGH NW DVBl 1999, 1271 (s. dazu die Anm. von *Hönig*, JA 2000, 278) keinen zwingenden Grund gegeben, da die bloße abstrakte und theoretische Möglichkeit einer Gefährdung der Funktionsfähigkeit der Gemeindevertretung hierfür nicht ausreiche; s. auch LVerfG MV NJ 2001, 138 = LKV 2001, 270.

bb) Grundmandatsklausel, Überhangmandate und Wahlrechtsgleichheit

Direkt erworbene Mandate verbleiben der Partei in jedem Fall. Hat eine Partei aber drei Direktmandate errungen, so gilt für sie die Sperrklausel des § 6 Abs. 6 1. Halbs. nicht: nach der sog. **Grundmandatsklausel** des § 6 Abs. 6 2. Halbs. BWahlG (dazu *Hoppe*, DVBl 1995, 265) nimmt diese Partei an der Verteilung der Mandate nach dem Verhältnis der Zweitstimmen über die Landeslisten teil. Damit wird das Fünfprozentquorum balancierend ausgeglichen, um den Integrationscharakter der Wahlen zu sichern – für Parteien, die mindestend drei Direktmandate erringen, durfte der Gesetzgeber, so BVerfGE 95, 408, 420 f, davon ausgehen, dass sie Anliegen mit besonderer Akzeptanz in der Bevölkerung vertreten und schon deshalb ihre Repräsentation im Parlament legitimiert ist. Hierdurch wird auch eine Ungleichbehandlung im Verhältnis zu anderen Parteien gerechtfertigt, die möglicherweise mehr Zweitstimmen, aber eben keine drei Direktmandate errungen haben. **33**

Der Grundsatz der Wahlrechtsgleichheit kann unter dem Aspekt der Erfolgswertgleichheit durch Überhangmandate nachhaltig berührt sein. Nun kann in keinem Wahlsystem der Grundsatz der Gleichheit lückenlos durchgeführt werden – Verschiebungen in der Erfolgswertgleichheit, die zwingende Konsequenz aus dem jeweiligen Wahlsystem sind, bedeuten keinen Gleichheitsverstoß. Eben dies ist bei den Überhangmandaten fraglich: sie könnten durch Ausgleichsmandate – wie zT in den Bundesländern (s. für Berlin BerlVerfGH JR 2000, 12; für Bayern BayVerfGH BayVBl 2000, 11) – ausgeglichen werden, auch könnten zB die Direktmandate vor der Unterverteilung auf die Landeslisten abgezogen werden. Auf den Ausgleich zu verzichten ist jedoch deshalb gerechtfertigt – so die die Entscheidung des BVerfG vom 10.04.1997 (BVerfGE 95, 335, 354 ff) tragenden vier Richter – weil mit der Entscheidung des Gesetzgebers für die Direktwahl der Hälfte der Bundestagsmitglieder ohnehin das Prinzip der Stimmenverteilung nach dem Stimmenverhältnis begrenzt wird – sie verstehen das geltende Wahlsystem eben als Mischsystem (Rn 28 f). Dabei geht es für die durch Direktwahl bestimmten Mandatsträger nicht so sehr um Erfolgswertgleichheit als vielmehr um Erfolgschancengleichheit. Allerdings müssen dann die Wahlkreise im Rahmen des Möglichen annähernd gleich groß sein. Die die Entscheidung nicht tragenden vier Richter (wegen Stimmengleichheit konnte gemäß § 15 Abs. 4 S. 3 BVerfGG ein Verfassungsverstoß nicht festgestellt werden) betonen demgegenüber stärker das Prinzip der Erfolgswertgleichheit im Rahmen der Verhältniswahl, deren Bedingungen für die Sitzverteilung über die Landeslisten maßgeblich seien. Sie verstehen das geltende Wahlsystem der Sache nach als Verhältniswahl, die durch Elemente der Mehrheitswahl ergänzt wird, BVerfGE 95, 335, 367 f. Dann wäre es allerdings geboten, für Überhangmandate Ausgleichsmandate vorzusehen (vgl *Ipsen*, JZ 2002, 496, 473 f). **34**

Scheidet ein Abgeordneter aus dem Bundestag aus, so rückt nach § 48 Abs. 1 S. 1 BWahlG der nächste Kandidat auf der Landesliste nach. Wenn allerdings die Partei, der er angehört, über Überhangmandate verfügt, besteht hierfür keine Notwendigkeit, im Gegenteil: hierdurch würde die durch Überhangmandate hervorgerufene Besserstellung dieser Partei fortgeführt, ohne dass diese verfassungsrechtlich geboten wäre. Deshalb findet in diesem Fall kein **Nachrücken** statt (s. dazu BbgVerfG LKV 2001, 267 und BVerfGE 97, 317 und dazu die Anm. von *Rossi*, LKV 2001, 258) – jedenfalls dann, wenn der ausscheidende Abgeordnete aus einem Land kommt, auf das Überhangmandate entfielen.

34a Auf ein bei den Wahlen zum 15. Deutschen Bundestag 2002 akut gewordenes Problem der Wahlrechtsgleichheit weist *Ipsen*, DVBl 2003, 1013 hin: hier hatte eine Partei (PDS) zwei Direktmandate errungen, damit sowohl die Hürden der Grundmandatsklausel als auch der Sperrklausel verfehlt. Die Zweitstimmen derjenigen Wähler, die in den beiden Wahlkreisen für die erfolgreichen Direktkandidaten gestimmt hatten, waren bei der Mandatsverteilung auch im Fall des Stimmen-Splitting zu berücksichtigen – das gerade in diesen Wahlkreisen in ungewöhnlichem Umfang aufgetreten war. Wer also seine Erststimme dem PDS-Direktkandidaten gegeben hatte, seine Zweitstimme der Landesliste einer anderen Partei, dessen Stimme zählte doppelt – er entschied mit Erst- und Zweitstimme über die Zusammensetzung des Bundestags (während sonst nur die Zweitstimme hierfür entscheidend ist). Die Direktmandate waren in diesem Fall ja nicht mit Listenmandaten zu verrechnen. Für einen vergleichbaren Fall – Direktwahl eines Kandidaten, der nicht von einer Partei vorgeschlagen ist, oder dessen Partei nicht mit einer Landesliste angetreten ist – sieht § 6 Abs. 1 S. 2 BWahlG vor, dass die Zweitstimmen unberücksichtigt bleiben, um so die Wahlrechtsgleichheit herzustellen. Die Bestimmung kann aber nicht analog angewandt werden.

c) Wahlprüfung durch das Bundesverfassungsgericht

35 Der Streit um die Grundmandatsklausel wurde in einem sog. **Wahlprüfungsverfahren** nach Art. 41 Abs. 2 GG, § 48 BVerfGG iVm § 49 BWahlG zur Entscheidung durch das Bundesverfassungsgericht gebracht. Es handelt sich hier um ein objektives Beanstandungsverfahren, dh der Antragsteller muss nicht geltend machen, in eigenen Rechten verletzt zu sein. Dem verfassungsgerichtlichen Verfahren ist ein Vorverfahren vorgeschaltet, in dem der Bundestag selbst auf Einspruch eines Wahlberechtigten (und anderer Einspruchsberechtigter, § 2 WahlprüfG) über die Gültigkeit der Wahl entscheidet; gegen den Beschluss des Bundestags kann dann Wahlprüfungsbeschwerde zum BVerfG erhoben werden. Hier ist jeder einzelne Wahlberechtigte beschwerdeberechtigt, doch müssen seiner Beschwerde mindestens 100 weitere Wahlberechtigte beitreten. Weitere Antragsberechtigte sind in § 48 BVerfGG genannt; hieraus ergeben sich auch die weiteren Zulässigkeitsvoraussetzungen des Antrags (vgl dazu auch *Robbers*, Verfassungsprozessuale Probleme, § 22).

36 Ein Verstoß gegen den Grundsatz der Wahlrechtsgleichheit nach Art. 38 Abs. 1 S. 1 GG kann von den Stimmberechtigten im Wege der **Verfassungsbeschwerde** nach Art. 93 Abs. 1 Nr 4a GG geltend gemacht werden; Art. 38 wird dort ausdrücklich als beschwerdefähiges Recht genannt. Art. 38 Abs. 1 S. 1 GG ist hinsichtlich der Wahlrechtsgleichheit lex specialis zu Art. 3 Abs. 1 GG. Der Antrag kann daher, so BVerfG NJW 1999, 43, nur auf Art. 38 Abs. 1 S. 1 und nicht auf Art. 3 Abs. 1 GG gestützt werden. Dies hat Konsequenzen, wenn ein Beschwerdeführer eine Verletzung der Wahlrechtsgleichheit bei Landtagswahlen geltend machen will. Art. 3 Abs. 1 GG ist nicht anwendbar, Art. 38 Abs. 1 GG gilt nur für die Wahlen zum Bundestag. Deshalb sind – so BVerfG, aaO (unter Aufgabe seiner bisherigen Rspr, vgl dazu *Tietje*, JuS 1999, 957 ff) – Regelungen des Landeswahlrechts kein geeigneter Beschwerdegegenstand für die Verfassungsbeschwerde zum BVerfG; zuständig sind die Landesverfassungsgerichte.

Sehen sich **politische Parteien** durch die Ausgestaltung des Wahlrechts in ihrem Recht auf Chancengleichheit verletzt, so kommt für sie als Beteiligte am Verfassungsleben das Organstreitverfahren nach Art. 93 Abs. 1 Nr. 1 GG in Betracht, wenn es um Bundesrecht geht, bei Landesrecht ein Organstreitverfahren vor dem jeweiligen Landesverfassungsgericht (s. dazu LVerfG MV NJ 2001, 138).

3. Demokratie und periodische Wahlen

Wahlen erfüllen ihre Funktion demokratischer Legitimation nur dann, wenn das den **37** Repräsentationsorganen erteilte Mandat in regelmäßigen, von vornherein festgelegten Abständen erneuert wird: **Periodizität der Wahlen** ist unabdingbare Voraussetzung repräsentativer Demokratie (*Starck*, HdBStR II, § 29 Rn 31). Eine bestimmte Dauer der Wahlperioden kann allein aus dem demokratischen Prinzip noch nicht zwingend abgeleitet werden. Das Grundgesetz entscheidet sich in Art. 39 Abs. 1 S. 1 GG für eine Wahlperiode von 4 Jahren, andere Gestaltungen sind denkbar (so auch *Stern* I, § 18 II 6b). In mehreren *Bundesländern* dauert die Wahlperiode des Landtags 5 Jahre.

Lösung Fall 2 – Legislaturperiode –: *Zu Art. 1 des Gesetzes:* In Betracht zu ziehen ist **38** eine Verletzung des *Demokratiegebots*, Art. 20 Abs. 1, 2 GG, das über Art. 79 Abs. 3 GG *unantastbar* ist. Es erfordert ein *Wahlrecht*, das dem Volk als Träger der Staatsgewalt die Befugnis gibt, seinem politischen *Mehrheitswillen* Geltung zu verschaffen und die Machtausübung durch seine gewählten Repräsentanten zu *kontrollieren*. Diese Möglichkeit muss in angemessenen Zeitabständen bestehen, soll die Willensbildungs- und Kontrollfunktion von Wahlen wirksam werden.

Ein ganz *bestimmter* Zeitabstand lässt sich hieraus jedoch nicht ableiten; *Stern*, aaO benennt im historischen und internationalen Vergleich Wahlperioden von 3 bis 6 Jahren. Verlängerungen der Wahlperiode mindern die Effektivität der politischen Kontrolle durch das Volk; andererseits ist auch das Bestreben, die Arbeitsfähigkeit der Volksvertretung nicht durch zu häufige Wahlkämpfe zu beeinträchtigen, legitim. Auch entspricht es dem *repräsentativen* Prinzip, eine gewisse Unabhängigkeit der Volksvertretung von *momentanen* Stimmungsschwankungen anzustreben. In *Abwägung* dieser Gesichtspunkte dürfte eine Wahlperiode von 6 Jahren – wie sie auch auf *kommunaler* Ebene üblich ist – das *Demokratieprinzip* in seinem *Kernbereich* – nur dieser ist durch Art. 79 Abs. 3 GG für *unantastbar* erklärt – nicht verletzen, aber doch an der Grenze liegen.

Art. 1 des Gesetzes ist also mit dem Demokratieprinzip, soweit dieses durch Art. 79 Abs. 3 GG für unantastbar erklärt wird, vereinbar.

Anders Art. 2 des Gesetzes: durch die Verlängerung der *laufenden* Wahlperiode wird der Entscheidung des Wählers nachträglich ein Bedeutungsgehalt zugemessen, der ihr nicht zukommt. Die durch die Wahlen vermittelte Legitimation des Parlaments zur Repräsentation wird überschritten: sie erstreckt sich auf die Dauer der laufenden Wahlperiode, nicht darüber hinaus. Die Volksvertretung nimmt also eine ihr tatsächlich nicht verliehene Repräsentationsbefugnis in Anspruch, setzt also das repräsentative Prinzip insoweit außer Kraft. Damit aber wird dieses Prinzip als Bestandteil des Demokratiegebots in seinem Kernbereich nicht nur beeinträchtigt, sondern für den über die laufende Wahlperiode hinausreichenden Repräsentationszeitraum gänzlich aufgehoben. Hierin liegt eine Verletzung des Demokratiegebots in seinem gemäß Art. 79 Abs. 3 GG unantastbaren Kernbereich. Art. 2 des Gesetzes ist also verfassungswidrig.

Zur *prozessualen Seite* des Falls s. Anhang II zu § 9 Rn 666a.

4. Wahlrecht und Staatsangehörigkeit

a) Der Grundsatz: „Volk" in Art. 20 Abs. 2 GG als Staatsvolk

39 Wenn Art. 20 Abs. 2 GG als Träger der Staatsgewalt das „Volk" benennt, so ist damit das *deutsche Volk* gemeint (so jedenfalls die weitaus überwiegende Auffassung, vgl *Schink*, DVBl 1988, 417 ff m. zahlr. Nw.; differenzierend *Meyer*, HdBStR II, § 38 Rn 4 ff). Dies ergibt bereits die systematische Interpretation des Art. 20 Abs. 2 GG, in der Zusammenschau mit der Präambel des Grundgesetzes, mit Art. 1 Abs. 2 und mit Art. 146 GG, wo im Zusammenhang mit „Volk" stets vom deutschen Volk die Rede ist. Entscheidend aber ist die Überlegung, dass mit der Teilnahme an Wahlen staatliche Gewalt ausgeübt wird. Träger der Staatsgewalt aber ist das *Staatsvolk*. Staatsgebiet, Staatsvolk und Staatsgewalt sind die Merkmale des Staatsbegriffs. Die Zugehörigkeit zum Staatsvolk – also die Staatsangehörigkeit – vermittelt jene *dauerhafte* Beziehung des Bürgers zum Staat, die einerseits durch dauerndes Unterworfensein unter die Staatsgewalt gekennzeichnet ist, aus der andererseits die Notwendigkeit ihrer demokratischen Legitimation resultiert. Für den Ausländer besteht diese dauerhafte Beziehung auch dann nicht, wenn er durch längeren Aufenthalt in der Bundesrepublik sozial weitgehend eingegliedert ist. Auch dann unterliegt er nur der Gebiets-, nicht der Personalhoheit des Gaststaates, weiterhin aber der Personalhoheit des Heimatstaates. Die Beteiligung an Wahlen ist daher von Verfassungs wegen – Art. 20 Abs. 2 GG – an die Staatsangehörigkeit gebunden.

40 Die Voraussetzungen für den Erwerb der Staatsangehörigkeit zu regeln, ist Sache des Gesetzgebers (BVerfGE 83, 37, 52). Hierfür gibt es zwei grundsätzliche Möglichkeiten: Nach dem *ius sanguinis* ist die Abstammung maßgeblich, nach dem *ius soli* der Ort der Geburt. Wie die meisten kontinentaleuropäischen Rechtsordnungen folgt das deutsche Staatsangehörigkeitsrecht traditionell dem erstgenannten Prinzip. Dies bedeutet wiederum nicht, dass es nicht auch anders sein könnte. Wenn Art. 116 GG von deutscher Staatsangehörigkeit spricht, wird dadurch nicht schon das – einfachgesetzliche! – Staatsangehörigkeitsrecht, das vom Grundgesetz vorgefunden wurde, verfassungsrechtlich „zementiert". Es handelt sich um keine institutionelle Garantie (so *Huber/Butzke,* NJW 1999, 2769 ff): ein Rechtsinstitut des einfachen Rechts, also das Staatsangehörigkeitsrecht, das in seinen wesentlichen Elementen (das wäre hier das Abstammungsprinzip) garantiert wird. Mit derartigen Garantien sollte zurückhaltend umgegangen werden: das Gesetz muss sich nach der Verfassung richten, nicht die Verfassung nach dem Gesetz. Der Einführung einer doppelten Staatsangehörigkeit sind jedoch enge Grenzen gesetzt, da beim Mehrstaatler die Zugehörigkeit zum Staatsvolk und die vom Demokratieprinzip vorausgesetzte „Loyalität" hierzu nicht ohne weiteres vorausgesetzt werden können. Zur Neuregelung des Staatsangehörigkeitsrechts s. *Hailbronner*, NVwZ 1999, 1273 f; *Göbel-Zimmermann/Masuch,* DÖV 2000, 95 f sowie *Huber/Butzke*, aaO.

Für *kommunale* Wahlen wurden zT abw. Auffassungen vertreten (zB *Meyer,* HdBStR II, § 38 Rn 4 ff): der Volksbegriff könne hierfür abweichend bestimmt werden. Dem ist das BVerfG entgegengetreten (E 83, 37; 83, 60): Auch auf kommunaler Ebene werde Staatsgewalt iSv Art. 20 Abs. 2 GG ausgeübt. Auch das „Volk" gemäß Art. 28 Abs. 1 S. 2 GG (aF) könne nur das Staatsvolk sein. Eine Verfassungsänderung wurde jedoch offen gehalten (BVerfGE 83, 37, 59) und ist nun erfolgt.

b) Kommunalwahlrecht und Unionsbürgerschaft

Im EU-Vertrag ist ein europaweites **Kommunalwahlrecht** für Ausländer vorgesehen. Anknüpfungspunkt ist die „**Unionsbürgerschaft**" nach Art. 17 EGV. Unionsbürger ist hiernach, „*wer die Staatsangehörigkeit eines Mitgliedstaates besitzt*". **41**
Aus der Unionsbürgerschaft folgt ua nach Art. 19 EGV das aktive und passive Kommunalwahlrecht auch in Mitgliedstaaten, deren Staatsangehörigkeit ein Unionsbürger nicht besitzt. Dies machte eine Änderung des Grundgesetzes erforderlich. Art. 28 Abs. 1 S. 3 GG sieht demgemäß aktives und passives Wahlrecht für Staatsangehörige von EG-Mitgliedstaaten nach Maßgabe von EG-Recht vor.

Entsprechend der Richtlinie 94/80 vom 19.12.1994, Abl-EG Nr 368 haben die Länder ihr Kommunalwahlrecht angepasst. Da nach Art. 7 Abs. 1 der Richtlinie der Wahlberechtigte dann sein Wahlrecht im Wohnsitzstaat ausübt, wenn er eine entsprechende Willensbekundung abgegeben hat, durfte der Landesgesetzgeber die erstmalige Teilnahme an der Kommunalwahl von einem Antrag auf Eintragung in die Wählerlisten abhängig machen (s. hierzu instruktiv BayVerfGH BayVBl 1997, 495).

Lösung Fall 3 – Ausländerwahlrecht –: Wegen Art. 28 Abs. 1 S. 3 GG ist im Ansatz zu unterscheiden: Wahlrecht für Angehörige der EG-Mitgliedstaaten und Wahlrecht für Nicht-EG-Ausländer. **42**

Für letztere gilt:

Art. 28 Abs. 1 S. 2 GG spricht vom „Volk", das eine aus Wahlen hervorgegangene Volksvertretung haben muss. Entscheidend ist dann, ob Zugehörigkeit zum Volk im Sinn dieser Bestimmung Zugehörigkeit zum Staatsvolk bedeutet.

Dies ist zu bejahen: auch die Gemeinden sind Träger staatlicher Gewalt. Mit der Beteiligung an Kommunalwahlen wird also Staatsgewalt ausgeübt. Dies setzt Zugehörigkeit zum Staatsvolk voraus.

Ergebnis: Das Kommunalwahlgesetz von A ist jedenfalls insoweit verfassungswidrig, als Angehörige von Nicht-EG-Staaten das Wahlrecht besitzen.

In Bezug auf Staatsangehörige von Mitgliedstaaten der EG gilt: sie besitzen das Wahlrecht „nach Maßgabe des Rechts der Europäischen Gemeinschaft", Art. 28 Abs. 1 S. 3 GG.

Schrifttum zu III.: *Meyer*, Demokratische Wahl und Wahlsystem, in: HdBStR II, § 37; *ders.*, Wahlgrundsätze und Wahlverfahren, in: HdBStR II, § 38; *Pauly*, Das Wahlrecht in der neueren Rechtsprechung des Bundesverfassungsgerichts, AöR 123 (1998), 232; *Ipsen*, Wahlrecht im Umbruch, JZ 2002, 469; *ders.*, Wahlrechtsgleichheit im Zeichen knapper Mehrheiten, DVBl 2003, 1013; *v. Arnim*, Wählen wir unsere Abgeordneten unmittelbar?, JZ 2002, 578; *Lechleitner*, Das Wahlsystem des BWahlG, Jura 2002, 602.

IV. Ausübung der Staatsgewalt durch Abstimmungen – direkte Demokratie

1. Direkte Demokratie in den Ländern

a) Verfassungsautonomie der Länder

43 Wie das Grundgesetz, treffen die Verfassungen der Bundesländer (abgedr. in *Pestalozza*, Die Verfassungen der Deutschen Bundesländer, 7. Aufl., 2001) die verfassungsgestaltende Grundentscheidung für parlamentarische Demokratie. Sie verwirklichen jedoch in stärkerem Maße **unmittelbare Demokratie**, insbesondere durch Volksbegehren und Volksentscheid. Beim **Volksbegehren** unterstützt ein bestimmter Prozentsatz der Wahlberechtigen den Antrag auf Verabschiedung eines Gesetzes. Wenn das Parlament dem nicht entspricht, kommt es zum **Volksentscheid**. Dies in ihrer Verfassung vorzusehen, sind die Länder im Rahmen ihrer Verfassungsautonomie frei; auch das bundesstaatliche Homogenitätsgebot des Art. 28 Abs. 1 GG (Rn 100) hindert sie nicht daran (BVerfGE 60, 175, 208). Die verfassungsmäßige Ordnung in den Ländern muss demokratischen Grundsätzen des Grundgesetzes entsprechen – dies belässt den Ländern aber Entscheidungsfreiheit in der Ausgestaltung dieser Grundsätze. Art. 28 Abs. 1 Satz 2 GG, der für die Länder eine aus demokratischen Wahlen hervorgegangene Volksvertretung fordert, wäre dann nur berührt, wenn deren Aufgaben und Befugnisse so weit reduziert würden, dass von einer echten Volksvertretung nicht mehr die Rede sein könnte. Dahingehende Entwicklungen sind nicht erkennbar.

b) Gemeinsamkeiten und aktuelle Verfassungskonflikte

44 Im Detail ist direkte Demokratie in den Ländern sehr unterschiedlich ausgestaltet (s. den nachstehenden Übbl über die landesspezifischen Regelungen); gewisse **Grundstrukturen** sind jedoch gemeinsam. Durchweg wird unterschieden zwischen **Volksbegehren** und **Volksentscheid**; teilweise ist dem noch die sog. **Volksinitiative** vorgeschaltet.

Vor allem Länder, deren Verfassung jüngeren Datums ist, kennen ein **dreistufiges Verfahren** mit Volksinitiative, Volksbegehren und Volksentscheid. Dabei kann sich die **Volksinitiative** generell auf „*Gegenstände der politischen Willensbildung*“ beziehen, nicht nur auf Gesetze. Es sind nur verhältnismäßig wenige Unterschriften erforderlich, der Landtag muss sich hiermit aber auch nur „befassen“. So in Berlin – Einwohnerinitiative –, Brandenburg, Mecklenburg-Vorpommern, Niedersachsen, Rheinland-Pfalz, Sachsen-Anhalt und Schleswig-Holstein; Hamburg kennt die Volksinitiative, aber beschränkt auf Gesetze – zur „Befassungspflicht“ des Landtags s. *Röper*, ThürVBl 2003, 154.

Volksbegehren und Volksentscheid können sich in aller Regel nur auf den Erlass eines **Gesetzes** richten. **Bestimmte Materien**, vor allem Abgabengesetze, Besoldungsgesetze, das Haushaltsgesetz, teilweise generell finanzwirksame Gesetze, werden **ausgeschlossen**. Dass das Volksbegehren sich im Rahmen der Zuständigkeiten des Landes bewegen muss, liegt auf der Hand. Stets muss ein **ausgearbeiteter und begründeter Gesetzentwurf** vorgelegt werden. Stets hat sich zunächst der **Landtag** mit der Volksinitiative bzw dem erfolgreichen Volksbegehren zu befassen. Er kann den Entwurf übernehmen, freilich nur unverändert (in einigen Ländern: „im wesentlichen unverändert“) – dann ist das Gesetz zustandegekommen. Andernfalls kommt es zum **Volksentscheid**, wobei stets ein **Alternativentwurf** mit vorgelegt werden kann. **44a**

Der sog. **Haushaltsvorbehalt** wird unterschiedlich interpretiert. Einige Landesverfassungsgerichte verstehen ihn als Verbot von Gesetzen mit Auswirkungen auf den Haushalt (BVerfGE 102, 176 als Landesverfassungsgericht SH; VerfGH NW NVwZ 1982, 188; BbgVerfG LKV 2002, 77; ThürVerfGH LKV 2002, 83). Anders SächsVerfGH LKV 2003, 327: Gesetz über den Haushalt – also das Haushaltsgesetz. Dies entspricht dem Wortsinn. Auch würde andernfalls der Anwendungsbereich von Volksbegehren und Volksentscheid gegen Null tendieren. Verfassungsnormen aber müssen so ausgelegt werden, dass sie wirksam zur Geltung kommen. In Bayern wurde die Frage nach Zulässigkeit und Grenzen **staatlicher Einflussnahme** aktuell: Die Staatsregierung hatte massiv für den vom Landtag gem. Art. 74 Abs. 4 BayVerf mit vorgelegten Gesetzentwurf geworben. BayVerfGH BayVBl 1994, 203 und 238 verneinte eine unzulässige Einflussnahme. Die **Neutralitätspflicht** der Regierung, wie sie gem. BVerfGE 44, 125 für den Wahlkampf gilt, kann hiernach nicht auf die Auseinandersetzung um einen Volksentscheid übertragen werden. Im Gesetzgebungsverfahren kann die Regierung ihre Auffassung geltend machen – für die Gesetzgebung durch das Volk gelte nichts anderes als für das parlamentarische Gesetzgebungsverfahren (kritisch *Morlok/Voss*, BayVBl 1995, 513).

Durchweg ist eine **vorbeugende Normenkontrolle** durch das Verfassungsgericht vorgesehen: der einem Volksbegehren zugrundeliegende Gesetzentwurf wird zunächst von der Landesregierung oder vom Landtag auf seine Verfassungsmäßigkeit und vor allem auch darauf überprüft, ob überhaupt das Land zuständig ist. Gelangen sie hierbei zur Unzulässigkeit, so müssen sie entweder das Verfassungsgericht anrufen oder aber sie können das Volksbegehren als unzulässig behandeln; dann müssen sich die Initianten (Vertrauensleute) des Volksbegehrens an das Verfassungsgericht wenden. Hierdurch werden hier die fehlenden institutionellen Sicherungen der parlamentarischen Gesetzgebung für die Volksgesetzgebung ausgeglichen und es soll verhindert werden, dass ein im Volksentscheid beschlossenes Gesetz nachträglich vom Verfassungsgericht aufgehoben wird. Das **Verfassungsgericht** prüft auch die **Gesetzgebungszuständigkeit** des Landes (Rn 661). **45**

45a Die **Kompetenzfrage** stellte sich im Verfahren um die vorbeugende Normenkontrolle beim hessischen Volksbegehren „*Startbahn West*“ des Flughafens Frankfurt/M. Der Gesetzesentwurf hatte vorgesehen: Änderung des Raumordnungsprogramms des Landes in der Weise, dass durch räumliche Begrenzung des Flughafengeländes der Bau der Startbahn unmöglich wurde. Die Landesregierung lehnte die Zulassung wegen fehlender Gesetzgebungszuständigkeit des Landes ab (Art. 73 Nr 6 bzw Art. 87d GG). Dagegen legten die Vertrauenspersonen Beschwerde zum HessStGH ein (s. §§ 2 ff HessVuVG). Dieser verneinte die Zulässigkeit des Volksbegehrens wegen fehlender Gesetzgebungskompetenz des Landes: Das Gesetz falle unter die ausschließliche Bundeszuständigkeit für den Luftverkehr und nicht etwa unter die Landeszuständigkeit für die Landesplanung (NJW 1982, 1142; *W. Schmidt*, NVwZ 1982, 181). Der StGH hat im Rahmen des Streits um die Zulässigkeit eines Volksbegehrens dessen Vereinbarkeit mit der *Landesverfassung* zu prüfen; Kompetenznormen des GG zählen an sich nicht hierzu. Wenn andererseits das Volksbegehren sich auf einen zulässigen Gegenstand beziehen muss, bewegen sich die Antragsteller, die ein Gesetz außerhalb der Landeszuständigkeit zum Gegenstand des Volksbegehrens machen, außerhalb ihrer Befugnisse.

46 Es gelten nahezu durchweg bestimmte **Quoren**. Quorum bedeutet: Ein bestimmter Prozentsatz der Wahlberechtigten muss sich beteiligen bzw zustimmen. Dabei ist zu unterscheiden: für das Volksbegehren gilt ein bestimmtes **Unterstützungsquorum**. Ein bestimmter Prozentsatz (meist zwischen 5 und 10 v.H.) der Wahlberechtigten muss das Volksbegehren unterstützen. Für den Volksentscheid gilt: bei einem **Beteiligungsquorum** muss sich ein bestimmter Prozentsatz der Wahlberechtigten an der Abstimmung beteiligen; bei einem **Zustimmungsquorum** (dies ist die Regel) muss ein bestimmter Prozentsatz mit ja stimmen.

In erster Linie auf das **Homogenitätsgebot** des Art. 28 Abs. 1 GG stützte sich der *Bremer Staatsgerichtshof*, als er eine Änderung der Landesverfassung für unzulässig erklärte, durch die das Unterstützungsquorum für künftige Volksbegehren auf 5% der bei der jeweils letzten Landtagswahl abgegebenen Stimmen begrenzt werden sollte, was etwa im Regelfall 3% der Stimmberechtigten entsprochen hätte. Hierin sah der BremStGH einen Verstoß gegen unantastbare (Art. 79 Abs. 3 GG!) Prinzipien der parlamentarischen Demokratie: im Gesetzgebungsverfahren sei **demokratische Legitimation** nicht mehr gewährleistet (vgl BremStGH BayVBl 2000, 915 = NordÖR 2000, 186).

Der *Bayerische Verfassungsgerichtshof* (BayVBl 2000, 397, 401) stützt sich auf die demokratischen Grundgedanken der Bayerischen Verfassung, die durch Art. 75 Abs. 1 BayVerf einer Verfassungsänderung entzogen sind und beschwört die Gefahr, dass eine beim „*demokratischen Grundakt, den Wahlen*“ unterlegene Minderheit dem Parlament entgegenarbeiten und hierdurch das parlamentarische System gefährden könnte. Ähnlich restriktiv: ThürVerfGH ThürVBl 2002, 83.

c) Landesspezifische Regelungen

47 **Baden-Württemberg:** Die *Verfassung des Landes Baden-Württemberg* vom 11. November 1953 sieht in Art. 59, 60 **Volksbegehren und Volksabstimmung über Gesetze** vor. Gemäß Art. 59 Abs. 1 liegt das Recht, **Gesetzesinitiativen** einzubringen, *auch beim Volk:* Gesetzesvorlagen können durch Volksbegehren, das gem. Abs. 2 von 1/6 der Wahlberechtigten getragen sein muss, eingebracht werden. Das Volksbegehren wird von der **Regierung** – versehen mit deren **Stellungnahme** – dem **Landtag** zugeleitet, der über das Gesetz abstimmt. Stimmt er **unverändert**

zu, ist das Gesetz in dieser Gestalt zustandegekommen. Sonst findet die **Volksabstimmung** statt. Für **Verfassungsänderungen** ist die Mehrheit der Stimmberechtigten erforderlich; die Initiative hierzu kann sowohl im Wege eines Volksbegehrens erfolgen, als auch auf Antrag der Mitgliedermehrheit des Landtags, Art. 64 Abs. 3. Die Möglichkeit einer **vorzeitigen Auflösung des Landtags durch Volksabstimmung** sieht Art. 43 vor.

Bayern: Die *Verfassung des Freistaates Bayern* vom 2. Dezember 1946 regelt in Art. 72 Abs. 1, Art. 74 die Volksgesetzgebung. Das Verfahren beginnt zunächst mit einem Vorverfahren, dem **Zulassungsverfahren** zum **Volksbegehren**, Art. 64 ff LWG. Werden die Zulassungsvoraussetzungen verneint, so ist die Entscheidung des **Bayerischen Verfassungsgerichtshofs** herbeizuführen, vgl Art. 65 LWG. Der BayVerfGH prüft hier den Gesetzentwurf auch auf seine Vereinbarkeit mit Bundesrecht, E. v. 27.3.1990 und bereits BayVerfGHE 40, 94, 101 ff (vorbeugende Normenkontrolle). **48**

Das **Volksbegehren** muss von 1/10 der Stimmberechtigten unterstützt werden und geht dann in den **Landtag**. Dieser prüft es erneut in formeller und materieller Hinsicht. Gegen seine ablehnende Entscheidung kann der BayVerfGH angerufen werden. Nimmt der Landtag den Gesetzentwurf nicht unverändert an, findet der **Volksentscheid** statt.

Für **Verfassungsänderungen** gilt ein **obligatorisches Referendum.** Sie können auf Initiative des Landtags erfolgen. Erforderlich ist zunächst dessen Beschluss mit 2/3-Mehrheit. Dann kommt es zum **Referendum** (Art. 75 Abs. 2 S. 2 BayVerf; einfache Mehrheit). Verfassungsänderungen können aber auch Gegenstand eines **Volksbegehrens** sein. Dann findet auf jeden Fall der Volksentscheid (ggf auch über einen Alternativentwurf) statt. 2/3-Mehrheit im Landtag ist nicht erforderlich. In seiner E. vom 17.9.1999 über die Abschaffung des Bay. Senats fordert der BayVerfGH (DÖV 2000, 28) ein Quorum für den Volksentscheid über eine Verfassungsänderung nach Art. 74 BayVerf, also eine Verfassungsänderung, die durch Volksbegehren initiiert wurde. Zwar besagt die Verfassung hierüber nichts. Der BayVerfGH sieht hierin aber eine Regelungslücke, die im Wege der Verfassungsauslegung auszufüllen sei. Denn die Verfassung genieße erhöhte Bestandskraft. Der Gesetzgeber hat nach der E. des BayVerfGH – gleichsam als Verfassungsinterpret – deshalb ein Quorum festzusetzen, das andererseits aber auch die Volksgesetzgebung nicht unverhältnismäßig erschweren darf (kritisch *Lege*, DÖV 2000, 283). Anders als der StGH Bremen (Rn 51) bemüht der BayVerfGH aber nicht Art. 28 Abs. 1 GG (Homogenitätsgebot).

Auch die Bayerische Verfassung kennt die **Abberufung des Landtags**, Art. 18 Abs. 3.

Berlin: Die *Verfassung von Berlin* vom 2. September 1950 wurde mit einer am 22.10.1995 zur Volksabstimmung gestellten und angenommenen Verfassungsänderung in weiten Bereichen neugefasst. Sie sieht nunmehr ein dreistufiges Verfahren der Volksgesetzgebung vor: Die **Volksinitiative** nach Art. 61 kann sich auf alle Gegenstände der politischen Willensbildung im Rahmen der Zuständigkeiten des Abgeordnetenhauses beziehen; mitwirkungsberechtigt sind **alle Bewohner** Berlins, während beim **Volksbegehren**, Art. 62, 10 v.H. der **Wahlberechtigten** zustimmen müssen. Es kann, ebenso wie der anschließende **Volksentscheid** nach Art. 63, auch auf die **vorzeitige Beendigung der Wahlperiode** des Abgeordnetenhauses gerichtet sein. **49**

50 **Brandenburg:** Das Verfahren der Volksgesetzgebung ist dreistufig. Für die **Volksinitiative** sind 20 000 Unterschriften erforderlich, Art. 76 Abs. 1 S. 3 BbgVerf. Landesregierung oder Landtag (dort mindestens ein Drittel der Abgeordneten) können gegen das Volksbegehren das Landesverfassungsgericht anrufen, Art. 77 Abs. 2. Für das **Volksbegehren** sind 80 000 Unterschriften erforderlich. Im **Volksentscheid** muss mindestens ein Viertel der Stimmberechtigten zustimmen, Art. 78 Abs. 2. Für Verfassungsänderungen gelten qualifizierte Mehrheitserfordernisse, Art. 78 Abs. 3. Volksinitiative, -begehren und -entscheid sind nicht auf die Gesetzgebung beschränkt, sondern können sich generell auf „Gegenstände der politischen Willensbildung" richten, Art. 76 Abs. 1 S. 1.

51 **Bremen:** Die *Landesverfassung der Freien Hansestadt Bremen* vom 21. Oktober 1947 sieht in Art. 69 ff Volksbegehren und Volksentscheid für Gesetze vor; eine Besonderheit im Verfassungsvergleich bildet hier die Bestimmung des Art. 70 lit.b), nach der auch die Volksvertretung (die *Bürgerschaft*) eine in ihre Zuständigkeit fallende Frage – insoweit nicht beschränkt auf Gesetze – von sich aus dem Volksentscheid unterbreiten kann. Das Parlament kann also hier die plebiszitäre Bestätigung in Sachfragen suchen. Für Verfassungsänderungen sieht Art. 70 lit.a) das **obligatorische Referendum** vor; Ausnahme: einstimmiger Beschluss der Bürgerschaft; – zu den Schranken der Zulässigkeit eines Volksbegehrens s. BremStGH NVwZ 1998, 388. Dass Verfassungen erschwert abänderbar sein müssen, gehört lt. BremStGH BayVBl 2000, 342 (s. Rn 46) zum nach Art. 28 Abs. 1 GG unverzichtbaren Bestand der Verfassungsordnung (vgl für Bayern Rn 48).

52 **Hamburg:** Die *Verfassung der Freien und Hansestadt Hamburg* vom 6. Juni 1952 sieht seit 1996 in Art. 50 **Volksinitiative** (durch 20 000 Wahlberechtigte), **Volksbegehren** (Unterstützungsquorum: 1/10) und **Volksentscheid** vor. Für letzteren gilt ein Zustimmungsquorum von einem Viertel der Wahlberechtigten; bei Verfassungsänderungen ist eine Abstimmendenmehrheit von 2/3 und ein Zustimmungsquorum von 50 v.H. der Wahlberechtigten erforderlich, was in der Praxis schwer darstellbar sein dürfte. Wird ein Gesetz durch Volksentscheid angenommen, kann es innerhalb von zwei Jahren nicht im Wege von Volksinitiative, Volksbegehren und Volksentscheid geändert werden, Art. 50 Abs. 4 (wohl aber durch die Bürgerschaft).

53 **Hessen:** Nach der *Verfassung des Landes Hessen* vom 1. Dezember 1946 sind gemäß Art. 116 Abs. 1 Volk und Landtag gleichberechtigte Organe der Gesetzgebung, wenngleich die Gesetzgebung durch letzteren gemäß Art. 116 Abs. 2 als Regelfall gilt (*W. Schmidt*, Hessisches Staats- und Verwaltungsrecht, S. 32). Das **Verfahren** der Gesetzgebung durch **Volksentscheid** ist in ähnlicher Weise wie in der Bayerischen Verfassung geregelt: dem Volksbegehren geht ein **Zulassungsverfahren** voraus (näher geregelt im Gesetz über Volksbegehren und Volksentscheid – VuVG); für den Antrag auf Zulassung sind 3% der Stimmberechtigten erforderlich.

54 **Mecklenburg-Vorpommern:** Die *Verfassung des Landes Mecklenburg-Vorpommern* vom 23. Mai 1993, angenommen durch Volksentscheid vom 13. Juni 1994, sieht das dreistufige Verfahren (Rn 44) vor. Das **Volksbegehren** (auf Gesetzeserlass) muss von mindestens 140 000 Wahlberechtigten unterstützt werden. Auf An-

trag der Landesregierung oder eines Viertels der Mitglieder des Landtags hat das **Landesverfassungsgericht** über seine Zulässigkeit zu entscheiden. Diese Prüfung soll offenbar, wie sich aus der systematischen Stellung des Art. 60 Abs. 2 ergibt, erst erfolgen, nachdem das Volksbegehren zustandegekommen ist. Im **Volksentscheid** gilt ein Zustimmungsquorum von einem Drittel der Wahlberechtigten. Für Verfassungsänderungen ist eine Zweidrittelmehrheit der Abstimmenden und gleichzeitig die Zustimmung der Hälfte der Wahlberechtigten erforderlich.

Niedersachsen: Die neue *Niedersächsische Verfassung* vom 19. Mai 1993, durch die die vorläufige Verfassung aus dem Jahre 1949 abgelöst wurde, sieht in ihrem 5. Abschnitt ebenfalls das dreistufige Verfahren unter Einschluss der **Volksinitiative** vor (Rn 44). Das **Volksbegehren** nach Art. 48 kann nur Gesetze zum Gegenstand haben. Die Landesregierung prüft die Zulässigkeit, gegen ihre Entscheidung kann der Staatsgerichtshof angerufen werden, Art. 48 Abs. 2. Um dann erfolgreich zu sein, muss das Volksbegehren die Unterstützung von 10% der Wahlberechtigten erlangen. Im **Volksentscheid** muss ein Viertel der Wahlberechtigten, bei Verfassungsänderungen die Hälfte zustimmen. **55**

Nordrhein-Westfalen: Die *Verfassung für das Land Nordrhein-Westfalen* vom 28. Juni 1950 sah von Anfang an Volksbegehren und Volksentscheid über Gesetze, aber auch die **Auflösung des Landtags** vor, Art. 35 Abs. 2 iVm Art. 68 Abs. 3. Durch Gesetz vom 3. Juli 2002 (GVBl S. 456) wurden die Verfahrenshürden abgesenkt und außerdem die Volksinitiative (Rn 44) eingeführt, Art. 67a. **55a**

Das **Volksbegehren** muss nur noch von 8 v.H. der Stimmberechtigten gestellt werden; es ist von der **Landesregierung** zu überprüfen, gegen ihre Entscheidung kann der **Verfassungsgerichtshof** angerufen werden. Dass auch die **Zuständigkeit des Landesgesetzgebers** zu prüfen ist, wird in Art. 68 Abs. 1 S. 3 ausdrücklich klarstellt. Im Volksentscheid gilt ein Zustimmungsquorum von nur 15 v.H., bei Verfassungsänderungen 50 v.H. und 2/3-Mehrheit der Abstimmenden.

Eine Besonderheit im Verfassungsvergleich stellt die Regelung des Art. 68 Abs. 3 dar, nach der sich die **Landesregierung** gleichsam *„am Parlament vorbei"* an das Volk wenden kann, um einen von ihr eingebrachten und im Landtag abgelehnten Gesetzentwurf zum Volksentscheid zu bringen (während in *Bremen* sich das *Parlament* unmittelbar ans Volk wenden kann). Es ist dies ein für die Landesregierung riskantes Verfahren: lehnt das Volk den Gesetzentwurf ab, muss die Regierung **zurücktreten**; – im Ergebnis also eine Form der Vertrauensfrage der Regierung an das Volk. Wird das Gesetz jedoch angenommen, so kann die Regierung den Landtag auflösen.

Rheinland-Pfalz: Die *Verfassung für Rheinland-Pfalz* vom 18. Mai 1947, durch Gesetz vom 16. Februar 2000 mit Wirkung zum 18. Mai 2000 umfassend novelliert, sieht in Art. 108a die **Volksinitiative** (Rn 44) vor, ferner in Art. 109 **Volksbegehren** und **Volksentscheid**, gerichtet nicht nur auf **Gesetze,** sondern auch auf die **Auflösung des Landtags.** Art. 114 Rh-PfVerf verpflichtet den Landtag, die Verkündung von Gesetzen auf zwei Monate auszusetzen, wenn ein Drittel der Mitglie- **56**

der es verlangt. In diesem Fall kann bereits 1/20 der Wahlberechtigten den Volksentscheid über das Gesetz verlangen, Art. 115. Auch dies eine Besonderheit im Verfassungsvergleich: Art. 114, 115 geben damit praktisch der **Opposition** die Möglichkeit, gegen die Entscheidung der **Parlamentsmehrheit** das **Volk unmittelbar** anzurufen.

57 **Saarland:** Die *Verfassung des Saarlandes* vom 15. Dezember 1947 sieht **Volksbegehren** und **Volksentscheid** über Gesetze vor, nimmt jedoch Verfassungsänderungen hiervon aus (während umgekehrt die Bayerische Verfassung, vgl o. Rn 48, gerade Verfassungsänderungen dem obligatorischen Referendum unterwirft). Das Verfahren ist ähnlich geregelt wie in Bayern und Hessen: **Vorverfahren** – **Volksbegehren** und **Volksentscheid**.

58 **Sachsen:** Auch in Sachsen ist das Verfahren der Volksgesetzgebung mehrstufig ausgestaltet, *Verfassung des Freistaates Sachsen* vom 27. Mai 1992, Art. 70 ff. Der **Volksantrag**, für den 40 000 Unterschriften erforderlich sind, der aber nur **Gesetze** zum Gegenstand haben kann, ist vom Landtagspräsidenten auf seine Zulässigkeit zu überprüfen, der den Verfassungsgerichtshof anrufen kann, Art. 71 SächsVerf. Übernimmt der Landtag die Volksinitiative nicht, findet das **Volksbegehren** statt, für das 450 000 Unterschriften erforderlich sind. Beim **Volksentscheid** entscheidet allein die Mehrheit der abgegebenen Stimmen, ein Quorum ist nicht vorgesehen, Art. 72 SächsVerf. Die Mehrheit der Stimmberechtigten ist beim Volksentscheid über **Verfassungsänderungen** erforderlich, Art. 74 Abs. 3 S. 3 SächsVerf. Ein Volksentscheid über Verfassungsänderungen kann auch vom Landtag initiiert werden, Art. 74 Abs. 3 S. 1 SächsVerf.

59 **Sachsen-Anhalt:** Die *Verfassung des Landes Sachsen-Anhalt* vom 16. Juli 1992 sieht auch die **Volksinitiative** (Rn 44) vor. Das **Volksbegehren** kann sich nur auf Gesetze beziehen und muss von 250 000 Wahlberechtigten unterstützt werden, Art. 81 Abs. 1. Die Landesregierung prüft seine Zulässigkeit; gegen ihre negative Entscheidung kann das Landesverfassungsgericht angerufen werden. Im **Volksentscheid** beträgt nach Art. 81 Abs. 3 das Zustimmungsquorum ein Viertel der Stimmberechtigten. Dieses Quorum entfällt für einen etwaigen Alternativentwurf des Landtages nach Abs. 4. Der Grund für diese Regelung ist darin zu sehen, dass in diesem Fall bereits der Landtagsbeschluss dem Gesetz die erforderliche demokratische Legitimation verschafft hat. Für **Verfassungsänderungen** gelten höhere Quoren.

60 **Schleswig-Holstein:** Die neue Verfassung vom 30. Mai 1990 sieht Volksinitiativen einerseits, Volksbegehren und Volksentscheid andererseits vor. Die Volksinitiative ist vom Landtag zu behandeln; übernimmt er sie nicht, kann die Durchführung des Volksbegehrens beantragt werden, Art. 42 Abs. 1. Über dessen Zulässigkeit ist auf Antrag der Landesregierung oder eines Viertels der Mitglieder des Landtags vom Bundesverfassungsgericht zu entscheiden (Schleswig-Holstein hat kein Landesverfassungsgericht). Für das Volksbegehren ist die Zustimmung von 5 v.H. der Wahlberechtigten erforderlich. Ist es erfolgreich, findet der Volksentscheid statt; Art. 42 Abs. 2 sieht differenzierte Quoren vor.

Thüringen: Die *Verfassung des Freistaates Thüringen* vom 25. Oktober 1993 benennt in Art. 82 Volksbegehren und Volksentscheid, bezogen ausschließlich auf die *Gesetzgebung* des Landes. Dem Volksbegehren müssen 14 v.H. der Stimmberechtigten innerhalb von vier Monaten zustimmen. Landesregierung und ein Drittel der Mitglieder des Landtags haben den Verfassungsgerichtshof anzurufen. Für den Volksentscheid gilt nach Art. 82 Abs. 6 S. 2 2. Halbs. ein – hohes – Zustimmungsquorum von einem Drittel der Stimmberechtigten, für Verfassungsänderungen beträgt das entsprechende Quorum nach Art. 83 Abs. 2 S. 2 die Hälfte der Stimmberechtigten. **61**

2. Direkte Demokratie ins Grundgesetz?

Art. 29 GG besagt nicht zwingend, dass Abstimmungen nur in den dort genannten Fällen möglich sein sollen; ebenso wenig kann davon ausgegangen werden, dass Art. 20 Abs. 2 S. 2 GG nur den Fall des Art. 29 erfasst; tatsächlich ist Art. 29 GG nicht einmal ein Fall der Abstimmung durch das Staatsvolk *des Bundes*; abgestimmt wird auf Landesebene. Nach Art. 79 Abs. 3 GG dürfen zwar die Grundsätze des Art. 20 GG auch im Wege der Grundgesetzänderung nicht angetastet werden – aber eben nur die Grundsätze. Die aktuelle Ausgestaltung der parlamentarischen und repräsentativen Demokratie ist also nicht auf Dauer zementiert, sondern kann modifiziert werden. Dies gilt auch für das Verhältnis von direkter und repräsentativer Demokratie. Wenn gerade in Art. 20 Abs. 2 auch Abstimmungen als Element demokratischer Staatswillensbildung genannt werden, so ist direkte Demokratie hier angelegt (so auch *Maurer* § 3 Rn 32), kann also nicht gegen Art. 79 Abs. 3 GG verstoßen. Durch **Verfassungsänderung** könnten also auch **Formen direkter Demokratie** in das Grundgesetz eingeführt werden, wie sie auf Länderebene bereits bestehen, insbesondere Volksbegehren und Volksentscheid (Rn 44). Welche Anforderungen zu stellen sind, um die Ernsthaftigkeit und demokratische Gemeinwohlorientierung des Volksbegehrens und die demokratische Legitimation des im Volksentscheid zustandegekommenen Gesetzes zu gewährleisten, wird, wie die vorstehend dargelegten Verfassungsstreitigkeiten auf Landesebene belegen, unterschiedlich beurteilt (sehr eng etwa vom ThürVerfGH LKV 2002, 83; s. auch BayVerfGH BayVBl 2000, 397; zum ThürVerfGH s. *Jutzi*, NJ 2001, 645). **62**

Eine Änderung des Grundgesetzes ist jedoch erforderlich. Wie im Fall des Art. 29 GG müssten andere Fälle von Abstimmungen in gleicher Weise positiv geregelt sein. Es besteht ein **Verfassungsvorbehalt** (vgl auch *Hesse*, Rn 27 ff): wer Gesetze erlassen darf, dies muss unmittelbar in der Verfassung festgelegt sein und wird im Grundgesetz auch in den Art. 70 ff eingehend geregelt.

Exkurs: Deutsche Einigung, gesamtdeutsche Verfassung und Verfassungsreferendum

Mit dem Wirksamwerden des Beitritts der (damaligen) Deutschen Demokratischen Republik zur Bundesrepublik Deutschland am 3. Oktober 1990 ist das Grundgesetz im Beitrittsgebiet in Kraft getreten. Die **Beitrittserklärung** war erfolgt durch Be- **62a** schluss der Volkskammer der DDR vom 23. August 1990 (GBI DDR I, S. 1324 = BGBl II, S. 2057), in Ausübung des durch Art. 23 S. 2 GG aF eingeräumten Rechts, einseitig den Beitritt zu erklären. Die demokratische Legitimation hierfür (vgl *Degenhart*, DVBl 1990, 873, 874) war durch die **Wahlen** vom 18.3.1990 begründet worden. Die Einzelfragen – insbesondere der Rechtsangleichung – wurden im **Einigungsvertrag** vom 31. August 1990 (EV) festgelegt. Durch (verfassungsänderndes) Gesetz vom 23. September 1990 (BGBl II, S. 885) wurde seitens der Bundesrepublik dem EV zugestimmt. **Art. 146 GG**, der den alternativen Weg über eine gesamtdeutsche Verfassungsgebung ermöglicht hätte, wurde in geänderter Form beibehalten und besagt nichts anderes als die an sich selbstverständliche Tatsache, dass das Grundgesetz durch eine neue Verfassung abgelöst werden könnte. Hier wäre dann aber der „*pouvoir constituant*" des Volkes (Rn 15a) gefordert. Eine neue gesamtdeutsche Verfassung bedürfte der Bestätigung im Plebiszit (näher: *Huber*, in: Sachs, Art. 146 Rn 9 ff). Doch steht derzeit die Europäische Verfassung im Vordergrund (Rn 22). Auch wenn die Ordnung des Grundgesetzes in einer wie immer konzipierten europäischen Verfassungsordnung aufgehen soll (dazu Rn 21), kann dies nicht ohne den Souverän, das Volk also, erfolgen.

Schrifttum: *Degenhart*, Verfassungsfragen der deutschen Einheit, DVBl 1990, 973 ff; *Lerche*, Der Beitritt der DDR, HdBStR VIII, 1995, § 194; *Heckel*, Die Legitimation des Grundgesetzes durch das deutsche Volk, HdBStR VIII, § 197; *H.H. Klein*, Kontinuität des Grundgesetzes und seine Änderung im Zuge der Wiedervereinigung, HdBStR VIII, § 198.

62b **Lösung Fall 1 – Volksbefragung –:**

1. Nach Art. 20 Abs. 2 S. 2 GG wird Staatsgewalt durch das Volk in „Wahlen und Abstimmungen" ausgeübt. Eine Abstimmung des Volkes über Gesetze könnte eine Abstimmung iS dieser Bestimmung darstellen. Im Grundgesetz ist jedoch nur in Art. 29 GG eine Abstimmung des Volkes (über Neugliederungen des Bundegebiets) vorgesehen. Die Frage ist daher, ob Abstimmungen auch in anderen Fällen – wie hier – möglich sind.

2. Art. 29 GG besagt nicht zwingend, dass Abstimmungen nur in den dort genannten Fällen möglich sein sollen (Rn 62); auch Art. 79 Abs. 3 iVm Art. 20 Abs. 2 S. 2 GG steht nicht entgegen.

3. Der Volksentscheid kann jedoch nicht durch einfaches Bundesgesetz angeordnet werden: es besteht ein Verfassungsvorbehalt.

Ergebnis: Die unterschiedlichen Vorschläge dem Volk zur Abstimmung vorzulegen, wäre unzulässig.

Zur **Abwandlung:**

Für die Zulässigkeit der Volksbefragung könnte sprechen, dass hier nichts entschieden werden soll, das Volk also keine Staatsgewalt ausübt.

Dagegen spricht, dass derartige Volksbefragungen, wenn sie staatlicherseits veranstaltet werden, gleichsam als „Entscheidungshilfe", eben doch zu einer unmittelbaren Teilhabe an der Wahrnehmung staatlicher Funktionen führen. Sie sind eben mehr als eine unverbindliche Meinungsäußerung (und deshalb auch kein Fall des Art. 5 GG). Dies spricht für einen unzulässigen Eingriff in das Gesetzgebungsverfahren.

Hinzu kommt, dass hierdurch das Parlament einem Entscheidungsdruck ausgesetzt würde, der mit seinen Aufgaben und seiner Stellung schwer vereinbar wäre.

Überwiegend werden daher derartige Volksbefragungen im Widerspruch zum repräsentativen Prinzip des GG gesehen und deshalb für unzulässig gehalten (vgl *Krause*, HdBStR II, § 39 Rn 18); vgl auch das Volksbefragungsurteil des BVerfG, E 8, 104. Dort war eine von den Gemeinden eines Landes durchgeführte Bürgerbefragung in einer verteidigungspolitischen Angelegenheit als Verfassungsverstoß gewertet worden.

Lösung Fall 1a – Volksentscheid –: 62c

1. Volksbegehren und Volksentscheide sind im Grundgesetz nicht vorgesehen. Ihre Einführung im Wege der Grundgesetzänderung ist am Maßstab des Art. 79 Abs. 3 GG zu messen. Berührt sein könnten die Grundsätze des Art. 20 Abs. 2 GG – Demokratieprinzip –. Art. 20 Abs. 2 S. 2 spricht jedoch von Wahlen und Abstimmungen. Deshalb steht Art. 79 Abs. 3 iVm Art. 20 GG nicht entgegen.

2. Abstimmungsquoren sind ein legitimes Mittel, um demokratische Legitimation des volksbeschlossenen Gesetzes zu gewährleisten. Sie dürfen andererseits nicht so hoch sein, dass die Verfassungsnorm leer läuft. In Abwägung dieser Gesichtspunkte sind 20 v.H. sachgerecht und realistisch.

3. Für Verfassungsänderungen folgen aus der erhöhten Bestandskraft der Verfassung erhöhte Anforderungen. Mit einer Abstimmendenmehrheit von 2/3 bei einer Mindestbeteiligung an der Abstimmung von 40% der Stimmberechtigten werden jene 25% an Zustimmung zu verfassungsändernden Gesetzen erreicht, die etwa der Bayerische Verfassungsgerichtshof für erforderlich hält (Rn 48).

Schrifttum zu IV.: *Degenhart*, Direkte Demokratie in den Ländern – Impulse für das Grundgesetz?, Der Staat 31 (1992), 77; *Jürgens*, Direkte Demokratie in den Ländern, 1993; *Jung*, Abschluß und Bilanz der jünsten plebiszitären Entwicklung in Deutschland auf Landesebene, JöR n.F. 48 (2000), 39; *Degenhart*, Volksgesetzgebungsverfahren und Verfassungsänderung nach der Verfassung des Freistaats Thüringen, DVBl 2001, 201.

V. Parlamentarische Demokratie – Funktionen des Parlaments

Welche Vorgaben das Grundgesetz für die parlamentarische Arbeit enthält, welche Konflikte sich zwischen Regierungsmehrheit und Opposition und zwischen den einzelnen Fraktionen ergeben können und wie sie zu lösen sind, wie die Stellung des einzelnen Abgeordneten beschaffen ist und welche Rechte das Parlament – also der Bundestag – gegenüber der Regierung hat, wird im Abschnitt über die einzelnen Staatsorgane in § 5 – Der Bundestag – dargestellt. Im folgenden Abschnitt geht es um die grundsätzliche Bedeutung des Parlaments in der demokratischen Ordnung des Grundgesetzes, um seine wesentlichen Funktionen.

➡ **Leitentscheidungen:** BVerfGE 49, 89 (Kalkar I); BVerfGE 68, 1 (Raketenstationierung); BVerfGE 90, 286 (Adria-Einsatz der Bundeswehr).

Ausgangsfälle:

Fall 4 – Gentechnische Anlage – (nach HessVGH DVBl 1990, 63): 63

Die Multipharm AG erhielt im Jahre 1989 – seinerzeit war die Gentechnik noch nicht gesetzlich geregelt – eine Genehmigung nach § 4 BImSchG für die Errichtung und den

Betrieb einer Anlage zur gentechnischen Erzeugung bestimmter Wirkstoffe. Dagegen wandte sich der Nachbar N, der erhebliche Gefährdungen befürchtete. Die Auswirkungen der Gentechnik seien noch in keiner Weise absehbar. Das BImSchG biete keine Grundlage für die Zulassung gentechnischer Anlagen, da der Gesetzgeber bei dessen Erlass deren Risiken in keiner Weise erwägen konnte; auf Grund der Neuartigkeit der Gen-Technologie gegenüber den Anlagen nach BImSchG sei eine erneute Grundsatzentscheidung des Gesetzgebers erforderlich. **Rn 69**

64 **Fall 5:**

a) – Pershing – (nach BVerfGE 68, 1)**:** Die Bundesregierung erklärte im Herbst 1983 gegenüber der Regierung der Vereinigten Staaten ihre Zustimmung zur Stationierung neuer Mittelstreckenwaffen auf dem Gebiet der Bundesrepublik. Die Erklärung erfolgte nach Maßgabe der Bestimmungen des NATO-Vertrags von 1949 (BGBl 1955 II, 289) sowie des Vertrags über den Aufenthalt ausländischer Streitkräfte in der Bundesrepublik von 1954 (BGBl 1955 II, 253). Der Zustimmungserklärung der Bundesregierung war eine erregte und eingehende Debatte im Bundestag vorangegangen, nach der der Bundestag mehrheitlich die von der Bundesregierung angekündigte Erklärung gebilligt hatte.

Die oppositionelle X-Fraktion sieht hierin eine Verletzung der Rechte des Parlaments: die Bundesregierung hätte ihrer Auffassung nach die Zustimmung nur auf der Grundlage eines besonderen, sie ausdrücklich hierzu ermächtigenden Gesetzes erteilen dürfen. **Rn 70**

b) – Adriaeinsatz – (nach BVerfGE 90, 286)**:** Die Bundesrepublik entsandte im Jahre 1992 eine Einheit der Bundesmarine in die Adria, die sich an der Überwachung eines Embargos gegen „Rest-Jugoslawien“ beteiligen sollte. Grundlage war ein Beschluss der NATO, die ihrerseits auf Ersuchen der UN tätig wurde. Die Zustimmung des Bundestags wurde hierfür nicht eingeholt.

Hat die Bundesregierung dadurch Rechte des Parlaments verletzt? **Rn 70**

c) – Rückruf –: Mit Zustimmung des Bundestags hat die Bundesregierung Bundeswehreinheiten zur Teilnahme an einer friedenssichernden Aktion in einem Krisengebiet des Mittleren Ostens entsandt. Nachdem die Bundesrepublik Ziel eines terroristischen Anschlags geworden ist, der auf die Beteiligung an dieser Aktion zurückgeführt wird, fordert der Bundestag in einem Mehrheitsbeschluss die Bundesregierung auf, die Bundeswehreinheiten unverzüglich zurückzurufen. Die Bundesregierung möchte an ihrer Linie festhalten und sieht ihre politische Glaubwürdigkeit gefährdet. **Rn 70**

1. Funktionen des Parlaments – Überblick

65 Das Parlament – der Bundestag – ist die **Vertretung des Volkes**. Es ist in der demokratischen Ordnung des Grundgesetzes alleiniges unmittelbar demokratisch legitimiertes Organ des Staates. Die anderen Organe sind ihm verantwortlich, unterliegen seiner Kontrolle. Als Volksvertretung ist das Parlament auch das primäre Forum der politischen Auseinandersetzung und Willensbildung. Deshalb dürfen wesentliche politische Entscheidungen nicht am Parlament vorbei getroffen werden. Insbesondere die **Ausübung staatlicher Gewalt** in der Form der **Gesetzgebung** ist Sache des Parlaments, aber auch die **Kontrolle** der Ausübung staatlicher Gewalt durch die

anderen Verfassungsorgane, insbesondere die Kontrolle der Regierung – zB über das Enquêterecht, also das Recht zum Einsetzen eines Untersuchungsausschusses. Maßgeblichen Einfluss auf die Bildung der weiteren Staatsorgane übt der Bundestag über seine Kompetenz zur Kanzlerwahl aus. Schließlich ist in der repräsentativen Demokratie das Parlament das maßgebliche Forum für die Öffentlichkeit der politischen Willensbildung: **Öffentlichkeitsfunktion** des Parlaments (*H.H. Klein*, HdBStR II, § 40 Rn 39 ff).

2. Parlamentsvorbehalte

Das Parlament ist unmittelbar durch Wahlen demokratisch legitimiert – dies bedeutet freilich nicht, dass Entscheidungen stets und ausnahmslos vom Parlament getroffen werden müssten. Denn auch die **Regierung** ist unter der demokratisch-parlamentarischen Herrschaftsordnung des Grundgesetzes institutionell, funktionell und personell demokratisch legitimiert, unterliegt demokratisch-parlamentarischer Kontrolle (BVerfGE 68, 1, 108 f, vgl auch E 49, 89): „*Aus dem Grundsatz der parlamentarischen Demokratie darf nicht ein Vorrang des Parlaments und seiner Entscheidungen gegenüber den anderen Gewalten als ein alle konkreten Kompetenzzuordnungen überspielender Auslegungsgrundsatz hergeleitet werden.*" In „**wesentlichen**" Fragen, Fragen, die für das Gemeinwesen von maßgeblicher Bedeutung sind, darf jedoch nicht am Parlament vorbei entschieden werden, besteht also ein **Parlamentsvorbehalt**. **66**

Regelmäßig ist dies gleichbedeutend mit dem **Vorbehalt des Gesetzes** – also die Notwendigkeit einer ausdrücklichen gesetzlichen Ermächtigung für das Handeln der Exekutive, wie sie vor allem, aber nicht nur, für Eingriffsmaßnahmen (Rn 319) gilt. Dessen Wurzel liegt einerseits im **Rechtsstaatsgebot** des Art. 20 Abs. 3 GG (s. dazu § 3 Rn 310 ff) und den Grundrechten (s. dazu *Pieroth/Schlink* Rn 264), aber eben auch im **Demokratiegebot**. Das parlamentarische Verfahren und die parlamentarische **Öffentlichkeit** sollen rechtsstaatliche und demokratische Legitimation gewährleisten. Besonders deutlich wird dies für kontrovers diskutierte Entscheidungen in grundrechtsrelevanten Bereichen (vgl zB BVerfGE 34, 165, 192 f; 41, 251, 269; 45, 400, 417; 49, 89, 126). Das Parlament muss dabei die wesentlichen Fragen selbst entscheiden, darf sich also nicht mit einer bloßen Ermächtigung an die Exekutive begnügen und dieser iÜ die Entscheidung überlassen. Dies ist gemeint, spricht man vom **Parlamentsvorbehalt** für wesentliche Entscheidungen. Insoweit geht der Parlamentsvorbehalt über den bloßen **Gesetzesvorbehalt** hinaus.

So war im **Fall 4 – Gentechnische Anlage –** wohl der Gesetzesvorbehalt gewahrt, nicht aber der demokratische Parlamentsvorbehalt: der Bundestag hatte sich mit den dort aufgeworfenen, nach Ansicht des Gerichts auch grundrechtsrelevanten Fragen noch nicht befasst.

Es besteht jedoch **kein Totalvorbehalt** für den parlamentarischen Gesetzgeber in politisch wichtigen Fragen (BVerfGE 68, 1, 109). Die positive Kompetenzordnung **67** des Grundgesetzes darf nicht durch Berufung auf das Demokratieprinzip überspielt werden. Wo das Grundgesetz eine **ausdrückliche** Kompetenznorm für bestimmte Maßnahmen oder Entscheidungen enthält, ist diese zu beachten. Deshalb bedurfte der Beitritt der Bundesrepublik zur NATO als einem System kollektiver Sicherheit iSv Art. 24 GG der Zustimmung des Parlaments in Gesetzesform, Art. 24 Abs. 2 iVm Art. 59 Abs. 2 GG. Daraus folgt andererseits, dass im Rahmen dieser Vertragswerke Erklärungen der Bundesregierung gegenüber den Vertragspartnern – **Fall 5a – Pershing** – keiner weiteren Ermächtigung bedurften, BVerfGE 68, 1, 109. Würde man innerhalb vertraglicher Beziehungen stets erneute Gesetzesvorbehalte anwenden, würde dies zu *außenpolitischer Handlungsunfähigkeit* der Bundesrepublik führen, so BVerfGE 77, 137 in einem vergleichbaren Fall, der Zustimmung zur Lagerung chemischer Waffen in der Bundesrepublik.

In seinem Urteil zum „*neuen strategischen Konzept der NATO*" vom 22.11.2001 – BVerfGE 104, 151 – hat das BVerfG nochmals bestätigt, dass eine **vertragsimmanente Fortentwicklung** eines Systems kollektiver Sicherheit durch die Vertragspartner möglich sein muss, aber nicht den durch das Zustimmungsgesetz zum Beitritt bestimmten Rahmen überschreiten darf; innerhalb dieses Rahmens darf die Bundesregierung tätig werden, ohne dass der Bundestag zustimmen müsste. Wird dieser Rahmen überschritten, so hat die Bundesregierung ein Zustimmungsverfahren beim Bundestag einzuleiten – aber erst dann: die außenpolitische Handlungsfähigkeit der Bundesregierung muss gewahrt bleiben. Die Schranken des Art. 24 Abs. 2 GG sind dabei zu beachten: die Zweckbestimmung des Bündnisses (Wahrung des Friedens) darf nicht verändert werden.

68 Die Geltung eines **Parlamentsvorbehalts** bedeutet also im Regelfall: das Parlament muss eine gesetzliche Grundlage für ein Handeln der Exekutive schaffen und hierbei die wesentlichen Fragen selbst entscheiden. UU kann ein Parlamentsvorbehalt aber auch dort eingreifen, wo an sich kein Gesetz erforderlich ist. Auch dann kann das Demokratiegebot fordern, dass wesentliche Entscheidungen **nicht „am Parlament vorbei"** getroffen werden (BVerfGE 68, 1, 109). Eben dies ist der Fall bei Auslandseinsätzen der Bundeswehr. Hier war zwar nicht die Zustimmung des Bundestags in Form eines Gesetzes erforderlich, denn es handelte sich um eine Maßnahme im Rahmen eines bestehenden Bündnisses. BVerfGE 90, 286 forderte jedoch die Zustimmung des Bundestages in Form eines sog. „schlichten" – weil nicht im Verfahren der Gesetzgebung zu treffenden – Parlamentsbeschlusses. Dieser ist aber bindend und nicht etwa nur eine unverbindliche Meinungskundgabe des Bundestages. **Parlamentsvorbehalt** kann also auch bedeuten: **Wahrnehmung parlamentarischer Verantwortung außerhalb des Gesetzgebungsverfahrens** – durch das Frage- und Entschließungsrecht des Parlaments, sein Budgetrecht und weitere Kontrollrechte, bis hin zum Regierungssturz. Ein allgemeiner Parlamentsvorbehalt für grundlegende Entscheidungen jedweder Art besteht jedoch nicht (instruktiv BerlVerfGH NJW 1995, 858: kein Parlamentsvorbehalt für die Schließung einer staatlichen Schauspielbühne).

68a Ein Parlamentsvorbehalt für wichtige politische Entscheidungen verkürzt die Handlungsspielräume der Bundesregierung (wie im Fall 5c erkennbar ist). Auch die Regierung hat jedoch einen verfassungsrechtlichen Auftrag, ihre **politische Hand-**

lungsfähigkeit ist deshalb auch ein Rechtsgut von Verfassungsrang – besonders im Bereich der Außenpolitik. Damit ergibt sich die für staatsrechtliche Fragestellungen typische Kollision zwischen Verfassungsgütern, die in Ausgleich zu bringen sind (Rn 7): Entscheidungs- und Kontrollbefugnisse des Parlaments einerseits, politische Verantwortung und Handlungsfähigkeit der Regierung andererseits. Diese hat gerade im Bereich der Außenpolitik hohes Gewicht (vgl den aktuellen Beschluss des BVerfG zur deutschen Beteiligung an der AWACS-Überwachung über der Türkei vom 25.03.2003, BVerfGE 108, 34). Sie würde einseitig hintangestellt, wollte man dem Bundestag ein jederzeitiges und an keine weiteren Voraussetzungen gebundenes Rückrufrecht zubilligen. Vielmehr muss sich der Bundestag an seiner (ohnehin mit befristeter Wirkung zu treffenden) Entscheidung festhalten lassen, solange sich nicht die maßgebliche politische Situation grundlegend geändert hat. Und auch dann muss der Bundesregierung jedenfalls hinreichend Spielraum für eine geordnete Beendigung belassen werden. Man könnte hier auch von einem **Kernbereich exekutiver Eigenverantwortung** der Regierung sprechen, der im parlamentarischen System des Grundgesetzes vom Bundestag zu respektieren ist.

Ein Parlamentsbeteiligungsgesetz, das die Einzelheiten regeln soll, ist in der Diskussion – dazu s. *Wiefelspütz*, BayVBl 2003, 609 ff; zum Parlamentsvorbehalt beim Einsatz bewaffneter Streitkräfte s. den gleichnamigen Beitrag von *Lutze*, DÖV 2003, 972.

Lösung Fall 4 – Gentechnische Anlage –: 69

HessVGH DVBl 1990, 63 ff vermisste eine hinreichende parlamentarische Willensäußerung für die Genehmigung der Anlage. Gegenstand des Verfahrens war die Genehmigung zur Errichtung und zum Betrieb von Anlagen, in denen mit gentechnisch veränderten Mikroorganismen gearbeitet werden sollte. Für die grundsätzliche Zulassung dieser Technologie wurde wegen ihres hohen, wertungsmäßig dem der Kernenergie vergleichbaren Gefahrenpotenzials eine *ausdrückliche Entscheidung des Gesetzgebers* gefordert. An dieser Grundsatzentscheidung fehle es, die auf der Grundlage einer Verwaltungsvorschrift erteilte Genehmigung sei daher rechtswidrig. Im BImSchG vom 15.3.1974 sah das Gericht keine hinreichende parlamentarische Äußerung: Die potenziellen Auswirkungen der Gentechnologie könne der Gesetzgeber auch im Ansatz noch nicht erfasst haben. Der Parlamentsvorbehalt des Grundgesetzes erfordere eine neue, positive Entscheidung für die Zulassung der Gentechnologie.

Dabei bezog sich der HessVGH insbesondere auf BVerfGE 49, 89. Dort war es um die Genehmigung für eine neuartige Reaktorbaulinie gegangen. Das BVerfG forderte allerdings keine neue Entscheidung: der Bundestag habe sich in verschiedenen Zusammenhängen (ua Mittelbewilligung) mit der Atompolitik der Bundesregierung befasst und diese gebilligt, seine Verantwortung also außerhalb des Gesetzgebungsverfahrens wahrgenommen. Damit war dem Parlamentsvorbehalt genügt.

Lösung Fall 5a – Pershing –: 70

Im Hinblick auf die positiven Regelungen der Art. 24, 59 Abs. 2 GG war hier eine gesetzliche Grundlage für die Erklärung der Bundesregierung nicht erforderlich, BVerfGE 68, 1; andererseits war durch die Beratung und Entschließung des Bundestags vor Abgabe der Zustimmungserklärung gewährleistet, dass hier nicht objektiv wesentliche bündnispolitische Entscheidungen am Parlament vorbei getroffen wurden. Rechte des Bundestags waren also nicht verletzt.

Lösung Fall 5b – Adriaeinsatz –:

Der Einsatz der Bundeswehr war in der Sache zulässig.

Ausgangspunkt ist **Art. 87a Abs. 2 GG**. Hiernach dürfen Streitkräfte außer zur **Verteidigung** nur eingesetzt werden, soweit es das Grundgesetz ausdrücklich zulässt. Um „Verteidigung" handelt es sich, wenn die Bundesrepublik selbst Ziel eines bewaffneten Angriffs ist, aber auch bei einem Angriff auf einen Bündnispartner innerhalb der NATO („Bündnisverteidigung"): dem Bündnis liegt das Übereinkommen zugrunde, dass ein Angriff auf einen Bündnisparnter als Angriff auf die übrigen Mitgliedstaaten selbst angesehen wird. Darum ging es beim Adria-Einsatz jedoch nicht.

Hier könnte jedoch **Art. 24 Abs. 2 GG** „etwas anderes zulassen". Die Ermächtigung in Art. 24 Abs. 2 GG, sich einem System kollektiver Sicherheit anzuschließen, umfasst auch die Befugnis, diesem System Streitkräfte zur Bildung integrierter Verbände zur Verfügung zu stellen, also die eingegangenen Bündnisverpflichtungen tatsächlich zu erfüllen (BVerfGE 90, 286, 345). Art. 24 Abs. 2 GG ist Grundlage für Bundeswehreinsätze insbesondere im Rahmen von UN-Aktionen. – Nicht gedeckt wäre die Teilnahme an einem Angriffskrieg – Art. 26 Abs. 1 GG steht hier zwingend entgegen.

Die **Kontrolle über den Einsatz** der Streitkräfte muss jedoch beim **Parlament** verbleiben. Deshalb ist die **konstitutive Zustimmung des Bundestags** erforderlich; ohne diese Zustimmung darf also die Bundeswehr nicht eingesetzt werden – außer bei Gefahr im Verzug, dann aber muss der Bundestag unverzüglich den Einsatz nachträglich genehmigen, andernfalls sind die Streitkräfte zurückzurufen. Hierdurch soll die außenpolitische Handlungsfähigkeit der Bundesregierung gewahrt bleiben, die auch gegenüber einem Vorbehalt parlamentarischer Entscheidung zu beachten ist.

Die Zustimmung muss dabei nicht in Form eines Gesetzes erteilt werden; ihre Verweigerung ist jedoch für die Bundesregierung bindend, s. BVerfGE 90, 286.

Lösung Fall 5c – Rückruf –:

Wenn der Bundestag einerseits befugt ist, die Zustimmung zur Entsendung von Bundeswehreinheiten zu verweigern, so könnte dies dafür sprechen, ihm auch die Befugnis zuzugestehen, die Beendigung des Einsatzes zu verlangen. Dies würde bedeuten, den Bundeswehreinsatz unter umfassender parlamentarischer Verantwortung zu sehen.

Andererseits steht jedoch auch die Bundesregierung in der politischen Verantwortung. Mit dem Entsendungsbeschluss ist sie es, die in Wahrnehmung ihrer außenpolitischen Leitungs- und Entscheidungsfunktionen den Einsatz zu lenken hat. Müßte sie jederzeit einem Rückholverlangen des Bundestags Folge leisten, so würde sie in ihrer politischen Handlungsfähigkeit erheblich beeinträchigt.

Damit sind die verfassungsrechtlichen Befugnisse des Bundestags mit denen der Regierung in Ausgleich zu bringen. Dieser kann sachgerecht dahingehend vorgenommen werden, dass der Bundestag bei einer erheblichen Veränderung der politischen Ausgangssituation befugt ist, den Rückruf zu verlangen, hierbei der Bundesregierung aber hinreichend Raum für eine geordnete Beendigung des Einsatzes lassen muss.

Zu Auslandseinsätzen der Bundeswehr s. *Brenner/Hahn*, JuS 2001, 729, ferner die Besprechung von BVerfGE 108, 34 durch *Sauer* in JA 2004, 19 und den Klausurfall bei *Schmidt-Radefeld*, Jura 2003, 201.

Methodischer Hinweis – das „Demokratieprinzip" in der Fallbearbeitung 71

Beziehen sich staatsrechtliche Fragestellungen im Zusammenhang mit Aufgaben und Funktion des Parlaments auf konkret in der Verfassung geregelte Kompetenzen und Befugnisse, so ist zunächst auf die hierfür einschlägigen Bestimmungen zurückzugreifen. Bei ihrer Anwendung ist dann aus allgemeineren, grundsätzlicheren Erwägungen zur Funktion des Parlaments in der demokratischen Ordnung des Grundgesetzes zu argumentieren.

Fehlen ausdrückliche Regelungen (wie in den Fällen des Bundeswehreinsatzes), so muss unmittelbar auf diese allgemeinen Grundsätze zurückzugegriffen werden. Auch dann sollte aber möglichst konkret argumentiert werden. Dies bedeutet, dass nicht unbesehen auf allgemeinste Prinzipien wie das „*demokratische Prinzip*" oder das der „*parlamentarischen Demokratie*" zurückgegriffen werden soll, sondern auf die hieraus abgeleiteten konkreteren Gesichtspunkte, etwa die wesentlichen Funktionen des Parlaments, die notwendige außenpolitische Handlungsfähigkeit der Regierung. Hieraus sind dann konkrete Gesichtspunkte für die Lösung abzuleiten.

So war etwa im **Fall 4** zunächst die Frage nach der gebotenen Beteiligung des Bundestages nach Maßgabe eines grundrechtlichen Gesetzesvorbehalts zu beantworten – an einem Gesetz fehlte es an sich aber nicht. Im Hinblick auf die Funktionen des Parlaments im Rahmen der politischen Staatswillensbildung war dann zu fragen, ob der Bundestag sich erneut mit der Thematik zu befassen hatte. **Fall 5a** konnte aus positiven Verfassungsbestimmungen beantwortet werden – nicht aber **Fall 5b** und **Fall 5c**. Hier musste aus dem Demokratieprinzip argumentiert werden, konkret: der Bedeutung der parlamentarischen Kontrolle über den Einsatz der Streitkräfte und der Bedeutung der außenpolitischen Handlungsfreiheit der Regierung.

Geht es um Befugnisse eines parlamentarischen Untersuchungsausschusses im Verhältnis zur Bundesregierung, etwa um das Recht, die Vorlage von Akten oder die Offenlegung bestimmter Vorgänge zu verlangen, so ist diese Fragestellung zunächst aus Art. 44 GG zu beantworten: soweit dieser keine abschließende Aussage ermöglicht, ist allgemein aus der Kontrollfunktion des Parlaments zu argumentieren. Der letztgenannte Problemkreis wird u. Rn 483 behandelt.

Hinweis: Zur Stellung der *Gesetzgebung* im Rahmen der grundgesetzlichen *Gewaltenteilung* s. eingehend u. § 3, Rn 261 ff, zum *Gesetzesvorbehalt* u. § 3, Rn 310 ff, zu den *Kompetenzen des Bundestags* u. § 5.

Schrifttum zu V.: *Badura*, Die parlamentarische Demokratie, in: HdBStR II/3. Aufl. § 25; *Dreier*, Das Demokratieprinzip des Grundgesetzes, Jura 1997, 249; *Wiefelspütz*, Konstitutiver Parlamentsvorbehalt und Entsendeausschuss, Jura 2004, 292; *ders.* Konturen eines Parlamentsbeteiligungsgesetzes, BayVBl 2003, 609.

S. ferner das Schrifttum zu § 5.

VI. Politische Parteien in der Demokratie des Grundgesetzes

Das Grundgesetz erkennt in Art. 21 ausdrücklich die Bedeutung der politischen Parteien für die demokratische Ordnung an, zählt sie zu deren integrierenden Bestandteilen. Entsprechend ausgeprägt ist ihre verfassungsrechtliche Stellung. Man spricht daher auch von der Demokratie des Grundgesetzes als einer parteienstaatlichen Demokratie – mitunter mit durchaus kritischem Unterton. Was politische Parteien in diesem Sinn sind, welche Rechte sie nach der Verfassung haben, wie die demokratische Gleichheit zwischen den Parteien zu sichern ist, ist ebenso Gegenstand des folgenden Abschnitts, wie die stets erneut aktuelle Problematik der Parteienfinanzierung. Sie lässt auch die Gefahren ungehinderten Parteienzugriffs auf den Staat erkennbar werden.

➡ **Leitentscheidungen:** BVerfGE 5, 85 (Parteiverbot); BVerfGE 85, 264 (Parteienfinanzierung); BVerfGE 91, 262 (Parteibegriff); BVerfGE 107, 339 (NPD-Verbotsverfahren, Einstellung).

72 **Ausgangsfälle:**

Fall 6 – Stadthallenfall –: Die Stadt S betreibt als öffentliche Einrichtung eine Stadthalle, die – als einziger hierfür geeigneter Raum in S – politischen Parteien für Parteitage und Wahlkampfveranstaltungen zur Verfügung gestellt wird; bisher wurde keine Partei abgewiesen. Die „Radikaldemokratische Basispartei" (RBP) beantragt die Überlassung der Halle für eine Wahlveranstaltung zu den bevorstehenden Bundestagswahlen, an denen sie sich zum ersten Mal beteiligt. Dies wird von der Stadt abgelehnt mit folgender Begründung:

a) die RBP sei keine Partei im Sinne des Grundgesetzes, da sie eine „Basis-Demokratie" anstrebe, mithin nicht im Rahmen des parlamentarischen Systems tätig sei;
b) jedenfalls sei sie aus diesem Grunde verfassungswidrig;
c) im Übrigen eine ganz unbedeutende Partei.

Kann sie Überlassung der Halle (die am vorgesehenen Termin frei wäre) verlangen? **Rn 76, 79, 82**

73 **Fall 7 – Parteienfinanzierung –:** Das ParteienG idF v. 22.12.1988 enthielt ua folgende Regelung der Parteienfinanzierung:

- Erstattung von Wahlkampfkosten über einen Pauschalbetrag von DM 5,– je Wahlberechtigten (anteilig nach Zweitstimmen der Partei);
- *zusätzlich:* Sockelbetrag für jede Partei mit mehr als 2 v.H. der abgegebenen gültigen Zweitstimmen in Höhe von 6 v.H. des Gesamtbetrags der Pauschale;
- steuerliche Abzugsfähigkeit von Parteispenden bis zur Höhe von DM 60 000,– (120 000,– bei Verheirateten) im Jahr; Abzugsfähigkeit auch der Spenden juristischer Personen; Offenlegungspflicht für Spenden ab DM 40 000,–.

Die G-Partei hielt dies für verfassungswidrig. **Rn 87**

73a **Fall 7a – 1. Mai-Demo –:** Die NPD hatte für den 1. Mai 2001 rechtzeitig eine Kundgebung in der Innenstadt der westdeutschen Großstadt E angemeldet, die unter dem Motto stehen sollte: „Gegen Sozialdumping und Massenarbeitslosigkeit". Die zuständige Behörde verbot die Kundgebung nach § 15 I VersG (Textbuch Nr 90). Eine Demonstration der NPD zum 1. Mai rufe zwangsläufig Assoziationen an die Pervertierung und Instrumentalisierung des Feiertags der Arbeiterbewegung durch das NS-Regime hervor; dies verstoße gegen die öffentliche Ordnung. Die grundgesetzliche Ordnung beruhe auf einer Absage an den Nationalsozialismus. War das Verbot rechtmäßig? Wie wäre der Fall zu beurteilen, wenn auf der Veranstaltung der Historiker Irrgang sprechen soll, der bei allen seinen Auftritten ständig und beharrlich die NS-Vernichtungslager als „Erfindung der zionistischen Monopolpresse" zu bezeichnen pflegt? **Rn 82b**

1. Politische Parteien – Begriff und grundsätzliche Bedeutung

In der parlamentarischen Demokratie des Grundgesetzes erfolgt die Staatswillens- **74** bildung primär im Parlament und der – ihrerseits vom Parlament abhängigen – Regierung. Das Parlament repräsentiert das Volk. Hierzu wird es durch periodische Wahlen legitimiert. Doch muss auch zwischen den Wahlen die „Rückkoppelung" an den eigentlichen Träger der Staatsgewalt – das Volk – gewährleistet sein. Besondere Bedeutung kommt hier den politischen Parteien zu. Sie sollen die Bürger freiwillig zu politischen Handlungseinheiten zusammenschließen, um ihnen einen wirksamen Einfluss auf das politische Geschehen zu ermöglichen. Willensbildung im Volk und auf staatlicher Ebene sind in steter Wechselwirkung zu sehen. Diese Beziehung herzustellen, darin liegt die wesentliche Funktion der Parteien, vgl BVerfGE 85, 264, 283 ff. Dies wird in Art. 21 Abs. 1 GG ausdrücklich anerkannt: „Die Parteien wirken bei der politischen Willensbildung des Volkes mit". Ähnlich formuliert jetzt Art. 191 EGV: „Politische Parteien auf europäischer Ebene sind wichtig als Faktor der Integration in der Union. Sie tragen dazu bei, ein europäisches Bewusstsein herauszubilden und den politischen Willen der Bürger der Union zum Ausdruck zu bringen."

Das BVerfG hat in stRspr (seit E 1, 225) die Parteien in den Rang einer **verfassungsrechtlichen Institution** erhoben (BVerfGE 20, 56, 101; 69, 92, 110), ohne dass sie damit Teil der Staatsorganisation würden. Sie gehören also an sich dem gesellschaftlichen Bereich an, wirken aber von hieraus in den staatlichen Bereich ein, ohne wiederum diesem anzugehören (BVerfGE 20, 56, 101; 73, 40, 85). Dies entspricht ihrer Stellung im Schnittpunkt von staatlichem und gesellschaftlichem Bereich. Sie verknüpfen diese Bereiche: durch Formung des politischen Willens im Staatsvolk und dessen Einbringung in den staatlichen Bereich. S. auch Rn 481 zur Erstreckung der Rechte des Untersuchungsausschusses auf das Verhalten von Parteien.

Mit dieser Funktion der Parteien ist auch der verfassungsrechtliche Begriff der po- **75** litischen Partei in seinen Grundsätzen bereits **vorgegeben**. Das Staatsvolk äußert seinen politischen Willen in Wahlen. Hierbei mitzuwirken, bedeutet für die Parteien die Mitwirkung an Wahlen. Dies müssen sie anstreben. Die Mitwirkung an der politischen Willensbildung des Volkes muss **ernsthaft** angestrebt werden (instruktiv: BerlVerfGH JR 2001, 495). Dies ist auch an den objektiven Gesamtumständen zu messen, an den tatsächlichen Verhältnissen der Partei, die, sobald sie über das Gründungsstadium hinausgelangt ist, sich hinreichend konsolidieren muss, um ein ernsthaftes politisches Wirken als aussichtsreich erscheinen zu lassen. Deshalb ist nach Abschluss der Gründungsphase ua ein hinreichender **Mitgliederbestand** zu fordern; eine Partei kann nicht auf Dauer nur aus den Gründern und einigen Funktionären bestehen (BVerfGE 91, 262, 274). Ebenso ist eine gewisse Festigkeit in der **Organisation** Voraussetzung. Deshalb sind politische Zirkel mit unbedeutendem Mitgliederbestand ebensowenig Parteien iSv Art. 21 GG wie bloße ad-hoc-Gruppierungen, Wählerinitiativen uä. Keine Parteien iSd Grundgesetzes sind also Vereinigungen, deren Zweck sich darin erschöpft, aus einem konkreten Anlass für oder gegen ein bestimmtes Vorhaben oder einer gesetzgeberische Maßnahme einzutreten, etwa eine Initiative gegen die Rechtschreibreform (so BerlVerfGH NVwZ-RR 2001, 5). Auch organisatorische Selbstständigkeit ist zu fordern – Parteien dürfen nicht verlängerter Arm einer anderen Organisation sein (BVerfG NJW 1987, 769); dies betrifft etwa sog. „Tarnlisten".

Keine Parteien sind Vereinigungen, die sich nur an Kommunalwahlen beteiligen („Rathausparteien") – auch wenn *Hesse*, Rn 168 zuzugeben ist, dass auch auf kommunaler Ebene Willensbildung stattfindet. Jedenfalls ist ihnen bei Kommunalwahlen Chancengleichheit zu sichern (BVerfGE 69, 92, 107).

76 Von einer **inhaltlichen** Bewertung der von einer politischen Gruppierung verfolgten Ziele darf jedoch die Anerkennung ihrer Eigenschaft als politische Partei nicht abhängig gemacht werden. Die Parteien, die *verfassungswidrige Ziele* verfolgen, sind, wie aus dem Wortlaut des Art. 21 Abs. 2 GG hervorgeht, doch Parteien, wenngleich sie ggf vom Bundesverfassungsgericht zu verbieten sind (Rn 80).

Dies gilt auch im **Fall 6 – Stadthallenfall –** für die RBP, unabhängig davon, ob man deren „basis-demokratische" Vorstellungen schon als verfassungsfeindlich iSv Art. 21 Abs. 2 GG werten möchte (was wohl dann erst angenommen werden kann, wenn eine Abschaffung der parlamentarischen Demokratie gewollt ist). Mit der Begründung, sie sei auf Grund ihrer „basis-demokratischen" Zielsetzungen keine Partei iSd Grundgesetzes, durfte der RBP also die Überlassung der Stadthalle nicht verweigert werden.

77 Mithin kann folgende **Definition** der Partei im Sinn des Art. 21 GG festgehalten werden: *Parteien sind Vereinigungen* – körperschaftliche Personenverbindungen – *deren Zweck es ist, im Sinn bestimmter politischer Ziele an der Vertretung des Volkes in den Parlamenten* (Bundestag oder Landtag) *mitzuwirken.* Eine genauere verfassungskonforme Definition enthält § 2 Abs. 1 PartG; Parteien sind hiernach „*Vereinigungen von Bürgern, die dauernd oder für längere Zeit für den Bereich des Bundes oder eines Landes auf die politische Willensbildung Einfluß nehmen und an der Vertretung des Volkes ... mitwirken wollen, wenn sie nach dem Gesamtbild der tatsächlichen Verhältnisse, insbesondere nach Umfang und Festigkeit ihrer Organisation, nach der Zahl ihrer Mitglieder und nach ihrem Hervortreten in der Öffentlichkeit eine ausreichende Gewähr für die Ernsthaftigkeit dieser Zielsetzung bieten*". Das BVerfG (E 91, 262, 266) übernimmt diese Definition.

2. Freiheit und Gleichheit – verfassungsmäßige Rechte der Parteien

78 Die verfassungsmäßigen Rechte der Parteien können in aller Kürze mit den Begriffen der Freiheit und der Gleichheit umschrieben werden.

Freiheit der Parteien, Art. 21 Abs. 1 S. 2 GG bedeutet: ihre Gründung und ihre Betätigung ist frei. Freiheit bedeutet vor allem Staatsfreiheit – dies schließt **staatliche Eingriffe** in die politische Betätigung der Parteien aus. Deshalb ist es verfassungswidrig, wenn für Verfassungsschutzbehörden V-Leute in einer Partei tätig sind – was im NPD-Verbotsverfahren zu einem Verfahrenshindernis führte (Rn 719).

Über die Abwehr von Eingriffen hinaus kann die Gewährleistung freier Betätigung der Partei **anspruchsbegründend** wirken: so haben Parteien während des Wahlkampfs einen Anspruch auf Erteilung einer nach Straßenrecht notwendigen Sondernutzungserlaubnis für die Aufstellung von Informationsständen, Plakatständern uä (BVerwGE 56, 56; 56, 63). Diese steht an sich im Ermessen der Behörde, Art. 21 Abs. 1 GG bewirkt jedoch eine Ermessensreduzierung auf Null.

Gleichheit der Parteien bedeutet vor allem **Chancengleichheit** in ihrer politischen Betätigung. Sie ist, wie o. (Rn 28 ff) zu den Wahlrechtsgrundsätzen ausgeführt wurde, insbesondere bei der Ausgestaltung des Wahlrechts zu berücksichtigen und folgt dort aus Art. 21 Abs. 1 iVm Art. 38 Abs. 1 S. 1 GG (BVerfGE 95, 335, 354), während sie außerhalb von Wahlen aus Art. 21 Abs. 1 iVm Art. 3 Abs. 1 GG hergeleitet wird. Während für Wahlen der Grundsatz formaler Gleichbehandlung gilt und Abweichungen – wie zB durch die Fünfprozentklausel – zwingender Gründe bedürfen, darf iÜ nach der Bedeutung der Parteien differenziert werden. Dies ist in § 5 PartG, der den Gleichbehandlungsanspruch der Parteien auf einfachgesetzlicher Ebene konkretisiert, ausdrücklich vorgesehen, Abs. 1 S. 2. **79**

Wenn im **Fall 6** die Stadt ihre Stadthalle – bei der es sich um eine öffentliche Einrichtung iSv § 5 PartG handelt – bisher stets politischen Parteien zur Verfügung gestellt hat, ist sie auch gegenüber der RBP zur Gleichbehandlung verpflichtet. Nicht durchzugreifen vermag der Einwand, es handle sich um eine „ganz unbedeutende Partei“: hierin liegt keine zulässige Differenzierung iSv § 5 Abs. 1 S. 2 PartG, denn diese darf nicht dazu führen, dass eine Partei gänzlich ausgeschlossen wird. Ebenso darf zB eine Differenzierung bei der Vergabe von Stellflächen nicht dazu führen, dass kleinere Parteien optisch „untergehen“, vgl BVerfG DÖV 1975, 204.

Für **Wahlwerbesendungen** im Rundfunk (BVerwGE 87, 270) gilt: Art. 21 Abs. 1 GG verleiht den Parteien keinen unmittelbaren Anspruch hierauf; wenn aber Sendezeiten eingeräumt werden, haben die *öffentlich-rechtlichen* Rundfunkanstalten – die insoweit als „Träger öffentlicher Verwaltung“ behandelt werden – den Grundsatz der Chancengleichheit nach näherer Maßgabe des § 5 PartG zu beachten. Anders bei redaktionell gestalteten Sendungen („Fernsehduell“ der Spitzenkandidaten): hier sind die Anstalten zwar ebenfalls zur Gleichbehandlung verpflichtet, dies folgt aus Art. 21 Abs. 1 iVm Art. 3 Abs. 1 GG. Sie können sich andererseits aber auf ihre Programmfreiheit aus Art. 5 Abs. 1 Satz 2 GG (Rundfunkfreiheit) berufen. Chancengleichheit der Parteien und Rundfunkfreiheit sind in Abwägung zu bringen – dazu: BVerfG NJW 2002, 2939. Bei *privatem* Rundfunk müsste dann eine Drittwirkung des Gleichheitssatzes erwogen werden – dazu *Klausurenband* Fall 1. **79a**

3. Verfassungsfeindliche Parteien, Parteienprivileg und Parteiverbot

Parteien, die eine Beseitigung der freiheitlich-demokratischen Grundordnung oder eine Beeinträchtigung des Bestands der Bundesrepublik zum Ziel haben und dies auch tatsächlich anstreben, „*sind verfassungswidrig*“, Art. 21 Abs. 2 S. 1. Hierüber **80** entscheidet nach S. 2 das Bundesverfassungsgericht im Parteiverbotsverfahren. (dazu näher: *Siebert*, DÖV 2001, 671, 675 ff).

81 Für den Begriff der **freiheitlich-demokratischen Grundordnung** sind konstituierend (vgl BVerfGE 2, 12 f; 5, 85, 140):

– mit der „Achtung vor den im Grundgesetz konkretisierten Menschenrechten, insbesondere dem Recht der Persönlichkeit auf Leben und freie Entfaltung": grundlegende **materielle** Rechtspositionen;

– mit „Volkssouveränität, Gewaltenteilung, Verantwortlichkeit der Regierung, Gesetzmäßigkeit der Verwaltung, Unabhängigkeit der Gerichte": grundlegende Prinzipien der **Staatsorganisation**;

– mit „Mehrparteiensystem, Chancengleichheit politischer Parteien und Recht auf Opposition": Grundprinzipien der **politischen Willensbildung**.

Verfassungswidrige Ziele verfolgt demnach eine Partei, die ein *Einparteiensystem* anstrebt oder die im Widerspruch zu Art. 2 Abs. 1 GG die Freiheit des einzelnen gegenüber den Interessen der „Volksgemeinschaft" negiert, vgl BVerwG DVBl 1986, 947 (für NPD). Dabei sind alle Erkenntnisquellen auszuschöpfen (Äußerungen maßgeblicher Vertreter, parteinahe Publikationen ua).

Bestand der Bundesrepublik bedeutet insbesondere deren staatsrechtliche Existenz, völkerrechtliche Unabhängigkeit und territoriale Integrität.

82 Die Regelung des Art. 21 Abs. 2 GG ist abschließend: **nur** unter den genannten Voraussetzungen kann eine Partei als verfassungswidrig behandelt werden. Nur das **Bundesverfassungsgericht** ist zudem befugt, die Verfassungswidrigkeit einer Partei festzustellen. Dies hat erhebliche **praktische Konsequenzen:** solange eine Partei **nicht vom Bundesverfassungsgericht** als verfassungsfeindlich **verboten** ist, darf **keine andere staatliche Stelle geltend machen,** es handle sich um eine verfassungswidrige Partei. Das Bundesverfassungsgericht wird nur auf Antrag tätig. Die Antragstellung liegt im Ermessen der antragsberechtigten Stellen (Bundestag, Bundesregierung und Bundesrat, Landesregierungen für Parteien, deren Organisation sich auf das Gebiet ihres Landes beschränkt, § 43 BVerfGG). – Zur Einstellung des NPD-Verbotsverfahrens s. Rn 78, 719.

Im **Fall 6** durfte also der RBP die Stadthalle auch nicht mit der Begründung verweigert werden, sie verfolge verfassungsfeindliche Ziele: **Entscheidungsmonopol des Bundesverfassungsgerichts.** Das Parteienprivileg hindert allerdings nicht, von Beamten, die in einem besonderen Treueverhältnis zum Staat stehen, dieses Treueverhältnis auch einzufordern und von ihnen zu verlangen, keine führenden Positionen in rechts- oder linksextremen Parteien zu bekleiden. Hierbei muss aber auf das persönliche Verhalten des einzelnen Beamten abgestellt werden, die Mitgliedschaft in einer nicht verbotenen Partei als solche kann noch keine Sanktionen rechtfertigen, instruktiv: BVerwG NJW 2002, 980.

82a Das „Parteienprivileg" des Art. 21 Abs. 2 GG ist zuletzt im Zusammenhang mit Kundgebungen rechtsextremer Parteien aktuell geworden. Versuche der Ordnungsbehörden, Aufmärsche uä von Parteien wie der NPD wegen ihrer Nähe zur NS-Ideologie zu verbieten, scheiterten hieran. Dies würde, so das BVerfG (NJW 2001,

2069; 2075; 2076) bedeuten, die von der Partei vertretenen Inhalte und damit die Partei als verfassungswidrig zu behandeln, ohne dass ein Verbot ausgesprochen wäre. Das OVG Münster sieht dies anders (NJW 2001, 2114): es sieht wegen der bewussten Absage des Grundgesetzes an den NS-Staat und die NS-Ideologie einen ordnungswidrigen Zustand, musste sich aber vom BVerfG sagen lassen, dass Parteien, soweit sie mit allgemein erlaubten Mitteln arbeiten, von jeder Behinderung frei bleiben müssen. Anders, wenn eine Parteiveranstaltung sich außerhalb der Rechtsordnung bewegt (zum Beispiel: Verbreiten der „Auschwitz-Lüge" – § 130 Abs. 3 StGB). Zum Konflikt zwischen BVerfG und OVG Münster s. zB *Battis/Grigoleit*, NJW 2001, 2051; näher Klausurenband Fall 15.

Lösung Fall 7a – 1. Mai-Demo –: **82b**

1. Ermächtigungsgrundlage: das Verbot bedeutete einen Eingriff in die Versammlungsfreiheit (Art. 8 GG) und bedurfte deshalb einer gesetzlichen Grundlage. § 15 Abs. 1 VersG ermächtigt die Behörde, aus Gründen der öffentlichen Sicherheit und Ordnung Verbote auszusprechen und ist deshalb taugliche Ermächtigungsgrundlage (s. *Pieroth/Schlink* Rn 708 ff).

2. Die Ermächtigungsgrundlage muss verfassungskonform angewandt werden. Wenn aber die Behörde die öffentliche Ordnung deshalb als bedroht sieht, weil mit dem Auftreten der NPD bestimmte grundgesetzwidrige Inhalte verbunden seien, wird diese Partei als verfassungswidrig behandelt. Dies steht im Widerspruch zu Art. 21 Abs. 2 GG.

Das Verbot ist rechtswidrig.

Abwandlung: Die Äußerungen des Irrgang verwirklichen den Strafttatbestand des § 130 Abs. 3 StGB. Da zu erwarten ist, dass er sie auch auf der Kundgebung verbreiten wird, und deshalb eine Störung der öffentlichen Sicherheit durch Verwirklichung eines Straftatbestandes zu erwarten ist (*öffentliche Sicherheit* bedeutet ua: Unversehrtheit der Rechtsordnung), sind die Voraussetzungen des § 15 Abs. 1 VersG erfüllt.

Die Möglichkeit des Parteienverbots ist Ausdruck der das Grundgesetz prägenden Entscheidung für eine „**streitbare Demokratie**", die, entstehungsgeschichtlich als Antwort auf den „demokratischen Relativismus" der Weimarer Reichsverfassung zu sehen, in letzter Zeit etwas in Vergessenheit geraten war. Gemeint ist damit: das Grundgesetz enthält gewisse rechtliche Sicherungen dagegen, dass Gegner der freiheitlich-demokratischen Grundordnung unter dem Schutz der politischen Freiheiten des Grundgesetzes auf eine Beseitigung eben dieser Ordnung hinarbeiten – auch das Verbot verfassungsfeindlicher Vereinigungen oder die Möglichkeit der Grundrechtsverwirkung (zu der es bisher nicht gekommen ist, vgl *Krebs*, in: von Münch/Kunig, GG I, Art. 18 Rn 1) zählen dazu. Vor allem das OVG Münster hat sich in dem erwähnten Rechtsprechungskonflikt um die Versammlungsfreiheit auf das Verfassungsprinzip einer „streibaren Demokratie" als Auslegungsregel berufen (näher dazu *Papier/Dürner*, AöR 128 [2003], 340). **82c**

4. Parteienfinanzierung

83 Auch für die – seit jeher umstrittene – Parteienfinanzierung gelten die verfassungsrechtlichen Grundsätze der Freiheit und der Gleichheit. **Freiheit** der Parteien bedeutet hier konkret: die Parteienfinanzierung darf die Parteien nicht in Abhängigkeit vom Staat, aber auch nicht in Abhängigkeit von Großspendern bringen. **Gleichheit** bedeutet: die Parteienfinanzierung darf die Chancen der Parteien im Wettbewerb nicht verzerren, eine Begünstigung einzelner Parteien muss vermieden werden. Schließlich muss die aus Art. 38 Abs. 1 S. 1 GG folgende **staatsbürgerliche Gleichheit** gewahrt sein, es dürfen nicht Einzelnen besondere Einflussmöglichkeiten eröffnet werden, zB durch steuerliche Begünstigung von Großspenden. Um sachwidrige Einflussmöglichkeiten des Staates auf die Parteien über ihre Finanzierung möglichst auszuschließen, muss die Parteienfinanzierung zwingend **durch Gesetz** geregelt werden.

84 Im Einzelnen gilt:

– Unmittelbare **staatliche Leistungen** an die Parteien gelten seit BVerfGE 85, 264, 283 ff als verfassungsrechtlich zulässig, bis dahin hatte dies nur für die Wahlkampfkostenerstattung gegolten (BVerfGE 20, 56, 101; 52, 63, 85; 73, 40, 86). Dies wird aus der Wahrnehmung verfassungsrechtlicher Funktionen durch die Parteien auch außerhalb des Wahlkampfs begründet: Artikulation des Bürgerwillens, den sie in die organisierte Staatswillensbildung einbringen. Es darf sich hierbei jedoch nur um eine **Teilfinanzierung handeln**, die Eigenfinanzierung muss Vorrang haben: „*Gewönnen die Bürger den Eindruck, die Parteien ‚bedienten' sich aus der Staatskasse, so führte dies notwendig zu einer Verminderung ihres Ansehens und würde letztlich ihre Fähigkeit beeinträchtigen, (ihre) … Aufgaben zu erfüllen.*" (BVerfGE 85, 264, 283).

85 – Die staatlichen Leistungen müssen sich am **Erfolg der Parteien** beim Wähler, an ihrer Resonanz orientieren, um ihren Erfolg im politischen Wettbewerb nicht zu verfälschen; eine erfolgsunabhängige Basisfinanzierung ist verfassungswidrig (BVerfG aaO). Deshalb gibt es jährliche Zuwendungen für jede bei Wahlen erzielte Stimme; für jeden durch Spenden oder Mitgliedsbeiträge eingeworbenen Euro erhält die Partei zusätzlich vom Staat 38 Cent. – Ein **Quorum** für die Gewährung staatlicher Leistungen – für Bundestagswahlen 0,5 % der gültigen Stimmen – ist zulässig, um Missbräuche auszuschließen. *Einzelheiten*: **§ 18 PartG.**

– Ob eine *Verpflichtung zu staatlicher Finanzierung* besteht, hat das BVerfG offen gelassen. Der Grundsatz der Freiheit und Eigenverantwortung dürfte eher dagegen sprechen, aus der Zuweisung besonderer Aufgaben folgt noch nicht notwendig eine Finanzierungsgarantie.

86 – Für die Behandlung von **Parteispenden** gilt: Sie muss staatsbürgerliche Gleichheit wahren. Deshalb dürfen Spenden nur in einer Größenordnung steuerlich begünstigt werden, wie sie von durchschnittlichen Einkommensbeziehern erreichbar ist (BVerfGE 85, 264, 315 ff). Die aktuelle Grenze von € 6600 (bei Zusammenveranlagung) ist dann aber bedenklich. Spenden juristischer Personen, die ja keinen staatsbürgerlichen Willen haben, dürfen nicht begünstigt werden (zumal sonst die

hinter ihnen stehenden natürlichen Personen ihre Einflussmöglichkeiten vervielfachen könnten). Hinsichtlich der Herkunft der Mittel besteht schon wegen Art. 21 Abs. 1 S. 4 GG eine **Rechenschaftspflicht**. Bei Verstößen sind Sanktionen vorgesehen, s. dazu VG Berlin NJW 2001, 1367 und OVG Berlin DVBl 2002, 1426.

Fall 7 – Parteienfinanzierung – ist der Regelung der Parteienfinanzierung vor BVerfGE 85, 264 nachgebildet: **87**

Die pauschalierte Erstattung der Wahlkampfkosten ist nicht grundsätzlich zu beanstanden. Sie orientiert sich am Wahlerfolg, der zudem einen hinreichend objektiven Maßstab liefert. Sachgerecht auch unter Gesichtspunkten der Rechtssicherheit ist die Pauschalierung.

Der Sockelbetrag ist verfassungswidrig. Als „erfolgsunabhängige Basisfinanzierung" (BVerfGE 85, 264, 283 ff) gefährdet er die Staatsunabhängigkeit der Parteien, vor allem aber ihre gesellschaftliche Verankerung in „aktiver Hinwendung zum Bürger und Wähler".

Auch die steuerliche Begünstigung von Parteispenden bis DM 60 000,–/120 000,– im Jahr ist verfassungswidrig. Bürger mit hohen Einkommen werden wegen des Progressionseffekts steuerlich deutlich begünstigt. Den Höchstbetrag kann ohnehin nur eine kleine Minderheit ausschöpfen. Damit wird der Grundsatz der staatsbürgerlichen Gleichheit verletzt. Auch werden Parteien begünstigt, die sich in ihrem Programm an einkommensstarke Schichten wenden. Damit verstößt die Regelung auch gegen den Grundsatz der Chancengleichheit der Parteien, Art. 21 Abs. 1 iVm Art. 3 Abs. 1 GG (BVerfGE 85, 264, 283 ff).

Verfassungswidrig war auch die Begünstigung der Spenden juristischer Personen (Rn 86).

5. Demokratische Binnenstruktur

Mit dem Gebot **demokratischer Binnenstruktur** – also freier Meinungsäußerung und Willensbildung innerhalb der Parteiorganisation –, Art. 21 Abs. 1 S. 3 GG, wird die Folgerung gezogen aus der Anerkennung der Parteien als Institution des Verfassungslebens. Wegen des Gebots der Parteienfreiheit ist einerseits den Parteien die Freiheit zur Gestaltung ihrer inneren Ordnung zu belassen. Andererseits sind die Parteien als Institution des Verfassungslebens in die Strukturen demokratischer Willensbildung einzubinden. **88**

Kennzeichnend für dieses Spannungsverhältnis sind die Regelungen über die Aufnahme und den Ausschluss von Mitgliedern. Während der **Parteiausschluss**, der ggf auch als „Disziplinierungsmittel" gegen innerparteiliche Opposition eingesetzt werden kann, eingehender geregelt ist, steht die **Aufnahme von Mitgliedern** grundsätzlich in dem Ermessen der Partei. Näher *v. Münch/Kunig* Art. 21, Rn 57, mit Argumenten für einen Anspruch auf Aufnahme, der jedoch durch BGH DVBl 1987, 1068 verneint wird. Da die in Art. 21 Abs. 1 S. 2 GG gewährleistete **Gründungsfreiheit** auch freie Programmgestaltung bedeutet, muss den Parteien jedenfalls die Freiheit verbleiben, bei der Entscheidung über die Aufnahme von Mitgliedern ihre programmatische Linie zu verfolgen. So könnte etwa eine feministische Partei die Aufnahme auf weibliche Mitglieder trotz Art. 3 Abs. 2 GG beschränken, eine landsmannschaftlich orientierte Partei trotz Art. 3 Abs. 3 GG nach Herkunft differenzieren. **89**

90 Grundrechte gelten im Innenverhältnis zwischen den Parteien und ihren Mitgliedern nicht unmittelbar. Die Parteien sind nicht Träger staatlicher Gewalt. Im Rahmen eines Parteiausschlussverfahrens können Grundrechte Bedeutung erlangen. Hierüber entscheidet zunächst ein Parteischiedsgericht. Dessen Spruch kann von staatlichen Gerichten (nur) daraufhin überprüft werden, ob er willkürlich ist. Dabei sind auch Grundrechte der Mitglieder zu berücksichtigen, die im Wege der praktischen Konkordanz mit der Freiheit der Partei in Ausgleich zu bringen sind – im Fall des Ausschlusses eines Mitglieds von *Scientology* war dies Art. 4 GG. Der Ausschluss erfolgte zu Recht: BVerfG DVBl 2002, 968.

6. Politische Parteien im Verfassungsprozess

91 Die Doppelstellung der Parteien als Verfassungsorgane und private Vereinigungen hat prozessuale Konsequenzen.

– Streitigkeiten **innerhalb** einer Partei sind als Streitigkeiten innerhalb einer privaten Vereinigung im **Zivilrechtsweg** zu entscheiden – so im vorstehenden Beispiel eines Parteiausschlusses (Rn 90).

– Werden die Rechte einer Partei durch den **Staat** selbst verletzt, so ist bei Maßnahmen der Verwaltung der Verwaltungsrechtsweg zu beschreiten – so im **Fall 6** – *„Stadthallenfall"* oder beim Versammlungsverbot im **Fall 7a** – *„1. Mai-Demo"*. Nach Erschöpfung des Verwaltungsrechtswegs kann **Verfassungsbeschwerde** eingelegt werden, hier etwa gestützt auf Art. 3 Abs. 1 bzw Art. 8 Abs. 1 GG iVm Art. 21 GG; dies gilt auch bei Streit über die Zuteilung von Plakatstellflächen durch eine Gemeinde (die ja kein Verfassungsorgan ist) oder über Sendezeiten im (öffentlich-rechtlichen) Rundfunk, BVerfGE 47, 198.

92 – Soweit die Parteien als **Institutionen des Verfassungslebens** betroffen sind, sind sie antragsberechtigt im **Organstreitverfahren** nach Art. 93 Abs. 1 Nr 1 GG, §§ 63 ff BVerfGG – sie sind „andere Beteiligte" iSd Art. 93 Abs. 1 Nr 1 GG, vgl BVerfGE 60, 53, 61 f; *Hillgruber/Goos,* Rn 352. Die Verfassungsbeschwerde ist dann ausgeschlossen. Dies betrifft zB die Ausgestaltung des Wahlrechts oder die Öffentlichkeitsarbeit der Bundesregierung unter Inanspruchnahme des Regierungsapparates, durch die die Chancengleichheit verletzt wird, BVerfGE 44, 125. Für die abschlägige Entscheidung über eine Petition, mit der eine Partei eine Wahlrechtsänderung anstrebte, verneinte VerfGH NW NwVBl 2003, 30 die Zulässigkeit des Organstreitverfahrens: die Partei war hier nicht in ihrem verfassungsrechtlichen Status berührt, sondern wie jeder andere Petent auch.

Schrifttum zu VI: *Grimm*, Politische Parteien, in: Handbuch des Verfassungsrechts, Bd. 1, § 14, S. 599; *Kunig*, Parteien, in: HdBStR II, § 33; *Morlok*, Spenden – Rechenschaft – Sanktionen, NJW 2000, 761; *Sichert*, Das Parteiverbot in der wehrhaften Demokratie, DÖV 2001, 671; *v. Arnim*, Die neue Parteienfinanzierung, DVBl 2002, 1065; *Ipsen*, Das neue Parteienrecht, NJW 2002, 1909; *Koch*, Parteiverbote, Verhältnismäßigkeitsprinzip und EMRK, DVBl 2002, 1388.

§ 2 Das bundesstaatliche Prinzip des Grundgesetzes

Die Bundesrepublik Deutschland ist, wie sich aus Art. 20 Abs. 1 GG und aus anderen Verfassungsbestimmungen ergibt, ein Bundesstaat. Die Staatsgewalt als die Gesamtheit staatlicher Befugnisse ist aufgeteilt zwischen einem „Gesamtstaat" – dem Bund – und Gliedstaaten – den (derzeit) 16 Ländern -. Wie im Einzelnen diese Befugnisse zwischen Bund und Ländern aufgeteilt sind, wie sie auszuüben sind, welche Einwirkungsmöglichkeiten der Bund auf die Länder hat und umgekehrt, wie ganz allgemein das Verhältnis zwischen Bund und Ländern beschaffen ist und wie Konflikte zwischen ihnen zu lösen sind, dies ist Gegenstand des nachstehenden Abschnitts über den Bundesstaat – genauer: den Bundesstaat des Grundgesetzes. Denn es gibt nicht den Bundesstaat schlechthin, sondern immer nur den Bundesstaat in seiner konkreten historischen und politischen Situation (Hesse). Sie wird maßgeblich auch durch die europäische Integration bestimmt. Auf deren Bedeutung für die bundesstaatliche Ordnung nach dem Grundgesetz wird daher einzugehen sein.

I. Grundlagen

Im Folgenden sollen zunächst einige wesentliche Merkmale des Bundesstaatsbegriffs nach dem Grundgesetz erörtert werden. Kennzeichnend hierfür ist zunächst die Staatsqualität des Bundes und der Länder. Dass diese Prämisse auch durchaus praktische Konsequenzen hat, soll im Folgenden deutlich werden. Dabei sind auch die Grenzen aufzuzeigen, die das Grundgesetz, vor allem in Art. 79 Abs. 3 GG, Veränderungen der bundesstaatlichen Ordnung setzt. **93**

Leitentscheidungen: BVerfGE 34, 9 (Art. 74a GG); BVerfGE 72, 330 (Finanzausgleich); BVerfGE 103, 332 (LNatSchG SH).

Ausgangsfälle:

Fall 8 – Bildungskompetenz –: Als Reaktion auf deutliche Leistungsunterschiede zwischen den Bundesländern im Bildungswesen wird durch Verfassungsänderung dem Bund die Gesetzgebungszuständigkeit für „das Schul- und Hochschulwesen und das Recht der beruflichen Bildung" übertragen. Gesetze auf Grund dieser Zuständigkeitsnorm bedürfen jedoch der Zustimmung des Bundesrats. Das Bundesland B hat Bedenken gegen die Verfassungsmäßigkeit der Grundgesetzänderung. Den Ländern werde damit der Kernbereich ihrer Zuständigkeiten entzogen. Die Bundesregierung ist der Auffassung, durch die Möglichkeit der Länder, über den Bundesrat an der Gesetzgebung mitzuwirken, werde dies hinreichend ausgeglichen. **Rn 108** **94**

Fall 9 – Gebietsabtretung –: Im Zuge einer Grenzbereinigung tritt die Bundesrepublik mehrere Hektar unbewohntes Gelände in Mecklenburg-Vorpommern an die Republik Polen ab. Das Land stimmte der Abtretung auf Anfrage der Bundesregierung nicht zu. Die Bundesregierung setzte sich jedoch darüber hinweg. Hat sie hierdurch gegen das Grundgesetz verstoßen? **Rn 100, 108** **95**

96 **Fall 10 – Wahltermin –:** Im Wege einer Verfassungsänderung wird in das Grundgesetz eine Bestimmung eingefügt, die die Termine für die Landtagswahlen in den einzelnen Bundesländern einheitlich mit dem Termin zur Bundestagswahl zusammenlegt. Dadurch soll das politische Geschehen von der ständigen Wahlkampfsituation entlastet werden.

Die Länder sehen einen unzulässigen Eingriff in ihre Eigenstaatlichkeit. Zu Recht?

(Eine dahingehende Verfassungsänderung wurde im Rahmen der Beratungen der Gemeinsamen Verfassungskommission erwogen, aber im Ergebnis nicht befürwortet.)

Rn 105, 108

1. Geschichtlich

97 Nach S. 2 der Präambel zum Grundgesetz in ihrer Neufassung durch den Einigungsvertrag haben die Deutschen in den – dort im Einzelnen aufgeführten – 16 Ländern die Einheit und Freiheit Deutschlands vollendet. Bereits die Präambel nimmt damit Bezug auf die Existenz von Ländern als Ausgangspunkt für die Staatlichkeit der Bundesrepublik. Dem entspricht die ausdrückliche und durch die „*Ewigkeitsgarantie*" des Art. 79 Abs. 3 GG abgesicherte Festlegung auf die **Bundesstaatlichkeit** als tragendes **Strukturprinzip für den Staatsaufbau** in Art. 20 Abs. 1 GG. Es ist die historisch gewachsene Staatsform Deutschlands. Die Reichsgründung 1871 erfolgte unter Aufrechterhaltung der Staatsqualität der bis dahin souveränen Gliedstaaten. Stärker unitarisch geprägt war die Weimarer Reichsverfassung, doch war auch die *Weimarer Republik* Bundesstaat. Nach der nationalsozialistischen Machtergreifung wurde durch ein „*Gesetz über den Neuaufbau des Reiches*" vom 30. Januar 1934 die Eigenstaatlichkeit der Länder beseitigt. Nach 1945 waren es zuerst die Länder, in denen sich wieder deutsche Staatsgewalt konstituierte. Abgesehen von Bayern und den Hansestädten wurden sowohl im Westen als auch in der sowjetischen Besatzungszone neue Länder gebildet, unter Einbeziehung auch der Gebiete des aufgelösten Staates Preußen. Nach der Gründung der DDR wurden 1952 deren fünf Länder wieder aufgelöst und in 14 Bezirke umgewandelt. Durch Verfassungsgesetz zur Bildung von Ländern in der Deutschen Demokratischen Republik vom 22. Juli 1990 (GVBl I 1, S. 955) erfolgte die Wiederherstellung der Länder in der DDR, die dann mit dem *Beitritt* der DDR zum Geltungsbereich des Grundgesetzes Länder der Bundesrepublik Deutschland wurden (vgl *Klatt*, VerwArch 82 [1991], 430 ff).

98 Mit der Festlegung auf die Bundesstaatlichkeit knüpft das Grundgesetz auch (nicht ausschließlich) an die Staatsform des Bundesstaats in ihrer historischen Prägung und damit an ein vorverfassungsrechtliches Gesamtbild der Bundesstaatlichkeit an. Wenn also das *Bundesverfassungsgericht* in einzelnen Entscheidungen an *traditionelle* Elemente, wie die Selbstständigkeit, die Eigenstaatlichkeit der Länder (E 3, 58, 158; 4, 178, 189; 6, 309, 346; 11, 77, 88; 22, 267, 270; 36, 342, 360) anknüpft, so liegt hierin ein Rückgriff auf einen Bundesstaatsbegriff, wie ihn das Grundgesetz vorgefunden und näher ausgestaltet hat.

2. Der Bundesstaatsbegriff des Grundgesetzes

Es gibt nicht „den“ Bundesstaat oder „das“ Bundesstaatsprinzip; es gibt nur den Bundesstaat in seiner konkreten Ausformung durch das Grundgesetz. Ähnlich wie das Demokratieprinzip wird auch das Bundesstaatsprinzip als das allgemeinere Prinzip im Grundgesetz durch verschiedene Teilelemente konkretisiert (beim Rechtsstaatsprinzip als einer weiteren verfassunggestaltenden Grundentscheidung gilt das Gleiche). Methodisch bedeutet dies: für die Beantwortung konkreter bundesstaatlicher Fragestellungen ist an eines dieser konkreteren Unterprinzipien anzuknüpfen. **99**

a) Staatlichkeit von Bund und Ländern

Art. 20 Abs. 1 GG enthält die **verfassungsgestaltende Grundentscheidung** für die Bundesrepublik als **Bundesstaat**. Dies bedeutet: Die Bundesrepublik als Gesamtstaat setzt sich zusammen aus einzelnen (aktuell 16) Gliedstaaten: den Ländern, diese bilden den Gesamtstaat, den Bund. Sowohl dem Bund als auch den Ländern kommt Staatsqualität zu. Dies bedeutet: Im Bund und in den Ländern existiert Staatsgewalt als Merkmal eines Staates (Rn 12), deren Träger jeweils das Volk ist und die durch besondere Organe ausgeübt wird. Die Staatsgewalt ist im Bundesstaat also aufgeteilt zwischen Zentralstaat und Gliedstaaten. Für die Bundesrepublik Deutschland wird diese Aufteilung im Grundgesetz vorgenommen, also in der Verfassung des Zentralstaates. Dieser hat die „Kompetenz-Kompetenz“, also die Befugnis, die Verteilung der Zuständigkeiten vorzunehmen (Rn 21) – wobei Art. 79 Abs. 3 GG gewisse Schranken setzt: die Länder dürfen zB nicht von der Beteiligung an der Gesetzgebung ausgeschlossen werden. Demgegenüber kann die EU im Prinzip ihre Zuständigkeiten nicht von sich aus erweitern, sondern hat nur die staatlichen Befugnisse, die ihr von den Mitgliedstaaten übertragen werden. Sie ist deshalb (noch) kein Bundesstaat. Allerdings sind die Kompetenzen der Europäischen Union weniger gegenständlich begrenzt als dynamisch offen gefasst. **100**

Dass der Grundsatz der Staatlichkeit der Länder nicht nur von theoretischer Bedeutung ist, zeigt sich in dem – umstrittenen – Fall einer durch völkerrechtlichen Vertrag des Bundes mit einem auswärtigen Staat vereinbarten **Gebietsabtretung** (zB Grenzkorrektur) wie im **Fall 9**. Str. ist hier, ob ein solcher Vertrag der Zustimmung des betroffenen Landes – in dessen Gebiet ja ebenfalls eingegriffen wird – bedarf, dagegen etwa *v. Münch*, Rn 495; dafür *Stern* I, § 7 IV 2a). Aus Art. 32 GG folgt ein solches Zustimmungserfordernis nicht. Der **Staatsqualität** der Länder aber würde es widersprechen, wenn von Seiten des Bundes ohne ihre Zustimmung über ihr **Staatsgebiet** – ein Essentiale ihrer Staatlichkeit – verfügt werden könnte. Ein Vertrag über eine Gebietsabtretung ohne Zustimmung des Landes ist also **verfassungswidrig**.

b) Bundesstaatliche Kompetenzordnung

Die Staatlichkeit des **Gesamtstaats** als auch der **Gliedstaaten** (der **Länder**) ist bestimmendes Merkmal des bundesstaatlichen Prinzips nach dem Grundgesetz. Dabei ist die **Staatsgewalt** als das eigentliche **entscheidende Kriterium der Staatlich-** **101**

keit (Rn 12 f; nicht ist abzustellen auf den problematischen Begriff der Souveränität) zwischen Gesamtstaat und Gliedstaaten **nach Aufgabengebieten aufgeteilt**. Die Normen des Grundgesetzes, die diese Aufgabenverteilung vornehmen, bilden die bundesstaatliche Kompetenzordnung. Die Organe des Gesamtstaats und der Gliedstaaten, Bundesorgane und Länderorgane, üben hierbei eine vom anderen unabhängige Staatsgewalt auf jedem Aufgabengebiet aus, das ihnen hiernach zugewiesen ist. Auch die **Länder** üben jedoch in diesem Rahmen eigene, nicht vom Bund abgeleitete, **originäre Staatsgewalt** aus, ihnen kommt deshalb **Staatsqualität** zu; unproblematisch sind insoweit **Staatsgebiet** und **Staatsvolk**. Die Staatsqualität der Länder als ein wesentliches Element des bundesstaatlichen Prinzips findet im Grundgesetz zB in Art. 30 GG ihren positiven Ausdruck.

102 Art. 30 GG enthält auch die Grundregel für die **Kompetenzverteilung** zwischen Bund und Ländern. Danach ist die Ausübung staatlicher Befugnisse Sache der Länder, soweit sie nicht vom Grundgesetz ausdrücklich dem Bund zugewiesen werden. Entsprechende Kompetenzzuweisungen an den Bund sind vor allem in Art. 70 ff GG für die Gesetzgebung, in Art. 83 ff GG für die Verwaltung und in Art. 95 GG für die Rechtsprechung sowie in den Art. 104a ff GG für den Bereich der Staatsfinanzen enthalten. Die Kompetenzzuweisungen sind nicht deckungsgleich: Wenn für eine bestimmte Materie die Gesetzgebung Sache des Bundes ist, kann die Ausführung der Gesetze gleichwohl bei den Ländern liegen. Dies ist sogar der Regelfall. In der Sache besteht ein faktisches Schwergewicht des Bundes bei der *Gesetzgebung* (Rn 113), während das *Schwergewicht* der Verwaltungstätigkeit bei den Ländern liegt (u. Rn 164 ff). Der Vorrang des Bundes bei der Herstellung einer einheitlichen Rechtsordnung kommt auch darin zum Ausdruck, dass nach Art. 31 GG Bundesrecht im Kollisionsfall entgegenstehendes Landesrecht „*bricht*". Hinzu kommt die Befugnis des BVerfG, also eines Verfassungsorgans des Bundes, Landesrecht auf seine Vereinbarkeit mit Bundesrecht hin zu überprüfen.

c) Verfassungsautonomie der Länder

103 Der Staatlichkeit der Länder entspricht ihre **Verfassungsautonomie**. Dies ist die originäre Befugnis des Trägers der Staatsgewalt in den Ländern – des Volkes –, sich eine Verfassung zu geben. Sie wird eingeschränkt durch das **Homogenitätsprinzip** des Art. 28 GG, wonach die verfassungsmäßige Ordnung in den Ländern – und damit auch die verfassungsgemäße Rechtsordnung – den verfassungsgestaltenden Grundentscheidungen des Grundgesetzes für die republikanische Staatsform, die Demokratie, den sozialen Rechtsstaat entsprechen muss, Art. 28 Abs. 1 S. 1 GG. In den Ländern und Gemeinden müssen jeweils nach demokratischen Grundsätzen gewählte **Volksvertretungen** bestehen. Das Homogenitätsgebot verpflichtet die Länder auf bestimmte Grundsätze, hindert sie jedoch nicht daran, diese im Rahmen ihrer Verfassungsautonomie eigenständig auszugestalten, hierbei zB Volksentscheide vorzusehen (BVerfGE 60, 175, 208 – näher Rn 43; zu BremStGH BayVBl 2000, 915 = NordÖR 2000, 186 s. Rn 46a; zum Hessischen Wahlprüfungs„gericht" Rn 27 und 248).

d) Bundesstaatlichkeit als grundlegendes Verfassungsprinzip

Durch Art. 79 Abs. 3 GG wird der bundesstaatliche Aufbau der Bundesrepublik auch gegenüber verfassungsändernden Mehrheiten in seinen wesentlichen Grundzügen gewährleistet: Art. 79 Abs. 3 GG nimmt Bezug auf die „*Gliederung des Bundes in Länder*", auf die „*Mitwirkung der Länder bei der Gesetzgebung*", aber auch generell auf den in Art. 20 Abs. 1 GG genannten Grundsatz der Bundesstaatlichkeit. Die **Staatlichkeit** der Länder ist diesem Kernbereich zuzuordnen. Sie wird von der Unveränderlichkeitssperre des Art. 79 Abs. 3 GG – 1. Alternative – umfasst. Die Länder dürfen nicht zu bloßen Verwaltungseinheiten werden (BVerfGE 34, 9, 19 f). Auch im Zuge der europäischen Integration ist die Staatlichkeit der Länder zu wahren. Zur Frage, inwieweit die Mitwirkungsrechte des Bundesrats darunter fallen, s. Rn 520a. **104**

Mit dem Grundsatz der Staatlichkeit der Länder und ihrer Verfassungsautonomie wäre es auch unvereinbar, wenn die Termine der **Wahlen zu den Landtagen** durch Bundesgesetz – sei es auch durch verfassungsänderndes Gesetz – festgelegt würden (**Fall 10**). Denn wenn die Länder Träger originärer, also nicht vom Bund abgeleiteter staatlicher Gewalt sind, so obliegt es ihnen, ihre Ausübung organisatorisch zu regeln, und damit die Staatsorganisation in ihrem Bereich. Primärer Akt der Staatsorganisation aber sind Wahlen. Er muss von den Ländern auf Grund ihrer originären Staatsgewalt autonom ausgeübt werden. Ihnen muss daher die Festlegung des Termins von Landtagswahlen obliegen. Eine dahingehende Regelung im Grundgesetz wäre unzulässig. Sie dürfte nicht erst an der Schranke des Art. 79 Abs. 3 GG scheitern, sondern vielmehr von vornherein außerhalb der Zuständigkeit des Bundes liegen. **105**

e) Bedeutung und Rechtfertigung des bundesstaatlichen Prinzips

Die Bundesstaatlichkeit Deutschlands ist nicht nur Ausdruck historisch gewachsener Vielfalt. Ihre aktuelle Bedeutung liegt auch darin, dass sie als ein **komplementäres Element freiheitlich-demokratischer Ordnung** wirkt. Bundesstaatlichkeit lässt auf Länderebene Gegengewichte zur politischen Macht des Bundes entstehen, wirkt damit auch im Sinn rechtsstaatlicher Kontrolle staatlicher Gewalt, insbesondere durch die Aufteilung und wechselseitige Verschränkung von Gesetzgebungs- und Verwaltungszuständigkeiten. Insofern kann von „**vertikaler**" **Gewaltenteilung** (*Hesse*, Rn 219 ff) gesprochen werden. Im Blick auf das Demokratiegebot des Grundgesetzes liegt die Bedeutung des Bundesstaatsprinzips auch darin, dass die auf Bundesebene in der Opposition befindlichen politischen Kräfte die Chance erhalten, Regierungsverantwortung auf Landesebene zu tragen, damit aber ihre Chancen als Opposition insgesamt erhöhen. **106**

3. Ausblick: Bundesstaatlichkeit und europäische Union

Dass die bundesstaatliche Gliederung der Bundesrepublik auch im Zuge der europäischen Einigung nicht aufgehoben werden darf, folgt schon aus Art. 79 Abs. 3 GG, der eine Integrationsschranke bildet (vgl *Streinz*, in: Sachs, Art. 23, Rn 32). Darüber hinaus soll aber die Europäische Union selbst föderativen Grundsätzen verpflichtet sein – hierauf hat die Bundesrepublik nach Art. 23 Abs. 1 Satz 1 GG hinzuwirken. Auch die Mitwirkung an einer Union, die sich föderativen Grundsätzen nicht mehr verpflichtet sieht, wäre von der Integrationsermächtigung des Art. 23 Abs. 1 GG nicht mehr getragen. Föderative Grundsätze in diesem Sinn bedeuten zB, dass die Mitgliedstaaten an der Willensbildung auf europäischer Ebene mitwirken, dass die Zuständigkeiten ähnlich wie nach Art. 30 GG verteilt sind und dass bei den **107**

Mitgliedstaaten substanzielle Zuständigkeiten verbleiben. Der Grundsatz der **Subsidiarität** besagt, dass die größere – zentrale – Einheit nur dort tätig werden soll, wo die kleinere Einheit nicht leistungsfähig ist. Die kommunale Selbstverwaltung beruht auf diesem Prinzip – bei dem es sich aber um keinen allgemeinen Verfassungsgrundsatz handelt.

Die Europäische Union ist selbst kein Staat – also auch kein Bundesstaat. Sie trägt aber zusehends Merkmale eines Bundesstaats. Der entscheidende Schritt wäre dann getan, wenn eine „europäische Verfassung" entsprechende Verfassungsorgane schaffen und der EU die Befugnis verleihen würde, selbst über ihre Zuständigkeiten zu bestimmen. Aber auch unterhalb dieser Schwelle stellt sich die Frage nach der künftigen Rolle von Bund und Ländern in der Europäischen Union. Die Bundesstaatlichkeit des Grundgesetzes beruht auf zwei staatlichen Ebenen – der des Bundes und der der Länder. Mit der Europäischen Union kommt eine dritte quasi-staatliche Ebene hinzu.

Lösung der Ausgangsfälle:

108 **Fall 8 – Bildungskompetenz –:** Die Verfassungsänderung könnte dann unwirksam sein, wenn sie gegen die durch Art. 79 Abs. 3 GG gewährleistete bundesstaatliche Ordnung verstieße.

Danach darf die grundsätzliche Mitwirkung der Länder an der Gesetzgebung nicht ausgeschlossen werden. Über den Bundesrat ist eine derartige Mitwirkung an sich gewährleistet (näher: Rn 512 ff, 678 ff).

Die Grundgesetzänderung könnte jedoch gegen die Garantie der „*Gliederung des Bundes in Länder*" verstoßen. Dies bedeutet: die Länder müssen in ihrer Staatsqualität erhalten bleiben. Dies ist aber nur dann der Fall, wenn den Ländern nennenswerte staatliche Befugnisse verbleiben. „*Höchstpotenzierte Gebietskörperschaften*" genügen der Garantie der bundesstaatlichen Ordnung *nicht* (BVerfGE 34, 9, 19 f). Von substanziellen staatlichen Befugnissen kann nur gesprochen werden, wenn diese auch im Bereich der Gesetzgebung vorhanden sind. Es kommt also auf das Ausmaß der den Ländern noch verbleibenden *Kompetenzen* an (so *Bryde*, in: von Münch/Kunig III, Art. 79, Rn 31). Tatsächlich haben die Länder nur noch in diesen Bereichen nennenswerte Gesetzgebungskompetenzen, die ihnen die Möglichkeit eigener Gestaltung eröffnen: im Recht der inneren Sicherheit (Polizeirecht) und vor allem im Bereich der Bildung. Wird ihnen letzterer entzogen, so ist das erforderliche Mindestmaß an eigenen staatlichen Befugnissen in der Gesetzgebung nicht mehr gegeben. Deshalb verstößt die Verfassungsänderung gegen das Gebot, die „Gliederung des Bundes in Länder" und damit die Staatsqualität der Länder zu erhalten. Sie überschreitet die Grenzen des Art. 79 Abs. 3 GG und ist -deshalb selbst nichtig. Es handelt sich um „*verfassungswidriges Verfassungsrecht*".

Fall 9 – Gebietsabtretung –:

I. Zuständigkeit des Bundes: Art. 32 Abs. 1 GG – zur Pflege der „auswärtigen Beziehungen" zählt auch der Abschluss völkerrechtlicher Abkommen.

II. Da der Vertrag die besonderen Verhältnisse des Landes berührt, muss dieses „gehört" werden. Dies bedeutet jedoch nur: es muss Gelegenheit zur Äußerung erhalten; dies ist lt. Sachverhalt zu bejahen, da das Land sich gegen den Vertrag ausgesprochen hat.

III. Der Bund ist jedoch durch Art. 32 Abs. 2 GG nicht an die Stellungnahme des Landes gebunden (er muss dieses eben nur „hören"). Die Notwendigkeit einer Zustimmung des Landes könnte sich hier jedoch daraus ergeben, dass über sein Gebiet verfügt wird. Dies ist str, aber zu bejahen, s. Rn 100: aus dem Bundesstaatsprinzip des Grundgesetzes folgt die Staatsqualität der Länder; aus dieser wiederum ihre Gebietshoheit, so dass über ihr Staatsgebiet nicht gegen ihren Willen verfügt werden kann.

Fall 10 – Wahltermin –: Die Verfassungsänderung könnte bereits an mangelnder Zuständigkeit des Bundes(verfassungs-)gesetzgebers scheitern. Grundsätzlich hat zwar im Bundesstaat der Verfassungsgeber auf Bundesebene die „Kompetenz-Kompetenz", dh er ist dafür zuständig, die nähere Zuständigkeitsverteilung im Bund-Länder-Verhältnis vorzunehmen. Dies betrifft jedoch nur die staatlichen Befugnisse, die Bund oder Ländern zustehen können. Wahlen als Akt der Staatsorganisation sind aber auf Landesebene von vornherein einer Regelung durch den Bund entzogen. Zwar kann das Grundgesetz hierfür bestimmte Grundsätze aufstellen, wie in Art. 28 GG geschehen. Die Organisation der Wahlen selbst, und damit auch die Festlegung des Wahltermins, muss jedoch als Akt der Staatsorganisation durch das Land selbst erfolgen.

Auf jeden Fall aber wären die Grenzen des Art. 79 Abs. 3 GG überschritten. Die Organisationshoheit der Länder wäre in einem Kernbereich getroffen. Die Verfassungsänderung ist nichtig.

Schrifttum zu I.: *Hesse*, § 7 I; *Maunz/Zippelius*, § 15 I, II; *Stern* I, § 19 I, II; *Isensee*, Idee und Gestalt des Föderalismus im Grundgesetz, HdBStR IV, § 99.

II. Bundesstaatliche Kompetenzordnung des Grundgesetzes: Gesetzgebung

Die Zuordnung der Staatsfunktionen im Verhältnis von Bund und Ländern (s.o. Rn 106) ist Gegenstand der bundesstaatlichen Kompetenzordnung. Die Gesetzgebungskompetenzen werden durch die Art. 70 ff GG verteilt. Für jedes Gesetz ist hiernach die konkrete Zuständigkeit des Bundes oder der Länder zu ermitteln; erster Punkt im Rahmen der Prüfung der Verfassungsmäßigkeit eines Gesetzes ist stets die Frage der Kompetenz.

➡ **Leitentscheidungen:** BVerfGE 12, 205 (1. Rundfunkurteil); BVerfGE 61, 149 (Staatshaftung); BVerfGE 96, 345 (Landesverfassungsbeschwerde); BVerfGE 98, 265 (Abtreibung III); BVerfGE 106, 62 (Altenpflegegesetz); BVerfG NJW 2004, 750 (Unterbringung gefährlicher Straftäter); BVerfG, U.v. 09.06.2004 (Ladenschluss); BVerfG, U.v. 27.07.2004 (Juniorprofessor).

Ausgangsfälle:

Fall 11 – Kraftwerksstandorte –: In einem „Gesetz über die Festlegung von Kraftwerkstandorten" sollen die genauen Standorte für künftige Großkraftwerke (Atom- und Kohlekraftwerke) verbindlich festgelegt werden. Ist der Bund für ein solches Gesetz zuständig? **Rn 163** **109**

Fall 11a – „Wegschließen für immer" –: Aufgeschreckt durch Gewaltverbrechen rückfälliger Straftäter und emotional berührt durch das Kanzlerwort „Wegschließen für immer!" beschließt der Landtag L. ein „Gesetz über die nachträgliche Sicherungsverwahrung". Dieses sieht vor, dass Straftäter, die wegen bestimmter Gewaltverbrechen, **109a**

insbesondere Straftaten gegen die sexuelle Selbstbestimmung, verurteilt sind, nach Verbüßung ihrer Strafe auch dann, wenn im Urteil Sicherungsverwahrung nicht angeordnet wurde, in Sicherungsgewahrsam zu nehmen sind, wenn sich während der Haft herausstellt, dass von ihnen weiterhin die Gefahr einschlägiger Straftaten ausgeht, insbesondere weil sie im Vollzug der Freiheitsstrafe beharrlich die Mitwirkung an der Erreichung des Vollzugsziels (§ 2 StVollzG) verweigern, namentlich eine rückfallvermeidende Psycho- oder Sozialtherapie ablehnen oder abbrechen. Ist das Land zuständig? **Rn 163**

110 **Fall 12 – Satellitenfernsehen –:** Ein Bundesgesetz regelt die Werbung in Fernsehprogrammen, die über Satellit ausgestrahlt werden. Von Seiten des Bundes wird hierfür eine Gesetzgebungskompetenz kraft „Natur der Sache" beansprucht. Zu Recht? **Rn 163**

111 **Fall 13a – Staatsbürgerversorgung –:** Wäre der Bund zuständig für ein Gesetz, das die bestehende Sozialversicherung durch eine allgemeine aus Steuermitteln zu finanzierende „Staatsbürgerversorgung" ablöst? **Rn 163**

112 **Fall 13b – Beamtenversorgungsanstalt –:** Wäre er zuständig für ein Gesetz über die Errichtung einer „Beamtenversorgungsanstalt", die, finanziert durch Beiträge der Dienstherrn, künftig die Ruhestandsbezüge zahlen soll? **Rn 163**

1. Systematik der Kompetenzverteilung – Grundregel des Art. 70 GG

113 Die Aufteilung der Gesetzgebungskompetenzen zwischen Bund und Ländern erfolgt iW durch die Bestimmungen der Art. 70 ff GG. Auszugehen ist dabei stets von der Grundsatznorm des Art. 70 GG. Nach dessen Abs. 1 haben die Länder das Recht der Gesetzgebung, soweit nicht das Grundgesetz dem Bund Gesetzgebungsbefugnisse verleiht – was es tatsächlich in sehr weitem Umfang tut; in der Praxis liegt, wie schon erwähnt, der Schwerpunkt der Gesetzgebung beim Bund. Die Abgrenzung der Gesetzgebungszuständigkeiten von Bund und Ländern wird dann in den nachfolgenden Bestimmungen der Art. 71-75 GG (sowie in einigen weiteren, über das Grundgesetz verstreuten Kompetenznormen) vorgenommen. Hierauf verweist Art. 70 Abs. 2 GG, auf die Vorschriften des Grundgesetzes über die ausschließliche und die konkurrierende Gesetzgebung.

114 Vorschriften über die **ausschließliche Gesetzgebung** des Bundes enthält das Grundgesetz in Art. 71 und 73 GG. Art. 71 GG sagt, was ausschließliche Gesetzgebungszuständigkeit bedeutet: nur der Bund ist für eine bestimmte Materie zuständig (s. Rn 139). Art. 73 benennt dann konkret diese Materien.

115 **Konkurrierende Zuständigkeit** bedeutet: Bund und Länder sind nebeneinander – eben „konkurrierend" – für eine bestimmte Materie zuständig. Wer dann unter welchen Voraussetzungen gesetzgeberisch tätig werden darf, regelt generell Art. 72 GG (s. Rn 141 ff). Art. 74 GG – sowie, für einen Sonderfall, Art. 74a GG – enthält die einzelnen **Kompetenztitel**. Die **Systematik** der Regelung im Grundgesetz ist also diese: zunächst wird der jeweilige Kompetenztypus geregelt – Art. 71 bzw Art. 72 GG –, dann werden die einzelnen Kompetenztitel aufgezählt – Art. 73 bzw Art. 74 GG.

Sowohl die allgemeinen Kriterien wie die konkreten Kompetenztitel für die **Rahmengesetzgebung** des Bundes sind in Art. 75 GG enthalten. Rahmengesetzgebung bedeutet, dass der Bund einen „Rahmen" setzen kann, der dann von den Ländern näher auszufüllen ist (näher Rn 146 ff). Da auch hier Bund und Länder nebeneinander zuständig sind, könnte man von einem Unterfall der konkurrierenden Zuständigkeit sprechen – was auch erklärt, dass die Rahmengesetzgebung in Art. 70 Abs. 2 GG nicht ausdrücklich erwähnt wird. Ein weiterer, spezieller Kompetenztypus wird in Art. 70 Abs. 2 GG nicht erwähnt: die sog **Grundsatzgesetzgebung** für die Haushaltswirtschaft von Bund und Ländern in Art. 109 Abs. 3 GG. **116**

Aussagen zu den Gesetzgebungszuständigkeiten von Bund und Ländern sind noch an **anderen Stellen** des Grundgesetzes zu finden. **Art. 105** betrifft die Gesetzgebung über Steuern (dazu näher u. Rn 204 ff). Schließlich finden sich verschiedentlich im Grundgesetz Formulierungen wie „Das Nähere regeln Bundesgesetze", vgl zB für das Recht der politischen Parteien Art. 21 Abs. 3 GG. Hierin ist die Zuweisung einer (ausschließlichen) Gesetzgebungszuständigkeit für den Bund zu sehen (näher und zu weiteren Fällen s. *Degenhart*, in: Sachs, GG, Art. 71, Rn 2a). Unter bestimmten – engen – Voraussetzungen werden zudem **ungeschriebene Gesetzgebungszuständigkeiten** des Bundes anerkannt (dazu u. Rn 133 ff). **117**

Prüfung der Zuständigkeit: **118**

Um die Frage nach der Zuständigkeit für den Erlass eines bestimmten Gesetzes zu beantworten – und darum geht es bei der **Kompetenzprüfung** –, muss also zunächst nach einem positiven **Kompetenztitel** für den Bund gefragt werden, dieser ist aus den Art. 73, 74 und 75 GG, ggf aus den weiteren im Grundgesetz enthaltenen Kompetenznormen und, wenn hierfür konkrete Anhaltspunkte bestehen, aus den Grundsätzen über ungeschriebene Bundeszuständigkeiten zu entnehmen (dazu nachstehend 2.). In einem zweiten Prüfungsschritt ist dann nach den allgemeinen Voraussetzungen für das Gebrauchmachen von dem konkret in Frage kommenden Kompetenztitel zu fragen. Hierfür ist zurückzugreifen auf die Regeln der Art. 71, 72 sowie 75 GG (s. nachstehend 3.). Besteht hiernach keine Bundeszuständigkeit, so verbleibt es bei der Grundregel des Art. 70 Abs. 1 GG und damit bei der Gesetzgebungszuständigkeit der Länder.

2. Feststellung des einschlägigen Kompetenztitels

Insbesondere Art. 73 Nrn 1-11, Art. 74 Abs. 1 Nrn 1-26 und Art. 75 Abs. 1 S. 1 Nrn 1-6 GG enthalten umfangreiche **Kompetenzkataloge**. Um festzustellen, ob eine gesetzliche Regelung in einen dieser Kompetenzkataloge fällt, bedarf es der **Subsumtion**: das Gesetz, um das es geht, ist unter den in Betracht kommenden Kompetenztitel zu subsumieren. Um diese Subsumtion vornehmen zu können, ist der Kompetenztitel zunächst in seiner Bedeutung im Wege der **Auslegung** zu bestimmen. Die einzelnen Auslegungsmethoden werden beispielhaft durchdekliniert im Urteil des BVerfG zum Altenpflegegesetz BVerfG, 2 BvF 1/01 vom 24.10.2002, www.bverfg.de, Absatz 155 ff = BVerfGE 106, 62). **119**

a) Auslegung der Kompetenznormen

120 Geht man die einzelnen Kompetenzkataloge durch, so wird deutlich, dass das Grundgesetz die Kompetenzmaterien auf zwei unterschiedliche Weisen beschreibt (vgl *Degenhart*, in: Sachs, GG, Art. 70, Rn 44 ff; BVerfG, U.v. 10.02.2004, www.bverfg.de, Absatz Nr 104). Zum einen bezeichnen die Verfassungsnormen bestimmte **Sachbereiche** oder Lebenssachverhalte und verwenden hierbei Kompetenzbegriffe, die sich aus allgemeinem Sprachgebrauch erschließen, so zB in Art. 73 Nr 6 – Luftverkehr –, in Art. 74 Abs. 1 Nr 11 – Wirtschaft – Bergbau, Industrie etc –, in Art. 74 Abs. 1 Nr 11a – Kernenergie –. Derartige Kompetenznormen bezeichnen also ihren Gegenstand vornehmlich *faktisch-deskriptiv*. Häufiger sind jedoch Kompetenznormen, die ihren Gegenstand *normativ* bezeichnen, durch Benennung einer bestimmten **Rechtsmaterie**, so zB Art. 73 Nr 2 – Staatsangehörigkeit –, Art. 74 Abs. 1 Nr 1 – Bürgerliches Recht und Strafrecht –.

121 Beide Ansätze können auch kombiniert werden, etwa beim Begriff der Sozialversicherung in Art. 74 Abs. 1 Nr 12 GG, wo es einerseits um die Bezeichnung eines bestimmten Sachbereichs geht – der „Versicherung" gegen „soziale" Risiken wie Alter, Invalidität oder Krankheit –, andererseits auf den Begriff der Sozialversicherung bezuggenommen wird, wie er sich in der RVO entwickelt hat. Schließlich können Sachbegriffe, die in den Kompetenznormen des Grundgesetzes gebraucht werden, in der Rechtssprache einen anderen Bedeutungsgehalt haben, als nach allgemeinem Sprachgebrauch.

122 Bei der **Auslegung** der Kompetenznormen des Grundgesetzes wird der **historischen Interpretation** (Rn 6) erhöhte Bedeutung beigelegt (BVerfGE 106, 62, 105). Dies gilt besonders dort, wo die Kompetenzmaterie im dargelegten Sinn (Rn 120) „normativ-rezeptiv" benannt wird. Wo es sich um historisch geformte, vom Grundgesetzgeber vorgefundene Rechtsmaterien handelt, wird in der Interpretation der diesbezüglichen Kompetenznormen auf Tradition und Entwicklung dieser Materien abgestellt. Es wird dann gewissermaßen vermutet, der Verfassungsgeber habe den Kompetenzbegriff entsprechend dieser Tradition in die Verfassung aufnehmen wollen.

123 Hierauf stellt auch das *BVerfG* im U.v. 10.02.2004 zur Unterbringung gefährlicher Straftäter („nachträgliche Sicherungsverwahrung") ab, www.bverfg.de, Absatz Nr 104 = NJW 2004, 750, 752): *„Hat der Verfassungsgeber eine normativ ausgeformte Materie vorgefunden und sie als solche gleichsam nachvollziehend benannt, so ist davon auszugehen, dass die einfachgesetzliche Ausformung in der Regel den Zuweisungsgehalt auch der Kompetenznorm bestimmt (Degenhart, in: Sachs, GG, 3. Aufl., Art. 70, Rn 44, 47). Sinn und Zweck der Umschreibung eines vom Verfassungsgeber bereits vorgefundenen Normenbereichs in der Kompetenzvorschrift sprechen dafür, dass der vorgefundene Normenbereich von ihr erfasst werden soll."* Vereinfacht ausgedrückt bedeutet dies zB für das Straftäterunterbringungsgesetz in **Fall 11a**: Weil Maßregeln der Sicherung und Besserung schon immer im Strafrecht geregelt waren, handelt es sich hierbei auch um „Strafrecht" iSv Art. 74 Abs. 1 Nr 1 GG.

124 Derartige **normative Traditionen** können auch dort eine Rolle spielen, wo die Bezeichnung der Kompetenzmaterie durch Benennung des entsprechenden Sachbe-

reichs oder Lebenssachverhalts erfolgt. So wurde zB im 1. „Rundfunkurteil" des BVerfG (BVerfGE 12, 205) zum Sachbereich „Telekommunikation" (früher: Fernmeldewesen) das gezählt, was der Verfassungsgeber als wesentlichen Inhalt eben dieser Materie vorgefunden hatte, also Fragen der Frequenzzuordnung, nicht aber inhaltliche Fragen des Rundfunks. – Fehlen derartige Anknüpfungspunkte für eine historische Auslegung der Kompetenznorm, so ist primär auf den **allgemeinen Sprachgebrauch** abzustellen.

Die Auslegung der Kompetenznormen aus der Tradition und der Entwicklung des jeweiligen Rechtsgebiets hindert den Gesetzgeber jedoch nicht, die Materie weiter zu entwickeln. Deshalb musste der Bundesgesetzgeber für den Bereich der *Sozialversicherung* (konkurrierende Zuständigkeit, Art. 74 Abs. 1 Nr 12 GG) nicht starr an der Sozialversicherung im Rahmen der RVO so festhalten, wie der Grundgesetzgeber sie vorgefunden hatte. Er kann andererseits aber auch nicht unter dem Titel „Sozialversicherung" eine ganz andere Form der sozialen Sicherung einführen, die mit Sozialversicherung nichts mehr zu tun hat. BVerfGE 75, 108, 146 f hat dies dahingehend formuliert, Sozialversicherung iSd Art. 74 Abs. 1 Nr 12 GG sei alles, „was sich der Sache nach als Sozialversicherung darstellt". Deren klassische Elemente müssen im Prinzip gewahrt bleiben, so insbesondere die „gemeinsame Deckung eines möglichen Bedarfs durch Verteilung auf eine organisierte Vielheit", der Solidarausgleich und die organisatorische Bewältigung durch besondere Sozialversicherungsträger; es muss sich also jedenfalls um Versicherung handeln, und es muss um den versicherungsmäßigen Ausgleich und Deckung bestimmter Risiken gehen. Eine Beschränkung auf Arbeitnehmer, wie dies anfänglich bei der Sozialversicherung der Fall war, ist demgegenüber nicht zwingend gefordert; der Gesetzgeber konnte also durchaus neue Personenkreise erfassen. **125**

Andererseits durfte der Bundesgesetzgeber auf der Grundlage des Art. 74 Abs. 1 Nr 1 GG nicht an Stelle der herkömmlich im BGB geregelten deliktischen Staatshaftung (§ 839 BGB), die an das deliktische Handeln des Beamten anknüpfte, eine völlig neuartige, nicht an das Haftungssystem des BGB anknüpfende, verschuldensunabhängig unmittelbare Haftung öffentlich-rechtlicher Körperschaften einführen – hier handelte es sich nicht mehr um „bürgerliches Recht" (BVerfGE 61, 149), die neu eingefügte Nr 25 begründet nun insoweit eine konkurrierende Zuständigkeit. **126**

b) Kompetenzmäßige Zuordnung

Auf der Grundlage der Auslegung der Kompetenznorm ist also die Feststellung zu treffen, dass ein bestimmtes Gesetz unter einen bestimmten Kompetenztitel fällt. Die konkrete Materie, um die es geht, muss dem Kompetenztitel zuzuordnen sein. Dabei können sich für einzelne Vorschriften eines Gesetzes durchaus **unterschiedliche Zuordnungen** ergeben. **127**

Wenn zB in einem Gesetz über Teledienste in einer Bestimmung die Verpflichtung des Anbieters zur Kennzeichnung seiner Angebote geregelt wird, in einer anderen Bestimmung die Frage eines Rücktrittsrechts des Bestellers von Kaufverträgen, so ergibt sich im ersteren Fall eine ausschließliche Bundeszuständigkeit aus Art. 73 Nr 7 GG, während für letzteren Fall eine konkurrierende Zuständigkeit nach Art. 74 Abs. 1 Nr 1 GG (Bürgerliches Recht) besteht.

Andererseits betont das BVerfG in seinem Urteil zum Bayerischen Schwangerenhilfe-Ergänzungsgesetz (BVerfGE 98, 265), die *einzelnen Vorschriften* eines Gesetzes dürften *nicht isoliert betrachtet* werden. Deshalb könne eine **Teilregelung**, für **128** die bei isolierter Betrachtungsweise keine Bundeszuständigkeit besteht, gleichwohl unter einen Kompetenztitel für den Bund fallen, wenn sie mit dem kompetenzbegründenden Schwerpunkt der Materie derart eng „*verzahnt*" sei, dass sie als Teil der Gesamtregelung erscheine.

129 Für die Frage, ob ein Gesetz unter einen bestimmten Kompetenztitel subsumiert werden kann, ist dann, wenn die Kompetenzzuweisungsnorm sich auf eine bestimmte Rechtsmaterie wie das Bürgerliche Recht oder das Recht der Sozialversicherung bezieht, zunächst entscheidend, ob das Gesetz sich einfügt in den herkömmlichen Regelbereich, die vorgefundenen **Grundstrukturen** der fraglichen Materie.

Ein gutes Beispiel für diese Methode der Subsumtion bietet – neben den vorstehend Rn 125 f genannten Fällen – BVerfGE 67, 299, 314 ff, 319 ff: da Regelungen über das Parken von Fahrzeugen herkömmlicherweise im Straßenverkehrsrecht enthalten sind, konnte eine dahingehende Regelung der Kompetenznorm des Art. 74 Abs. 1 Nr 22 GG zugeordnet werden.

130 Im Übrigen ist für die Subsumtion einer Regelung unter einen Kompetenztitel in erster Linie der primäre **Normzweck** entscheidend, der dem Gegenstand der Kompetenznorm entsprechen muss.

Überwachungsvorschriften für Ölheizungen oder lärmintensive Betriebe mit dem Ziel der Emissionsbegrenzung fallen daher unter Art. 74 Abs. 1 Nr 24 GG, nicht unter das Recht der öffentlichen Sicherheit und Ordnung, für das keine ausdrückliche Bundeskompetenz begründet ist.

Kommt nach dem Sachbereich einer Regelung eine mehrfache Zuordnung in Betracht, so ist auf die unmittelbar durch das Gesetz geregelte Materie abzustellen.

131 **Fallbeispiel:** Eine Novelle zum (Bundes-)Gesetz gegen Wettbewerbsbeschränkungen (GWB) verschärfte die in diesem Gesetz geregelte Fusionskontrolle, die ab einer bestimmten „kritischen" Unternehmensgröße einsetzt, durch Herabsetzung eben dieser Schwelle für die Presse, um den wirtschaftlichen Gegebenheiten dort Rechnung zu tragen. Hier könnte als Kompetenzgrundlage in Betracht kommen: Art. 74 Abs. 1 Nr 16 GG – Verhütung des Missbrauchs wirtschaftlicher Machtstellung. Es könnte sich aber auch um Presserecht handeln, für das der Bund nur eine Rahmenkompetenz nach Art. 75 Abs. 1 S. 1 Nr 2 GG hat. Unmittelbar regelt das Gesetz den wirtschaftlichen Wettbewerb durch Fusionskontrolle, nicht aber pressespezifische Fragen. Es knüpft lediglich innerhalb seines unmittelbaren Gegenstandes an besondere Gegebenheiten des Pressemarktes an: deshalb handelte es sich hier um Recht der Wettbewerbsbeschränkungen iSv Art. 74 Abs. 1 Nr 16 GG, nicht um Presserecht.

132 Bleibt hiernach **mehrfache Zuordnung** möglich, ist auf den **Schwerpunkt** der Regelung und die insoweit maßgebliche Zielsetzung abzustellen, wobei „*eng verzahnte*" Regelungen **einheitlich** zuzordnen sind, vgl BVerfGE 98, 265: berufsrechtliche Aspekte und Recht der Schwangerenberatung, mit Schwerpunkt auf letzterem und hierbei wiederum strafrechtlich kompetenzbegründender Zielsetzung. Eine kompetenzmäßige Zuordnung muss aber vorgenommen werden: Doppelzuständigkeiten für die gleiche Materie sind ausgeschlossen.

c) Zuständigkeitskataloge und ungeschriebene Bundeskompetenzen

Ist keiner der Kompetenztitel in den Katalogen der Art. 73-75 GG gegeben, so kann noch eine **ungeschriebene Gesetzgebungskompetenz des Bundes** in Betracht kommen. Derartige ungeschriebene Kompetenzen werden unter engen Voraussetzungen anerkannt, wobei unterschieden wird zwischen Bundeskompetenzen kraft „Natur der Sache“, Annex-Kompetenzen des Bundes und Bundeskompetenzen kraft „Sachzusammenhangs“. **133**

Eine Bundeszuständigkeit aus der **Natur der Sache** wird dann angenommen, wenn ein Gegenstand **begriffsnotwendig** (BVerfGE 11, 69 f) nur durch Bundesgesetz geregelt werden kann. Bloße Zweckmäßigkeit genügt nicht. Wann Begriffsnotwendigkeit bejaht werden kann, mag ein vergleichender Blick auf die Kompetenztitel des Art. 73 GG verdeutlichen. Wenn zB für die Staatsangehörigkeit im Bund (Nr 2) oder die Rechtsverhältnisse der Bundesbeamten (Nr 8) eine ausschließliche Bundeszuständigkeit besteht, so müssen Fälle einer ungeschriebenen Bundeszuständigkeit aus der Natur der Sache dem vergleichbar sein. Es handelt sich dann um notwendig ausschließliche Bundeszuständigkeiten. **134**

Beispiele: Ein Bundesgesetz, das die **Bundeshauptstadt,** den Sitz der Bundesorgane oder nationale Symbole wie Bundesflagge, Bundeswappen, Nationalhymne festlegt, kann begrifflich nur vom Bund erlassen werden, hierfür ist also eine Bundeskompetenz aus der Natur der Sache zu bejahen.

Demgegenüber wurde für das **Rundfunkrecht** eine Bundeskompetenz aus der Natur der Sache von BVerfGE 12, 205 verneint: zwar mögen hier bundesgesezliche Regelungen zweckmäßiger sein. Landesrechtliche Regelungen, die auf den Sitz des jeweiligen Veranstalters abstellen, sind aber jedenfalls nicht ausgeschlossen.

Von **Annexkompetenzen** (näher *Degenhart*, in: Sachs, GG, Art. 70, Rn 30 ff) spricht man, wenn ein Kompetenztitel des GG eine bestimmte Materie – eben die Annexmaterie – nicht ausdrücklich umfasst, aber ein enger sachlicher Zusammenhang besteht, sodass die Regelung der Annexmaterie für die wirksame Regelung der Hauptmaterie erforderlich ist, der **Vorbereitung und Durchführung** (*Stern* I, § 19 III 3 a) dient. **135**

So wurde zB eine Regelung über den Straßenverkehr behindernde Werbeanlagen, obwohl an sich baurechtlicher Natur (Länderzuständigkeit) gleichwohl als Annex zum Recht des Straßenverkehrs nach Art. 74 Abs. 1 Nr 22 GG gesehen, BVerfG NJW 1976, 556; die Regelung der Verjährung sog. Pressedelikte im Wege einer Annexzuständigkeit der Gesetzgebungskompetenz der Länder für das Presserecht zugeschlagen, BVerfGE 7, 29, 38.

Von einer **Kompetenz kraft Sachzusammenhangs** spricht man dann (näher *Degenhart*, in: Sachs, GG, Art. 70, Rn 35 ff), wenn eine Materie nicht sinnvoll geregelt werden kann, ohne dass der Gesetzgeber in eine andere, ihm nicht ausdrücklich zugewiesene Materie eingreift. Die **Unterscheidung** zur Annexkompetenz ist nicht ganz eindeutig, tatsächlich werden die Begriffe auch nicht immer klar geschieden. Während aber die Annexkompetenz „in die Tiefe“ geht, geht die Kompetenz kraft Sachzusammenhangs „in die Breite“. **136**

Beispielhaft kann auf das bereits erwähnte (Rn 132) Urteil des BVerfG zum Bayerischen Schwangerenhilfe-Ergänzungsgesetz (Schwangerschaftsabbruch III) verwiesen werden: Der

Gesetzgeber hatte die Strafandrohung zurückgenommen, unter gleichzeitiger Realisierung eines „Schutzkonzepts“: Beratung unter Einbindung der Ärzte, an die spezifische Anforderungen gestellt werden. Insoweit handelte es sich der Sache nach um ärztliches Berufsrecht. Das BVerfG fasste die diesbezüglichen Regelungen aber unter Art. 74 Abs. 1 Nr 1 – Strafrecht –, da sie für die Verwirklichung des Schutzkonzepts unerlässlich waren – und verneinte dann in der Folge die Zuständigkeit der Länder für ergänzende Regelungen. Die Entscheidung ist in der Kompetenzfrage allerdings nicht sonderlich klar: das BVerfG sieht ja auch eine enge „Verzahnung“ der fraglichen Regelungen und will deshalb die gesetzgeberischen Aussagen zum Schutzkonzept von vornherein der Strafrechtskompetenz des Bundes zuschlagen. Es verwischt damit die Abgrenzung zwischen geschriebener und ungeschriebener Kompetenz.

Einen kompetenzbegründenden Sachzusammenhang sah BVerfGE 12, 205, 241 für die Regelung der Wahlwerbung politischer Parteien im Rundfunk und das Parteienwesen nach Art. 21 Abs. 3 GG, bejahte deshalb Bundeszuständigkeit auch für erstere, nicht aber zwischen dem Fernmeldewesen nach Art. 73 Nr 7 GG (aF) und der Veranstaltung von Rundfunkprogrammen und verneinte deshalb eine Bundeszuständigkeit für die letztere Materie. Der technische Bereich des Fernmeldewesens könne ohne weiteres getrennt vom Programmbereich (zB den inhaltlichen Schranken für Rundfunksendungen und den sachlichen Anforderungen an Rundfunkveranstalter) geregelt werden.

137 Gerade das letztgenannte Beispiel belegt, dass bei der Annahme eines „Sachzusammenhangs“ im dargelegten Sinn Zurückhaltung geboten ist. Denn sie bedeutet ein Übergreifen in eine anders geartete Materie, für die an sich kein Kompetenztitel besteht, damit aber eine Verschiebung der ausdrücklich normierten Kompetenzordnung. Dieser Gesichtspunkt muss auch die Grenzen für die Annahme einer Kompetenz kraft Sachzusammenhangs bezeichnen. Ausscheiden muss jedenfalls ein substanzieller Eingriff in die positiv normierte Kompetenzverteilung. Die kraft Sachzusammenhangs dem positiven Kompetenztitel zugeschlagene Materie darf nicht von bestimmendem Gewicht sein. Bei der Veranstaltung von Rundfunksendungen etwa den Programmbereich (Landeszuständigkeit) kraft Sachzusammenhangs zum sendetechnischen Bereich (Bundeskompetenz) zu ziehen, hätte eine unzulässige, substanzielle Verschiebung der grundgesetzlichen Kompetenzordnung bewirkt (BVerfGE 12, 205).

138 Alles in allem sind die Grundsätze für die Annahme einer Annexkompetenz bzw einer Kompetenz kraft Sachzusammenhangs nicht sonderlich klar; in den meisten der genannten Fälle konnte man im Wege der **Auslegung** der positiven Kompetenznorm und der kompetenzmäßigen Zuordnung nach dem Schwerpunkt der Materie zu gleichen Ergebnissen gelangen – wie ja auch bei BVerfGE 98, 265 letztlich unklar bleibt, ob das Gericht über die „enge Verzahnung“ der Materien zu einer ungeschriebenen Bundeskompetenz kraft Sachzusammenhangs gelangen will, oder aber schlicht die geregelte Materie (Beratungskonzept) als Gegenstand des entsprechend weit verstandenen Kompetenztitels „Strafrecht“ sieht – dann war die Begründung aus dem Sachzusammenhang überflüssig und trägt – wie manches andere in dem genannten Urteil – eher zur Verwirrung bei.

3. Voraussetzungen der Kompetenzausübung – Art. 71, 72, 75 GG

a) Ausschließliche Bundeszuständigkeit, Art. 71 GG

Besteht eine ausschließliche Gesetzgebungzuständigkeit des Bundes, so sind die Voraussetzungen für ein Gebrauchmachen von dieser Kompetenz unproblematisch: der Bund ist ohne weiteres befugt, Gesetze zu erlassen, die Länder sind hiervon ausgeschlossen. Allerdings kann der Bund seine Gesetzgebungsbefugnis nach Art. 71 2. Halbs. GG auf die Länder delegieren; „wenn und soweit" eine solche Delegation erfolgt, werden die Länder wieder zuständig. Die Möglichkeit einer solchen Ermächtigung ist bisher aber nicht praktisch relevant geworden. **139**

b) Konkurrierende Zuständigkeit, Art. 72 GG

Geht es in einem Bereich konkurrierender Zuständigkeit um den Erlass eines Bundesgesetzes, ist Art. 72 Abs. 2 GG einschlägig, geht es um den Erlass eines Landesgesetzes, Abs. 1. **140**

aa) Gesetzgebungsbefugnis des Bundes, Art. 72 Abs. 2 GG

Auch wenn nach Art. 74 bzw Art. 74a GG eine konkurrierende Gesetzgebungszuständigkeit des Bundes besteht, kann dieser gleichwohl nicht ohne weiteres tätig werden. Hierfür müssen weitere Voraussetzungen erfüllt sein, die in Art. 72 Abs. 2 GG genannt sind: Eine bundesgesetzliche Regelung muss zur Herstellung gleichwertiger Lebensverhältnisse oder zur Wahrung der Rechts- oder Wirtschaftseinheit im gesamtstaatlichen Interesse **erforderlich** sein. Art 72 Abs. 2 GG regelt also die Voraussetzungen, unter denen der Bund von einer anderweitig (Art. 74 GG) – begründeten Zuständigkeit Gebrauch machen kann, begründet aber selbst keine Gesetzgebungszuständigkeiten. **141**

Art. 72 Abs. 2 GG benennt drei unterschiedliche **Zielvorgaben**, die ein Tätigwerden des Bundesgesetzgebers rechtfertigen: der Bund hat das Gesetzgebungsrecht, „wenn und soweit"
- die Herstellung gleichwertiger Lebensverhältnisse im Bundesgebiet oder
- die Wahrung der Rechtseinheit im gesamtstaatlichen Interesse oder
- die Wahrung der Wirtschaftseinheit im gesamtstaatlichen Interesse

eine bundesgesetzliche Regelung erforderlich macht.

Zu dieser seit 1994 geltenden Fassung des Art. 72 Abs. 2 GG hat sich das Bundesverfassungsgericht erstmals in seinem Urteil zum Altenpflegegesetz (BVerfG, 2 BvF 1/01 vom 24.10.2002, www.bverfg.de) grundsätzlich geäußert. **142**

- Im Hinblick auf die erstgenannte Zielsetzung der Herstellung der **Gleichwertigkeit der Lebensverhältnisse** ist hiernach der Bundesgesetzgeber nur dann zum Eingreifen befugt, „wenn sich die Lebensverhältnisse in den Ländern der Bundesrepublik in erheblicher, das bundesstaatliche Sozialgefüge beeinträchtigender Weise auseinander entwickelt haben oder sich eine derartige Entwicklung konkret abzeichnet." (Absatz 321).

- Die zweite Zielvorgabe – **Rechtseinheit** – greift nicht schon dann ein, wenn in den Ländern unterschiedliches Recht gilt – denn im Anwendungsbereich des Art. 74 GG will das Grundgesetz Rechtsvielfalt zulassen. Es müssen also zusätzliche Umstände hinzutreten, die eine Vereinheitlichung des Rechts erforderlich machen. Das BVerfG (Absatz 325) nennt hier „unzumutbare Behinderungen im länderübergreifenden Rechtsverkehr", Störungen der Rechtssicherheit und Freizügigkeit und führt als Beispiel unterschiedliche Personenstandsregelungen auf – wenn zB Eheschließung oder Scheidung nicht in allen Bundesländern gleichermaßen rechtlich behandelt und anerkannt würden, wenn also zB eine in Berlin eingegangene „eingetragene Lebenspartnerschaft" in Bayern nicht anerkannt würde.
- Geht es um wirtschaftlich bedrohliche Auswirkungen unterschiedlichen Rechts, so greift die dritte Zielvorgabe der **Wirtschaftseinheit** ein.

143 Nach *Art. 72 Abs. 2 GG aF* musste ein *Bedürfnis* nach bundeseinheitlicher Regelung gegeben sein, dessen Feststellung das Bundesverfassungsgericht jedoch im *Ermessen* des (Bundes-) Gesetzgebers gesehen und allenfalls auf Ermessensfehlgebrauch überprüft hatte (Übbl bei *Degenhart*, in: Sachs GG, Art. 72, Rn 9). Mit der Neufassung sollten die Anforderungen „konzentriert, verschärft und präzisiert" werden (Gemeinsame Verfassungskommission). Sie sollten insbesondere auch justiziabel gemacht werden. Deshalb wurde für die Überprüfung der Voraussetzungen des Art. 72 Abs. 2 GG sogar mit der Normenkontrolle nach Art. 93 Abs. 1 Nr 2a GG ein eigenes verfassungsgerichtliches Verfahren eingeführt (Rn 618 f). Ob die Neufassung zu einer entscheidenden Verstärkung der verfassungsgerichtlichen Nachprüfung führen würde, war im Schrifttum gleichwohl zT skeptisch beurteilt worden (so auch in der Vorauflage).

Das Bundesverfassungsgericht hat jedoch in seinem Urteil vom 24.10.2002 (BVerfGE 106, 62) klargestellt, dass es den Willen des verfassungsändernden Gesetzgebers ernst nimmt. Es sieht die genannten Merkmale des Art. 72 Abs. 2 GG als unbestimmte Rechtsbegriffe, die gerichtlich voll überprüfbar sind (Absatz 335 ff). Allerdings kann die Beurteilung der „Erforderlichkeit" nicht ohne die Einbeziehung auch künftiger Entwicklungen erfolgen. Der Gesetzgeber hat also Prognosen anzustellen. Diese sind daraufhin zu überprüfen, ob sie in methodisch korrekter Weise und auf gesicherter Grundlage getroffen wurden (Absatz 347), ob also die relevanten Tatsachen zutreffend ermittelt und künftige Entwicklungen hinreichend sorgfältig abgeschätzt wurden. In diesem Rahmen besteht ein „Prognosespielraum" des Gesetzgebers, eine „Einschätzungsprärogative".

bb) Gesetzgebungsbefugnis der Länder, Art. 72 Abs. 1 GG

144 Im Bereich der **konkurrierenden** Gesetzgebung sind die Länder nach Art. 72 Abs. 1 GG zuständig, „solange und soweit der Bund von seiner Gesetzgebungszuständigkeit nicht durch Gesetz Gebrauch gemacht hat", solange also nicht die „Sperrwirkung" des Bundesgesetzes eingetreten ist. Dies bedeutet:

- Ist der Bundesgesetzgeber noch nicht tätig geworden, so bleibt es beim Gesetzgebungsrecht der Länder.

– Ist der Bundesgesetzgeber tätig geworden, so sind damit die Länder nur dann generell von eigener Gesetzgebung ausgeschlossen, wenn der Bundesgesetzgeber eine **abschließende** Regelung treffen wollte, im Sinn einer „**Kodifikation**" als „**Kompetenzsperre**". Einem Tätigwerden kann ein „absichtsvoller Regelungsverzicht" gleichstehen, BVerfG NJW 1999, 841, 843 ff.

Beispiel: (Fall bei *G. Scholz*, Grundgesetz II): ein Landesgesetz bestimmt die Anfechtbarkeit unter Föhneinfluss abgegebener Willenserklärungen; obwohl dieser Anfechtungsgrund in §§ 119 ff BGB nicht geregelt ist, ist das Gesetz gleichwohl kompetenzwidrig zustandegekommen, da die Regelungen des BGB insoweit abschließend sind, eine geschlossene Kodifikation darstellen.

Sperrwirkung tritt an sich nur in dem Umfang ein, in dem der Bund tatsächlich im Weg der Gesetzgebung tätig geworden ist; dabei ist auf den Zeitpunkt der Verkündung abzustellen (näher *Degenhart*, in: Sachs, GG, Art. 72, Rn 17 ff). Das BVerfG will aber neuerdings eine Sperrwirkung des Bundesgesetzes auch im Fall eines „absichtsvollen Regelungsverzichts" bejahen – dies sogar dann, wenn der Bund nur auf der Grundlage einer Kompetenz kraft Sachzusammenhangs tätig geworden ist (BVerfGE 98, 265, 300 – s. Rn 132, 136). Dabei wird auch auf das bundesstaaatliche Gebot gegenseitiger Rücksichtnahme (Rn 153) und auf das rechtsstaatliche Gebot abgestellt, widersprüchliche Regelungen zu vermeiden (Rn 356 f). **145**

cc) Übergangsregelung

Da die Voraussetzungen dafür, dass der Bund von einer konkurrierenden Gesetzgebungszuständigkeit Gebrauch machen kann, mit der Verfassungsreform 1994 verschärft wurden, bestehen zahlreiche Bundesgesetze, die noch unter dem alten Recht verfassungskonform erlassen wurden, nach der Neufassung des Art. 72 Abs. 2 GG aber nicht mehr erlassen werden könnten – so zB das Ladenschlussgesetz des Bundes. Hierfür enthält Art. 125a Abs. 2 GG eine **Übergangsregelung**. Das Gesetz gilt als Bundesgesetz fort. Auch die Kompetenzsperre des Art. 72 Abs. 1 GG bleibt wirksam – die Länder können also nicht selbst tätig werden. Der Bund kann sie jedoch nach Art. 125a Abs. 2 S. 2 GG durch Bundesgesetz ermächtigen, das bestehende Bundesrecht durch Landesgesetz zu ersetzen. Dies kann dazu führen, dass in einzelnen Bundesländern Bundesrecht, eben weil die Länder von einer solchen Ermächtigung keinen Gebrauch machen, als „partikulares Bundesrecht" fortbesteht, während andere Länder zB eigene Ladenschlussgesetze erlassen. Eine Verpflichtung, eine entsprechende Ermächtigung auszusprechen, besteht jedoch nicht. Wenn also nun das Gesetz geändert werden soll, weil sich die Verhältnisse geändert haben, so kann der Bund diese Änderung auch selbst vornehmen – hierfür gelten die Erfordernisse des Art. 72 Abs. 2 GG dann nicht. Deshalb durfte der Bund die Ladenschlusszeiten durch Änderungsgesetz 1996 für Werktage von 18.30 auf 20.00 verlegen, obschon für eine bundesgesetzliche Regelung des Ladenschlusses Erforderlichkeit iSv Art. 72 Abs. 2 GG nicht besteht (BVerfG, U.v. 09.06.2004, www.bverfg.de, Absatz Nr 99 ff). Er könnte andererseits kein neues Ladenschlussgesetz erlassen – ebensowenig aber wäre er für eine grundlegende Neukonzeption des Ladenschlussrechts zuständig. Die Änderungsbefugnis nach Art. 125a Abs. 2 S. 1 GG ist eng auszulegen (BVerfG aaO Absatz Nr 111). **145a**

c) Rahmengesetzgebungszuständigkeit des Bundes, Art. 75 GG

146 Soweit für eine bestimmte Materie eine **Rahmengesetzgebungskompetenz** des Bundes besteht, ist ein Tätigwerden des Bundesgesetzgebers an mehrere Voraussetzungen gebunden (vgl das U. des BVerfG zur Juniorprofessur vom 27.07.2004, www.bverfg.de unter Absatz Nr 79 ff):

- Der Bund kann nur Rahmenvorschriften erlassen. Dem Landesgesetzgeber muss Spielraum für substanzielle eigene Regelungen verbleiben. Er *„darf nicht darauf beschränkt werden, nur zwischen engen vorgegebenen rechtlichen Möglichkeiten zu wählen oder gar wie eine nachgeordnete Instanz lediglich eine Bundesregelung zu exekutieren.“* (Absatz Nr 85).
- Das Bundesgesetz darf nur *„in Ausnahmefällen in Einzelheiten gehende oder unmittelbar geltende Regelungen enthalten“*, Art. 75 Abs. 2 GG.
- Der Bund kann nur *„unter den Voraussetzungen des Art. 72“* tätig werden, vgl Art. 75 Abs. 1 S. 1 GG; dh eine bundesgesetzliche Regelung muss erforderlich sein.

147 Die Einschränkung des Art. 75 Abs. 2 GG war im Zuge der Verfassungsreform 1994 neu aufgenommen worden; die Anforderungen an die Rahmengesetzgebung werden hierdurch präzisiert.

148 In **Einzelheiten** geht eine Regelung, wenn dem Landesgesetzgeber nichts Substanzielles mehr zu regeln übrig bleibt, wenn ihm zB genau vorgegeben wird, wie er den bundesgesetzlichen Rahmen auszufüllen hat und ihm keine eigene politische Gestaltung mehr möglich ist. Eine **unmittelbar geltende** Regelung liegt dann vor, wenn sie für den Bürger und die das Gesetz anwendende Verwaltung unmittelbar verbindlich ist; grundsätzlich enthalten Rahmenvorschriften des Bundes ja nur an die Länder gerichtete Vorschriften, die diese dann in unmittelbar geltendes Landesrecht umzusetzen haben. Derartige Regelungen sind nur **ausnahmsweise** bei besonders starkem gesamtstaatlichem Interesse zulässig; auch dann dürfen sie immer nur **Teilbereiche** des Gesetzes erfassen. Auch dürfen nur einzelne Vorschriften des Gesetzes unmittelbar anwendbar sein.

149 **Fallbeispiel: Studiengebührenverbot**

Bei der jüngsten Novellierung des HRG wurde diese Bestimmung (sinngemäß) eingefügt: „Für ein Studium werden bis zum ersten berufsqualifizierenden Abschluss keine Studiengebühren erhoben“. Hat hierdurch der Bund, wie einige Bundesländer meinen, seine Zuständigkeit überschritten?

Lösung:

- Kompetenztitel: Art. 75 Abs. 1 S. 1 Nr 1a GG; die Frage einer Kostenpflichtigkeit des Hochschulbesuchs betrifft das „Hochschulwesen“: Voraussetzungen und Bedingungen des Studiums an der Hochschule.
- Rahmenregelung? Hier möglicherweise zu verneinen, da in der Frage der Studiengebühren den Ländern keine substanziellen Entscheidungsbefugnisse verbleiben.
- Unmittelbare Geltung des Verbots, kein Ausnahmefall.
- Voraussetzungen des Art. 72 Abs. 2 GG erfüllt (wegen Art. 75 Abs. 1 S. 1 GG)?

Erforderlichkeit zur Herstellung gleichwertiger Lebensverhältnisse, Art. 72 Abs. 2 1. Alt. GG? Universitäre Ausbildungsmöglichkeiten sind zwar Teilaspekt der „Lebensverhältnisse", aber: Gleichwertigkeit bedeutet nicht Einheitlichkeit; dass bei einer etwaigen unterschiedlichen Regelung in den Ländern das bundesstaatliche Sozialgefüge beeinträchtigt würde, lässt sich schwerlich begründen. Die 2. Zielvorgabe greift ersichtlich nicht ein: der Rechtsverkehr zwischen den Bundesländern wird nicht berührt. Die Voraussetzungen des Art. 72 Abs. 2 GG sind also nicht gegeben.

– Insbesondere bei Hochschulrahmengesetzgebung zu beachten: Beschränkung auf allgemeine Grundsätze.

– Kein Fall des Art. 125a Abs. 2 S. 1 GG (Rn 145a), da Neuregelung, nicht Änderung.

Ergebnis: Überschreiten der Rahmenkompetenz des Bundes; zur Problematik s. näher *Degenhart*, DVBl 1998, 1309 ff.

Die **Länder** sind ihrerseits nach Art. 75 Abs. 3 GG – auch diese Bestimmung wurde, gleichsam im Gegenzug zur Beschränkung der Bundesgesetzgebung nach Abs. 2, im Rahmen der Verfassungsreform 1994 neu eingefügt – verpflichtet, innerhalb einer angemessenen, im Rahmengesetz selbst festzusetzenden Frist den bundesrechtlich gezogenen Rahmen dann auch tatsächlich auszufüllen, also die hierfür erforderlichen Landesgesetze zu erlassen; insoweit besteht also eine **Pflicht zur ausfüllenden Gesetzgebung**, die sich dann innerhalb des bundesgesetzlich gezogenen Rahmens bewegen muss. **150**

d) Rückübertragung von Gesetzgebungsbefugnissen auf die Länder, „Rückholklauseln"

Seit der Verfassungsreform 1994 kann Bundesrecht unter bestimmten Voraussetzungen durch Landesrecht ersetzt werden, aber nur, wenn der Bundesgesetzgeber dies vorsieht. Man spricht hier von sog. „**Rückholklauseln**": die Länder können die Gesetzgebung auf ihre Ebene zurückholen. Diese Möglichkeit besteht bei konkurrierender Gesetzgebung gem. Art. 72 Abs. 3 GG, wenn eine bundesgesetzliche Regelung ursprünglich iSv Abs. 2 erforderlich war, die Erforderlichkeit später weggefallen ist und der Bundesgesetzgeber die Länder ermächtigt hat, das Bundesgesetz durch Landesgesetz zu ersetzen – wozu er nicht verpflichtet ist. Für Bundesgesetze, die noch auf Grund des Art. 72 Abs. 2 GG aF erlassen wurden und für Rahmenvorschriften s. Rn 145a. Auch nach Art. 72 Abs. 3 GG kann **partikulares Bundesrecht** entstehen. **151**

e) Gesetzgebungszuständigkeiten und EG-Recht

Der Bund kann durch Gesetz Hoheitsrechte auf die **Europäische Union** übertragen, Art. 23 Abs. 1 Satz 2 GG (Rn 16 ff). Dies kann auch Bereiche betreffen, für die die Gesetzgebungskompetenz bei den Ländern liegt; für diesen Fall sieht Art. 23 GG zum Ausgleich Mitwirkungsrechte des Bundesrates vor (Rn 518 ff). Soweit Gemeinschaftsrecht durch innerstaatliches Recht „umgesetzt" werden muss, wenn also die EG durch Richtlinien (Rn 301) den deutschen Gesetzgeber dazu verpflichtet, bestimmte Gesetze zu erlassen, richtet sich die Zuständigkeit für den Erlass dieser Gesetze – also die „**Umsetzung**" des EG-Rechts – wiederum nach den **Art. 70 ff** **152**

GG; insoweit bestehen keine Besonderheiten. Allenfalls könnte etwa die Verpflichtung zur Umsetzung einer Richtlinie für die Erforderlichkeit einer bundesgesetzlichen Regelung sprechen. Einen besonderen Kompetenztypus einer „Umsetzungsgesetzgebung“ gibt es jedoch nicht.

152a Die Verteilung der Zuständigkeiten zwischen der **Europäischen Union** (bzw der Gemeinschaft, die ja die Rechtsakte erlässt) und den **Mitgliedstaaten** folgt nicht dem vorstehend beschriebenen Schema. Zwar gilt auch hier, dass die „höhere Ebene“ – also die Gemeinschaft – nur die Zuständigkeiten hat, die ihr ausdrücklich zugewiesen sind – man spricht vom Prinzip der *„begrenzten Einzelermächtigung“*, Art. 5 Abs. 1 EGV. Die Zuständigkeitsverteilung erfolgt jedoch nicht in der Weise, dass jeweils für bestimmte Sachgebiete die konkrete Zuständigkeit benannt wird. Die Gemeinschaftszuständigkeiten sind **nicht gegenständlich**, sie sind vielmehr überwiegend **final** beschrieben. Dh, es wird ein bestimmter Zustand angestrebt, zu dessen Verwirklichung die Gemeinschaft dann die erforderlichen Maßnahmen ergreifen kann. So ist zB nach Art. 14 EGV der Binnenmarkt wichtigstes Ziel und können nach Art. 95 EGV Maßnahmen getroffen werden, die dessen Errichtung und sein Funktionieren zum Gegenstand haben. Derartige Kompetenzen erlauben es, die verschiedensten Sachbereiche zu regeln (*„Querschnittkompetenzen“*).

Darum ging es bei der umstrittenen Tabakrichtlinie. Deren Zielsetzung war auch gesundheitspolitischer Art – doch war dies nach dem Urteil des EuGH vom 10.12.2002 unschädlich, da jedenfalls mit der Beseitigung von Wettbewerbsverzerrungen das Funktionieren des Binnenmarktes verbessert wurde.

Dies zeigt: Die Kompetenzen des EGV erlauben ein Tätigwerden in den unterschiedlichsten Sachbereichen; allerdings ist dies gebunden an die Grundsätze der Subsidiarität und der Verhältnismäßigkeit, Art. 5 Abs. 2 und 3 EGV. **Subsidiarität** bedeutet: mitgliedstaatliche Regelungen können das angestrebte Ziel nicht verwirklichen – ob dies eine ernsthafte Sperre für die Kompetenzausübung sein kann, ist eher fraglich.

Der Entwurf des ***Verfassungsvertrags*** *sieht in Art. I-12 und I-13 Bereiche ausschließlicher und geteilter Zuständigkeiten vor, die zwar in Ansätzen gegenständlich beschrieben werden, i.w. gleichwohl final gefasst sind; die Kompetenzverteilung wird zudem vielfältig modifiziert durch die Zuständigkeit der Union zu ergänzenden und stützenden Maßnahmen und Flexibilitätsklauseln.*

Die E. des EuGH zur Tabakrichtlinie wird didaktisch aufbereitet von *Doerfert*, JA 2003, 550.

4. Schranken der Kompetenzausübung

a) Wechselseitige Rücksichtnahme und Widerspruchsfreiheit der Rechtsordnung im Bundesstaat

153 Auch dort, wo positiv eine Gesetzgebungszuständigkeit begründet ist, unterliegt deren Wahrnehmung gewissen bundesstaatlichen Beschränkungen. So verpflichtet das Gebot der **Bundestreue** Bund und Länder dazu, bei der Ausübung ihrer Kompetenzen aufeinander Rücksicht zu nehmen, s. dazu näher im Abschnitt VI. Vor allem die neuere Rechtsprechung des Bundesverfassungsgerichts betont verstärkt ein Gebot der Widerspruchsfreiheit der Rechtsordnung und entwickelt hieraus Beschränkungen für die Gesetzgebungsbefugnisse der Länder. So sah BVerfGE 98, 106 eine landesgesetzliche Regelung über eine Verpackungssteuer im Widerspruch zu Zielsetzung und Systematik des Abfallrechts des Bundes (s. näher Rn 356). Für BVerfGE 98, 265 verstieß eine landesgesetzliche Regelung, durch die das bundesgesetzliche Schutz- und Beratungskonzept für das Recht des Schwangerschaftsabbruchs (Rn 132, 136) verschärft wurde, auch gegen das Gebot der wechselseitigen Rücksichtnahme und der Widerspruchsfreiheit der Rechtsordnung im Bundesstaat.

Grundsätzlich ist jedoch zu betonen, dass die Länder dort, wo sie zuständig sind, **154** nicht dazu verpflichtet sind, ihre Gesetze aneinander anzugleichen – der Sinn des bundesstaatlichen Prinzips ist es ja auch, den Ländern eigene Gestaltungsmöglichkeiten im Bereich der Gesetzgebung einzuräumen. Es bedeutet auch keinen Verstoß gegen den Gleichheitssatz des Art. 3 Abs. 1 GG, wenn die gleiche Sachfrage in verschiedenen Ländern unterschiedlich geregelt wird: der Gleichheitssatz bindet einen Kompetenzträger nur innerhalb seines Kompetenzbereichs.

b) Kooperativer Föderalismus und unitarischer Bundesstaat

Schließlich beschränken die Länder sich auch selbst in ihrer Kompetenzausübung **155** dadurch, dass sie sich untereinander durch Staatsverträge eine Vereinheitlichung ihrer Gesetzgebung vornehmen. So enthält zB der Rundfunkstaatsvertrag detaillierte Vorschriften über die Werbung im Privaten Rundfunk und zur Konzentrationskontrolle. Der von den Ministerpräsidenten der Länder abgeschlossene Vertrag wird dann durch **Transformationsgesetze** der Landesparlamente als Landesgesetz verabschiedet. Den Landesparlamenten verbleibt hier nur die Entscheidung über Annahme oder Ablehnung; an unmittelbarer inhaltlicher Einflussnahme sind sie gehindert. Dieser **Funktionsverlust der Länderparlamente** ist im Hinblick auf das Demokratiegebot nicht unproblematisch (vgl auch *Stern* I, § 19 IV 3). Andererseits wird dadurch vermieden, dass die Materie dem Bund zugewiesen wird, wenn eine einheitliche Regelung unabweisbar ist, um etwa das Recht auf freie Wahl des Ausbildungsplatzes (Art. 12 GG) effektiv zu garantieren oder Jugendschutz in den Medien (Art. 5 Abs. 2 GG) zu gewährleisten.

Derartige Vereinbarungen sind zulässig, soweit die Länder die Sachkompetenz für **156** den Gegenstand des Vertrags haben. Verstößt der Vertrag – genauer: das Zustimmungsgesetz zum Vertrag – gegen die Verfassung eines der beteiligten Bundesländer, so ist das Gesetz nichtig. Anders als beim völkerrechtlichen Vertrag besteht dann im Außenverhältnis zu den Vertragspartnern keine Bindung (s. dazu BVerwG NJW 1977, 66 sowie **Fall 24** u. Rn 217). Die Verfassungswidrigkeit ist vor dem jeweiligen Landesverfassungsgericht geltend zu machen.

Die Staatsverträge führen also zu bundesweit einheitlichem Landesrecht. Wie weit **157** hier die Unitarisierung geht, zeigen Bestimmungen im Rundfunkstaatsvertrag

(§ 48) und im Mediendienstestaatsvertrag (§ 19), die in Verwaltungsrechtsstreitigkeiten eine Revision zum Bundesverwaltungsgericht vorsehen, um eine bundeseinheitliche Auslegung der Verträge zu ermöglichen (dazu s. *Gundel*, NVwZ 2000, 408 f), während sonst Landesrecht nicht revisibel ist, über seine Auslegung von den Verwaltungsgerichten der einzelnen Länder und nicht vom Bundesverwaltungsgericht letztverbindlich entschieden wird.

5. Zum Verhältnis von Bundesrecht und Landesrecht, Art. 31 GG

158 Im **Verhältnis von Bundes- und Landesrecht** greift die **Kollisionsregel** des **Art. 31 GG** – *„Bundesrecht bricht Landesrecht"* – dann ein, wenn die fraglichen Normen gültig, insbesondere aber auch **kompetenzgerecht** erlassen wurden. Fehlt es bereits an der Kompetenz des Landesgesetzgebers, so ist **gültiges** Landesrecht, das zu Bundesrecht in Kollision treten könnte, von vornherein nicht zustandegekommen; des Rückgriffs auf die Kollisionsregel des Art. 31 GG bedarf es dann nicht.

Im einzelnen bedeutet dies: besteht eine ausschließliche Gesetzgebungskompetenz des Bundes, so ist ein gleichwohl erlassenes Landesgesetz bereits wegen fehlender Kompetenz nichtig (es braucht also nicht „gebrochen" werden).

Gleiches gilt bei konkurrierender Gesetzgebungszuständigkeit, soweit der Bundesgesetzgeber bereits von seiner Kompetenz Gebrauch gemacht hat; die Länder haben dann kein Recht zur Gesetzgebung mehr.

Nichts anderes gilt für Landesrecht, das vor Eintritt der Sperrwirkung des Bundesgesetzes erlassen wurde. Hier ließe sich allerdings auch an die Anwendung des Art. 31 GG denken, da das Landesgesetz in diesem Fall ja zunächst wirksam zustande gekommen ist. Art. 72 Abs. 1 GG entzieht jedoch dem Landesgesetz die Kompetenzgrundlage, ohne dass es auf einen Normwiderspruch ankäme, so dass auch insoweit kein Fall des Art. 31 vorliegt (s.a. *Degenhart*, in: Sachs GG, Art. 72, Rn 30; anders noch die Vorauflagen).

159 Umstritten ist, ob auf Grund des Art. 31 GG auch **gleich lautendes Landesrecht** außer Kraft tritt (vgl die Nw. bei *Maunz*, Rn 14). Art. 31 GG regelt jedoch die Kollision zwischen entgegenstehenden Normen. Eine solche Kollision liegt bei gleich lautendem Landesrecht nicht vor. Es bleibt also gültig (für gleich lautendes **Landesverfassungsrecht** s. BVerfGE 36, 366). Wird etwa nachträglich die bundesgesetzliche Regelung aufgehoben, kann ohne weiteres auf die landesrechtliche Regelung zurückgegriffen werden.

Im Bereich der Rahmengesetzgebung des Bundes ist dann, wenn der Bund von seiner Zuständigkeit Gebrauch gemacht hat, das Land auf die Ausfüllung des so gesetzten Rahmens beschränkt; mE liegt hierin bereits eine kompetenzmäßige Sperre, so dass ein Landesgesetz, das diesen Rahmen nicht wahrt, bereits wegen fehlender Zuständigkeit nichtig ist (*Stern* II, § 37 II 3 f spricht von „Ungültigkeit", ohne allerdings auf die rechtssystematische Begründung insoweit einzugehen).

Folgt die bundesgesetzliche Rahmenregelung zeitlich nach, so ist der Landesgesetzgeber zur **Anpassung** verpflichtet. Soweit das Bundesgesetz jedoch unmittelbar anwendbares Recht enthält – was im Grundsatz zulässig ist, Rn 147 –, gilt wiederum die Kollisionsregel des Art. 31 GG.

160 Ob ein Landesgesetz mit Bundesrecht vereinbar ist, ist vom Bundesverfassungsgericht sowohl im Wege der **abstrakten** wie auch der **konkreten** Normenkontrolle zu prüfen, Art. 93 Abs. 1 Nr 2 bzw Art. 100 Abs. 1 GG (dazu u. § 9, dort unter IV. auch zur str. Frage, ob Art. 31 GG das Landesverfassungsgericht hindert, die Anwendung von Bundesrecht am Maßstab der Landesverfassung zu prüfen).

Zum ehemaligen DDR-Recht in der Kompetenzordnung des Grundgesetzes s. die 13. Aufl. unter Rn 120 und *Degenhart*, JuS 1993, 627.

Anhang: Prüfungsschema Gesetzgebungszuständigkeit

Erster Punkt bei der Prüfung der Verfassungsmäßigkeit eines Gesetzes ist stets die **161**
Frage nach der Kompetenz. Die Prüfung in diesem Punkt ist unterschiedlich aufzubauen, je nachdem, ob der Bundes- oder Landesgesetzgeber tätig geworden ist.

A) Zuständigkeitsprüfung bei Bundesgesetzen

1. **Ausgangspunkt: Art. 70 GG;** die Zuständigkeit des Bundes für ein Gesetz ist nur dann gegeben, wenn sie nach Maßgabe der Art. 71 ff GG für das in Frage stehende Gesetz konkret begründet werden kann; soweit nach Art. 71 ff GG keine Bundeszuständigkeit begründet ist, bleibt es bei der Kompetenz der Länder.

2. **Ausschließliche** Gesetzgebungszuständigkeit des Bundes?

Wenn das zu prüfende Gesetz unter eine der in Art. 73 GG genannten Materien subsumiert werden kann, ist der Bund ohne weiteres zuständig, ebenso, wenn seine *Zuständigkeit an anderer Stelle geregelt* ist (Rn 117).

– Zweckmäßigerweise wird auch eine ungeschriebene Bundeskompetenz kraft Natur der Sache bereits hier geprüft, da es sich hierbei begrifflich nur um eine ausschließliche Bundeskompetenz handeln kann (hierzu ie Rn 134). –

Wenn keine ausschließliche Bundeskompetenz besteht, weiter mit Punkt (3):

3. **Konkurrierende** Gesetzgebungszuständigkeit des Bundes?

a) Kann Gesetz subsumiert werden unter Art. 74 Abs. 1 Nrn 1-26 GG oder Art. 74a GG? (Wenn wegen Änderung des Art. 74 GG Bundeszuständigkeiten nachträglich entfallen, ist dies für Fortgeltung unerheblich; s. Art. 125a GG nF). Wenn dies bejaht wird, zu prüfen:

b) Liegen Voraussetzungen des Art. 72 Abs. 2 GG vor: Erforderlichkeit?

Wenn Prüfungen zu 3a) oder 3b) negativ, kommt noch in Betracht:

4. **Rahmenkompetenz** des Bundes?

a) Kann Gesetz subsumiert werden unter Art. 75 Abs. 1 Nrn 1- 6 GG?

b) Sind die Schranken zulässiger *Rahmengesetzgebung* gewahrt? Verbleibt Ländern Raum zu substanzieller eigenständiger Regelung?

c) Enthält das Gesetz Bestimmungen, die unmittelbar anwendbar sind oder in die Einzelheiten gehen und sind diese ausnahmsweise zulässig?

d) Besteht Erforderlichkeit bundesgesetzlicher Regelung entspr. Art. 72 Abs. 2 GG (Verweisung in Art. 75 Abs. 1 Satz 1 GG beachten!)

Ob *Annexkompetenz* oder Kompetenz kraft *Sachzusammenhangs* vorliegt, wird zweckmäßigerweise im Zusammenhang mit der in Betracht kommenden positiven Kompetenzzuweisung geprüft (2 bzw 3a).

Besteht nach (2) bis (4) keine Zuständigkeit des Bundes: Bundesgesetz mangels Kompetenz **nichtig**.

162 **B) Zuständigkeitsprüfung bei Landesgesetzen**

1. Ausgangspunkt auch hier Grundregel des **Art. 70 GG:** Land zuständig, wenn nicht Bundeszuständigkeit durch Grundgesetz begründet.

2. Besteht **ausschließliche** Bundeskompetenz nach Art. 73 GG bzw nach Kompetenzzuweisung an anderer Stelle des Grundgesetzes (s.o. Rn 117, 139): Land ist nicht zuständig, Gesetz nichtig.

(*Ausnahme:* Bundesgesetzgeber ermächtigt Land ausdrücklich zu eigener Regelung, Art. 71 GG)

3. **Konkurrierende** Gesetzgebungszuständigkeit?

a) Fällt Materie des Landesgesetzes unter Zuständigkeitskatalog des Art. 74 (bzw 74a) GG? Wenn ja, entfällt Landeszuständigkeit, weil

b) *Kompetenzsperre* durch Bundesgesetz?

aa) Wenn umfassende bundesgesetzliche *Kodifikation*: Landesgesetzgeber kann nicht mehr tätig werden, bzw nur insoweit, als er im Bundesgesetz hierzu ausdrücklich ermächtigt wird.

bb) Wenn nur punktuelle bundesgesetzliche Regelung: Landesgesetzgeber insoweit ausgeschlossen, als durch Bundesgesetz gleicher Gegenstand bereits geregelt oder „absichtsvoller Regelungsverzicht" (Rn 145).

Zu aa) und bb): nur das verfassungsmäßig zustandegekommene Bundesgesetz kann seinerseits als Kompetenzsperre wirken; insbesondere müssen also für das Bundesgesetz die Voraussetzungen des Art. 72 Abs. 2 GG gegeben sein.

cc) Wenn keine bundesgesetzliche Regelung: Land zuständig.

dd) Ferner kommt noch in Betracht: Ersetzungsbefugnis des Landes nach Art. 125a Abs. 1 GG, wenn durch Änderung des Art. 74 GG keine konkurrierende Zuständigkeit mehr; ferner nach Art. 125a Abs. 2 und nach Art. 72 Abs. 3 GG; dann aber erforderlich: ausdrückliche Ermächtigung durch Bundesgesetz.

– Dies gilt auch, wenn das Bundesgesetz nachträglich erlassen wurde, s. Rn 159. –

4. **Rahmenkompetenz** des Bundes?

a) Fällt Materie des Landesgesetzes unter *Art. 75 GG*? Wenn ja,

b) Liegt Rahmengesetz des Bundes vor? (Gesetz muss unter den Voraussetzungen des Art. 72 Abs. 2 GG erlassen worden sein und darf Ausmaß zulässiger Rahmenregelung nicht überschreiten).

c) Hält sich Landesgesetzgeber im bundesgesetzlich vorgegebenen Rahmen? Wenn nein: Landesgesetz ohne Kompetenz.

d) ggf Recht des Landes, Bundesgesetze, die nach Änderung des Art. 75 GG nicht mehr erlassen werden könnten, durch eigene Regelungen zu ersetzen, Art. 125a Abs. 1, 2 GG.

Lösung der Ausgangsfälle: 163

Fall 11 – Kraftwerksstandorte –:

1. Grundsatznorm: Art. 70 GG;

2. ausdrücklich geregelte Bundeskompetenz

a) Art. 73 Nr 1-11 GG greift ersichtlich nicht ein;

b) Art. 74 Abs. 1 Nr 11 GG (Energiewirtschaft) könnte von der Materie her eingreifen, dies insofern, als auch die Festlegung eines Kraftwerkstandorts die *Energieerzeugung* betrifft, Fragen der Erzeugung von Energie aber von Art. 74 Abs. 1 Nr 11 GG erfasst werden (*Rengeling*, BonnK, Art. 74 Nr 11, Rn 62). Anderseits aber handelt es sich bei der Standortbestimmung auch um eine Frage der Raumordnung und Landesplanung; für die Raumordnung besteht nach Art. 75 Abs. 1 Nr 4 GG nur eine Rahmenkompetenz des Bundes. Art. 74 Abs. 1 Nr 11 GG betrifft jedoch die wirtschaftlichen Bedingungen der Energieerzeugung, diese sind unabhängig vom konkreten Standort der einzelnen Kraftwerke; vielmehr ist die primär planungsrechtliche Frage der Eingliederung der einzelnen Kraftwerke in ihre Umgebung Gegenstand der Regelung: Art. 74 Abs. 1 Nr 11 GG greift also nicht ein; ebenso wenig – für KKW – Nr 11a.

c) Art. 75 Abs. 1 Nr 4 GG – Raumordnung –: Festlegung konkreter Standorte ist ersichtlich keine Rahmenregelung.

3. Ungeschriebene Kompetenz des Bundes kraft Natur der Sache greift nicht ein, da Regelung durch Bundesgesetz möglicherweise *zweckmäßig*, aber *nicht begriffsnotwendig*; ebenso wenig Kompetenz kraft Sachzusammenhang: grundsätzliche Fragen der wirtschaftlichen Bedingungen der Energieerzeugung können ohne weiteres von der Festlegung der Kraftwerkstandorte „abgekoppelt" werden; Standortfrage zudem von *substanziellem eigenen Gewicht*; keine Annexkompetenz, da anders geartete Sachmaterie.

4. **Ergebnis:** es verbleibt bei *Art. 70 GG:* Zuständigkeit der Länder.

Fall 11a – „Wegschließen für immer" –:

1. Ausgangspunkt: Art. 70 GG

2. Bundeszuständigkeit:

hier könnte Kompetenztitel des Art. 74 Abs. Nr 1 GG in Betracht kommen; dann müsste es sich um „Strafrecht" handeln.

– *Auslegung der Kompetenznorm:* Dann müsste der Kompetenzbegriff des „Strafrechts" in der Weise auszulegen sein, dass hierunter auch Maßregeln der Sicherung und Besserung fallen, wie hier die Sicherungsverwahrung. Bei „Strafrecht" handelt es sich um einen normativen Kompetenzbegriff (Rn 120). Die Verfassung hat hier eine einfachgesetzlich ausgeformte Materie – eben die des Strafrechts – vorgefunden. Es ist daher davon auszugehen, dass das Grundgesetz den Begriff des Strafrechts so verstehen wollte, wie er ihn auf der Ebene des einfachen Rechts vorgefunden hat. Damit ist das zweispurige Sanktionensystem des StGB zugrundezulegen, das auch Maßregeln der Sicherung und Besserung umfasst. Strafrecht ist demgemäß entsprechend der vorgefundenen Ausgestaltung der Kompetenzmaterie die Regelung aller, auch nachträglicher, repressiver oder präventiver staatlicher Reaktionen auf Straftaten, die an die Straftat anknüpfen, ausschließlich für Straftäter gelten und ihre sachliche Rechtfertigung auch aus der Anlasstat beziehen.

– *Zuordnung:* Hiernach könnte die Regelung dem Strafrecht zuzuordnen sein, da sie eine Anlasstat voraussetzt. Sie dient zwar auch der Prävention. Dies allein macht sie aber nicht zum Sicherheitsrecht. Entscheidend ist, dass nach dem Normzweck Täter erfasst werden sollen, die bereits wegen bestimmter Delikte bestraft sind. Die Regelung gilt also nur für Straftäter, knüpft an Straftaten an und ist daher in erster Linie Reaktion auf begangene Straftaten. Sie ist daher dem Strafrecht im dargelegten Sinn zuzuordnen.

3. Sperrwirkung, Art. 72 Abs. 1 GG: umfassende Kodifizierung auch der Maßregeln der Sicherung und Besserung im StGB, also keine Landeszuständigkeit.

NB: Der Begriff der „Strafe" in Art. 103 Abs. 2 und 3 GG ist selbstständig zu bestimmen – s. Rn 367a.

Fall 12 – Satellitenfernsehen –:

Grundsätzlich sind Länder dafür zuständig, gesetzliche Regelungen über die Veranstaltung von Rundfunksendungen (gemäß BVerfGE 57, 294) zu erlassen. Rundfunkprogramme, die über Satellit ausgestrahlt werden, erfassen jedoch von den technischen Gegebenheiten her das gesamte Bundesgebiet (der Sendekegel kann nicht auf ein einzelnes Bundesland begrenzt werden). Unterschiedliche materielle Anforderungen für jedes Land sind schwerlich vorstellbar. Dies spricht für eine Bundeskompetenz kraft Natur der Sache. Andererseits sind landesrechtliche, etwa auf den Sitz des Veranstalters abstellende Regelungen nicht bereits begrifflich ausgeschlossen. Die Thematik dürfte einen Grenzfall bezeichnen (zur bundesstaatlichen Problematik s. etwa *Degenhart/Schmitt Glaeser*, AfP 1986, 173 ff; *Degenhart*, BayVBl 1986, 577, 585; BVerfGE 73, 118, 196). Denkbar ist zudem, dass die Länder sich auf eine einheitliche Regelung verständigen.

Fall 13a – Staatsbürgerversorgung –:

1. Grundsatznorm Art. 70 GG;

2. Ausdrücklich normierte Bundeskompetenz? In Betracht kommt: Art. 74 Abs. 1 Nr 12 GG – *Sozialversicherung* –, aber: wesentliche Begriffsmerkmale einer Sozialversicherung in keinem Punkt erfüllt. Dies gilt für die Organisation: keine Sozialversicherungsträger als Selbstverwaltungskörperschaften, keine Finanzierung durch Beiträge der Versicherten. Dies gilt auch für die Verknüpfung von Versicherungsbeiträgen und Leistungen.

Art. 74 Abs. 1 Nr 7 GG – *öffentliche Fürsorge* – kommt nicht in Betracht, da entscheidendes Kriterium der Hilfsbedürftigkeit nicht Anknüpfungspunkt der Regelung.

3. **Ergebnis:** es verbleibt bei Art. 70 GG, keine Bundeszuständigkeit.

Fall 13b – Beamtenversorgungsanstalt –:

1. Grundsatznorm Art. 70 GG;

2. Bundeszuständigkeit?

a) Art. 74 Abs. 1 Nr 12 GG (-), da Ruhestandsbezüge von Beamten als „Alimentation" im Sinn des Beamtenrechts herkömmlicherweise nicht als „Sozialversicherung" ausgestaltet sind, hieran knüpft auch Art. 74 Abs. 1 Nr 12 GG an; Kompetenzgegenstand kann zwar durch den Gesetzgeber fortentwickelt, aber nicht entscheidend erweitert werden; dass Beamtenversorgung nicht Sozialversicherung, folgt auch mittelbar aus Art. 74a GG, der hierfür spezielle Kompetenzzuweisung vornimmt;

b) Art. 74a GG würde an sich eingreifen, ist aber restriktiv auszulegen: keine grundlegende Umgestaltung des Beamtenrechts, wie sie hier vorgenommen würde, Art. 74a GG „trägt" die Regelung nicht.

3. **Ergebnis:** keine Bundeszuständigkeit, Art. 70 GG.

Schrifttum zu II.: *Degenhart*, Rechtseinheit und föderale Vielfalt im Verfassungsstaat, ZfA 24 (1993), 409; *Sommermann*, Stärkung der Gesetzgebungskompetenzen der Länder, Jura 1995, 393; *Kunig*, Gesetzgebungsbefugnis von Bund und Ländern – Allgemeine Fragen, Jura 1996, 254; *Jarass*, Regelungsspielräume des Landesgesetzgebers im Bereich der konkurrierenden Gesetzgebung und in anderen Bereichen, NVwZ 1996, 1041; *ders.*, Allgemeine Probleme der Gesetzgebungskompetenz des Bundes, NVwZ 2000, 1089; *Ehlers*, Ungeschriebene Kompetenzen, Jura 2000, 323; *Jochum*, Richtungsweisende Entscheidung des BVerfG zur legislativen Kompetenzordnung des Grundgesetzes, NJW 2003, 28.

III. Verwaltungskompetenzen

Für die bundesstaatliche Ordnung des Grundgesetzes ist kennzeichnend, dass die Verteilung der staatlichen Befugnisse für die vollziehende Gewalt nicht der Verteilung der Gesetzgebungskompetenzen folgt. Sie ist selbstständig vorzunehmen und in Art. 30, 83 ff GG näher geregelt. Dies ist Gegenstand des folgenden Abschnitts.

➡ **Leitentscheidungen:** BVerfGE 12, 205 (1. Rundfunkurteil); BVerfGE 81, 310 (Kalkar II); BVerfGE 104, 249 (Biblis).

Ausgangsfälle:

Fall 14 – Deutschland-Fernsehen-GmbH – (nach BVerfGE 12, 205): **164**

Im Jahre 1960 strebte die Bundesregierung unter dem damaligen Bundeskanzler Adenauer die Schaffung eines zweiten Fernsehprogramms auf Bundesebene an. Träger des Programms sollte eine „Deutschland-Fernsehen-GmbH" unter Beteiligung der Bundesrepublik (mehrheitlich) und der Länder sein. Die Bundesregierung verhandelte zunächst nur mit den CDU-regierten Ländern. Obwohl von deren Seite noch Bedenken geltend gemacht wurden, wurde am 23.7.1960 eine „Deutschland-Fernsehen-GmbH" gegründet. Gesellschafter waren die Bundesrepublik (mehrheitlich) und ein Bundesminister. Ausdrücklich wurde dabei in der Satzung der Gesellschaft diese für den Beitritt der Länder offen gehalten; der Bundesminister sollte zunächst für sie treuhänderisch seinen Gesellschaftsanteil halten, übertrug diesen jedoch, als es nicht zum Beitritt der Länder kam, auf die Bundesrepublik, die damit Alleingesellschafter war.

Die Länder sahen hierin ua eine unzulässige Ausdehnung der Verwaltungskompetenzen des Bundes. **Rn 172, 180, 185**

Fall 15 – Künstler-Sozialversicherungsanstalt –: **165**

Ein „Künstler-Sozialversicherungsgesetz" (KSVG) führt für Kunstschaffende die Sozialversicherungspflicht ein. Hierfür wird eine „Bundesanstalt für Künstlersozialversicherung" als Anstalt des öffentlichen Rechts gebildet, die unter der Rechtsaufsicht des Bundesministers für Arbeit und Sozialordnung steht. Diese Anstalt ist für das gesamte Bundesgebiet zuständig, zieht die Versicherungsbeiträge – die nach dem Einkommen der Versicherten bemessen und je zur Hälfte von ihnen und den sog. „Kunstvermarktern" (Verlage, Galerien, Bühnen ua) getragen werden – ein und leistet die Rentenzahlungen.

Konnte der Bund diese Anstalt gründen? **Rn 177, 185**

166 **Fall 16 – Schulprogramm –:**
Aufgeschreckt durch die Ergebnisse eines internationalen Vergleichstests über den Leistungsstand der Schulen und ermuntert durch das Wort des Kanzlers, Bildung künftig zur Chefsache machen zu wollen, beschließt die Bundesregierung im August 2002 ein Projekt für „integrative Ganztagsschulen", das zunächst in einem flächendeckenden Feldversuch erprobt werden soll. Für den Fall einer Durchführung des Versuchs über einen Zeitraum von 5 Jahren durch die Bundesländer unter Aufsicht der Bundesregierung bietet diese den Ländern die Übernahme der Hälfte der anfallenden Kosten in Höhe von insgesamt 5 Mrd. € an. Außerdem soll ein Bundesschulamt als Bundesoberbehörde gegründet werden, das Lehrpläne und Leistungsstandards koordinieren und vergleichende Studien anstellen soll. Wäre ein derartiges Vorgehen zulässig? **Rn 185, 195**

167 **Fall 17 – Atomrechtliche Weisung –:**
Im Genehmigungsverfahren für eine seit längerem ausstehende Änderungsgenehmigung für ein Kernkraftwerk will das Land A noch weitere Gutachten einholen, ehe es eine Entscheidung trifft. Der Bundesumweltminister ist der Auffassung, dass die Angelegenheit entscheidungsreif sei, weitere Gutachten also nicht eingeholt werden müssten, und erteilt nach längeren Auseinandersetzungen mit dem Land eine „*bundesaufsichtsrechtliche Weisung*", durch die die Landesregierung zur unverzüglichen Fortführung des Genehmigungsverfahrens aufgefordert wird. Diese weigert sich, da ihr mit der Weisung rechtswidriges, gegen grundrechtliche Schutzpflichten aus Art. 2 Abs. 2 GG verstoßendes Handeln abverlangt werde und auch iÜ die Voraussetzung für eine Weisung nicht gegeben seien. Auch habe der Bund seine Befugnisse überschritten, als er sich durch die Bundesregierung unmittelbar an die Kraftwerksbetreiber gewendet habe, um Sachaufklärung zu betreiben. Das Land ruft im Wege eines Bund-Länder-Streits das Bundesverfassungsgericht gegen die Weisung des Bundesumweltministers an. **Rn 174c**

1. Der Grundsatz: Regelzuständigkeit der Länder im Verwaltungsbereich

168 Die Verteilung der **Verwaltungszuständigkeiten** ist systematisch ähnlich geregelt wie die Verteilung der Gesetzgebungszuständigkeit: Als **Grundsatznorm** bestimmt **Art. 30 GG**, dass die Ausübung *staatlicher Befugnisse* und damit auch die Wahrnehmung von Verwaltungsfunktionen grundsätzlich Sache der **Länder** ist, sofern nicht das Grundgesetz eine abweichende Regelung trifft. Derartige abweichende Regelungen enthält das Grundgesetz insbesondere in Art. 83 ff.

Art. 83 GG konkretisiert die „**Zuständigkeitsvermutung**" (*Stern* I, § 19 III 3c) des Art. 30 GG dahingehend, dass insbesondere auch die *Ausführung der Bundesgesetze* grundsätzlich *Sache der Länder* ist. Art. 83 GG bezieht sich zunächst nur auf die gesetzausführende Verwaltung, während Art. 30 GG generell von der Ausübung staatlicher Befugnisse spricht. Hierunter fällt Verwaltungstätigkeit auch insoweit, als sie nicht in der Ausführung von Gesetzen besteht, sich im gesetzfreien Raum vollzieht: **nicht-gesetzesakzessorische Verwaltung**. Auch für sie gilt also die Zuständigkeitsvermutung des Art. 30 GG. Der Bund bedarf also auch insoweit einer ausdrücklichen Kompetenzzuweisung. Sie kann sich auch aus Bestimmungen des Grundgesetzes außerhalb der Art. 83 ff GG ergeben (s.u. Rn 173).

2. Der Normalfall: Landeseigener Vollzug von Bundesgesetzen

Im Bereich der **gesetzesakzessorischen** Verwaltung folgt die Zuständigkeitsverteilung nicht der Regelung der Gesetzgebungskompetenzen. Vielmehr reichen die Zuständigkeiten der Länder weiter, wie bereits aus Art. 83 GG deutlich wird: Ausführung der **Bundesgesetze** durch die **Länder** als deren **eigene Angelegenheit**, vorbehaltlich abweichender Regelungen durch das Grundgesetz. **Landeseigener Vollzug von Bundesgesetzen** bedeutet, dass die Länder die Gesetze in eigener Verantwortung ausführen, hierbei **keinen Weisungen** des Bundes unterworfen sind. Der Bund übt – durch die Bundesregierung – lediglich beschränkte **Rechtsaufsicht** (die sich allein auf die Gesetzmäßigkeit des Verwaltungshandelns bezieht, keinesfalls aber auf Zweckmäßigkeit oder politische Opportunität) über die Länder aus, die ihm jedoch nur sehr beschränkte Eingriffsbefugnisse verleiht, Art. 84 Abs. 3 GG. **169**

Nur ganz ausnahmsweise kommen nach Art. 84 Abs. 5 GG Weisungen in Betracht. Sie dürfen grundsätzlich nur an die **obersten Landesbehörden** gerichtet sein. Die Verwaltung der Länder ist also nicht den Bundesorganen im Sinn eines hierarchischen Verwaltungsaufbaus nachgeordnet. Sie steht der des Bundes selbstständig gegenüber. Auch hierin zeigt sich, dass die **Länder** mit **eigener Staatlichkeit** ausgestattet sind (vgl näher *Lerche*, Maunz/Dürig, Art. 83, Rn 6) **170**

Der **landeseigene Vollzug von Bundesgesetzen** ist der **Regelfall**. Art. 85 GG regelt den Vollzug durch die Länder in Bundesauftragsverwaltung. Art. 86 ff GG regeln den bundeseigenen Vollzug – der Vollzug von **Landesgesetzen** ist im Grundgesetz nicht geregelt; er obliegt den **Ländern**; dies folgt bereits aus Art. 30 GG. Jegliche Einflussnahme des Bundes auf die Landesverwaltung ist insoweit ausgeschlossen. *Schlechthin unzulässig* (BVerfGE 12, 205, 221; 21, 312, 325 ff) ist die Ausführung von Landesgesetzen durch Bundesbehörden (*Lerche,* aaO, Rn 25). So können zB Maßnahmen einer Bundesbehörde nie auf Polizeigesetze der Länder gestützt werden (s. auch u. Rn 322, 324). **171**

3. Regelzuständigkeit der Länder für nicht gesetzesakzessorische Verwaltung

Die Regelzuständigkeit der Länder im Bereich der nicht gesetzesakzessorischen Verwaltung steht im **Fall 14** der Inanspruchnahme einer Bundeskompetenz dann entgegen, wenn mit der „Deutschland-Fernsehen-GmbH" Verwaltungstätigkeit ausgeübt wird. **172**

BVerfGE 12, 205, 243 bejaht dies: die Veranstaltung von Rundfunksendungen stelle eine „öffentliche Aufgabe" dar; wenn, wie im Ausgangsfall, der Staat die Durchführung einer öffentlichen Aufgabe übernehme, so nehme er *staatliche Aufgaben* iSv Art. 30 GG wahr; dies unabhängig von der *Rechtsform*: dass sich im Ausgangsfall die Bundesrepublik der *privatrechtlichen Gestaltungsmöglichkeit* der Gründung einer GmbH bediente, lässt also die kompetenzrechtliche Maßgeblichkeit der *Art. 30, 83 ff GG unberührt.*

Da hiernach keine Bundeszuständigkeit begründet war, blieb es beim Regelfall des Art. 30 GG: Die seinerzeitige Verwaltungszuständigkeit für die Bundespost (einschließlich Fernmeldewesen) begründete keine Bundeskompetenz. Denn nach der Systematik der Kompetenzordnung des Grundgesetzes bleiben die Verwaltungszuständigkeiten des Bundes hinter seinen Kompetenzen im Bereich der Gesetzgebung zurück; letztere bezeichneten damit jedenfalls die äußersten Grenzen seiner Verwaltungszuständigkeiten. Die Verwaltungszuständigkeit des Bundes in Bezug auf die Bundespost könne daher keinesfalls weiter reichen, als seine Gesetzgebungskompetenz in Bezug auf das Post- und Fernmeldewesen nach Art. 73 Nr 7 GG, die nur die rundfunktechnische Seite, nicht den Programmbereich erfasse (dazu bereits o. Rn 163). Dies galt dann auch für die Verwaltungszuständigkeit (nach Art. 87 Abs. 1 GG aF). Ebenfalls ausgeschlossen wurde eine ungeschriebene Bundeskompetenz kraft Natur der Sache (BVerfGE 12, 205, 250 ff) – zum Begriff s.u. Rn 179 f.

Gegenbeispiel: Wenn sich der Bund an einem privatwirtschaftlichen Unternehmen mit erwerbswirtschaftlicher Zielsetzung beteiligt, es also nicht um die Ausübung staatlicher Befugnisse geht, ist ein Kompetenztitel nach Art. 83 ff GG nicht erforderlich. (Eine andere Frage ist, ob eine solche Beteiligung an privaten Unternehmen unbegrenzt zulässig ist.)

173 Eine Verwaltungszuständigkeit des Bundes im Bereich schlicht-hoheitlichen Handelns außerhalb der Art. 83 ff GG wurde für die umstrittenen Fälle behördlicher Warnungen bejaht. Die Befugnis der **Bundesregierung**, derartige **Warnungen** auch ohne gesetzliche Grundlage auszusprechen (vor gefährlichen Produkten, vor Jugendsekten, vgl näher u. Rn 322 ff), wurde aus ihrer Befugnis zur Öffentlichkeitsarbeit abgeleitet. Dabei wurden auch die Gesetzgebungszuständigkeiten der Art. 70 ff GG herangezogen: soweit der Bund für die Gesetzgebung zuständig sei, dürfe er auch im Vorfeld informierend und aufklärend tätig sein (BVerwG NJW 1989, 2276 und NJW 1991, 1770 sowie DVBl 1991, 699). Im Bereich der gesetzesfreien Verwaltung ist schließlich verstärkt die Möglichkeit **ungeschriebener Bundeskompetenzen** (Rn 179 f) zu bedenken.

4. Abweichung vom Regelfall: Bundesauftragsverwaltung

174 Für bestimmte Sachbereiche sieht das Grundgesetz den Vollzug der Bundesgesetze durch die Länder **im Auftrag des Bundes** vor; dies sind die Fälle der „**Bundesauftragsverwaltung**“. Sie bedeutet vor allem **Weisungsgebundenheit** der Länder sowie Rechts- und **Fachaufsicht** durch den Bund, Art. 85 Abs. 3, 4 GG. Weisungen sind aber auch hier grundsätzlich an die obersten Landesbehörden zu richten, Art. 85 Abs. 3 GG. Auch insoweit ist also die Verwaltung der Länder nicht den Bundesbehörden hierarchisch nachgeordnet, bleibt die **Organisationshoheit** der Länder als Element ihrer Staatsqualität gewahrt. Bundesauftragsverwaltung bedeutet freilich nicht, dass die Landesbehörden vor jeder Maßnahme die Anweisung des Bundes einholen müssen. Vielmehr führen sie zunächst die Gesetze aus und treffen die erforderlichen Entscheidungen in der Sache. Der Bund kann jedoch jederzeit diese an sich ziehen, indem er nach Art. 85 Abs. 3 GG Weisungen erteilt: Inanspruchnahme der **Sachkompetenz** durch den Bund. Diese Weisungen können für den Einzelfall aber auch generell für die künftige Behandlung einer Angelegenheit ergehen. Nach außen handeln aber stets die Länder; sie erlassen also verbindliche Verwaltungsakte; ihnen sind diese Entscheidungen im Verhältnis zum Normadressaten, also zum Bürger zuzurechnen (weshalb im Fall einer Klage des Bürgers gegen eine Maßnahme das Land der richtige Beklagte ist). Man spricht insoweit von der sog. **Wahrnehmungskompetenz**, die bei den Ländern bleibt. Doch ist der Bund nicht von jedem Tätigwerden nach außen abgeschnitten. Soweit es zur Wahrnehmung seiner Sachkompetenz erforderlich ist, ist er befugt, etwa zur Vorbereitung einer Weisung, auch unmittelbar bei den Normadressaten (zB beim Betreiber des Kernkraftwerks) Erkundigungen einzuziehen, Verhandlungen zu führen ua (BVerfGE 104, 249 – KKW Biblis).

Wann Bundesauftragsverwaltung stattfindet, muss im Grundgesetz ausdrücklich geregelt sein. Neben der Verwaltung der Bundesfernstraßen (Art. 90 Abs. 2 GG) und dem Vollzug des Atomgesetzes (Art. 87c GG iVm § 24 Abs. 1 AtG) ist hier vor allem eine – gern übersehene – Bestimmung aus der Finanzverfassung (Rn 194 f) relevant: Art. 104a Abs. 3 S. 2 GG, wonach Leistungsgesetze dann im Auftrag des Bundes ausgeführt werden, wenn dieser mindestens die Hälfte der Kosten trägt. **174a**

Ist ein Fall der Bundesauftragsverwaltung gegeben, so hat der **Bund** die vorstehend ausgeführten Rechte – insbesondere das praktisch relevante **Weisungsrecht**. Die Erteilung einer Weisung kann als rechtserhebliche Maßnahme des Bundes im Verhältnis zum Land Gegenstand eines Antrags des Landes zum BVerfG in einem *Bund-Länder-Streit* nach Art. 93 Abs. 1 Nr 3 GG sein (Rn 605 ff). Ebenso kann aber auch der Bund das BVerfG anrufen, wenn das Land sich weigert, der Weisung nachzukommen. In beiden Fällen ist dann zu prüfen, ob der Bund nach dem Grundgesetz die Weisung erteilen durfte.

Diese Prüfung folgt der vertrauten Methodik: Befugnis – formelle Verfassungsmäßigkeit – materielle Verfassungsmäßigkeit. **174b**

Die *Befugnis* des Bundes, eine Weisung zu erteilen, folgt aus Art. 85 Abs. 3 S. 1 iVm Art. 85 Abs. 4 S. 1 GG.

In *formeller* Hinsicht muss zunächst das **zuständige** Organ gehandelt haben, also die „zuständige oberste Bundesbehörde", Art. 85 Abs. 3 S. 1 GG; die Weisung muss an den richtigen Weisungsadressaten gehen, Art. 85 Abs. 3 S. 2 GG; schließlich fordert das BVerfG, dass der Bund das Land nicht mit der Weisung „überfällt", sondern zunächst erklärt, er wolle nun die Sachkompetenz übernehmen und dem Land Gelegenheit zur **Stellungnahme** gibt (dies ist nicht ausdrücklich im GG vorgesehen, wird jedoch aus allgemeinen Verfassungsgrundsätzen hergeleitet – die Beteiligten im Bundesstaat müssen bei der Wahrnehmung ihrer Kompetenzen wechselseitig aufeinander Rücksicht nehmen – „Bundestreue", Rn 281 ff).

In *materieller* Hinsicht ist das Weisungsrecht des Bundes umfassend; es reicht so weit, wie sein Gesetzgebungsrecht für die fragliche Materie. Wird vom Land nun eingewandt, der **Inhalt der Weisung** sei rechtswidrig, weil etwa das auszuführende Gesetz verfassungswidrig sei oder weil die Maßnahme, zu der es angewiesen wird, aus anderen Gründen rechtswidrig sei, so führt dies in aller Regel jedoch nicht zur Verfassungswidrigkeit der Weisung. Denn das Recht, Weisungen zu erteilen, umfasst auch die Befugnis des Bundes, rechtliche Zweifelsfragen für das Land verbindlich zu entscheiden. – Wie stets, gilt freilich auch hier die Schranke des Rechtsmissbrauchs.

174c **Lösung Fall 17 – Atomrechtliche Weisung –:**

A. Zulässigkeit des Antrags:

I. Es handelt sich um einen Antrag im Bund-Länder-Streit nach Art. 93 Abs. 1 Nr 3 GG (Rn 605), für das Land ist der Antrag durch die Landesregierung zu stellen, er ist gegen die Bundesregierung zu richten.

II. Gegenstand des Verfahrens sind: die unmittelbare Sachaufklärung bei den Betreibern und die Erteilung der Weisung.

III. Das Land ist hierdurch möglicherweise in seinen Rechten aus Art. 85 GG verletzt, es ist also antragsbefugt (Rn 608).

IV. Es müssen gewisse Form- und Fristerfordernisse erfüllt sein, Rn 609.

B. Begründetheit des Antrags

*(**Aufbauhinweis**: wie stets dann, wenn nach der Rechtmäßigkeit bzw Verfassungsmäßigkeit einer Maßnahme gefragt wird, sind diese drei Punkte zu prüfen:*

- *grundsätzliche Ermächtigung zum Erlass,*
- *formelle Voraussetzungen (Verfahren),*
- *materielle Voraussetzungen.*

I. Weisung der Bundesregierung

1. Weisungsbefugnis: Art. 85 Abs. 3 S. 1 iVm Art. 85 Abs. 4 S. 1 GG, wenn Fall der Bundesauftragsverwaltung; dies zu bejahen wegen Art. 87c GG iVm § 24 Abs. 1 AtG.

2. Formelle Voraussetzungen:

a) Zuständigkeit des Bundesministers für Reaktorsicherheit als der sachlich zuständigen obersten Bundesbehörde;

b) sachlich zuständiger Landesminister als oberste Landesbehörde geeigneter Adressat der Weisung, Art. 85 Abs. 3 S. 2 GG.

c) Bundesfreundliches Verhalten: Verpflichtung des Bundes, dem Land Gelegenheit zur Stellungnahme zu geben, hier lt. SV gewahrt; (Einvernehmen muss nicht hergestellt werden: das Weisungsrecht hat ja gerade den Sinn, die Sachkomptenz dem Bund zu übertragen).

d) Mit Ankündigung der Weisung hat der Bund auch erklärt, die Sachkompetenz an sich zu ziehen.

3. Materielle Verfassungsmäßigkeit:

a) Was Gegenstand einer Weisung sein kann, wird in Art. 85 Abs. 3 S. 1 GG nicht ausdrücklich festgelegt, doch fällt hierunter die gesamte Aufgabenwahrnehmung durch das Land, also auch die Erteilung einer Genehmigung oder eine bestimmte Gesetzesauslegung. Die Anordnung, das Genehmigungsverfahren zügig fortzuführen, war also zulässig.

b) Dass das ihm abverlangte Verhalten rechtswidrig sei, kann das Land nicht als Verletzung seiner Rechte geltend machen. Das Land muss auch Weisungen ausführen, die es für rechtswidrig hält. Rechtsfragen verbindlich zu klären, gehört zur Sachkompetenz des Bundes.

c) Der Bund hat bei der Ausübung seiner Weisungsbefugnisse die Pflicht zu bundesfreundlichem Verhalten (s.u. Rn 214 ff). Er darf also sein Weisungsrecht nicht missbräuchlich ausüben. Hierfür sah das BVerfG in dem hier zugrundeliegenden Fall (E 81, 310, 334) jedoch keine Anhaltspunkte.

II. Sachaufklärung durch die Bundesregierung

Hierin könnte liegen: unzulässige Inanspruchnahme der Wahrnehmungskompetenz durch den Bund, dies ist jedoch nicht der Fall, soweit Sachaufklärung der Vorbereitung einer Weisung dient, wie hier: dann von Sachkompetenz des Bundes gedeckt (so der insoweit zugrundeliegende Fall BVerfG DVBl 2002, 549).

Ergebnis: Antrag unbegründet.

5. Bundeseigene Verwaltung

Für den Eigenvollzug von Bundesgesetzen durch den Bund ist wiederum eine besondere Kompetenzzuweisung erforderlich, – gleiches gilt für die nicht-gesetzesakzessorische Verwaltung. Art. 87 GG benennt „Gegenstände bundeseigener Verwaltung". Weitere Kompetenzzuweisungen enthalten Art. 87b, d, 88, 89, 90 Abs. 3 GG sowie Bestimmungen der Haushalts- und Finanzverfassung im X. Abschnitt (dazu nachstehend V.). Dabei ist die bundeseigene Verwaltung teilweise **fakultativ** vorgesehen, teilweise **obligatorisch**. Im Übrigen ist zu unterscheiden zwischen **bundesunmittelbarer** Verwaltung und **mittelbarer** Bundesverwaltung. **175**

Bundesunmittelbare Verwaltung bedeutet Verwaltung unmittelbar durch Behörden des Bundes. Die Bundesrepublik selbst wird also durch diese Behörde tätig. Sie wird dann auch Partei eines etwaigen Rechtsstreits. **176**

Bei **mittelbarer** Bundesverwaltung handelt die Bundesrepublik durch eine zwischengeschaltete, selbstständige juristische Person, eine Körperschaft oder Anstalt (auch Stiftung) des öffentlichen Rechts, die ihr zugeordnet ist. Trägergemeinwesen der juristischen Person ist also die Bundesrepublik. Deshalb spricht man hier von „**bundesunmittelbaren**" Körperschaften oder Anstalten, Art. 87 Abs. 2, 3 GG. Hieraus erklärt sich dann der Begriff der mittelbaren Bundesverwaltung durch bundesunmittelbare Körperschaften oder Anstalten. Denn um nur mittelbare Bundesverwaltung handelt es sich hier, weil die Bundesrepublik nicht selbst unmittelbar handelt, sondern eine rechtlich selbstständige juristische Person. Diese wird dann auch Partei eines etwaigen Rechtsstreits.

Wann eine der genannten Formen bundeseigener Verwaltung zulässig oder geboten ist, bestimmt sich nach Art. 87 GG. Die Einrichtung neuer Anstalten oder Körperschaften des öffentlichen Rechts bedarf dabei eines **gesetzlichen Organisationsakts**; hierbei sind auch Aufsichtsrechte des Bundes festzulegen. **177**

Zum Fall 15 – Künstler-Sozialversicherungsanstalt –: Die Befugnis des Bundes zur Einrichtung der Anstalt könnte sich ergeben aus Art. 87 Abs. 2 GG. Dann müsste es sich um eine *Körperschaft* iSd Bestimmung handeln, die *sozialversicherungsrechtliche Aufgaben* wahrnimmt. Körperschaften in diesem Sinn sind alle juristischen Personen des öffentlichen Rechts, damit auch die in Frage stehende Versicherungsanstalt. Der Begriff der Sozialversicherung ist ebenso aufzufassen wie in Art. 74 Abs. 1 Nr 12 GG (dazu o. Rn 125); entscheidend ist also, ob die Künstler-Sozialversicherung in wesentlichen Strukturelementen der „klassischen" Sozialversicherung entspricht. Wird dies (mit BVerfGE 75, 108, 146 ff) bejaht, so ist gemäß Art. 87 Abs. 2 GG der Träger der Künstlersozialversicherung, wenn er mit bundesweiter Zuständigkeit ausgestattet sein soll, als bundesunmittelbare Körperschaft des öffentlichen Rechts auszugestalten; es liegt ein Fall *obligatorischer* mittelbarer Bundesverwaltung vor.

178 Im Bereich der bundeseigenen – bundesunmittelbaren und bundesmittelbaren – Verwaltung ist weiterhin zu unterscheiden zwischen Verwaltung mit und ohne eigenen Verwaltungsunterbau.

Bundeseigene Verwaltung **ohne eigenen Verwaltungsunterbau** bedeutet Verwaltung durch Zentralbehörden, also durch Bundesministerien oder sog. „*Bundesoberbehörden*", die einem Bundesministerium unmittelbar nachgeordnet und für das gesamte Bundesgebiet zuständig sind (**Beispiele:** Bundeskartellamt, Bundesaufsichtsamt für das Versicherungswesen). Diese Zentralbehörden nehmen regelmäßig nur Aufgaben auf überregionaler Ebene wahr, insbesondere der Planung, Koordination und Information gegenüber Landesbehörden, doch *kann* es sich bei der bundeseigenen Verwaltung ohne eigenen Verwaltungsunterbau auch um *aufgabendeckende Vollverwaltung* handeln (**Beispiel:** Bankenaufsicht durch Bundesamt für das Kreditwesen).

Bundeseigene Verwaltung **mit eigenem Verwaltungsunterbau**, also mit Mittel- und Unterbehörde, ist **obligatorisch** in den Fällen des Art. 87 Abs. 1 S. 1 GG vorgesehen, ferner **fakultativ** in den Fällen des Art. 87 Abs. 3 S. 2 GG, hierbei unter erschwerten materiellen und formellen Voraussetzungen („neue Aufgaben, dringender Bedarf", Bundesgesetz mit qualifizierter Mehrheit und Zustimmung des Bundesrats).

Im Fall des Art. 87 Abs. 2 GG – obligatorische mittelbare Bundesverwaltung – ist *einstufiger* **oder** *mehrstufiger* Ausbau zulässig (so auch im **Fall 16**). Für Sozialversicherungsträger mit Zuständigkeit für mehr als ein Land, aber nicht mehr als drei Länder, gilt eine Ausnahme vom Grundsatz der bundeseigenen Verwaltung, Art. 87 Abs. 2 S. 2 GG.

6. Ungeschriebene Bundeskompetenzen auch für die Verwaltung?

179 Mit der Annahme **ungeschriebener Verwaltungskompetenzen** des Bundes wird wiederum von der Grundregel der Art. 30, 83 GG abgewichen, sie bedürfen also besonderer Rechtfertigung nach dem Grundgesetz, wobei, ähnlich wie für ungeschriebene Gesetzgebungskompetenzen auf Sachzusammenhang, Annex, wie auch auf die „*Natur der Sache*" zurückgegriffen wird. Insbesondere bei letzterer ist Zurückhaltung geboten, vor allem wenn hierbei der Gesichtspunkt der „*Überregionalität*" eingeführt wird: Folgerungen aus der „**Natur der Sache**" müssen „**begriffsnotwendig**" sein.

Zum Fall 14 – Deutschland-Fernsehen-GmbH –: Die physikalische Überregionalität der Rundfunkwellen, aber auch der Umstand, dass die Veranstaltung von Fernsehprogrammen die Finanzkraft eines einzelnen Bundeslandes übersteigen würde – „finanziell bedingte Überregionalität" – wurde zur Begründung einer ungeschriebenen Verwaltungskompetenz des Bundes geltend gemacht. Dabei mochte der finanzielle Aspekt die Aufgabenerfüllung durch den Bund als zweckmäßig erscheinen lassen; gleichwohl konnte dies keine Bundeskompetenz kraft Natur der Sache begründen, da auch andere Gestaltungsmöglichkeiten in Betracht kamen, etwa die Veranstaltung von Sendungen im Zusammenwirken mehrerer Länder. Gleiches gilt für die „*faktische Überregionalität*" von Rundfunksendungen. Auch nimmt die Entscheidung des Grundgesetzes für eine prinzipielle Verwaltungszuständigkeit der Länder derartige Überregionalität in Kauf (*Lerche*, Maunz/Dürig, Art. 83, Rn 48). **180**

Eine Verwaltungskompetenz des Bundes kraft Natur der Sache ist jedoch (s. BVerfGE 12, 205, 241, 250) für die Veranstaltung von Rundfunkprogrammen für Deutsche im Ausland und zum Zweck der nationalen Repräsentation nach außen gegeben; ebenso nach BVerfGE 22, 180, 216 ff für zentrale Einrichtungen auf dem Gebiet von Wohlfahrts- und Jugendpflege mit Wirkungsbereich für das gesamte Bundesgebiet, gesamtdeutsche und internationale Aufgaben.

Auch für die förmliche (feststellende) Bekanntgabe der Verpackungsquoten für Mehrwegverpackungen als Voraussetzung für das Wirksamwerden des „Dosenpfandes" bejaht OVG Berlin DVBl 2002, 630 die Verwaltungskompetenz des Bundes aus der Natur der Sache.

7. Unzulässige Mischverwaltung und zulässige Kooperation im Bundesstaat

Die Verteilung der Verwaltungszuständigkeiten durch Art. 83 ff GG steht nicht zur Disposition von Bund und Ländern. **181**

Dies ist generell kennzeichnend für Kompetenznormen des öffentlichen Rechts: die **öffentlich-rechtliche Kompetenzordnung** ist **zwingend**. Die Zuweisung einer Kompetenz bedeutet die Verpflichtung, diese Kompetenz wahrzunehmen. Ihr darf sich der Kompetenzträger nicht durch Weiterübertragung seiner Kompetenzen entziehen (sofern ihm diese nicht in der zuständigkeitsbegründenden Norm gestattet ist).

Die differenzierte Regelung der Art. 83 ff GG darf nicht durch neue Verwaltungstypen und Kombinationsformen überspielt werden, insbesondere nicht durch unzulässige **Mischverwaltung**. Ebensowenig darf der Bund, wenn er eine Materie der alleinigen Verwaltungszuständigkeit der Länder zuordnet, für einzelne Anwendungsfälle die Zuständigkeit einer Bundesbehörde vorsehen und so in Verwaltungsbereiche der Länder eindringen; die Zuständigkeitsabgrenzungen müssen in sich klar und widerspruchsfrei sein (vgl BVerfG DÖV 2003, 902).

Der Begriff der *Mischverwaltung* ist im Grundgesetz nicht definiert, nicht jede Form der Kooperation von Bund und Ländern ist unzulässige Mischverwaltung (näher *Lerche*, aaO, Rn 85 ff). BVerfGE 63, 1, 37 ff lässt es zu, dass Träger der Sozialversicherung iSv Art. 87 Abs. 2 GG (s. Rn 177 – berufsständische Versorgungsanstalt) eine Einrichtung der Landesverwaltung mit der Geschäftsführung „betraut": diese handelt insoweit als „Organ" der Bundesanstalt, untersteht nicht der Aufsicht des Landes, handelt deshalb nicht als dessen Organ. Unzulässig jedoch sind Formen der Mischverwaltung, durch die grundgesetzlich übertra- **182** gene, zwingende (vorstehend Rn 181) Kompetenzen weiter übertragen werden (*Lerche*, aaO, Rn 86), zB ein Beschwerdeweg von Landes- zu Bundesbehörden, Weisungs- und Selbsteintrittsrechte letzterer (vgl *Achterberg*, Allgemeines Verwaltungsrecht, 2. Aufl., § 5, Rn 45 ff).

183 **Gemeinsame Ländereinrichtungen mit eigenen Verwaltungszuständigkeiten** (zB ZVS) auf der Grundlage eines Staatsvertrags sind zulässig, soweit der Zuständigkeitsbereich der Länder gewahrt bleibt (*Lerche,* Maunz/Dürig, Art. 83, Rn 116 ff). Denn die Staatstätigkeit der Länder kann sich auf einer gemeinsamen Ebene abspielen, sofern die „Grundlagen der bundesstaatlichen Ordnung" nicht beeinträchtigt werden (BVerwGE 50, 137). Gemeinsame Einrichtungen von **Bund und Ländern** werden, sofern es sich nicht um rein koordinative Gremien (Konferenz der Innen- oder Justizminister) handelt, idR gegen das Verbot der Mischverwaltung verstoßen.

8. Bundesaufsicht, Bundeszwang, Bundesintervention

184 Das Grundgesetz kennt keine allgemeine, sondern nur eine der Ausführung von Bundesgesetzen akzessorische Bundesaufsicht. Die in Art. 37 GG vorgesehene Möglichkeit des Bundeszwangs hat keine praktische Bedeutung erlangt, ebenso wenig die der Bundesintervention nach Art. 35, 91 GG. Von den Tatbeständen der Amtshilfe im Bund-Länder-Verhältnis, Art. 35 Abs. 2, 3 GG, Art. 91 Abs. 1 GG kann Art. 35 Abs. 2 S. 1 GG Bedeutung erlangen bei Großdemonstrationen. Die Länder können hier den Bundesgrenzsschutz zur Unterstützung der eigenen Polizeikräfte anfordern, der dem nachzukommen verpflichtet ist und dann den Weisungen der Landesbehörden untersteht. Unabhängig davon können die Länder sich gegenseitig durch Entsenden von Polizeikräften unterstützen.

Zusammenfassung zu den Ausgangsfällen:

185 **Lösung Fall 14 – Deutschland-Fernsehen-GmbH –:**

1. Grundsatznorm des Art. 30 GG

a) Verwaltungstätigkeit: Rundfunk als öffentl. Aufgabe; wahrgenommen durch Staat, damit Verwaltungsaufgabe iSv Art. 30, 83 ff GG; Rechtsform der GmbH unerheblich; Art. 30 GG also grundsätzlich anwendbar;

b) dass nicht-gesetzesakzessorische Verwaltung unerheblich, da auch diese durch Art. 30, 83 ff GG (s. zB Art. 87) geregelt.

2. Zuständigkeit des Bundes nach Art. 83 ff GG?

a) Nicht Bundespost, Art. 87 Abs. 1 GG (aF) bezog sich nur auf rundfunktechnische Seite, nicht auf Programmgestaltung;

b) nicht ungeschriebene Bundeskompetenz kraft Natur der Sache:

aus überregionaler Verbreitung von Rundfunkwellen nicht begriffsnotwendig Veranstaltung durch Bund;

ebenso wenig im Hinblick auf finanziellen Aufwand.

3. **Ergebnis:** Art. 30 GG – Zuständigkeit der Länder (näher BVerfGE 12, 205, 243 ff und o. Rn 172).

Lösung Fall 15 – Künstler-Sozialversicherungsanstalt –:

1. Grundregel des Art. 30 GG, abweichende Regelung möglicherweise in Art. 83 ff GG
2. Hier: Art. 87 Abs. 2 GG

a) Verwaltungstyp: mittelbare Bundesverwaltung iSv Art. 87 Abs. 2 GG hier gegeben;

b) Anstalt als Träger der Sozialversicherung, da Aufgaben des Sozialversicherungsrechts iSv Art. 74 Abs. 1 Nr 12 GG.

3. **Ergebnis:** obligatorische mittelbare Bundesverwaltung, Bund also – abweichend von Art. 30 GG – zuständig.

Lösung Fall 16 – Schulprogramm –:

I. Förderprogramm:

1. Grundregel des Art. 30 GG:

a) gilt auch für nicht-gesetzesakzessorische Verwaltung, wie hier;

b) Bund möchte vom Grundsatz der landeseigenen Verwaltung abweichen, da rechtliche und fachliche Aufsicht durch Bund angestrebt, Koordination durch Bundesregierung; also Form der Mischverwaltung.

2. Derartige Mischverwaltung jedoch im GG nicht vorgesehen, Art. 91a GG greift hier nicht ein; also *unzulässig*.

II. Bundesschulamt

1. Zuständigkeit des Bundes zur Errichtung der Behörde?

a) Kein Fall des Art. 87 Abs. 1 GG;

b) Art. 87 Abs. 3 Satz 1 GG: neue Bundesoberbehörde; dies hier der Fall;

2. Voraussetzung: Gesetzgebungskompetenz; *dies zu prüfen nach Art 70 ff. GG*; für Schulwesen aber keine Gesetzgebungszuständigkeit des Bundes; also auch Bundesschulamt *unzulässig*.

Schrifttum zu III.: *Blümel*, Verwaltungszuständigkeit, HdBStR IV, § 101; *Koch*, Der Erlass von Verwaltungsvorschriften nach Art. 84 Abs. 2, 85 Abs. 2 Satz 1 GG, Jura 2000, 179; *Hebeler*, Die Ausführung der Bundesgesetze (Art. 83 ff GG), Jura 2000, 164; instruktiv insbesondere zu Art. 87 Abs. 3a: *Häde*, Bankenaufsicht und Grundgesetz, JZ 2001, 105; *Heitsch*, Verfassungswidrigkeit des Bundesgesetzes als Grenze des Weisungsrechts in der fernstraßenrechtlichen Auftragsverwaltung?, DÖV 2002, 368; *Hebeler*, Die Ausführung der Bundesgesetze, Jura 2002, 162.

9. Exkurs: Der verfassungsrechtliche Auftrag der Bundeswehr

Zur vollziehenden Gewalt im weiteren Sinn werden traditionell auch die Streitkräfte gezählt, **186**
nach dem GG also die Bundeswehr. Verfassungsrechtliche Grundlage ihres Auftrags ist primär Art. 87a GG, der insbesondere ihre defensive Funktion festlegt: sie darf nur „zur Verteidigung" eingesetzt werden, es sei denn, das GG selbst ließe etwas anderes ausdrücklich zu, Abs. 2. Die Bedeutung der Vorschrift war str im Zusammenhang mit den Jugoslawien-Einsätzen der Bundeswehr. Ein Einsatz „zur Verteidigung" konnte hier nicht angenommen werden, da weder die Bundesrepublik noch ein Bündnispartner der NATO selbst angegriffen war (im letzteren Fall könnte noch von einem Einsatz „zur Verteidigung" gesprochen werden). Doch kam es darauf im Ergebnis nicht an: Art. 24 Abs. 2 GG ermächtigt die Bundesrepublik,

sich einem System der kollektiven Sicherheit anzuschließen; damit ist sie auch befugt, zur Erfüllung ihrer Bündnisverpflichtungen Streitkräfte zur Verfügung zu stellen. Art. 87a GG, der nachträglich in das Grundgesetz eingefügt wurde, hat an dieser Rechtslage nichts geändert, BVerfGE 90, 286. – Zum Kosovo-Einsatz der Bundeswehr vgl *Fink*, JZ 1999, 1016; zu Auslandseinsätzen nach dem Kosovo-Krieg s. *Wild*, DÖV 2000, 622; zu Einsätzen zur Terrorismusbekämpfung s. *Krings/Burkiczak*, DÖV 2002, 501 ff; zur notwendigen *Zustimmung des Parlaments* s.o. Rn 64, 70, **Fall 5b**).

IV. Die Rechtsprechung in der bundesstaatlichen Ordnung

187 Auch für die Rechtsprechung gilt zunächst Art. 30 GG: die Ausübung staatlicher Befugnisse ist Sache der Länder, soweit nicht das Grundgesetz sie dem Bund ausdrücklich zuweist. Die **Einrichtung der Gerichte**, denen gemäß Art. 92 GG die Ausübung der rechtsprechenden Gewalt übertragen ist (zur rechtsprechenden Gewalt im System der Gewaltenteilung s. Rn 247 ff, zur Gerichtsorganisation und zum gerichtlichen Verfahren s. Rn 695 ff), obliegt daher grundsätzlich den Ländern. Sie haben hierbei nach Maßgabe des Rechts der Gerichtsverfassung (GVG) und des gerichtlichen Verfahrens (also der Verfahrensordnungen – ZPO, StPO, VwGO, ArbGG, FGO, SGG) vorzugehen, für das der Bund nach Art. 74 Abs. 1 Nr 1 GG die konkurrierende Gesetzgebungszuständigkeit besitzt.

Bundeszuständigkeiten für die Einrichtung von Gerichten begründet Art. 95 GG. Für die dort genannten Zweige der Gerichtsbarkeit schreibt Art. 95 GG die Errichtung oberster Bundesgerichte vor. Als solche wurden errichtet: der Bundesgerichtshof für die „ordentliche Gerichtsbarkeit" (Zivil- und Strafgerichte), das Bundesverwaltungsgericht, der Bundesfinanzhof, das Bundessozialgericht und das Bundesarbeitsgericht. Es sind dies Rechtsmittelgerichte, der Bund stellt also für die in Art. 95 GG genannten Zweige der Gerichtsbarkeit nur die den Instanzenzug abschließenden Revisionsgerichte.

Eine Ausnahme bildet Art. 96 GG für gewerblichen Rechtsschutz (Bundespatentgericht), die Wehrstrafgerichtsbarkeit im Verteidigungsfall (Art. 96 Abs. 2 GG) und die Disziplinargerichtsbarkeit über Bundesbeamte; in Ausnahmefällen werden auch die obersten Bundesgerichte als Tatsacheninstanzen tätig.

188 Die Rechtsprechungskompetenzen werden also im Verhältnis von Bund und Ländern nicht nach Sachgebieten verteilt, sondern nach Funktionen: den obersten Bundesgerichten wird allein die Funktion von Rechtsmittelgerichten zugewiesen. Sie sind hierin jedoch auf die Anwendung von Bundesrecht beschränkt: **Landesrecht** ist **nicht revisibel** (Ausnahme: Rn 158).

Mit der **Verfassungsgerichtsbarkeit** wird keine zusätzliche Instanz eingerichtet. Ihre Aufgabe ist die Wahrnehmung spezifischen Verfassungsrechts: auf Bundesebene besteht hierfür das Bundesverfassungsgericht, auf Landesebene bestehen die Landesverfassungsgerichte, deren Einrichtung im Rahmen der Verfassungsautonomie der Länder liegt (näher § 9 Rn 593 ff).

189 **Rechtsprechungsorgane der EU** sind zum einen der Europäische Gerichtshof (EuGH), zum anderen das Europäische Gericht erster Instanz (EGEI). Letzteres ist insbesondere für Klagen von Privaten gegen die Gemeinschaft zuständig. Der EuGH hat entsprechend Art. 220 EGV die einheitliche Auslegung und Anwendung des Gemeinschaftsrechts zu sichern. Die Verfahrensarten sind im EGV enumerativ geregelt. Aber auch die nationalen Gerichte sind mit Gemeinschaftsrecht befasst; soweit im Kollisionsfall EG-Recht Geltungsvorrang beansprucht (Rn 304), gilt dies auch für das Gericht. Bei Zweifeln über die Auslegung von Gemeinschaftsrecht oder die Gültigkeit von Normen und sonstigen Akten des Gemeinschaftsrechts hat das innerstaatliche Gericht grundsätzlich eine Vorabentscheidung des EuGH gem. Art. 234 EGV einzuholen, an die es gebunden ist (zur Aufgabenverteilung zwischen nationalen Gerichten und EuGH siehe BVerfGE 82, 159, 192 ff; 89, 155 sowie Rn 305).

Schrifttum zu IV.: *Degenhart*, Gerichtsorganisation, in HdBStR III, 2. Aufl. 1996, § 75.

V. Die bundesstaatliche Finanzverfassung

Der X. Abschnitt des Grundgesetzes enthält die bundesstaatliche Finanzverfassung. Gerade auf diesem Feld finden die entscheidenden Auseinandersetzungen um den Föderalismus statt. Es geht um die Fragen, wer – Bund oder Länder – die Kosten für die Erfüllung staatlicher Aufgaben trägt, wie vor allem das Aufkommen aus Steuern und Abgaben verteilt werden soll und wer die Gesetzgebungshoheit in diesem Bereich hat. Davon vor allem hängt es ab, welche Rolle Bund und Länder in der bundesstaatlichen Ordnung spielen, welches Gewicht ihnen zukommt, in welche Richtung die bundesstaatliche Entwicklung geht. Konflikte sind hier angelegt zwischen Bund und Ländern, aber auch zwischen den Ländern, zwischen „ärmeren" und „reicheren" Ländern. Für diese Konflikte Lösungen zu ermöglichen, ist Funktion der bundesstaatlichen Finanzverfassung, die aber auch sicherzustellen hat, dass die Lösung nicht allein zulasten des Bürgers gesucht wird. Darum geht es im folgenden Abschnitt.

➡ **Leitentscheidungen:** BVerfGE 86, 148 (Finanzausgleich); BVerfGE 93, 319 (Wasserpfennig); BVerfGE 98, 106 (kommunale Verpackungssteuer); BVerfGE 101, 158 (Finanzausgleich).

Ausgangsfälle:

190

Fall 18 – FAG –: Ein Finanzausgleichsgesetz (FAG) des Bundes sieht entsprechend Art. 107 Abs. 2 GG und dem hierzu ergangenen Maßstäbegesetz Ausgleichsleistungen der überdurchschnittlich finanzkräftigen an die ärmeren Länder vor. Das Land B sieht sich benachteiligt. An sich würde es über die größte Finanzkraft – Steuereinnahmen im Verhältnis zur Einwohnerzahl – aller Bundesländer verfügen. Es wird jedoch in einem Maße mit Ausgleichsverpflichtungen belastet, dass es im Endergebnis nur noch an 8. Stelle steht. Umgekehrt gelangt das an sich an vorletzter Stelle stehende Land X auf Grund von Ausgleichsansprüchen und Ergänzungszuweisungen des Bundes im Ergebnis an die 4. Stelle. Dies bedeute eine Missachtung der langjährigen erfolgreichen Politik von B. Auch sei nicht einzusehen, dass zugunsten der Stadtstaaten eine „Einwohnerveredelung" stattfinde. (Hiernach wird ein höherer Finanzbedarf pro Einwohner zugrundegelegt; dies wird gerechtfertigt aus deren Höherbelastung durch Vorhaltung öffentlicher Leistungen für das Umland.) **Rn 203**

191 **Fall 19 – Arbeitsmarktabgabe –:** Ein Bundesgesetz sieht eine Arbeitsmarktabgabe für Beamte und Selbstständige vor. Sie entspricht in ihrer Höhe dem Arbeitnehmeranteil an der Arbeitslosenversicherung und wird motiviert als „Solidarbeitrag" zu den Leistungen der Bundesanstalt für Arbeit auf Grund der stark angestiegenen Arbeitslosenziffern. **Rn 213**

192 **Fall 20 – Verpackungssteuer –:** Die Stadt S hat eine Satzung über die Erhebung einer „kommunalen Verpackungssteuer" erlassen, die auf Einweggeschirr für Speisen und Getränke beim Verkauf zum Verzehr an Ort und Stelle erhoben werden soll; sie beträgt € 0,25 für jedes Geschirrteil und sonstiges Einwegbehältnis (Becher uä) und € 0,05 für jedes Besteckteil. Damit soll die anfallende Menge von Verpackungsmüll in den zahlreichen Fast-Food-Betrieben in S eingedämmt werden. Demgemäß ist bei Rücknahme des Einweggeschirrs eine Steuerbefreiung vorgesehen. Der Inhaber der in S ansässigen Imbisskette „Würger King" bestreitet die Befugnis der Stadt S zur Einführung dieser Steuer.

Hinweis: § 7 Abs. 2 des einschlägigen Kommunalabgabengesetzes lautet: „Die Gemeinden können örtliche Verbrauchs- und Aufwandssteuern erheben, soweit sie nicht bundesgesetzlich geregelten Steuern gleichartig sind." **Rn 213**

1. Überblick

193 Die Bestimmungen über die bundesstaatliche Finanzverfassung in Art. 104a-108 GG sind „einer der tragenden Eckpfeiler der bundesstaatlichen Ordnung des Grundgesetzes" und sollen Bund und Länder im Rahmen der verfügbaren Gesamteinnahmen in die Lage versetzen, ihre Aufgaben zu erfüllen (BVerfGE 55, 274, 300), ihnen hierbei Eigenverantwortlichkeit und Unabhängigkeit sichern. Art. 104a GG regelt die Frage der Ausgabentragung, Art. 105 GG die Gesetzgebungskompetenzen im Finanzwesen, Art. 106 -107 regeln die Steuerertragshoheit und den Finanzausgleich.

2. Der Ausgangspunkt: gesonderte Ausgabentragung (Konnexität), Art. 104a GG

194 Hinsichtlich der **Tragung der Ausgaben** für die Aufgaben von Bund und Ländern geht Art. 104a Abs. 1 GG vom **Grundsatz der gesonderten Ausgabentragung** aus: Bund und Länder tragen die Kosten für die Erfüllung ihrer jeweiligen Aufgaben.

Eine **anderweitige Regelung** trifft **Art. 104a Abs. 2 GG**: bei **Auftragsverwaltung** trägt die Kosten der Bund. Die Länder sind hier ohnehin an die Weisungen des Bundes gebunden. Die Finanzierung durch den Bund ist deshalb bundesstaatlich *unbedenklich* und auch unter diesem Aspekt *geboten*, da aufgrund ihrer Weisungsgebundenheit die Länder hier ihr Ausgabenverhalten nicht eigenverantwortlich bestimmen können.

Eine **weitere**, gleichfalls bundesstaatlich gebotene **Ausnahme** enthält Art. 104a GG in Abs. 3 für **Leistungsgesetze** des Bundes, Gesetze also, die die Gewährung finanzieller Leistungen des Staates (Subventionen, Sozialleistungen, zB Wohngeld, Kindergeld) regeln. Nach Abs. 1 würde gelten: Die Ausführung der Bundesgesetze ist wegen Art. 83 GG Aufgabe der Länder (Rn 169 ff). Sie müssten dann nach Art. 104a Abs. 1 die Kosten tragen. Dann aber könnte der Bund finanzielle Leistungen auf deren Kosten gewähren. Art. 104a Abs. 3 GG sieht nun die Möglichkeit der gänzlichen oder teilweisen *Ausgabentragung durch den Bund* vor. Übernimmt der Bund nicht mindestens drei Viertel der Kosten, bedarf das Leistungsgesetz der Zustimmung des *Bundesrates*. Bereits bei *hälftiger Finanzierung durch den Bund* wird aber das Gesetz in **Bundesauftragsverwaltung** ausgeführt. **Finanzhilfen** nach Art. 104a Abs. 4 GG sind **nur** zu den dort genannten Zielsetzungen zulässig; das Vorliegen dieser materiellen Voraussetzungen ist bundesverfassungsgerichtlich nachprüfbar. **195**

Sind Finanzhilfen nach Art. 104a GG nicht zulässig und liegt auch kein Fall der Gemeinschaftsaufgaben nach Art. 91a, b GG vor, so verbleibt es beim Grundsatz der **Konnexität:** die Länder tragen die Ausgaben für die ihnen obliegenden Verwaltungsaufgaben, Finanzhilfen des Bundes sind unzulässig.

Zu Fall 16 – Schulprogramm –: Verfassungswidrig wäre daher auch die vorgesehene Finanzierung: Grundsatz der Konnexität hier durchbrochen durch Mischfinanzierung; für Leistungen des Bundes an die Länder jedoch keine Grundlage:
- Art. 104a Abs. 2 GG: kein zulässiger Fall der Auftragsverwaltung;
- Art. 104a Abs. 4 GG: keine Vornahme von Investitionen; Zielsetzungen des Abs. 4 ersichtlich nicht berührt;
- kein Fall der Gemeinschaftsaufgaben nach Art. 91a, b GG.

3. Steuerertragshoheit und Finanzausgleich

Gegenstand der **bundesstaatlichen Finanzverfassung** der Art. 104a ff GG ist insbesondere die **Verteilung des Steueraufkommens** zwischen Bund und Ländern und im Verhältnis der Länder untereinander; dies ist in Art. 106 und 107 GG geregelt. Insbesondere in seinem Urteil vom 11. November 1999 (BVerfGE 101, 158; Anm. von *Degenhart*, ZG 2000, 79) hat das Bundesverfassungsgericht die einzelnen Stufen der Finanzverteilung in der Finanzverfassung des Grundgesetzes in grundsätzlicher Weise dargelegt. **196**

Auf einer **ersten Stufe** wird im Rahmen der Ertragshoheit das Steueraufkommen „vertikal“ **Bund und Ländern** zugeordnet. Während für bestimmte Steuern ein Trennsystem gilt, das Aufkommen also jeweils zur Gänze entweder dem Bund – Art. 106 Abs. 1 GG – oder den Ländern – Art. 106 Abs. 2 GG – zusteht, gilt für die wichtigsten Steuern das **Verbundsystem** des Art. 106 Abs. 3 GG. Das Aufkommen hieraus steht Bund und Ländern gemeinsam zu, das Aufkommen aus der Einkommens- und Körperschaftssteuer insbesondere jeweils zur Hälfte. Demgegenüber erfolgt die vertikale Verteilung des Umsatzsteueraufkommens durch Gesetz, das an die verfassungsrechtlich vorgegebenen Grundsätze nach Art. 106 Abs. 3 S. 4 GG gebunden ist. **197**

198 Auf einer **zweiten Stufe** geht es dann nach Maßgabe des Art. 107 Abs. 1 GG um die **eigene Finanzausstattung** der einzelnen **Länder**. Deren Feststellung bedingt zunächst eine **horizontale Ertragsaufteilung**. Für die Einkommens- und Körperschaftssteuer gilt das Prinzip des örtlichen Aufkommens. Der Länderanteil steht dem Land zu, in dem die Steuern vereinnahmt werden; allerdings werden hier durch das in Art. 107 Abs. 1 S. 2 GG geforderte „*Zerlegungsgesetz*" gewisse Korrekturen vorgenommen (zu den Einzelheiten s. *Siekmann*, in: Sachs, GG, Art. 107, Rn 8 ff).

Das Umsatzsteueraufkommen wird nach dem Verhältnis der Einwohnerzahl verteilt, Art. 107 Abs. 1 S. 4, 1. Halbs. GG, wobei jedoch ein Viertel des globalen Länderanteils vorab im Wege von Ergänzungsanteilen nach Art. 107 Abs. 1 S. 4, 2. Halbs. GG den „ärmeren" Bundesländern, deren Steuereinnahmen unter dem Durchschnitt aller Länder liegen, zugewiesen werden kann. „*Nach Zuteilung dieser Ergänzungsanteile steht die eigene Finanzausstattung der Länder fest.*" (BVerfG).

199 Diese eigene Finanzausstattung der Länder kann zu sehr unterschiedlicher Finanzkraft führen. Mit derartiger Ungleichheit findet sich das Grundgesetz jedoch nicht ab. Gemäß Art. 107 Abs. 2 S. 1 und 2 GG werden deshalb auf einer **dritten Stufe** die Ergebnisse der primären, auf der Grundlage der Art. 106, 107 Abs. 1 GG erfolgten Steuerzuteilung unter den Ländern korrigiert. Es ist dies der **sekundäre horizontale Finanzausgleich**. Länder mit geringer Finanzkraft erhalten Ausgleichsansprüche, Länder mit höherer Finanzkraft werden zum Ausgleich verpflichtet. Hierbei kommt es entscheidend auf das grundsätzliche Verständnis vom Bundesstaat des Grundgesetzes an. Es geht um die **Grundsatzfrage**, ob die Zielsetzung möglichst gleichwertiger Lebensverhältnisse in den Ländern, die Vorstellung vom Bundesstaat als einer **Solidargemeinschaft** der Länder in den Vordergrund gerückt werden soll, oder aber der Gedanke des **Wettbewerbs** zwischen den Ländern. Zumindest eine generelle Nivellierung hat das Bundesverfassungsgericht in seinem Urteil vom 11. November 1999 abgelehnt. Die Länder sollen in ihrer Leistungsfähigkeit einander angenähert, aber doch nicht nivellierend gleichgestellt werden. Die Reihenfolge der Länder in ihrer Finanzkraft darf nicht umgekehrt werden. Es besteht ein **Nivellierungsverbot**.

200 Die Kriterien eines angemessenen Ausgleichs, die Voraussetzungen für Ausgleichsansprüche der ausgleichsberechtigten, „ärmeren" Länder und Ausgleichsverbindlichkeiten der „reicheren" Länder und die Maßstäbe für die Höhe der Ausgleichsleistungen sind dann in abstrakt-genereller Form zu entwickeln. Hierfür fordert Art. 107 Abs. 2 S. 2 GG ein „**Maßstäbegesetz**". Dieses Gesetz ist auf langfristige Geltung anzulegen und auf seiner Grundlage sind dann für die konkreten Ausgleichszeiträume vom Gesetzgeber im jeweiligen Finanzausgleichsgesetz Ausgleichsansprüche und Ausgleichsverbindlichkeiten festzulegen.

201 Auf dieses **Maßstäbegesetz** legt das Bundesverfassungsgericht besonderen Wert; es handelt sich hierbei um eine Art von Grundsatzgesetz, das zwischen der Verfassung und dem die konkreten Ausgleichsleistungen festlegenden Finanzausgleichs-

gesetz steht und den Gesetzgeber des letzteren normativ bindet. Insofern hat dieses Maßstäbegesetz, eben weil Art. 107 Abs. 2 S. 2 zur Bildung normativer Maßstäbe verpflichtet, höheren Rang als das den Finanzausgleich dann konkret vornehmende Gesetz (näher hierzu s. *Degenhart*, ZG 2000, 79 ff; *Bull/ Mehde*, DÖV 2000, 305 ff; *Christmann*, DÖV 2000, 315 ff). Mit Gesetz vom 9.12.2001 (BGBl I S. 2302) liegt dieses Maßstäbegesetz (MaßStG) jetzt vor.

Auf der dritten Stufe des sekundären Finanzausgleichs nach Art. 107 Abs. 2 Sätze 1 **202**
und 2 GG (Rn 199) werden also die entscheidenden bundesstaatlichen Konflikte ausgetragen. Auf einer vierten Stufe kann dann der Bund mithilfe von **Ergänzungszuweisungen** nach Art. 107 Abs. 2 S. 3 GG die Finanzkraft besonders leistungsschwacher Länder nochmals anheben. Er darf dies nur in begrenztem Rahmen unter Wahrung der auf den vorgehenden Stufen ermittelten Maßstäbe des horizontalen Finanzausgleichs tun, unter Beachtung des auch dort geltenden **Nivellierungsverbotes** (vgl *Siekmann*, in: Sachs, GG, Art. 107, Rn 31), der dort gefundenen **Finanzstufung** der Länder und der föderativen **Gleichbehandlung**.

Lösung Fall 18 – FAG –: Das Land B kann das Finanzausgleichsgesetz, das zu den **203**
fraglichen Ergebnissen führt, im Wege der abstrakten Normenkontrolle nach Art. 93 Abs. 1 Nr 2 GG vor dem Bundesverfassungsgericht zur Überprüfung stellen (s. Rn 612 ff).

Begründetheit des Antrags:

I. *Zum Prüfungsmaßstab:* Das Finanzausgleichsgesetz muss, um verfassungskonform zu sein, den Art. 106, 107 GG entsprechen. Das MaßStG ist an sich nur einfaches Gesetz, so dass es als selbstständiger Prüfungsmaßstab nicht herangezogen werden kann. Es hat gleichwohl insofern höheren Rang, als der Gesetzgeber über Art. 107 Abs. 2 GG des FAG an die Grundsätze des MaßStG gebunden ist (Rn 201). Daher ist bei der Auslegung der maßgeblichen Grundgesetzbestimmungen das MaßStG heranzuziehen.

II. Befugnis zum Erlass des Gesetzes:

1. Verfassungsauftrag zum Ausgleich unterschiedlicher Finanzkraft der Länder: Art. 107 Abs. 2 GG. Voraussetzung ist unterschiedliche Finanzkraft; dies ist hier der Fall.

2. Inhalt des Verfassungsauftrags des Art. 107 Abs. 2 GG: Festsetzung von Ausgleichsverpflichtungen und Ausgleichsansprüchen.

II. Schranken:

1. „Angemessenheit" des Ausgleichs, Art. 107 Abs. 2 GG: bundesstaatliche Solidarität einerseits, Eigenstaatlichkeit und Eigenverantwortung der Länder andererseits sind in Abwägung zu bringen; so auch § 9 MaßStG. Hier Verstoß gegen das Nivellierungsverbot, das Gebot der Wahrung der Finanzkraftreihenfolge und der Abstandswahrung, Art. 107 Abs. 2 GG iVm § 9 MaßStG. FAG daher insoweit verfassungswidrig.

2. „Einwohnerveredelung": grundsätzlich ist für einen Finanzkraftvergleich jedoch in erster Linie auf die Einwohnerzahl abzustellen, die eine „allen Ländern gleichermaßen vorgegebene Bezugsgröße für die ihnen zugewiesenen Aufgaben" (BVerfGE 101, 158, 229) darstellt. Sonderlasten der Stadtstaaten sind jedoch nach § 9 Abs. 2 MaßStG durch „Modifizierung der Einwohnerzahl" zu berücksichtigen; insoweit ist das FAG – korrekte Bedarfsermittlung vorausgesetzt – verfassungsmäßig.

4. Verteilung der Steuergesetzgebung

a) Der Steuerbegriff des Grundgesetzes

204 Was **Steuern** iS der Kompetenznorm sind, ist nicht positiv festgelegt, doch hat sich Übereinstimmung dahingehend herausgebildet, dass hierunter **Geldleistungen** verstanden werden, die einem öffentlich-rechtlichen und nach dem GG zur Steuererhebung berechtigten **Gemeinwesen** zur **Deckung seines Finanzbedarfs** zufließen (vgl *Sieckmann*, in: Sachs, GG, vor Art. 104a, Rn 41 ff). § 3 Abs. 1 S. 1 AO gilt als verfassungskonforme Definition. Neben dem Zweck der Einnahmeerzielung können Steuern aber auch Lenkungsfunktion haben (s. dazu: *Weber-Grellet*, NJW 2001, 3657). So hat zB eine Verpackungssteuer wie im **Fall 20** die Funktion, das Abfallaufkommen zu vermeiden. Für die Gesetzgebungszuständigkeit ist gleichwohl die Steuergesetzgebungskompetenz, nicht die Sachkompetenz (im Fall der Verpackungssteuer wäre dies die Kompetenz für die Abfallwirtschaft in Art. 74 Abs. 1 Nr 24 GG) entscheidend. Allerdings darf der Steuergesetzgeber sich nicht in Widerspruch zum Sachgesetzgeber setzen, also keine Regelungen erlassen, die Inhalt und Zielsetzungen einer Sachregelung für die fragliche Materie zuwiderlaufen. Insoweit begrenzt das rechtsstaatliche Gebot der Widerspruchsfreiheit der Rechtsordnung (s. Rn 356 f) auch die Wahrnehmung der Gesetzgebungskompetenzen (BVerfGE 98, 106). Von Steuern zu unterscheiden sind **Gebühren** und **Beiträge** als sog. Vorzugslasten für die Inanspruchnahme besonderer Leistungen des Staates sowie Sozialversicherungsbeiträge. Für sie gilt Art. 105 GG nicht. Deshalb waren auch die Erlöse aus der UMTS-Versteigerung nicht in den Finanzausgleich zwischen Bund und Ländern einzubeziehen (s. dazu *Becker*, JA 2002, 752 – zu BVerfG).

b) Weitestgehende Bundeszuständigkeit für Steuern

205 Für die Steuergesetzgebung besteht praktisch eine umfassende konkurrierende Bundeszuständigkeit nach Art. 105 Abs. 2 GG. Der Bund ist für eine Steuer zuständig, wenn deren Aufkommen ihm ganz oder teilweise zusteht. Wann dies der Fall ist, ergibt sich aus Art. 106 GG (Rn 197). Ferner kann der Bund unter den Voraussetzungen des Art. 72 Abs. 2 GG (s. die Formulierung in Art. 105 Abs. 2 „*oder*“) tätig werden. Angesichts der Bedeutung des Steuerwesens für die Wahrung der „**Wirtschaftseinheit**“ (Art. 72 Abs. 2, 2. Alternative GG) dürften diese Voraussetzungen in der Praxis durchweg darstellbar sein.

Beachte: Für Steuern, deren Aufkommen ganz oder teilweise dem Bund zusteht, geht Art. 105 Abs. 2, 1. Variante GG ohne weiteres von der Erforderlichkeit bundeseinheitlicher Regelung aus; die Voraussetzungen des Art. 72 Abs. 2 GG sind also dann nicht gesondert zu prüfen.

c) Verbleibende Länderkompetenzen

206 Bei *konkurrierender Gesetzgebung* können die Länder neben den bereits bundesrechtlich geregelten nicht ohne weiteres *neue Steuern* einführen. Hat der Bund durch Regelung einer bestimmten Steuer von seiner konkurrierenden Gesetzge-

bungsbefugnis Gebrauch gemacht, so bedeutet dies eine **Kompetenzsperre** auch für **gleichartige** Steuern der Länder.

Praktisch verbleiben damit den Ländern im Anwendungsbereich des Art. 105 Abs. 2 GG kaum relevante Gesetzgebungsbefugnisse. Sie bleiben nach Abs. 2a ausschließlich zuständig für die **örtlichen Verbrauch- und Aufwandsteuern**, deren Belastungswirkung örtlich begrenzt ist und zu keinem bundesstaatlich relevanten, die **Einheit der Wirtschaftsbedingungen** als zentrales Anliegen der bundesstaatlichen Finanzverfassung gefährdenden Steuergefälle führt (zB Hundesteuer, Getränkesteuer – vgl BVerfGE 40, 56).

Nicht unumstritten war daher auch zeitweise die Zulässigkeit einer **Zweitwohnungsteuer** (vgl *Maunz*, Maunz/Dürig, Art. 105, Rn 40, 56) als Aufwandsteuer. Die Gleichartigkeit mit bundesrechtlich geregelten Steuern verneint BVerfGE 65, 325; die Zweitwohnungsteuer betreffe die Einkommensverwendung, die Einkommensteuer (auf den Wohnwert des eigengenutzten Hauses) die Einkommenserzielung. Die Grundsteuer ziele demgegenüber auf die (potenzielle) Erwerbsfähigkeit des Grundeigentums, treffe nur den Eigentümer, die Zweitwohnungsteuer demgegenüber den Nutzungsberechtigten, auch Mieter. Auch der Kreis der Steuerschuldner sei unterschiedlich. Auch der örtlich begrenzte Wirkungskreis wurde bejaht auf Grund der ausschließlich auf örtliche Gegebenheiten abstellenden Steuererhebung. **207**

5. Nichtsteuerliche Abgaben

a) Die Begrenzungs- und Schutzfunktion der bundesstaatlichen Finanzverfassung

Für Abgaben, die keine Steuern sind – **nichtsteuerliche Abgaben –**, bleibt es bei den Gesetzgebungszuständigkeiten der Art. 70 ff. Sie sind aber in der Sache nicht ohne weiteres zulässig, da andernfalls die differenzierte Regelung der Art. 104a ff GG überspielt und auch die *„Begrenzungs- und Schutzfunktion der bundesstaatlichen Finanzverfassung“* (BVerfGE 91, 392) für den Bürger gestört würde. **208**

Deshalb gelten für **nichtsteuerliche Abgaben** besondere sachliche Zulässigkeitsvoraussetzungen. Sie bedürfen einer besonderen, über die Einnahmeerzielung hinausgehenden **sachlichen Rechtfertigung**. Sie müssen sich von Steuern deutlich unterscheiden. Auch ist zu beachten, dass die staatlichen Einnahmen und Ausgaben im Grundsatz im **Haushaltsplan** enthalten sein müssen – nur so kann das Parlament seine Kontrollfunktionen erfüllen (zu diesen Voraussetzungen s. näher BVerfGE 91, 186, 202; 92, 292). Dabei will das BVerfG diese sachlichen Erfordernisse als **Kompetenzfrage** einordnen – es prüft (vgl zB E 92, 292) sie unter dem Gesichtspunkt, ob der Gesetzgeber in zulässiger Weise von seiner Sachkompetenz aus Art. 70 ff GG Gebrauch gemacht hat.

b) Prinzipiell zulässige Abgaben

Bestimmte nichtsteuerliche Abgaben unterliegen nach diesen Überlegungen keinen prinzipiellen verfassungsrechtlichen Bedenken. Es sind dies die herkömmlichen **Gebühren und Beiträge** als Gegenleistung für die Inanspruchnahme von öffentlichen Leistungen, zB Gebühren für die Erteilung einer Baugenehmigung oder die **209**

Ausstellung eines Ausweises, Beiträge der Straßenanlieger für den Anschluss an die öffentliche Kanalisation. Damit unterscheiden sie sich deutlich von Steuern, die ja nicht von einer „Gegenleistung" abhängen. Da hierdurch besondere Vorteile des einzelnen aus dem Handeln der Verwaltung abgegolten werden sollen, spricht man auch von **Vorzugslasten**. Hierin liegt auch die sachliche Rechtfertigung dieser Abgaben. Auch Straßenbenutzungsgebühren für den Schwerverkehr fallen darunter (s. *Klinksi*, DVBl 2002, 221).

Prinzipiell unbedenklich im Hinblick auf die bundesstaatliche Finanzverfassung sind die **Sozialversicherungsbeiträge**; Art. 74 Abs. 1 Nr 12 GG ist auch auf die Finanzierung der Sozialversicherung bezogen und trägt die Abgabenkompetenz in sich (BVerfGE 75, 108, 148). Beiträge nach Nr 12 dürfen allerdings nicht zur Finanzierung allgemeiner Staatsaufgaben eingesetzt werden, auch nicht für versicherungsfremde Leistungen. Schließlich sind auch „**Abschöpfungsabgaben**", durch die von der öffentlichen Hand zu Unrecht gewährte Subventionsvorteile rückgewährt werden sollen, so zB die Fehlbelegungsabgabe im sozialen Wohnungsbau (BVerfGE 78, 349), zulässig.

210 In seiner Entscheidung über den „Wasserpfennig" – eine in einigen Bundesländern erhobene Abgabe für die Entnahme von Grundwasser – hat das BVerfG (E 92, 292) schließlich auch sog. **Ressourcennutzungsgebühren** für natürliche Ressourcen, die Gut der Allgemeinheit sind, für zulässig erklärt. Ihre sachliche Rechtfertigung liegt in der Abschöpfung eines Sondervorteils, den der Abgabenschuldner aus der Nutzung eines Guts der Allgemeinheit erlangt. Man wird diese Rechtfertigung aber nur auf solche Nutzungen beziehen dürfen, die einer besonderen Erlaubnis bedürfen – die Abgrenzung zur Steuer wäre sonst nicht mehr gewahrt (so zutr. *Raber*, NVwZ 1997, 219).

210a Für die Höhe von Gebühren enthält das Grundgesetz keine unmittelbaren Vorgaben – sieht man vom Gleichheitssatz des Art. 3 Abs. 1 GG ab, der für die Bestimmung der Gebührenmaßstäbe zu beachten ist. Gebühren dürfen aber nicht in beliebiger Höhe erhoben werden: dem steht die vom Bundesverfassungsgericht stets betonte „Schutz- und Begrenzungsfunktion der bundesstaatlichen Finanzverfassung" entgegen. Insbesondere die finanzverfassungsrechtlichen Verteilungsregelungen dürfen nicht beliebig umgangen werden – mit dieser Aussage rückt der 2. Senat des BVerfG in seiner Entscheidung zu den Rückmeldegebühren (NVwZ 2003, 715) in der Tendenz von einer Entscheidung des 1. Senats (BVerfGE 97, 322) ab, der sozial gestaffelte Gebühren für Kindergärten für verfassungkonform erachtet hatte. In der Tat scheint es im Hinblick auf die Widerspruchsfreiheit der Rechtsordnung nicht unproblematisch, wenn kommunale Gebührensatzungen die Wirkungen der Steuergesetzgebung des Bundes konterkarieren (wenn sie zB eine Entlastung für Familien wieder einkassieren). Im Fall der Rückmeldegebühren vermisste das BVerfG eine sachliche Rechtfertigung dieser Verwaltungsgebühren durch einen entsprechenden Verwaltungsaufwand.

c) Sonderabgaben

211 Abgaben, die nicht nach diesen Kriterien sachlich besonders gerechtfertigt sind, sind als sog. Sonderabgaben nur ausnahmsweise zulässig. Es sind dies vor allem Abgaben, die zur Bewältigung einer besonderen Finanzierungsaufgabe von Abgabenschuldnern erhoben werden, die dieser Aufgabe „nahe stehen“. So wurden von Betrieben der Ernährungswirtschaft Abgaben für einen besonderen Absatzfonds erhoben (BVerfGE 83, 159). Durch den als Zuschlag auf die Stromrechnung von allen Stromkunden erhobenen „Kohlepfennig“ wurden die erhöhten Belastungen der Elektrizitätswirtschaft für die Verstromung deutscher Steinkohle ausgeglichen. Auch derartige Abgaben müssen der Finanzierung eines besonderen Sachzwecks dienen; die Abgabepflichtigen müssen eine in sich homogene, in besonderer Nähe zu diesem Sachzweck stehende Gruppe bilden; das Aufkommen aus der Abgabe muss schließlich gruppennützig verwendet werden.

Der „**Kohlepfennig**“ erfüllte nach BVerfGE 91, 196 diese Anforderungen nicht. Es handelte sich nicht um eine Steuer, da die Abgabe nicht zur Deckung des allgemeinen Finanzbedarfs bestimmt war. Eine Sachkompetenz konnte zwar aus Art. 74 Abs. 1 Nr 11 GG hergeleitet werden, doch hatte der Gesetzgeber nicht die Schranken aus der bundesstaatlichen Finanzverfassung beachtet. Da die Stromverbraucher praktisch mit der Allgemeinheit identisch sind, bilden sie keinen in sich homogenen Personenkreis, der in besonderer Finanzierungsverantwortung steht. Vielmehr handelt es sich bei der Sicherstellung der Stromversorgung um eine Aufgabe der Allgemeinheit, eine Gemeinlast, die, soweit staatlicher Finanzierungsbedarf besteht, aus Steuermitteln finanziert werden muss. Da von einer Steuer sachlich kaum unterscheidbar – eben weil von der Allgemeinheit erhoben –, beeinträchtigte die Abgabe die Funktion der bundesstaatlichen Finanzverfassung und konnte als Sonderabgabe auch nicht nach den hierfür geltenden Kriterien sachlich gerechtfertigt werden. Deshalb war sie verfassungswidrig.

Dies gilt nach BVerfGE 92, 91 auch für die Feuerwehrabgaben oder Feuerschutzabgaben nach Landesrecht: keine sachliche Rechtfertigung, weil die Dienstpflicht in der Feuerwehr, um deren Ausgleich es geht, in der Rechtswirklichkeit nicht praktisch wird und sich deshalb nicht als „Last“ auswirkt; keine Homogenität der Abgabenschuldner und keine besondere Sachnähe zum Feuerwehrwesen; iÜ Verstoß gegen Art. 3 Abs. 2 GG bei Erhebung nur von männlichen Gemeindeangehörigen.

Aufbauhinweis: Für die verfassungsrechtliche Prüfung von Abgabengesetzen ist **212**
damit wie folgt vorzugehen:

1. Gesetzgebungskompetenz

a) Qualifikation der Abgabe: Steuer oder nichtsteuerliche Abgabe?

b) wenn *Steuer:* Gesetzgebungskompetenz zu bestimmen aus Art. 105 GG; bei Landessteuern insbesondere Gleichartigkeitsverbot nach Art. 105 Abs. 2a GG zu beachten;

wenn *nichtsteuerliche Abgabe:*

(1) *Sachkompetenz* aus Art. 70 ff GG?

(2) Zulässige Wahrnehmung dieser Sachkompetenz oder Verstoß gegen die Schutzfunktion der bundesstaatlichen *Finanzverfassung*?

– wenn eine der vorstehend b) genannten Abgaben (Beitrag oder Gebühr, Sozialversicherungsbeitrag, Abschöpfungsabgabe) vorliegt: sachliche Rechtfertigung idR zu bejahen;

– wenn Sonderabgabe: besondere Rechtfertigung entspr. o. c) erforderlich (keine Steuerähnlichkeit, homogene Gruppe, Sachnähe, gruppennützige Verwendung).

2. Gesetzgebungsverfahren:

Hier sind bei Steuergesetzen typischerweise Zustimmungserfordernisse des Bundesrats zu beachten.

3. Materielle Verfassungsmäßigkeit:

Hier ist bei Abgaben insbesondere die Vereinbarkeit mit dem Gleichheitssatz des Art. 3 Abs. 1 GG relevant, ggf kann ein Verstoß gegen Art. 14 GG erwogen werden; iÜ sind die allgemeinen rechtsstaatlichen Erfordernisse wie Verhältnismäßigkeit zu beachten.

213 **Lösung der Ausgangsfälle:**

Fall 18 – FAG –: Rn 203

Fall 19 – Arbeitsmarktabgabe –:

I. Gesetzgebungskompetenz

1. Qualifikation der Abgaben: nichtsteuerlich, da keine Deckung des allgemeinen Finanzbedarfs des Bundes, sondern Zweckbindung der Mittel zur Bewältigung einer besonderen Aufgabe unter Erhebung von einer bestimmten Gruppe und Zuführung nicht in den allgemeinen Haushalt.

2. Gesetzgebungskomptenz daher aus Art. 70 ff GG zu bestimmen:

– Art. 74 Abs. 1 Nr 12 GG? nein, da die Betroffenen nicht in die Sozialversicherung einbezogen werden (vgl BVerfGE 75, 108, 146);

– Art. 74 Abs. 1 Nr 11 GG – Recht der Wirtschaft –, für Selbstständige zu bejahen;

– Art. 74a GG in Bezug auf Beamte: keine Besoldungsregelung; Art. 75 Abs. 1 Nr 1 GG entfällt als Kompetenzgrundlage, da das Gesetz keine Rahmenvorschrift darstellt; für Beamte also keine Kompetenzgrundlage.

3. Soweit Sachkompetenz gegeben (für Selbstständige): Verstoß gegen die Grundsätze der bundesstaatlichen Finanzverfassung?

– keine Vorzugslast oder Abschöpfungsabgabe, auch kein Sozialversicherungsbeitrag (vgl zu 2.);

– daher Sonderabgabe, hierfür fehlt es an besonderer Finanzierungsverantwortung und gruppennütziger Verwendung.

Ergebnis: keine Gesetzgebungskompetenz.

II., III.: Für Verfahrensverstöße und sonstige Verstöße gegen materielles Verfassungsrecht hier keine Anhaltspunkte gegeben.

Fall 20 –Verpackungssteuer –: 1. Die Einführung der Abgabe bedarf – wie jede belastende Maßnahme – einer Ermächtigungsgrundlage in einem formellen Gesetz (vgl Rn 319); hier kommt in Betracht: § 7 Abs. 2 KAG.

2. Der Landesgesetzgeber kann die Gemeinde jedoch nur im Rahmen des Art. 105 Abs. 2a GG zur Erhebung von Steuern ermächtigen; dann müsste es sich bei der Verpackungssteuer handeln

a) um eine *Steuer* iS dieser Bestimmung; dies ist zu bejahen (Rn 204), insbesondere Begriffsmerkmal der Einnahmeerzielung zur Deckung des allgemeinen Finanzbedarfs der Gemeinde erfüllt;

b) diese müsste *Verbrauch- oder Aufwandsteuer* sein; auch dies zu bejahen; es handelt sich um eine Verbrauchsteuer, da Verpackung als Einwegverpackung mit Verzehr der in ihr enthaltenen Speisen und Getränke „verbraucht" wird;

c) wenn Art. 105 Abs. 2a GG die Landeskompetenz auf *örtliche* Steuern begrenzt, so wird dem mit der Anknüpfung an den Verkauf im Gemeindegebiet zum Verzehr an Ort und Stelle Rechnung getragen;

d) Gleichartigkeit mit einer bundesgesetzlich geregelten Steuer – in Betracht käme die Umsatzsteuer – wird von *BVerwG* JZ 1995, 196 verneint, da die Verpackungssteuer nur auf der Letztanbieterstufe ansetzt und zudem durch Ausweichen auf Mehrwegverpackungen vermieden werden kann.

Damit fällt die Verpackungssteuer unter Art. 105 Abs. 2a GG; dies bedeutet: der Landesgesetzgeber kann die Gemeinden kompetenzgerecht zu deren Einführung ermächtigen; die Satzung der Stadt S ist damit durch § 7 Abs. 2 KAG gedeckt. Eine *zusätzliche* Kompetenzgrundlage nach Art. 70 ff GG ist nicht erforderlich. Es handelt sich auch nicht um eine Sonderabgabe, da die Merkmale des Steuerbegriffs erfüllt sind.

3. Der Zuständigkeit zur Einführung der Steuer steht jedoch das kompetenzbegrenzende Gebot der Widerspruchsfreiheit der Rechtsordnung entgegen (so jetzt BVerfGE 98, 106): die Verpackungssteuer steht im Widerspruch zu den Zielsetzungen des Abfallrechts des Bundes (s. Rn 356). Die Sachregelung als die speziellere Regelung hat hier Vorrang gegenüber der steuerlichen Regelung. Letztere ist also verfassungswidrig.

4. Damit bedeutet die Einführung der Verpackungssteuer als Regelung mit berufsregelnder Tendenz einen Verstoß gegen Art. 12 Abs. 1 GG (BVerfGE 98, 106).

Schrifttum zu V.: *Stern* II, §§ 46-48; *Inhester*, Verfassungsfragen der Finanzverfassung im wieder vereinigten Bundesstaat, NVwZ 1993, 137; *Bull*, Finanzausgleich im „Wettbewerbsstaat", DÖV 1999, 269; *Britz*, Verfassungsmäßigkeit des Wasserpfennigs, JuS 1997, 404; *Weber-Grellet*, Lenkungssteuern im Rechtssystem NJW 2001, 3657; *Kämmerer*, Maßstäbe für den Bundesfinanzausgleich?, JuS 2003, 214 – s. auch zur **Haushaltsverfassung** *Birk*, Das Haushaltsrecht der bundesstaatlichen Finanzverfassung (Art. 109-115 GG), JA 1983, 563; *Stern* II, § 50; sowie den Examensfall BayVBl 1984, 92, 123.

VI. Bundestreue, bundesfreundliches Verhalten

Sowohl der Bund als auch jedes Land sind im Bundesstaat des Grundgesetzes verpflichtet, so zu handeln, dass die Interessen aller Beteiligten möglichst gewahrt bleiben. Dieser ungeschriebene Verfassungsgrundsatz der gegenseitigen Rücksichtnahme wird mit dem Gebot der Bundestreue oder des bundesfreundlichen Verhaltens umschrieben. Es verdrängt die positiv niedergelegte Kompetenzordnung nicht, kann aber den Beteiligten bei der Wahrnehmung ihrer Kompetenzen im Einzelfall Schranken setzen. Wann und unter welchen Voraussetzungen dies der Fall sein kann, soll im Folgenden erörtert werden.

➡ **Leitentscheidungen:** BVerfGE 8, 104 (Volksbefragung); BVerfGE 12, 205 (1. Rundfunkurteil); BVerfGE 92, 203 (Fernsehrichtlinie).

Ausgangsfälle:

214 **Fall 21 – 13. Schuljahr –:** Nachdem 6 Bundesländer das 13. Schuljahr abgeschafft haben, ändert das Land A sein Hochschulgesetz dahingehend, dass eine 13-jährige Schulbildung Hochschulzugangsvoraussetzung ist.

Hat das Land A seine Kompetenzen überschritten? **Rn 220**

215 **Fall 22 – Gastschüler –:** Das Privatschulgesetz des Landes X, eines Stadtstaates, sieht Zuschüsse für Schulen in freier Trägerschaft vor, die anteilig pro Schüler gewährt werden, für Schüler aus anderen Bundesländern aber nur insoweit, als durch diese eine Erstattung erfolgt. Das angrenzende, ländlich strukturierte Land Y ist der Auffassung, seine Landeskinder sollten Schulen in Y besuchen und verweigert eine entsprechende Kostenerstattung. Demgemäß gewährt das Land X seinen Privatschulen keine Zuschüsse für deren zahlreiche Schüler aus Y. Dies hat zur Folge, dass für sie die Schulgelder in einer Höhe festgesetzt werden müssen, die nur für begüterte Eltern erschwinglich sind. Der im Land Y wohnhafte Professor P, der demgemäß die Schulgelder für seine eine Privatschule in X besuchenden Kinder nicht mehr aufbringen kann, hält derartige Landeskinderklauseln für unzulässig. **Rn 221**

216 **Fall 23 – Deutschland-Fernsehen –:** Wie **Fall 14**, o. Rn 164; die SPD-regierten Länder fühlen sich durch das Vorgehen des Bundes bei der Gründung der „Deutschland-Fernsehen-GmbH" „überfahren"; sie machen geltend, die Bundesregierung habe sich nur mit den CDU-regierten Ländern abgestimmt, die übrigen Länder aber vor vollendete Tatsachen gestellt; sie habe auch im Übrigen die Länder einem faktischen Beitrittszwang ausgesetzt. **Rn 224**

217 **Fall 24 – Eros-TV –:** Durch Staatsvertrag haben die Bundesländer Grundsätze für die Verbreitung privater Fernsehprogramme über Kabelanlagen vereinbart. Hiernach soll ein Programm, das in *einem* Land nach dessen Rundfunkgesetzen zugelassen ist, in *allen* Ländern ohne weitere rechtliche Voraussetzungen verbreitet werden dürfen (sog. Herkunftslandprinzip). Durch Landesgesetz haben alle Bundesländer den Staatsvertrag ratifiziert.

Der private Fernsehveranstalter „Eros TV" hat im Land X eine rundfunkrechtliche Zulassung erhalten. Die Rundfunkanstalt des Landes Y untersagt die Verbreitung im Land Y, da das Programm von Eros TV gegen rundfunkrechtliche Grundsätze verstoße; es kommt zu einem Rechtsstreit, in dessen Verlauf letztlich das Landesverfassungsgericht Y das Zustimmungsgesetz des Landes Y zum Rundfunkstaatsvertrag für nichtig erklärt. **Rn 222**

Das Land X ist der Auffassung, das Land Y müsse sich an den Staatsvertrag halten; die E. des Landesverfassungsgerichts dürfte nicht dazu führen, dass das Land sich seinen staatsvertraglichen Bindungen entziehe.

1. Verfassungssystematischer Standort und grundsätzliche Bedeutung

218 Das Grundgesetz verteilt die staatlichen Kompetenzen zwischen Bund und Ländern zur Wahrnehmung in eigener Verantwortung. Unterschiede in der Gesetzgebung und Verwaltungspraxis werden damit bewusst in Kauf genommen. Andererseits können die Beteiligten im Bundesstaatsverhältnis, also Bund und Länder, bei der Ausübung ihrer Kompetenzen Belange der jeweils anderen Beteiligten – aber auch

der Bürger – berühren, wie die Problematik der Hochschulzugangsberechtigung beispielhaft belegt. Bund und Länder dürfen daher ihre Kompetenzen nicht ohne die gebotene und ihnen zumutbare Rücksicht auf das Gesamtinteresse des Bundesstaats und auf die Belange der Länder wahrnehmen (BVerfGE 81, 310, 337 f; 92, 203, 230 ff). Diese **Verpflichtung zu wechselseitiger Rücksichtnahme im Rahmen der bundesstaatlichen Ordnung des Grundgesetzes** ist Inhalt des Gebotes der „Bundestreue" oder des „bundesfreundlichen Verhaltens". Es gilt für die Länder untereinander und in ihrem Verhältnis zum Bund, aber auch umgekehrt im Verhältnis des Bundes zu den Ländern und wird als ungeschriebener Verfassungsgrundsatz unmittelbar aus dem Bundesstaatsprinzip abgeleitet.

Es handelt sich also um eine (ungeschriebene) *Generalklausel*, etwa vergleichbar (bei aller methodischen Problematik derartiger Vergleiche zwischen unterschiedlichen Rechtsgebieten) dem Grundsatz von „*Treu und Glauben*" als einem allgemeinen Rechtsgrundsatz. Ähnlich wie dieser allgemeine Rechtsgrundsatz, erschließt sich das Gebot der Bundestreue in seiner konkreten Bedeutung aus bestimmten **Fallgruppen**, die sich insbesondere in der Rechtsprechung herausgebildet haben. Es ist in der Regel nicht unmittelbar und selbstständig zur Beantwortung verfassungsrechtlicher Fragestellungen heranzuziehen, sondern meist erst in Ergänzung und ggf in Korrektur der zunächst aus der positiven föderalistischen Ordnung des Grundgesetzes ermittelten Ergebnisse. **219**

2. Einzelne Folgerungen

a) Kompetenzschranken

In erster Linie wirkt das Gebot bundesfreundlichen Verhaltens als **Kompetenzschranke**. Auch dort, wo Bund bzw Länder jeweils ihre Kompetenzen wahrnehmen, dürfen sie dies nicht ohne Rücksicht auf die anderen Beteiligten im Bundesstaat tun. Dies betrifft die **Gesetzgebung**. Hier wurden zB **vor** Einfügung des **Art. 74a** in das GG Bund und Länder als verpflichtet gesehen, bei Besoldungsregelungen ein zu starkes Gefälle zu vermeiden, das andere Dienstherren in Zugzwang bringen konnte; umgekehrt muss **nach** Einführung des Art. 74a der jetzt zuständige Bund von seiner Besoldungskompetenz in einer Weise Gebrauch machen, die die Länder nicht hindert, Reformen vorzunehmen (s.o. Rn 94 sowie *Degenhart*, BonnK, Art. 74a Rn 23 ff). Bund und Länder sind gehalten, in gegenseitiger Rücksichtnahme bei der Kompetenzausübung widersprüchliche Regelungen zulasten des Bürgers zu vermeiden (vgl BVerfGE 98, 106 – dazu Rn 356 f sowie BVerfGE 98, 265, dazu Rn 145). **220**

Lösung Fall 21 – 13. Schuljahr –: Hier sind die Länder im Rahmen ihrer Gesetzgebungskompetenz für das Hochschulwesen tätig geworden. Grundsätzlich sind sie hierbei ermächtigt, eigenständige Regelungen in Abweichung von anderen Bundesländern oder in Abweichung von bundesgesetzlichen Regelungen zu erlassen. Sie müssen hierbei jedoch die gebotene Rücksichtnahme auf diese wahren. Daran besteht hier Zweifel. Das Land A hat keine Rücksicht auf diejenigen Länder genommen, die eine zwölfjährige Schulbildung vorsehen und deren Regelung praktisch entwertet.

Dies ist besonders gravierend, weil auch Belange der Bürger betroffen sind, insbesondere grundrechtlich geschützte Belange: es geht um das Grundrecht auf freie Wahl der Ausbildungsstätte, Art. 12 Abs. 1 GG. Dieses Grundrecht gilt bundesweit, also auch in Sachverhalten, die über Ländergrenzen hinausreichen, denn der Bürger hat das Recht, dieses Grundrecht in *allen* Bundesländern wahrzunehmen. Das Gebot bundesfreundlichen Verhaltens besteht auch im Interesse der Bürger (vgl zur NC-Problematik BVerfGE 33, 303, 352).

221 „**Landeskinderklauseln**" – sei es in Form von Privilegien für eigene oder von Nachteilen für „fremde" Landeskinder, begegnen daher stets Bedenken.

Lösung Fall 22 – Gastschüler –: Aus Art. 7 Abs. 4 GG wird eine grundsätzliche staatliche Finanzgewährleistungspflicht für Ersatzschulen in freier Trägerschaft abgeleitet (BVerfGE 90, 107, 114 ff); dies bedeutet für die Schulträger einen Anspruch auf Gleichbehandlung, während für die Schüler bzw deren Eltern ein Recht auf freie Schulwahl aus Art. 7 Abs. 4 iVm Art. 6 Abs. 2 GG herzuleiten ist, von dem hier auf Grund finanzieller Barrieren Schüler bzw Eltern aus angrenzenden Ländern nicht Gebrauch machen können. Es liegt also ein typischer Fall der Grundrechtsausübung in länderübergreifenden Sachverhalten vor. Dem müssen die hier beteiligten Länder X und Y Rechnung tragen; sie müssen gemeinsam dafür Sorge tragen, dass die betroffenen Bürger hier ihre Grundrechte wahrnehmen können, etwa im Wege entsprechender Vereinbarungen.

Gegen diese Verpflichtung haben die Länder X und Y hier verstoßen; diesen Verfassungsverstoß kann P im Rahmen der Verletzung seiner Grundrechte aus Art. 6 Abs. 2 iVm Art. 7 Abs. 4 GG geltend machen (vgl *Jach*, DÖV 1995, 925 ff).

222 Besondere Bedeutung erlangt das Gebot der Bundestreue als Kompetenzbindung auch im **Rundfunkwesen**; hier ist eine Kooperation der Länder erforderlich, da Veranstalter von bundesweiten Programmen sich nicht nach einem Bündel unterschiedlicher landesgesetzlicher Regelungen richten können, BVerfGE 73, 118, 197. Das Gebot der Bundestreue gilt gleichermaßen beim Gesetzesvollzug, auch wenn dieser eigene Angelegenheit der Länder (Rn 168) ist (BVerfGE 78, 1, 76 f).

Lösung Fall 24 – Eros-TV –: Verpflichtung des Landes Y, das Programm von Eros TV zur Verbreitung zuzulassen?

1. Mögliche Grundlage: Staatsvertrag (Rn 155 f) – Verpflichtung zum Erlass und zur Anwendung entsprechender Gesetze in Erfüllung des Vertrags.

2. Land Y hat entsprechendes Gesetz erlassen, dieses ist jedoch nach der E. des Landesverfassungsgerichtes nichtig wegen Verstoßes gegen die Verf.

3. *Bedeutung eines Verstoßes gegen die Landesverfassung:* Land *intern* verpflichtet, Gesetz nicht anzuwenden, damit aber auch grundsätzlich im Außenverhältnis zu den anderen Ländern nicht gebunden: staatliche Bindungen können nur im Einklang mit der Verfassung eingegangen werden; die jeweilige Landesverfassung steht nicht zur Disposition der Vertragsparteien; s. näher Rn 156, dort auch zum Unterschied zum Völkerrecht.

4. Aus der bundesstaatlichen Kompetenzordnung folgt also zunächst, dass das Land Y das Gesetz nicht anzuwenden braucht (und nach seiner Verfassung nicht anwenden *darf*), folgt also die Freistellung von der vertraglichen Verpflichtung.

Nachdem dieses Ergebnis zunächst feststeht, kann nunmehr eine mögliche Korrektur erwogen werden: die Aussetzung des Vertrags muss eine erhebliche Störung des ausdifferenzierten bundesweiten Verteilungssystems bewirken, die Interessen der anderen Länder erheblich beeinträchtigen. Hierauf Rücksicht zu nehmen, hat das BVerwG in anderem Zusammenhang (NJW 1977, 66) die Länder nach dem Grundsatz bundesfreundlichen Verhaltens verpflichtet:

„Dieser Grundsatz verpflichtet jedes Land, bei der Inanspruchnahme seiner Rechte die gebotene Rücksicht auf die Interessen der anderen Länder und des Bundes zu nehmen und nicht auf Durchsetzung rechtlich eingeräumter Positionen zu dringen, die elementare Interessen eines anderen Landes schwerwiegend beeinträchtigen."

Dass es hier um „elementare" Interessen des Landes X gehe, dürfte allerdings kaum zu begründen sein.

b) Verfahrenspflichten

Darüber hinaus bestimmt der Grundsatz des bundesfreundlichen Verhaltens, so grundlegend BVerfGE 12, 205, 254 ff, allgemein das „**procedere**" im Verhältnis von Bund und Ländern (BVerfGE 12, 255), die Art und Weise ihres Vorgehens in Fragen von gesamtstaatlichem Interesse. Dies bedeutet, dass der Bund in Angelegenheiten, die auch die Länder betreffen, sich mit allen beteiligten Ländern abstimmen muss; das Bundesverfassungsgericht spricht hier von einem „Anspruch auf gleiche Behandlung". Wenn allerdings der Bund sich erfolglos um eine Einigung mit allen Bundesländern bemüht hat, darf er die Einigung mit den ihm politisch „nahe stehenden" Ländern suchen (BVerfGE 86, 148). Von einem grundsätzlichen Anspruch der Länder auf „**föderative Gleichbehandlung**" gehen auch die Urteile des Bundesverfassungsgerichts zum Finanzausgleich aus; dazu s. vorstehend Rn 202. **223**

Im Bereich der **Auftragsverwaltung** verpflichtet Bundestreue den Bund, vor Erteilung von Weisungen die Länder zu hören und die Verständigung mit ihnen zu suchen (BVerfGE 81, 310, 337 f – s. auch o. Rn 174). Aus dem Gebot der Bundestreue wurden auch **Auskunftsansprüche** eines Landes gegen ein angrenzendes Bundesland über Sicherheitsvorkehrungen bei einem Kernkraftwerk in Grenznähe abgeleitet – auch dies ein Aspekt von Verfahrenspflichten im Umgang miteinander (vgl *Steinberg*, NJW 1987, 2345).

Lösung Fall 23 – Deutschland-Fernsehen –: **224**

I. Die *fehlende Kompetenz* des Bundes wurde bereits bejaht.

II. Verstoß gegen den *Grundsatz bundesfreundlichen Verhaltens* durch Vorgehen des Bundes bei Gründung der GmbH:

1. Grundsatz der Gleichbehandlung der Länder verletzt, da Abstimmung nur mit CDU-regierten Ländern gesucht;

2. Keine hinreichende Abstimmung, da trotz offener Fragen Gründung der Deutschland-Fernsehen-GmbH, dadurch faktischer Beitrittszwang.

III. Im übrigen Verstoß gegen Art. 5 GG, auch hierdurch Recht der Länder verletzt, da Rundfunkordnung auch für Bund-Länder-Verhältnis von entscheidender Bedeutung.

Zur prozessualen Seite des Falls s. Anhang II zu § 9, Rn 666.

224a Der Grundsatz der Bundestreue ist **akzessorischer** Natur: er kann nicht selbstständig Rechte und Pflichten begründen.

So kann Bundestreue nicht als Anspruchsgrundlage für Schadensersatzpflichten im Bund-Länder-Verhältnis herangezogen werden, wenn der Bund wegen Verletzung von EG-Recht durch die Länder in Anspruch genommen wird – nach außen haftet der Bund – und dann bei diesen Regress nehmen will (vgl *Dederer*, NVwZ 2001, 258). Die Bundestreue lieferte auch keine Anspruchsgrundlage für die Länder, als diese sich wegen ihrer Steuerausfälle auf Grund der UMTS-Versteigerung beim Bund schadlos halten wollten – obschon das Verhalten des Bundes durchaus nicht „länderfreundlich" war: Einnahmen beim Bund von DM 100 Mrd. standen Steuerausfälle in Höhe von annähernd DM 40 Mrd. gegenüber, diese aber waren zur Hälfte von den Ländern zu tragen. Doch fielen diese Beträge mangels positiver Regelung nicht in die Masse des Finanzausgleichs; eine eigenständige Anspruchsgrundlage ergab sich aus dem Prinzip der Bundstreue nicht; BVerfGE 105, 185.

224b Eine Anspruchsgrundlage im Bund-Länder-Verhältnis enthält jedoch Art. 104a Abs. 5 S. 1 GG, wonach diese im Verhältnis zueinander für eine ordnungsgemäße Verwaltung haften. Wenn zB im Rahmen der Auftragsverwaltung der Bund das Land zu einem rechtswidrigen Handeln anweist, und das Land deshalb gegenüber Dritten ersatzpflichtig wird, kann dies einen Regress des Bundes begründen. Bedeutsam wird die Haftungsregelung auch dann, wenn ein Land gegen Gemeinschaftsrecht verstößt und gegen die Bundesrepublik, die nach außen für die Einhaltung gemeinschaftsrechtlicher Bindungen verantwortlich ist, ein Vertragsverletzungsverfahren eingeleitet wird. Für die verspätete Umsetzung von Richtlinien der EG durch den Landesgesetzgeber gilt dies allerdings nicht: Art. 104a Abs. 5 S. 1 GG betrifft nur die ordnungsgemäße „Verwaltung" (näher *Schwenke*, NVwZ 2003, 1430 und *Koenig/Braun*, NJ 2004, 97; zu einem Anwendungsfall s. BVerfG NVwZ 2000, 468 = JuS 2004, 434, Bearb. durch *Sachs*).

225 **Zusammenfassend** bedeutet **Bundestreue** also die Verpflichtung zur **Zusammenarbeit, Abstimmung, Koordination,** gegenseitiger **Information und Rücksichtnahme**, das insbesondere bei Ausübung an sich gegebener **Kompetenzen** zu beachten ist, hier *im Einzelfall* als **Kompetenzschranke** wirken kann, generell das „*Prozedere*" zwischen den Beteiligten bestimmt.

Methodisch bedeutet dies, dass zunächst die sich aus der positiven Kompetenzordnung ergebenden Befugnisse zu ermitteln sind, erst dann eine mögliche Modifikation dieses Ergebnisses als Ausnahme in Betracht kommt, **Fall 24**; im Übrigen ist stets vorrangig nach einer positiven Regelung des bundesstaatlichen Konflikts zu suchen (zB die Regelung des Finanzausgleichs in Art. 107 GG, der Amtshilfe in Art. 35 GG). Auf Grundrechte der betroffenen Bürger ist jedoch in besonderer Weise Rücksicht zu nehmen (Rn 222).

Vergleichbar dem Grundsatz der Bundestreue im Verhältnis von Bund und Ländern ist der der **Gemeinschaftstreue** im Verhältnis zwischen der EG und ihren Mitgliedstaaten, für den Art. 10 EGV eine ausdrückliche Regelung enthält. So müssen zB die Mitgliedstaaten dafür sorgen, dass innerstaatliche Hindernisse für die Durchsetzung von Gemeinschaftsrecht aus dem Wege geräumt werden (vgl *Zuleeg*, NJW 2000, 2846, 2847). **225a**

Schrifttum zu VI.: *Stern I,* § 19 III 4; *Bauer*, Die Bundestreue, 1992.

VII. Vertragsschlusskompetenzen im Bundesstaat, Art. 32, 59 GG

Auswärtige Beziehungen sind im Bundesstaat des Grundgesetzes im Prinzip Sache des Bundes. Dies gilt insbesondere für den Abschluss völkerrechtlicher Verträge. Wie Zuständigkeiten und Verfahren hierfür im einzelnen geregelt sind und welche Rechte die Länder dabei haben, ist Gegenstand des folgenden Abschnitts.

➡ **Leitentscheidung:** BVerfGE 90, 286 (Adria-Einsatz der Bundeswehr).

Fall 25 – Kulturabkommen –: Die Bundesrepublik Deutschland schließt mit der Französischen Republik einen als „Kulturabkommen" bezeichneten Vertrag, in dem sich die Bundesrepublik insbesondere verpflichtet, Französisch als Unterrichtssprache in weiterführenden Schulen stärker zu berücksichtigen, sowie an deutschen Universitäten zusätzliche Lehrstühle für französische Sprache und Geschichte einzurichten. **226**

Auf Grund dieses Vertrags ergeht ein Bundesgesetz, das die Länder zu entsprechenden Maßnahmen verpflichtet.

a) Durfte die Bundesrepublik den Vertrag abschließen?
b) Durfte der Bund das Gesetz erlassen?
c) Sind ggf die Länder verpflichtet, durch eigene Maßnahmen den Vertrag durchzuführen? **Rn 228, 232**

1. Völkerrechtliche Verträge: Zuständigkeiten und Verfahren

Die Pflege der auswärtigen Beziehungen ist Sache des Bundes, Art. 32 Abs. 1 GG. **227**
Dazu zählt auch der Abschluss völkerrechtlicher Verträge. Die Länder haben nur eine eingeschränkte Vertragsschlusskompetenz nach Abs. 3 für Sachgebiete, für die sie die Gesetzgebungskompetenz haben und bedürfen auch dann der Zustimmung der Bundesregierung; dass sie Partei völkerrechtlicher Verträge sein können, folgt jedoch aus ihrer Staatsqualität.

Art. 32 GG regelt die bundesstaatliche Kompetenzfragen, die **Verbandskompetenz. Die Organkompetenz**, die Frage also, welches staatliche Organ dann zum Vertragsschluss berechtigt ist, regelt für den Bund Art. 59 GG. Hiernach gilt: zum Vertragsschluss ist nach Abs. 1 grundsätzlich der Bundespräsident befugt (der allerdings nicht die Vertragsverhandlungen führt – die Ausgestaltung der Verträge ist Sache der Bundesregierung). Für bestimmte Verträge ist jedoch nach Abs. 2 die **Zustimmung des Bundesgesetzgebers** erforderlich: Verträge, die die politischen

Beziehungen des Bundes regeln und Verträge, die sich auf Gegenstände der Bundesgesetzgebung beziehen.

Derartige Verträge bedürfen nach Vertragsunterzeichnung zu ihrer Annahme eines entsprechenden Gesetzes; erst mit dem Austausch der Urkunden über die Annahme des Vertrags wird dieser bindend; ist ein Vertragsgesetz nicht erforderlich, so ist die Zustimmungserklärung des Bundespräsidenten – die Ratifikation (vgl *Geiger*, Grundgesetz und Völkerrecht, 3. Aufl. 2002, S. 95) – für den Eintritt der Bindungswirkung ausreichend, es sind dann die Ratifikationsurkunden auszutauschen (näher zum Verfahren *Geiger*, aaO, §§ 20 und 27; *Schweitzer*, Rn 102 ff).

2. Völkerrechtliche Verträge zu Gegenständen der Landesgesetzgebung: Vertragsschluss- und Transformationsgesetz

228 „**Politische**" Verträge in diesem Sinn sind Verträge, die von wesentlicher Bedeutung für die Bundesrepublik sind, ihre Stellung in der Staatengemeinschaft regeln (zB Bündnisverträge). Auf Gegenstände der **Bundesgesetzgebung** beziehen sich Verträge, wenn sie innerstaatlich nur durch Gesetz zur Geltung gebracht werden können – Verträge etwa, die Rechte und Pflichten der Bürger begründen sollen. Derartige Verträge bedürfen der **Transformation** in innerstaatliches Recht durch Gesetz. Wenn zB in einem Vertrag gegenseitige Freizügigkeit vereinbart wird und hierzu entsprechende ausländerrechtliche Bestimmungen erlassen werden müssen, bezieht der Vertrag sich auf einen Gegenstand der Bundesgesetzgebung. Aber auch dann, wenn die im Vertrag übernommenen Pflichten den Erlass eines Landesgesetzes bedingen – zB ein Vertrag, der den Angehörigen der Vertragsstaaten den Hochschulzugang ermöglichen soll und deshalb im Wege der Hochschulgesetzgebung der Länder zu vollziehen ist – kommt Art. 59 Abs. 2 GG zur Anwendung – sie bedürfen, *im Verhältnis zum Vertragspartner* gesehen, der Transformation durch ein *Gesetz der Bundesrepublik Deutschland*, auch wenn es sich hierbei, *innerstaatlich* gesehen, um ein *Landesgesetz* handelt.

Im **Fall 25** ist fraglich, ob das Kulturabkommen eines derartigen Vertragsgesetzes bedarf, oder ob es sich hier um ein Verwaltungsabkommen handelt (dafür *Geiger*, Grundgesetz und Völkerrecht, 2. Aufl. 1994, S. 135). Zumindest im Hinblick auf einen Wesentlichkeitsvorbehalt im Schulwesen (Rn 334, 339) dürfte aber die Notwendigkeit eines Gesetzes zu bejahen sein (aM *Geiger* aaO).

229 In derartigen Fällen, wenn der Bund Verträge schließt, die nur durch Landesgesetz transformiert werden können – weil sie Gegenstände einer ausschließlichen Landeskompetenz betreffen – ist fraglich, wer das Transformationsgesetz erlassen soll, wer also die **Transformationskompetenz** hat: Bund oder Land. Hierfür wurden unterschiedliche Lösungen vorgeschlagen. Allerdings: dem Bund bereits die Vertragsschlusskompetenz zu entziehen, wird schon durch den Wortlaut des Art. 32 Abs. 1 GG ausgeschlossen, wonach die „auswärtigen Beziehungen" ohne Einschränkung

Sache des Bundes sind. Abs. 3 macht zudem deutlich, dass den Ländern neben dem Bund nur eine zusätzliche, ergänzende Zuständigkeit eingeräumt werden sollte. Hinzu kommen teleologische Gesichtspunkte (*Friehe*, JA 1983, 121): auswärtige Staaten sind in aller Regel darauf ausgerichtet, Vertragsverhandlungen in erster Linie mit dem Gesamtstaat zu führen, dies entspricht allgemeiner internationaler Übung.

Auch die Transformationskompetenz dem Bund zuzuschlagen, stünde im Widerspruch zur differenzierten Kompetenzordnung der Art. 70 ff GG. Es verbleibt damit im Bereich ausschließlicher Gesetzgebungszuständigkeit der Länder bei der Vertragsschlusskompetenz des Bundes, der Transformationskompetenz der Länder.

Dies bedeutet im Ergebnis: Der Bund schließt den Vertrag. Dem Bund obliegt auch **230** die Ratifikation durch das Vertragsgesetz – also das Gesetz, das die Zustimmung von Bundestag und Bundesrat zum Vertragsschluss erklärt. Dass das **Vertragsgesetz** vom Bund zu erlassen ist, folgt aus dem hierin eindeutigen Wortlaut des Art. 59 Abs. 2 GG: „*in der Form eines Bundesgesetzes*". Dieses Vertragsgesetz kann den Vertrag aber nicht in innerstaatliches Recht transformieren: der Bund hat keine Transformationskompetenz. Diese liegt bei den Ländern. Sie erlassen also die Transformationsgesetze – sind hierzu allerdings nicht ohne weiteres verpflichtet.

In der **Praxis** wird auf Grund des sog. „**Lindauer Abkommens**" zwischen Bund und Län- **231** dern ersterem die **Abschlusskompetenz** auch für Gebiete der ausschließlichen Landesgesetzgebung konzediert; der Bund holt jedoch zunächst das Einverständnis der Länder ein; auf der Grundlage einer solchen Einverständniserklärung kann dann eine Verpflichtung des Landes zur Transformation des Vertrages in Landesrecht kraft der Verpflichtung zur *Bundestreue* angenommen werden (so *Stern* I, § 19 III 3e; zu Einzelheiten *Schweitzer*, Rn 126; *Friehe*, JA 1983, 123 f; *Papier*, DÖV 2003, 265 ff); hier bietet die Einverständniserklärung den Ansatzpunkt für die Annahme rechtlicher Bindungen aus dem Gebot der Bundestreue. – Auch dies ist nicht ganz unproblematisch, da hier die Landes*regierung* im Ergebnis über Gegenstände der Landes*gesetzgebung* verfügt.

Lösung Fall 25 – Kulturabkommen –:

a) Vertragsabschlusskompetenz des Bundes trotz Gesetzgebungskompetenz der Länder;

b) hieraus aber keine Gesetzgebungskompetenz des Bundes zur Durchführung des Vertrags;

c) keine selbstständige Verpflichtung der Länder, den Vertrag ihrerseits durch Gesetzgebung und Verwaltung zu erfüllen, insbesondere nicht aus dem Gebot der Bundestreue.

Schrifttum zu VII.: *Friehe*, Kleines Problemkompendium zum Thema „Kulturabkommen des Bundes", JA 1983, 117; *Geiger*, Grundgesetz und Völkerrecht, 2. Aufl. 1994, §§ 20 und 27; *Schweitzer*, 4 VI.

§ 3 Das rechtsstaatliche Prinzip des Grundgesetzes

I. Das Rechtsstaatsprinzip im Grundgesetz – Struktur und grundsätzliche Bedeutung

233 Zentralbegriff des Staatsrechts ist der **Rechtsstaat** als der Staat, in dem die **Ausübung staatlicher Macht** umfassend **rechtlich gebunden** ist. Rechtsstaatlichkeit in diesem Sinn ist **grundlegendes Ordnungsprinzip** des Grundgesetzes. *Ausdrücklich* in Art. 28 Abs. 1 S. 1 GG im Rahmen der bundesstaatlichen **Homogenitätsklausel** als Strukturprinzip für die Verfassungsordnung *auch* der Länder genannt, wird das Rechtsstaatsprinzip vorrangig als in Art. 20 Abs. 3 GG verankert gesehen (vgl BVerfGE 35, 41, 47; 39, 128, 143; zur grundgesetzlichen Ableitung ie *Stern* I, § 20 III). Mit der Bindung von *Verwaltung* und *Rechtsprechung* an *„Gesetz und Recht"*, mit der Bindung auch der *Gesetzgebung* an die *„verfassungsmäßige Ordnung"* wird jedenfalls ein Grundanliegen der Rechtsstaatlichkeit verwirklicht, die rechtliche Bindung der Staatsgewalt. Auch **Art. 1 Abs. 3 GG** ist in diesem Zusammenhang zu nennen, der die unmittelbare Bindung aller staatlichen Gewalt, auch der Gesetzgebung, an materielle **Grundrechte** festlegt; wie auch **Art. 20 Abs. 2 GG**, der den Grundsatz der **Gewaltenteilung** enthält. *Welche* Grundgesetzbestimmung nun im Einzelnen *sedes materiae* ist, kann letztlich dahinstehen, wenngleich mE **Art. 20 Abs. 3 GG** den Grundgedanken der Rechtsstaatlichkeit durchaus zum Ausdruck bringt. Jedenfalls aber erschließt sich das Rechtsstaatsprinzip aus einer Zusammenschau der genannten Bestimmungen und aus der **Gesamtkonzeption des Grundgesetzes** (*Stern,* aaO).

234 In Art. 1 Abs. 3 GG mit seiner Verpflichtung aller öffentlichen Gewalt auf bestimmte Grundrechte wird, wie auch in der Bindung der Gesetzgebung an die verfassungsmäßige Ordnung in Art. 20 Abs. 3 GG, der **materielle** Gehalt des Rechtsstaatsbegriffs nach dem Grundgesetz deutlich. Nicht nur die Gesetzmäßigkeit staatlichen Handelns ist gefordert; die Rechtsordnung selbst muss bestimmten materiellen Grundanforderungen genügen. Wie die *demokratische Ordnung* des Grundgesetzes in *materieller Determiniertheit* zu sehen ist, so gilt dies auch für dessen **Rechtsstaatsbegriff**, der damit in Abgrenzung zum **nur formellen** Rechtsstaatsbegriff zu sehen ist.

235 Dieser entwickelte sich im 19. Jahrhundert – Schwerpunkt waren **Gesetzmäßigkeit der Verwaltung, Unabhängigkeit der Gerichte** und **Gewaltenteilung**. So wurde der *bürgerlich-liberale Rechtsstaat* entscheidendes Instrument zur Begrenzung der absoluten Macht des Souveräns. Auch der formelle Rechtsstaat im Sinn des Konstitutionalismus verfolgte ein durchaus materielles Anliegen, die Herstellung und Sicherung bürgerlicher **Freiheit**, durch ein System formaler Sicherungen und Garantien (neben den genannten Prinzipien vor allem der Vorbehalt des Gesetzes für Eingriffe in Freiheit und Eigentum und das Budgetrecht und Steuerbewilligungsrecht des Parlaments). Solange im wesentlichen Konsens bürgerliche Freiheit und Gleichheit bestand, konnte dem der formale Rechtsstaat noch genügen. Er konnte jedoch, als dieser Konsens entfallen war, vom **totalitären NS-Staat** zu seinen Zwecken missbraucht werden: der Rechtsstaat wurde zum bloßen *„Gesetzesstaat"*, in dem das

Gesetz jeden beliebigen Inhalt annehmen konnte, auch den materiellen Unrechts (vgl auch *Stern* I, § 20 I 3).

Auch als Reaktion hierauf ist die Hinwendung des Grundgesetzes zum *auch* **materiellen** Rechtsstaat zu sehen. In einer sehr starken **Verfassungsgerichtsbarkeit** (und auch Verwaltungsgerichtsbarkeit) wird eine entscheidende Garantie für die Wahrung materieller Rechtsstaatlichkeit gesehen. Formelle und materielle Elemente greifen also im Rechtsstaat des Grundgesetzes ineinander; **Form** und **Inhalt** sind hier eine *„untrennbare Synthese"* (*Stern* I, § 20 I 3b) eingegangen. 236

Doch darf freilich dies nicht verkannt werden: auch der umfassend materiell eingebundene Rechtsstaat bedarf des Grundkonsenses über sein zentrales Anliegen der Freiheitssicherung, wenn er Belastungsproben bestehen soll.

In **materieller** Hinsicht konkretisiert sich das Rechtsstaatsprinzip vor allem in den **Grundrechten**, an die auch der **Gesetzgeber unmittelbar gebunden** ist, Art. 1 Abs. 3 und Art. 20 Abs. 3 GG. 237

Damit wird ein grundsätzlich **staatsfreier** Bereich **individueller** Freiheit anerkannt, in Abgrenzung und Trennung der Sphären von Bürger und Staat. Das Rechtsstaatsprinzip des Grundgesetzes ist damit festgelegt auf eine **freiheitliche Verfassung**. Es ist deutlich ausgerichtet auf die Begrenzung, die **Mäßigung** staatlicher Gewalt („Mäßigung und rechtliche Bindung aller staatlichen Machtausübung" – *Scheuner*).

Diese materiellen Schranken für staatliches Handeln werden ergänzt durch allgemeinere Verfassungsgrundsätze, die sowohl den sachlichen Gehalt staatlicher Maßnahmen bestimmen, als auch die Art und Weise staatlichen Vorgehens. Derartige **allgemein-rechtsstaatliche Grundsätze** sind vor allem das Gebot der **Rechtssicherheit**, der **Rechtsklarheit**, damit im Zusammenhang Erfordernisse der **Berechenbarkeit** staatlichen Handelns, der **Voraussehbarkeit**, aber auch des **Vertrauensschutzes**; schließlich das grundsätzliche Erfordernis der **Verhältnismäßigkeit** staatlicher Maßnahmen.

Materielle Rechtsstaatlichkeit wird im Grundgesetz **verfahrensmäßig-organisatorisch** verwirklicht durch den Grundsatz der **Gewaltenteilung** als organisatorisches Grundprinzip der Verfassung; damit im Zusammenhang durch **Vorrang und Vorbehalt des Gesetzes**, Rechtsgebundenheit der Verwaltung sowie durch umfassenden **Gerichtsschutz** gegen Akte der öffentlichen Gewalt (Art. 19 Abs. 4 GG), durch die Existenz einer **Verfassungsgerichtsbarkeit** zur Gewährleistung der Verfassungsmäßigkeit staatlichen, insbesondere auch gesetzgeberischen Handelns. 238

Schrifttum zu I.: *Hesse*, § 6 I, II 1, 2; *Maunz/Zippelius*, § 12; *Stern* I, § 20, I-III; *Scheuner*, Die neuere Entwicklung des Rechtsstaats in Deutschland, in: Staatstheorie und Staatsrecht, gesammelte Schriften, 1978, S. 185; *Kunig*, Das Rechtsstaatsprinzip, 1986.

II. Das Rechtsstaatsprinzip im Grundgesetz: Gewaltenteilung

Der Grundsatz der Gewaltenteilung bezeichnet eine der zentralen Errungenschaften des freiheitlichen Rechtsstaates. In der Ordnung des Grundgesetzes bestehen freilich zahlreiche Gewaltenverschränkungen und -balancierungen. Probleme, die sich aus der Funktionsabgrenzung zwischen Legislative, Exekutive und Judikative ergeben, sind im folgenden zu erörtern.

➡ **Leitentscheidungen:** BVerfGE 34, 269 (Soraya); BVerfGE 95, 1 (Investitionsmaßnahmen – Südumfahrung Stendal).

239 **Fall 26 – Investitionsmaßnahmegesetz –:** Durch ein Investitionsmaßnahmengesetz des Bundes wurde über einen Abschnitt der Eisenbahn-Neubaustrecke Hannover-Berlin (Südumfahrung Stendal) unmittelbar entschieden, in der Weise, dass mit In-Kraft-Treten des Gesetzes die Errichtung dieses Abschnitts planungsrechtlich genehmigt war. Auf diese Weise sollten Verzögerungen durch ein behördliches Planfeststellungsverfahren und ein sich anschließendes Verwaltungsstreitverfahren vermieden werden. Einige Betroffene halten ein derartiges anlagenbezogenes Planungsgesetz für verfassungswidrig; die Anlagengenehmigung bzw anlagenbezogene Planung müsse Sache der Verwaltung sein. **Rn 251**

240 **Fall 27 – Vorbeugende Unterlassungsklage –:** Reporter Roland ist Lokalberichterstatter einer Tageszeitung. Regelmäßig berichtet er über die Verwicklung örtlicher Politiker in dubiose Machenschaften; ebenso regelmäßig wird daraufhin durch die Polizei sein Redaktionsbüro durchsucht. R klagt vor dem Verwaltungsgericht auf Feststellung der Rechtswidrigkeit dieser Maßnahmen, verbunden mit dem Antrag, das VG möge den Klagegegner dazu verpflichten, derartige Maßnahmen künftig zu unterlassen. **Rn 254**

241 **Fall 28 – Ladendiebstähle –:** Ein Gesetz zur Neuregelung der Verfolgung der Bagatellkriminalität sieht vor, dass Ladendiebstähle bis zu einer Wertgrenze von € 50,– künftig als Ordnungswidrigkeit durch die Ordnungsbehörden verfolgt werden sollen. **Rn 249, 255**

242 **Fall 29 – Parteispendensünder –:** Nach Bekanntwerden unzulässiger Praktiken in der Parteienfinanzierung werden zahlreiche staatsanwaltschaftliche Ermittlungsverfahren eingeleitet, ua wegen Vorteilsannahme und wegen steuerlicher Delikte. Nachdem in zahlreichen Fällen bereits das gerichtliche Hauptverfahren eröffnet wurde, legte die Bundesregierung einen Gesetzentwurf vor, der die Einstellung aller laufenden Verfahren vorsieht. Hiergegen werden verfassungsrechtliche Bedenken geltend gemacht, insbesondere im Hinblick auf einen unzulässigen Eingriff des Gesetzgebers in die Funktionen der Rechtsprechung. **Rn 256**

1. Gewaltenteilung im Grundgesetz

243 Nach Art. 20 Abs. 2 S. 2 GG erfolgt die Ausübung der **Staatsgewalt** durch besondere Organe der **gesetzgebenden Gewalt, der vollziehenden Gewalt** und der **Rechtsprechung**. Damit wird der Grundsatz der Gewaltenteilung festgelegt. Diese ist tragendes Organisationsprinzip des freiheitlichen Rechtsstaats und steht historisch gesehen am Anfang seiner Entwicklung. Dem Gewaltenteilungsgrundsatz liegt der Gedanke der Aufteilung der Staatsgewalt in unterschiedliche Staatsfunktionen zugrunde, um durch wechselseitige Kontrolle, Hemmung und Mäßigung der Teilgewalten („*checks and balances*") zur Begrenzung staatlicher Machtausübung, zu ihrer Berechenbarkeit, Kontrollierbarkeit und Verantwortlichkeit zu gelangen,

aber auch sicherzustellen, dass staatliche Funktionen bestmöglich wahrgenommen werden (vgl BVerfGE 95, 1).

Die Teilgewalten sind in der Ordnung des Grundgesetzes nicht strikt getrennt. Es bestehen zahlreiche Gewaltenverschränkungen organisatorisch, personell, aber auch funktional (wenn zB die Exekutive Rechtsetzungsfunktionen übernimmt). Doch darf keine der Teilgewalten einseitig ein Übergewicht erhalten, muss – so BVerfGE 95, 1 – der Kernbereich der Teilgewalten unangetastet bleiben (den insbesondere für die Exekutive zu definieren bisher nicht befriedigend gelungen ist).

2. Legislative, Exekutive, Judikative – die typischen Aufgaben

a) Legislative: Normsetzung als parlamentarische Gesetzgebung

In der parlamentarischen Demokratie, also auch der Demokratie des Grundgesetzes, **244**
liegt die gesetzgebende Gewalt beim Parlament – dieses ist also Träger der **Legislative**. Die Legislative ist damit die eigentliche „**Leitgewalt**" in der Demokratie (*Dreier*, in: Dreier, GG II, Art. 20 Rn 76 ff, 88 ff, 109 ff). Das Parlamentsgesetz muss daher Grundlage für die Ausübung staatlicher Gewalt sein. Dem Parlament als der Legislative obliegt also die **Normsetzung** in der Form der parlamentarischen **Gesetzgebung**.

Dabei gilt ein *formeller Gesetzesbegriff:* Gesetz ist die staatliche Anordnung, die von den für die Gesetzgebung zuständigen Organen, also dem Parlament (sowie weiteren zu beteiligenden Organen wie dem Bundesrat), in dem von der Verfassung hierfür vorgesehenen Verfahren und in der hierfür vorgesehenen Form erlassen wird. Durch Gesetz können auch konkrete Maßnahmen im Einzelfall bestimmt werden. Dies zeigt sich zB in Art. 14 Abs. 3 S. 2 GG: danach kann unmittelbar durch Gesetz eine Enteignung vorgenommen werden. *Näher*: Rn 263 ff.

Nicht um „Gesetzgebung" im Sinn des Grundgesetzes handelt es sich daher, wenn **245**
allgemein-verbindliche Anordnungen durch die Verwaltung (als Rechtsverordnung, u. Rn 271 ff) erlassen werden. Eine andere Frage ist, ob und unter welchen Voraussetzungen die Verwaltung derartige allgemein-verbindliche Rechtssätze erlassen kann; sie ist für das Grundgesetz in Art. 80 Abs. 1 GG ausdrücklich geregelt (dazu u. Rn 271 ff). Andererseits ergibt sich für Einzelfallregelungen in Gesetzesform eine ausdrückliche Schranke aus Art. 19 Abs. 1 S. 1 GG (dazu u. Rn 267).

Näher zum Gesetzesbegriff des Grundgesetzes s.u. III. 2, Rn 263 ff.

b) Exekutive: Gesetzesvollzug

Auch der Funktionsbereich der **vollziehenden Gewalt** wird im Grundgesetz nicht **246**
positiv bestimmt – ihre typische Aufgabe ist aber jedenfalls der Vollzug von Gesetzen.

Doch beschränkt sich ihre Tätigkeit nicht hierauf. Bereits bei der bundesstaatlichen Einordnung von Verwaltungsbefugnissen wurde unterschieden zwischen gesetzesakzessorischer und nicht-gesetzesakzessorischer Verwaltung (o. Rn 168, 172). Auch in letzterem Bereich aber hat die Verwaltung sich im Rahmen der Gesetze zu bewegen; ihre Stellung im System der Gewaltenteilung wird also bestimmt durch Vorrang und Vorbehalt des Gesetzes (dazu nachstehend Rn 310 ff).

Die Vielfältigkeit exekutiver Funktionen erschwert eine positive Begriffsbestimmung (hierzu ausführlich *Stern* II, § 41 I; *Wolff/Bachof/Stober* I, § 2; *Ehlers*, in: Erichsen, Allgemeines Verwaltungsrecht, 11. Aufl. 1998, § 1 I, V). Übereinstimmung besteht lediglich hinsichtlich einer **Negativdefinition:** Verwaltung als die Tätigkeit des Staates oder eines sonstigen Trägers öffentlicher Gewalt außerhalb von Rechtsetzung und Rechtsprechung (nach *Jellinek*).

Die Funktion der „*Regierung*" wird teilweise als besondere Staatsfunktion neben der der Verwaltung genannt (vgl *Hesse*, Rn 531 ff; – näher u. § 7 Rn 524 f). Sie ist jedenfalls Teil der vollziehenden Gewalt.

Zur vollziehenden Gewalt zählt auch die *militärische Verteidigung* (s. Rn 186).

c) Die Judikative

247 Funktionsmäßig und organisatorisch klar von den übrigen Teilgewalten geschieden ist die **Rechtsprechung** (*Stern* I, § 20 IV 5c, II, § 43 I 4). Dies bewirkt insbesondere der Richtervorbehalt des Art. 92 GG: *Rechtsprechende Gewalt* ist Richtern anvertraut, wird durch **Gerichte** – besondere, von der übrigen Staatsorganisation abgetrennte, mit Richtern besetzte Behörden (*Seifert/Hömig*, Art. 92, Rn 3) – ausgeübt. Die Stellung des Richters wird vor allem bestimmt durch dessen *sachliche* wie *persönliche Unabhängigkeit*, Art. 97 Abs. 1, 2 GG (hierzu etwa *Hesse*, Rn 554 f). Diese bereits organisatorisch herausgehobene Stellung der Gerichte im System der Gewaltenteilung wird im Verhältnis zum Bürger akzentuiert durch die sog. **Justizgrundrechte** der Art. 101 ff GG.

248 Verfassungsrechtlich bedeutsam wird der *Begriff* der Rechtsprechung im Hinblick auf den Richtervorbehalt des Art. 92 GG: Rechtsprechungsfunktionen sind von Gerichten im Sinn dieser Bestimmung wahrzunehmen. Dem Bereich der Rechtsprechung zuzurechnen sind jedenfalls deren *traditionelle Kernbereiche* wie bürgerliche Rechtsstreitigkeiten und Strafgerichtsbarkeit (BVerfGE 22, 73, 77 f); – auch hier erfolgt also die Auslegung von Kompetenzbegriffen in Rückgriff auf die „Tradition" der Materie (vgl o. Rn 122 f, 125). Rechtsprechung in diesem Sinn ist zwingend den Gerichten vorbehalten. Doch ist der Gesetzgeber grundsätzlich nicht gehindert, auch anderweitige Aufgaben – etwa im Bereich der freiwilligen Gerichtsbarkeit – den Richtern anzuvertrauen (BVerfGE 76, 100, 106).

Um den Begriff der rechtsprechenden Gewalt ging es im Streit um das Hessische **Wahlprüfungsgericht** (BVerfGE 103, 111, Rn 26 f).

Nach § 17 HessWahlprüfG sollte ein „Wahlprüfungsgericht" über eine Ungültigkeit der Wahl wegen Art. 78 Abs. 2 HessVerf (sittenwidrige Wahlbeeinflussung) entscheiden, seine Entscheidung sollte „Rechtskraft" haben. Damit wurde im materiellen Sinn „Rechtsprechung" ausgeübt: die verbindliche Feststellung dessen, was in einem konkreten Sachverhalt rechtens ist. Art. 92 GG ordnet jedoch an, dass „Rechtsprechung" in diesem Sinn nur von unabhängigen Gerichten ausgeübt werden darf. Daran fehlte es bei dem auch mit Abgeordneten besetzten Wahlprüfungsgericht: Niemand kann „Richter in eigener Sache" sein.

Lösung Fall 28 – Ladendiebstähle –: Hier ist zu verweisen auf den BVerfGE 22, 73 zugrundeliegenden Sachverhalt: Verhängung von Freiheits- und Geldstrafen als Sühne für kriminelles Unrecht ist den Gerichten vorbehalten (für Freiheitsstrafen greift zudem Art. 104 GG ein). Der Gesetzgeber kann jedoch für Tatbestände, die nicht als kriminell strafwürdig gelten – also außerhalb des „Kernbereichs" der Strafgerichtsbarkeit –, die Ahndung mit Bußgeld durch die *Verwaltungsbehörden* vorsehen. **249**

Die Zuweisung zum Bereich der Rechtsprechung kann weiterhin unmittelbar durch die Verfassung selbst vorgenommen werden. Dies gilt insbesondere für den durch Art. 19 Abs. 4 GG eröffneten und garantierten Rechtsschutz gegen Akte der öffentlichen Gewalt, also vor allem die Verwaltungsgerichtsbarkeit; dies gilt gleichermaßen auch für die Verfassungsgerichtsbarkeit (s. hierzu ie *Stern* II, § 43 I 4e). – Der Vorbehaltsbereich des Art. 92 GG zu Gunsten der Rechtsprechung kann damit materiell annähernd eingegrenzt werden. Eine erschöpfende Begriffsbestimmung wird damit noch nicht ermöglicht, erscheint für die Bestimmung des Garantiebereichs des Art. 92 GG, wie generell der Rechtsprechung im System der Gewaltenteilung, wohl auch verzichtbar. Verwiesen sei insoweit auf die Definition etwa von *Hesse*, Rn 548: Rechtsprechung ist hiernach „in ihrer Grundtypik charakterisiert durch die Aufgabe autoritiver und damit verbindlicher, verselbstständigter Entscheidung in Fällen bestrittenen oder verletzten Rechts in einem besonderen Verfahren", sie „dient ausschließlich der Wahrung und mit dieser der Konkretisierung und Fortbildung des Rechts" (*Hesse,* aaO).

3. Abgrenzungsprobleme, Kompetenzkonflikte

a) Legislative – Exekutive

Geht man im Grundsatz davon aus, dass jeder der Teilgewalten ihr typischer Funktionsbereich zu erhalten ist, so wäre es unzulässig, wenn der Gesetzgeber in breitem Umfang Verwaltungsfunktionen an sich ziehen würde. In Einzelfällen darf der Gesetzgeber aber konkret-einzelfallbezogene Entscheidungen treffen. Dies gilt insbesondere für Planungsentscheidungen, die vom Grundgesetz weder der Exekutive noch der Legislative eindeutig zugeordnet sind. Andererseits ist es die Exekutive, die für derartige Entscheidungen die erforderlichen Ressourcen besitzt, so dass – auch im Interesse des Bürgers – für den Zugriff des Gesetzgebers auf die Entscheidung über ein konkretes Vorhaben, sachliche Gründe sprechen müssen. Dies wird auch durch die Rechtsschutzgarantie des Art. 19 Abs. 4 GG gefordert, die im Verhältnis zum Gesetzgeber nicht in gleicher Weise greift, wie im Verhältnis zur Verwaltung. Schließlich ist auch die bundesstaatliche Kompetenzordnung zu beachten: Der Bundesgesetzgeber darf nicht beliebig in Verwaltungskompetenzen des Landes eingreifen (vgl auch *Blümel*, DVBl 1997, 205). **250**

Im **Fall 26 – Investitionsmaßnahmegesetz –** folgt allein daraus, dass der Gesetzgeber hier eine konkrete **Einzelfallentscheidung** getroffen hat, noch kein Verstoß gegen den Grundsatz der Gewaltenteilung. Es handelt sich hier um eine **Planungsentscheidung**, für die nach BVerfGE 95, 1 keine originäre Verwaltungszuständigkeit besteht; der Kernbereich der Verwaltungszuständigkeiten nach dem GG wird also nicht berührt. Sachlich **251** hinreichende Gründe für den Zugriff des Gesetzgebers bejaht das BVerfG im Hinblick auf die Umstände des Einzelfalls (besondere Eilbedürftigkeit, kritisch *Blümel*, DVBl 1997, 205 ff). Die bundesstaatliche Kompetenzordnung war hier nicht berührt, da der Bund neben der Gesetzgebungszuständigkeit aus Art. 73 Nr 6a GG auch die Verwaltungszuständigkeit nach Art. 87 Abs. 1 S. 1 GG aF bzw Art. 87e GG nF hatte.

b) Zur Rechtsprechung

252 Dort, wo der Rechtsprechung die Kontrolle der anderen Teilgewalten obliegt, können sich zwangsläufig Kompetenzkonflikte ergeben.

Dies gilt im Verhältnis von Verwaltung und Verwaltungsgerichtsbarkeit: letztere hat sich auf Rechtskontrolle zu beschränken. Die **vorbeugende Unterlassungsklage** wie im **Fall 27** stellt einen intensiven Eingriff in den Funktionsbereich der Verwaltung dar. Hier werden nicht nur Maßnahmen der Verwaltung auf ihre Rechtmäßigkeit hin überprüft, sondern ihre Entscheidungsfreiheit für künftiges Handeln wird beschränkt. Der damit verbundene Eingriff in den Funktionsbereich der Verwaltung ist iS praktischer Konkordanz (Rn 7, 400) abzuwägen mit der Notwendigkeit wirksamen Rechtsschutzes; hiernach ist zu beurteilen, ob bereits eine unzulässige Durchbrechung des Gewaltenteilungsprinzips vorliegt (vgl hierzu *Schmitt Glaeser*, Verwaltungsprozeßrecht, 14. Aufl. 1997, Rn 313, 380).

Eindeutige Antworten kann das Gewaltenteilungsprinzip in derartigen Grenzfällen regelmäßig nicht liefern; es zeigt aber die maßgeblichen Abwägungsansätze auf. Gewaltenteilung iSd GG ist eben auch Gewaltengliederung und -verschränkung.

253 Im Verhältnis zur **Gesetzgebung** kann die **Rechtsfortbildung** durch die Gerichte Fragen der Gewaltenteilung berühren. So hat die Rechtsprechung gegen den Wortlaut der §§ 253, 847 Abs. 1 BGB (aF) einen Schmerzensgeldanspruch bei schwerwiegenden Persönlichkeitsverletzungen durch die Medien entwickelt; hierin sieht BVerfGE 34, 269 jedoch noch eine zulässige, durch Art. 2 Abs. 1 iVm Art. 1 Abs. 1 GG gebotene „Ergänzung und Weiterführung des geschriebenen Gesetzes" (BVerfGE 34, 269, 282 ff; näher *Degenhart*, BonnK, Art. 5 I und II Rn 187).

Auch die **Verfassungsgerichtsbarkeit** hat unter dem Gesichtspunkt der Gewaltenteilung die Entscheidungsfreiheit des Gesetzgebers zu wahren, vgl Rn 523 ff; betragsmäßig bezifferte Vorgaben für den Gesetzgeber im Steuerrecht, wie sie das BVerfG zur Familienbesteuerung entwickelt hat (E 99, 216 und 246), müssen die Ausnahme sein (Rn 638).

4. Gewaltenteilung und Europa

253a Für die EU passt das herkömmliche Gewaltenteilungsschema nur bedingt. Die EU ist eben noch kein Staat mit originärer Staatsgewalt, die in entsprechende Teilgewalten aufgegliedert werden könnte. Wesentliche Funktionen der „Legislative" sind bei den Exekutivorganen der Gemeinschaft (Rat und Kommission), die ihrerseits nicht in der Weise dem Parlament verantwortlich sind, wie dies für die Regierung im parlamentarischen System des Grundgesetzes gilt. Über den Rat insbesondere haben die Regierungen der Mitgliedstaaten den entscheidenden Einfluss auf die Rechtssetzungsakte der Gemeinschaft – was andererseits bedeutet, dass über die Gemeinschaftszuständigkeiten die Gewaltenteilung in den Mitgliedstaaten erheblich beeinflusst wird – zu Lasten der Legislative, die in vielen Bereichen nur Vorgaben des Gemeinschaftsrechts nachvollziehen kann. Eine unabhängige dritte Gewalt (Judikative) besteht jedoch auch für die EU.

*Der Entwurf des **Verfassungsvertrags** übernimmt Elemente der klassischen Gewaltenteilungslehre, insbesondere mit der Begründung besonderer Legislativfunktionen: Das „Europäische Gesetz" soll hiernach gleichberechtigt von Parlament und Ministerrat erlassen werden.*

Lösung der Ausgangsfälle:

Fall 26 – Investitionsmaßnahmegesetz –: s. Rn 251. **254**

Fall 27 – Vorbeugende Unterlassungsklage –:

1. *Fragestellung:* s. vorstehend – unzulässiger Funktionseingriff oder zulässige Modifikation der Gewaltenteilung?
- vorbeugende Unterlassungsklage greift in *Verantwortungsbereich der Exekutive* ein;
- Prinzip der Gewaltenteilung berührt;
- hieraus allein noch nicht Unzulässigkeit; gerichtliche Kontrolle der Verwaltung (Art. 19 Abs. 4 GG) als Hinweis auf die Zulässigkeit von Funktionsverschränkungen;

2. *Gesichtspunkte für die Bewertung des Konflikts*
- besonders intensiver Eingriff in den Verantwortungsbereich der Exekutive (s.o.);
- für diesen müssen dann unabweisbare Rechtsschutzerfordernisse sprechen (Art. 19 Abs. 4 GG);

3. *Ergebnis:* Da hier die Verwaltung auch nach Ergehen eines Feststellungsurteils über die Unzulässigkeit ihres Verhaltens im ersten Fall in einem zweiten, gleich gelagerten Fall nicht von ihrem Standpunkt abgewichen ist, ist zu besorgen, dass auch weiterhin rechtswidrige Maßnahmen ergehen. Das Rechtsschutzgebot des Art. 19 Abs. 4 GG (Pressefreiheit betroffen) erfordert hier die *ausnahmsweise* Zulässigkeit der vorbeugenden Unterlassungsklage.

Fall 28 – Ladendiebstähle –: Übertragung der Ahndung von Ladendiebstählen an Verwaltungsbehörden möglicherweise Verstoß gegen *Art. 92 GG:* **255**

1. Richtervorbehalt für Strafgerichtsbarkeit aus Art. 92 GG (BVerfGE 22, 49, 73 ff);
2. Diebstahlsdelikte herkömmlicherweise „Strafrecht", damit im Bereich der „klassischen Strafgerichtsbarkeit";
3. dieser Bereich jedoch nicht unveränderlich festgeschrieben, Gesetzgeber kann Bagatelldelikte ausgliedern; Grenze nach BVerfG aaO: Kernbereich eines durch den Gesichtspunkt eines „ethischen Schuldvorwurfs" gekennzeichneten Strafrechts;
4. Eigentumsdelikte herkömmlicherweise diesem Bereich zuzuordnen, entscheidend dann, ob Wandel der Auffassungen dahingehend, dass mit Ladendiebstählen „ethischer Schuldvorwurf" nicht mehr verbunden; in diesem Fall Gesetz verfassungskonform, andernfalls Verstoß gegen Richtervorbehalt des Art. 92 GG.

256 **Fall 29 – Parteispendensünder –:** Rechtstechnisch liegt hier vor: **Abolition** (Niederschlagung), dh Verzicht auf den bereits entstandenen staatlichen Strafanspruch (*Maunz*, Maunz/Dürig, Art. 60 Rn 9). Sie bedarf jedenfalls eines Gesetzes (*Maunz*, aaO).

Ein derartiges Gesetz bedeutet, wenn es, wie hier, *schwebende Verfahren* betrifft, einen *Eingriff in den Funktionsbereich der rechtsprechenden Gewalt.* Grundsätzlich ist der Gesetzgeber befugt, derartige Straffreiheitsgesetze zu erlassen (zur Kompetenz – Art. 74 Abs. 1 Nr 1 GG s. *Leibholz/Rinck*, Art. 74, Rn 1c, 1i; zur Bindung an den Gleichheitssatz aaO, Art. 3, Rn 25d).

Doch ist andererseits die Wahrung der Rechtsordnung Gebot der Rechtsstaatlichkeit; damit auch die grundsätzliche, gleichmäßige Verwirklichung des staatlichen Strafanspruchs, die nach Art. 92 GG den Gerichten obliegt. Aus diesem Grund wird man für die gesetzliche Niederschlagung schwebender Gerichtsverfahren einen rechtfertigenden Grund, auch im Hinblick auf Art. 3 GG, fordern müssen (hierzu BVerfGE 10, 246). Hierfür kommt etwa ein auf Grund besonderer Verhältnisse generell gemindertes Rechtsbewusstsein in Betracht (**Beispiel:** Nachkriegswirren); ebenso auch die Befriedungsfunktion eines derartigen Gesetzes angesichts eines Zustandes genereller Rechtsunsicherheit. Derartige rechtfertigende Momente sind im Ausgangsfall zweifelhaft.

Schrifttum zu II.: *Zu II.1 – Gewaltenteilung –*: *Stern* II, § 36; *Wrege*, Das System der Gewaltenteilung im Grundgesetz, Jura 1996, 436; *v. Arnauld*, Gewaltenteilung jenseits der Gewaltentrennung, ZParl 2001, 678; *Dreier*, Die drei Staatsgewalten im Zuge von Europäisierung und Privatisierung, DÖV 2002, 537.

Zu II.2 a) – Gesetzgebung – : *Hesse*, § 14 I; *Stern I*, § 20 IV 4 f; *Stern* II, § 37 I; *Eichenberger* und *Kloepfer*, Gesetzgebung im Rechtsstaat, VVDStRL 40 (1982), 7, 63; *Degenhart*, Gesetzgebung im Rechtsstaat, DÖV 1981, 477; *Blümel*, Fachplanung durch Bundesgesetz (Legalplanung), DVBl 1997, 205.

Zu II.2 b) – Verwaltung –: *Hesse*, § 14 II; *Stern* II, § 41; *Degenhart*, Der Verwaltungsvorbehalt, NJW 1984, 2184.

Zu II.2 c) – Rechtsprechung –: *Hesse* § 14 III; *Stern* I, § 20 IV 5; *Degenhart*, Gerichtsorganisation, in: HdBStR III, § 75.

III. Rechtsstaatlichkeit nach dem Grundgesetz: Der Aufbau der Rechtsordnung

257 *Rechtsstaatlichkeit bedeutet staatliches Handeln im Rahmen der Rechtsordnung, bedeutet darüber hinaus den Bestand und die Gewährleistung der Rechtsordnung als einer Gesamtordnung des Gemeinwesens (Hesse, Rn 193 ff). Zentrales Ordnungsinstrument ist das Gesetz. Von ihm abgeleitet ist das untergesetzliche Recht – Rechtsverordnungen und Satzungen. Die Normen der gesetzlichen und der untergesetzlichen Ebene sind ihrerseits eingebunden in die Ordnung des Verfassungsrechts. Hieraus ergibt sich der Aufbau der Rechtsordnung. Es besteht diese Rangstufung: Verfassung – Gesetz – untergesetzliches Recht. Hieraus ergeben sich spezifische Anforderungen an die Normen der einzelnen Normebenen. Ihnen ist im folgenden*

nachzugehen. Dabei ist der zunehmenden Einbindung des innerstaatlichen Rechts in die gemeinschaftsrechtliche Ordnung Rechnung zu tragen.

➡ **Leitentscheidungen:** BVerfGE 13, 225 (Bahnhofsapotheke); BVerfGE 24, 367 (Legalenteignung); BVerfGE 33, 125 (Facharzt); BVerfGE 73, 339 (Solange II); BVerfGE 78, 249 (Fehlbelegungsabgabe); BVerfGE 95, 1 (Südumfahrung Stendal).

1. Die Verfassung

Wie schon einleitend ausgeführt (Rn 1 ff), ist das Grundgesetz Verfassung im formellen und materiellen Sinn und begründet hierin die rechtliche Grundordnung der Bundesrepublik (zur Verfassungsinterpretation s. Rn 5 ff). Seine Normen genießen Vorrang gegenüber allen anderen Rechtsnormen des Bundes und der Länder – das Verhältnis zu den Normen des Gemeinschaftsrechts allerdings ist komplexer (dazu u. Rn 301 ff). Dieser Vorrang der Verfassung wird in Art. 20 Abs. 3 GG ausdrücklich im Blick auf den Gesetzgeber festgelegt: die Gesetzgebung ist an die verfassungsmäßige Ordnung gebunden; gleichermaßen gilt dies für die anderen Teilgewalten, die ja ihrerseits an „Gesetz und Recht" gebunden sind. In Art. 1 Abs. 3 GG wird diese unmittelbare Verfassungsbindung jeglicher staatlicher Gewalt für die Grundrechte eigens positiviert. Der Vorrang der Verfassung gilt also umfassend: kein staatlicher Akt darf sich zur Verfassung in Widerspruch setzen; staatliche Akte, die im Widerspruch zum Grundgesetz stehen, sind rechtsfehlerhaft (mit der Folge der Nichtigkeit bei Rechtsnormen, der grundsätzlichen Aufhebbarkeit bei Verwaltungsakten). Verfassungsdurchbrechungen sind unzulässig: Abweichungen von der geltenden Verfassung bedürfen vorgehender Verfassungsänderung. **258**

Nach Art. 143 GG idF des Art. 4 Ziff. 5 EV durfte grundgesetzwidriges DDR-Recht *übergangsweise* in Kraft bleiben (bis Ende 1992 nach Abs. 1, bis Ende 1995 nach Abs. 2). Diese Abweichung vom Vorrang der Verfassung konnte als stufenweise Inkraftsetzung des GG gedeutet werden, sodass eine Verfassungsdurchbrechung nicht vorlag. Dies galt allerdings nur, soweit besondere Verhältnisse im Beitrittsgebiet die Abweichung erforderten; nicht galt dies deshalb nach BVerfGE 84, 133 für Durchbrechungen des Mutterschutzes im Kündigungsschutzrecht. **259**

Zum **Rangverhältnis** der Rechtsnormen im **Bundesstaat** ist klarstellend anzumerken: Die Rangstufung Verfassung – Gesetz – untergesetzliche Normen gilt jeweils *innerhalb* der Rechtsordnung des Bundes und des Landes. Rechtsnormen des Bundes sind jedoch – dies besagt Art. 31 GG – in jedem Fall gegenüber Rechtsnormen des Landesrechts höherrangig. Auch „einfaches" Bundesrecht – also Gesetzesrecht des Bundes – setzt sich im Fall einer Normenkollision gegenüber Normen der Landesverfassung (und gegenüber allem anderen Landesrecht) durch. Dies gilt sogar für Verordnungsrecht des Bundes. **260**

2. Gesetzgebung und Gesetzesbegriff des Grundgesetzes

Ausgangsfälle:

261 **Fall 30:** Im **Fall 26 – Investitionsmaßnahmegesetz –** (Rn 239) ist der in der Nähe der Eisenbahnstrecke wohnende Nepomuk der Auffassung, bei dem Investitionsmaßnahmegesetz handle es sich in Wahrheit um einen Verwaltungsakt in Gesetzesform und erhebt deshalb Klage vor dem Verwaltungsgericht mit dem Antrag, das „Gesetz" aufzuheben. **Rn 270**

262 **Fall 31 – Bahnhofsvideothek –:** Das Ladenschlussgesetz sieht vor, dass Betriebe in Bahnhöfen nicht an die allgemeinen Ladenschlusszeiten gebunden sind. Eine Ausnahme hiervon gilt für Videotheken in Bahnhöfen: sie sind an die für Betriebe dieser Art geltenden Öffnungszeiten gebunden. Unterstellt, bei In-Kraft-Treten der entsprechenden gesetzlichen Regelungen gibt es im Geltungsbereich des Gesetzes nur eine einzige Bahnhofs-Videothek: liegt dann ein unzulässiges Einzelfallgesetz vor?
(Es sei unterstellt, dass das LadenschlussG auch für Videotheken gilt.) **Rn 270**

a) Ausgangspunkt: Formeller Gesetzesbegriff des Grundgesetzes

263 Das Grundgesetz geht von einem **formellen Gesetzesbegriff** aus (s. Rn 245). Der Gesetzgeber ist weder auf bestimmte Gegenstände der Sache nach beschränkt noch auf bestimmte Typen von Regelungen. Gesetz im Sinn des Grundgesetzes ist also nicht nur die „abstrakt-generelle" Regelung, die sich an eine Vielzahl von Personen richtet und eine unbestimmte Vielzahl von Fällen betrifft, das „Rechtsgesetz", das eine dauerhafte normative Ordnung errichten will; – wie zB das StGB, dessen Normen für jeden Fall der Verwirklichung abstrakt umschriebener Tatbestände bestimmte Rechtsfolgen vorsehen, die jeden treffen, der den Tatbestand verwirklicht ("wer … wird bestraft").

264 Gesetz im Sinn des Grundgesetzes ist auch die in Gesetzesform erlassene Regelung, die konkrete Maßnahmen trifft. „Klassisches" Beispiel ist das HaushaltsG, das jeweils für ein Haushaltsjahr einen konkret bezifferten Haushalt verabschiedet. In der Praxis des modernen Rechts- und Sozialstaats sind zahlreiche weitere Formen von **Maßnahmegesetzen** hinzugekommen, zB *Organisationsgesetze*, durch die bestimmte staatliche Einrichtungen geschaffen werden (etwa die Errichtung einer Universität, einer Bundesbehörde oder einer Körperschaft iFd Art. 87 Abs. 3 GG). Auch Struktureingriffe in die private Wirtschaft sind denkbar, oder etwa die Privatisierung staatlicher Unternehmen durch Gesetz. Maßnahmegesetz ist insbesondere auch das Plangesetz (**Fall 30**).

b) „Maßnahmegesetze" und Einzelfallgesetze

265 **Maßnahmegesetze** sind also in jeder Hinsicht Gesetze im Sinn des Grundgesetzes. Man sollte daher bei ihnen auch nicht von Gesetzen im *„nur formellen Sinn"* sprechen. Denn es handelt sich hierbei nicht um Gesetze minderen Ranges. Sie sind in gleicher Weise verbindlich iSv Art. 20 Abs. 3 GG; sie unterliegen in gleicher Weise der Überprüfung am Maßstab der Verfassung, in den Verfahren, die auch sonst für

die Überprüfung von Gesetzen vorgesehen sind (Verfassungsbeschwerde, Normenkontrollverfahren).

Verfassungsrechtliche Schranken können sich für den Gesetzgeber jedoch dann ergeben, wenn ein Maßnahmegesetz so konkret gefasst wird, dass nur ganz bestimmte Adressaten oder gar ein einziger Adressat hiervon betroffen sind. Man spricht dann von Einzelfallgesetzen. Ein **Einzelfallgesetz** liegt insbesondere vor, wenn der Adressat der Regelung eindeutig bestimmt ist.

Beispiel: Besoldungsgesetze nehmen mitunter für den derzeitigen (bei Erlass des Gesetzes amtierenden) Inhaber eines bestimmten Amtes eine besondere Eingruppierung vor.

Von einem **Einzelfallgesetz** muss auch dann gesprochen werden, wenn das Gesetz zwar im Tatbestand abstrakt-generell formuliert ist, die Tatbestandsmerkmale jedoch so gefasst sind, dass das Gesetz nur auf einen Einzelfall Anwendung finden kann. **266**

Beispiel: Ein Rundfunkgesetz sah vor, dass lokaler Rundfunk privaten Veranstaltern vorbehalten sein sollte. Die bei In-Kraft-Treten des Gesetzes bereits vorhandenen Lokalprogramme im öffentlich-rechtlichen Rundfunk mussten eingestellt werden. Tatsächlich betraf dies nur ein Programm eines bestimmten Veranstalters: getarntes Einzelfallgesetz (Fall nach BVerfGE 74, 297).

Nicht gilt dies dann, wenn das Gesetz bei seinem In-Kraft-Treten nur einen einzelnen Fall betrifft, es nach seiner tatbestandlichen Fassung auch auf künftige gleich gelagerte Fälle Anwendung finden kann. Dies betrifft die Bahnhofsvideothek im **Ausgangsfall 31 (Bahnhofsvideothek)**: Auch künftig neu eröffnete Betriebe fallen unter die Ladenschlussregelung (vgl BVerfGE 13, 225).

Einzelfallgesetze sind nach Art. 19 Abs. 1 S. 1 GG unzulässig im Fall von Grundrechtseingriffen. Dies betrifft jedoch nach hM nur die Fälle, in denen der Gesetzgeber von einem ausdrücklichen **Eingriffsvorbehalt** Gebrauch macht, nicht aber Fälle, in denen lediglich immanente Grundrechtsschranken vom Gesetzgeber aufgezeigt werden. **267**

Eingriffsvorbehalte in diesem Sinn (für die auch das Zitiergebot des Art. 19 Abs. 1 S. 2 GG gilt) sind enthalten in Art. 2 Abs. 2 S. 3 GG, 6 Abs. 3 GG, 8 Abs. 2 GG, 10 Abs. 2 S. 1 GG, 11 Abs. 2 GG, 13 Abs. 3 GG, 14 Abs. 3 GG, 16 Abs. 1 S. 2 GG, *nicht* aber in den praktisch relevanten Fällen der Art. 2 Abs. 1 (allgemeine Handlungsfreiheit in den Schranken der verfassungsmäßigen Ordnung), 5 Abs. 2 (Meinungsfreiheit in den Schranken der „allgemeinen Gesetze"), 12 Abs. 1 S. 2 (berufsregelnde Maßnahmen), 14 Abs. 1 S. 2 GG (Inhalts- und Schrankenbestimmung des Eigentums durch den Gesetzgeber).

Unabhängig von Art. 19 Abs. 1 S. 1 GG sind Einzelfallgesetze idR unzulässig, wenn Grundrechte beschränkt werden. Für Art. 5 Abs. 1 GG (vgl das Fallbeispiel des Rundfunkgesetzes vorstehend Rn 266) folgt dies schon aus Art. 5 Abs. 2 GG: „Allgemeinheit" des Schrankengesetzes muss auch in personaler Hinsicht gegeben sein. IÜ ist es jedenfalls eine Frage des Art. 3 Abs. 1 GG, ob der Gesetzgeber Einzelfälle herausgreifen und belastenden Regelungen unterwerfen darf – hier bedarf es dann einer besonderen Rechtfertigung. **268**

c) Rechtsschutz und Gewaltenteilung

269 Einzelfallgesetze verkürzen den Rechtsschutz: Es entfällt der Rechtsweg zu den Fachgerichten; möglich ist nur die Verfassungsbeschwerde zum BVerfG (ggf auch zum Landesverfassungsgericht). Deshalb sind bei Art. 14 Abs. 3 GG sog. „Legalenteignungen" – durch die das Eigentum am Grundstück unmittelbar auf die öffentliche Hand übertragen wird und die konkrete Grundstücke und individuell bestimmte Eigentümer betreffen – nur ausnahmsweise zulässig (BVerfGE 24, 367, 402 f). Die Verfassungsmäßigkeit von Einzelfallgesetzen ist also auch eine Frage des Art. 19 Abs. 4 GG und damit auch des Gewaltenteilungsprinzips, das gerade auf gegenseitige Kontrolle der Teilgewalten angelegt ist.

270 **Lösung Fall 30 – Investitionsmaßnahmegesetz 2 –:** Es handelt sich beim Investitionsmaßnahmengesetz (IMG) – wie der Name schon sagt – um ein Maßnahmegesetz. Dies allein ist verfassungsrechtlich irrelevant. Das IMG könnte jedoch verstoßen gegen

1. Art. 19 Abs. 1 S. 1 GG – Verbot des Einzelfallgesetzes.

a) Einzelfallgesetz?

Liegt hier vor bezüglich der konkreten, individuell bezeichneten Baumaßnahme, die durch das Gesetz genehmigt wird.

b) *Unzulässiges* Einzelfallgesetz?

Art. 19 Abs. 1 S. 1 GG wäre nur dann verletzt, wenn das Gesetz einen Grundrechtseingriff vornehmen würde. Eingegriffen wird möglicherweise auf Grund der mit dem Vorhaben verbundenen Geräuschimmissionen in Grundrechte der Nachbarn aus Art. 2 Abs. 2 S. 1 GG – insoweit aber keine Einzelfallregelung, da das Gesetz gegen alle jetzt und künftig potenziell Betroffenen gleichermaßen wirkt.

2. Zur Frage, ob das Gesetz gegen den Gewaltenteilungsgrundsatz verstößt, s.o. Rn 251; BVerfGE 97, 1 verneint dies.

3. Dann ist auch kein Verstoß gegen die Rechtsschutzgarantie des Art. 19 Abs. 4 GG anzunehmen: wenn der Gesetzgeber hier handeln durfte, bestimmt sich der Rechtsschutz von vornherein nach den Kriterien, die auch sonst gegenüber Gesetzen gelten.

4. Damit ist auch eine Klage vor dem VG ausgeschlossen, vielmehr ist, wie auch sonst gegen Gesetze, Verfassungsbeschwerde zu erheben.

Lösung Fall 31 – Bahnhofsvideothek –:

1. Einzelfallgesetz?

Gesetz betrifft im Zeitpunkt seines In-Kraft-Tretens nur einen einzelnen Anwendungsfall. Der Tatbestand ist jedoch offen gefasst: auch alle künftigen potenziellen Anwendungsfälle werden vom Gesetz erfasst.

2. Da kein Einzelfallgesetz, greift Art. 19 Abs. 1 S. 1 GG nicht ein.

3. Delegierte Rechtsetzung: Verordnungsgebung

Ausgangsfälle:

Fall 32 – Approbationsordnung –: Die Bundesärzteordnung (BÄO) – die als formelles Gesetz erlassen wurde – lautet in § 4 Abs. 1: **271**

„Der Bundesminister für Gesundheitswesen regelt durch Rechtsverordnung mit Zustimmung des Bundesrates in einer Approbationsordnung für Ärzte die Mindestanforderungen an das Studium der Medizin … sowie das Nähere über die ärztliche Prüfung und die Approbation."

Die hiernach erlassene Approbationsordnung – AppOÄ – regelt in § 14 den schriftlichen Teil der ärztlichen Prüfung. Abs. 1 sieht die Einführung des Multiplechoiceverfahrens vor; Abs. 5 bestimmt: „Die schriftliche Prüfung ist bestanden, wenn der Prüfling mindestens 60 vH der gestellten Prüfungsfragen richtig beantwortet hat".

Cand. med. Hackebeil hat 50 vH der Fragen richtig beantwortet und demgemäß die Prüfung nicht bestanden. Er hält dies für rechtswidrig. Das Multiplechoiceverfahren hätte nicht eingeführt werden dürfen, die Bestehensgrenze von 60 vH sei zu hoch angesetzt, § 4 Abs. 1 BÄO zu unbestimmt. **Rn 288**

Fall 33 – Fehlbelegungsabgabe –: Das Gesetz über die Fehlbelegungsabgabe im sozialen Wohnungsbau (s.o. Rn 209: Fehlbelegungsabgabe als zulässige Abschöpfungsabgabe) bestimmt in § 1: **272**

„(1) Inhaber einer öffentlich geförderten Wohnung … haben Ausgleichszahlungen zu leisten, wenn

1. ihre Wohnung in einer Gemeinde liegt, die durch Rechtsverordnung nach Abs. 4 bestimmt ist und
2. ihr Einkommen die Einkommensgrenze (§ 3) um … übersteigt.

(4) Die Landesregierungen können durch Rechtsverordnung Gemeinden mit einer Einwohnerzahl von mehr als 300 000 … bestimmen, wenn in diesen die Kostenmieten der … öffentlich geförderten Wohnungen die ortsüblichen Mieten … nicht preisgebundener Wohnungen deutlich unterschreiten."

Der von der Abgabe betroffene A hält das Gesetz für verfassungswidrig; es sei insbesondere auch zu unbestimmt. **Rn 288**

a) Rechtsverordnungen als untergesetzliches Recht

273 Der Gesetzgeber kann unter bestimmten Voraussetzungen, die in Art. 80 Abs. 1 GG näher umschrieben sind, seine Befugnis zur **Rechtsetzung** an die Exekutive **delegieren**, indem er sie zum Erlass von **Rechtsverordnungen** ermächtigt. Hierdurch wird der Grundsatz der Gewaltentrennung modifiziert im Sinn einer Funktionsverschränkung. **Rechtsverordnungen** sind also Rechtsnormen, die von der Exekutive erlassen werden, damit außerhalb des formellen Gesetzgebungsverfahrens – weshalb hier mitunter auch von „*Rechtsnormen in (nur) materiellem Sinn*" gesprochen wird. Der Begriff des „Gesetzes in nur materiellem Sinn" erscheint mir demgegenüber missverständlich und verfassungsrechtlich auch nicht korrekt: Das *Grundgesetz* geht von einem *formellen* Gesetzesbegriff aus. Eine Regelung, die nicht darunter fällt, ist dann eben kein „Gesetz". (Allerdings ist auch die grundgesetzliche Terminologie nicht ganz einheitlich; so sind „allgemeine Gesetze" iSv Art. 5 Abs. 2 GG auch untergesetzliche Normen.)

Rechtsverordnungen sind also immer nur dann wirksam, wenn sie auf einem – verfassungsmäßigen – Gesetz beruhen. Dies folgt schon aus dem Grundsatz der **Gewaltenteilung**: mit dem Erlass von Rechtsverordnungen nimmt die Exekutive materiell Funktionen der gesetzgebenden Gewalt wahr. In Art. 80 Abs. 1 S. 1 GG wird die Notwendigkeit einer gesetzlichen Grundlage ausdrücklich klargestellt. – Zur Frage, ob die Verordnung in Kraft bleibt, wenn das Gesetz aus irgendeinem Grund außer Kraft tritt (grundsätzlich ja, vgl BVerfGE 9, 3, 12; 78, 179, 198), s. *Kotulla*, NVwZ 2000, 1263.

b) Bestimmtheit der Verordnungsermächtigung

274 Das Grundgesetz lässt es nicht genügen, dass überhaupt eine gesetzliche Grundlage vorhanden ist. Art. 80 Abs. 1 S. 2 GG enthält nähere Anforderungen an die **Ermächtigungsgrundlage**: sie muss hinreichend bestimmt sein nach „*Inhalt, Zweck und Ausmaß*". Auch dies folgt aus dem Grundsatz der Gewaltenteilung, dem Vorbehalt des Gesetzes: der Gesetzgeber darf der Exekutive keine „Blankovollmacht" erteilen, er darf sich seiner Befugnisse nicht entäußern. **Unzulässig** sind deshalb auch sog. **gesetzesvertretende Verordnungen**: der Gesetzgeber kann die Exekutive nicht dazu ermächtigen, das Gesetz selbst außer Kraft zu setzen oder zu ändern. Hierin liegt ein Wesensmerkmal des öffentlichen Rechts im Unterschied zum Privatrecht, wo Privatautonomie gilt: wenn einem Hoheitsträger Kompetenzen übertragen sind, muss er diese selbst wahrnehmen und darf sie nicht weiter übertragen (es sei denn, er ist hierzu ausdrücklich ermächtigt, wie eben der Gesetzgeber in Art. 80 Abs. 1 GG). *Die öffentlich-rechtliche Kompetenzordnung ist zwingend.* Deshalb muss jede Übertragung von Befugnissen auch hinreichend bestimmt sein. Nur so hat auch der Bürger **Rechtssicherheit**, wird ihm gegenüber die Gesetzmäßigkeit der Verwaltung garantiert. Das Bestimmtheitserfordernis des Art. 80 Abs. 1 S. 2 GG verwirklicht also den rechtsstaatlichen Grundsatz der Gewaltenteilung ebenso wie den bürgerbezogenen Grundsatz der Rechtssicherheit iSd Vorhersehbarkeit und Berechenbarkeit staatlichen Handelns.

275 Als Gebot des Rechtsstaats gilt das Bestimmtheitserfordernis auch für Verordnungsermächtigungen in Landesgesetzen. Für sie ist allerdings nicht auf Art. 80 Abs. 1 S. 2 GG zurückzugreifen, sondern auf die entsprechenden Garantien in den Landesverfassungen bzw dort, wo solche Garantien, wie in einigen älteren Landesverfassungen, fehlen, unmittelbar auf das Rechtsstaatsprinzip als Bestandteil des Landes- und Bundesverfassungsrechts (weshalb zu unbestimmte Ermächtigungen auch gegen Bundesrecht verstoßen: gegen das Rechtsstaatsprinzip des Grundgesetzes). – Zu einigen landesverfassungsrechtlichen Besonderheiten (Notverordnungsrecht nach Art. 101 Abs. 2 BremVerf, Ausführungsverordnungen nach Art. 55 Nr 2 BayVerf) s. die 14. Aufl. Zu einem Sonderproblem im Zusammenhang mit der Herstellung der Rechtseinheit in Deutschland – der Fortgeltung von RVOen der DDR –, wo wie stets in Übergangslagen geringere Anforderungen zu stellen sind, vgl *Mann*, DÖV 1999, 228.

Bestimmtheit nach *Inhalt, Zweck und Ausmaß* bedeutet, so eine häufig wiederkehrende Formel der Rspr seit BVerfGE 1, 14, 60, vgl zB E 58, 257, 277, dass bereits *aus dem ermächtigenden Gesetz selbst hinreichend deutlich vorhersehbar* ist, *„in welchen Fällen und mit welcher Tendenz von der Ermächtigung Gebrauch gemacht werden wird und welchen Inhalt die … Verordnungen haben können*“ (BVerfG aaO). Hinreichende Vorgabe der *„Tendenz“* dürfte dabei vor allem Bestimmung des vom Verordnungsgeber zu verfolgenden Normzwecks bedeuten. Hinreichend bestimmter gesetzgeberischer Vorgabe bedürfen auch die in der Verordnung vorzusehenden Rechtsfolgen (“Inhalt der Verordnungen“). Der Gesetzgeber muss selbst den sachlichen Regelungsbereich für den Verordnungsgeber umgrenzen (“in welchen Fällen“). In einer Verordnungsermächtigung kann dem Adressaten grundsätzlich Ermessen in der Frage eingeräumt werden, ob er von der Ermächtigung Gebrauch machen will. Dieses Ermessen darf jedoch (vgl BVerfGE 78, 232, 272 ff) nicht so weit gehen, dass im Ergebnis der Verordnungsgeber darüber entscheidet, ob das Gesetz überhaupt zur Anwendung kommt. Eine Verordnungsermächtigung, die den politischen Gestaltungswillen des Gesetzgebers nicht verwirklicht, sondern das *„ob überhaupt“* einer politischen Gestaltungsentscheidung der Verwaltung überlässt, ist hinsichtlich ihres **Zwecks** nicht hinreichend bestimmt. **276**

Bedenken begegnete daher bei BVerfGE 78, 232 die Ermächtigung zur Bestimmung der von der Fehlbelegungsabgabe betroffenen Gemeinden im Verordnungswege: hier hatte es der Verordnungsgeber in der Hand, darüber zu entscheiden, ob überhaupt das Gesetz über die Fehlbelegungsabgabe zur Anwendung kam. **277**

Gegenbeispiel: Beim Betrieb von Atomanlagen muss Vorsorge gegen Schäden getroffen sein, § 7 Abs. 2 Nr 3 AtG; dies hat die zuständige Behörde zu gewährleisten. Nach § 12 Abs. 1 AtG *kann* durch Rechtsverordnung näher bestimmt werden, welche Vorsorge iE zu treffen ist. Wird keine Rechtsverordnung erlassen, bleibt es doch bei der Anwendung des § 7 Abs. 2 Nr 3 AtG; die Anforderungen sind dann unmittelbar aus dem Gesetz zu entnehmen. Hier entscheidet der Verordnungsgeber also nicht über die Anwendung des Gesetzes selbst.

Es genügt jedoch für die Annahme hinreichender Bestimmtheit, wenn Inhalt, Zweck und Ausmaß der Verordnungsermächtigung im Wege der **Auslegung** aus dem **Gesamtzusammenhang der Regelung**, aus Sinn und Zweck des Gesetzes entnommen werden können. Insbesondere auch die **Entstehungsgeschichte** des Gesetzes kann herangezogen werden (BVerfG 76, 130, 142). Auch können Gesichtspunkte und Umstände herangezogen werden, die im Gesetz selbst nicht unmittelbar angesprochen sind; so etwa der Umstand, dass ein **unbestimmter Rechtsbegriff** durch eine stRspr eine hinreichend gesicherte Bedeutung erlangt hat. Dies gilt zB für den Begriff der *„öffentlichen Sicherheit und Ordnung*“ im Polizei- und Sicherheitsrecht der Länder (vgl *Schneider*, Gesetzgebung, Rn 237). **278**

Wie eine an sich zu unbestimmte Verordnungsermächtigung auf diese Weise noch „gehalten“ werden kann, belegt beispielhaft BVerfGE 78, 232, 272 ff. Hier war das Gesetz über die Fehlbelegungsabgabe gleichzeitig mit einem weiteren Gesetz in gleichem Sachzusammenhang erlassen worden; dieses Gesetz sah andere, alternative Maßnahmen zur Behebung von **279**

Mietverzerrungen vor. Damit wurde dem Verordnungsgeber ein hinreichend klares *Programm* vorgegeben: er konnte entweder diese Maßnahmen ergreifen – in erster Linie Anhebung der Zinssätze für die öffentlichen Darlehen – und hierdurch den angestrebten Subventionsabbau bewirken oder aber zu diesem Zweck die Fehlbelegungsabgabe erheben oder beide Maßnahmen kombinieren. Er durfte jedoch nicht etwa zur Gänze untätig bleiben.

Also auch aus anderen – in gleichem sachlichen Zusammenhang erlassenen – Gesetzen können sich Anhaltspunkte für die Auslegung der VO-Ermächtigung ergeben; ebenso nach BVerfGE 28, 84 aus einer bereits gefestigten VO-Praxis.

Die **Verordnungsermächtigung** kann auch Bezug nehmen auf Normen des Gemeinschaftsrechts und **zur Umsetzung von Rechtsakten der EG** ermächtigen. Ist der umzusetzende Rechtsakt (Richtlinie) hinreichend bestimmt, so braucht die gesetzliche Ermächtigung nicht zusätzlich Inhalt, Zweck und Ausmaß zu bestimmen – anders, wenn die Richtlinie ihrerseits Spielräume zur Umsetzung eröffnet; vgl. hierzu *Ziekow*, JZ 1999, 963 ff. Bedenklich weit gefasst ist die Ermächtigung des § 48a BImSchG, Verordnungen zur Erfüllung von bindenden Beschlüssen der Europäischen Gemeinschaft zu erlassen (vgl *Saurer* NVwZ 2003, 1178).

280 Geht es um Grundrechtseingriffe, so sind die Anforderungen an die Bestimmtheit höher; die in der Rspr zum Gesetzesvorbehalt kraft *Grundrechtswesentlichkeit* entwickelten Anforderungen, wonach der Gesetzgeber die *wesentlichen Entscheidungen in grundrechtsrelevanten Bereichen* selbst treffen muss, sind auch auf Verordnungsermächtigungen zu erstrecken, vgl hierzu das Urteil des BVerfG zur Käfighaltung von Legehennen, BVerfGE 101, 1. Dies schließt jedoch die Bestimmung von „Inhalt, Zweck und Ausmaß" im Wege der **Auslegung** nach den dargelegten Kriterien nicht aus.

281 Zu warnen ist also vor dem *Missverständnis*, dass das Rechtsstaatsgebot – und damit auch Art. 80 Abs. 1 S. 2 GG – stets größtmögliche Bestimmtheit erfordere. Durch die Übertragung von Rechtsetzungsbefugnissen auf die Exekutive soll die gesetzliche Regelung selbst entlastet werden, nicht zuletzt auch im Hinblick auf gleichermaßen rechtsstaatlich relevante Gesichtspunkte der Rechtsklarheit (s.u. Rn 349 f). Vor allem aber soll die Regelung von Detailfragen der sachnäheren Verwaltung überlassen bleiben, soll eine flexiblere Anpassung der Regelungen ermöglicht werden. Dem *Verordnungsermessen der Exekutive* kommt also – wie generell dem Verwaltungsermessen – rechtsstaatlicher Eigenwert zu, wenn es gegenüber der notwendigerweise stärker typisierenden, generalisierenden Regelung durch formelles Gesetz ein sachnäheres, flexibleres, stärker differenzierendes und damit letztlich „*schonenderes*" Vorgehen ermöglichen soll. „**Hinreichende**" Bestimmtheit der Verordnungsermächtigung bedeutet also **nicht** durchweg **„größtmögliche" Bestimmtheit**.

282 Hinreichende Bestimmtheit ist Voraussetzung für die Gültigkeit der Ermächtigungsgrundlage; Voraussetzung für die Gültigkeit der Verordnung ist weiterhin, dass sie sich in deren Rahmen hält. Dabei ist die Ermächtigungsnorm ihrerseits in einer Weise auszulegen, bei der ihre hinreichende Bestimmtheit noch gewahrt bleibt. Ist also die Rechtsverordnung nur bei weiter Auslegung der Ermächtigungsnorm mit dieser vereinbar, so bedarf besonderer Prüfung, ob das Gesetz auch in dieser Auslegung noch den Bestimmtheitserfordernissen des Art. 80 Abs. 1 S. 2 GG entspricht.

c) Adressaten, Verfahren

Die möglichen **Adressaten** einer bundesgesetzlichen Verordnungsermächtigung sind in Art. 80 Abs. 1 S. 1 GG abschließend genannt; hervorzuheben ist, dass durch Bundesgesetz zwar die einzelnen *Landesregierungen*, *nicht* aber einzelne *Landesminister* zum Erlass von Verordnungen ermächtigt werden können. Auch hierin kommt die Organisationshoheit der Länder zum Ausdruck. Die Landesregierung kann jedoch zur Subdelegation der Verordnungsbefugnis ermächtigt (nicht jedoch verpflichtet) werden. *Rechtsverordnungen*, die auf Grund *bundesgesetzlicher Ermächtigung* von *Behörden eines Landes* erlassen werden, sind Rechtsvorschriften des **Landesrechts** (BVerfGE 18, 407, 418). Dies ist in **prozessualer** Hinsicht bedeutsam: Es sind die gegen untergesetzliche Rechtsnormen des Landesrechts gegebenen Rechtsbehelfe eröffnet. Art. 80 Abs. 4 GG sieht nunmehr für die Länder die Möglichkeit vor, im Fall einer ihnen erteilten Verordnungsermächtigung wahlweise auch eine gesetzliche Regelung zu treffen. **283**

Im Gegensatz zum Gesetzgebungsverfahren ist das **Verfahren** beim Erlass von Rechtsverordnungen im GG nicht eigens geregelt; für den Erlass durch die Bundesregierung s. aber BVerfGE 91, 148: notwendige materielle Zurechnung zur Bundesregierung als Kollegium; näher u. Rn 546. **284**

Gemäß Art. 80 Abs. 1 S. 3 GG ist die Verordnungsermächtigung in der Verordnung anzugeben; ein Verstoß gegen dieses Erfordernis führt zur Nichtigkeit der Verordnung, s. hierzu BVerfGE 101, 1: Legehennen-VO.

Der **Zustimmung des Bundesrats** bedürfen Rechtsverordnungen in den Fällen des Art. 80 Abs. 2 GG; praktisch bedeutsam ist hier insbesondere der letztgenannte Fall – Rechtsverordnungen auf Grund von Bundesgesetzen, die von den Ländern in landeseigener Verwaltung ausgeführt werden –, da dies nach Art. 83 GG der Regelfall ist; praktisch bedeutsam ist auch die Zustimmungsbedürftigkeit von Verordnungen auf Grund zustimmungsbedürftiger Gesetze; hinzuweisen ist auch auf Art. 109 Abs. 4 S. 3 GG. In einer Verordnungsermächtigung kann sich der Bundestag auch das Recht vorbehalten, Rechtsverordnungen zuzustimmen oder ihre Änderung zu verlangen (so in § 48b BImSchG – s. dazu *Saurer*, NVwZ 2003, 1176).

Die nachstehend zusammengefassten Voraussetzungen für die Gültigkeit einer Rechtsverordnung sind stets dann zu beachten, wenn eine Rechtsverordnung überprüft wird. Dies kann der Fall sein in einem Normenkontrollverfahren nach § 47 VwGO oder auch in einem verfassungsgerichtlichen Verfahren. Aber auch in jedem anderen gerichtlichen Verfahren hat das Gericht dann, wenn Zweifel an der Gültigkeit einer Verordnung bestehen, diesen nachzugehen und die Verordnung zu überprüfen. Gelangt es zur Überzeugung von der Nichtigkeit der Verordnung, hat es diese nicht anzuwenden. Das Gericht hat also nicht nur die Prüfungs-, sondern auch die **Verwerfungskompetenz**. Man spricht hier von Inzidentprüfung und -verwerfung. Das Gericht erklärt dabei die Verordnung nicht für nichtig, sondern wendet sie nicht an; die Entscheidung wirkt dann auch nur im Verhältnis der Parteien (*inter partes*, nicht *inter omnes*). Demgegenüber führt das Verfahren nach § 47 VwGO ebenso wie ein verfassungsgerichtliches Verfahren zur Nichtigerklärung, die dann *inter omnes* wirkt. Bei Gesetzen ist dies anders: sie hat das Gericht, wenn es sie für **285** verfassungswidrig hält, nach Art. 100 Abs. 1 GG dem (Bundes- oder Landes-)Verfassungsgericht vorzulegen (Rn 620 f).

286 IE sind folgende Punkte zu prüfen (wie stets nur dann, wenn sich dafür konkrete Anhaltspunkte ergeben):

1. *Ermächtigungsnorm*, hierbei Kompetenz des Gesetzgebers und formell ordnungsgemäßes Zustandekommen des Gesetzes vorausgesetzt, insbesondere zu achten auf:
- hinreichende Bestimmtheit der Verordnungsermächtigung, wenn bundesgesetzlich: Art. 80 Abs. 1 S. 2 GG unmittelbar, wenn landesgesetzlich: Rechtsstaatsprinzip, sofern keine ausdrückliche Aussage der LVerf, s. Rn 275 f;
- Bestimmung des *Adressaten* der Verordnungsermächtigung, wenn bundesgesetzlich: Art. 80 Abs. 1 S. 1 GG;
- ggf Prüfung der materiellen Verfassungsmäßigkeit des Gesetzes (falls hierfür Anhaltspunkte ersichtlich).

2. *Rechtsverordnung*, hierbei insbesondere zu prüfen:
- *Zuständigkeit* des Verordnungsgebers aus Ermächtigung;
- *besondere Verfahrenserfordernisse;* wenn VO erlassen durch Gebietskörperschaft (Gemeinde, Bezirk): ordnungsgemäßes Beschlussverfahren der intern zuständigen Organe – dazu näher im Kommunalrecht – ggf Genehmigung der Rechtsaufsichtsbehörde; bei VO des Bundes ggf Zustimmung des Bundesrats, Art. 80 Abs. 2, 109 Abs. 4 GG; wird die *Bundesregierung* zum Erlass einer RVO ermächtigt, so kommt diese nach BVerfG nur wirksam zu Stande, wenn sie der Regierung als Ganzes zugerechnet werden kann; bei Beschlussfassung durch die Mitglieder der Regierung im *Umlaufverfahren* darf die Zustimmung nicht unterstellt oder fingiert werden, BVerfGE 91, 148.
- ordnungsgemäße *Bekanntmachung*, bei VO des Bundes: BGBl, bei VO des Landes: Gesetz- und Verordnungsblatt des Landes, bei kommunaler VO: s. die einschlägigen kommunalrechtlichen Bestimmungen des Landes;
- bei VO auf Grund bundesgesetzlicher Ermächtigung: Angabe der Ermächtigungsnorm erforderlich, Art. 80 Abs. 1 S. 3 GG, Fehlen führt zur Nichtigkeit; bei landesgesetzlicher Ermächtigung: landesrechtlich unterschiedlich geregelt;
- zu prüfen ist auch, ob ggf die Ermächtigungsnorm selbst *weitere Verfahrenserfordernisse* aufstellt (so ist zB bei Rechtsverordnungen auf dem Gebiet der Landesplanung oder auch der kommunalen Neugliederung die Zustimmung des Parlaments erforderlich);
- *materielle Vereinbarkeit der VO mit der Ermächtigungsnorm*, dabei zu beachten, dass diese hinreichend bestimmt bleiben muss;
- Vereinbarkeit der VO mit *höherrangigem Recht*, insbesondere Grundrechte, Übermaßverbot (soweit VO-Geber Ermessensspielraum hat).

287 **Rechtsfolge** aus einem Verstoß gegen die genannten Erfordernisse ist grundsätzliche **Nichtigkeit**, sofern nicht – was bei Verfahrensverstößen mitunter der Fall sein kann – das Gesetz ihre Unbeachtlichkeit anordnet (dies tun in einigen Fällen die Gemeindeordnungen der Länder).

Lösung der Ausgangsfälle:

Fall 32 – Approbationsordnung –: Ob die Prüfung zu Recht für nicht bestanden erklärt wurde, hängt von der **Gültigkeit des § 14 AppOÄ** ab. Denn dort ist das Prüfungsverfahren ebenso festgelegt wie die Bestehensgrenze. **288**

Hierfür sind folgende Punkte zu prüfen:

1. Ermächtigungsnorm für § 14 AppOÄ: § 4 Abs. 1 BÄO

a) Gesetz muss vom zuständigen Gesetzgeber erlassen worden sein; hier: Konkurrierende Zuständigkeit des Bundes nach Art. 74 Abs. 1 Nr 19 GG – Zulassung zu den ärztlichen Berufen umfasst auch Prüfungen als Zulassungsvoraussetzungen.

b) Formell ordnungsgemäßes Zustandekommen hier zu unterstellen.

c) Ermächtigungsadressat: Art. 80 Abs. 1 S. 1 GG.

d) Materielle Verfassungsmäßigkeit:

aa) Ablegen einer Prüfung als Zulassungsvoraussetzung zum Beruf des Arztes darf gefordert werden; die hierin liegende Berufszulassungsschranke iSv Art. 12 Abs. 1 GG wird durch das Rechtsgut „Volksgesundheit" zweifelsfrei gerechtfertigt.

bb) Insbesondere: Verordnungsermächtigung in § 4 Abs. 1 BÄO – Bestimmtheit nach Inhalt, Zweck und Ausmaß, Art. 80 Abs. 1 S. 2 GG?

Die Ermächtigung ist inhaltlich hinreichend bestimmt. Gegenstand der zu erlassenden RVO soll die ärztliche Prüfung sein. Die VO-Ermächtigung ist nach ihrem Zweck hinreichend bestimmt, wenn der Zweck, die Zielsetzung der zu erlassenden VO hinreichend voraussehbar ist. Dass es um die für die Ausübung des Arztberufs erforderlichen Kenntnisse geht, demgemäß die VO über die Prüfung darauf ausgerichtet sein muss, das Vorhandensein dieser Kenntnisse festzustellen, geht bereits aus § 4 Abs. 1 BÄO hervor. Hiernach soll der Arzt der Gesundheit des einzelnen und des ganzen Volkes dienen. Also muss die Prüfung sicherstellen, dass die hierfür erforderlichen Kenntnisse nachgewiesen werden (BVerfGE 80, 1, 21).

Fraglich ist demnach nur, ob § 4 Abs. 1 BÄO nach dem Ausmaß der Ermächtigung hinreichend bestimmt ist. Es geht hierbei darum, wie weit reichende Anforderungen der VO-Geber stellen darf, was den Prüfungsstoff, das Verfahren und die Bestehensvoraussetzungen betrifft. Weder § 4 Abs. 1 noch andere Bestimmungen der BÄO treffen hierzu nähere Aussagen. Gleichwohl ist die Ermächtigung auch insoweit hinreichend bestimmt: Die maßgeblichen Schranken für die VO-Geber folgen unmittelbar aus dem GG selbst, insbes. aus Art. 12 Abs. 1 GG und dem Übermaßverbot sowie aus Art. 3 Abs. 1 GG. Die Regelung der Einzelheiten im Wege der RVO ist sachgerecht. Denn nur auf diesem Weg kann die notwendige Anpassung der Prüfungsanforderungen an die Entwicklung der Medizin sinnvoll und praktikabel durchgeführt werden. Art. 80 Abs. 1 S. 2 GG erfordert eben *hinreichende, nicht größtmögliche Bestimmtheit.*

2. § 14 AppOÄ

a) Zuständigkeit des VO-Gebers lt SV gegeben: Bundesgesundheitsminister.

b) Besondere Verfahrenserfordernisse: Zustimmung Bundesrat, Art. 80 Abs. 2 GG.

c) Ordnungsgemäße Bekanntmachung und Angabe der Ermächtigungsgrundlage, Art. 80 Abs. 1 S. 3 GG zu unterstellen.

d) Materielle Vereinbarkeit mit Ermächtigungsnorm

aa) Multiplechoiceverfahren: Eignung des Verfahrens, das erforderliche Fachwissen festzustellen, grundsätzlich zu bejahen, damit Vereinbarkeit mit der Ermächtigungsnorm auch nach ihrer Tendenz und Zwecksetzung; keine Festlegung auf bestimmtes Prüfungsverfahren im Gesetz.

bb) Bestehensregel: Dürfte bereits von der Zielsetzung der Ermächtigung nicht getragen sein (vgl BVerfGE 80, 1, 29): Eignung kann nicht anhand einer starren Prozentgrenze, sondern nur nach den Anforderungen des jeweiligen Prüfungstermins bestimmt werden.

e) Vereinbarkeit mit höherrangigem Recht.

aa) Multiplechoiceverfahren verhältnismäßige Einschränkung der Berufszugangsfreiheit;

bb) Bestehensregel nach BVerfGE 80, 1, 30 wegen ihrer Starrheit unverhältnismäßig.

Ergebnis: Bestehensregel unvereinbar mit Art. 12 Abs. 1 GG und deshalb nichtig; Entscheidung über Nichtbestehen der Prüfung daher rechtswidrig und aufzuheben (dies hat aber nicht zur Folge, dass die Prüfung ohne weiteres als bestanden gilt, vielmehr ist eine erneute Entscheidung herbeizuführen).

Fall 33 – Fehlbelegungsabgabe –: Die Fehlbelegungsabgabe wird erhoben nach § 1 Abs. 1 des Gesetzes iVm der VO nach Abs. 4; sowohl Gesetz als auch VO müssen also wirksam sein.

1. *Verfassungsmäßigkeit des Gesetzes*

a) Bundeskompetenz: Art. 70 GG – Art. 74 GG, hier einschlägig Art. 74 Abs. 1 Nr 18, jedoch nur, wenn keine Steuer iSv Art. 105 GG vorliegt (s.o. Rn 208 ff); hier „Abschöpfungsabgabe", Art. 74 Abs. 1 Nr 18 GG also anwendbar – Art. 72 Abs. 2 GG erfüllt.

b) Gesetzgebungsverfahren: Ordnungsgemäßheit zu unterstellen.

c) Materielle Verfassungsmäßigkeit

aa) Art. 80 Abs. 1 S. 2 GG.

Zw könnte hier sein, Bestimmtheit nach „Zweck", da die Frage des „ob" einer VO vom Gesetzgeber zu entscheiden ist; im Wege der Auslegung des Gesetzes ließ sich jedoch ein hinreichend bestimmtes „Programm" für den VO-Geber ermitteln, vgl vorstehend Rn 277.

bb) Vereinbarkeit mit Grundrechten?

Art. 14 nicht einschlägig, da Geldleistungspflicht; daher zurückzugreifen auf Art. 2 Abs. 1 GG, der jedoch nicht verletzt ist, da Regelung insgesamt von legitimer Zielsetzung getragen und diesbezüglich verhältnismäßig; Verstoß gegen Art. 3 Abs. 1 GG lt BVerfGE 78, 232 allerdings in der Beschränkung auf Gemeinden über 300 000 Einw.; führt jedoch nicht zur Nichtigkeit, Gesetzgeber hat vielmehr gleichheitskonforme Regelung zu schaffen.

Ergebnis: Ermächtigungsgrundlage (noch) wirksam.

2. *Gültigkeit der RVO:* hängt ab von den tatbestandlichen Voraussetzungen in § 1 Abs. 4 des Gesetzes.

4. Rechtsetzung durch Selbstverwaltungskörperschaften: Satzungserlass

Fall 34 – Berufsordnung –: Das Landesärztegesetz (LÄG) des Landes A bestimmt in § 1: „Die Ärzte sind verpflichtet, ihren Beruf gewissenhaft auszuüben und dem ihnen entgegengebrachten Vertrauen zu entsprechen." § 10 lautet: „Die Berufsordnung kann weitere Vorschriften über Berufspflichten im Rahmen des § 1 enthalten, insbesondere über … die Werbung." § 11 lautet: „Die Berufsordnung wird von der Landesärztekammer erlassen und bedarf der Genehmigung durch die Landesregierung." **289**

Die von der Landesärztekammer erlassene Berufsordnung bestimmt in § 21: „(1) Jegliche Werbung und Anpreisung ist dem Arzt untersagt.

(2) Veröffentlichung wissenschaftlicher Berichte in Fachpublikationen ist zulässig."

Dr. med. Eisenbart ist Inhaber eines Privatsanatoriums für Frischzellentherapie. In seinem Buch „Frischzellentherapie heute" berichtet er über seinen Berufsweg, die von ihm entwickelten Therapien und die Behandlungserfolge, die er in seinem Sanatorium erzielte. Hierin sieht die Ärztekammer einen Verstoß gegen das Werbeverbot. In einem berufsgerichtlichen Verfahren wird Dr. med. Eisenbart zu einer Geldbuße verurteilt. Er hält die Berufsordnung, soweit sie das Werbeverbot enthält, für unwirksam. Derartige Eingriffe in seine Grundrechte könne, wenn überhaupt, nur der Gesetzgeber vorsehen.
Rn 294

Mit der Ermächtigung zum Erlass von *Rechtsverordnungen* werden Rechtsetzungsbefugnisse innerhalb der Staatsorganisation auf die Verwaltung übertragen. Hierin liegt eine Durchbrechung des Gewaltenteilungsprinzips, deshalb gelten die Bestimmtheitsanforderungen des Art. 80 Abs. 1 S. 2 GG. Hoheitliche Funktionen müssen aber nicht in allen Fällen unmittelbar durch den Staat wahrgenommen werden. Sie können in begrenztem Umfang auch auf selbstständige Körperschaften übertragen werden, denen dann das Recht zusteht, ihre eigenen Angelegenheiten selbst zu verwalten. Man spricht hier von „**Selbstverwaltung**". Wichtigster Fall ist die Selbstverwaltung der Gemeinden im Rahmen ihres örtlichen Wirkungskreises. Aber auch den Universitäten oder den berufsständischen Einrichtungen wie Ärzte- oder Rechtsanwaltskammern (vgl BVerfGE 33, 125) kann das Recht zur Selbstverwaltung eingeräumt werden. Es kann dann auch die Befugnis umschließen, eigene Angelegenheiten durch Rechtsvorschriften zu regeln. Es sind dies die sog. **autonomen Satzungen**, etwa die Satzungen der Gemeinden (s. § 4 GO NW), aber auch zB Promotions- oder Habilitationsordnungen der Universitäten und Berufsordnungen, wie sie von berufsständischen Kammern erlassen werden. Sie werden von gewählten Beschlussorganen der Selbstverwaltungskörperschaften beschlossen (Gemeinderat, Fachbereichsrat). Anders als beim Erlass von Verordnungen, liegt im Erlass von Satzungen keine Durchbrechung des Gewaltenteilungsprinzips. Deshalb gilt hier Art. 80 Abs. 1 S. 2 GG nicht. Doch ist die Reichweite des Satzungsrechts begrenzt durch den Aufgabenbereich der Selbstverwaltungskörperschaft. **290**

Weitere Einschränkungen ergeben sich aus dem Parlamentsvorbehalt für grundrechtswesentliche Fragen (s.o. Rn 66 ff), aber auch aus dem rechtsstaatlichen Gesetzesvorbehalt für Eingriffsmaßnahmen (dazu näher im folgenden Abschnitt). **291**

Wenn daher eine Gemeinde durch Satzung eine „Zuzugsabgabe" für neu zugezogene Gemeindebürger erheben will oder etwa eine Zweitwohnungssteuer, bedarf sie hierfür einer gesetzlichen Grundlage, durch die sie zu eben dieser Art von Abgaben ermächtigt wird; einschlägig sind insoweit die Kommunalabgabengesetze der Länder (vgl *Schmidt-Jortzig*, Kommunalrecht, Rn 768).

Gesichtspunkte des Parlamentsvorbehalts für grundrechtswesentliche Entscheidungen werden im Übrigen vor allem bei der Verleihung von Satzungsbefugnissen an autonome Körperschaften bedeutsam. Beispielhaft kann hier auf das *„Facharzt-Urteil"* des Bundesverfassungsgerichts (BVerfGE 33, 125, 157 f) verwiesen werden: Der Erwerb der Facharzt-Qualifikation ist für den einzelnen Arzt in seiner beruflichen Betätigung grundrechtlich in Bezug auf Art. 12 GG so bedeutsam, dass die Voraussetzungen hierfür, unabhängig vom Vorliegen eines Grundrechts„eingriffs", vom parlamentarischen Gesetzgeber selbst getroffen werden müssen, dieser sich in den wesentlichen Fragen seiner Regelungsbefugnis nicht zu Gunsten berufsständischer Selbstverwaltungskörperschaften entäußern darf, dies vor allem dann, wenn auch ein relevantes Interesse der Allgemeinheit an der fraglichen Regelung besteht.

292 Die Verleihung autonomer Satzungsbefugnisse wird also grundsätzlich durch Rechtsstaatsprinzip und Demokratiegebot begrenzt: durch grundrechtliche Bedeutsamkeit für die Betroffenen und Bedeutung für die Allgemeinheit. Insbesondere für den Satzungserlass durch berufsständische Selbstverwaltungskörperschaften (s. hierzu noch BVerfGE 36, 212; 53, 96; 57, 131; s. auch *Schneider*, Gesetzgebung, Rn 286) kann dies bedeutsam werden.

293 Für die Überprüfung von Satzungen gilt, was für die Überprüfung von Rechtsverordnungen gesagt wurde (o. Rn 285 f).

Auf folgende Punkte ist regelmäßig zu achten:

1. Verleihung der Satzungsautonomie durch Gesetz; Art. 80 Abs. 1 S. 2 GG nicht, auch nicht entsprechend anwendbar;

- wenn Satzung zu Eingriffsakten ermächtigt, hierfür erforderlich: gesetzliche Grundlage;
- Entscheidung der „*wesentlichen*" Fragen durch den Gesetzgeber (Rn 335);

Anmerkung: für die Satzungsermächtigungen im Kommunal- und Kommunalabgabenrecht der Länder kann in aller Regel davon ausgegangen werden, dass sie den genannten Anforderungen genügen.

2. Satzungserlass – *Verfahren*, hierbei insbesondere zu prüfen:

- ist zuständiges Organ der Körperschaft tätig geworden (bei kommunalen Satzungen: Gemeinderat)?
- Einhaltung des vorgeschriebenen Beschlussverfahrens;
- ordnungsgemäße Verkündung und Bekanntmachung;
- ggf Genehmigung durch Rechtsaufsichtsbehörde, soweit gesetzlich vorgeschrieben;
- wenn Verfahrensfehler festgestellt wird, ist Fehlerfolge zu bestimmen: nicht ausnahmslos Nichtigkeit.

3. *Materielle* Voraussetzungen

- Satzung im Rahmen der gesetzlich verliehenen Satzungsautonomie?
- Wenn Eingriffsmaßnahmen vorgesehen, hierfür Ermächtigung?
- Verstoß gegen höherrangiges Recht?

Rechtsfolge aus einem Verstoß gegen die vorstehend genannten Erfordernisse ist grundsätzlich **Nichtigkeit**; allerdings sehen zB §§ 214, 215 BauGB für städtebauliche Satzungen und die Gemeindeordnungen der Länder generell für Satzungen der Gemeinde die **Unbeachtlichkeit** bzw **Heilbarkeit** bestimmter, nicht innerhalb einer bestimmten Frist gerügter Verfahrens- und Abwägungsmängel vor bzw § 215a BauGB ein ergänzendes Verfahren.

Lösung Fall 34 – Berufsordnung –: **294**

1. Bei der Verhängung einer Geldbuße durch das Berufsgericht handelt es sich um einen *Eingriff*. Hierfür ist eine Grundlage in einem formellen Gesetz erforderlich. Derartige Ermächtigungen finden sich durchweg in den einschlägigen Landesgesetzen. Es soll daher davon ausgegangen werden, dass sie auch im LÄG des Landes A enthalten ist.

2. Die Verhängung einer Geldbuße wegen Verstoßes gegen Berufspflichten nach der Berufsordnung (BO) setzt deren Gültigkeit voraus.

a) Es handelt sich bei der BO um eine Satzung, also eine Rechtsnorm, die von der Landesärztekammer als Selbstverwaltungskörperschaft erlassen wurde. Voraussetzung hierfür ist zunächst die Verleihung der Satzungsautonomie. Sie findet sich in §§ 10, 11 LÄG.

b) Die Satzungsermächtigung müsste ihrerseits gültig sein. Art. 80 Abs. 1 S. 2 GG gilt nicht. § 10 LÄG ermächtigt jedoch zu grundrechtsbeschränkenden Satzungen: Werbeverbote beschränken die Freiheit der Berufsausübung, Art. 12 Abs. 1 GG sowie die Freiheit der Meinungsäußerung, Art. 5 Abs. 1 S. 1 GG. Hier muss der Gesetzgeber die maßgeblichen Entscheidungen selbst treffen, in welchem Maße, bestimmt sich nach der Intensität der Grundrechtsbeschränkung. Deshalb müssen nach BVerfGE 33, 125, 154 sog. statusbildende Regelungen (insbes. über die Zulassung zum Beruf) vom Gesetzgeber selbst erlassen werden. Im Ausgangsfall geht es jedoch nur um die Art und Weise der Berufsausübung durch die Ärzte *nach* ihrer Zulassung. Hier genügt es, wenn der Gesetzgeber generell festlegt, dass Werbebeschränkungen erlassen werden können. Diese sind dann eigenverantwortlicher Ordnung durch die Berufsverbände zugänglich (BVerfGE 71, 162, 172). Die Satzungsermächtigung ist deshalb hinreichend bestimmt.

c) Werbebeschränkungen für freie Berufe sind auch materiell mit Art. 12 Abs. 1 GG und Art. 5 Abs. 1 S. 1 GG vereinbar (näher BVerfG aaO).

3. Die Satzung müsste rechtswirksam erlassen worden sein.

a) Formell ordnungsgemäßer Satzungserlass ist hier zu unterstellen.

b) Materielle Voraussetzungen:

Satzung hält sich im Rahmen der Satzungsermächtigung: nähere Definition der Berufspflichten im Zusammenhang mit Werbung.

Verstoß gegen höherrangiges Recht? Werbeverbote sind grundsätzlich mit Art. 12 Abs. 1 GG und mit Art. 5 Abs. 1 GG vereinbar (näher BVerfGE 71, 162, 173 ff). Sie können allerdings im Einzelfall die freie öffentliche Auseinandersetzung über Fragen von allgemeinem Interesse im Zusammenhang mit der Berufstätigkeit beeinträchtigen.

Dem ist aber bei Anwendung der Satzungsbestimmungen im Einzelfall nach Maßgabe der Wechselwirkungstheorie zu Art. 5 Abs. 1, 2 GG Rechnung zu tragen.

4. Hier dürfte die Annahme eines Verstoßes gegen die Berufspflichten mit Art. 5 GG nicht mehr vereinbar sein: öffentliche Auseinandersetzung über umstrittene Behand-

lungsmethoden vom Schutzzweck der Meinungsfreiheit umfasst, Werbeeffekte des Buchs hier nur notwendige Nebenwirkung, die es nicht rechtfertigt, den Beitrag des Dr. E zum freien Meinungskampf zu unterdrücken (so auch BVerfGE 85, 248).

5. Verwaltungsvorschriften

Ausgangsfälle:

295 **Fall 35 – Ausgleichszahlung –:** Eine Umweltkatastrophe im Land A hat die Vernichtung großer Teile der Gemüseernte in mehreren Landkreisen zur Folge. Die Landesregierung verspricht „schnelle und unbürokratische Hilfe". Ein „Erlass" des Landwirtschaftsministers über Hilfsmaßnahmen sieht vor, dass Landwirte, die einen Ernteausfall von mehr als 30% erleiden, Ausgleichszahlungen erhalten. Der Landwirt A, dessen Ernte zu mehr als 35% vernichtet wurde, beantragt entsprechende Leistungen; diese werden (abweichend von der sonstigen Praxis) von der Behörde abgelehnt, da A sehr vermögend und daher nicht hilfsbedürftig sei. Hat A einen Anspruch auf Zahlung? **Rn 300**

296 **Fall 36 – Beihilferichtlinien –:** Im Landesbeamtengesetz des Landes A ist folgende Bestimmung enthalten:

„Beamte des Landes A haben Anspruch auf Beihilfe in Krankheits-, Geburts- und Todesfällen nach Maßgabe der jeweiligen Beihilfevorschriften der Landesregierung".

Die Beihilferichtlinien sehen vor, dass Kosten, die durch die Behandlung von Alkoholismus entstehen, nicht beihilfefähig sind. Der Landesbeamte B ist auf Grund beruflicher Frustrationen zum Alkoholiker geworden. Nachdem er sich mit Erfolg einer Entziehungskur unterzogen hat, beantragt er Beihilfe für die hierfür angefallenen Kosten von € 2500,–. Seine Dienststelle möchte die Beihilfe an sich bewilligen, sieht sich aber durch die Beihilferichtlinien daran gehindert. Zu Recht?

B klagt vor dem Verwaltungsgericht; der Vertreter des Landes verweist auf die auch für das Gericht verbindlichen Beihilferichtlinien. Muss das Gericht diese beachten? **Rn 300**

297 Die Verwaltung ist im Verhältnis zum Bürger an die Rechtsordnung gebunden. Sie hat die Gesetze und sonstigen Rechtsvorschriften zu beachten. Häufig lassen die für die Verwaltung maßgeblichen Rechtsnormen Entscheidungsspielräume offen: Ermessensnormen geben der Verwaltung die Befugnis, bestimmte Maßnahmen zu treffen (zB gegen nicht genehmigte Versammlungen einzuschreiten, bei Ordnungswidrigkeiten Bußgelder zu verhängen), schreiben ihr dies jedoch nicht zwingend vor. In derartigen Fällen kann ein Bedürfnis nach einer einheitlichen Verwaltungspraxis bestehen. Gleiches gilt, wenn das Handeln der Verwaltung gesetzlich nicht geregelt ist, was in Teilbereichen der Leistungsverwaltung der Fall ist, so auch im **Fall 35 – Ausgleichszahlung –**. Hier kann nun die im behördlichen Instanzenzug vorgeordnete Behörde für die ihr nachgeordneten Behörden (also etwa der Innenminister für die Regierungspräsidenten und Kreisverwaltungsbehörden) allgemeine Richtlinien erlassen, die die Handhabung des Verwaltungsermessens „dirigieren". Diese Richtlinien sind für die nachgeordneten Verwaltungsbehörden verbindlich,

nicht aber im Außenverhältnis für den Bürger. Sie werden als „**Verwaltungsvorschriften**" bezeichnet. Es handelt sich hierbei um generelle, nur verwaltungsintern verbindliche Regelungen, mithin **nicht** um **Rechtsnormen** (nicht um *Außenrechtssätze,* die vom Staat mit Verbindlichkeit für den Bürger gesetzt wurden, vgl *Maurer*, Allgemeines Verwaltungsrecht, § 24, Rn 2 f).

Ein Bedürfnis nach einheitlicher Gesetzesanwendung kann weiterhin dann bestehen, wenn ein Gesetz interpretationsbedürftige *unbestimmte Rechtsbegriffe* enthält, dies vor allem dann, wenn das Gesetz in einer Vielzahl gleich gelagerter Fälle zu vollziehen ist. Auch hier können Verwaltungsvorschriften ergehen, die das Gesetz in genereller Weise für die mit der Anwendung des Gesetzes befassten Behörden interpretieren. Man spricht hier von **gesetzesinterpretierenden Verwaltungsvorschriften**, so bei **Fall 36 – Beihilferichtlinien –**: Die Bestimmung im Landesbeamtengesetz wird dahingehend interpretiert, dass Alkoholismus keine Krankheit iS dieser Bestimmung ist. Besonders häufig finden sich gesetzesinterpretierende Verwaltungsvorschriften im *Steuerrecht* als „Erlasse" des Finanzministers. Die Gleichmäßigkeit des Gesetzesvollzugs ist hier von besonderer Bedeutung. **298**

Vor allem im **Umwelt- und Technikrecht** sind die sog. **normkonkretisierenden Verwaltungsvorschriften** von besonderer Bedeutung. Sie bestimmen den Inhalt der in diesem Bereich typischen unbestimmten Rechtsbegriffe (wie zB die nach dem *Stand von Wissenschaft und Technik* erforderliche Vorsorge gegen Schäden beim Betrieb von Atomanlagen, § 7 Abs. 2 S. 1 Nr 3 AtG). Ihnen kommt eine gewisse **Verbindlichkeit** auch gegenüber den Gerichten zu (wenn zB die Genehmigung für eine Anlage angefochten wird): diese haben grundsätzlich – sofern nicht besondere Anhaltspunkte dagegen sprechen – die unbestimmten Rechtsbegriffe mit dem Inhalt anzuwenden, wie er in den Verwaltungsvorschriften – zB den „*Leitlinien*" für die Reaktorsicherheit – näher bestimmt wird (vgl BVerwGE 72, 300, 320 f; 107, 338, 340 f; *Jarass*, JuS 1999, 105). Wegen Art. 84 Abs. 2 bzw 85 Abs. 2 ist für derartige Verwaltungsvorschriften jedoch die Zustimmung des **Bundesrats** erforderlich (BVerfGE 100, 249, 261 f). **298a**

Verwaltungsvorschriften – in der Praxis auch als Richtlinien, Erlasse, Verwaltungs- oder Dienstanweisungen bezeichnet – können also ermessensleitende oder gesetzesinterpretierende Wirkung haben. Sie können ferner die interne Organisation und Arbeitsweise der Behörde regeln. **299**

Verwaltungsvorschriften sind **verwaltungsintern verbindlich**. Sie sind jedoch keine Rechtsnormen mit Außenwirkung. Im Verhältnis zum Bürger können sie also keine Rechte und Pflichten begründen. Sie sind auch für die Gerichte nicht verbindlich. Nur **mittelbar** können sie Bindungswirkung im Verhältnis zum Bürger entfalten:

Hat sich die Verwaltung auf eine bestimmte Handhabung ihres Ermessens festgelegt, so bindet sie sich hierdurch selbst im Verhältnis zum Bürger, der dann einen Anspruch auf Gleichbehandlung im Rahmen gleichförmiger Verwaltungspraxis hat; dieser Anspruch folgt jedoch aus **Art. 3 Abs. 1 GG** (näher *Pieroth/Schlink*, Rn 494 ff).

Lösung der Ausgangsfälle:

300 **Fall 35 – Ausgleichszahlung –:** A hat mithin einen Anspruch auf Leistung, da der Erlass für alle Betroffenen mit mehr als 30% Ernteschäden Leistungen vorsieht; er hat dann einen Anspruch auf Gleichbehandlung im Verhältnis zu allen anderen Betroffenen (ist er der erste Anspruchsteller, so stellt man hier auf „antizipierte Verwaltungspraxis" ab, *Maurer*, § 24 Rn 22).

Fall 36 – Beihilferichtlinien –: Die Beihilferichtlinie ist für das *Gericht* unerheblich. Es ist bei der Auslegung des Gesetzes nicht an die Auffassung der Verwaltung gebunden. Ist es der Auffassung, dass hier von „Krankheit" im Sinn der gesetzlichen Bestimmung auszugehen ist, hat es die Verpflichtung der Behörde zur Beihilfegewährung auszusprechen. – Die Dienststelle des B war demgegenüber gehalten, die Richtlinie zu befolgen (abgesehen von gewissen dienstrechtlichen, hier nicht weiter interessierenden Möglichkeiten im verwaltungsinternen Instanzenzug).

6. Recht der EU in der Rechtsordnung des Grundgesetzes

a) Rechtsquellen des Gemeinschaftsrechts

301 Die Rechtsordnung des Grundgesetzes wird im Zuge der europäischen Integration zunehmend überlagert durch Recht der EU (s.o. Rn 17). Deren Organen sind Rechtsetzungsbefugnisse gem. Art. 23 GG übertragen, vgl o. Rn 16 ff.

Die Rechtsquellen des Europarechts sind iE dargestellt bei *Schweitzer*, Rn 318 ff. Zu unterscheiden ist hier zwischen dem in den Verträgen – insbesondere dem EGV – enthaltenen *primären Gemeinschaftsrecht* und dem auf der Grundlage der Verträge erlassenen *sekundären Gemeinschaftsrecht*. Für letzteres sind insbesondere Verordnungen und Richtlinien zu nennen.

Verordnungen (dazu *Schweitzer*, Rn 339 ff) sind allgemein verbindlich und gelten unmittelbar in jedem Mitgliedstaat. Sie sind also im Rahmen der Rechtsanwendung von den Behörden der Bundesrepublik zu beachten (vgl den Fall bei *Schweitzer*, Rn 42 ff). Richtlinien (Art. 249 Abs. 3 EGV) richten sich an die Mitgliedstaaten. Sie verpflichten sie, ihre innerstaatliche Rechtsordnung der Richtlinie anzugleichen. Sie waren ursprünglich nach Art. 249 Abs. 3 EGV als eine Art Rahmenvorschriften gedacht, doch ist die Praxis, vom EuGH gebilligt, darüber hinweggegangen. Richtlinien haben mittlerweile einen hohen Grad an Detailliertheit erreicht. Obwohl an sich nur an die Mitgliedstaaten gerichtet, wird ihnen zunehmend Direktwirkung zuerkannt, dergestalt, dass der einzelne „Gemeinschaftsbürger" sich gegenüber Behörden und Gerichten auf die Richtlinie berufen kann.

302 **Beispiel** (nach *Winter*, DVBl 1991, 657, 661): Dem A wird die Genehmigung zur Errichtung und zum Betrieb einer Anlage nach BImSchG erteilt. Dabei wird für SO2-Immissionen der Grenzwert der TA-Luft zugrundegelegt. Der Nachbar N klagt gegen die Anlagengenehmigung. Er macht schädliche SO2-Immissionen geltend und beruft sich hierfür auf den in einer EG-Richtlinie festgelegten niedrigeren Grenzwert. Er kann dies mit Erfolg, wenn die strengeren Anforderungen der Richtlinie unmittelbar durch Behörde und Gericht anzuwenden sind.

303 Die Möglichkeit unmittelbarer Anwendbarkeit – also der „Direktwirkung" – von Richtlinien wurde vom EuGH in seinem grundlegenden Urteil vom 19.1.1982 (Slg. 1982, S. 53 ff, wie-

dergegeben bei BVerfGE 75, 223, 238 ff) bejaht: wenn der Mitgliedstaat seiner Verpflichtung, die Richtlinie in innerstaatliches Recht umzusetzen, nicht fristgerecht nachgekommen sei, könne er dieses vertragswidrige Verhalten dem einzelnen Gemeinschaftsbürger nicht zu dessen Lasten entgegenhalten, dieser könne sich dann unmittelbar auf die Richtlinie berufen.

IE ist hier vieles noch str. (Direktwirkung nur zu Gunsten oder auch zu Lasten des Einzelnen? Direktwirkung im Verhältnis der Bürger zueinander?); zu den Voraussetzungen (Vertragsverstoß des Mitgliedstaates, inhaltliche Bestimmtheit und Anwendungsfähigkeit der Richtlinie) vgl iE *Schweitzer*, Rn 266 ff; *Jarass*, NJW 1990, 2420 ff; *Winter*, DVBl 1991, 657 ff; insbesondere zur „horizontalen" Drittwirkung s. *Gassner*, JuS 1996, 303 ff.

*Der Entwurf des **Verfassungsvertrags** sieht eine grundlegende Neuordnung im Bereich der Rechtsakte der EU vor: Das **„Europäische Gesetz"** als Gesetz im klassischen Sinn mit allgemeiner Verbindlichkeit gilt unmittelbar in jedem Mitgliedstaat und soll in einem besonderen Gesetzgebungsverfahren auf Vorschlag der Kommission von Parlament und Ministerrat gemeinsam erlassen werden, während das **„Europäische Rahmengesetz"**, für das die gleichen Verfahrensanforderungen gelten sollen, die Funktion der Richtlinien übernehmen würde. Als Rechtsvorschrift im untergesetzlichen Rang ist die **Europäische Verordnung** vorgesehen. Sie kann sowohl mit unmittelbarer Geltung in den Mitgliedstaaten als auch mit der Verbindlichkeit einer Richtlinie ergehen, sich also nur an die Mitgliedstaaten richten. An Stelle der bisherigen Richtlinien würden also entweder Europäische Rahmengesetze oder Europäische Verordnungen treten, an Stelle der bisherigen Verordnungen wiederum Europäische Verordnungen. Der **Europäische Beschluss** ist als Rechtakt ohne Gesetzescharakter vorgesehen, würde also annähernd die Funktion eines Verwaltungsaktes haben. Damit würde auf EU-Ebene eine Rechtsnormenpyramide und eine Hierarchie von Rechtsakten ähnlich der des Grundgesetzes entstehen.* **303a**

b) Gemeinschaftsrecht und Grundgesetz – EuGH und BVerfG

Im Kollisionsfall kommt dem EG-Recht grundsätzlich Vorrang gegenüber innerstaatlichem Recht zu. Der Vorrang des Gemeinschaftsrechts wird aus den Gründungsverträgen, insbesondere aus Art. 249 Abs. 2 EGV, abgeleitet (näher *Schweitzer*, Rn 40 ff). Er wird für die Rechtsordnung des Grundgesetzes anerkannt durch Art. 23 Abs. 1 GG: wenn Hoheitsgewalt auf die EG als zwischenstaatliche Einrichtung übertragen wird, wird insoweit auf die Ausübung innerstaatlicher Hoheitsgewalt verzichtet, sind die Hoheitsakte der zwischenstaatlichen Einrichtung anzuerkennen. **304**

Hierbei handelt es sich um einen Anwendungsvorrang: das gemeinschaftswidrige innerstaatliche Recht ist nicht nichtig, doch kommt es jeweils im Konfliktfall nicht zur Anwendung.

Dieser **Vorrang des europäischen Rechts** gilt grundsätzlich auch gegenüber innerstaatlichem Verfassungsrecht, jedoch nicht schrankenlos: Art. 23 Abs. 1 S. 3 GG lässt die Übertragung von Hoheitsrechten nur in den Schranken des Art. 79 Abs. 3 GG zu (Rn 18). Zu Hoheitsakten, die diese unverzichtbaren Grundsätze nicht beachten, konnte der deutsche Gesetzgeber die EU von vornherein nicht ermächtigen. Es muss also gewährleistet sein, dass diese Grundsätze beachtet werden. Deshalb **305** fordert das Bundesverfassungsgericht, dass auf europäischer Ebene ein **unverzichtbarer Grundrechtsstandard** gewährleistet sein muss (BVerfGE 73, 399 – „Solange II"; BVerfGE 89, 155 – Maastricht), der leider kaum beschrieben wird (vgl *Nettesheim*, Jura 2001, 668). Würden die Gemeinschaftsorgane diesen Grundrechtsstandard nicht mehr beachten, so würden sie ihre Befugnisse überschreiten. Denn hierzu konnten sie über Art. 23 Abs. 1 GG von vornherein nicht ermächtigt werden. Sie würden den Rahmen des in den Verträgen angelegten Integrationsprogramms verlassen. Ob dies der Fall ist, könnte vom Bundesverfassungsgericht grundsätzlich geprüft werden (BVerfGE 89, 155). Es schützt so die Grundrechte in „Kooperation" mit dem EuGH.

306 In diesem engen Rahmen des Art. 79 Abs. 3 GG hält sich das Bundesverfassungsgericht die Möglichkeit offen, Akte des **sekundären Gemeinschaftsrecht** (Verordnungen, Richtlinien) zu überprüfen. Aktuell sieht es hierzu keinen Anlass: der Schutz der Grundrechte auf europäischer Ebene durch die EU-Gerichtsbarkeit ist, so das BVerfG, dem vom Grundgesetz zwingend geforderten Grundrechtsschutz im Wesentlichen gleichartig. Dies wird insbesondere im Beschluss zur *Bananenmarktordnung* vom 07.06.2000 (BVerfGE 102, 147) klargestellt. Dabei reicht es aus, dass der Grundrechtsschutz auf EG-Ebene generell dem nach dem Grundgesetz entspricht – die Grundrechte müssen nicht in jedem Einzelfall inhaltsgleich sein.

Dies bedeutet: **Verfassungsbeschwerden** gegen Akte des Gemeinschaftsrechts und **Richtervorlagen** (Art. 100 Abs. 1 GG – s. Rn 620 ff), mit denen die Überprüfung von sekundärem Gemeinschaftsrecht am Grundgesetz durch das BVerfG beantragt wird, sind derzeit unzulässig. Sie wären erst dann zulässig, wenn dargelegt werden könnte, dass durch die EU-Gerichtsbarkeit (EuGH und zunehmend auch das Europäische Gericht erster Instanz – EuG) der vom BVerfG geforderte Grundrechtsschutz nicht mehr gewährleistet sei. Dies dürfte in absehbarer Zeit aber nicht praktisch werden (zum Vorrang des EG-Rechts s. näher *Jarass/Beljin*, NVwZ 2004, 1 ff). Dass es sich insoweit nicht um Akte der deutschen öffentlichen Gewalt handelt, steht nach Auffassung des BVerfG im Übrigen der Verfassungsbeschwerde nicht entgegen (vgl BVerfG NJW 2001, 2705 – aM *Hillgruber/Goos* Rn 926).

307 Sieht sich ein Bürger durch einen Akt deutscher Behörden in Anwendung sekundären Gemeinschaftsrechts in Grundrechten verletzt (zB die Verweigerung eines Einfuhrkontingents für Bananen), so wird er hiergegen zunächst vor dem zuständigen deutschen **Fachgericht** klagen (Verwaltungsgericht). Dieses hat allerdings **keine Verwerfungskompetenz**, kann also nicht die Unanwendbarkeit einer Norm des Gemeinschaftsrechts feststellen, sondern hat die **Vorabentscheidung** des EuGH einzuholen, Art. 234 EGV; in bestimmten Fällen soll künftig das EuG an dessen Stelle treten. Sollte es jedoch zu der Überzeugung gelangen, der unverzichtbare Grundrechtsstandard sei nicht mehr gewahrt, dann müsste es entweder selbst über Anwendbarkeit oder Nichtanwendbarkeit des EG-Rechts entscheiden oder aber analog Art. 100 Abs. 1 GG die Frage dem BVerfG vorlegen. Wenn dann allerdings die EG ein Vertragsverletzungsverfahren einleitet, landet die Sache wieder beim EuGH. Letztlich könnte ein so tiefgreifender Konflikt justiziell nicht gelöst werden.

308 Unterlässt das Fachgericht die Vorlage zum EuGH, so verletzt es das Recht des Klägers auf den gesetzlichen Richter. Dieser kann dann Verfassungsbeschwerde wegen

Art. 101 Abs. 1 S. 2 GG erheben; das BVerfG müsste dann dem EuGH vorlegen und – wenn dieser den gemeinschaftsrechtlichen Akt bestätigt – ggf sich die Frage stellen, ob der unverzichtbare Grundrechtsstandard noch gewahrt ist.

Bei unmittelbar anwendbaren Verordnungen oder Entscheidungen von Gemeinschaftsorganen ist für den Bürger die Direktklage zum Europäischen Gericht erster Instanz bzw zum EuGH gegeben. Sind die europäischen Gerichte nicht bereit, den unverzichtbaren Grundrechtsschutz zu gewähren (wovon bis auf weiteres nicht auszugehen ist!), wäre theoretisch Verfassungsbeschwerde zum BVerfG möglich. **309**

Gute Übersicht über die verschiedenen Klagemöglichkeiten bei *Zuck/Lenz,* NJW 1997, 1193 ff, 1200.

Schrifttum zu III.: *Zu III.2 – Gesetzgebung –: s. nach II.*

Zu III.3 – Verordnungsgebung –: Hesse, § 14 I 3; *Maunz/Zippelius*, § 37 V; *Stern* I, § 20 IV 4c; *Maurer*, Allgemeines Verwaltungsrecht, § 13; *Schneider*, Gesetzgebung, § 9; *Ziekow*, Verordnungsermächtigungen mit supra- und internationalen Bezügen, JZ 1999, 963.

Zu III.4 – Satzungserlass –: Stern I, § 20 IV 4c; *Schneider*, Gesetzgebung, § 10.

Zu III.5 – Verwaltungsvorschriften –: Maurer, Allgemeines Verwaltungsrecht, § 24.

Zu III.6 – EG-Recht –: Streinz, § 5; *Jarass/Beljin*, Die Bedeutung von Vorrang und Durchführung des EG-Rechts für die antionale Rechtsetzung und Rechtsanwendung; NVwZ 2004, 1; Tramon/Tüllmann, Die künftige Gestaltung der EU-Gerichtsbarkeit nach dem Vertrag von Nizza, NVwZ 2004, 43.

IV. Vorrang und Vorbehalt des Gesetzes

Zu den tragenden Prinzipien der rechtsstaatlichen und demokratischen Ordnung des Grundgesetzes zählt der Grundsatz der Gesetzmäßigkeit der Verwaltung. Er umfasst Vorrang und Vorbehalt des Gesetzes. Vorrang des Gesetzes bedeutet: Bindung an das Gesetz. Vorbehalt des Gesetzes bedeutet: Notwendigkeit einer gesetzlichen Grundlage für das Handeln der Verwaltung. Die durch diese Grundsätze aufgeworfenen Fragen des Verhältnisses von Gesetzgebung und Verwaltung im Rechtsstaat des Grundgesetzes sind Gegenstand des folgenden Abschnitts.

➡ **Leitentscheidungen:** BVerfGE 33, 1 (Strafvollzug); BVerfGE 33, 125 (Facharzt); BVerfGE 47, 46 (Sexualkunde); BVerfGE 49, 89 (Kalkar I); BVerfGE 98, 218 (Rechtschreibreform); BVerfGE 105, 252 und 279 (Glykol/Osho)

Ausgangsfälle:

Fall 37 – Teure Heimat –: Die Gemeinde G hat (durch Bebauungsplan) ein Neubaugebiet ausgewiesen. Sie hatte zunächst Bedenken wegen der Erschließungskosten (iSv §§ 123 ff BauGB) gehabt, doch hatte die Bauträgergesellschaft „Teure Heimat", die das Neubaugebiet erworben hatte und die Bebauung durchführen wollte, sich 1991 durch Vertrag mit der Gemeinde verpflichtet, die Erschließung auf eigene Kosten durchzuführen. Später vertritt sie die Auffassung, die Gemeinde sei gemäß § 129 Abs. 1 S. 3 BauGB **310**

– in der bei Vertragsschluss geltenden Fassung – verpflichtet, zumindest 10% der Erschließungskosten selbst zu tragen, und begehrt von der Gemeinde, ihr 10% ihres Aufwands zu erstatten. **Rn 318**

311 **Fall 38 :**

a) – Zuzugsabgabe –: Zur Deckung ihres durch den regen Zuzug ins Gemeindegebiet verursachten Investitionsbedarfs beschließt die Gemeinde G eine „Satzung über die Erhebung einer Zuzugsabgabe", die von Neubürgern zu leisten ist. Neubürger N hält dies für gesetzwidrig. Der Bürgermeister von G erwidert, eine Gesetzwidrigkeit vermöge er nicht zu erkennen, ein Gesetz über diese Frage gebe es gar nicht. **Rn 320**

b) – Fassadenpreis –: Die Gemeinde G beschließt, im Rahmen der Aktion „Diese unsere Stadt soll schöner werden" Zuschüsse zu besonders gelungenen Fassadenrenovierungen zu leisten. Gemeindebürger A hat die Jugendstilfassade seines Anwesens mit einem Aufwand von 50 000 DM renoviert und hierfür einen Zuschuss von 10 000,– DM erhalten. Später ist die Gemeinde der Auffassung, der Zuschuss sei zu Unrecht gezahlt worden, da es hierfür kein Gesetz gebe, und fordert Rückzahlung. **Rn 331**

312 **Fall 39 – Jugendsekten –:** Der Bundesminister für Jugend und Familie gibt eine Broschüre heraus, in der die Tätigkeit von Jugendsekten aufklärend dargestellt wird. Dabei wird insbesondere vor der Sekte „Kinder der Erleuchtung" gewarnt. Diese gehe mit massivem psychologischen Druck vor und stehe zudem in Verdacht, Kinderprostitution zu betreiben. Die betroffene Sekte sieht hierin einen unzulässigen, weil gesetzlosen Eingriff. **Rn 326**

313 **Fall 40 – Pressesubvention –:** Das Land A stellt im Haushaltsplan Mittel für die Subventionierung lokaler Zeitungsverlage bereit. Die Bedingungen und Vergabemodalitäten werden durch Richtlinien des Innenministeriums geregelt, die Subventionen hiernach ausgezahlt. Der Verlag „Neue Presse", der keine Subventionen in Anspruch nehmen möchte, hält dies für gesetzwidrig. **Rn 331**

314 **Fall 41 – Sexualkunde –:** Ein Erlass des zuständigen Ministeriums für Unterricht und Kultus sieht für die Schulen des Landes A die Einführung von Sexualkundeunterricht vor. Dabei sollen über die biologische Wissensvermittlung hinaus Fragen des sexuellen Verhaltens und Methoden der Empfängnisverhütung weltanschaulich neutral besprochen werden. Eine hiergegen sich formierende „Elterninitiative" hält dies für verfassungswidrig, das Erziehungsrecht der Eltern werde verletzt. Von staatlicher Seite wird entgegnet, das Schulwesen sei ein Bereich „leistender Verwaltung", den die Exekutive nach ihrem Ermessen gestalten könne.

Abwandlung: War die Reform der Rechtschreibregeln auf Grund eines Beschlusses der Kultusministerkonferenz (KMK) verfassungsmäßig oder bedurfte es hierfür eines Gesetzes? Der Beschluss der KMK wurde in den Ländern im Rahmen von Unterrichtsrichtlinien umgesetzt. Betroffene Schüler sahen hierin einen Eingriff in ihre Persönlichkeitsrechte, deren Eltern eine Beeinträchtigung des elterlichen Erziehungsrechts (Art. 6 Abs. 2 GG), da sie sich nicht mehr in der Lage sahen, ihren Kindern in diesen schulischen Fragen beratend und unterstützend zur Seite zu stehen. **Rn 334, 339**

315 **Fall 42 – Braunkohletagebau –:** Ein nach § 24 LPlG NW erlassener Braunkohlenplan (der im Verhältnis zum Bürger nicht bindend ist, sondern nur die Träger öffentlicher Verwaltung zur Anpassung verpflichtet) legt ein Abbaugebiet fest, das große Teile der Gemeinde G in Anspruch nimmt. Diese hält die Standortbestimmung schon deshalb für rechtswidrig, weil sie nicht vom Gesetzgeber selbst getroffen worden sei. **Rn 341**

Fall 42a – Ordnungsbehördliche Generalklausel –: Im Gesetz über die Ordnungsbehörden des Landes A ist in § 3 die sog. ordnungsbehördliche Generalklausel enthalten, wie sie sich in dieser oder ähnlicher Form in den Polizei- und Sicherheitsgesetzen aller Bundesländer findet; sie lautet: „Die Ordnungsbehörden können die notwendigen Anordnungen im Einzelfall treffen, um Gefahren für die öffentliche Sicherheit oder Ordnung abzuwehren." Im Land A haben sich, wie auch in anderen Ländern, seit einigen Jahren neuartige Vergnügungsbetriebe etabliert, deren Hauptattraktionen simulierte Tötungsspiele sind. Die Ordnungsbehörde der Stadt S. erlässt gegen den Betreiber einer derartigen Anlage (Laserdrome) eine auf § 3 OBG gestützte Verfügung, in der sie den Weiterbetrieb dieser Spiele verbietet. Dieser ist der Auffassung, § 3 OBG sei keine ausreichende gesetzliche Grundlage, um ihm sein Gewerbe zu verbieten (Fall nach BVerwG NVwZ 2002, 598 – s. auch Klausurenband Fall 10). Deshalb sei die Anordnung rechtswidrig. **Rn 340a** **315a**

1. Vorrang des Gesetzes

Vorrang des Gesetzes bedeutet zunächst nichts anderes als Bindung der Verwaltung an das geltende Recht: Die Verwaltung darf bei ihrem Handeln nicht gegen Rechtsnormen verstoßen; dies besagt der klare Wortlaut des Art. 20 Abs. 3 GG. Dies gilt für jegliches Verwaltungshandeln, also auch für begünstigende Maßnahmen, unabhängig von der Rechtsform des Verwaltungshandelns, für Verwaltungsakte ebenso wie für Realakte, für Verwaltungshandeln in der Rechtsform des Vertrages wie für die Normsetzung der Exekutive (*Herzog*, Maunz/Dürig, Art. 20, II Rn 37). **316**

Vorrang des Gesetzes bedeutet die Verpflichtung der Verwaltung, das Gesetz anzuwenden. Es bedeutet aber auch ihre Verpflichtung, die auf Grund des Gesetzes ergangenen Normen des **untergesetzlichen Rechts** anzuwenden. Denn auch deren Beachtung wird vom Gesetz gefordert. Eine **Verwerfungskompetenz** hat sie auch nicht für Normen des untergesetzlichen Rechts (vgl näher *Wehr*, JuS 1997, 231, 234 f). Sie muss bei diesen ggf ein Verfahren nach § 47 Abs. 2 VwGO einleiten, bei Gesetzen auf eine Normenkontrolle – die von Bundes- oder Landesregierung beantragt werden kann, vgl Art. 93 Abs. 1 Nr 2 GG und die entsprechenden landesverfassungsrechtlichen Bestimmungen – hinwirken. **317**

Lösung Fall 37 – Teure Heimat –: Rückzahlungsanspruch, wenn Gemeinde nicht wirksam durch Erschließungsvertrag volle Erschließungslast auf Bauträger übertragen konnte, dies möglicherweise abzuleiten aus § 129 Abs. 1 S. 3 BauGB in der seinerzeit (1991) geltenden Fassung, wonach Gemeinden mindestens 10% der Erschließungskosten selbst tragen mussten. **318**

Der Erschließungsvertrag ist ein *öffentlich-rechtlicher Vertrag* (s. *Ernst/Hoppe*, Das öffentliche Bau- und Bodenrecht, Raumplanungsrecht, 2. Aufl., 1981, Rn 688). Die Gemeinde ist hierbei an die Gesetze gebunden, also auch an § 129 Abs. 1 S. 3 BauGB aF. Daher muss sie den Eigenanteil von 10% übernehmen.

Dass die Durchführung der Erschließung im Interesse auch der „Teuren Heimat" und im öffentlichen Interesse liegt, hebt die Bindung an das BauGB nicht auf; insoweit also *Ge-*

setzesverstoß (BVerwGE 32, 37). Dies führt zur Nichtigkeit des Vertrags in diesem Umfang (Teilnichtigkeit, §§ 134, 139 BGB entspr.). Insoweit hat die Bauträgergesellschaft rechtsgrundlos geleistet und einen Rückzahlungsanspruch.

2. Vorbehalt des Gesetzes für Eingriffsakte

319 Unter dem „Vorbehalt des Gesetzes" versteht man das Erfordernis einer besonderen gesetzlichen Grundlage für ein Handeln der Verwaltung. Derartige Vorbehalte enthält das Grundgesetz in zahlreichen Bestimmungen. So können eine Reihe von Grundrechten „auf Grund eines Gesetzes" eingeschränkt werden (zB Art. 8 Abs. 2 GG); neue Bundesbehörden sind nach Art. 87 Abs. 3 GG „durch Gesetz" zu errichten. Es handelt sich hierbei um einen allgemeinen Verfassungsgrundsatz. Er wird in Art. 20 Abs. 3 GG nicht ausdrücklich angesprochen, jedoch *vorausgesetzt.* Denn die Bindung der Verwaltung an das Gesetz wäre gegenstandslos, könnte sie nach ihrem Ermessen ohne Bindung an eine gesetzliche Ermächtigung tätig werden. Wie weit der Vorbehalt des Gesetzes reicht, soweit er nicht ausdrücklich in einzelnen Bestimmungen des Grundgesetzes enthalten ist, dies ist aus allgemeinen Verfassungsgrundsätzen, insbesondere der Grundrechtsbindung der öffentlichen Gewalt und dem Demokratiegebot zu entnehmen.

Der Grundlage in einem formellen Gesetz bedürfen unstreitig jedenfalls **Eingriffsakte**, also belastende Maßnahmen der Verwaltung, – in der herkömmlichen Terminologie des Konstitutionalismus Eingriffe in *„Freiheit und Eigentum"*. Mit der letztgenannten Formel wird die Problematik im Übrigen durchaus zutreffend gekennzeichnet, denn über die *Grundrechte*, insbesondere auch Art. 2 Abs. 1 GG als „Auffanggrundrecht", besteht umfassender Schutz gegenüber belastenden Maßnahmen, die nicht auf eine gültige Gesetzesgrundlage zurückgehen (vgl BVerfGE 8, 274, 325 f; 17, 306, 313 f; 20, 150, 158). Der Vorbehalt des Gesetzes für die Eingriffsverwaltung wird daher als im Grundsatz unbestrittener Bestandteil des **rechtsstaatlichen Prinzips**, des in Art. 20 Abs. 3 GG festgelegten Grundsatzes der Gesetzmäßigkeit der Verwaltung vorausgesetzt.

319a **Eingriff** ist zunächst jede hoheitliche Maßnahme, die die Freiheit des Bürgers rechtlich beschränkt. Hierunter fallen Verbote (zB Verbot, ein Gewerbe auszuüben, Fahrverbot, Verbot, eine Kundgebung abzuhalten, Verbot, ein denkmalsgeschütztes Haus abzureißen) wie Anordnungen (zB die Anordnung, Geld zu bezahlen, im Steuerbescheid, die Anordnung, einen Schwarzbau abzureißen), generell jede Maßnahme, die dem Bürger ein Handeln, Tun oder Unterlassen gebietet. Dies ist der klassische Eingriffsbegriff. Ergänzungen bringt der „moderne Eingriffsbegriff" (*Pieroth/Schlink* Rn 240), der insbesondere auch faktische Beeinträchtigungen erfasst. Das Bundesverfassungsgericht scheint wieder mehr dem „klassischen" Eingriffsbegriff zuzuneigen, Rn 322.

Beispiel: Im Handel sind möglicherweise gesundheitsgefährdende Produkte aufgetaucht. Erlässt die Behörde einen Bescheid an die Händler, die Produkte aus dem Regal zu nehmen, ist dies ein Eingriff, der mit „Befehl und Zwang" durchgesetzt wird – und gegen den der Betroffene, wenn er glaubt, er erfolge zu Unrecht, sich auch wehren kann. Wie aber, wenn die Behörde über Hörfunk und Fernsehen vor diesen Produkten warnt? Die Folgen dürfen nicht weniger nachteilig sein – kann ein Eingriff deshalb verneint werden, weil dem Handel ja nicht verboten wird, die Produkte weiter zu führen? – Dazu Rn 322 ff.

Lösung Fall 38 a) – Zuzugsabgabe –: Dem Vorbehalt des Gesetzes ist im Fall der durch *Satzung* festgelegten Zuzugsabgabe nicht genügt: Eine Satzung ist kein *formelles* Gesetz; Gesetzesvorbehalt bedeutet aber das Erfordernis einer Ermächtigung in einem formellen Gesetz. Zwar kann die Erhebung gemeindlicher Abgaben durch kommunale Satzung geregelt werden, doch bedarf dann die Satzung ihrerseits einer gesetzlichen Ermächtigung, die die Erhebung dieser Abgaben vorsieht. Dies ist hier lt SV nicht der Fall. (Die Kommunalabgabengesetze der Länder können als Rechtsgrundlage in Fällen wie dem vorliegenden nicht herangezogen werden, vgl zB § 7 Abs. 1 SächsKAG: Steuererhebung durch die Gemeinden nach Maßgabe der Gesetze, also keine allgemeine Ermächtigung zur Steuererhebung nach KAG; iü weiter Beschränkungen durch Gleichartigkeitsverbot nach Art. 105 Abs. 2a GG, § 7 Abs. 2 SächsKAG.) Die gemeindliche Abgabe verstößt also gegen das Gebot gesetzlicher Ermächtigung für belastende Maßnahmen; der Bescheid ist gesetzlos zustandegekommen, daher rechtswidrig, die Satzung nichtig. **320**

In prozessualer Hinsicht müsste der Betroffene zunächst gegen den Abgabenbescheid vorgehen (Anfechtungsklage zum Verwaltungsgericht), ggf nach Erschöpfung des Rechtswegs Verfassungsbeschwerde (gestützt auf Art. 2 Abs. 1 GG) erheben; für Bayern wäre Popularklage unmittelbar gegen die Satzung eröffnet.

Die unmittelbare Ermächtigung zum Erlass eines Eingriffsakts kann also in einer Norm des untergesetzlichen Rechts enthalten sein, doch muss diese dann ihrerseits auf ein formelles Gesetz zurückgehen. **321**

Verordnungsermächtigungen müssen dabei insbesondere den Erfordernissen des Art. 80 Abs. 1 S. 2 GG entsprechen (o. Rn 274 ff), aus dem Gesetz selbst müssen Ziel und Inhalt möglicher Eingriffsakte deutlich werden. Und auch an die Ermächtigung zum Erlass von Satzungen, für die ja Art. 80 Abs. 1 S. 2 GG nicht gilt, werden um so höhere Anforderungen gestellt als Grundrechte intensiv betroffen sind (s.o. Rn 280). Einer gesetzlichen Ermächtigung bedarf zB die Festlegung eines Anschluss- und Benutzungszwangs für eine gemeindliche Einrichtung durch Satzung.

3. Insbesondere: Gesetzesvorbehalt für staatliche Informationstätigkeit

In der „Informationsgesellschaft" nimmt auch die Bedeutung staatlicher **Informationstätigkeit** zu, wie das Bundesverfassungsgericht in seiner „Glykol"-Entscheidung vom 26.06.2002 (BVerfGE 105, 252) und seiner „Osho"-Entscheidung vom gleichen Tag (BVerfGE 105, 279) näher ausführt: der Bürger erwarte rechtzeitige öffentliche Informationen zur Bewältigung von Konflikten in Staat und Gesellschaft aaO, 269). Deshalb müsse der Staat und müsse insbesondere die Regierung den Bürger informieren und ihm ggf durch „Aufklärung, Beratung und Verhaltensempfehlungen" Orientierung bieten. **322**

323 Derartige Hinweise und Empfehlungen, ggf auch Warnungen können durchaus intensiv auf Rechte Dritter einwirken, von Gewerbetreibenden, vor deren Produkten gewarnt wird, oder wie im **Fall 39 – Jugendsekten –** auf deren durch Art. 4 GG geschützte Betätigungsmöglichkeiten. Ein Eingriff im klassischen Sinn, also im Sinn eines verbindlichen Gebots oder Verbots, liegt allerdings nicht vor: Informationen sind keine verbindlichen Anordnungen, ergehen nicht rechtsförmig. Doch wurden derartige „Realakte" (im Unterschied zu rechtsförmigen Anordnungen) ganz überwiegend dann als Eingriffe gewertet, wenn sie intensiv auf Grundrechte einwirken, insbesondere auch final auf bestimmte Grundrechtsträger gerichtet sind (vgl auch *Pieroth/Schlink* Rn 238 ff); der „moderne" (in Erweiterung zum klassischen) Eingriffsbegriff umfasst also auch **mittelbar-faktische Beeinträchtigungen** und hier insbesondere warnende und kritische Äußerungen (so die bisher hL, vgl *Murswiek* NVwZ 2003, 1). Das Bundesverfassungsgericht will nun offenbar zum „klassischen" **Eingriffsbegriff** zurückkehren (ganz eindeutig ist dies aber nicht – die beiden Entscheidungen verhalten sich zueinander merkwürdig widersprüchlich). Es wertet derartige Äußerungen nicht als Eingriff – sieht andererseits aber auch, dass sie an Stelle von Grundrechtseingriffen (also zB von Verboten bestimmter Produkte) ergehen können und spricht dann von einem „funktionalen Eingriffsäquivalent" (BVerfGE 105, 252, 273; 105, 279, 303).

324 Der Grundsatz vom **Vorbehalt des Gesetzes** gilt prinzipiell auch dann: wenn der Staat statt eines Eingriffs eine andere, eingriffsgleiche Maßnahme trifft, befreit ihn dies nicht von den rechtsstaatlichen Bindungen, die für Eingriffe gelten. Eine ausdrückliche gesetzliche Ermächtigung für die Informationstätigkeit der Regierung fordert BVerfGE 105, 252 (ebenso BVerfGE 102, 279, 303) gleichwohl nicht. Vielmehr wird die Befugnis der **Bundesregierung** zur **Öffentlichkeitsarbeit** aus ihrer verfassungsrechtlichen Aufgabenstellung abgeleitet; eine weitergehende gesetzliche Normierung sei für faktisch-mittelbare Beeinträchtigungen nicht sachgerecht. In diesem Bereich genüge also die Aufgabennormierung (BVerfGE 102, 279, 303). Diese wird für die Bundesregierung wiederum in deren Informationsaufgabe gesehen, die ihrerseits ja nicht ausdrücklich im Grundgesetz normiert ist, aber aus der in den Art. 62 ff GG vorausgesetzten Aufgabe der Staatsleitung abgeleitet wird (BVerfGE 105, 279, 306). Generell gilt: können Aufgaben der Regierung und Verwaltung mittels öffentlicher Information wahrgenommen werden, dann liegt – anders, als sonst im öffentlichen Recht – in der **Aufgabenzuweisung** auch die **Ermächtigungsgrundlage.** Dies gilt für die Regierung und auch für die nachgeordneten Verwaltungsbehörden (BVerfGE 105, 252, 268).

325 Es muss ferner die **Verbandskompetenz** gegeben sein, dh die Zuständigkeitsverteilung im Verhältnis von Bund und Ländern ist einzuhalten – handelt es sich um Sachverhalte von bundesweiter Beachtung, dann ist der Bund zuständig. Schließlich müssen die Äußerungen inhaltlich **richtig** sein. Dies stellt sich (wie immer dann, wenn Gefahrenvorsorge zu treffen ist) mitunter erst im Nachhinein heraus – in diesem Fall kann nur verlangt werden, dass alle zumutbare Sorgfalt eingehalten wurde. Die Äußerungen müssen schließlich in der Sache nach Form und Inhalt **angemes-**

sen sein. Diffamierende Wertungen sind unzulässig. Das BVerfG hat damit die im Schrifttum heftig kritisierte Rspr des BVerwG (vgl BVerwGE 82, 76; 87, 37; 90, 112) bestätigt (informativer Übbl. über die Rspr bei *Lege*, DVBl 1999, 569; ferner *Detterbeck*, Jura 2002, 235, 240; *Bethge*, Jura 2003, 327).

Lösung Fall 39 – Jugendsekten –: **326**

1. Ermächtigungsgrundlage – Vorbehalt des Gesetzes?

a) Äußerungen der Bundesregierung wirken als mittelbar-faktische Grundrechtsbeeinträchtigung, daher Ermächtigungsgrundlage zu fordern;

b) Hier aber ausreichend: Informationsaufgabe der Bundesregierung (bzw der Bundesminister); diese wurde tätig zum Schutz Dritter (der von den Aktivitäten der Sekte betroffenen Jugendlichen) und damit auch in Wahrnehmung ihrer Gemeinwohlverpflichtung; hieraus Informationsaufgabe und damit auch Äußerungsbefugnis.

2. Kompetenz:

a) Verbandskompetenz: **Bundeskompetenz** bei bundesweit relevantem Sachverhalt;

b) Ressortkompetenz: Bundesinnenminister.

3. Materielle Rechtsmäßigkeit:

a) Tatsachen zutreffend? Bei Verdachtsmitteilung: sorgfältige Tatsachenermittlung?

b) Angemessenheit im Verhältnis von „Eingriffs"-Wirkung und Anlass für die Warnung dies dürfte hier zu bejahen sein; ebenso Wahrung der staatlichen Pflicht zur Neutralität;

c) Form der Äußerung – diffamierend? – hier keine Anhaltspunkte.

Ergebnis: Äußerung rechtmäßig.

4. Gesetzesvorbehalt und Leistungsverwaltung

Die Frage nach dem Vorbehalt des Gesetzes für die **Leistungsverwaltung** ist wegen der fortschreitenden Vergesetzlichung auch dieses Bereichs von geminderter Aktualität (vgl *Maurer*, Allgemeines Verwaltungsrecht, § 6 Rn 13). **327**

Vgl für den Sozialleistungsbereich § 31 SGB-AT, wonach „Rechte ... in den Sozialleistungsbereichen dieses Gesetzbuchs ... nur begründet werden (dürfen), soweit ein *Gesetz es vorschreibt oder zulässt*".

Für einen Gesetzesvorbehalt spricht die Tatsache, dass die Einflussnahme des Staates auf den Bürger sich hier nicht weniger intensiv gestalten kann als im Bereich der Eingriffsverwaltung, spricht die Möglichkeit des Angewiesenseins des Bürgers auf staatliche Leistungen, wie generell die gesteigerte Bedeutung leistungsstaatlicher Aktivitäten, die eine rechtliche Absicherung auch insoweit als rechtsstaatlich geboten erscheinen lassen (*Rupp*, Grundfragen der heutigen Verwaltungsrechtslehre, 1965, S. 141 ff). Im Recht der Subventionsgewährung kann zudem die Begünstigung eines Leistungsempfängers einen gleichzeitigen Wettbewerbsnachteil des nicht begünstigten Konkurrenten bedeuten. Schließlich muss jegliche staatliche Leistung im Wege des (Steuer-)Eingriffs finanziert werden (*Stern* I, § 20 IV 4b). **328**

329 **Gegen** diese Ausdehnung des Gesetzesvorbehalts spricht das Erfordernis hinreichender Flexibilität staatlichen Handelns (vgl *Degenhart*, DÖV 1977, 484 f). Durch Vergesetzlichung auch von Leistungsansprüchen und umfassende normative Bindung wird die Exekutive gehindert, flexibel auf die jeweilige Bedarfssituation zu reagieren. Auch sind gesetzlich festgelegte Leistungen erschwert rücknehmbar, verengen zu sehr die finanziellen Handlungsspielräume des Staates. Ein „*Totalvorbehalt*" des Gesetzes wird – auch wegen der Gefahr einer „Übernormierung" (dazu s. *Kloepfer*, VVDStRL 40 [1982], 63 ff; *Degenhart*, DÖV 1981, 477 ff) – daher überwiegend zu Recht **abgelehnt** (vgl *Stern* I, § 20 IV 4b; BVerwG DVBl 1978, 212; aA zB *Maurer*, Allgemeines Verwaltungsrecht, § 6 Rn 14). Vielmehr wird regelmäßig die Bereitstellung entsprechender Mittel im **Haushaltsplan** (der für Bund und Länder in der Form des Gesetzes ergeht) als hinreichende Grundlage für die Vergabe von Leistungen durch die Verwaltung gewertet (s. bes. BVerwGE 6, 282, 287 f; BVerwG DVBl 1978, 212; OVG Münster, NVwZ 1982, 381).

330 Hierzu ist anzumerken, dass allein der **Ansatz im Haushaltsplan** dem Vorbehalt des Gesetzes, würde man ihn auf die Leistungsverwaltung erstrecken, nicht genügte: der Haushaltsplan enthält zwar eine pauschale Ermächtigung an die Exekutive, dem einzelnen Haushaltstitel entsprechende Ausgaben zu leisten, begründet jedoch keine Rechte des Bürgers, s. § 3 Abs. 2 HGrG, § 3 Abs. 2 BHO (BVerfGE 38, 121, 125) und stellt im *Außenverhältnis* der Verwaltung zum Bürger *keine gesetzliche Grundlage* für Leistungen der Verwaltung dar.

Lösung der Ausgangsfälle:

331 **Fall 38 b) – Fassadenpreis –:** Damit erweist sich die Vergabe der Zuschüsse für die Fassadenrenovierung durch die Gemeinde in der Variante **b)** als rechtmäßig. Es handelt sich um einen Akt der leistenden Verwaltung, für den eine Grundlage in einem formellen Gesetz nicht erforderlich ist. Vielmehr genügt auch insoweit der Ansatz der entsprechenden Mittel im Haushaltsplan der Gemeinde, der im Übrigen ja kein Gesetz im formellen Sinn darstellt. Würde man also von einem Totalvorbehalt des Gesetzes auch für die Leistungsverwaltung ausgehen, müsste die Vergabe der Zuschüsse als rechtswidrig angesehen werden. Da aber ein derartiger Totalvorbehalt nicht besteht, verbleibt es bei der Rechtmäßigkeit des Bescheids; Rückforderung (nach § 49a Abs. 1 iVm § 48 o. § 49 VwVfG) ist nicht möglich.

Fall 40 – Pressesubvention –: Ohne Grundlage in einem formellen Gesetz erfolgte auch die Vergabe der *Pressesubventionen*. Doch wurden entsprechende Mittel im Haushaltsplan des Landes A bereitgestellt, erfolgte die Vergabe der Subventionen im Übrigen auf der Grundlage von Verwaltungsvorschriften. Rechtsstaatlichen wie parlamentarisch-demokratischen Erfordernissen wäre damit vom Ausgangspunkt der hier vertretenen Auffassung aus genügt.

Hier jedoch können sich Besonderheiten ergeben aus **Art. 5 GG** – Grundrecht der **Pressefreiheit**. Das Bestehen einer *freien*, insbesondere auch *staatsunabhängigen* Presse ist unabdingbar für die Funktionsfähigkeit einer parlamentarischen Demokratie. Dies bedeutet, dass der Pressebereich gegenüber jeglicher staatlicher Einflussnahme in besonderer Weise empfindlich ist. Dies gilt auch gegenüber staatlicher Subventionierung, die ja stets mit der Möglichkeit einer Einflussnahme verbunden ist. Ohne gesetzliche Grundlage besteht die Gefahr unkontrollierbarer Einflussnahme, sei es auch nur durch eine befürchtete Abhängigkeit. Nur Rechtssicherheit durch Gesetz erscheint hier geeignet, dieser Gefahr zu begegnen, so auch VG und OVG Berlin DVBl 1975, 268 und 905; näher *Degenhart*, BonnK, Art. 5, Rn 547 ff.

Spezifische Erfordernisse des Art. 5 GG begründen also für Leistungen an die *Presse* das Erfordernis einer gesetzlichen Grundlage. Aus ähnlichen Erwägungen gilt dies für staatliche Leistungen an die *politischen Parteien*, siehe hierzu oben Rn 84.

In einer Entscheidung vom 23.3.1990 hat das OVG Münster (DVBl 1990, 999 ff) aus ähnlich gelagerten Erwägungen die finanzielle Förderung eines Vereins für rechtswidrig erklärt, der es sich zur Aufgabe gemacht hat, vor Jugendsekten zu warnen (zum Gesetzesvorbehalt für *behördliche Warnungen* s. Rn 322 ff). Hiergegen hatte eine der betroffenen Sekten geklagt. Entscheidend wurde abgestellt auf eine spezifische Staatsferne des weltanschaulich-religiösen Bereichs, die hieraus folgende besondere Neutralitätspflicht des Staates. In der *Förderung* des fraglichen Vereins wurde also, ähnlich wie bei der Förderung der Presse, ein *Eindringen des Staates* in einen von Verfassungs wegen staatsfreien Bereich gesehen. BVerwG DVBl 1992, 1038 konkretisiert dies dahingehend, dass in der Sache von einem mittelbaren Grundrechtseingriff ausgegangen wird. Deshalb wurde hierfür eine gesetzliche Grundlage gefordert. Im *Haushaltsgesetz* konnte sie schon *mangels Außenwirkung nicht* gesehen werden (siehe vorstehend Rn 330). **332**

Es waren also *Besonderheiten der hier betroffenen Sachbereiche*, die das Erfordernis einer gesetzlichen Grundlage für Maßnahmen der **Leistungsverwaltung** begründeten. Verallgemeinernd darf jedoch festgestellt werden, dass der Staat dort, wo er von Verfassungs wegen zu strikter Neutralität und Nichteinmischung verpflichtet ist (im Bereich der Presse, dem der Religion, nicht dem der Wirtschaft, eingeschränkt im Bereich etwa der Kunstförderung), dieses Gebot auch nicht im Wege der Förderung umgehen kann. Förderungsmaßnahmen sind insoweit Eingriffsmaßnahmen gleichzustellen und bedürfen deshalb einer gesetzlichen Grundlage. **333**

5. Wesentlichkeitsvorbehalte

Die Geltung eines rechtsstaatlichen Gesetzesvorbehalts ist also für den Bereich der Eingriffs-, nicht für den der Leistungsverwaltung anzunehmen. Beide Bereiche lassen sich jedoch nicht durchweg eindeutig trennen. **334**

Fall 41 – Sexualkunde –: Das Bildungswesen, damit auch der Unterricht an den weiterführenden Schulen des Landes A, dürfte insgesamt der „leistenden“ Verwaltung zuzurechnen sein, damit grundsätzlich auch die Erteilung von Sexualkundeunterricht, durch die jedoch gleichzeitig das allgemeine Persönlichkeitsrecht des Schülers (Art. 2 Abs. 1 GG) und das Erziehungsrecht der Eltern (Art. 6 GG) betroffen sind. Dies könnte dafür sprechen, hier die für den Bereich der Eingriffsverwaltung geltenden Gesichtspunkte zur Anwendung zu bringen. Jedenfalls aber handelt es sich bei der Entscheidung über die Einführung von Sexualkundeunterricht um eine Maßnahme, die, unabhängig davon, ob man sie als *Eingriff* in die genannten Grundrechte von Eltern und Schülern einordnet, für diese Grundrechte doch von *wesentlicher* Bedeutung ist; näher BVerfGE 47, 46; s. ferner E 30, 303, 345 (Hochschulzugang); E 34, 165, 192 und E 45, 400, 417 (Schulwesen); E 40, 237, 249 (Strafvollzug).

335 Damit ist die sog. „**Wesentlichkeitsrechtsprechung**" des BVerfG, die „**Wesentlichkeitstheorie**" angesprochen. Rechtsstaats- und Demokratieprinzip – so BVerfG in stRspr (zB E 49, 89, 126) – verpflichten den Gesetzgeber, in *grundlegenden normativen Bereichen, zumal im Bereich der Grundrechtsausübung, soweit sie staatlicher Entscheidung zugänglich sind, alle wesentlichen Entscheidungen selbst zu treffen*. Dies gilt losgelöst vom Kriterium des Einzeleingriffs. Deshalb hat das BVerfG zB für das Schulwesen die gesetzliche Festlegung wesentlicher Ausbildungsziele und Unterrichtsinhalte, insbesondere auch für die Sexualerziehung (BVerfGE 47, 46, 48) gefordert.

336 „Wesentlichkeit" iSd dargelegten Rechtsprechung ist also in erster Linie **Grundrechtswesentlichkeit**. Wesentliche Entscheidungen sind dann Entscheidungen, die für die Grundrechtsausübung wesentlich sind. So wurde denn auch die Wesentlichkeitstheorie für Sachverhalte entwickelt, in denen der einzelne umfassend in seiner Existenz erfasst wird wie etwa Ausbildung und Beruf (BVerfGE 33, 125). Dieses **intensive Betroffensein** ist ein maßgebliches Kriterium für Wesentlichkeit im Bereich der Grundrechtsausübung; weiterhin wird darauf abgestellt, ob es um **kontrovers** diskutierte Fragen geht (s. bereits Rn 66).

337 Wesentlichkeitsvorbehalte gelten für das grundrechtlich geprägte Verhältnis Bürger-Staat (BVerfGE 84, 212, 226). Teilweise werden sie auch erstreckt auf Entscheidungen, die Bedeutung für andere grundlegende **Verfassungsprinzipien** wie das Rechtsstaatsgebot haben. So hat der Verfassungsgerichtshof des Landes Nordrhein-Westfalen in seiner E. vom 09.02.1999 (NJW 1999, 1243 mit krit. Anm. *Böckenförde*, NJW 1999, 1235; s. dazu die Rezensionsabhandlungen von *Aulehner*, JA 2000, 23 und *Brinktrine*, Jura 2000, 123) die Entscheidung des Ministerpräsidenten, Innenministerium und Justizministerium zusammenzulegen, unter Wesentlichkeitsvorbehalt gestellt und deshalb für verfassungswidrig erklärt. Es sah durch diese Organisationsentscheidung Grundsätze der Gewaltenteilung und der Unabhängigkeit der Rechtsprechung als berührt, sah sie deshalb als wesentlich für das Rechtsstaatsprinzip, aber auch für Grundrechte wie die Rechtsschutzgarantie des Art. 19 Abs. 4 GG und die Justizgrundrechte des Bürgers. Die Organisationsgewalt der Regierung (Rn 526) wird hierdurch allerdings nachhaltig eingeschränkt (dazu *v. Arnauld*, AöR 124 [1999], 658).

338 Auch wenn man Wesentlichkeitsvorbehalte nicht ausschließlich auf grundrechtlich relevante Fragen erstreckt, sind sie doch jedenfalls nur für solche Entscheidungen maßgeblich, die das Bürger-Staat-Verhältnis betreffen, nicht also für reine Organisationsentscheidungen.

Zu Recht hat deshalb BerlVerfGH NJW 1995, 858 die Entscheidung über Weiterbetrieb bzw Schließung einer Schauspielbühne als einer öffentlichen Einrichtung nicht unter „Wesentlichkeitsvorbehalt" gestellt, s. Rn 68.

Fall 41 – Sexualkunde –: Ob hier ein Fall der Eingriffs- oder Leistungsverwaltung vorliegt, kann letztlich dahingestellt bleiben, wenn ein Gesetzesvorbehalt kraft Grundrechtswesentlichkeit eingreift, die fraglichen Unterrichtsinhalte also so wesentlich für die Ausübung von Grundrechten der Betroffenen sind, dass sie in den Grundlinien jedenfalls vom Gesetzgeber zu entscheiden sind. Dies wurde für den Unterricht in Sexualkunde bejaht: die fraglichen Unterrichtsinhalte sind über die bloße Wissensvermittlung hinaus für die Persönlichkeitsentwicklung durchaus bedeutsam und berühren auch das elterliche Erziehungsrecht. Die „wesentlichen" Fragen – aber auch nur diese – sind also vom Gesetzgeber zu entscheiden. In der Sache ist der **Sexualkundeunterricht** vom staatlichen Bildungsauftrag im Schulwesen getragen; Art. 7 Abs. 1 GG wirkt insoweit als Schranke des Elternrechts. Andererseits sind diese Verfassungsaussagen nach dem Grundsatz praktischer Konkordanz verhältnismäßig auszugleichen – dies bedingt staatlicherseits Zurückhaltung und Wahrung weltanschaulicher Neutralität. **339**

Bei der **Rechtschreibreform** dürften die Dinge anders liegen. Die hier zu entscheidenden Fragen sind weder weltanschaulich belastet noch sonst für die Persönlichkeitsbildung relevant. Dass Eltern sich auf geänderte Lehrpläne im Schulunterricht der Kinder einstellen müssen, berührt ihre Erziehungsvorstellungen schwerlich. Es dürfte also weder von einem Eingriff in Grundrechte auszugehen sein, noch dürften die fraglichen Rechtschreibregeln so wesentlich für Grundrechte von Eltern und Schülern sein, dass eine gesetzliche Regelung gefordert werden müsste (so aber OVG Lüneburg NJW 1997, 3456 und OVG Bautzen SächsVBl 1997, 298, anders zB OVG Münster NJW 1998, 1243 und jetzt BVerfGE 98, 218; vgl aus dem Schrifttum etwa *Menzel*, NJW 1998, 1177).

In diesem Zusammenhang werden mitunter die Begriffe „**Parlamentsvorbehalt**" und „**Gesetzesvorbehalt**" unterschieden (vgl Rn 66 ff). Mit Gesetzesvorbehalt wird das Erfordernis einer gesetzlichen Grundlage für ein Handeln der Verwaltung bezeichnet; die Einzelheiten können dann ggf in Normen des untergesetzlichen Rechts (RVO, Satzung) enthalten sein. Die *wesentlichen* Fragen aber müssen *vom Gesetzgeber selbst* geregelt werden; insoweit *kann* man vom Vorbehalt des parlamentarischen Gesetzgebers oder vom *Parlamentsvorbehalt* sprechen. Diese Terminologie ist jedoch *nicht zwingend:* spricht man vom Gesetzesvorbehalt kraft Grundrechtswesentlichkeit, so ist üblicherweise der *Vorbehalt des formellen Gesetzes* für wesentliche Fragen gemeint. – Verfassungsrechtliche Grundlage für diesen Vorbehalt des formellen, parlamentarischen Gesetzes sind Demokratie- und Rechtsstaatsgebot, Rn 66. **340**

Lösung Fall 42a – Ordnungsbehördliche Generalklausel –: **340a**

Die Anordnung der Behörde könnte hier wegen Fehlens einer ausreichenden gesetzlichen Grundlage rechtswidrig sein.

Eine Grundlage in einem formellen Gesetz ist erforderlich: das ausgesprochene Vebot ist jedenfalls ein Eingriffsakt – dies ist bei einem rechtlich verbindlichen „Verbot" – wie es hier vorliegt – nie zweifelhaft. Also gilt der Grundsatz vom Vorbehalt des Gesetzes.

§ 3 OBG ist ein formelles Gesetz; insoweit ist dem Gesetzesvorbehalt genügt. Fraglich könnte jedoch sein, ob die Generalklausel als gesetzliche Grundlage ausreicht. Denn hier wird die Ausübung eines Gewerbes verboten, also eines Berufs iSd Art. 12 Abs. 1

GG. Es handelt sich also um einen intensiven Grundrechtseingriff. Hier muss möglicherweise gefordert werden, dass der parlamentarische Gesetzgeber die wesentlichen Fragen selbst entscheidet und sich nicht mit einer bloßen Ermächtigung an die Exekutive begnügt und dieser iü die Entscheidung überlässt: Parlamentsvorbehalt für „grundrechtsrelevante" Fragen. Gegen diesen Parlamentsvorbehalt – der also über den bloßen Gesetzesvorbehalt hinausreicht – könnte es verstoßen, die allgemeine Eingriffsermächtigung des OBG als Grundlage für Beschränkungen der Berufsausübungsfreiheit heranzuziehen. Denn dann könnten die wesentlichen Fragen der Berufsfreiheit von der Exekutive nach eigenem Ermessen geregelt werden, an Stelle des parlamentarischen Gesetzgebers.

Andererseits könnte dann die Exekutive ihrer Aufgabe, die Allgemeinheit vor Gefahren zu schützen, nicht nachkommen, wenn neuartige Formen gewerblicher Betätigung auch neuartige Gefährdungslagen begründen. In diesem Fall müssen jedenfalls die Generalklauseln des Sicherheitsrechts solange als gesetzliche Grundlage taugen, wie eine spezialgesetzliche Regelung wegen mangelnder Erkenntnisse noch nicht möglich ist. § 3 OBG ist daher hinreichende gesetzliche Grundlage für ein Verbot. – Eine andere Frage ist, ob die öffentliche Sicherheit oder die öffentliche Ordnung tatsächlich gefährdet sind – dies ist eine Frage der Gesetzesanwendung.

341 Eine weitere wichtige Einschränkung wird häufig übersehen: die **normativ wesentlichen** Fragen sind vom Gesetzgeber selbst zu entscheiden; der Gesetzgeber hat die wesentliche normative Ordnung zu bestimmen, nicht aber konkrete Einzelentscheidungen zu treffen.

Deshalb kann im **Fall 42 – Braunkohletagebau –** sich die Forderung nach einer gesetzlichen Standortbestimmung unter zwei Gesichtspunkten nicht auf die „Wesentlichkeitstheorie" stützen: zum einen geht es hier um das Verhältnis Staat-Gemeinde, in dem nicht die Grundrechte gelten: die Gemeinde ist hoheitlicher Kompetenzträger, Teil der organisierten Staatlichkeit, nicht Grundrechtsträger. Zum anderen ist vom Gesetzgeber nur die grundsätzliche normative Ordnung zu bestimmen – also die Voraussetzungen für die Durchführung des fraglichen Vorhabens, nicht den konkreten Standort selbst (verfehlt deshalb VerfGBbg LKV 1995, 365; s. dazu *Degenhart*, DVBl 1996, 773).

342 Für bestimmte politische Entscheidungen kann die Gesetzesform entbehrlich, die Mitwirkung des Parlaments gleichwohl unverzichtbar sein; dazu Rn 68 sowie *Detterbeck*, Jura 2002, 235 (237).

6. Insbesondere: Gesetzesvorbehalt und „besonderes Gewaltverhältnis"

343 Bedeutung erlangt der Gesichtspunkt der Grundrechtswesentlichkeit auch für die rechtliche Erfassung der sog. „**besonderen Gewaltverhältnisse**".

Besondere Gewaltverhältnisse, Sonderstatusverhältnisse oder „verwaltungsrechtliche Sonderbeziehungen" sind Rechtsverhältnisse, in denen der Bürger in engerer Beziehung zur Verwaltung steht als im allgemeinen Staat-Bürger-Verhältnis; Schulverhältnis, das Verhältnis des Beamten zum Dienstherren, Wehrpflicht und Strafgefangenenverhältnis werden meist in diesem Zusammenhang genannt.

Auch im „besonderen Gewaltverhältnis“ gelten die Grundrechte und gilt der allgemeine Gesetzesvorbehalt (BVerfGE 33, 1; 40, 276; *Maurer*, Allgemeines Verwaltungsrecht, § 6 Rn 17 ff), wenngleich nicht ganz uneingeschränkt. Angesichts der Vielschichtigkeit der Rechtsbeziehungen zwischen Bürger und Verwaltung in derartigen Sonderstatusverhältnissen kann nicht jede einzelne Maßnahme von potenziell belastender Wirkung von vornherein gesetzlich festgelegt werden. Zu sachgerechten Ergebnissen führt auch insoweit die tradierte Eingriffsformel, berücksichtigt man, dass Maßnahmen durchführenden, technischen Charakters im Rahmen der Funktion des Sonderstatusverhältnisses noch nicht als Grundrechtseingriff zu werten sind (zB eine Stundenplanregelung).

Eine gesetzliche Grundlage ist jedoch zu fordern für darüber hinausgehende Grund- **344**
rechtseingriffe. Dies sind Maßnahmen, die sich nicht auf den „Innenbereich“ des Sonderstatus beschränken (**Beispiel:** *Schulausschluss*), sowie Maßnahmen, die nicht der statusinternen Organisationsgewalt zugerechnet werden können (insbesondere „klassische“ Grundrechtseingriffe wie Briefzensur). Im Übrigen bedürfen die wesentlichen normativen (dh generell zu regelnden) Fragen stets gesetzgeberischer Entscheidung, etwa die Festlegung grundsätzlicher Lehrinhalte, im **Fall 41** die Regelung des – kontrovers erörterten – **Sexualkundeunterrichts**.

Weiteres Fallbeispiel zum Gesetzesvorbehalt: Das Schulgesetz eines Bundeslandes **345**
ermächtigt die Verwaltung, durch Rechtsverordnung zu regeln:

– Nichtversetzung in höhere Klasse/Jahrgangsstufe;

– Ausschluss von der Schule und von einer bestimmten Schulart aus Gründen unzureichender Leistung.

Schüler S wird wegen unzureichender Leistungen auf Grund einer entsprechenden Verordnung vom Besuch einer Schule und damit verbunden einer ganzen Schulart ausgeschlossen. Er wendet ein, diese Maßnahme beruhe nicht auf hinreichender gesetzlicher Grundlage.

1. Der Ausschluss ist rechtswidrig, wenn nicht auf gesetzlicher Grundlage beruhend: *belastender Verwaltungsakt*, damit gilt Vorbehalt des Gesetzes; dass „besonderes Gewaltverhältnis“ (besser: *Sonderstatusverhältnis*), hier unerheblich: Ausschluss geht über Regelung der Organisationsgewalt hinaus, betrifft unmittelbar Status des Bürgers.

2. *Gesetzliche Grundlage* jedoch im *Schulgesetz* enthalten, Regelung aber auf Verordnungsgeber delegiert: RVO hinreichend bestimmt – Art. 80 Abs. 1 S. 2 GG?

a) Hierfür entscheidend die Frage, welche Entscheidungen *Gesetzgeber selbst* treffen muss und nicht delegieren darf (also Vorbehalt des formellen Gesetzes iSv *Parlamentsvorbehalt*, s. Rn 340); nach BVerfGE 58, 257 sind Nichtversetzung und Schulausschluss *grundrechtsrelevant* (Art. 12 GG für Schüler, Art. 6 GG für Eltern); Nichtversetzung berührt freie Wahl der Ausbildungsstätte aber nicht wesentlich, zwangsweiser Ausschluss von Schule bzw Schulart jedoch einschneidende Maßnahme; dies vom *Gesetzgeber selbst* zu regeln.

b) Diesen Erfordernissen entsprach die Regelung nicht; sie wurde gleichwohl *für eine Übergangsfrist* als noch anwendbar erklärt, da andernfalls Rechtsunsicherheit und alleinige Regelungsbefugnis der einzelnen Schulen die Folge wären; demgegenüber ist die Anwendung der RVO für eine Übergangsfrist und damit ein geregelter Zustand verfassungsrechtlich vorzuziehen. (Zur Anwendbarkeit an sich verfassungswidriger Regelungen für eine Übergangsfrist vgl u. § 9 Rn 637 f).

346 **Zusammenfassung: Vorrang und Vorbehalt des Gesetzes**

Vorrang des Gesetzes: umfassende Bindung der Verwaltung an das Gesetz, gilt ausnahmslos, Art. 20 Abs. 3 GG;

Vorbehalt des Gesetzes: Erfordernis gesetzlicher Grundlage für Handeln der Verwaltung; vorausgesetzt in Art. 20 Abs. 3 GG; gilt stets im Bereich der Eingriffsverwaltung; darunter kann auch schlicht-hoheitliches Handeln fallen;

gilt nach hM nicht für Maßnahmen der *leistenden Verwaltung*; hier ausr.: *Ansatz im Budget* (was allein noch keine gesetzliche Ermächtigung für das Verwaltungshandeln darstellt); Ausnahmen Art. 5 und Art. 4 GG!;

gilt unabhängig von der Frage, ob Eingriffs- oder Leistungsverwaltung für *wesentliche, insbesondere grundrechtswesentliche normative Entscheidungen*, Grundlage: Rechtsstaats- und Demokratiegebot; wesentliche Entscheidungen sind dabei vom Gesetzgeber *selbst* zu treffen;

gilt auch für *Sonderstatusverhältnisse*, sofern nicht nur Maßnahmen statusinterner Organisationsgewalt in Frage stehen.

Schrifttum zu IV.: *Brinktrine*, Organisationsgewalt der Regierung und Vorbehalt des Gesetzes, Jura 2000, 123; *Hölscheidt*, Der Grundsatz der Gesetzmäßigkeit der Verwaltung, JA 2001, 409; *Detterbeck*, Vorrang und Vorbehalt des Gesetzes, Jura 2002, 235; *Gusy*, Gesetzesvorbehalte im Grundgesetz, JA 2002, 610; *Ruge*, Informationstätigkeit der Bundesregierung, ThürVBl 2003, 49; *Murswiek*, Das Bundesverfassungsgericht und die Dogmatik mittelbarer Grundrechtseingriffe, NVwZ 2003, 1; *Bethge*, Zur verfassungsrechtlichen Legitimation informalen Staatshandelns der Bundesregierung, Jura 2003, 327.

V. Rechtsstaatlichkeit und Rechtssicherheit

Aus dem Rechtsstaatsgebot des Art. 20 Abs. 3 GG folgt das Gebot der Rechtssicherheit. Dies bedeutet Rechtsklarheit: der Adressat der Norm muss hinreichend klar erkennen können, was Inhalt der Norm ist. Dies bedeutet aber auch Verlässlichkeit der Rechtsordnung: deshalb muss das Vertrauen des Bürgers in den Bestand der Rechtsnormen geschützt werden. Andererseits muss der Staat in der Lage sein, notwendige Reformen zu verwirklichen. Deshalb sind Vertrauensschutz des Bürgers und öffentliche Interessen an Neuregelungen in Ausgleich zu bringen. Dies wird vor allem dann relevant, wenn der Gesetzgeber auf bereits gegebene Sachverhalte Zugriff nimmt oder rückwirkend tätig wird. Im folgenden ist zu erörtern, welche Schranken hier das Rechtsstaatsgebot dem Gesetzgeber setzt. Rechtssicherheit ist auch ein allgemeiner Grundsatz des Gemeinschaftsrechts.

➡ **Leitentscheidungen:** BVerfGE 72, 200 (Rückwirkung); BVerfGE 88, 384 (ZinsanpG-DDR), BVerfGE 92, 1 (Sitzblockaden); BVerfGE 95, 96 und EGMR EuGRZ 2001, 214 (Mauerschützen); BVerfGE 98, 106 (gemeindliche Verpackungssteuer); BVerfG NJW 2004, 739 (unbefristete Sicherungsverwahrung).

1. Grundsätzliche Bedeutung

Rechtsstaatlichkeit bedeutet Ausübung staatlicher Gewalt im Rahmen der Rechtsordnung, Schutz einer rechtlich gesicherten Sphäre des Bürgers gegenüber dem Staat. Dies bedingt Gesetzmäßigkeit der Verwaltung, Verfassungsmäßigkeit der Gesetze und vor allem auch **Rechtssicherheit**: Die Rechtssphäre des Bürgers bedarf der hinreichend sicheren Abgrenzung, sodass der Normadressat sich in seinem Verhalten hierauf einrichten kann. **Bestimmtheit, Klarheit, Verlässlichkeit der Rechtsordnung** und damit **Rechtssicherheit** ist also ein **Gebot des Rechtsstaats**. Die Rechtsordnung soll dem Normadressaten verlässliche Grundlage für sein Verhalten sein. Daraus folgt für den Bürger als Normadressaten: Rechtssicherheit erfordert zunächst *Bestimmtheit* der Norm im eigentlichen Sinn, also *hinreichend klare Fassung* ihres Wortlauts (vgl etwa BVerfGE 17, 306, 314). Ferner muss die Rechtsordnung insgesamt klar, überschaubar und widerspruchsfrei sein, vgl BVerfGE 98, 106. Dieses Erfordernis wird nun auch wirksam in zeitlicher Hinsicht: Widerspruchsfreiheit und konsequentes Verhalten des Gesetzgebers bedeutet dann Kontinuität gesetzgeberischen Handelns, Schutz des Vertrauens des Bürgers in die Beständigkeit der Rechtsordnung, seiner hiernach getroffenen Dispositionen. **347**

Rechtsstaatlichkeit also bedeutet Rechtssicherheit. Rechtssicherheit bedeutet Rechtsklarheit und – in der zeitlichen Dimension – Vertrauensschutz.

2. Insbesondere: Rechtsklarheit

Fall 43 – Ausländergesetz –: Eine Bestimmung des Ausländergesetzes möge lauten: „Ausländer, die in den Geltungsbereich dieses Gesetzes einreisen und sich darin aufhalten wollen, bedürfen einer Aufenthaltserlaubnis. Die Aufenthaltserlaubnis darf erteilt werden, wenn die Anwesenheit des Ausländers Belange der Bundesrepublik nicht beeinträchtigt.“ **348**

Ist die Vorschrift hinreichend bestimmt? **Rn 351**

a) Klarheit und Bestimmtheit der Norm

Das Gebot der Bestimmtheit der Norm folgt aus dem Gebot der Rechtssicherheit als einem „Unterprinzip“ des Rechtsstaatsprinzips. Es kann daneben auch noch in anderen Elementen des Rechtsstaatsprinzips verankert werden: Gewaltenteilung, Vorrang und Vorbehalt des Gesetzes fordern hinreichend bestimmte gesetzliche Vorgaben für Exekutive und Judikative. In jedem Fall bedeutet Klarheit und Bestimmtheit der Norm Erkennbarkeit des vom Gesetzgeber Gewollten. Dass das Gesetz auslegungsbedürftig ist, steht dem noch nicht entgegen, ebenso wenig die Verwendung von *Generalklauseln*, deren Bedeutung durch Verwaltung und Rechtsprechung zu konkretisieren ist. Grundsätzlich zulässig ist die Verwendung unbestimmter Rechtsbegriffe (BVerfGE 21, 73, 79) wie auch die Einräumung von Ermessen (BVerfGE 9, 137) an die Verwaltung. Das Gebot der Rechtsklarheit bezeichnet also nur Min- **349** destanforderungen an die Fassung der Norm. Nur in Ausnahmefällen, bei in sich widersprüchlichen oder unklaren Normen wird deren Nichtigkeit allein aus ihrer Unbestimmtheit abzuleiten sein (für Strafgesetze s. Rn 353). Nach einer vom Bundesverfassungsgericht regelmäßig zugrundegelegten Formel muss die Norm den „rechtsstaatlichen Grundsätzen der Rechtsklarheit und Justiziabilität" (BVerfGE 21, 79) entsprechen, sie muss „in ihren Voraussetzungen und in ihrem Inhalt so formuliert sein, dass die von ihr Betroffenen die Rechtslage erkennen und ihr Verhalten danach einrichten können" (BVerfG, aaO; ebenso zB BVerfGE 52, 1, 41).

350 In der letztgenannten Entscheidung werden die Anforderungen an die Bestimmtheit von Normen in grundsätzlicher Weise konkretisiert. Gegenstand der Entscheidung waren Bestimmungen des Kleingartenrechts, die die Kündigung von Pachtverträgen von einer behördlichen Genehmigung abhängig machten. Von der Behörde war zu prüfen, ob *„öffentliche Belange"* entgegenstünden. Dies war zu unbestimmt: Aus dem Gesetz ging nicht hervor, welche öffentlichen Belange die Versagung der Genehmigung rechtfertigen sollten. Der unbestimmte Rechtsbegriff *„öffentliche Belange"* war hier also nicht hinreichend bestimmt. In anderem Zusammenhang kann die Verwendung dieses *unbestimmten Rechtsbegriffs* demgegenüber zulässig sein (etwa in § 35 BauGB), dann nämlich, wenn die Bedeutung des Begriffs sich aus dem Gesamtzusammenhang der gesetzlichen Regelung ergibt, oder wenn dieser in der Rechtsprechung hinreichende Konkretisierung erfahren hat (so etwa der Begriff der *„öffentlichen Sicherheit und Ordnung"* in den Eingriffsermächtigungen des Sicherheitsrechts). Grundsätzlich zulässig ist auch die *Verweisung auf außerrechtliche Normen*, wenn deren Bedeutungsgehalt durch Auslegung ermittelt werden kann (so etwa die „anerkannten Regeln der Baukunst" im Bauordnungsrecht, die „Regeln der Technik" oder der „Stand von Wissenschaft und Technik" im Recht der technischen Sicherheit, zB § 7 Abs. 2 Nr 3 AtG), oder sonstige Wertvorstellungen, wie etwa das Kriterium der Schutzwürdigkeit wegen besonderer künstlerischer oder geschichtlicher Bedeutung im Denkmalschutzrecht (BerlVerfGH LKV 1999, 361).

351 **Lösung Fall 43 – Ausländergesetz –:** Hier wird der unbestimmte Rechtsbegriff „Belange der Bundesrepublik" gebraucht, hinzu kommt eine weitgefasste Ermessensnorm, die der Behörde weitgehende Entscheidungsspielräume eröffnet ("darf"). Auch wenn man den Begriff der „Belange" noch als hinreichend bestimmt ansieht, erscheint doch die Kombination von unbestimmtem Rechtsbegriff und weitem Ermessen auf der Rechtsfolgenseite hier unter rechtsstaatlichen Gesichtspunkten nicht unbedenklich. Das Bundesverfassungsgericht hat hinreichende Bestimmtheit unter Hinweis auf die hinreichende Konkretisierung der normativen Merkmale der Vorschrift durch die Rechtsprechung, insbesondere des Bundesverwaltungsgerichts, (noch) bejaht, vgl BVerfGE 76, 1, 74. Auch der rechtsstaatlich-demokratische Gesetzesvorbehalt sei gewahrt, da gerade im Bereich des Ausländerrechts rasches und flexibles behördliches Handeln erforderlich sei.

352 In der Entscheidung zum Kleingartenrecht (BVerfGE 52, 1) wurde das Gebot der Rechtsklarheit auch im Hinblick darauf betont, dass es hier um eine Eingriffsermächtigung im Bereich der *Grundrechtsausübung* ging. Das Gebot der Bestimmtheit ist also im Zusammenhang des rechtsstaatlich-demokratischen Gesetzesvorbehalts zu sehen: In *„grundrechtswesentlichen"* Fragen sind generell die Anforderungen an die bestimmte Fassung der Norm stringenter. Gleichwohl werden konkrete Folgerungen iSd Feststellung der Nichtigkeit einer Norm nur ausnahmsweise gezogen – auch wenn das BVerfG in jüngster Zeit zu einer strengeren Handhabung des Bestimmtheitsgebots zu neigen scheint (vgl hierzu etwa *Papier/ Möller*, AöR 122 [1997], 121 ff).

Im **Strafrecht** gelten strengere Anforderungen. **Art. 103 Abs. 2 GG** legt den **353**
Grundsatz des *nulla poena sine lege* – zentrale Errungenschaft rechtsstaatlicher Strafrechtspflege – als grundrechtsgleiches Recht fest. Hieraus folgt das Gebot der hinreichend bestimmten Fassung von Strafgesetzen: der Normadressat muss anhand der gesetzlichen Bestimmung voraussehen können, ob sein Verhalten strafbar ist. Dies schließt die Verwendung auslegungsbedürftiger Begriffe nicht aus, solange in Grenzfällen jedenfalls das *Risiko* der Bestrafung erkennbar wird (BVerfGE 92, 1, 12). Hinreichend bestimmt sein müssen Straftatbestand und Strafandrohung. Dies bedeutet nicht die Notwendigkeit starrer Strafandrohungen – der Gesetzgeber kann einen Strafrahmen bezeichnen und muss dies auch tun, um im Einzelfall die „gerechte", also schuldangemessene Strafe zu ermöglichen. Die Kriterien für die Strafzumessung müssen aber aus dem Gesetz selbst hervorgehen. Weil dies bei der Vermögensstrafe des § 43a StGB nicht der Fall war, hat sie BVerfGE 105, 135 für verfassungswidrig erklärt. Für die **Rechtsprechung** folgt hieraus ein *Analogieverbot*, und zwar ein Verbot nicht nur der Analogie im technischen Sinn, sondern jeder Rechtsanwendung, die über den Inhalt einer Strafbestimmung hinausgeht: Die Norm muss in ihrer Anwendung durch die Gerichte hinreichend bestimmt sein.

So sieht BVerfGE 73, 206, 234 ff (zur Strafbarkeit von Sitzblockaden – Mutlangen) den Nö- **354**
tigungstatbestand des § 240 StGB als hinreichend bestimmt, ebenso BVerfGE 92, 1, 12 ff. Der Begriff der *Gewalt* lässt sich, so das BVerfG, in seiner Tragweite durch eine an Wortlaut und Gesetzeszweck orientierte Auslegung ermitteln. Demgegenüber sieht nun BVerfGE 92, 1 die weite *Auslegung* des Gewaltbegriffs durch die Gerichte, wonach auch rein psychische Einwirkungen Gewalt iSv § 240 StGB sind, als verfassungswidrig an. Welches Verhalten strafbar sei, könne dann nicht mit hinreichender Sicherheit beurteilt werden; diese Ungewissheit in der Anwendung der Strafrechtsnorm führe zur Verfassungswidrigkeit der entsprechenden Auslegung durch die Rspr. Strafbarkeitslücken zu schließen, sei Sache des Gesetzgebers (BVerfGE 92, 1, 14 ff, s. aber auch dort die abw Meinung; s. auch BVerfG NJW 2002, 1031).

Art. 103 Abs. 2 GG ist *lex specialis* zum allgemeinrechtsstaatlichen Bestimmtheitsgebot, gleiches gilt für das Erfordernis der Bestimmtheit einer Verordnungsermächtigung, Art. 80 Abs. 1 S. 2 GG.

Als allgemeine Folgerung aus dem Rechtsstaatsgebot gilt das Bestimmtheitserfor- **355**
dernis auch für die **Verwaltung**; in § 37 Abs. 1 VwVfG ist dies für Verwaltungsakte ausdrücklich geregelt.

b) Klarheit und Widerspruchsfreiheit der Rechtsordnung

Nicht nur die einzelne Rechtsnorm, sondern auch die Rechtsordnung insgesamt **356**
muss für den Bürger klar und widerspruchsfrei sei – was für manche Bereiche des Steuer- und Sozialrechts, aber auch des Umweltrechts durchaus zweifelhaft ist. Um

konkrete Konsequenzen hieraus zu ziehen, müsste man jedoch zu der Feststellung gelangen, dass gerade eine bestimmte Norm wegen der Unübersichtlichkeit oder Unklarheit der Regelung der Gesamtmaterie verfassungwidrig ist. Für den Fall der *kommunalen Verpackungssteuer* (auf Einweggeschirre von Fast-Food-Betrieben) hat das *Bundesverfassungsgericht* in seinem Urteil vom 07.05.1998 entsprechende Konsequenzen aus einem rechtsstaatlichen Gebot der Widerspruchsfreiheit der Rechtsordnung in der Tat gezogen. Das Rechtsstaatsprinzip verpflichtet hiernach die rechtsetzenden Organe, Widersprüche innerhalb der Rechtsordnung zu vermeiden. Welche der widersprüchlichen Normen zu weichen hat, bestimmt sich dann nach dem Rang, der Zeitenfolge und der Spezialität der Regelungen, – wobei etwa eine abgabenrechtliche Bestimmung im Fall des Widerspruchs zu einer Sachregelung zurückzutreten hat (BVerfGE 98, 106; krit. *Kloepfer/Brücker* DÖV 2001, 1).

357 Das *BVerfG* sah danach die landesrechtliche Regelung über die Verpackungssteuer, obschon an sich von der Landeskompetenz für die örtlichen Verbrauchs- und Aufwandssteuern (Art. 105 Abs. 2a GG) umfasst, im Widerspruch zu Zielsetzung und Systematik des Abfallrechts des Bundes. Der Steuergesetzgeber begründe hier Zahlungspflichten, die den Adressaten zur Vermeidung des steuerbelasteten Tatbestandes – also des Anfalls von Einweggeschirr – veranlassen sollten; diese Regelung laufe dem Konzept des Sachgesetzgebers im Abfallrecht zuwider, das auf Kooperation in der Abfallwirtschaft gerichtet sei. Der Steuergesetzgeber dürfe aber keine Regelungen herbeiführen, die der vom zuständigen Sachgesetzgeber getroffenen Regelung widersprechen, sei es, dass sie in direktem Widerspruch zu einzelnen Bestimmungen der Sachregelung stehen, sei es, dass sie deren Gesamtkonzept zuwiderlaufen. Das „Abtreibungsurteil" BVerfGE 98, 265 (Rn 136, 138) greift dieses Gedankengut auf und ergänzt ihn durch das Gebot der wechselseitigen Rücksichtnahme im Bundesstaat (aaO, 220).

3. Rechtssicherheit – Rückwirkungsverbot und Vertrauensschutz

358 **Fall 44 – Haustürgeschäfte –:** Ein Gesetz über „Haustürgeschäfte" sieht vor, dass Gerichtsstand bei Streitigkeiten aus solchen Geschäften ausschließlich der Wohnsitz des Kunden ist und bestimmt ausdrücklich: „Entgegenstehende Vereinbarungen sind nichtig. Dies gilt auch für Verträge, die vor In-Kraft-Treten dieses Gesetzes geschlossen wurden."

Die Multimedia Vertriebsgesellschaft m.b.H., die im Haustürgeschäft Zeitschriftenabonnements vertreibt, hat als Gerichtsstand stets ihren Firmensitz vereinbart. Sie hält das Gesetz für verfassungswidrig, weil es rückwirkend in bereits abgeschlossene Verträge eingreife. **Rn 371, 378, 386**

359 **Fall 45 – Frankenstein –:** Im **Fall 11a** – Nachträgliche Sicherungsverwahrung – (Rn 109a) hat das Land L. das Gesetz erlassen. Frankenstein verbüßt seit 1993 wegen Vergewaltigung eine 10jährige Freiheitsstrafe und hat sich im Strafvollzug jeder Therapie verweigert. Auf Antrag der Anstaltsleitung ordnet die zuständige Strafvollstreckungskammer im Oktober 2002 unbefristete Unterbringung auf der Grundlage des Gesetzes an. Frankenstein hält dies schon deshalb für verfassungswidrig, weil seine Strafe nicht rückwirkend verschärft werden dürfe; er verweist außerdem auf den Grundsatz „ne bis in idem". **Rn 367, 386**

Fall 46 – Müllsatzung –: Die Gemeinde A erlässt im Jahr 1990 eine am 1.1.1991 in Kraft tretende Satzung über Beiträge zur Müllabfuhr. Wegen eines Verfahrensfehlers wird diese Satzung durch gerichtliche Entscheidung vom 31.1.1992 für nichtig erklärt. In nunmehr ordnungsgemäßem Verfahren ergeht eine Satzung gleichen Inhalts, die rückwirkend ab 1.1.1991 gelten soll. Gemeindebürger B sieht hierin einen Fall unzulässiger Rückwirkung. **Rn 378, 386** **360**

Fall 47 – Sozialpfandbriefe –: In der Bundesrepublik waren in den Jahren bis 1955 sog. „Sozialpfandbriefe" ausgegeben worden. Sie dienten der Finanzierung des sozialen Wohnungsbaus. Um Kapital für diese seinerzeit dringende Aufgabe (es herrschte kriegsfolgenbedingt akute Wohnungsnot) anzuziehen, wurden die Zinsen durch eine besondere Vorschrift im Einkommenssteuerrecht von der Steuerpflicht befreit. Die Laufzeit der Pfandbriefe war außerordentlich lang – Endfälligkeit ist in den Jahren 2000-2012. Die Vita Lebensversicherungs AG hatte im Jahr 1965 derartige Pfandbriefe im Nennwert von DM 10 Mio. zum Kurs von 118 erworben. Im Zuge eines Haushaltskonsolidierungsgesetzes wurde die Bestimmung über die Steuerbefreiung im Jahr 1990 ersatzlos gestrichen. Dadurch ging der Kurs der Papiere von 112 im Jahr 1990 auf 102 zurück. Die Lebensversicherungs AG hat Zweifel an der Verfassungsmäßigkeit dieses Vorgehens. *Fall nach: BVerfGE 105, 17.* **Rn 375** **361**

a) Das Problem

In der zeitlichen Dimension bedeutet Rechtssicherheit vor allem **Schutz des Vertrauens** in die Beständigkeit der Gesetze. Der Bürger, der sich in seinem Verhalten auf eine bestimmte Regelung eingestellt hat, hat berechtigtes Interesse daran, dass seine Dispositionen nicht durch nachträgliche Rechtsänderung durchkreuzt werden. Er muss darauf vertrauen können, dass sein Verhalten, das sich an der Rechtsordnung orientiert, von dieser mit allen damit verbundenen Folgen anerkannt bleibt. Vor allem bei *rückwirkender* Rechtsänderung wird dieses Vertrauen berührt, wenn also in der Vergangenheit liegende Tatbestände nachträglich neu bewertet werden. **362**

b) Verbot rückwirkender Strafgesetze: Art. 103 Abs. 2 GG

Dies ist evident bei Strafgesetzen: Diese sollen dem Bürger verlässlich die Grenzen seiner Handlungsfreiheit aufzeigen, sodass er sich in seinem Verhalten darauf einstellen kann. Dann aber darf ein Verhalten, das dem geltenden Recht entspricht, nicht nachträglich als rechtswidrig bzw strafbar bewertet werden. Die Strafbarkeit einer Tat muss also im Zeitpunkt ihrer Begehung gesetzlich bestimmt sein; demgemäß enthält **Art. 103 Abs. 2 GG** in Konkretisierung des allgemeinen Rechtsstaatsgebots ein **Verbot rückwirkender Strafgesetze**. Entsprechend dem Schutzzweck der Norm, im voraus Rechtssicherheit hinsichtlich der Strafbarkeit eines Verhaltens zu gewährleisten, bezieht dieses Verbot sich auf den Tatbestand, in dem die Strafbarkeit festgelegt ist, aber auch auf Rechtfertigungsgründe, die die Strafbarkeit ausschließen, wie schließlich auch auf die „Strafe" selbst. **Strafe** ist die missbilligende hoheitliche Reaktion auf schuldhaftes Unrecht. Diese darf nicht rückwirkend festgesetzt und auch nicht rückwirkend verschärft werden. Für sonstige Sanktionen gilt **363** dies nicht – insbesondere nicht für Maßregeln der Sicherung und Besserung wie die Sicherungsverwahrung in **Fall 45**, BVerfG, U.v. 05.02.2004, www.bverfg.de, Absatz Nr 129 ff, 137 (= NJW 2004, 739, 744 f), zumal die **Sicherungsverwahrung** andere Ziele als die Freiheitsstrafe verfolgt (aaO Absatz Nr 145 f). Sie zählt also zum Strafrecht iSv Art. 74 Abs. 1 Nr 1 GG (Rn 123), ist aber nicht Strafe iSv Art. 103 Abs. 2 GG.

364 Bloße Verfolgungsvoraussetzungen wie die Verjährung fallen nicht unter die Garantiefunktion des Art. 103 Abs. 2 GG. Der Tatbestand des *Strafgesetzes*, also die Begehung einer bestimmten Tat, an die die Rechtsfolge der Strafbarkeit anknüpft, wurde daher auch durch die Verlängerung der Verjährungsfrist für NS-Verbrechen nicht berührt. Sie bedeutete also keine (rückwirkende) Änderung eines *Strafgesetzes*. Art. 103 Abs. 2 GG greift daher *nicht* ein (vgl BVerfGE 25, 286).

365 Das rechtsstaatliche Rückwirkungsverbot des Art. 103 Abs. 2 GG kann vor allem in Fällen der Staatskriminalität (NS-Verbrechen, DDR-Unrecht) in Konflikt geraten mit rechtsstaatlichen Erfordernissen **materieller Gerechtigkeit**. Darauf zielt die sog. *Radbruch*'sche Formel. Danach muss bei einem Verstoß gegen die allen Völkern gemeinsamen, auf Wert und Würde bezogenen Rechtsüberzeugungen das positive Recht der Gerechtigkeit weichen. BVerfGE 95, 96 ist dem beigetreten. Überragende Erfordernisse materieller Gerechtigkeit können hiernach die Garantiefunktion des Art. 103 Abs. 2 GG begrenzen. Dies wurde angenommen für die Anwendung von Rechtfertigungsgründen des DDR-Rechts, die, mochten sie auch der Staatspraxis der DDR entsprochen haben, materiell schwerstes Unrecht bedeuteten

Für die Strafbarkeit der „**Mauerschützen**" war bereits BGHSt 39, 1 von der Nichtanwendbarkeit der Rechtfertigungsgründe des DDR-Rechts (§ 27 DDR-GrenzG) wegen offensichtlicher **Menschenrechtswidrigkeit** ausgegangen. Aus diesen Überlegungen kann auch ein DDR-Richter wegen **Rechtsbeugung** verurteilt werden (BVerfG NJW 1998, 315 und EGMR EuGRZ 2001, 210; s. dazu *Kadelbach*, Jura 2002, 329).

366 Die Bestrafung von **DDR-Spionen** nach den Strafgesetzen der Bundesrepublik (§§ 94, 99 StGB) ist nach BVerfGE 92, 277 kein Problem des Art. 103 Abs. 2 GG. Denn die Strafbarkeit der Spionagetätigkeit *nach dem Recht der Bundesrepublik* habe zur Tatzeit bereits festgestanden (auch wenn nach DDR-Recht die entsprechenden Taten naturgemäß straflos waren). Das BVerfG gelangt gleichwohl zu (teilweiser) Straflosigkeit: wegen der „Eigentümlichkeit" der Strafbarkeit der Spionage könne eine Bestrafung zum jetzigen Zeitpunkt keinen legitimen Strafzweck mehr erfüllen und sei deshalb unverhältnismäßig.

367 **Fall 45 – Frankenstein –:** Würde das Gesetz gegen das Verbot rückwirkender Strafgesetze in Art. 103 Abs. 2 GG verstoßen, dann wäre es verfassungswidrig. Denn das Verbot des Art. 103 Abs. 2 GG gilt absolut (von den Ausnahmefällen des Staatsverbrechens abgesehen). Es handelt sich jedoch bei der Sicherungsverwahrung nicht um „Strafe" iSv Art. 103 Abs. 2 GG (Rn 363). Dies bedeutet jedoch nicht, dass eine nachträgliche Festsetzung von Maßnahmen wie der Sicherungsverwahrung, bei der es sich um einen erheblichen Eingriff in die Freiheit der Person (Art. 2 Abs. 2 S. 2, Art. 104 GG) handelt, ohne weiteres zulässig wäre. Jedenfalls das allgemeine rechtsstaatliche Erfordernis der Rechtssicherheit könnte hier berührt sein, s. Rn 368 ff.

c) IÜ: Rechtsstaatliches Rückwirkungsverbot

Schlechthin unzulässig sind also rückwirkende Strafgesetze. Rückwirkende Gesetze sind auch im Übrigen nicht uneingeschränkt zulässig. Denn stets kann hier das Vertrauen des Bürgers in die Beständigkeit der Rechtsordnung gegenüber nachträglicher Neubewertung betroffen sein. **368**

Aus dem Rechtsstaatsgebot des Art. 20 Abs. 3 GG folgt also ein **Rückwirkungsverbot**. Soweit allerdings ein rückwirkender Eingriff in Eigentumsrechte erfolgt, wird – so von BVerfGE 95, 64, 86 – **Art. 14 Abs. 1 GG** als Prüfungsmaßstab herangezogen. Für die Frage, ob eine Eigentumsbeschränkung den Erfordernissen des Art. 14 Abs. 1 S. 2 GG entspricht, ob sie also einen sachgerechten Ausgleich zwischen Eigentümerinteresse und Sozialpflichtigkeit vornimmt, ist dann auf das Rückwirkungsverbot einzugehen. Sachlich ergeben sich hierbei jedoch keine Änderungen.

Dabei unterscheidet eine – nicht unbestrittene, gleichwohl gefestigte und im folgenden zugrundezulegende – Rechtsprechung zwischen unterschiedlichen Formen der Rückwirkung, zwischen „**echter**" (retroaktiver) und „**unechter**" (retrospektiver) **Rückwirkung** (dazu auch *Fischer*, JuS 2001, 861, 862 f). **Echte Rückwirkung** liegt vor, wenn der Gesetzgeber nachträglich in Tatbestände eingreift, die in der Vergangenheit begonnen und abgeschlossen wurden, deren Rechtsfolgen also vor Verkündung des Gesetzes eingetreten sind. Da in diesem Fall das Gesetz an bereits abgeschlossene Tatbestände neue Rechtsfolgen knüpft, spricht man insoweit auch von der *Rückbewirkung von Rechtsfolgen* (BVerfGE 105, 17, 37). Echte Rückwirkung ist *nur in Ausnahmefällen* zulässig. **369**

Unechte Rückwirkung liegt vor, wenn das Gesetz ein Geschehen betrifft, das in der Vergangenheit ins Werk gesetzt, jedoch noch nicht abgeschlossen wurde, die Rechtsfolgen des Gesetzes aber erst nach seiner Verkündung eintreten. Das BVerfG (BVerfGE 72, 200, 241 f; 105, 17, 37) spricht insoweit auch von *tatbestandlicher Rückanknüpfung*. Diese ist grundsätzlich zulässig, in Ausnahmefällen unzulässig. **370**

Die Unterscheidung zwischen beiden Rückwirkungsfällen ist nicht durchweg eindeutig. **371**

Fall 44 – Haustürgeschäfte –: Für *echte Rückwirkung* spricht hier, dass an eine in der Vergangenheit abgeschlossene vertragliche Vereinbarung neue Rechtsfolgen geknüpft werden: Die vertragliche Vereinbarung zwischen Vertriebsfirma und Kunden legte einen bestimmten, gewillkürten Gerichtsstand fest. Ein Vertrag kommt mit Angebot und Annahme zustande. Der Vertragsschluss stellt einen abgeschlossenen Tatbestand dar. In diesen Tatbestand wird nachträglich eingegriffen. Die Rechtsfolgen hieraus werden neu bestimmt. Insoweit liegt eine Rückbewirkung von Rechtsfolgen vor (vgl BVerfGE 76, 263, 345).

Stellt man jedoch auf die Anwendung der Gerichtsstandsvereinbarung ab, so gelangt man zu nur *unechter Rückwirkung*. Denn dann würden mit der Unwirksamkeit dieser Vereinbarung an einen in der Vergangenheit begonnenen Tatbestand – das Vertragsverhältnis – für die Zukunft neue Rechtsfolgen geknüpft. Es liegt dann ein Fall tatbestandlicher Rückanknüpfung vor (so auch BVerfGE 31, 222, 226):

Bei Eingriffen in laufende Verträge (und ganz allgemein in längerfristige Rechtsbeziehungen) sind also unterschiedliche Anknüpfungspunkte denkbar: Vertragsschluss oder Vertragserfüllung. Davon hängt es entscheidend ab, ob man echte oder unechte Rückwirkung annehmen will.
Unechte Rückwirkung nahm zB BVerfGE 71, 230, 251 für die Beschränkung von Rechten des Vermieters (Kappungsgrenze für Mieterhöhungen) bei bestehenden Mietverträgen an.

Gegenbeispiel: Verlängerung der Verjährungsfristen für vertragliche Ansprüche bei bereits eingetretener Verjährung, mit der Folge, dass die verjährten Ansprüche wieder durchsetzbar wurden: *echte Rückwirkung*, vgl BVerfGE 18, 70, 80.

Bei **belastenden Gesetzen** (für begünstigende Gesetze gelten diese Einschränkungen der Rückwirkung nicht) ist **echte Rückwirkung** nur in bestimmten, eng umgrenzten Ausnahmefällen (dazu *Fischer*, JuS 2001, 861, 862 f) zulässig:

372 (1) Echte Rückwirkung ist zulässig, wenn für den Rückwirkungszeitraum mit der dann getroffenen Regelung zu rechnen war und aus diesem Grund kein schutzwürdiger Vertrauenstatbestand geschaffen wurde, BVerfGE 37, 363, 397 f; 45, 142, 173 f. Dies kann der Fall sein bei der Ersetzung einer vorläufigen durch eine endgültige Regelung, oder auch, wie im **Fall 46 – Müllsatzung –**, bei der Ersetzung einer aus formellen Gründen nichtigen durch eine wirksame Regelung gleichen Inhalts.

(2) Wenn die bisherige Rechtslage „unklar und verworren" war, ihre Bereinigung ein Erfordernis der Rechtssicherheit, so kann die Entstehung schutzwürdigen Vertrauens ausgeschlossen, Rückwirkung zulässig sein. Gleiches kann gelten, wenn etwa nachträglich Systemwidrigkeiten eines umfangreicheren Gesetzgebungswerks korrigiert werden (BVerfGE 7, 151 f) sowie insbesondere dann, wenn nachträglich verfassungswidrige Lücken im System der gesetzlichen Regelung geschlossen werden, BVerfGE 72, 200, 260.

(3) Zu einem „Bagatellvorbehalt" des BVerfG s. E 30, 367, 389; 72, 200, 258 f.

(4) Ob darüber hinaus „*zwingende Gründe des öffentlichen Wohls*" dem Gebot der Rechtssicherheit übergeordnet sein können (BVerfGE 13, 272), erscheint nicht gesichert; jedenfalls müsste es sich um besonders gelagerte Ausnahmefälle handeln.

Ist keiner der vorgenannten Tatbestände gegeben, ist echte Rückwirkung unzulässig.

373 Nur **eingeschränkter Vertrauensschutz** besteht hinsichtlich des Fortbestands **ehemaligen DDR-Rechts**. In einem im Juli 1991 erlassenen Gesetz waren die Zinsen für Hypothekenkredite rückwirkend zum Zeitpunkt des Beitritts an die marktüblichen Sätze im Bundesgebiet angepasst worden, nachdem die DDR ihre einschlägigen, deutlich niedrigere Zinssätze festlegenden Vorschriften entgegen dem Staatsvertrag nicht aufgehoben hatte. Diese rückwirkende Rechtsänderung sah das BVerfG als ausnahmsweise zulässig an, da spätestens seit dem Beitritt schutzwürdiges Vertrauen in den Fortbestand ehemaligen DDR-Rechts nicht mehr bestanden habe (BVerfGE 88, 384).

Für die Verfassungsmäßigkeit **unechter Rückwirkung** kommt es darauf an, ob das Interesse des Staates und des gemeinen Wohls die schutzwürdigen Interessen der Gesetzesadressaten am Fortbestand einer ihnen günstigen Rechtslage überwiegen (BVerfGE 105, 17, 37 f). **Wohl der Allgemeinheit** und **Vertrauensschutzinteressen** sind also gegeneinander abzuwägen. Dabei ist insbesondere darauf abzustellen, ob Grundrechte in belastender Weise betroffen sind (vgl BVerfGE 72, 200, 242). **374**

Fall 47 – Sozialpfandbriefe –: Diese Abwägung wird in beispielhafter Weise vorgenommen von BVerfGE 105, 17. Es handelte sich hier um einen Fall tatbestandlicher Rückanknüpfung. Denn die Inhaber der Pfandbriefe hatten auch im Fall des Zweiterwerbs Vermögensdispositionen ins Werk gesetzt, an die nunmehr zu ihrem Nachteil neue Rechtsfolgen belastender Art geknüpft wurden. Der Gesetzgeber verfolgte dabei ein legitimes Interesse: über die Erzielung von Einnahmen zum Zweck der Haushaltskonsolidierung hinaus wurden hier durch den Abbau besonderer Vergünstigungen das rechtsstaatlich relevante Ziel der Gleichmäßigkeit in der steuerlichen Belastung, also der Steuergerechtigkeit angestrebt. Andererseits war auch das Vertrauen der Inhaber der Pfandbriefe schutzwürdig, dies umso mehr, als deren Erwerb ausdrücklich erwünscht war, um Geld in den sozialen Wohnungsbau zu lenken. Dies ist ein relevanter Aspekt in der Abwägung: private Dispositionen sind dann besonders schutzwürdig, wenn sie staatlicherseits erwünscht waren. **375**

Andererseits war auch die lange Laufzeit der Pfandbriefe zu berücksichtigen. Deren Inhaber konnten nicht damit rechnen, dass die Steuerbefreiung über die gesamte Laufzeit aufrechterhalten würde. In ihre Dispositionen wurde auch nicht entwertend eingegriffen – Rückzahlung in voller Höhe bei Endfälligkeit ist weiterhin gewährleistet. In Abwägung dieser Gesichtspunkte sind die öffentlichen Interessen vorrangig – zumal mit dem unveränderten Fortbestand einer günstigen Rechtslage für die Zukunft grundsätzlich nicht gerechnet werden kann.

Der Bürger ist gegenüber rückwirkenden Belastungen in seinem Vertrauen in die bestehende Gesetzeslage solange geschützt, bis der Bundestag ein neues Gesetz beschließt; **entscheidend** ist also der **Zeitpunkt des Gesetzesbeschlusses** (Rn 676) im Bundestag (BVerfGE 95, 64, 87; 97, 67, 79;). Eine **Ausnahme** von diesem Grundsatz wird dann anerkannt, wenn die Intention der Neuregelung dadurch unterlaufen würde, dass nach **Ankündigung der Neuregelung** – zB der Streichung einer Steuervergünstigung – im Zeitraum während des Gesetzgebungsverfahrens in großem Umfang Vertrauenstatbestände in Ausnutzung der noch geltenden Regelung geschaffen würden. Dies darf der Gesetzgeber durch eine tatbestandliche Rückanknüpfung verhindern. Dem Gesetzesadressaten ist es zuzumuten, sich vom Zeitpunkt der Ankündigung der Gesetzesänderung an hierauf einzustellen – also im Fall der Änderung einer steuerlichen Regelung keine Abschreibungsobjekte mehr zu erwerben. **376**

So hatte der Gesetzgeber bestimmte Verschonungssubventionen im Steuerrecht – sie betrafen Verträge über Schiffsbeteiligungen – als verfehlt erachtet. Ein noch 1996 in Kraft getretenes Gesetz hatte für den Veranlagungszeitraum 1996 diese Subventionen (in Form von steuerlichen Vergünstigungen – Abschreibungsmöglichkeiten) aufgehoben, und zwar rückwirkend für alle nach dem 30.04.1996 abgeschlossenen Verträge; zu diesem Zeitpunkt hatte **377** die Bundesregierung die beabsichtigte Streichung der Abschreibungsmöglichkeiten bekannt gegeben. Dies war ein Fall unechter Rückwirkung – die maßgeblichen steuerlichen Tatbestände waren noch nicht abgeschlossen. Es war jedoch kein schutzwürdiges Vertrauen entstanden: der Wegfall der Begünstigung war angekündigt; das Interesse des Gesetzgebers, ein Unterlaufen der Regelung durch Vertragsabschlüsse während des laufenden Gesetzgebungsverfahrens zu verhindern, war legitim (so BVerfGE 97, 67, 83 f mit Anm. *Arndt/Schumacher*, NJW 1998, 1538).

378 **Fall 44 – Haustürgeschäfte –:** Die entscheidende Bedeutung der Unterscheidung zwischen echter und unechter Rückwirkung wird hier deutlich.

Geht man von echter Rückwirkung des Gesetzes aus, gelangt man zu dessen Nichtigkeit; keiner der vorstehend genannten Ausnahmefälle greift ein.

Bejaht man demgegenüber nur „unechte" Rückwirkung, so müsste zunächst das Ausmaß des Vertrauensschadens der Betroffenen näher umrissen werden. Es müsste also dargetan werden, dass die Vertriebsfirmen, die Gerichtsstandsvereinbarungen getroffen haben, vom Vertragsschluss überhaupt Abstand genommen oder aber die Verträge mit anderem Inhalt abgeschlossen hätten, wenn sie mit der Nichtigkeit der Gerichtsstandsvereinbarungen gerechnet hätten. Andererseits verfolgt das Gesetz eine relevante sozialstaatliche Zielsetzung – Schutz des Verbrauchers im Rechtsverkehr (s. auch u. Rn 427) –; dies dürfte hier den Ausschlag geben, zumal ja von einer grundsätzlichen Gestaltungsfreiheit des Gesetzgebers ausgegangen werden muss.

Fall 46 – Müllsatzung –: Hier ist von echter Rückwirkung auszugehen, soweit bereits abgeschlossene Gebührentatbestände betroffen sind, doch fehlt es hier am schutzwürdigen Vertrauen der Betroffenen: Zum Zeitraum der Verwirklichung der Gebührentatbestände – also bei Erbringung der gemeindlichen Leistungen der Müllabfuhr – mussten die Gemeindebürger, die diese Leistungen in Anspruch nahmen, mit ihrer Gebührenpflichtigkeit rechnen; vgl zu einer derartigen Fallgestaltung zB OVG Magdeburg LKV 2001, 41.

Insgesamt ist das Bundesverfassungsgericht in der Annahme echter Rückwirkung sehr zurückhaltend, geht im Zweifel von „unechter" Rückwirkung aus.

d) Vertrauensschutz außerhalb des Rückwirkungsverbots?

379 Inwieweit **Vertrauensschutz** im Verhältnis zum **Gesetzgeber** über die anerkannten Rückwirkungsfälle hinaus aus rechtsstaatlichen Gründen zu gewähren ist, ist nicht abschließend geklärt. Einerseits ist der einzelne in seinen Dispositionen von staatlicher Gesetzgebung abhängig, möchte also auf diesen Bestand vertrauen können. Andererseits muss der Gesetzgeber zur Anpassung an geänderte Gegebenheiten in der Lage sein.

380 Die Rechtsprechung ist hier jedenfalls zurückhaltend (vgl BVerfGE 30, 393; ausführlich zur Problematik *Ossenbühl*, Staatshaftungsrecht, 5. Aufl., S. 378; *Wernsmann*, JuS 1999, 1177, 1178 f). Voraussetzung ist jedenfalls zunächst, dass der Betroffene auf den Fortbestand einer gesetzlichen Regelung tatsächlich vertraut *hat*, auf Grund dieses Vertrauens seinerseits *Dispositionen getroffen* hat und sein *Vertrauen* im konkreten Fall auch *schutzwürdig* ist. Letzteres wird dann der Fall sein, wenn es gerade die Absicht des Gesetzgebers war, zu entsprechenden Dispositionen zu veranlassen. Diese Fallgestaltung ist mit den Tatbeständen der unechten Rückwirkung gleichzubehandeln.

Beispiel: BGHZ 45, 83: Geminderte Absatzchancen inländischer Produzenten durch Herabsetzung von Schutzzöllen – auch wenn hier inländische Unternehmer im Vertrauen auf den Fortbestand hoher Zölle disponiert hatten, hatten sie dies doch nur in Ausnutzung sich bietender Chancen getan, waren hierzu nicht von Seiten des Gesetzgebers veranlasst worden.

Die Feststellung eines **Vertrauenstatbestandes** ist nur ein erster Schritt. Das **381**
schutzwürdige Vertrauen muss zudem gegenüber dem Anliegen des Gesetzgebers überwiegen. Auch hier ist die Rspr *zurückhaltend:* grundsätzlich kann der Bürger *nicht auf den Fortbestand einer für ihn günstigen Rechtslage vertrauen*. Übergangsregelungen können aber erforderlich sein, um den Eingriff abzumildern; sie reichen in der Rspr meist auch aus.

Prüfungsschema: Die Prüfung der Frage nach **Vertrauensschutz gegenüber dem Ge- 382**
setzgeber vollzieht sich also in mehreren Stufen:

(1) Zunächst ist festzustellen, ob ein *Vertrauenstatbestand* gegeben ist; dies setzt iE voraus:
- Vertrauen des Betroffenen in den Fortbestand der Regelung;
- Dispositionen auf der Grundlage dieses Vertrauens;
- Schutzwürdigkeit dieses Vertrauens, hierbei insbesondere bedeutsam: Veranlassung zu bestimmtem Verhalten durch den Gesetzgeber;

(2) Ist ein Vertrauenstatbestand demnach gegeben, so ist eine konkrete *Abwägung* zwischen Vertrauensschutzinteressen des Betroffenen und den Zielen der Neuregelung vorzunehmen;

(3) Bestimmung der *Rechtsfolge*, wenn Vertrauensschutz bejaht wird.

Als allgemein-rechtsstaatliches Prinzip gilt Vertrauensschutz gleichermaßen gegen- **383**
über der Exekutive, hier zT positiv geregelt für Rücknahme und Widerruf von Verwaltungsakten (vgl *Maurer,* Allgemeines Verwaltungsrecht, § 11 Rn 21 ff, 28 ff, 39 ff).

e) Gemeinschaftsrecht

Das Verbot **rückwirkender Strafgesetze**, in Art. 7 EMRK ausdrücklich festgehal- **384**
ten, ist ein allen Mitgliedstaaten der EU gemeinsamer Rechtsgrundsatz (EuGH Slg. 1990, 4023), der zu den allgemeinen Rechtsgrundsätzen des Gemeinschaftsrechts gehört. Im Übrigen behandelt der EuGH die Frage einer rückwirkenden Geltung von Rechtsakten unter dem Gesichtspunkt des Vertrauensschutzes, betont allerdings vor allem in wirtschaftlichen Zusammenhängen das Ermessen der Gemeinschaftsorgane in der Anpassung gemeinschaftsrechtlicher Vorgaben für wirtschaftliches Handeln an Änderungen der wirtschaftlichen Lage, etwa in Zusammenhang gemeinschaftsrechtlicher Marktordnungen. Vertrauensschutz des Marktteilnehmers besteht also nur eingeschränkt (näher *Gornig/Trüe*, JZ 2000, 501, 504 f).

Andererseits können Erfordernisse des **Gemeinschaftsrechts** Vertrauensschutz nach dem Grundgesetz **einschränken**: wenn die Bundesrepublik unter Verstoß gegen die Beihilfevorschriften des EG-Rechts einem Unternehmen **Subventionen** gewährt hat, ist sie gemeinschaftsrechtlich verpflichtet, diese zurückzufordern. Sie hat dann die Vorschriften des innerstaatlichen Rechts über die Rücknahme von Verwaltungsakten so anzuwenden, dass sie die Durchsetzung des Gemeinschaftsrechts nicht hindern. Vertrauensschutz muss dann zurücktreten, EuGH NJW 1998, 47 und BVerwG NJW 1998, 3728. Hiernach kann sich der Adressat, wenn das gemeinschaftsrechtlich vorgeschriebene Verfahren nicht eingehalten worden ist, insbesondere nicht auf Vertrauensschutz berufen. – Wurden Subventionen in unzulässiger Weise durch Gesetz gewährt, dürfte nichts anderes gelten.

385 **Zusammenfassung: Rückwirkende Gesetze und Vertrauensschutz**

1. *Rückwirkende Gesetze* – Begriff:

Zu unterscheiden zwischen *echter* Rückwirkung (Tatbestand in der Vergangenheit abgeschlossen) und *unechter* Rückwirkung (Tatbestand in der Vergangenheit begonnen, noch andauernd); das BVerfG spricht hier teilweise von Rückbewirkung von Rechtsfolgen (zeitliche Rückerstreckung des Anwendungsbereichs einer Norm = echte Rückwirkung) und tatbestandlicher Rückanknüpfung (= unechte Rückwirkung).

2. *Eingeschränkte Zulässigkeit rückwirkender Gesetze*

a) *Stets unzulässig:* Strafgesetze, Art. 103 Abs. 2 GG;

b) Nur *eingeschränkt zulässig: belastende* rückwirkende Gesetze;

aa) "echte" Rückwirkung: idR unzulässig, Ausnahmen: Fallgruppen o. Rn 372,

bb) "unechte" Rückwirkung: idR zulässig, sofern nicht entgegensteht: schutzwürdiges Vertrauen des Bürgers.

3. Wenn kein Fall der Rückwirkung, aber durch Gesetzesänderung bereits getroffene Dispositionen entwertet, möglicherweise: Vertrauensschutz, Voraussetzungen s. Rn 382; Zurückhaltung geboten.

Zusammenfassende Hinweise zu den Ausgangsfällen:

386 **Lösung Fall 44 – Haustürgeschäfte –:**

Gesetz von unzulässiger Rückwirkung?

1. Rückwirkung: Eingriff in abgeschlossenen Vertrag; echte oder unechte Rückwirkung: zw, s. Rn 371;

Alternativlösung:

a) Wenn echte Rückwirkung, ausnahmsweise zulässig? – Keine der anerkannten Fallgruppen gegeben, „übergeordnete, zwingende Gemeinwohlgründe" (wenn überhaupt, dann nur in sehr engen Grenzen anzuerkennender Ausnahmefall) nicht dargetan; Gesetz nichtig, da unzulässige Rückwirkung.

b) Wenn unechte Rückwirkung: *Abwägung*, dürfte hier wohl im Ergebnis zur Verfassungsmäßigkeit des Gesetzes führen.

Lösung Fall 45 – Frankenstein –:

Das Gesetz könnte gegen das absolute Rückwirkungsverbot nach Art. 103 Abs. 2 GG verstoßen. Die Bestimmung ist jedoch auf Maßregeln der Sicherung und Besserung nicht anwendbar.

Es könnte jedoch ein Verstoß gegen das rechtsstaatliche Rückwirkungsverbot aus Art. 20 Abs. 3 GG, hier iVm Art. 2 Abs. 2 S. 2 GG vorliegen. Die gesertzliche Regelung knüpft an einen in der Vergangenheit liegenden Tatberstand an, die Anlasstat. Es ändert jedoch nicht die in der Vergangenheit eingetretenen Rechtsfolgen, sondern setzt neue Rechtsfolgen für die Zukunft: die an die Verbüßung der Freiheitsstrafe anschließende Sicherungsverwahrung. Damit liegt eine tatbestandliche Rückanknüpfung vor, also ein Fall „unechter" Rückwirkung.

Damit sind das Vertrauen des F, seine Erwartung, nach Verbüßung der Freiheitsstrafe entlassen zu werden und sein Grundrecht aus Art. 2 Abs. 2 S. 2 GG in Abwägung zu bringen mit dem Sicherheitsinteresse der Allgemeinheit, zu dessen Wahrung der Gesetzgeber verpflichtet ist. Denn das Grundrecht auf Leben und körperliche Unversehrtheit, Art. 2 Abs. 2 S. 1 GG verpflichtet den Staat zum Schutz vor gefährlichen Straftätern. Diese verfassungsrechtlich relevanten Belange sind in Ausgleich zu bringen. Für die Aufhebung einer Höchstfrist der Sicherungsverwahrung hat das BVerfG im Urteil vom 05.02.2004 (NJW 2004, 739, 748) das Sicherheitsinteresse als vorrangig gewertet, dies unter der Voraussetzung, dass eine sorgfältige Gefahrprognose angestellt wird, an die mit zunehmender Dauer der Freiheitsentziehung gesteigerte Anforderungen zu stellen sind.

Lösung Fall 46 – Müllsatzung –:

1. Rückwirkung? Satzung knüpft an zurückliegende Tatbestände (Gebührentatbestände aus 1990); diese in der Vergangenheit abgeschlossen, also *echte* Rückwirkung.
2. Hier zulässig? – Kein schutzwürdiges Vertrauen der Bürger, da auf Grund erster Satzung mit Gebührenpflicht zu rechnen; Satzung also zulässig.

Schrifttum zu V.: *Stern* I, § 20 IV 4 f; *Pieroth*, Die neuere Rechtsprechung des Bundesverfassungsgerichts zum Grundsatz des Vertrauensschutzes, JZ 1984, 971 und JZ 1990, 279; *Maurer*, Kontinuitätsgewähr und Vertrauensschutz, HdBStR III, § 60; *Papier/Möller*, Das Bestimmtheitsgebot und seine Durchsetzung, AöR 122 (1997), 177; *Wernsmann*, Grundfälle zur verfassungsrechtlichen Zulässigkeit rückwirkender Gesetze, JuS 1999, 1177 und JuS 2000, 39; *Fischer*, Die Verfassungsmäßigkeit rückwirkender Normen, JuS 2001, 861.

VI. Rechtsstaat und Übermaßverbot

Alles staatliche Handeln steht unter dem Gebot der Verhältnismäßigkeit. Es besagt, dass nur in dem Maße in Rechte des Bürgers eingegriffen werden darf, in dem dies erforderlich ist, um mit geeigneten Mitteln den angestrebten Zweck zu erreichen, und dass der Eingriff dem damit verfolgten Ziel angemessen sein muss, dass ganz allgemein ein sachgerechter Ausgleich zwischen widerstreitenden Interessen gefunden werden muss. Was dies konkret für Gesetzgeber und Verwaltung bedeutet, ist im folgenden darzustellen – wobei auch einigen häufig anzutreffenden Missverständnissen über den Anwendungsbereich dieser Grundsätze entgegenzutreten ist.

➡ **Leitentscheidungen:** BVerfGE 7, 377 (Apothekenurteil); BVerfGE 70, 297 (Unterbringungsgesetz); BVerfGE 90, 145 (Cannabis); BVerfGE 92, 277 (DDR-Spione).

Ausgangsfälle:

387 **Fall 48 – Grundstücksabgaben –:** Um den Wohnungsbau zu beleben und das Zurückhalten baureifer Grundstücke in Erwartung weiterer Wertsteigerungen zu verhindern, werden durch Bundesgesetz Sonderabgaben auf derartige Grundstücke festgesetzt, begrenzt auf einen Zeitraum von zwei Jahren. Nach Ablauf dieses Zeitraums stellt sich jedoch heraus, dass die erwartete Bewegung auf dem Grundstücksmarkt nicht eingetreten ist; eine unerwartet günstige Konjunkturentwicklung und ein unerwarteter Zinsrückgang hatten es den Eigentümern, insbesondere den großen Baulandgesellschaften, erlaubt, an ihrer Grundstücksbevorratung festzuhalten und ihre zusätzlichen Belastungen auf den Markt abzuwälzen. Die Bauträgergesellschaft „Teure Heimat", die zu erheblichen Abgaben auf Grund des Gesetzes herangezogen wurde und hiergegen klagt, macht dies gegenüber dem Gesetz geltend. Es sei nunmehr deutlich geworden, dass das Gesetz keinesfalls geeignet gewesen sei, den angestrebten Zweck zu erreichen. (Die Bescheide ergingen erst nach Ablauf des Anwendungszeitraums für das Gesetz.) **Rn 405**

388 **Fall 49 – Beseitigungsanordnung –:** § 100 der Landesbauordnung des Bundeslandes A lautet: „Die Bauordnungsbehörde kann die Beseitigung rechtswidrig errichteter Bauten anordnen." D hat auf seinem Grundstück unter Beachtung aller sachlichen Erfordernisse des Bauordnungsrechts eine Garage errichtet, ohne jedoch die hierfür erforderliche Baugenehmigung einzuholen. Die Bauordnungsbehörde erlässt eine Beseitigungsanordnung wegen formeller Rechtswidrigkeit des Vorhabens. D ist der Auffassung, ihm müsse zumindest Gelegenheit gegeben werden, das Vorhaben nachträglich genehmigen zu lassen. **Rn 396, 405**

389 **Fall 50 – Flugblätter –:** Die Gemeinde G erlässt, gestützt auf eine Ermächtigungsnorm im Landesstraßengesetz, eine RVO, wonach aus Gründen der Reinhaltung öffentlicher Verkehrsflächen das Verteilen von Flugblättern, Schriften uä im Gemeindebereich ausnahmslos verboten ist. A sieht hierin eine erhebliche Beeinträchtigung seiner Meinungsfreiheit. Die Gemeinde erwidert, dies sei der einzig mögliche Weg, den öffentlichen Verkehrsraum sauber zu halten. **Rn 399, 405**

1. Grundsätzliche Bedeutung, Elemente des Verhältnismäßigkeitsprinzips

a) Das Verhältnismäßigkeitsgebot im Grundgesetz: Bedeutung und Geltungsbereich

390 Vor allem im Rahmen der Grundrechtsprüfung relevant, gleichwohl als unmittelbares Element des Rechtsstaatsgebots zu sehen, ist das – im Grundsatz für Gesetzgebung und Verwaltung gleichermaßen geltende – Gebot der Verhältnismäßigkeit staatlichen Handelns. „Die **Grundsätze der Verhältnismäßigkeit und des Übermaßverbotes** … als *übergreifende Leitregeln allen staatlichen Handelns" ergeben sich*, so BVerfGE 23, 133, *„zwingend aus dem Rechtsstaatsprinzip"*. Verhältnismäßigkeit ist gefordert zwischen den – rechtlich relevanten – Auswirkungen staatlicher Maßnahmen und deren Zielsetzung. Das Verhältnismäßigkeitsprinzip ist also stets in Bezug zu setzen zu konkret betroffenen Rechtspositionen. Stets bedarf der Klarstellung, wem gegenüber, in Bezug auf welche Rechte und rechtlich relevanten In-

teressen eine staatliche Maßnahme unverhältnismäßig erscheint – ein Gesichtspunkt, der häufig übersehen wird, wenn das konkrete Abwägungsprinzip der Verhältnismäßigkeit missverstanden wird als undifferenzierte Billigkeitsklausel.

b) Die Elemente des Verhältnismäßigkeitsgebots: Geeignetheit, Erforderlichkeit, Angemessenheit

Klarheit ist zunächst erforderlich hinsichtlich der einzelnen **Elemente des Verhältnismäßigkeitsprinzips**. Verhältnismäßigkeit bedeutet ie: Geeignetheit, Erforderlichkeit sowie Verhältnismäßigkeit im engeren Sinn („Proportionalität") einer Maßnahme. **Geeignetheit** ist insbesondere dann gegeben, wenn die Maßnahme – des Gesetzgebers oder der Verwaltung – geeignet ist, den mit ihr angestrebten Zweck auch tatsächlich zu erreichen. Der Grundsatz der **Erforderlichkeit** bezeichnet das Gebot, unter mehreren für die Verwirklichung des angestrebten Zwecks in Betracht kommenden, *gleichermaßen geeigneten* Maßnahmen die am geringsten belastende Maßnahme zu treffen: Prinzip des *geringstmöglichen Eingriffs*. Verhältnismäßigkeit im engeren Sinn oder **Proportionalität** muss schließlich auch für die mit dem geringstmöglichen Eingriff verbundene Maßnahme gegeben sein. Die mit dieser Maßnahme verbundene Belastung darf auch dann, wenn sie den geringstmöglichen Eingriff darstellt, nicht außer Verhältnis stehen zu dem damit verfolgten Zweck, darf nicht „unzumutbar" sein. **391**

c) Geeignetheit und Erforderlichkeit in Verwaltung und Gesetzgebung

Hiervon ausgehend, sind für die **Prüfung der Verhältnismäßigkeit von Gesetzen** und Maßnahmen der Verwaltung teilweise unterschiedliche Kriterien zugrundezulegen. Ein *unterschiedlicher Ansatz* gilt zunächst bereits für die – vor der eigentlichen Verhältnismäßigkeitsprüfung vorzunehmende – *Bewertung des Eingriffsziels:* Während der Verwaltung insoweit die Ziele ihres Handelns durch die Gesetze vorgegeben sind, kann der Gesetzgeber grundsätzlich die Ziele seines Handelns im Rahmen der Verfassung autonom bestimmen. Im Einzelfall konkret betroffene Grundrechte können hier jedoch engere Schranken ziehen. **392**

So finden etwa die nach dem Wortlaut der Verfassungsnorm „schrankenlos" gewährleisteten Grundrechte, wie Art. 5 Abs. 3 GG (Freiheit der Kunst und Wissenschaft) oder Art. 4 GG (Glaubens- und Bekenntnisfreiheit) ihre Schranken nur in hochrangigen Verfassungsrechtsgütern. Ein diese Grundrechte beschränkendes Gesetz, das nicht dem Schutz derartiger Verfassungsgüter dient, ist bereits deshalb verfassungswidrig, ohne dass noch eine eigentliche Abwägung nach Verhältnismäßigkeitskriterien vorzunehmen wäre.

Unterschiedliche Kriterien gelten im Rahmen der Verhältnismäßigkeitsprüfung in Bezug auf das Erfordernis der **Geeignetheit** von Gesetzen und Maßnahmen der Verwaltung: Während die Eignung von Maßnahmen der Verwaltung, einen angestrebten Zweck zu erreichen, im Grundsatz voll überprüfbar ist, wird dem Gesetzgeber hierbei, insbesondere wenn eine *Prognose* künftiger Entwicklungen vorzunehmen ist, eine gewisse *„Einschätzungsprärogative"* zuerkannt, die vor allem bei *wirtschaftslenkenden Gesetzen* Bedeutung erlangt: Ein *Gesetz* wird nur dann wegen *mangelnder* **393**

Geeignetheit für *verfassungswidrig* erklärt, wenn deren Beurteilung durch den Gesetzgeber auf einer *offensichtlich fehlsamen Prognose* beruht. Allein die Tatsache, dass die mangelnde Eignung des Gesetzes *nachträglich* deutlich wird, reicht hierfür nicht aus. Allerdings kann der Gesetzgeber zur *Nachbesserung* verpflichtet sein.

394 Dieser Beurteilungs- und Prognosespielraum des Gesetzgebers gilt vor allem bei wirtschaftslenkenden Gesetzen; die Prüfung der Verhältnismäßigkeit erfolgt hier also mit abgeschwächter Intensität. Dies wird maßgeblich aus der Erwägung gerechtfertigt, dass hier die einschlägigen Grundrechte nicht in ihrem *personalen Kernbereich* betroffen sind; – grundsätzlich hierzu BVerfGE 50, 290 (*Mitbestimmung*). Je stärker jedoch dieser *personale Bezug der Grundrechte* auch im wirtschaftlichen Bereich betroffen ist (typische Argumentationsformel in diesem Zusammenhang: berufliche Betätigung als Grundlage eigenverantwortlicher Daseinsgestaltung), umso mehr muss auch der Gesichtspunkt eingeschränkter Verhältnismäßigkeitskontrolle zurücktreten.

395 Bei der Prüfung der **Erforderlichkeit** einer Maßnahme ist zunächst zu vergegenwärtigen, dass das Erfordernis des geringstmöglichen Eingriffs nur im Verhältnis *gleichermaßen geeigneter* Maßnahmen gilt. Damit aber wirkt sich ein Beurteilungs- oder Prognosespielraum des Gesetzgebers in der Frage der Geeignetheit notwendig auch auf die Prüfung der Erforderlichkeit aus: Auf die geringer eingreifende Maßnahme ist der Gesetzgeber nur dann zu verweisen, wenn diese zur Erreichung des angestrebten Zieles ebenso geeignet ist wie die intensiver eingreifende Maßnahme. In der Beurteilung der Geeignetheit aber besteht wiederum gesetzgeberischer Spielraum. Bei Akten der Exekutive wird der maßgebliche Zweck wiederum durch das Gesetz vorgegeben.

396 Beispielhaft deutlich wird dies bei der baurechtlichen Beseitigungsanordnung bei formell illegalen Bauwerken: Nach dem Wortlaut der einschlägigen bauordnungsrechtlichen Bestimmungen *kann* die Beseitigung einer im Widerspruch zu öffentlich-rechtlichen Vorschriften errichteten Anlage angeordnet werden, damit auch die Beseitigung eines mit dem materiellen Baurecht zwar übereinstimmenden, aber ohne die erforderliche Baugenehmigung errichteten Vorhabens. Doch ist die vom Gesetz vorgegebene Zielsetzung bauaufsichtlicher Maßnahmen zugrundezulegen: Es ist dies die Herstellung bzw Wahrung rechtmäßiger Zustände. Hierfür ist jedoch beim (nur) formell rechtswidrigen Bauwerk keine Beseitigungsanordnung erforderlich, sondern zunächst nur die Nachholung des Genehmigungsverfahrens. Ist dies möglich, ist also das Vorhaben materiell genehmigungsfähig, so ist der Erlass einer Beseitigungsverfügung unverhältnismäßig, weil nicht erforderlich und deshalb rechtswidrig. Die Behörde muss also dem Bauherren Gelegenheit geben, durch die Stellung des Baugenehmigungsantrags das Vorhaben nachträglich zu „legalisieren“ – so im **Fall 49**.

Für die Erforderlichkeitsprüfung von *Gesetzen* ist der vom Gesetzgeber autonom bestimmte Zweck maßgeblich, hiernach ist die Erforderlichkeit der einzelnen normativen Anordnungen zu beurteilen.

d) Verhältnismäßigkeit im engeren Sinn: Das Prinzip der Abwägung

397 Den dritten Schritt im Rahmen der Verhältnismäßigkeitsprüfung bezeichnet die Frage der **Verhältnismäßigkeit im engeren Sinn (Proportionalität)**: Auch die an sich erforderliche und geeignete Maßnahme ist unzulässig, wenn sie außer Verhältnis steht zu dem mit ihr verfolgten Zweck.

Als *Schulfall* mag hier die gezielte Ladung Schrot genannt werden, als das allein geeignete und insoweit erforderliche, aber eben unverhältnismäßige Mittel zur Vertreibung des Kirschendiebs aus dem Baum. – Einen durchaus ernsteren Hintergrund belegt etwa BVerfG NJW 1995, 3048: unverhältnismäßige Unterbringung in psychiatrischem Krankenhaus; – der Betroffene hatte sich wegen Taten im unteren Schwerebereich der Kriminalität von 1965 bis 1995 ca. 24 Jahre im Maßregelvollzug befunden. Dies konnte, so BVerfG, aaO im Anschluss an BVerfGE 70, 297 auch durch Sicherungserfordernisse nicht mehr gerechtfertigt werden, da das Ausmaß der Freiheitsentziehung außer Verhältnis zum Gewicht der etwa drohenden Straftaten stand; mit zunehmender Dauer der Maßnahme waren erhöhte Anforderungen an deren Zulässigkeit unter dem Gesichtspunkt der Verhältnismäßigkeit zu stellen.

Im Rahmen dieser engeren Verhältnismäßigkeitsprüfung ist nun Raum für die eigentliche **Güterabwägung** eröffnet. Dabei sind auf Seiten des Betroffenen die Auswirkungen der in Frage stehenden Maßnahme in grundsätzlich zwei Schritten zu bewerten. In Ansatz sind zunächst dessen Rechtsgüter und rechtlich geschützten Interessen zu bringen, in einer zunächst abstrakten rechtlichen Bewertung, ausgehend von ihrer grundsätzlichen Bedeutung. Hier ist zB die Bedeutung der Rechtsgüter des Art. 2 Abs. 2 GG als höchstwertige, personale Rechtsgüter darzulegen, die Bedeutung der Meinungsfreiheit als „schlechthin konstituierend für die freiheitliche Demokratie". Anschließend an eine dergestalt „abstrakte" Bewertung ist dann die Intensität des konkreten Betroffenseins durch die fragliche Maßnahme zu ermitteln. Ebenso ist im Ansatz vorzugehen, wenn die durch die in Frage stehende Maßnahme verfolgten öffentlichen Interessen – bzw zu schützenden Interessen Dritter – bewertet werden. Dies kann im Ergebnis auch dazu führen, dass das an sich höherwertige Rechtsgut zu weichen hat, wenn dessen Beeinträchtigung noch verhältnismäßig ist. 398

Lösung zu Fall 50 – Flugblätter –: Eine Abwägung nach Verhältnismäßigkeitsgesichtspunkten ist hier für die RVO als *„allgemeines Gesetz"* iSv Art. 5 Abs. 2 GG (hierzu vgl *Degenhart*, BonnK, Art. 5 Rn 66 ff) vorzunehmen. Zunächst handelt es sich beim Grundrecht auf freie Meinungsäußerung um ein hochrangiges Grundrecht, während der mit der RVO verfolgte Zweck der Reinhaltung öffentlicher Straßen und Plätze zwar normativ – im Straßenrecht – festgelegt, jedoch an sich niederrangig im Verhältnis zu Art. 5 Abs. 1 S. 1 GG ist. Dies allein lässt das öffentliche Interesse an der Reinhaltung von öffentlichen Verkehrsflächen jedoch noch nicht zurücktreten. Hierfür ist vielmehr abzustellen auf das Ausmaß der Beeinträchtigung der Meinungsfreiheit, die Intensität des Eingriffs. Hierbei kann etwa berücksichtigt werden, dass für Privatpersonen und Organisationen, die keinen Zugang zu den Medien haben, gerade das Verteilen von Flugblättern und ähnlichem gedruckten Material eines der wenigen Mittel ist, sich unmittelbar an die Öffentlichkeit zu wenden, ein Verbot damit als besonders intensiver Grundrechtseingriff wirkt, während andererseits hierin nur eine von zahlreichen Ursachen der von der Gemeinde bekämpften Verschmutzung der öffentlichen Verkehrsflächen liegt, zudem keine der gravierendsten Ursachen. Dann aber muss das Grundrecht der Meinungsfreiheit im Rahmen einer Verhältnismäßigkeitsprüfung Vorrang haben, so auch BayVGH BayVBl 1992, 83. 399

Abstrakte Bewertung und konkrete Beeinträchtigung der kollidierenden Rechtsgüter und Interessen sind also in die eigentliche Verhältnismäßigkeitsprüfung einzu- 400 stellen; dabei ist insbesondere auch für die betroffenen **öffentlichen Interessen** stets deren *normative Zuordnung* anzustreben.

Dabei sind insbesondere die Handlungsziele des Gesetzgebers, die dieser ja zunächst autonom festsetzt, verfassungsrechtlich einzuordnen, nach Möglichkeit zu bestimmten Verfassungsnormen in Bezug zu setzen (hier kann etwa die Staatszielbestimmung der Sozialstaatlichkeit als Abwägungskriterium bedeutsam werden, dazu nachstehend in § 4 Rn 436 ff).

Handlungsziele der Verwaltung sind aus dem *Gesetz*, wo dieses Handlungsspielräume eröffnet, aber auch aus der *Verfassung* selbst zu bewerten.

Auf die konkrete Fallgestaltung bezogen, sind also kollidierende Rechtsgüter in Ausgleich zu bringen, Grundrechtsbegrenzungen *verhältnismäßig* vorzunehmen. (Dazu grundsätzlich *Hesse*, Rn 317 ff: „**praktische Konkordanz**").

2. Zum Anwendungsbereich des Verhältnismäßigkeitsprinzips

a) Ermessensentscheidungen

401 Die Verpflichtung, die im Einzelfall verhältnismäßige Maßnahme zu treffen, setzt die Möglichkeit, eine Entscheidung zwischen unterschiedlichen Maßnahmen zu treffen, grundsätzlich voraus. Auf der Ebene der **Verwaltung** gilt daher das Verhältnismäßigkeitsprinzip grundsätzlich für das **Verwaltungsermessen**, während im Bereich der *gebundenen* Verwaltung hierfür regelmäßig kein Raum eröffnet ist. Erscheint eine an sich vom Gesetz zwingend geforderte Maßnahme jedoch als unverhältnismäßig (iSv disproportional, unangemessen, unzumutbar), so bedeutet dies, dass das Gesetz, das diese Maßnahme vorschreibt, seinerseits gegen den Grundsatz der Verhältnismäßigkeit verstößt. Es ist dann verfassungswidrig und kann zu der fraglichen Maßnahme nicht ermächtigen. Das Verhältnismäßigkeitsprinzip bindet grundsätzlich auch die *Rechtsprechung*, soweit diese ihrerseits Entscheidungsermessen hat. Dies betrifft etwa die Strafzumessung durch die Strafgerichte: die Schwere der verhängten Strafe darf dem unter Strafe stehenden Verhalten „nicht schlechthin unangemessen" sein (BVerfGE 75, 1, 16), – ebenso gilt das Verhältnismäßigkeitsprinzip für die Strafrechtsnorm selbst. Zur Unverhältnismäßigkeit einer Bestrafung wegen DDR-Spionage s. BVerfGE 92, 277, dazu o. Rn 366.

b) Eingriffsakte

402 Bei der Anwendung des Verhältnismäßigkeitsprinzips – im umfassenden Sinn von Geeignetheit, Erforderlichkeit, Proportionalität – ging es vorstehend typischerweise um **Eingriffsakte**. Es ist hierauf in der Tat primär ausgerichtet, wirkt also als *ergänzende Absicherung vorgegebener Rechtspositionen*, zu denen stets der konkrete Bezug herzustellen ist.

Dies ist eine häufige Quelle von Missverständnissen: Eine hoheitliche Maßnahme kann in aller Regel nicht als schlechthin „unverhältnismäßig" gewertet werden, wenn sie im Einzelfall als unbillig erscheinen mag. Unverhältnismäßigkeit ist vielmehr stets in Bezug auf konkret betroffene Rechtspositionen darzutun.

So kann etwa die Verfolgung von Rechtsverletzungen als solche in aller Regel nicht unverhältnismäßig sein (vgl *Degenhart*, JuS 1982, 330 ff); insoweit bestehen keine geschützten Rechte, in die eingegriffen würde. Übermaß kann jedoch gegeben sein auf Grund der Art und Weise der Durchführung der Verfolgung, wenn hierbei die im Rahmen eines rechtsstaatlichen Verfahrens zu beachtenden Rechte des Betroffenen verletzt werden (etwa durch polizeiliche Maßnahmen).

Der erforderliche Bezug zu konkret betroffenen Rechtspositionen bedeutet aber auch, dass **403** der Adressat einer Maßnahme, der sich auf deren Unverhältnismäßigkeit beruft, dies für seine Person dartun muss: Die von der Räumung eines „besetzten" Hauses Betroffenen können sich also nicht darauf berufen, in ihren Rechten verletzt zu sein, weil als Folge der Räumung sich entwickelnde Ausschreitungen die Räumung als unverhältnismäßig erscheinen ließen, wenn sie *ihnen gegenüber* verhältnismäßig ist: Die Ausschreitungen bedeuten keine Beeinträchtigung ihrer Rechtsposition. – Beruft sich demgegenüber die Polizei gegenüber dem Hauseigentümer, der Räumung verlangt, im Rahmen ihres Entschließungsermessens (Opportunitätsprinzip) auf zu besorgende schwere Ausschreitungen, so ist dies *im Verhältnis zum Eigentümer* als von der Polizei zu verfolgendes *öffentliches Interesse* gegenüber dem Grundrecht des Eigentums in Ansatz zu bringen.

c) Zwischen Hoheitsträgern?

Im Verhältnis **staatlicher Organe** und im **Bund-Länder-Verhältnis** ist das Verhältnismä- **404** ßigkeitsprinzip grundsätzlich nicht anwendbar, vgl BVerfGE 81, 310, 338 (für den Fall einer Weisung im Bereich der Bundesauftragsverwaltung): Das Denken in den Kategorien von „Freiheit und Eingriff" kann nicht auf Kompetenzabgrenzungen übertragen werden. Hier gelten spezielle Verfassungsgrundsätze, wie zB im Bund-Länder-Verhältnis die Verpflichtung zu bundesfreundlichem Verhalten (aus der dann wiederum ein Verbot missbräuchlicher Rechtsausübung folgt, das im Fall einer in der Sache unangemessenen – und in diesem Sinn eben doch „unverhältnismäßigen" – Maßnahme durchaus verletzt sein kann). Ob das Übermaßverbot im Verhältnis Staat – Gemeinde anzuwenden ist, ist str. und hängt vor allem davon ab, ob man in der Selbstverwaltungsgarantie eine grundrechtsähnliche Garantie sehen will, oder aber in erster Linie ein staatsorganisatorisches Prinzip. Für Anwendbarkeit des Übermaßverbots etwa BbgVerfG LKV 2000, 199 – BVerfGE 79, 127 wird unterschiedlich interpretiert, vgl *Krebs*, Jura 2001, 228, 234.

d) Gemeinschaftsrecht

Das Verhältnismäßigkeitsprinzip ist als allgemeiner Grundsatz des Gemeinschafts- **404a** rechts anerkannt und ist auch in Art. 5 Abs. 3 EGV für „Maßnahmen der Gemeinschaft" positiv normiert. Maßnahmen insbesondere, die Gemeinschaftsbürgern Belastungen auferlegen, müssen geeignet, erforderlich und im engeren Sinn verhältnismäßig sein. Dies gilt sowohl für Maßnahmen der Gemeinschaftsorgane als auch für Maßnahmen der staatlichen Organe der Bundesrepublik in Anwendung von Gemeinschaftsrecht. Bei wirtschaftspolitischen Entscheidungen wird die Prüfung der Verhältnismäßigkeitskriterien auf eine Evidenzkontrolle beschränkt; bei Eingriffen in Grundrechte ist die Prüfung intensiver (zur Rspr des EuGH *Gornig/Trüe*, JZ 2000, 501). Das Verhältnismäßigkeitsprinzip ist im Gemeinschaftsrecht auch Kompetenzschranke, vgl Rn 152.

Zusammenfassende Darstellung der Ausgangsfälle:

405 **Fall 48 – Grundstücksabgaben –:** Gesetz könnte verfassungwidrig sein, wenn unverhältnismäßige Beeinträchtigung von Rechten der betroffenen Eigentümer; hier zu prüfen: *Art. 2 Abs. 1 GG*, da Auferlegung von Geldleistungspflichten.

- Schutzbereich berührt;
- **Verhältnismäßigkeit** des Eingriffs?

Eignung: Nachträglich erweist sich Gesetz als ungeeignet, dies jedoch nicht ausschlaggebend: Gesetzgeberische *Prognose* bei *Erlass des Gesetzes* erforderlich, hierbei zu beurteilen die Eignung des Gesetzes, das Verhalten der Eigentümer entsprechend zu steuern; dabei Prognosespielraum des Gesetzgebers; hier grundsätzlich weiter Prognosespielraum, da wirtschaftslenkendes Gesetz, „personaler" Kernbereich der Grundrechte noch nicht betroffen. Gesetz beruht hiernach nicht auf evident fehlsamer Prognose, zumal Zweckverfehlung auf Grund überraschender Entwicklungen.

Erforderlichkeit: Gesetzgeber durfte auf Grund seiner Prognosefreiheit davon ausgehen, dass andere, weniger eingreifende, aber gleich geeignete Instrumente nicht gegeben; Veräußerungs- oder Baugebot wären ein weitergehender Eingriff.

Verhältnismäßigkeit: Gesetzgeberisches Motiv legitimiert aus dem – auch sozialstaatlich berechtigten – Ziel vorsorgender Wohnungsbaupolitik.

Gesetz damit verhältnismäßig (sonstige Verfassungsverstöße hier nicht ersichtlich).

Fall 49 – Beseitigungsanordnung –:

1. Grundlage des Bescheids: § 100 LBO; Tatbestand erfüllt: Vorhaben (formell) rechtswidrig.

2. Ermessen fehlerfrei gebraucht? – hier insbesondere bedeutsam: **Verhältnismäßigkeit**; Handlungsziel der Verwaltung: Herstellung rechtmäßiger Zustände;

Eignung zu bejahen: Herstellung rechtmäßiger Zustände mit Beseitigung;

Erforderlichkeit: Herstellung rechtmäßiger Zustände auch möglich durch nachträgliche Genehmigung, wenn Vorhaben *materiell genehmigungsfähig*; dies lt SV der Fall, Bescheid damit rechtswidrig, da nicht erforderlich.

Fall 50 – Flugblätter –: *Gültigkeit der VO:*

1. Ermächtigungsgrundlage, Zuständigkeit, Verfahren gegeben;

2. Verstoß gegen höherrangiges Recht – *Art. 5 Abs. 1 GG*;

a) Schutzbereich berührt, da auch Art der Meinungsäußerung geschützt;

b) Allgemeines Gesetz liegt vor: VO schützt Rechtsgut „Reinhaltung öffentlicher Verkehrsflächen";

c) VO *verhältnismäßige Beeinträchtigung der Meinungsfreiheit?*

aa) Eignung zu bejahen: Wenn keine Flugblätter verteilt werden, keine Verschmutzung;

bb) Erforderlichkeit lt SV gegeben: Einziges Mittel zur Verwirklichung des Anliegens der Verwaltung;

cc) aber *unverhältnismäßig:* Beeinträchtigung der Meinungsfreiheit außer Verhältnis zum Schutzgut der VO, s.o. Rn 399.

Schrifttum zu VI.: *Stern* I, § 20 IV 7; *Kluth*, Das Übermaßverbot, JA 1999, 606; *v. Arnauld*, Die normtheoretische Begründung des Verhältnismäßigkeitsgrundsatzes, JZ

2000, 276; *Krebs*, Zur verfassungsrechtlichen Verortung und Anwendung des Übermaßverbotes, Jura 2001, 228; grundsätzlich *Lerche*, Übermaß und Verfassungsrecht, 1961; *Michael*, Grundfälle zur Verhältnismäßigkeit, JuS 2001, 654, 764, 866.

VII. Die Rechtsschutzgarantie des Art. 19 Abs. 4 GG als Bestandteil grundgesetzlicher Rechtsstaatlichkeit

Die Rechtsschutzgarantie des Art. 19 Abs. 4 GG besagt, dass jeder, der durch die öffentliche Gewalt des Staates in seinen Rechten beeinträchtigt wird, hiergegen Rechtsschutz vor unabhängigen Gerichten begehren kann. Der Schutz des Rechtsstaats – den jegliche hoheitliche Gewalt zu gewährleisten hat – wird also letztverbindlich den Gerichten anvertraut – so wird die Garantie des Art. 19 Abs. 4 GG auch als „Schlussstein im Gewölbe des Rechtsstaats" bezeichnet. Tendenzen aktueller Beschleunigungsgesetzgebung scheinen allerdings den Grundsatz effektiven Rechtsschutzes nicht immer zu beachten.

➡ **Leitentscheidungen:** BVerfGE 35, 832 (Ausweisung); BVerfGE 84, 34 und 59 (Prüfungsrecht); BVerfGE 107, 395 (Plenarentscheidung – außerordentliche Rechtsmittel).

Fall 51 – Enthemmungsgesetz –: Um bei Klagen gegen Großvorhaben (Großkraftwerke, Verkehrsbauten) die Verfahrensdauer abzukürzen, werden in die VwGO Regelungen folgenden Inhalts eingefügt: **406**

a) Zuständig in erster Instanz sind die Oberverwaltungsgerichte als einzige Tatsacheninstanz. Gegen ihre Entscheidungen ist nur Rechtsbeschwerde zum BVerwG möglich. **Rn 414**

b) Mangelnde Umweltverträglichkeit berechtigt nicht zur Klage. **Rn 410**

c) Die Sicherheit technischer Einrichtungen kann vom Gericht nicht überprüft werden, sondern wird von einem weisungsunabhängigen Expertengremium verbindlich beurteilt. **Rn 413**

d) Bloße Verfahrensfehler geben keinen Anspruch auf Aufhebung der Genehmigung. **Rn 418**

e) Genehmigungen sind kraft Gesetzes sofort vollziehbar, nur in Ausnahmefällen bei evidenter Rechtswidrigkeit kann vom Gericht die Wiederherstellung der aufschiebenden Wirkung von Rechtsbehelfen angeordnet werden. **Rn 415**

Ist das Gesetz (von dem Teilinhalte bereits verwirklicht sind) mit Art. 19 Abs. 4 GG vereinbar?

Fall 52 – Erledigte Durchsuchung –: Nachdem ein Nachrichtenmagazin einen Aufsehen erregenden Bericht des Journalisten R über eine Korruptionsaffaire im Zusammenhang mit der Vergabe öffentlicher Aufträge veröffentlicht und hierbei aus vertraulichen Unterlagen der Behörde zitiert hatte, leitete die Staatsanwaltschaft ein Ermittlungsverfahren wegen der Verletzung des Amtsgeheimnisses ein. Da R sich unter Berufung auf ein gegebenes Ehrenwort weigerte, die Person seiner Informanten preiszugeben, erwirkte die Staatsanwaltschaft L einen Durchsuchungsbefehl beim Ermittlungsrichter des Amtsgerichts L nach §§ 103, 105 StPO, in dessen Vollzug die Privatwohnung des R – letztlich ergebnislos – durchsucht wurde, um Beweismittel sicherzustellen. Die Be- **407**

schwerde nach §§ 304, 306 StPO wurde vom Landgericht L wegen prozessualer Erledigung als unzulässig zurückgewiesen. Gegen dessen Entscheidung legt R Verfassungsbeschwerde wegen Verletzung seiner Grundrechte aus Art. 5 I 2, 13 und 19 IV GG ein (Fall nach BVerfG NJW 1998, 2131). **Rn 418**

1. Rechtsschutzgarantie und Justizgewähranspruch

408 Für alle staatlichen Organe der Legislative, Exekutive und Judikative gilt im Rechtsstaat die Rechtsbindung staatlichen Handelns. Um diese auch sicherzustellen, kommt in der Ordnung des Grundgesetzes der **Dritten Gewalt entscheidende Bedeutung** zu. Ihr obliegt die letztverbindliche Kontrolle jeglichen Staatshandelns. Art. 19 Abs. 4 GG enthält ein Gebot umfassenden **Gerichtsschutzes** gegen die öffentliche Gewalt. Gemeint ist hierbei die Exekutive. Gegen sie muss Rechtsschutz durch Gerichte gegeben sein – gemäß Art. 92 GG also durch Richter, die in richterlicher Unabhängigkeit entscheiden, Art. 97 GG.

Art. 19 Abs. 4 GG sichert also die Bindung der Exekutive an das geltende Recht; die Rechtsetzung selbst – also die Gesetzgebung – ist in Art. 19 Abs. 4 GG nicht gemeint (BVerfGE 24, 29; 45, 334). Rechtsschutz unmittelbar gegen Gesetze wird über die Verfassungsgerichtsbarkeit gewährleistet (dazu u. § 9). In einem Ausnahmefall hat BVerfGE 70, 35 mit der verwaltungsgerichtlichen Normenkontrolle des § 47 VwGO auch die Rechtsschutzgarantie des Art. 19 Abs. 4 GG auf förmliche Gesetze erstreckt: Nach hamburgischem Landesrecht können bestimmte planungsrechtliche Festsetzungen statt durch Satzung (Bebauungsplan) durch Gesetz getroffen werden. Für derartige „satzungsvertretende Gesetze" (BVerfG) dürfe die Tragweite der Rechtsschutzgarantie nicht verkürzt werden.

409 Der Garantie des Rechtsschutzes gegen die öffentliche Gewalt durch Art. 19 Abs. 4 GG entspricht ein allgemeiner **Justizgewähranspruch** in anderen Fällen verletzten Rechts (also bei zivilrechtlichen Streitigkeiten (BVerfGE 54, 277, 291; 107, 395, 401 ff; *Papier*, HdBStR VI, § 153 Rn 1). Er folgt aus dem Rechtsstaatsgebot iVm Art. 2 Abs. 1 GG. Wenn der Bürger einerseits gehalten ist, zur Durchsetzung seiner Rechte die Gerichte in Anspruch zu nehmen, so muss ihm andererseits der wirksame Rechtsschutz durch die Gerichte gewährleistet sein. Werden seitens der Gerichte im Verfahren Grundrechtsverstöße begangen, wird ihm insbesondere das rechtliche Gehör verweigert, so fordert das verletzte Grundrecht, also zB Art. 103 Abs. 1 GG, iVm dem Justizgewähranspruch bzw iVm Art. 19 Abs. 4 GG hingegen wiederum gerichtlichen Rechtsschutz. Insoweit besteht also auch Rechtsschutz gegen die Gerichte selbst.

2. Akzessorietät zum materiellen Recht

410 Art. 19 Abs. 4 GG gewährleistet Rechtsschutz für den, der in seinen Rechten verletzt ist. Bezugspunkt der Rechtsschutzgarantie ist also das verletzte Recht, das von Art. 19 Abs. 4 GG *vorausgesetzt, nicht begründet wird.*

Verbandsklage und *Popularklage* werden also durch Art. 19 Abs. 4 GG *nicht* gefordert; der Gesetzgeber ist aber frei in ihrer Einführung. Der Beschränkung der Rechtsschutzgarantie auf die Verletzung *eigener* Rechte entspricht die Beschränkung der Klagebefugnis nach § 42 Abs. 2 VwGO.

Ob Rechte iSv Art. 19 Abs. 4 GG verletzt sind, bestimmt sich nach dem maßgeblichen *materiellen Recht:* Wenn dieses subjektive Rechte verleiht, greift die Rechtsschutzgarantie des Art. 19 Abs. 4 GG ein. Ob dies der Fall ist, bestimmt sich danach, ob das Gesetz den Schutz einzelner Dritter bezweckt. Bedeutsam wird dies insbesondere bei Klagen eines *Dritten* gegen einen für den Adressaten günstigen Verwaltungsakt, und damit im **Fall 51b**.

Schließt der Gesetzgeber die Klagebefugnis für bestimmte Genehmigungserfordernisse (bzw deren Verletzung) aus, so wird damit zum Ausdruck gebracht, dass es sich hierbei nicht um Schutznormen handeln soll. Dies ist grundsätzlich zulässig: Der Gesetzgeber kann den Umfang materieller Rechte – deren Verletzung die Rechtsschutzgarantie eingreifen lässt – bestimmen.

Er kann dies jedoch nur im Rahmen der Verfassung; Schranken ziehen hier insbesondere die *Grundrechte.* Denn auch und gerade die Verletzung von Grundrechten löst die Rechtsschutzgarantie des Art. 19 Abs. 4 GG aus; über *Grundrechte* aber kann der Gesetzgeber nicht verfügen.

Hieraus folgt für den **Fall 51b – Enthemmungsgesetz –**: Auf die Umweltverträglichkeit eines Vorhabens als solche hat der Nachbar keinen grundrechtlich geschützten Anspruch. Insoweit braucht also der Gesetzgeber keine Schutznorm vorzusehen. Wohl aber hat der Nachbar einen Anspruch darauf, dass er durch ein Vorhaben nicht in seinem Grundrecht auf Gesundheit (Art. 2 Abs. 2 S. 1 GG) gefährdet wird. Eine Gesundheitsgefährdung muss er also im Wege der Klage geltend machen können. Dies wird durch das Gesetz jedoch nicht ausgeschlossen. Deshalb ist die Regelung unter b) mit Art. 19 Abs. 4 GG vereinbar.

In der Ausgestaltung von Gesetzen zu Schutznormen ist also der Gesetzgeber **411**
grundsätzlich frei, hat jedoch seinerseits die **Grundrechte** zu beachten, die andererseits dann, wenn Schutznormen fehlen, **unmittelbar** zur Klage berechtigen müssen: Dies erfordert Art. 19 Abs. 4 GG; – der Adressat einer belastenden Maßnahme ist – schon wegen Art. 2 Abs. 1 GG – iÜ stets klagebefugt.

Grundrechte als subjektive Rechte lösen also stets den Rechtsschutzanspruch des Art. 19 Abs. 4 GG aus; möglicherweise muss dies auch angenommen werden für Grundrechte nach dem Recht der **EU** (vgl zu BVerfG JZ 1995, 352 die Anm. von *Nettesheim*, NJW 1995, 2083, 2085).

3. Letztentscheidungsrecht der Verwaltung?

Den Gerichten obliegt nach Art. 19 Abs. 4 GG die Kontrolle der Verwaltung. Des- **412**
halb sind grundsätzlich kontrollfreie Räume der Verwaltung gegenüber der Rechtsprechung nicht anzuerkennen. Auch Ermessensentscheidungen sind auf Ermessensfehler zu überprüfen. Die Anwendung von *Rechtsbegriffen* unterliegt stets der gerichtlichen Kontrolle. Ein sog. „*Beurteilungsspielraum*" der Verwaltung ist nur ausnahmsweise anzuerkennen. Denn dies bedeutet ja die Anerkennung einer *Letzt-*

entscheidungskompetenz der Verwaltung. Die letztverbindliche Entscheidung über das Vorliegen eines Rechtsbegriffs muss aber grundsätzlich bei der Rechtsprechung liegen.

413 Dies gilt auch im **Fall 51c – Enthemmungsgesetz –.** Hier wäre jedoch zu erwägen, ob nicht die Entscheidung durch ein Sachverständigengremium – hinreichende Kompetenz und Objektivität vorausgesetzt – im Ergebnis den Schutz der Grundrechte letztlich verstärken würde, auf Grund sachnäherer und damit möglicherweise sachgerechterer Entscheidungen. Angesichts ihrer restriktiven Tendenz in der Anerkennung administrativer Beurteilungsspielräume dürfte die Rspr dem jedoch nicht folgen.

Die gerichtliche Nachprüfbarkeit von Verwaltungsentscheidungen muss insbesondere dann gewährleistet sein, wenn Grundrechte betroffen sind. Deshalb darf für Prüfungsentscheidungen, die für den Zugang zu einem Beruf entscheidend sind, kein genereller Beurteilungsspielraum der Verwaltung anerkannt werden (vgl für das juristische Staatsexamen BVerfGE 84, 34).

4. Verfahrensordnungen und effizienter Rechtsschutz

414 Art. 19 Abs. 4 GG fordert, dass der Rechtsweg zu den *Gerichten* eröffnet wird. Die nähere Ausgestaltung dieses Rechtswegs obliegt dem Gesetzgeber im Rahmen der Verfahrensordnungen für die einzelnen Gerichtszweige. Er kann hierbei grundsätzlich nach seinem Ermessen handeln, eine bestimmte Ausgestaltung des Rechtswegs, des gerichtlichen Verfahrens gebietet Art. 19 Abs. 4 GG nicht, erfordert insbesondere nicht ausnahmslos einen bestimmten Instanzenzug und mehrere Instanzen (vgl BVerfGE 11, 233; 49, 340).

Demgemäß bestehen keine prinzipiellen verfassungsrechtlichen Bedenken gegen die Verkürzung des Instanzenzugs auf nur eine Tatsacheninstanz im **Fall 51a – Enthemmungsgesetz –**. Bedenken könnten allenfalls im Hinblick auf das Vorliegen einer Sonderregelung für bestimmte Verfahren bestehen (vgl BVerfGE 65, 76, 91). Doch lässt die besondere Komplexität der in Frage stehenden Fälle auch im Interesse einer gleichfalls durch Art. 19 Abs. 4 GG geforderten angemessenen Verfahrensdauer den Verzicht auf eine zweite Tatsacheninstanz als sachgerecht erscheinen.

415 Dem Gesetzgeber obliegt es auch im Übrigen, den Rechtsweg näher auszugestalten, hierbei auch Fristen und weitere prozessuale Voraussetzungen für die Erlangung von Rechtsschutz näher zu bestimmen, er darf hierbei jedoch den Rechtsweg nicht unzumutbar erschweren, hat also eine Wechselwirkung zwischen der Verfassungsgarantie und dem einfachgesetzlichen Verfahrensrecht zu beachten. Gefordert ist insbesondere vom Gesetzgeber eine Verfahrensgestaltung, die **effizienten**, dabei insbesondere auch **rechtzeitigen** Rechtsschutz sichert. Dies bedeutet vor allem auch Schutz vor der Schaffung **vollendeter Tatsachen**; grundsätzlich durch Art. 19 Abs. 4 GG verfassungsgefordert ist daher die **aufschiebende Wirkung** von Rechtsbehelfen; problematisch ist deshalb der weitgehende Ausschluss der aufschiebenden Wirkung, den § 80 Abs. 2 S. 1 Nr 3 VwGO ermöglicht.

Unzulässig ist daher möglicherweise die Neuregelung im **Fall 51e – Enthemmungsgesetz –**. Zwar kann für den Einzelfall die sofortige Vollziehung im überwiegenden öffentlichen Interesse angeordnet werden, kann dies für Fälle typischen Vollzugsinteresses (Polizeirecht) auch normativ angeordnet werden. Wenn aber generell für Fälle, in denen ein derartiges typisches Vollzugsinteresse nicht besteht, die aufschiebende Wirkung von Rechtsbehelfen nur in Fällen evidenter Rechtswidrigkeit eintreten soll, so bedeutet dies, dass bei offener, ungeklärter Rechtslage die Rechtsschutzinteressen des Drittbetroffenen *generell* zurücktreten sollen. Dies trägt der Bedeutung des Art. 19 Abs. 4 GG nicht hinreichend Rechnung.

Gesteigerte Bedeutung erlangt das Gebot effektiven Rechtsschutzes, wenn es um den Schutz **416**
von **Grundrechten** geht. Vor allem die neuere verfassungsgerichtliche Judikatur hat hier den allgemeineren Gedanken **grundrechtssichernder Verfahrensgestaltung** entwickelt, der teilweise in Art. 19 Abs. 4 GG, mehr noch aber in den jeweils einschlägigen materiellen Grundrechten verankert wird, wobei neben der Ebene der Rechtsprechung vor allem auch das **Verwaltungsverfahren** ins Blickfeld gerät: Nachträglicher gerichtlicher Rechtsschutz gegen Akte der öffentlichen Gewalt, so eine hierfür maßgebliche Erwägung, gewährleistet mitunter keinen hinreichend effektiven Grundrechtsschutz. Gerade dann aber muss bereits bei der Ausgestaltung des Verwaltungsverfahrens den Grundrechten Betroffener verstärkt Rechnung getragen werden (vgl BVerfGE 53, 30, 62 ff).

Eine Grenze für die Ausgestaltung des gerichtlichen Verfahrens ist dort erreicht, wo **417**
eine wirksame Kontrolle der öffentlichen Gewalt nicht mehr möglich ist. Eine gerichtliche Überprüfung von Grundrechtseingriffen muss möglich sein – auch dann, wenn der Betroffene wie zB bei sofort vollzogenen polizeilichen Maßnahmen (Auflösung einer Versammlung, Polizeigewahrsam) keine Chance hat, Rechtsschutz vor dem Vollzug zu erreichen. Deshalb muss auch ein Grundrechtseingriff, der sich durch Vollzug erledigt hat, gerichtlicher Überprüfung zugänglich sein. Der Betroffene kann deshalb Fortsetzungsfeststellungsklage analog § 113 Abs. 1 S. 4 VwGO erheben, sein nach dieser Vorschrift besonders zu begründendes Rechtsschutzinteresse ist dann wegen Art. 19 Abs. 4 GG zu bejahen (vgl *Schenke*, Verwaltungsprozeßrecht, Rn 583). Diesen Gedanken überträgt BVerfG NJW 1998, 2131 auf Maßnahmen des Ermittlungsrichters und die im **Fall 52** gegebene Konstellation der prozessualen Überholung (s. dazu *Achenbach* JuS 2000, 27) nach StPO. Auch hier darf ein Rechtsschutzinteresse nicht verneint werden, wenn sich ein derart intensiver Grundrechtseingriff wie eine Durchsuchung typischerweise bereits vor Ergehen der gerichtlichen Entscheidung faktisch erledigt. – S. auch **Klausurenband Fall 14**.

Berücksichtigt man diese Aufwertung des Verfahrensrechts, auch des Verwaltungsver- **418**
fahrens, so erscheint die Regelung im **Fall 51d – Enthemmungsgesetz –** als problematisch. Gerade bei den hier in Frage stehenden Vorhaben bestehen in materiell-rechtlicher Hinsicht typischerweise Entscheidungsspielräume der Verwaltung, sind materielle Beurteilungsmaßstäbe nur bedingt ausgeprägt. Um so größere Bedeutung kommt dann Verfahrenserfordernissen zu. Verfahrensfehler generell für unbeachtlich zu erklären, dürfte dann nicht zulässig sein, dies jedenfalls insoweit, als es um Verfahrenserfordernisse geht, die auch dem Schutz der Grundrechte der Betroffenen dienen.

Fall 52 – Erledigte Durchsuchung –: Die Verfassungsbeschwerde des R ist nach Art. 93 I Nr 4a GG **zulässig**. Sie richtet sich gegen die Beschwerdeentscheidung des LG L als Akt öffentlicher Gewalt; R ist in seinen Grundrechten aus Art. 5 Abs. 1 S. 2, 13 und 19 Abs. 4 GG betroffen, wobei fraglich sein könnte, ob er angesichts der bereits erfolgten Durchsuchung noch gegenwärtig betroffen ist. Die Durchsuchung wirkt jedoch als intensiver Grundrechtseingriff noch fort: auch für die Verfassungsbeschwerde muss gelten, dass die Antragsbefugnis für Fälle, in denen ein intensiver Grundrechtseingriff sich typischerweise bereits vor Ergehen der gerichtlichen Entscheidung faktisch erledigt, nicht verneint werden darf. Rechtswegerschöpfung, § 90 II BVerfGG, ist wegen § 310 StPO – keine weitere Beschwerde – zu bejahen.

Die Verfassungsbeschwerde ist **begründet,** wenn R durch die angegriffene Entscheidung in seinen Grundrechten verletzt ist. Darin, dass das LG L aber die Beschwerde des R wegen prozessualer Erledigung als unzulässig zurückgewiesen hat, könnte ein Verstoß gegen Art. 19 Abs. 4 GG liegen.

Dies ist zu bejahen. Art. 19 Abs. 4 GG gewährleistet gerichtlichen Rechtsschutz gegen Maßnahmen der öffentlichen Gewalt. Grundsätzlich allerdings gewährleistet Art. 19 Abs. 4 GG Rechtsschutz durch die Gerichte, nicht Rechtsschutz gegen gerichtliche Anordnungen durch eine weitere Instanz (BVerfGE 49, 329, 340). Wenn aber, so BVerfG NJW 1998, 2131, die einfachgesetzliche Prozessordnung einen bestimmten Instanzenweg eröffnet, muss dieser dem Betroffenen auch offen gehalten werden. Dies gilt in besonderem Maße gegenüber dem Beschluss des Ermittlungsrichters, zu dem der Betroffene erstmals in der Beschwerdeinstanz angehört wird und der in der Sache als Eingriffsakt zu werten ist (so auch *Achenbach*, JuS 2000, 27, 30).

Ob die Voraussetzungen für einen Eingriff in die Grundrechte aus Art. 5 Abs. 1 S. 2 und Art. 13 GG gegeben waren, kann nach den Angaben im Sachverhalt nicht abschließend beurteilt werden (s. dazu die Lösung des Examensfalls in SächsVBl 2000, 96). Das BVerfG wird jedenfalls wegen Verletzung des Art. 19 Abs. 4 GG die Beschwerdeentscheidung aufheben und die Sache an das Beschwerdegericht zurückverweisen, § 95 Abs. 2 BVerfGG.

5. Aktuelle Bedeutung des Art. 19 Abs. 4 GG

419 Für das geltende Verfahrensrecht darf überwiegend (noch) davon ausgegangen werden, dass den Anforderungen des Art. 19 Abs. 4 GG an die Ausgestaltung des Rechtsschutzes gegen Maßnahmen der öffentlichen Gewalt im wesentlichen Rechnung getragen ist; nicht galt dies ohne weiteres für die Maßnahmengesetzgebung der 90er Jahre im Verwaltungsverfahrensrecht, im Baurecht und im Planungsrecht (s. Rn 415). Die Rechtsschutzgarantie des Art. 19 Abs. 4 GG ist dann von unmittelbarer Bedeutung vor allem in besonders gelagerten Fällen, in denen es darum geht, verbleibende Lücken im Rechtsschutzsystem auszufüllen.

Beispielhaft kann hierfür verwiesen werden auf die Rechtfertigung der *vorbeugenden Unterlassungsklage* gegen Verwaltungsakte aus Erfordernissen des Art. 19 Abs. 4 GG.

420 Abgesehen von derartigen *unmittelbaren* Konsequenzen für die Eröffnung bestimmter Verfahrensarten, erlangt die Rechtsschutzgarantie des Art. 19 Abs. 4 GG vor allem mittelbar Bedeutung bei der Anwendung des geltenden Verfahrensrechts im Sinn rechtsschutzfreundlicher Auslegung.

Im Hinblick auch auf Art. 19 Abs. 4 GG sind etwa im Verfahren nach § 80 VwGO strenge Anforderungen an die Anordnung der sofortigen Vollziehbarkeit zu stellen. Trotz im Regelfall unzulässiger Vorwegnahme der Hauptsache im Verfahren nach § 123 VwGO können im Einzelfall unabweisbare Bedürfnisse wirksamen Rechtsschutzes den Erlass der einstweiligen Anordnung erfordern.

Art. 19 Abs. 4 GG erlangt schließlich eigenständige Bedeutung gegenüber Gesetzesvorhaben, die auf eine zu weitgehende „**Beschleunigung**" der Verfahren zu Lasten sorgfältiger Entscheidungsfindung, wirksamer Rechtsverteidigung und fairer Verfahrensführung abzielen.

Zum Rechtsschutz gegen Gemeinschaftsrecht s. BVerfG JZ 1995, 352 (Rn 16 ff).

Schrifttum zu VII.: *Hesse*, § 10 IV 2; *Häberle*, Die Abhörentscheidung des Bundesverfassungsgerichts, JZ 1971, 145; *Degenhart*, Präklusion im Verwaltungsprozeß, Festschrift Menger, 1985, S. 621; Kommentierung des Art. 19 Abs. 4 GG im BonnK durch *Schenke*; *Papier*, Rechtsschutzgarantie gegen die öffentliche Gewalt, in: HdBStR VI, § 154.

VIII. Das Widerstandsrecht des Art. 20 Abs. 4 GG

Als letzte Sicherung des Rechtsstaats gewährt Art. 20 Abs. 4 GG ein Recht zum Widerstand gegen Versuche zu dessen Beseitigung, unter der Voraussetzung, dass anderweitige (staatliche) Hilfe nicht möglich ist. Dieses Recht richtet sich sowohl gegen Inhaber der staatlichen Gewalt („Staatsstreich von oben", vgl *Hesse*, Rn 757 ff), als auch gegen den „Staatsstreich von unten". **421**

Problematisch ist hier vor allem der Anspruch der Verfassung, Ausnahmesituationen rechtlich zu erfassen, in denen ihr Geltungsanspruch gerade nicht mehr gewahrt ist. Wird die von Art. 20 Abs. 4 GG vorausgesetzte Ordnung – die mit dem Begriff der „freiheitlich-demokratischen Grundordnung" gleichzusetzen sein dürfte – tatsächlich beseitigt, so entfällt damit auch die Anerkennung des Widerstandsrechts selbst; die Berufung auf den Art. 20 Abs. 4 GG des insgesamt in seiner Geltung aufgehobenen Grundgesetzes würde sinnlos. Bleibt der Umsturzversuch erfolglos, so bedarf es an sich nicht des Rückgriffs auf Art. 20 Abs. 4 GG, um Widerstandshandlungen zu rechtfertigen, würden die Grundsätze der Staatsnothilfe ausreichen (*Hesse*, Rn 760). So dürfte der Positivierung des Widerstandsrechts primär klarstellende Funktion zukommen.

Hinsichtlich der *Voraussetzungen* des Widerstandsrechts nach Art. 20 Abs. 4 GG ist auf mitunter anzutreffende Fehldeutungen hinzuweisen:

Ein Recht zum Widerstand besteht gegen Versuche, die *verfassungsmäßige* Ordnung umzustürzen, nicht aber gegen einzelne Entscheidungen, die möglicherweise als verfassungswidrig empfunden werden – wenn zB der einzelne dem Staat die Befugnis absprechen möchte, ein Atomkraftwerk zu genehmigen, oder im parlamentarischen Verfahren getroffene Mehrheitsentscheidungen nicht anerkennen will: deren Verbindlichkeit ist in der verfassungsmäßigen demokratischen Ordnung angelegt. Voraussetzung für die Inanspruchnahme eines Wi- **422** derstandsrechts ist weiterhin, dass andere Abhilfe nicht möglich ist – wenn etwa auch staatliche Stellen nicht bereit oder in der Lage sind, beim Staatsstreich einzuschreiten (*Hesse,* Rn 759 f). Solange die Gerichte also in der Lage sind, die verfassungsmäßige Ordnung wirksam zu schützen, besteht kein Widerstandsrecht.

423 Von der Wahrnehmung eines Widerstandsrechts zu unterscheiden ist der sog. „*zivile Ungehorsam*". Hierunter ist der Protest des Bürgers gegen einzelne gewichtige, für ethisch illegitim gehaltene staatliche Entscheidungen zu verstehen, der unter bewusster, Aufsehen erregender Regelverletzung erfolgt (zB die sog. „Sitzblockaden" in Mutlangen BVerfGE 73, 206; aber auch die bewusste und demonstrative Missachtung rassendiskriminierender Gesetze durch die Bürgerrechtsbewegung der 60er Jahre in den USA). Ob derartiger ziviler Ungehorsam innerhalb einer rechtsstaatlichen Ordnung legitimiert sein kann, ist umstritten. Gegner verweisen auf innerstaatliche Friedenspflicht und demokratisches Mehrheitsprinzip, Befürworter – unter Hinweis auf Vorbilder in den angelsächsischen Demokratien – auf die Unvollkommenheiten des demokratischen Willensbildungsprozesses als eines Prozesses von *trial and error* (BVerfGE 73, 206, 251). Jedenfalls aber rechtfertigt „ziviler Ungehorsam" nicht die Rechtsverletzung, setzt sie vielmehr schon begrifflich voraus (BVerfG aaO, 252).

Das Widerstandsrecht ist also auf die Wahrung der bestehenden Ordnung gerichtet, insofern „legalitätsbezogen", während bei Ausübung „zivilen Ungehorsams" Legitimität gegen Legalität durchgesetzt werden soll.

Schrifttum zu VIII.: *Hesse*, § 23 VI; *Maunz/Zippelius*, § 45 IV; *Stein*, § 51 V; *Stern* II, § 57; *H.H. Klein*, Der Gesetzgeber und das Widerstandsrecht, DÖV 1968, 865; *Karpen*, „Ziviler Ungehorsam" im demokratischen Rechtsstaat, JZ 1984, 249.

§ 4 Das Sozialstaatsprinzip des Grundgesetzes

Die Bundesrepublik Deutschland ist nach Art. 20 Abs. 1 GG ein demokratischer und sozialer Bundesstaat, nach Art. 28 Abs. 1 S. 1 GG ein sozialer Rechtsstaat. Hierin wird die verfassungskräftige Festlegung der Sozialstaatlichkeit gesehen. Es handelt sich hierbei um ein Staatsziel, gerichtet auf die Herstellung sozialer Gerechtigkeit und sozialer Sicherheit. Seine Verwirklichung ist in erster Linie – aber nicht nur – dem Gesetzgeber aufgetragen. Was dies für den Gesetzgeber bedeutet, wann darüber hinaus das Sozialstaatsprinzip unmittelbare rechtliche Verbindlichkeit erlangen kann, ist im folgenden darzustellen.

➡ **Leitentscheidungen:** BVerfGE 33, 303 (Numerus clausus); BVerfGE 68, 193 (Gesetzliche Krankenversicherung).

424 **Fall 53 – Sozialabbau? –:** Im Zuge eines „Sparpakets" werden folgende gesetzgeberische Maßnahmen erwogen:

- Einführung von drei unbezahlten Karenztagen bei der Lohnfortzahlung im Krankheitsfall;
- Streichung der Zumutbarkeitsklausel beim Arbeitslosengeld; dh der Anspruch auf Arbeitslosengeld entfällt, wenn dem Arbeitssuchenden eine beliebige Arbeit angeboten wird, ohne dass er sich auf deren Unzumutbarkeit berufen könnte;

- Ausschluss von Medikamenten von den Leistungen der gesetzlichen Krankenversicherungen unterhalb einer „Bagatellgrenze“;
- genereller Ausschluss der Sozialhilfe für erwerbsfähige Personen.

Wären derartige Maßnahmen verfassungsrechtlich zulässig? **Rn 440**

I. Begriff und grundsätzliche Bedeutung des Sozialstaatsprinzips

Das Grundgesetz legt in Art. 20 Abs. 1 GG die Verfassungsordnung der Bundesrepublik auf das Staatsziel des „sozialen Bundesstaats“ fest. Aus Art. 20 GG in seiner Gesamtheit wird das Staatsziel des „sozialen Rechtsstaats“ abgeleitet. Der Begriff des *„sozialen“* Rechtsstaats ist dabei zunächst aus der Abgrenzung zum (nur) *„liberalen“* Rechtsstaat zu sehen, dessen *alleiniges* Anliegen die Abgrenzung eines gesellschaftlichen Freiraums im Verhältnis zum Staat war, die Gewährleistung eines *status negativus* – Freiheit und Eigentum – und von *Rechtsgleichheit.* Tatsächliche Gleichheit und tatsächliche Voraussetzungen grundrechtlicher Freiheit blieben damit außer Betracht. Dem Staat sollte es gerade untersagt sein, mit diesem Ziel in den staatsfreien gesellschaftlichen Raum einzugreifen. Doch kann Freiheit substanzlos werden, wenn ihre tatsächliche Basis fehlt, etwa für den, der kein „Eigentum“ als materielle Basis gesicherter bürgerlicher Freiheit erwerben kann. Freiheit kann dann umschlagen in materielle Ungleichheit – und Unfreiheit – zulasten des Schwächeren. Mit dem Eintritt ins industrielle Zeitalter, mit dem Aufkommen der „sozialen Frage“, konnte dies nicht mehr negiert werden. **Soziale Sicherheit** und **soziale Gerechtigkeit** (*Stern* I, § 21 I 5c) als Zielvorstellungen für eine staatliche Ordnung haben in die **Sozialstaatsklausel** des Grundgesetzes Eingang gefunden. **425**

Schrifttum zu I.: *Zacher*, Das soziale Staatsziel, in: HdBStR I, § 25; *Badura*, Der Sozialstaat, DÖV 1989, 491; *Stern*, I, § 21.

II. Zum Inhalt des Sozialstaatsprinzips

Aus diesem Chrakter als Staatszielbestimmung folgt bereits die Unmöglichkeit einer abschließenden Definition. Ist das Sozialstaatsprinzip als Staatszielbestimmung in die Zukunft offen, so kann es in seiner aktuellen Bedeutung nur aus seiner jeweiligen positiven Entfaltung, vor allem durch den Gesetzgeber (vgl *Stern* I, § 21 II 3), erfasst werden. Dabei ist zu unterscheiden: Aus der jeweiligen sozialstaatlichen Gesetzgebung kann nicht in dem Sinn auf den Inhalt des Sozialstaatsprinzips selbst geschlossen werden, dass das einfache Recht unmittelbar mit der Verfassungsnorm gleichgesetzt würde. Allenfalls Grundprinzipien dürfen insoweit als verfassungsfest gelten, als ihr ersatzloser Wegfall unzulässig wäre. **426**

Zu diesen Grundprinzipien zählt eine prinzipielle Sicherung gegen Erwerbsunfähigkeit durch Alter, Krankheit, Invalidität und gegen Arbeitslosigkeit. Die gesetzliche **Sozialversicherung**, ergänzt durch die *Absicherung sozialer Mindeststandards* im Wege der **Sozialhilfe**, erfüllt diesen sozialstaatlichen Auftrag der **427**

Herstellung **sozialer Sicherheit.** Dem sozialstaatlichen Ziel **sozialer Gerechtigkeit** dienen Gesetze, die den Schutz des Schwächeren im Rechtsverkehr anstreben, etwa im Arbeitsrecht, im sozialen Mietrecht, im Recht des Verbraucherschutzes (vgl *Stern* I, § 21 II 3: „sozialstaatliche Imprägnierung der Wirtschaft"). Sozialstaatlich motiviert sind jene Normenbereiche, die unter dem schlagwortartigen Begriff der „*Umverteilung*" zusammengefasst werden. Zur faktischen Realisierung des Sozialstaats mögen schließlich Aktivitäten staatlicher „*Daseinsvorsorge*" gerechnet werden (*Schnapp*, in: von Münch/Kunig, 4. Aufl., Bd. 1, Art. 20, Rn 17), also die Versorgung des Bürgers mit bestimmten, „daseinsnotwendigen" Leistungen, die der Markt nicht bereitstellen kann. Unter der Einwirkung vornehmlich des EG-Rechts werden diese Bereiche – bisher Reservate vor allem der Kommunen – zusehends zurückgedrängt.

428 Aus dieser Vielfalt sozialstaatlicher Aktivitäten – die sich nicht mehr nur auf den Schutz des sozial Schwachen beschränken – kann jedoch noch keine abschließende Aussage über den verfassungsnormativen Gehalt des Sozialstaatsprinzips getroffen werden. Grundsätzlich ist hier Zurückhaltung geboten: Aus der „dynamischen" Natur dieses Verfassungsprinzips, aus dem Erfordernis der Anpassung an die gesellschaftliche Entwicklung muss Offenheit für Reformen folgen.

429 Wenn damit auch einige **Kernbereiche sozialstaatlicher Gesetzgebung** gewährleistet sind, so ist doch allenfalls ihre ersatzlose Rücknahme unzulässig. Dies betrifft neben der Garantie des für eine menschenwürdige Existenz notwendigen Mindeststandards – die Kernbereiche sozialer Sicherung in der *Sozialversicherung* (Rn 427). Keine Hindernisse ergeben sich aus dem Sozialstaatsprinzip gegen Änderungen und Reformen, die das System der sozialen Sicherung als solches erhalten, auch wenn damit individuelle Leistungen im Einzelfall verkürzt werden (s. aber zu Art. 14 GG nachstehend Rn 435). Ob mit der grundsätzlichen Gewährleistung sozialer Sicherung auch die bestimmenden Prinzipien des geltenden Sozialversicherungsrechts – wie zB Solidarausgleich und beitragsproportionale Rente – gewährleistet werden, ob es etwa unzulässig wäre, die *gesetzliche* Sozialversicherung auf die Sicherung eines gleichmäßigen Grundbedarfs zu beschränken, ist offen, dürfte aber zu verneinen sein. Das tradierte System kann schwerlich als auf Dauer festgeschrieben gelten, zumal, wenn Grenzen der Finanzierbarkeit erreicht werden.

430 Das Sozialstaatsprinzip ist als Staatszielbestimmung auf Entfaltung durch den Gesetzgeber angelegt. Dies führt zunächst dazu, dass zur Interpretation der Verfassungsnorm die zu ihr ergangenen einfach-gesetzlichen Normen herangezogen werden. Dieser **methodische Ansatz** darf aber nicht zu einer „Erstarrung" führen, die der „Dynamik" des Sozialstaatsgebots, seiner notwendigen und auch verfassungsrechtlich geforderten Entwicklungsoffenheit zuwiderläuft. – Symptomatisch erscheint die vorrangige Ausrichtung weiter Regelungsbereiche auf die Wahrung „sozialer Besitzstände": soziales Arbeits-, soziales Mietrecht sind vor allem auf die Erhaltung *bestehender* Arbeits- bzw Mietverhältnisse ausgerichtet. Wahrung sozialer Besitzstände und Chancengleichheit als an sich gleichermaßen sozialstaatliches Postulat geraten hier in Kollision.

Schrifttum zu II.: wie Schrifttum zu I., ferner: *Benda*, in: Handbuch des Verfassungsrechts, S. 719; *Merten*, ebda., S. 961; s. auch: *Zeidler*, Gerechtigkeit in der Industriegesellschaft, DÖV 1972, 437; *Isensee*, Der Sozialstaat in der Wirtschaftskrise, in: Festschrift Broermann, 1982, S. 365.

III. Zur aktuellen Bedeutung des Sozialstaatsprinzips

Als *„Staatszielbestimmung" richtet sich das Sozialstaatsprinzip primär an den* **431** *Gesetzgeber.* Es erlangt dann unmittelbare Aktualität als Rechtfertigung für gesetzliche Eingriffe (dazu Rn 436). Es ist weiterhin in Betracht zu ziehen als unmittelbar wirkende Verpflichtung, aber auch Schranke für den Gesetzgeber (dazu Rn 435); nur in Ausnahmefällen kann eine unmittelbare Verpflichtungs- und Berechtigungswirkung auf der Ebene der Rechtsanwendung in Betracht kommen.

1. Sozialstaatsprinzip als unmittelbare Anspruchsgrundlage

Unmittelbare Leistungsansprüche des Bürgers gegen den Staat können aus dem **432** Sozialstaatsprinzip in aller Regel nicht hergeleitet werden, bedürfen vielmehr zunächst der gesetzlichen Regelung. Nur wenige Ausnahmefälle wurden insoweit bisher in der Rechtsprechung anerkannt. Der praktisch relevante Fall des Anspruchs auf Gewährung eines ein menschenwürdiges Dasein sichernden *Existenzminimums*, der aus dem Sozialstaatsprinzip iVm Art. 1 Abs. 1, Art. 2 Abs. 2 GG hergeleitet wurde (BVerwGE 1, 159; 52, 346), ist im Bundessozialhilfegesetz nunmehr ausdrücklich geregelt. IÜ liegt es im Ermessen des Gesetzgebers, auf welche Weise er den Verfassungsauftrag zur Herstellung sozialer Gerechtigkeit, zur Hilfe für sozial Schwache erfüllen will (BVerfGE 40, 121).

Eine Bezugnahme auf das Sozialstaatsprinzip zur Begründung staatsgerichteter Leistungs- **433** ansprüche findet sich in der *Numerus-clausus*-Entscheidung des BVerfG (E 33, 303, 331 f). Aus dem Gleichheitssatz des Art. 3 Abs. 1 GG in Verbindung mit Art. 12 Abs. 1 GG und dem Sozialstaatsprinzip könnten sich, so BVerfGE 33, 331, Ansprüche auf Zugang zu staatlichen Ausbildungseinrichtungen ergeben. Andererseits aber kann für eine etwaige Verpflichtung des Staates zur Bereitstellung von Ausbildungskapazitäten keine absolute Priorität angenommen werden, dem stehen anderweitige, gleichermaßen auch sozialstaatlich gebotene Aufgaben des Staates entgegen. Das Sozialstaatsprinzip wirkt hier also, in Verbindung mit Grundrechten, anspruchsbegründend, gleichzeitig aber anspruchsbegrenzend.

Ansprüche auf *Tätigwerden des Gesetzgebers* dürften nicht in Betracht kommen, **434** da das Sozialstaatsprinzip in seiner Entwicklungsoffenheit zu unbestimmt ist, um hier konkrete Handlungspflichten dem einzelnen gegenüber zu begründen. Bestehen gesetzliche Regelungen, so kann allerdings die Sozialstaatsklausel des Grundgesetzes **mittelbar** bei der **Auslegung** dieser Gesetze anspruchsbegründend herangezogen werden.

2. Sozialstaatsprinzip als Bestandsgarantie

435 Nur in einem Kernbereich sozialer Sicherung kann das Sozialstaatsprinzip als unmittelbare Schranke gegen gesetzgeberische Eingriffe wirken (Rn 429). Es wirkt aber *nicht als Bestandsgarantie für einzelne, individuelle Leistungsansprüche.* Für diese ist vielmehr zurückzugreifen auf die Eigentumsgarantie des Art. 14 GG, soweit es sich um Leistungsansprüche handelt, die durch eigene Leistung *„erdient"* wurden, also etwa die durch eigene Beitragsleistung erworbenen Ansprüche und Anwartschaften aus der gesetzlichen Rentenversicherung (dazu s. etwa BVerfGE 69, 272; *Degenhart*, BayVBl 1984, 65 ff, 103 ff). Auch das Rechtsstaatsprinzip als Gebot der Rechtssicherheit kann ergänzend herangezogen werden. Das Sozialstaatsprinzip wirkt hier ambivalent: Einerseits kann es die Schutzwürdigkeit individueller Rechtspositionen verstärken, andererseits kann gerade die sozialstaatlich gebotene Funktionsfähigkeit etwa der Rentenversicherung die Verkürzung individueller Rechtspositionen rechtfertigen.

3. Sozialstaatsprinzip als Eingriffslegitimation

436 Dies führt zu einem weiteren Aspekt des Sozialstaatsprinzips. Der Gesetzgeber kann zur Verwirklichung sozialpolitischer Ziele in bestehende Rechte eingreifen, den Bürger belasten. Dies muss dann durch öffentliche Interessen gerechtfertigt sein, sie sind gegen Belange Betroffener abzuwägen. Dass diese öffentlichen Interessen der Verwirklichung der Sozialstaatlichkeit dienen, verstärkt dann ihr Gewicht in der Abwägung. Allerdings: „sozial" sollte nicht als undifferenzierte Billigkeitsformel eingesetzt werden. *Methodisch* bedeutet dies, dass nicht undifferenziert auf das Sozialstaatsgebot zurückzugreifen ist, sondern auf dessen näher aufzugliedernde Inhalte, wie etwa die Gewährleistung sozialer Mindeststandards, die Begrenzung wirtschaftlicher Machtstellungen, die Absicherung sozialer Risiken (s. vorstehend II.).

437 **Beispiele:** Betriebliche Mitbestimmung greift in Grundrechte der Unternehmenseigentümer ein, wird hierin legitimiert durch das sozialstaatliche Anliegen, Abhängigkeitsverhältnisse abzumildern, wirtschaftliche Macht zu begrenzen; vgl BVerfGE 50, 290. Die Zwangsmitgliedschaft in berufsständischen Versorgungseinrichtungen, in der Sozialversicherung wirkt als Eingriff in die allgemeine Handlungsfreiheit des Art. 2 Abs. 1 GG. Das sozialstaatliche Anliegen der sozialen Sicherung kann dies rechtfertigen. Es wird nur dann hinreichend gewährleistet, wenn der in Betracht kommende Personenkreis umfassend einbezogen wird. Für die Staffelung von Gebühren und Beiträgen nach Einkommen kann das Sozialstaatsprinzip einen sachlichen Differenzierungsgrund iSv Art. 3 Abs. 1 GG liefern.

IV. Zum Verhältnis von Rechtsstaat und Sozialstaat

438 Nicht zu vertiefen ist hier die Frage, inwieweit Rechtsstaatlichkeit und Sozialstaatlichkeit in einem grundsätzlichen Verhältnis der Gegensätzlichkeit zueinander stehen (so *Forsthoff*, VVDStRL 12 [1954], 8 ff). Sieht man den Rechtsstaat *materiell-*

freiheitlich determiniert, so dürfte im Verhältnis Rechtsstaat – Sozialstaat das schwerlich aufhebbare Spannungsverhältnis von *Freiheit* und *Gleichheit* zum Ausdruck kommen, ein *prinzipielles* Spannungsverhältnis von Rechtsstaatlichkeit und Sozialstaatlichkeit nicht zu leugnen sein. Grenzen sozialstaatlicher Gestaltung liegen jedenfalls im Prinzip der selbstverantworteten, rechtsstaatlichen Freiheit (vgl *Hesse*, Rn 215).

Beispielhaft deutlich wurde die Spannungslage zwischen Rechtsstaatlichkeit und Sozialstaat etwa in der Problematik der **Volkszählung** (BVerfGE 65, 1): Der Staat als *Sozialstaat*, der umfassend für den Bürger plant, umfassende Daseinsvorsorge betreibt, leitet eben hieraus den Anspruch auf umfassende Information über den Bürger ab; Aufgabe des Rechtsstaats aber ist es, den Freiheitsraum des Bürgers auch gegen den leistenden, planenden, daseinsvorsorgenden Staat zu sichern. **439**

Schrifttum zu IV.: *Degenhart*, Rechtsstaat – Sozialstaat, Festschrift Scupin, 1983, S. 537.

Lösung Fall 53 – Sozialabbau? –: Einführung von Karenztagen: Hier könnte das Sozialstaatsprinzip entgegenstehen, da eine soziale Absicherung im Krankheitsfall im Grundsatz geboten ist. Sie ist jedoch nur in ihrem Kernbereich garantiert. Durch eine begrenzte Anzahl von Karenztagen wird dieser Kernbereich jedoch nicht berührt. – Art. 3 GG müsste gewahrt bleiben, dh es dürfen nicht einzelne Gruppen sachwidrig benachteiligt werden. **440**

Wegfall der Zumutbarkeitsklausel beim Arbeitslosengeld: Absicherung gegen Arbeitslosigkeit ist sozialstaatlich wiederum im Grundsatz geboten. Die Absicherung gegen Arbeitslosigkeit wird jedoch nicht ersatzlos gestrichen. Andererseits zählt Erhaltung des sozialen Status des Arbeitnehmers zu den Grundprinzipien des Systems der sozialen Sicherung in diesem Bereich. Die Regelung ist daher nur dann gerechtfertigt, wenn sie unabdingbar ist, um Funktionsfähigkeit der Arbeitslosenversicherung zu wahren; Ansprüche aus Arbeitslosenversicherung sind jedoch Eigentum iSv Art. 14 Abs. 1 GG, da durch Beiträge „erdient". Dieser Gesichtspunkt stünde der Regelung wohl entgegen.

Ausschluss von Medikamenten von Leistungen der GKV: Auch die Absicherung gegen Krankheitskosten zählt zum Kernbestand sozialer Sicherung iS des Sozialstaatsprinzips, doch erfolgt hier nur eine Modifikation von Leistungen, die sozialstaatlich gerechtfertigt ist im Interesse der Funktionsfähigkeit des Systems insgesamt.

Zum Kernbestand der Sozialstaatlichkeit zählt auch die Hilfe in existenzieller Notlage durch Sozialhilfe. Zwar kann der Hilfesuchende auf Einsatz seiner Arbeitskraft verwiesen werden – Vorrang der Selbsthilfe –, genereller Ausschluss ganzer Personengruppen ohne Möglichkeit der Einzelfallprüfung wäre jedoch unzulässig, da dann verfassungsrechtlich gefordertes Existenzminimum nicht mehr gesichert wäre.

§ 4a Staatsziel Umweltschutz

Art. 20a GG, 1994 in das Grundgesetz eingefügt, normiert den Umweltschutz als Staatsziel. Welchen juristisch fassbaren Gehalt die Bestimmung hat und wie sie sich konkret auswirken kann, ist im folgenden darzustellen.

441 **Fall 54 – Plastiken und Windrad –:** Der Bildhauer Arno B bewohnt ein in freier Natur gelegenes umgebautes Bauernhaus in dominierender Hanglage und beabsichtigt, dort zwei 6 und 7 m hohe Monumentalplastiken („Olympischer Jüngling" und „Große Badende") aufzustellen. Hierfür benötigt er eine Baugenehmigung. Nach der einschlägigen Vorschrift des § 35 Abs. 2 BauGB ist diese zu versagen, wenn entgegenstehende öffentliche Belange berührt werden. Als solchen öffentlichen Belang nennt Abs. 3 ua die Verunstaltung des Landschaftsbilds. Aus diesem Grund lehnt die Behörde seinen Antrag ab. B beruft sich auf die Freiheit der Kunst (Art. 5 Abs. 3 GG), die Behörde auf das „Staatsziel Umweltschutz" (Art. 20a GG). – Nach BVerwG NJW 1995, 2648.

Abwandlung: B, der sein ökologisches Gewissen entdeckt hat, möchte zur Energiegewinnung einen 60 m hohen Windrotor aufstellen. Auch diesen hält die Behörde für verunstaltend. **Rn 447**

442 **Art. 20a GG**, mit ÄndG vom 27.10.1994 in das GG eingefügt, normiert, wie mittlerweile auch alle Landesverfassungen, den Umweltschutz als **Staatsziel**. Ein Staatsziel ist weniger als ein Grundrecht, es gewährt dem einzelnen grundsätzlich keine klagbaren Rechte. Es ist jedoch mehr als eine bloße Programmnorm, denn es verpflichtet den Staat **objektiv**, auf seine Verwirklichung hinzuwirken. Die Verpflichtung richtet sich, wie auch das Sozialstaatsprinzip, in erster Linie an die Gesetzgebung, an die Verwaltung jedenfalls dort, wo sie im Rahmen der Gesetze – etwa bei planerischen Abwägungsentscheidungen – eigene Handlungsspielräume hat; auch insoweit bestehen Parallelen zum sozialstaatlichen Staatsziel.

443 Gegenstand der Staatszielbestimmung ist der Schutz der **natürlichen Lebensgrundlagen**. Dies sind die natürlichen – also nicht, wie soziale oder ökonomische Grundlagen, von Menschen erst geschaffenen – Grundlagen des menschlichen, aber auch allen anderen Lebens, insbesondere die Umweltmedien Luft, Wasser und Boden, aber auch die Pflanzen- und Tierwelt als Grundlage des Lebens, aber auch zB die klimatischen Bedingungen hierfür. Wenn BVerwG NJW 1995, 2648 auch die Unversehrtheit, die ästhetische Qualität einer **Landschaft** zu den natürlichen Lebensgrundlagen zählt, so wird damit deren Bedeutung als Erholungsraum für den Menschen Rechnung getragen. Deshalb durfte im **Fall 54** die Behörde davon ausgehen, dass hier die natürlichen Lebensgrundlagen betroffen waren. Landschaft ist dabei auch die vom Menschen geprägte Kulturlandschaft, Umwelt stets auch die vom Menschen gestaltete Umwelt. Mit dem Gebot, diese Lebensgrundlagen auch für **künftige Generationen** zu erhalten, übernimmt das Grundgesetz ausdrücklich auch eine Verpflichtung für die Nachwelt – dies ist neu.

Schutz bedeutet dabei zunächst – dies bedeutet der Begriff in der Rechtsordnung auch sonst – das Unterlassen schädigender Eingriffe, die Abwehr aktueller Gefahren und auch die Vorsorge gegenüber künftigen Risiken. Dieses Schutzgebot richtet sich zunächst unmittelbar an den **Staat** und verpflichtet ihn, selbst entsprechende Eingriffe und Gefährdungen zu unterlassen, verpflichtet ihn aber auch dazu, Vorsorge gegenüber ensprechenden Gefährdungen durch **Dritte** zu treffen, also konkret umweltschädigende Aktivitäten zu überwachen und ggf abzuwehren. Aber auch die Schonung und der sparsame Umgang mit natürlichen Ressourcen sind vom Schutzgebot umfasst.

Dies bedeutet nicht, dass jeglicher Eingriff in die natürlichen Lebensgrundlagen **444**
verhindert werden müsste, kann dies nicht bedeuten, denn jegliche menschliche Aktivität wirkt sich potenziell auf die Umwelt aus; zudem steht das Staatsziel Umweltschutz nicht isoliert in der Verfassung, ist mit anderweitigen Verfassungsgütern in Ausgleich zu bringen, mit Freiheitsrechten wirtschaftlicher Entfaltung ebenso wie mit dem sozialstaatlichen Auftrag zur Sicherung von Arbeitsplätzen. Art. 20a GG kann also auch **nicht die generelle Unzulässigkeit umweltbelastender Vorhaben** bedeuten, wohl aber eine Verpflichtung, Umweltauswirkungen verhältnismäßig – in **Abwägung** mit konkurrierenden Belangen – zu begrenzen. Ein Bebauungsplan etwa ist nicht schon deshalb rechtswidrig, weil er Eingriffe in den Naturhaushalt vorsieht. Erforderlich ist jedoch eine sachgerechte Abwägung – wie sie freilich § 1 BauGB auch bisher stets forderte. Doch unterstreicht Art. 20a GG das Gewicht des Umweltschutzes, sodass eine Verschlechterung der Umweltsituation der Rechtfertigung bedarf.

Der Auftrag des Art. 20a GG richtet sich – auch hierin besteht Parallelität zum Sozialstaatsprinzip – primär an den **Gesetzgeber**, aber auch an die **Exekutive**. In der Frage, wie er den Schutzauftrag erfüllt, hat der Gesetzgeber – wie auch sonst bei Staatszielen – **Gestaltungsfreiheit**: ihn etwa generell auf die Durchsetzung des Verursacherprinzips im Umweltrecht zu verpflichten (*Murswiek*, NVwZ 1996, 223, 225 f), scheint damit nicht vereinbar (*Schink*, DÖV 1997, 221, 226).

Der **aktuelle rechtliche Gehalt** des Art. 20a GG liegt dann im Verhältnis zum **Ge-** **445**
setzgeber vor allem in seiner Bedeutung für das gesetzgeberische Ermessen: nachteilige Umweltauswirkungen bedürfen besonderer Rechtfertigung; umgekehrt kann das Staatsziel Umweltschutz, ähnlich wie das Sozialstaatsprinzip, Grundrechtseingriffe im Rahmen der gesetzlichen Voraussetzungen **legitimieren**, zB Eigentumsbindungen oder Beschränkungen unternehmerischer Freiheit aus Art. 12 Abs. 1 GG. Dies gilt aber stets nur, wie Art. 20a GG auch klarstellt, **innerhalb** der verfassungsmäßigen Ordnung, nicht gegen sie. Daher ist im Verhältnis zur **Exekutive** das ökologische Staatsziel auch keine selbstständige Eingriffsgrundlage, ersetzt nicht die für jeden Eingriffsakt erforderliche gesetzliche Grundlage.

Fallbeispiel: Eine gemeindliche Abfallsatzung sieht die Verpflichtung zur Mülltrennung vor und gestattet es den Bediensteten der Gemeinde, Privatgrundstücke, Garagen, Innenhöfe etc zu betreten und dort den Abfall zu kontrollieren. Damit werden diese zu Eingriffen in das Grundrecht des Art. 13 Abs. 1 GG ermächtigt. Da dessen Voraussetzungen nicht gegeben sind (keine *gesetzliche* Ermächtigung, keine dringende Gefahr iSv Art. 13 Abs. 7 GG), ist die Satzung nichtig. Sie kann nicht unmittelbar auf Art. 20a GG gestützt werden, der ja gerade keine selbstständige Eingriffsgrundlage bietet (s. auch BayVGH BayVBl 1998, 470).

Soweit die Exekutive jedoch ihrerseits Ermessensspielräume hat, sie im Rahmen planerischer **Gestaltungsfreiheit** handelt, hat sie das Staatsziel Umweltschutz einzubeziehen, dieses bezeichnet dann relevante **öffentliche Belange**, die etwa in eine Planungsentscheidung mit erhöhtem Gewicht einzustellen sind. Insbesondere auch als **Auslegungsmaßstab** kann Art. 20a GG Bedeutung erlangen, so vor allem dann, wenn Gesetze auf öffentliche Interessen, öffentliche Belange uä abstellen (*Uhle*, UPR 1996, 55, 56 zu BVerwG NJW 1995, 2648; *Westphal*, JuS 2000, 339, 342).

446 Mit der Aufnahme eines Staatsziels „**Tierschutz**" in Art. 20a GG ist die Streitfrage geklärt, ob der Tierschutz **Verfassungsrang** hat. Sie wird relevant, wenn aus Gründen des Tierschutzes Grundrechte eingeschränkt werden sollen, insbesondere die Freiheit der Wissenschaft im Zusammenhang mit Tierversuchen, aber auch das Grundrecht der Berufsfreiheit, Art. 12 GG, in Fragen der landwirtschaftlichen Produktion, der Tierhaltung, neuerdings auch die Glaubensfreiheit des Art. 4 Abs. 1 und 2 GG beim Verbot des Schächtens. Um diese oder die Wissenschaftsfreiheit einzuschränken, sind Rechtsgüter mit Verfassungsrang erforderlich, da die Grundrechte aus Art. 4 und aus Art. 5 Abs. 3 GG nur sog. verfassungsimmanenten Schranken unterliegen (*Pieroth/Schlink* Rn 691). Nunmehr ist klargestellt, dass zB Tierversuche beschränkt werden können, dies freilich in sorgfältiger Abwägung mit Art. 5 Abs. 3 GG. Bei Art. 12 GG genügen demgegenüber „vernünftige Erwägungen des Gemeinwohls", wozu Tierschutz sicher zu zählen ist. Aber auch hier verstärkt der Verfassungsrang des Tierschutzes das rechtliche Gewicht derartiger Gründe.

447 **Fall 54 – Plastiken und Windrad –:** Die Behörde hat hier zu prüfen, ob öffentliche Belange dem Vorhaben des B entgegenstehen – der Schutz der Landschaft vor Verunstaltung fällt schon nach § 35 Abs. 3 BauGB hierunter. Andererseits hat sie dem Grundrecht des B aus Art. 5 Abs. 3 GG Rechnung zu tragen. Hier erlangt nun der Umstand maßgebliche Bedeutung, dass die dem Vorhaben entgegenstehenden Schutzbelange durch Art. 20a GG mit Verfassungsrang ausgestattet sind. Sie können es daher rechtfertigen, die durch Art. 5 Abs. 3 GG ihrerseits mit Verfassungsrang ausgestatteten Belange des B als nachrangig zurückzustellen – so auch das BVerwG im Ausgangsfall.

In der **Abwandlung** handelt es sich um ein Vorhaben, das nach § 35 Abs. 1 Nr 5 (idF des EAGBau) BauGB privilegiert ist (das also nach der grundsätzlichen Wertung des Gesetzgebers genehmigt werden soll). Aber auch hier kann die Genehmigung durch entgegenstehende öffentliche Belange ausgeschlossen sein. Hier kollidieren nun Schutzgüter, die gleichermaßen unter Art 20a GG fallen: zum einen die Nutzung sog. „regenerativer Energien", zum anderen wiederum der Schutz des Landschaftsbildes vor Verunstaltung. Diese Schutzbelange wird man hier in Abwägung zu bringen haben.

Schrifttum: *Murswiek*, Staatsziel Umweltschutz (Art. 20a GG), NVwZ 1996, 222; *Schink*, Umweltschutz als Staatsziel, DÖV 1997, 221; *Uhle*, Das Staatsziel „Umweltschutz" und das Bundesverwaltungsgericht, UPR 1996, 55; *Westphal*, Art. 20a GG – Staatsziel „Umweltschutz", JuS 2000, 339; *Caspar/Geissen*, Das neue Staatsziel „Tierschutz" in Art. 20a GG, NVwZ 2002, 931; *Obergfell*, Ethischer Tierschutz mit Verfassungsrang, NJW 2002, 2296.

Anhang zum ersten Teil: Die Staatszielbestimmungen der Landesverfassungen

Die älteren, vorgrundgesetzlichen Landesverfassungen entfalten zT eine detaillierte sozialstaatliche Programmatik, so zB die BayVerf in ihrem 3. und 4. Hauptteil über „Das Gemeinschaftsleben" und „Wirtschaft und Arbeit". Teilweise stehen die einschlägigen Bestimmungen von vornherein im Widerspruch zum GG; iÜ betreffen sie weitestgehend Bereiche, in denen das Land im Wege der Gesetzgebung nicht tätig werden kann. **448**

In erheblichem Umfang sind Staatszielbestimmungen in den Verfassungen der neuen Bundesländer enthalten; so wird insbesondere das Sozialstaatsgebot inhaltlich näher bestimmt, wenn zB nach Art. 7 Abs.1 SächsVerf das Land ein Recht auf Wohnraum, Arbeit oder angemessenen Lebensunterhalt anerkennt, nach Art. 9 Abs. 1 SächsVerf das Recht „eines jeden Kindes auf gesunde … Entwicklung". Eingehend widmen sich die neuen Landesverfassungen auch dem kulturellen Sektor, der umfangreiche Förderung erfahren soll, und vor allem dem **Umweltschutz**, der als Staatsziel auch in die Verfassungen der alten Bundesländer Eingang gefunden hat und nunmehr auch für das Grundgesetz beschlossen wurde. **449**

Derartige Staatsziele sind **keine Grundrechte**. Ihre verfassungsrechtliche Bedeutung kommt geradezu lehrbuchhaft in der Definition des Art. 13 SächsVerf zum Ausdruck: Sie verpflichten das jeweilige Land (bzw den Bund und die Länder, wenn im GG enthalten), „nach seinen Kräften" diese Staatsziele anzustreben und sein Handeln danach auszurichten. Klagbare subjektive Rechte werden hierdurch nicht begründet, wohl aber etwa Ermessensdirektiven für das Handeln der Verwaltung und auch – ähnlich dem Sozialstaatsprinzip – für den Gesetzgeber. In gleicher Weise können die genannten Staatszielbestimmungen auch das Gewicht öffentlicher Belange bei Eingriffsakten verstärken (vgl für die Sozialstaatlichkeit Rn 436 f). **450**

Je mehr Staatsziele in einer Verfassung enthalten sind, desto eher können Zielkonflikte auftreten, zB zwischen Umweltschutz, der durch gesetzliche Erleichterungen für Investitionen (etwa im Wege der Verfahrensbeschleunigung und Rechtsmittelbeschränkung) beeinträchtigt wird, und einem „Recht auf Arbeit" als Staatsziel, das eben diese Investitionen fordert, oder diesem letztgenannten Staatsziel und dem des gesamtwirtschaftlichen Gleichgewichts, das auch eine arbeitsmarktpolitisch motivierte Kreditaufnahme begrenzt. **451**

In derartigen Konflikten kann keines der unterschiedlichen Staatsziele generellen Vorrang **452/**
beanspruchen; der Konflikt ist vom Gesetzgeber zu lösen. Staatsziele bleiben in ihrer verfas- **453**
sungsrechtlichen Wirkung also begrenzt und sollten deshalb in einer Verfassung, die wie das Grundgesetz auf normative Geltung und nicht auf unverbindliche Programmatik angelegt ist, die Ausnahme darstellen. Die Verfassungen der neuen Bundesländer – deren Staatszielbestimmungen verfassungspolitische Kompromissformeln sind, erste Entwürfe hatten sehr viel weitergehende soziale Grundrechte vorgesehen – wecken teilweise Erwartungen, die die Länder schon aus Kompetenzgründen nur bedingt erfüllen können (vgl zu den Staatszielbestimmungen der neuen Landesverfassungen zB: *Dietlein,* NWVBl 1993, 401 ff; *Degenhart,* in: Degenhart/Meissner, Handbuch der Sächsischen Verfassung, 1997, § 6).

Zweiter Teil

Staatsorgane

Zusammenfassender **Ausgangsfall** zum zweiten Teil

454 **Fall 55 – Bundestagsauflösung 1983 –:** Im Herbst 1982 wurde durch konstruktives Misstrauensvotum Helmut Kohl (CDU) mit den Stimmen von CDU/CSU und einem Teil der Stimmen der FDP zum Bundeskanzler gewählt. CDU/CSU und FDP einigten sich in Koalitionsvereinbarungen auf Neuwahlen im März 1983 und auf ein Regierungsprogramm bis zu diesem Zeitpunkt. Die Entscheidung der Abgeordneten der FDP – bis dahin Koalitionspartner der SPD – löste innerhalb der FDP heftige Diskussionen aus, auch mehrere Mitglieder der Bundestagsfraktion der FDP stimmten nicht mit der Mehrheit des Bundestags und stellten ihre Mitarbeit in der Fraktion ein.

In der Sitzung des Bundestags vom 17.12.1982 stellte Bundeskanzler Kohl die Vertrauensfrage. Er erklärte, er könne sich der parlamentarischen Unterstützung durch die Abgeordneten der FDP nur für begrenzte Zeit und nur für das in den Koalitionsvereinbarungen angesprochene, sachlich und zeitlich begrenzte Regierungsprogramm sicher sein, also für ein „Notprogramm". Die anstehenden Sachfragen erforderten jedoch eine dauerhaft vom stetigen Vertrauen des Bundestags getragene Politik, erforderten auf die Dauer einer Legislaturperiode gesicherte und stabile Mehrheiten.

In der Abstimmung über die Vertrauensfrage enthielt sich die Mehrheit der Abgeordneten der Stimme. Daraufhin schlug der Bundeskanzler dem Bundespräsidenten die Auflösung des Bundestags vor.

Am 6.1.1983 ordnete der Bundespräsident die Auflösung des Bundestags und Neuwahlen an.

Gegen seine Anordnung wenden sich 4 Abgeordnete des Bundestags. Sie beantragen die Feststellung, dass die Anordnungen des Bundespräsidenten, den Bundestag aufzulösen und Neuwahlen anzuordnen, gegen Art. 68 Abs.1 S. 1 GG verstießen und ihren durch Art. 38 Abs. 1 GG garantierten Status als Abgeordnete des Bundestags unmittelbar gefährdeten oder verletzten.

Die Entscheidung des BVerfG ist gutachtlich vorzubereiten. **Rn 575**

§ 5 Der Bundestag

➡ **Leitentscheidungen:** BVerfGE 67, 100 (Flick-Untersuchungsausschuss); BVerfGE 70, 324 (Nachrichtendienste-Fraktionen); BVerfGE 77, 1 (Untersuchungsausschuss Neue Heimat); BVerfGE 80, 188 (Fraktionsloser Abgeordneter); BVerfGE 84, 304 (Fraktionsstatus PDS); BVerfGE 102, 224 (Fraktionszulagen); BVerfGE 104, 310 (Pofalla).

Ausgangsfälle:

Fall 56 – Flick-Ausschuss –: Der Nimm-KG, einem bedeutenden bundesdeutschen Unternehmen, wurde 1980 eine Steuerermäßigung in dreistelliger Millionenhöhe auf Grund einer Ermessensvorschrift gewährt. Die Entscheidung hierüber wurde vom zuständigen Bundesminister der Finanzen getroffen. Im folgenden Jahr wurde bekannt, dass von 1976 bis 1980 erhebliche finanzielle Zuwendungen von der Nimm-KG an die A-Partei (der der Bundesfinanzminister angehörte) geflossen waren. Gerüchte über einen möglichen Zusammenhang mit der Steuerermäßigung verdichteten sich. Daraufhin konstituierte sich 1982 auf Antrag der oppositionellen X-Fraktion ein parlamentarischer Untersuchungsausschuss mit der Aufgabe, etwaige Zusammenhänge zu untersuchen. Der Ausschuss forderte von der Bundesregierung Herausgabe der den Vorgang betreffenden Steuerakten; diese weigerte sich unter Berufung auf das Steuergeheimnis. **455**

Die X-Fraktion ruft das Bundesverfassungsgericht an. Unter Berufung auf den Kontrollauftrag des Bundestages stellt sie den Antrag, das BVerfG möge die Verpflichtung der Bundesregierung zur Herausgabe aller Akten aussprechen, da diese zur Aufklärung der Vorgänge unverzichtbar seien. **Rn 476, 487**

Fall 57 – Untersuchungsausschuss Teure Heimat –: Die „gemeinnützige" (also steuerlich erheblich begünstigte) Wohnungsbaugesellschaft „Teure Heimat" soll in erheblichem Umfang gegen Bundesrecht, insbesondere die sich aus dem Status der „Gemeinnützigkeit" ergebenden Bindungen, verstoßen haben. Ein Untersuchungsausschuss des Bundestags soll dies klären; er soll weiterhin klären, ob ihr Vorstand in unzulässiger Weise auf Bundesregierung und Mitglieder des Bundestags Einfluss genommen hat. **456**

Zu diesem Zweck beschloss der Untersuchungsausschuss, Beweis zu erheben durch Beiziehung aller Geschäftsberichte sowie der Protokolle der Sitzungen des Aufsichtsrats der „Teuren Heimat"; als diese die Herausgabe verweigerte, ordnete der Ermittlungsrichter beim BGH die Beschlagnahme nach § 29 Abs. 3 S. 1 PUAG an.

Auf der Grundlage dieser Unterlagen beendete der Untersuchungsausschuss seine Arbeit und nahm die Informationen hieraus in seinen Untersuchungsbericht auf.

Die „Teure Heimat" möchte die Befugnis des Untersuchungsausschusses zu diesem Vorgehen verfassungsgerichtlich klären. **Rn 490**

Fall 58 – Geheimdienstkontrolle –: Abweichend vom allgemeinen Haushaltsrecht, sah das HaushaltsG 1984 vor, dass der Haushalt des Bundesnachrichtendienstes (BND) keiner parlamentarischen Einzelberatung unterliegt, sondern lediglich der pauschale Mittelansatz im Haushaltsplan angegeben wird. Die Verwendung der Mittel erfolgt nach einem Wirtschaftsplan, der der Genehmigung eines Gremiums von Bundestagsabgeordneten bedarf. Die Mitglieder dieses Gremiums, die dem Haushaltsausschuss des Bundestages angehören müssen, werden vom Bundestag gewählt. Der Bundestag bestimmt die Zahl der Mitglieder; gewählt ist, wer die Stimmen der Mehrheit der Mitglieder des Bundestags auf sich vereint. **457**

Der Bundestag beschloss am 23.2.1984, dass das Gremium zur Genehmigung der Wirtschaftspläne aus 5 Abgeordneten bestehen solle; einem Antrag der Oppositionsfraktionen der SPD und der GRÜNEN, wonach das Gremium aus Vertretern aller 4 im BT vertretenen Fraktionen bestehen solle, wurde nicht entsprochen. Bei der Wahl der Mitglieder des Gremiums erhielt der von der Fraktion DIE GRÜNEN vorgeschlagene MdB A nicht die erforderliche Stimmenzahl.

A stellt beim BVerfG den Antrag, die Verfassungswidrigkeit des Haushaltsgesetzes wie auch der Beschlüsse des Bundestages vom 23.2.1984 festzustellen; auch die Fraktion klagt gegen die Beschlüsse vom 23.2.1984.

Der Fall beruht auf: BVerfGE 70, 324. **Rn 494**

458 **Fall 59 – Verzichtsrevers –:** Vor der Bundestagswahl haben alle Abgeordneten einer bestimmten Partei dieser gegenüber Erklärungen folgenden Inhalts abgegeben: „Für den Fall, dass ich als Bundestagsabgeordneter während der nächsten Legislaturperiode aus der Fraktion der Z-Partei ausscheiden sollte, erkläre ich schon jetzt den Verzicht auf mein Bundestagsmandat. Außerdem verpflichte ich mich gegenüber der Partei, die von ihr aufgebrachten Mittel für meinen Wahlkampf in Höhe von DM 30 000,– zurückzuzahlen."

Im Verlauf der Legislaturperiode stellte der der Z-Partei angehörende Abgeordnete Alois Hinterbänkler fest, dass er den von der Fraktionsspitze vertretenen Kurs immer weniger mit seinem Gewissen vereinbaren konnte. Er trat daraufhin aus der Z-Partei aus und schloss sich einer anderen im Bundestag vertretenen Partei an.

Seitens der Z-Partei ist man der Auffassung, Hinterbänkler sei nicht mehr Mitglied des Bundestags oder doch verpflichtet, sein Mandat niederzulegen. Außerdem verlangt man Rückzahlung der DM 30 000,– an Wahlkampfkosten.

Frage (1):

a) Ist H noch Mitglied des Bundestags?

b) Muss er ggf sein Mandat niederlegen?

Frage (2): Ist H zur Zahlung verpflichtet? **Rn 499**

459 **Fall 60 – Wüppesahl –:** Der Bundestagsabgeordnete Rudi Realo ist nach Streitigkeiten mit der X-Partei, der er angehörte, aus dieser ausgetreten und hat auch die Fraktion verlassen. Die Bundestagsfraktion der X-Partei teilte daraufhin dem Bundestagspräsidenten mit, der Sitz des R im Rechtsausschuss werde nunmehr von der Abgeordneten Emma Fundamentala eingenommen.

R sieht sich in seinen verfassungsmäßigen Rechten als Abgeordneter des Bundestags verletzt.

Eine Verletzung seiner Rechte sieht er insbesondere in der Bestimmung des § 12 GeschOBT, wonach die Besetzung der Ausschüsse im Verhältnis der Fraktionen des Bundestags vorzunehmen ist, sowie in § 57 GeschOBT, wonach die Fraktionen die Ausschussmitglieder benennen; ferner in seiner Abberufung aus dem Rechtsausschuss durch die X-Partei. Die Mitteilung über den Wechsel im Ausschuss erfolgte am 1.2.1989; am 30.4.1989 reicht R einen Antrag beim BVerfG ein, in dem er begehrt, das BVerfG möge feststellen, dass er durch die Bestimmungen der Geschäftsordnung und die Beschlüsse der X-Fraktion in seinen verfassungsmäßigen Rechten verletzt sei. **Rn 503**

I. Rechtsstellung und grundsätzliche Bedeutung des Bundestags

Empfohlen wird vorgehende Lektüre von § 1 I, III, V.

460 Die Stellung des **Bundestags als Verfassungsorgan** wird entscheidend geprägt durch das Prinzip der **repräsentativen, parlamentarischen Demokratie** (dazu o.

§ 1). Als Volksvertretung und alleiniges **unmittelbar demokratisch legitimiertes Verfassungsorgan** ist der Bundestag primäres Forum politischer Willensbildung. Auch hieraus leitet sich der **Parlamentsvorbehalt** in wesentlichen Fragen ab (dazu s.o. Rn 66 ff, 340).

Primäres Forum der politischen Auseinandersetzung ist der Bundestag insbesondere – *doch keinesfalls ausschließlich* – im Gesetzgebungsverfahren. Doch auch die nicht in Gesetzesform zu kleidenden Akte der politischen Staatsleitung, wie generell alle das Gemeinwesen berührenden Fragen unterliegen der parlamentarischen Erörterung im Bundestag. Er kann zu all diesen Fragen auch außerhalb des Gesetzgebungsverfahrens seinen Willen äußern und in Beschlüsse fassen, hat hierbei bestimmte organspezifische Rechte (Zitierrecht, Interpellationsrecht, Enquêterecht) in seiner **Kontroll**funktion gegenüber der Exekutive. **Hauptfunktionen** des Bundestags sind also seine **Gesetzgebungsfunktion**, zu der auch das **Budgetrecht** zu zählen ist, sowie weitere Zustimmungsfunktionen für rechtlich verbindliche Maßnahmen; seine **Kontrollfunktionen** im Verhältnis zur Exekutive, insbesondere zur Regierung; als unmittelbar demokratisch legitimiertem Verfassungsorgan obliegt dem Bundestag die Bildung weiterer Verfassungsorgane: **Kreationsfunktion**; die sog „**Repräsentationsfunktion**" des Bundestags bezeichnet seine Stellung als einziges unmittelbar gewähltes Verfassungsorgan, als eigentliche Volksvertretung, als primäres Forum politischer Auseinandersetzung. Auf diese grundsätzliche Aufgabenstellung des Bundestags ist dann zurückzugreifen, wenn das Grundgesetz für eine Frage keine positive Antwort bereithält. So sind Fragerechte der Abgeordneten und entsprechende Informationspflichten der Bundesregierung abzuleiten aus „den Aufgaben, die einem Parlament im demokratischen Staat zukommen" (so BayVerfGH NVwZ 2002, 716, 716 für die entsprechende Rechtslage nach der Bayerischen Verfassung); – näher dazu Rn 493. Ebensowenig ist das „Befassungsrecht" des Bundestags ausdrücklich im Grundgesetz festgehalten, also sein Recht, nach seinem Ermessen die Gegenstände einer parlamentarischen Debatte zu bestimmen (dazu s. BbgVerfG NVwZ-RR 2003, 798 = NJ 2003, 642 zur Rechtslage Bbg). **461**

Diesen grundsätzlichen Funktionen des Bundestags sind seine im Grundgesetz – und auch in der Geschäftsordnung des Bundestags (GeschOBT) – im einzelnen geregelten rechtlichen Befugnisse zuzuordnen. Dabei machen die im Grundgesetz *ausdrücklich* normierten Befugnisse und Kompetenzen nur einen Teil seiner Gesamtaufgabe aus; dies gilt besonders für seinen *„bestimmenden Anteil … an der Gestaltung der inneren und äußeren Politik, den das Grundgesetz nicht durch erschöpfende Kompetenzzuweisungen … regelt, sondern den es in erster Linie dem Zusammenspiel der politischen Kräfte, vor allem dem von Parlament und Regierung überlässt*" (*Hesse*, Rn 572, 588). **462**

Schrifttum zu I.: *Hesse*, § 15, I; *H.H. Klein*, Aufgaben des Bundestages, in: HdBStR II, § 40; *Maunz/Zippelius*, § 30; *Stern* II, § 26 I, II.

II. Bildung des Bundestags, Zusammensetzung und Verfahren

Die Folgerungen, die sich aus dem Demokratieprinzip des Grundgesetzes für die Wahlen zum Bundestag ergeben, wurden unter § 1 II dargestellt. Gegenstand der folgenden Erörterungen sind – neben der Frage einer vorzeitigen Auflösung des Bundestags – Einzelheiten des parlamentarischen Verfahrens, vor allem aber die Rechtsstellung der Fraktionen und Ausschüsse im parlamentarischen Prozess.

1. Wahl des Bundestags, Wahlperioden, Auflösung des Bundestags

463 Der Bundestag geht hervor aus *„allgemeinen, unmittelbaren, freien, gleichen und geheimen Wahlen"*; dazu s.o. § 1. Die Wahlperiode des Bundestags beginnt mit seinem ersten Zusammentritt; sie endet mit dem Zusammentritt des neugewählten Bundestags, Art. 39 Abs. 1 S. 2 GG (zum Zeitpunkt der Neuwahl s. Art. 39 Abs.1 S. 3, 4 GG). Den Weg zu *vorzeitigen Neuwahlen* hat das Grundgesetz erschwert: Der Bundestag hat *kein Selbstauflösungsrecht*. Vorzeitige Neuwahlen sind nur in folgenden Fällen möglich:

Art. 63 Abs. 4 S. 3 GG: Nach einer Bundestagswahl findet sich keine absolute Mehrheit für die Wahl eines Bundeskanzlers; es würde also eine Minderheitsregierung entstehen. Der *Bundespräsident* kann dann – nach seinem *Ermessen* – entweder den mit nur relativer Mehrheit gewählten Bundeskanzler ernennen, oder aber den Bundestag *auflösen* (mit der Folge von Neuwahlen, Art. 39 Abs.1 S. 4 GG).

464 Art. 68 Abs. 1 GG: Der Antrag des Bundeskanzlers, ihm das Vertrauen auszusprechen (*"Vertrauensfrage"*), findet nicht die erforderliche absolute Mehrheit (von jetzt 334 Stimmen, s.u. Rn 466). Dann *kann (Ermessen!)* der Bundespräsident auf Vorschlag des Bundeskanzlers den Bundestag auflösen. – *Mittelbar* eröffnet sich damit ein Weg zur Herbeiführung vorzeitiger Neuwahlen durch den Bundestag bzw die Regierungsmehrheit im Bundestag: Wenn nach einer vom Bundeskanzler gestellten Vertrauensfrage die Regierungsmehrheit ihm nicht das Vertrauen ausspricht, kann dieser dem Bundespräsidenten die Auflösung des Bundestags vorschlagen. Dieser Weg wurde gewählt, um nach dem Regierungswechsel im Herbst 1982 vorzeitige Neuwahlen im März 1983 zu ermöglichen. Er war verfassungsrechtlich nicht unumstritten, wurde aber vom Bundesverfassungsgericht im Ergebnis gebilligt (BVerfGE 62, 1); näher hierzu Rn 575.

2. Zum parlamentarischen Verfahren

465 Der Bundestag gibt sich eine **Geschäftsordnung**, die die Einzelheiten des parlamentarischen Verfahrens regelt. Die Geschäftsordnung des Deutschen Bundestags – GeschOBT – wird überwiegend als **autonome Satzung** qualifiziert, *Stern* II, § 26 III 6 c; sie steht im Rang unterhalb der Verfassung und unterhalb des formellen Bundesrechts. Insbesondere kann die **Geschäftsordnungsautonomie** des Bundestages nur unter Wahrung der Erfordernisse des repräsentativ-parlamentarischen Prinzips des Grundgesetzes wahrgenommen werden. Dies bedeutet etwa, wie *Böckenförde* im Sondervotum zu BVerfGE 70, 324 ausführt, dass einzelne Abgeordnete oder auch Gruppen von Abgeordneten, insbesondere Fraktionen (dazu nachstehend Rn 467), nicht im Wege der Geschäftsordnung von parlamentarischen Entscheidungsprozessen ausgeschlossen werden dürfen, vgl *Böckenförde,* aaO, 382 f. Dem entspricht es, dass §§ 12, 54, 55 Abs. 3 GeschOBT allen Fraktionen ein gleichmäßiges Beteiligungsrecht an Ausschüssen und Unterausschüssen des BT einräumen. Die Geschäftsordnung dient damit maßgeblich auch dem Schutz der Minderheit im Parlament. Deshalb äußern die Sondervoten zu E 70, 324 – **Fall 58** – Bedenken gegen die Regelung im HaushaltsG 1984: der Gesetzgeber dürfe die in der GeschO enthaltenen Regelungen über die gleichmäßige Beteiligung aller Fraktionen nicht aufheben. Doch kann andererseits dem parlamentarischen Gesetzgeber im Hinblick auf die Offenheit des grundgesetzlichen Gesetzesbegriffs (o. Rn 261 ff) der Zugriff auf Verfahrensregelungen der GeschO nicht von vornherein verwehrt sein. Entscheidend dürfte daher sein, inwieweit die in der GeschOBT festgelegten Minderheitenrechte materiell verkürzt wurden (s. nachstehend Rn 492 ff). – *Dass* die GeschO insoweit verfassungsrechtlich relevante Verfahrensrechte festlegt, belegt nicht zuletzt die Formulierung des Art. 93 Abs. 1 Nr 1 GG.

Der Bundestag verhandelt gemäß Art. 42 Abs. 1 GG öffentlich. Für den Ausschluss der Öf- **466**
fentlichkeit ist Zwei-Drittel-Mehrheit erforderlich. – Auch unter diesem Aspekt ist das Verfahren im **Fall 58** nicht unproblematisch (vgl BVerfGE 70, 324, 366 – Sondervotum): die entsprechenden Regelungen des HaushaltsG, durch die Teile des Budgets der Parlamentsöffentlichkeit entzogen wurden, wurden mit einfacher Mehrheit beschlossen.

Qualifizierte Mehrheiten sind in zahlreichen Fällen für Beschlüsse des Bundestags erforderlich; folgende **unterschiedliche** Mehrheiten sind im einzelnen zu unterscheiden:

– *Mitgliedermehrheit* – Mehrheit der gesetzlichen Mitgliederzahl iSv Art. 121 GG (absolute Mehrheit, „Kanzlermehrheit“); diese ergibt sich aus dem BWahlG, hinzuzurechnen sind die Überhangmandate (in der 15. Wahlperiode also 598 + 5 Überhangmandate = 603), für die Mitgliedermehrheit sind 302 Stimmen erforderlich: erforderlich für die Wahl des Bundeskanzlers, Art. 63 Abs. 2, 3 GG, für das konstruktive Misstrauensvotum, Art. 67 Abs. 1 GG, im Fall der Vertrauensfrage, Art. 68 Abs. 1 S. 1 GG; sowie – *wichtig!* – dann, wenn der *Bundesrat* gegen ein vom Bundestag beschlossenes Gesetz Einspruch erhoben hat: Dieser Einspruch ist mit der Mehrheit der Mitglieder des Bundestags zurückzuweisen, wenn das Gesetz zu Stande kommen soll, Art. 77 Abs. 4 S. 1 GG.

– *Abstimmungsmehrheit,* Art. 42 Abs. 2 S. 1 GG: Einfache Mehrheit der abgegebenen Stimmen, stets dann ausreichend, wenn nicht Sonderregelung getroffen.

– *Qualifizierte Abstimmungsmehrheit,* zB Art. 42 Abs. 1 S. 2 GG: Qualifizierte Mehrheit der abgegebenen Stimmen (im genannten Beispiel 2/3); weiterer Fall: Art. 80a Abs. 1 S. 2 GG – Spannungsfall.

– *Qualifizierte Mitgliedermehrheit:* Qualifizierte Mehrheit der gesetzlichen Mitgliederzahl, zB iFd Verfassungsänderung, Art. 79 Abs. 2 GG: 2/3-Mehrheit erforderlich.

– *Doppelt qualifizierte Abstimmungsmehrheit* iFd Art. 77 Abs. 4 S. 2 GG: Bundesrat hat mit 2/3-Mehrheit Einspruch gegen Gesetz erhoben; für Zurückweisung des Einspruchs dann erforderlich: 2/3-Mehrheit der *abgegebenen* Stimmen; mindestens aber Mitgliedermehrheit, also 302 Stimmen. Wurden also insgesamt nur 300 Stimmen abgegeben, so ist auch bei einstimmiger Zurückweisung des Einspruchs des Bundesrats die erforderliche Mehrheit im Bundestag *nicht* zustandegekommen.

3. Insbesondere: Fraktionen und Ausschüsse

467 Als „*notwendige Einrichtungen des Verfassungslebens*" werden die Fraktionen gesehen (vgl BVerfGE 70, 324, 350; 80, 188, 219; VerfGH NW NVwZ-RR 2000, 265). Fraktionen sind Zusammenschlüsse von Abgeordneten des Bundestags, die grundsätzlich der gleichen Partei oder jedenfalls gleichgerichteten Parteien (CDU/CSU) angehören müssen, wobei § 10 GeschOBT eine Mindeststärke von 5 v.H. der Mitgliederzahl des Bundestags verlangt. Im Grundgesetz sind die Fraktionen mehr beiläufig in Art. 53a Abs. 1 S. 2 erwähnt, wonach der Gemeinsame Ausschuss nach dem Stärkeverhältnis der Fraktionen zu besetzen ist. Nach § 47 Abs. 1 AbgG wirken sie „*an der Erfüllung der Aufgaben des Deutschen Bundestages mit*". Ihre tatsächliche verfassungsrechtliche Bedeutung kommt hierin nicht hinreichend zum Ausdruck; tatsächlich vollzieht sich die Willensbildung des Bundestags ganz maßgeblich über die Fraktionen. Dies ist Konsequenz aus der Entwicklung zur parteienstaatlichen Demokratie; demgemäß folgt die Anerkennung der Fraktionen als Einrichtungen des Verfassungslebens aus der der **Parteien** und damit aus Art. 21 GG. Schließlich hat auch der einzelne Abgeordnete vor allem über die Fraktionen Teilhabe an der parlamentarischen Arbeit; ihr **verfassungsrechtlicher Status** leitet sich daher auch aus dem der **Abgeordneten** – Art. 38 Abs. 1 S. 2 GG – ab (vgl VerfGH NW NVwZ-RR 2000, 265, 266). Diese Grundsätze gelten für Bundes- wie Landesverfassungsrecht (sind in neueren Landesverfassungen zT auch positivrechtlich fixiert).

468 Aus dieser verfassungsrechtlich geschützten Stellung der Fraktion folgt ihr Recht auf **gleichberechtigte Teilhabe** am parlamentarischen Prozess; es gilt der Grundsatz strikter, „formaler" Gleichheit. Soweit die Einzelheiten in der GeschOBT festgelegt sind, so in § 12 GeschOBT das Recht auf Vertretung in den Ausschüssen, handelt es sich doch um verfassungsrechtlich abgeleitete Rechte, die demgemäß auch im Wege des Organstreitverfahrens durchgesetzt werden können (Rn 471). Dies gilt auch für das **Antragsrecht** der Fraktionen. Es umschließt einen Anspruch darauf, dass das Parlament über den Antrag einer Fraktion berät und hierüber Beschluss fasst (instruktiv: VerfGH NW NVwZ-RR 2000, 265). Aus dem Recht der Fraktionen auf formale Gleichheit folgt auch der Grundsatz, dass parlamentarische Gremien wie Ausschüsse nach dem Stärkeverhältnis der Fraktionen besetzt werden müssen. Es geht hier auch um **Minderheitenschutz**: würde man die Ausschüsse schlicht durch Wahl nach dem Mehrheitsprinzip besetzen, könnten die kleineren Fraktionen an der Mitwirkung gehindert werden. Nur ausnahmsweise kann eine Bestimmung durch Wahl nach dem Mehrheitsprinzip gerechtfertigt sein, wenn es – etwa bei Behandlung vertraulicher Angelegenheiten – darum geht, dass die Gewählten das Vertrauen der Mehrheit des Plenums genießen. In diesem Fall kann es gerechtfertigt sein, Gremien mit nur wenigen Mitgliedern zu bilden, für die dann kleinere Fraktionen keinen Anspruch auf Beteiligung haben sollen (BayVerfGH DÖV 2002, 615). Auch dann dürfen einzelne Fraktionen nicht sachwidrig benachteiligt werden; dies ist zB durch ein geeignetes Wahlverfahren sicherzustellen, SächsVerfGH SächsVBl 1996, 90. Aus ihrer verfassungsrechtlichen Stellung folgt auch die Befugnis der Fraktionen zur Öffentlichkeitsarbeit (VerfGH RhPf NVwZ 2003, 73). Weder in der Geschäftsordnung des Bundestags noch anderweitig ist geregelt, ob und unter welchen Voraussetzungen ein Abgeordneter aus seiner Fraktion ausgeschlossen werden kann.

Angesichts der parlamentarischen Befugnisse (und Mittelzuweisungen, s. §§ 50 ff AbgG), die damit verbunden sind, ist der **Fraktionsstatus** für die Wirkungsmöglichkeiten der Abgeordneten einer Partei im Bundestag von maßgeblicher Bedeutung. Bis zur ersten *gesamtdeutschen Wahl* war dies kein besonderes Problem: Durch die 5%-Klausel wurde gewährleistet, dass Parteien, die überhaupt bei der Sitzverteilung im Bundestag berücksichtigt wurden, dort regelmäßig auch mindestens 5 v.H. der Mandate erreichten. Anders nach den gesamtdeutschen Wahlen vom Dezember 1990 auf Grund der Bildung getrennter Wahlgebiete (Rn 31 ff): Die PDS, die lediglich in einem der beiden Wahlgebiete die 5%-Hürde überspringen konnte, erzielte damit im Bundestag noch nicht 5 v.H. der Mandate. Im Hinblick auf die Grundmandatsklausel bleibt die Thematik aktuell. Den für die Forderung nach getrennten Wahlgebieten ausschlaggebenden Gesichtspunkt der *Chancengleichheit* konsequent zu Ende gedacht, hätte man wohl auch der PDS Fraktionsstatus zubilligen müssen. BVerfGE 84, 304 (bestätigend: E 96, 264) ließ insoweit jedoch die Anerkennung als „Gruppe" iSv § 10 Abs. 4 GeschOBT ausreichen. Es hat dem Bundestag das Recht zuerkannt, im Rahmen seiner Geschäftsordnungsautonomie die Mindeststärke einer Fraktion selbst zu bestimmen. Der Grundsatz der Wahlrechtsgleichheit, auf Grund dessen BVerfGE 82, 322 die Anwendung der 5%-Klausel auf getrennte Wahlgebiete gefordert hatte, sei auf die Arbeit im Parlament nicht analog übertragbar. Hier gehe es um die Mitwirkungsrechte des *Abgeordneten* aus Art. 38 Abs. 1 S. 2 GG. Sie seien auch dann gewahrt, wenn sie die Möglichkeit hätten, sich in anderer Weise als in Fraktionen zu gemeinsamer Arbeit zusammenzuschließen. In der Bildung von Gruppen iSv § 10 Abs. 4 GeschOBT sieht die Entscheidung eine derartige hinreichende Möglichkeit, gleicht hierbei jedoch die Rechtsstellung derartiger Gruppen der von Fraktionen weitgehend an. Gruppierungen fraktionsloser Abgeordneter einer Partei (oder auch eines Wahlbündnisses) müssen nach den gleichen Kriterien Sitze in den Ausschüssen zugeteilt werden wie den Fraktionen selbst. Die von ihnen entsandten Abgeordneten haben dann in den Ausschüssen die gleichen Rechte wie fraktionszugehörige Abgeordnete. **469**

Anders als in neueren Landesverfassungen (vgl zB Art. 38 Abs. 3, 49 Abs. 4 BerlVerf, Art. 48 SAHVerf – neuerdings auch in Art. 16a BayVerf) wird die **Opposition** im Grundgesetz nicht ausdrücklich erwähnt – doch ist das Recht auf Opposition notwendiges Element der parlamentarischen Demokratie. Doch gewährt das GG an einigen Stellen spezifische Minderheitenrechte, so in Art. 44 (Rn 475) und in Art. 93 Abs. 1 Nr 2 GG. Vor allem aber bewirkt das Recht der Fraktionen auf gleichberechtigte Teilhabe am parlamentarischen Prozess und bewirken die hieraus sich ergebenden Einschränkungen des Mehrheitsprinzips Minderheitenschutz. Wenn SächsVerfGH LKV 1996, 21 die Absetzung der von einer Minderheitenfraktion verlangten Aktuellen Debatte als Verletzung ihres Rechts auf Chancengleichheit (aus Art. 39 Abs. 3 SächsVerf – entspricht Art. 38 Abs. 1 S. 2 GG) wertet, so liegt auch hierin eine Stärkung der Oppositionsrechte – ausführlich zum Begriff der Opposition und ihrer Bedeutung im parlamentarischen System s. SachsAnhVerfG LKV 1998, 101. **470**

Prozessual ist anzumerken, dass die Fraktion *Partei im Organstreitverfahren* sein kann: Sie ist durch die Geschäftsordnung des Bundestags mit eigenen Rechten ausgestattetes Teil dieses Verfassungsorgans, vgl § 63 BVerfGG – näher u. § 9 Rn 600 ff. **471**

Fraktionen des Bundestags sind jedoch auch berechtigt, Rechte des gesamten Parlaments im Organstreitverfahren geltend zu machen, vgl BVerfGE 67, 100, 125, dazu **Fall 56**. Auch dadurch wird Chancengleichheit der Minderheitsfraktion gewährleistet.

472 Von den Rechten der Fraktion zu unterscheiden sind Rechte, die einer Gruppe von Bundestagsabgeordneten *in Fraktionsstärke* zustehen können; zB das *Zitierrecht* des Art. 43 Abs. 1 GG, vgl § 42 GeschOBT, das Frage- oder *Interpellationsrecht,* §§ 105 ff GeschOBT, das Initiativrecht im *Gesetzgebungsverfahren*, Art. 76 Abs. 1 GG, § 76 GeschOBT (doch kann auch eine Fraktion als solche eine Gesetzesinitiative einbringen, § 76 GeschOBT). Träger derartiger Rechte sind die einzelnen Abgeordneten. Partei im Organstreitverfahren wären dann ggf die Abgeordneten als insoweit mit eigenen Rechten ausgestattetes Organteil.

473 Die Bildung der **Ausschüsse** wird geregelt in §§ 54 ff GeschOBT. Ihre Funktion liegt zum einen in der Entlastung des Plenums, insbesondere im Rahmen der Gesetzgebungsarbeit, da gerade hier die entscheidende Vorarbeit in den einzelnen, mit fachkundigen Abgeordneten besetzten Ausschüssen geleistet wird. Gleichermaßen gilt dies für die Wahrnehmung von Kontrollaufgaben gegenüber der Regierung. Die einzelnen Fachausschüsse (Ausschuss für Inneres, Rechtsausschuss ua) sind meist nur in der GeschO geregelt. Obligatorisch im GG benannt sind die Ausschüsse für Auswärtiges und Verteidigung (Art. 45a Abs. 1, 2 GG), wobei insbesondere letzterem besondere Kontrollaufgaben übertragen sind. Mit besonderen Zustimmungsrechten ausgestattet ist der Haushaltsausschuss (§ 96 GeschOBT).

Bedeutsam für die Ausübung der parlamentarischen Kontrollrechte sind insbesondere die *Untersuchungsausschüsse* nach Art. 44 GG; zu Aufgaben und Befugnissen s. nachstehend III.

Schrifttum zu II.: *Hesse*, § 15 II 2, 4; *Maunz/Zippelius,* § 30 III; *Stern* I, § 23; II, § 26 III, IV; *Achterberg*, Die Fraktion, JA 1984, 9; *Schmidt-Jortzig/Hansen*, Neue Rechtsgrundlage für die Bundestagsfraktionen, NVwZ 1994, 1145; umfassende Gesamtdarstellung des Parlamentsrechts: *Achterberg*, Parlamentsrecht, 1983.

III. Organspezifische Rechte des Bundestags, insbesondere: Untersuchungsausschüsse

Zu den zentralen Kontrollbefugnissen des Parlaments zählt sein Enquêterecht, also sein Recht, Untersuchungsausschüsse einzusetzen. Es handelt sich hier in besonderer Weise um ein Recht der Minderheit. Was ein Untersuchungsausschuss untersuchen darf und welche Rechte ihm hierzu gegenüber anderen Staatsorganen, aber auch gegenüber Privaten zustehen, ist Gegenstand des folgenden Abschnitts.

474 Organspezifische Rechte des Bundestags sind rechtliche Befugnisse, die diesem *als Verfassungsorgan* durch das Grundgesetz eingeräumt worden sind, wie zB Interpellations-, Zitier- und Initiativrecht und Kontrollrechte auf dem Gebiet der militärischen Verteidigung (Art. 45a, 45b, 87a Abs. 1 GG). Auch das Fragerecht des Abgeordneten zählt hierzu (Rn 492 f). Der Wahrnehmung der Kontrollaufgabe des Bundestags dient insbesondere dessen **Enquêterecht**, das den Untersuchungsausschüssen nach Art. 44 GG übertragen ist. Ihre Befugnisse sind häufig Gegenstand verfassungsrechtlicher Auseinandersetzung.

Das **Untersuchungsausschussgesetz** – Gesetz zur Regelung des Rechts der Untersuchungsausschüsse des Deutschen Bundestages (PUAG) vom 19. Juni 2001 (BGBl I S. 1142, Textbuch Bundesrecht Nr 17) – regelt nunmehr Einsetzung und Verfahren des Ausschusses. Das Gesetz hält einerseits Ergebnisse der Verfassungsrechtsprechung fest, klärt andererseits auch offene Fragen. Es konkretisiert damit den verfassungsrechtlichen Auftrag des Art. 44 GG. Wenn im Zuge verfassungsgerichtlicher Auseinandersetzungen Rechte des Untersuchungsausschusses in Frage stehen, kommt es dann darauf an, ob in Anwendung des Gesetzes gegen verfassungsmäßige Rechte verstoßen wurde (näher Rn 483). Für Untersuchungsausschüsse der **Landtage** ist, soweit nicht vergleichbare Landesgesetze existieren, auf die Landesverfassungen zurückzugreifen. Dabei können die zu Art. 44 GG entwickelten Grundsätze herangezogen werden: das Recht der Untersuchungsausschüsse ist unmittelbar aus dem Prinzip der parlamentarischen Demokratie abgeleitet. **474a**

1. Die Einsetzung des Untersuchungsausschusses

Ein **Untersuchungsausschuss** kann durch Mehrheitsbeschluss – sog. **Mehrheitsenquête** – oder auf Verlangen einer qualifizierten Minderheit – sog. **Minderheitsenquête** – durch Beschluss des Bundestags, § 1 Abs. 2 PUAG, eingesetzt werden. In letzterem Fall ist eine qualifizierte Minderheit von einem Viertel der Mitglieder, Art. 44 Abs. 1 S. 1 GG, § 1 Abs. 1 PUAG, erforderlich. Auf deren Antrag ist der Bundestag verpflichtet, den Untersuchungsausschuss einzusetzen, dessen **Verfassungsmäßigkeit** vorausgesetzt. Der **Untersuchungsgegenstand** muss zutreffend bezeichnet sein und es muss sich um einen zulässigen Untersuchungsgegenstand handeln. Stehen Rechte eines Untersuchungsaussschusses in Frage, so bedarf es zunächst der Klärung, ob dessen Einsetzung verfassungsmäßig war, ob er sich insbesondere auf einen zulässigen Untersuchungsgegenstand richtet. Die Einsetzung erfolgt durch Beschluss des Bundestags, § 1 Abs. 2 PUAG. Damit ist der Untersuchungsauftrag bestimmt – er darf, da es sich beim Untersuchungsrecht um ein Minderheitsrecht handelt, von der Mehrheit im Ausschuss grundsätzlich nicht verändert werden, § 2 Abs. 2 PUAG (dazu: *Wiefelspütz*, DÖV 2002, 803). **475**

2. Verfassungsmäßige Bestimmung des Untersuchungsgegenstands

a) Hinreichende Bestimmtheit

Der **Untersuchungsgegenstand muss hinreichend bestimmt** bezeichnet sein. **476**

> Im **Fall 56 – Flick-Ausschuss –** mussten also die Abgeordneten der X-Partei die Einsetzung eines Untersuchungsausschusses etwa zu dem Thema „mögliche Zusammenhänge zwischen der Entscheidung des Bundesministers der Finanzen und finanziellen Zuwendungen an die A-Partei“ beantragen; der Bundestag musste dann dem Antrag – vorausgesetzt, er war von mindestens einem Viertel der Abgeordneten *unterzeichnet* – stattgeben.

Hinreichend bestimmte Bezeichnung des Untersuchungsgegenstands ist im Übrigen stets, auch im Fall der Mehrheitsenquête, geboten.

Der Bundestag darf im Einsetzungsbeschluss den Untersuchungsgegenstand ohne Zustimmung der Antragsteller nicht ändern; dies ist in § 2 Abs. 2 PUAG ausdrücklich festgelegt, ergibt sich aber bereits aus der verfassungsrechtlichen Bedeutung insbesondere der Minderheitsenquête, deren Untersuchungsverlangen nicht verfälscht werden soll (vgl BVerfGE 49, 70; BayVerfGH BayVBI 1977, 599); die Mehrheit des Bundestags durfte also im Ausgangsfall nicht etwa einen Untersuchungsausschuss einsetzen, der auch Spenden an die X-Partei untersuchen sollte.

Sind die im Einsetzungsantrag enthaltenen Fragen nur **teilweise** zulässig, ist dem Antrag, wenn die Fragen voneinander abgrenzbar sind, teilweise stattzugeben. Ist der Untersuchungsausschuss einmal eingesetzt, wird man im Fall der Minderheitsenquête ein Recht der Minderheit auf nachträgliche **Erweiterung** des Untersuchungsgegenstands grundsätzlich bejahen dürfen, wenn dies für die Effektivität der parlamentarischen Kontrolle erforderlich ist (vgl das Fallbeispiel bei *Lüdemann*, JA 1996, 959).

b) Materielle Schranken des Untersuchungsrechts

477 In **materieller** Hinsicht muss ein verfassungsrechtlich **zulässiger Untersuchungsgegenstand** bestimmt werden. Er muss gerichtet sein auf die Feststellung von **Tatsachen** durch Beweiserhebung und deren mögliche politische Bewertung, die auch Empfehlungen für die Bundesorgane enthalten kann. Als Untergliederung des Bundestags kann der Untersuchungsausschuss nicht mehr an Rechten haben als der Bundestag selbst. Deshalb ist ein Untersuchungsverfahren nur zulässig im Rahmen der verfassungsmäßigen **Zuständigkeit des Bundestags**, vgl § 1 Abs. 3 PUAG; die gesetzliche Regelung setzt derartige Schranken voraus, legt sie nicht selbst fest.

Hält der Bundestag den Antrag für unzulässig, so hat er den Einsetzungsbeschluss abzulehnen, bei teilweiser Unzulässigkeit nach § 2 Abs. 3 PUAG vorzugehen. Die Antragsteller können dagegen das Bundesverfassungsgericht anrufen (§ 2 Abs. 3 S. 2 PUAG). Es dürfte sich hierbei um einen Fall des Organstreitverfahrens iSv Art. 93 Abs. 1 Nr 1 GG handeln, für das Beteiligtenfähigkeit und Verfahrensgegenstand besonders geregelt sind.

478 **Schranken** für das Recht des Bundestages können sich aus der **bundesstaatlichen Kompetenzverteilung** ergeben: Vorgänge im Zuständigkeitsbereich eines Landes können nicht Gegenstand einer Enquête des Bundestags sein, es sei denn, es geht um Verpflichtungen des Landes im Verhältnis zum Bund. Wo zB Gesetze im Auftrag des Bundes ausgeführt werden (Rn 174), kann der Bundestag sich mit Vorgängen bei der Ausführung des Gesetzes befassen, um zu prüfen wie die Bundesregierung ihr Aufsichtsrecht ausgeübt hat (s. dazu den Fall „Untersuchungsausschuss" im Klausurenband). Ebenso ist das Untersuchungsrecht der **Landesparlamente** auf Vorgänge im und mit Bezug zum Land beschränkt (s. hierzu BVerwG DÖV 1999, 1045) – unter Einbeziehung aber der Gemeinden: Das Enquêterecht der Landespar-

lamente reicht ebenso weit wie die Kommunalaufsicht der Länder. Generell beschränkt sich die Zuständigkeit von Untersuchungsausschüssen der Länderparlamente auf Gegenstände, die einen Bezug zum jeweiligen Land haben.

Vorgänge im Bereich der Exekutive, der Regierung und Verwaltung des Bundes darf **479** ein Untersuchungsausschuss des Bundestages ebenso untersuchen wie ein Untersuchungsausschuss des Landtags Vorgänge in der Landesverwaltung – dies entspricht ja gerade der *parlamentarischen Kontrollaufgabe* im Verhältnis zur Exekutive. **In laufende Verwaltungsverfahren** darf ein Untersuchungsausschuss jedoch nicht eingreifen (BayVerfGH DVBl 1986, 233). Er hat auch einen vom Parlament grundsätzlich nicht ausforschbaren „Initiativ-, Beratungs- und Handlungsbereich" der Regierung zu wahren (BVerfGE 67, 100, 139), zu dem insbesondere die regierungsinterne Willensbildung gezählt wird. Auch kann ein Untersuchungsausschuss nicht in schwebende Gerichtsverfahren eingreifen.

Dies besagt jedoch im **Fall 56 – Flick-Ausschuss –** nicht, dass der Bundestag die frag- **480** lichen Vorgänge nicht auch dann untersuchen darf, wenn gleichzeitig gegen den Minister ein Gerichtsverfahren anhängig ist: Gegenstand der Enquête ist nicht die strafrechtliche Beurteilung seines Verhaltens, sondern die politische Bewertung seiner Entscheidung, die Klärung der Hintergründe. – BayVerfGH aaO hatte sich mit der Entscheidung der Staatsregierung für den Standort einer atomaren Wiederaufbereitungsanlage zu befassen und nahm deshalb ein noch schwebendes Verfahren an, weil die abschließende Baugenehmigung noch nicht erteilt war; dies war sicher nicht zwingend angesichts der ja von der Regierung getroffenen Standortentscheidung.

Auch parlamentsinterne Vorgänge und das Verhalten bestimmter Abgeordneter können Untersuchungsgegenstand sein (*Achterberg/Schulte*, vMKS II, Art. 44 Rn 21), insbesondere zur „Wahrung des Ansehens des BT selbst" (BVerfGE 77, 1, 44). Indemnität und Immunität des Abgeordneten (Rn 504) stehen nicht entgegen; sie wirken nach außen, nicht innerhalb des Parlaments.

Ob neben diesen Anforderungen an einen zulässigen Untersuchungsgegenstand in **481** § 1 PUAG noch als ungeschriebenes Merkmal ein öffentliches Interesse am Untersuchungsgegenstand zu fordern ist, dazu schweigt das Gesetz. Doch besteht bei Vorgängen im staatlichen Bereich idR per se ein derartiges öffentliches Interesse, da ja alle staatliche Gewalt dem Allgemeininteresse verpflichtet ist. Wenn aber Vorgänge im privaten Bereich in Untersuchungsausschüssen behandelt werden, muss an ihnen ein besonderes öffentliches Interesse bestehen. Dies kann sich, so BVerfGE 67, 100, 143, daraus ergeben, dass private Unternehmen besondere Vergünstigungen genießen, besonderen gesetzlichen Pflichten unterliegen oder auch in erheblichem Umfang an den Staat liefern (vor allem Rüstungsindustrie). – Auch insoweit ergeben sich die Rechte des Ausschusses aus dem PUAG – BVerfG aaO hatte noch mangels gesetzlicher Regelung unmittelbar auf die demokratische Legitimation des Bundestags zurückgreifen müssen. Das öffentliche Interesse an Vorgängen im Bereich politischer Parteien ist evident (vgl. *Schröder*, NJW 2000, 1455).

3. Zum Verfahren im Untersuchungsausschuss – Beweiserhebungsrechte

482 Art. 44 Abs. 1 S. 1 GG sieht Öffentlichkeit des Verfahrens vor dem Untersuchungsausschuss vor; der nach S. 2 mögliche Ausschluss der Öffentlichkeit wird in § 14 PUAG näher geregelt. § 14 Abs. 1 sieht dies insbesondere vor, wenn zB überwiegende schutzwürdige Interessen aus der Privatsphäre – Nr 1 – oder aus dem geschäftlichen Bereich – Nr 3 – verletzt würden. Es hat also eine Abwägung stattzufinden zwischen dem verfassungskräftigen Grundsatz der Öffentlichkeit einerseits, den schutzwürdigen Belangen nach § 14 Abs. 1 andererseits. Über die Beweiserhebung wird nach § 17 PUAG entschieden; bereits ein Viertel der Mitglieder des Ausschusses hat das Recht, die Erhebung von Beweisen zu beantragen. Der Ausschuss muss dem Antrag entsprechen, sofern nicht die Beweiserhebung unzulässig ist; im Streitfall entscheidet nach § 17 Abs. 4 PUAG der Ermittlungsrichter beim BGH. Für die frühere Rechtslage bejahte BVerfGE 105, 197 = DVBl 2002, 773 ein Recht der qualifizierten Minderheit auf „angemessene Berücksichtigung" ihrer Beweisanträge, denen grundsätzlich Folge zu leisten war. Diese Aussage bleibt insofern bedeutsam, als aus ihr der Verfassungsrang dieses Minderheitenrechts hervorgeht.

Fraglich könnte jedoch sein, ob die Ausschussminderheit ihr Begehren weiterhin vor dem BVerfG geltend machen kann oder ob dies durch die Zuständigkeit des BGH nach § 17 Abs. 4 PUAG ausgeschlossen ist; auch könnte die Mehrheit, wenn gegen ihren Willen Beweise erhoben werden sollen, ein Interesse an verfassungsgerichtlicher Klärung haben (s. dazu den Beitrag von *Risch* in DVBl 2003, 1418).

483 Der Untersuchungsausschuss hat das Recht, von der Bundesregierung und allen anderen Bundesbehörden die **Vorlage von Beweismitteln** – insbesondere auch von Akten – zu verlangen. § 18 PUAG sieht einen derartigen Anspruch ausdrücklich vor. Er war durch BVerfGE 67, 100 bereits unmittelbar aus dem Grundgesetz abgeleitet worden. Da Art. 44 Abs. 1 GG dem Untersuchungsausschuss bestimmte verfassungsrechtliche Aufgaben überträgt, muss er auch gegenüber Regierung und Behörden in der Lage sein, seinen Auftrag zu erfüllen. Es handelt sich also beim Recht des Untersuchungsausschusses aus § 18 PUAG um ein unmittelbar verfassungsrechtlich abgeleitetes Recht. Es besteht nach § 18 Abs. 1 „*vorbehaltlich verfassungsrechtlicher Grenzen*". Derartige Grenzen können sich aus der verfassungsrechtlichen Stellung der Regierung ergeben: zumindest ein „Kernbereich" regierungsinterner Willensbildung darf nicht ausgeforscht werden (s. Rn 479). Derartige Grenzen des Enquêterechts des Parlaments sind nach dem Prinzip der „*praktischen Konkordanz*" zu bestimmen (instruktiv: BremStGH NVwZ-RR 1999, 483). Leitlinie ist hier die Verpflichtung der Verfassungsorgane zu wechselseitiger Rücksichtnahme („**Organtreue**") – unter Wahrung aber stets des grundsätzlichen Vorrangs des Parlaments: die Regierung ist dem Parlament verantwortlich, nicht umgekehrt.

484 Inwieweit sie sich aus **schutzwürdigen Rechten Dritter** – die ein Interesse daran haben, dass ihre Privatsphäre oder ihre geschäftlichen Belange nicht zum Gegenstand einer Erörterung im Untersuchungsausschuss werden – ergeben können, etwa aus deren Persönlichkeitsrechten, war Gegenstand der E. des Bundesverfas-

sungsgerichts zum Flick-Ausschuss (vgl BVerfGE 67, 100, 142 – **Fall 56**). Rechte Dritter sind hiernach mit dem Untersuchungsauftrag des Ausschusses in Ausgleich zu bringen, berechtigten seinerzeit aber nicht zur Verweigerung der Aktenvorlage. Die erforderliche Abwägungsentscheidung zu treffen, sah das BVerfG zunächst als Sache des Ausschusses selbst, der auch die erforderliche Geheimhaltung zu gewährleisten hatte. Das PUAG sieht in § 14 Abs. 1 bei überwiegenden schutzwürdigen Interessen Dritter den Ausschluss der Öffentlichkeit vor. Damit dürfte grundsätzlich Schutzinteressen Dritter genügt sein; doch kann der Untersuchungsausschuss weitergehend auch gehindert sein, Unterlagen beizuziehen, wenn hiermit ein unverhältnismäßiger Eingriff in die Privatsphäre Dritter verbunden ist. Wer allerdings selbst dazu Anlass gegeben hat, dass sich der Untersuchungsausschuss mit ihm beschäftigt (zB im Parteispendenfall), muss weitergehende Einschränkungen hinnehmen.

Zur Frage, ob der Untersuchungsausschuss eines *Landes* Bedienstete des *Bundes* als **485**
Zeugen vorladen darf s. BVerwG DÖV 1999, 1045.

Exkurs: Landesverfassungsrecht

Für die Landesverfassungen ist zu beachten, dass insbesondere in neueren Kodifika- **486**
tionen die Rechte des Untersuchungsausschusses verstärkt als **Minderheitenrechte** ausgestaltet sind. So kann zB nach Art. 54 Abs. 3, 4 SächsVerf oder nach Art. 48 Abs. 2 S. 2 BerlVerf bereits ein Fünftel der Ausschussmitglieder die Erhebung von Beweisen bzw die Vorlage von Akten verlangen, ähnliche Regelungen sind überwiegend in den neuen Landesverfassungen enthalten. Eine prozessuale Besonderheit enthält Art. 53 Nr 4 MVVerf, wonach auf Antrag eines Gerichts die Verfassungsmäßigkeit des Auftrags eines Untersuchungsausschusses durch den VerfGH zu überprüfen ist, wenn es für die E. des vorlegenden Gerichts (zB über eine Beschlagnahmeanordnung) darauf ankommt. Zu den Rechten der qualifizierten Minderheit nach Art. 41 Abs. 1 S. 1 NWVerf s. VerfGHNW DÖV 1995, 728; zu Art. 92 Abs. 1 S. 2 HessVerf s. HessStGH NVwZ-RR 1999, 483.

Lösung Fall 56 – Flick-Ausschuss –: **487**

A. *Zulässigkeit eines Antrags* im Organstreitverfahren, Art. 93 I Nr 1 GG, § 18 III PUAG

I. Antragsberechtigung der „Fraktion im Ausschuss" nach § 18 III PUAG

II. Antragsgegner: Bundesregierung

III. Es handelt sich um einen Streit um gegenseitige Rechte und Pflichten: Recht auf Aktenherausgabe

IV. Antragsbefugnis: § 17 II PUAG

V. Zu Form und Frist des Antrags s. § 64 BVerfGG.

B. *Begründetheit des Antrags*

I. Voraussetzung ist zunächst, dass der Untersuchungsausschuss *in zulässiger Weise eingesetzt* wurde.

1. Die verfahrensmäßigen Voraussetzungen für die Einsetzung (o. Rn 475) können als gegeben unterstellt werden, da keine entgegenstehenden Anhaltspunkte ersichtlich sind.
2. Die Untersuchung bezieht sich auf einen zulässigen Gegenstand:
a) Sie ist gerichtet auf die Aufklärung von *Tatsachen* (s.o. Rn 477);
b) sie bezieht sich auf eine Entscheidung der Bundesregierung, die der politischen Kontrolle des Bundestags unterliegt, bewegt sich innerhalb der Aufgaben des Bundestags;
c) sie liegt angesichts der politischen Bedeutung des Vorgangs im *öffentlichen Interesse*
II. Recht auf Aktenvorlage: § 18 I PUAG.
III. Verfassungsrechtliche Grenzen, § 18 I PUAG?
1. Kernbereich exekutiver Eigenverantwortung? hier nicht betroffen, da nicht regierungsinterne Willensbildung, sondern Verhalten nach außen Gegenstand der Enquête.
2. Steuergeheimnis?
Grundrechtsschutz: allgemeines Persönlichkeitsrecht, ggf Art. 14 GG – Gewerbebetrieb; Offenlegung als faktischer Eingriff in diese Grundrechte, aber möglicherweise gerechtfertigt durch Untersuchungsauftrag des Parlaments: Erforderlichkeit ist zu bejahen, Geheimnisschutz ist gem. § 15 PUAG im Verfahren des Ausschusses zu gewährleisten; dann aber überwiegt das öffentliche Interesse an der Aufklärung einer Subventionsgewährung und lässt auch die Offenlegung als verhältnismäßig erscheinen: Wer unter Berufung auf öffentliche Interessen eine Subventionierung beantragt, muss sich auch gefallen lassen, dass der Vorgang öffentlich erörtert wird. Der Einwand der Bundesregierung greift also nicht durch; sie verstößt mit ihrer Weigerung gegen § 18 PUAG und damit auch Art. 44 GG.
Der Antrag ist damit *begründet*.

Hinweis zur Zulässigkeit:

Die Verfahrenskonstellation bei BVerfGE 67, 100 war eine andere: hier klagte nicht die „Fraktion im Ausschuss“, sondern eine Fraktion im Bundestag als ein durch die GeschOBT mit eigenen Rechten ausgestattetes Teil des Verfassungsorgans Bundestag; BVerfGE 67, 100, 124. Sie machte auch hier Rechte *des Bundestags* geltend: das Enquêterecht des Art. 44 GG als ein Kontrollrecht des Parlaments; wird die Tätigkeit des Untersuchungsausschusses behindert, so ist hierdurch dieses Kontrollrecht des Parlaments betroffen, vgl BVerfGE 67, 100, 125. Fraktionen sind befugt, im Organstreit Rechte des gesamten Parlaments geltend zu machen, s.o. Rn 471. Durch das PUAG ist jetzt geklärt, dass auch die Fraktion im Ausschuss sich unmittelbar an das BVerfG wenden kann, so dass der Umweg über die Fraktion im Plenum nicht mehr erforderlich ist. Er dürfte daneben aber noch statthaft sein.

488 Soweit der Untersuchungsausschuss **hoheitliche Gewalt** gegenüber **Privaten** ausübt (vorst. Rn 481), ist er, wie jegliche hoheitliche Gewalt des Staates, an die Grundrechte gebunden *(*BVerfGE 76, 363, 391 ff). Hierin findet insbesondere seine Beweiserhebung Grenzen. Wenn schutzwürdige Geheimhaltungsinteressen betroffen sind, so müssen diese im Rahmen des § 30 PUAG in verhältnismäßigen Ausgleich mit dem Prinzip der parlamentarischen Öffentlichkeit in seiner Bedeutung für die parlamentarische Demokratie gebracht werden *(*BVerfGE 77, 1, 46 ff).

Grundsätzlich aber darf der Untersuchungsausschuss sein Beweiserhebungsrecht auch gegenüber Privaten durchsetzen. Er kann Zeugen laden, §§ 20 ff PUAG, und die Herausgabe von Beweismitteln verlangen, § 29 PUAG, muss jedoch, soweit für Zwangsmaßnahmen ein Richtervorbehalt besteht, diesen beachten und die entsprechende Maßnahme beim Ermittlungsrichter beim BGH beantragen, §§ 27 Abs. 2, 29 Abs. 3 PUAG. Soweit Beweismittel allerdings illegal – insbesondere unter Verstoß gegen das Brief- und Fernmeldegeheimnis des Art. 10 GG – erlangt wurden, ist dem Untersuchungsausschuss die Einsichtnahme auf Grund entgegenstehender Persönlichkeitsrechte des Betroffenen grundsätzlich verwehrt, vgl LG Kiel JZ 1996, 155. Für Zeugnisverweigerungsrechte verweist § 22 Abs. 1 PUAG auf §§ 53, 53a StPO, Abs. 2 gibt dem Zeugen ein Auskunftsverweigerungsrecht, der sich oder Angehörige einer Strafverfolgung oder einem sonstigen Verfahren aussetzen würde. **489**

Lösung Fall 57 – Untersuchungsausschuss Teure Heimat –: *Rechtmäßigkeit der Maßnahme:* **490**

1. Einsetzung des Untersuchungsausschusses

a) Wahrung der formellen Voraussetzungen kann unterstellt werden;

b) Vorgänge bei „Teurer Heimat" geeigneter Gegenstand eines Untersuchungsauftrags, da Verstöße gegen Bindungen aus der Gemeinnützigkeit von hohem öffentlichen Interesse (vorstehend Rn 481).

2. Rechtmäßigkeit der Beschlagnahme

a) Rechtsgrundlage: Ausschuss übt hoheitliche Gewalt aus und ist hierzu im Verhältnis zu Privaten legitimiert, Rn 481;

b) Beweiserhebungsrecht aus Art. 44 Abs. 1 S. 1, Abs. 2 S. 1 GG, § 29 PUAG: Ausschuss muss die Möglichkeit haben, erforderliche Beweise auch gegen den Willen der Betroffenen zu erheben.

c) Insbesondere: Beschlagnahme

aa) Grundlage: § 29 Abs. 3 PUAG.

bb) Zuständigkeit: § 29 Abs. 3 PUAG, Ermittlungsrichter beim BGH.

cc) Materielle Rechtmäßigkeit

– Voraussetzungen für Beschlagnahme: § 29 Abs. 3 S. 1 PUAG, Bedeutsamkeit für Beweiserhebung, lt. Sachverhalt zu bejahen;

– Zeugnisverweigerungsrechte, die nach § 29 Abs. 3 S. 1 2. Halbs. PUAG iVm § 97 StPO der Beschlagnahme entgegenstünden, sind nicht gegeben;

– Unzumutbarkeit nach § 30 Abs. 1 PUAG? „Teure Heimat" beruft sich auf Geheimnisschutz nach § 14 Abs. 1 Nr 3 PUAG; hier ist nunmehr der verfassungsrechtliche Untersuchungsauftrag des Ausschusses in Ausgleich zu bringen mit den im Rahmen des § 14 Abs. 1 Nr 3 PUAG geschützten Grundrechten – Art. 2 Abs. 1 GG (Persönlichkeitsrechte, Datenschutz, vgl BVerfGE 67, 100, 143); Art. 14 Abs. 1 GG (Geschäftsgeheimnisse, BVerfGE 77, 1, 60). Da es hier nicht um den Schutz der engeren Persönlichkeitssphäre der Betroffenen ging und die „Teure Heimat" ihrerseits in besonderem Maße öffentliches Interesse an ihrem Verhalten begründet hat, ist hier vom Vorrang des Untersuchungsauftrags auszugehen.

In **prozessualer Hinsicht** ist anzumerken, dass hier gegen die Beschlagnahmeanordnung des BGH vorzugehen ist, und zwar im Wege der **Verfassungsbeschwerde**: hier sind Private in ihren Rechten unmittelbar durch eine Maßnahme der öffentlichen Gewalt – des Gerichts – betroffen; s. näher BVerfGE 77,1, 60 ff – dort zur prozessualen Seite des Falls.

Schrifttum zu III.: Allgemein: *Zeh*, Parlamentarisches Verfahren, in: HdBStR II, § 44; zum Recht der **Untersuchungsausschüsse:** *Schröder*, Altes und Neues zum Recht der Parlamentarischen Untersuchungsausschüsse aus Anlass der Parteispendenaffäre, NJW 2000, 1455; *Pabel*, Verhängung von Beugehaft durch einen Untersuchungsausschuss, NJW 2000, 788; *Schliesky*, Art. 44 GG – Zulässigkeit der Änderung des Untersuchungsgegenstandes gegen den Willen der Einsetzungsmehrheit, AöR 126 (2001), 244; *Wiefelspütz*, Untersuchungsausschuss und öffentliches Interesse, NVwZ 2002, 10; *Schulte*, Jura 2003, 505; s. auch den Übungsfall bei *Nettesheim/Vetter*, JuS 2004, 219.

IV. Die Rechtsstellung des Bundestagsabgeordneten

Die Stellung des einzelnen Bundestagsabgeordneten im parlamentarischen Prozess ist in einem verfassungsrechtlichen Spannungsverhältnis zu sehen: Einerseits ist er Vertreter des ganzen Volkes und nur seinem Gewissen unterworfen – damit wird der Grundsatz des freien Mandats bezeichnet. Andererseits ist er in aller Regel auch Vertreter einer Partei und auch als solcher gewählt worden, gehört dann einer Fraktion im Bundestag an. Konflikte, die sich hieraus ergeben, können nur in begrenztem Maße verrechtlicht werden. Es sind zunächst politische Konflikte. In welchem Maße hieraus Verfassungskonflikte entstehen können und wie sie zu behandeln sind, ist im Folgenden aufzuzeigen.

1. Repräsentation, freies Mandat und parteienstaatliche Demokratie

a) Der Ausgangspunkt: Der Abgeordnete als Vertreter des ganzen Volkes

491 Nicht nur der Bundestag als Verfassungsorgan und dessen Untergliederungen wie Fraktionen und Ausschüsse sind im Grundgesetz mit eigenen Rechten ausgestattet, sondern auch der einzelne Bundestagsabgeordnete – wenngleich der Verfassungstext hierzu nur knapp gehalten ist: Grundnorm ist **Art. 38 Abs. 1 S. 2 GG**, wonach der Abgeordnete Vertreter des ganzen Volkes ist, nur seinem Gewissen unterworfen und an Aufträge und Weisungen nicht gebunden: Grundsatz des freien Mandats.

492 Anders, als in einzelnen vor allem neueren Landesverfassungen sind konkrete **verfassungsrechtliche Befugnisse** des einzelnen Abgeordneten wie zB Frage- und Informationsrechte (vgl zB Art. 51 SächsVerf, Art. 89a RhPfVerf, Art. 56 Abs. 2 BbgVerf für das Fragerecht) im Grundgesetz nicht ausdrücklich normiert. Sie sind deshalb im Wege der Auslegung aus der generellen Bestimmung des Art. 38 Abs. 1 S. 2 GG abzuleiten. Der Abgeordnete muss jene Befugnisse, zB Rechte auf hinreichende Information, haben, die erforderlich sind, damit er sein Mandat entsprechend der Verfassungsnorm ausüben kann. Zu seinen verfassungsrechtlichen Befugnissen zählen dabei insbesondere seine Rede- und Stimmrechte (BVerfGE 60, 374, 379), seine Teilhabe an den Frage- und Informationsrechten des Bundestags (BVerfGE 70, 324, 355), aus der ein eigenes Recht auf hinreichende Information durch die Bundesregierung folgt, die Beteiligung an parlamentarischen Wahlen, das Recht, parlamentarische Initiativen zu ergreifen und das Recht, sich zu Fraktionen zusammenzuschließen (vgl zusammenfassend BVerfGE 80, 188, 217 ff). Diese Rechte des einzelnen Abgeordneten dienen insbesondere auch dem Minderheitenschutz im Parlament. Nach BVerfGE 70, 324, 353 kann der gezielte Ausschluss einzelner Abgeordneter von der Beratung (konkret: der Wirtschaftspläne der Geheimdienste) sich „als Missbrauch des Mehrheitsrechts und damit als Verletzung der verfassungsrechtlich verbürgten Abgeordnetenrechte" darstellen.

Zum **Fragerecht des Abgeordneten** ist vor allem die umfangreiche Rspr der Landesverfas- **493**
sungsgerichte aussagekräftig, s. zB VerfGH MV NJW 2003, 815 (zu Art. 40 Verf MV, wo dieses Recht ausdrücklich normiert ist; s. auch ThürVerfGH LKV 2003, 422; BayVerfGH NVwZ 2002, 715): danach hat die Regierung entsprechend dem Wortlaut der Norm Anfragen vollständig und nach bestem Wissen zu beantworten. Unvollständige Antworten bedürfen einer besonderen Rechtfertigung und sind zu begründen. Denn das Fragerecht auch des einzelnen Abgeordneten beruht auf dem Demokratieprinzip: es ist notwendige Voraussetzung für die Kontrollfunktion des Parlaments, als einem tragenden Prinzip der parlamentarischen und gewaltenteilenden Demokratie. Seine Bedeutung liegt auch darin, dass es ein Recht der Minderheit ist, die der Regierung und der Regierungsmehrheit im Parlament gegenübersteht. Ob die Landesregierung ihrer Auskunftspflicht nachgekommen ist, kann vom **Verfassungsgericht** im Organstreitverfahren überprüft werden (ebenso BbgVerfG DÖV 2001, 164 für Art. 56 Abs. 2 BbgVerf). Dieser Grundgedanke kann auf das Fragerecht des Abgeordneten nach dem Grundgesetz – wo es nicht ausdrücklich normiert ist – übertragen werden. Schranken des Fragerechts sind nach den Grundsätzen zu bestimmen, die auch für das Recht der Untersuchungsausschüsse gelten (Rn 479).

Lösung Fall 58 – Geheimdienstkontrolle –: *Antrag des Abgeordneten A* **494**

I. *Zulässigkeit des Antrags:* In Betracht kommt Organstreitverfahren nach Art. 93 Abs. 1 Nr 1 GG, §§ 13 Nr 5, 63 ff BVerfGG.

1. *Antragsberechtigung* ist gegeben; der einzelne MdB ist mit eigenen Rechten – Art. 38 Abs. 1 S. 2 GG – ausgestatteter Teil des Verfassungsorgans Bundestag, s. § 63 BVerfGG.

2. Bundestag kommt als *Antragsgegner* in Betracht.

3. Es besteht *Streit* über verfassungsmäßige Mitwirkungs- und Beteiligungsrechte eines Mitglieds des Bundestags, vgl BVerfGE 70, 324, 349 ff.

4. *Antragsbefugnis:* BVerfG aaO bejaht Antragsbefugnis des einzelnen MdB, soweit dieser geltend macht, durch die Regelung des HaushaltsG zu Unrecht von der Beratung des Wirtschaftsplans des BND ausgeschlossen zu sein. Hinsichtlich der Wahl in das Kontrollgremium wird Antragsbefugnis verneint: kein Recht des einzelnen MdB auf Wahl in ein Gremium des BT; anders Sondervotum *Mahrenholz,* aaO: MdB *in seinen Rechten* verletzt, wenn seine Fraktion unzulässig diskriminiert. Der Mehrheitsmeinung dürfte hier beizutreten sein: der Anspruch einer Fraktion auf Beteiligung an einem par-

lamentarischen Gremium als Frage des Verfassungsrechts betrifft unmittelbar deren Rechtsstellung; die Wahl oder Nichtwahl eines bestimmten Abgeordneten erscheint demgegenüber verfassungsrechtlicher Beurteilung nicht zugänglich.

II. Begründetheit des Antrags

1. Parlamentarische Rechte des Abgeordneten A aus Art. 38 Abs. 1 S. 2 GG hier berührt: Recht auf Beteiligung am parlamentarischen Prozess. Für A als Mitglied des Haushaltsausschusses bedeutet dies Recht auf Beteiligung an dessen Beratungen, Recht auf Information. Durch das im HaushaltsG vorgesehene Verfahren – Verlagerung auf Kontrollgremium – wird A hiervon ausgeschlossen.
2. Zweifelhaft, ob dies durch Geheimhaltungsinteressen gerechtfertigt – so BVerfGE 70, 324, 358 ff –: dass im Haushaltsausschuss bzw dessen Unterausschuss kein hinreichender Geheimschutz gewährleistet wäre, ist, worauf *Böckenförde* aaO, 386 ff (Sondervotum) zutr hinweist, nicht dargetan, sodass in der Sache ein gezielter Ausschluss eines einzelnen Abgeordneten auf Grund seiner Fraktions- und Parteizugehörigkeit nahe liegt; dies aber im Hinblick auf gleiche parlamentarische Rechte *aller* Abgeordneten (und auch wegen Art. 21 Abs. 2 GG) unzulässig.
3. Zur Frage, ob Abweichung von GeschO durch Gesetz zulässig, s. vorstehend Rn 465; verneint man diese Frage – vgl die Einwände insbesondere von *Böckenförde* aaO, 386 ff: Geschäftsordnungsautonomie des Bundestags steht der Wahl des Gesetzgebungsverfahrens, an dem auch andere Verfassungsorgane beteiligt sind, entgegen –, so ist auch insoweit ein Verfassungsverstoß anzunehmen.

Antrag der Fraktion „DIE GRÜNEN":

I. *Zulässigkeit des Antrags:* auch insoweit Organstreitverfahren.

1. Fraktion ist antragsberechtigt, s.o. Rn 471.
2. Bundestag geeigneter Antragsgegner.
3. Streit um Beteiligung der Fraktion an parlamentarischem Gremium.
4. Antragsbefugnis: Fraktion macht hier eigene Rechte auf Beteiligung an parlamentarischem Gremium geltend.

II. Begründetheit des Antrags

1. Verfassungsrechtliches Erfordernis der gleichberechtigten Beteiligung aller Fraktionen am parlamentarischen Entscheidungsprozess als Konsequenz aus dem repräsentativen Prinzip, der gleichberechtigten Repräsentativfunktion aller Abgeordneten gem. Art. 38 Abs. 1 GG und der Stellung der Fraktion als notwendiger Einrichtung des Verfassungslebens in der parteienstaatlichen Demokratie hier berührt; vgl auch SächsVerfGH SächsVBl 1996, 90 zum Grundsatz formaler Gleichheit der Fraktionen.

2. BVerfGE 70, 324, 366 lässt jedoch Ausnahmen hiervon zu, um der Handlungsfähigkeit des Parlaments und „um der zu verhandelnden Sache willen" und bejaht hier aus den (o. II.2) dargelegten Erwägungen eine zulässige Ausnahme. Anders die Sondervoten, vgl etwa *Böckenförde,* aaO: Grundsatz der gleichberechtigten Teilhabe steht nicht zur Disposition der Parlamentsmehrheit, jedenfalls in der demokratischen Normallage; bei begründetem Misstrauen gegen eine bestimmte Fraktion bzw die sie tragende Partei ist der Weg des Art. 21 Abs. 2 GG zu gehen.

S. dazu BVerfGE 70, 324; einen vergleichbaren Fall behandelt BayVerfGH DÖV 1989, 308 sowie – gleichermaßen „mehrheitsfreundlich" – BayVerfGH DÖV 2002, 615 (Rn 468).

Deutlich präziser SächsVerfGH aaO (dazu o. Rn 468):
– Bestimmung der Mitglieder eines parlamentarischen Kontrollgremiums ausnahmsweise zulässig, da diese das Vertrauen der Abgeordnetenmehrheit besitzen müssen;
– Stimmabgabe der Abgeordneten darf nicht missbräuchlich sein; dies verfassungsgerichtlich nur begrenzt überprüfbar;
– eben deshalb Erfordernis eines – formellen oder informellen – Verständigungsverfahrens, das die Rechte von Minderheiten sichert.

Bei Zugrundelegung dieser Kriterien wäre der Antrag der Fraktion hier wohl begründet.

b) Freies Mandat, Parteizugehörigkeit und Fraktionsdisziplin

Der Grundsatz des **freien Mandats** bedeutet weiterhin, so die Formulierung des Art. 38 Abs. 1 S. 2 GG, dass der Abgeordnete in seinen Entscheidungen in Ausübung seines Mandats frei, *nur seinem Gewissen unterworfen und an Aufträge und Weisungen nicht gebunden* ist. Ein tendenzieller Widerspruch zur parteienstaatlichen Ausprägung – Art. 21 GG – des demokratischen Prinzips erscheint hierin notwendig angelegt. Denn der Abgeordnete ist stets auch Vertreter seiner Partei, ist in seinem politischen Wirken von ihr abhängig, wird in seiner Willensbildung und in seinem Abstimmungsverhalten von ihr beeinflusst. Doch erhält der Abgeordnete sein Mandat ganz wesentlich als Vertreter seiner Partei erteilt. Wenn nun die Parteien im Schnittpunkt von „staatlichem" und „gesellschaftlichem" Bereich maßgeblich an der politischen Willensbildung und der hieraus sich ergebenden Staatswillensbildung auf parlamentarischer Ebene mitwirken, so gilt dies auch für den einzelnen Abgeordneten als Vertreter seiner Partei. Wenn er in seiner Willensbildung, in der Ausübung seines Mandats sich an den Auffassungen, dem Programm seiner Partei orientiert, so entspricht dies dem Prinzip der repräsentativen, parteienstaatlichen Demokratie, aus dem heraus auch das Abgeordnetenmandat zu verstehen ist. **495**

Umgekehrt ist die Partei ihrerseits berechtigt, auf die Ausübung des Mandats durch den einzelnen Abgeordneten einzuwirken. Dies *entspricht* ihrem verfassungsrechtlichen Auftrag und schließt auch eine grundsätzliche Fraktionsdisziplin, einen gewissen *Fraktionszwang* nicht aus. Die Grenzen zwischen zulässiger – und dem Grundsatz der parteienstaatlichen Demokratie durchaus gemäßer – Fraktionsdisziplin und unzulässigem Druck auf die durch Art. 38 Abs. 1 S. 2 GG geschützte Gewissensentscheidung sind nur bedingt justiziabel, wie *Hesse* etwa zutreffend bemerkt: Politisches Wirken ist keine Sache perfekter (verfassungsrechtlicher) Kautelen. Auch der Abgeordnete, der sich weder innerhalb seiner Fraktion durchzusetzen vermag noch bereit ist, die Konsequenzen daraus zu ziehen, entspricht nicht dem vom Grundgesetz vorausgesetzten Typ des Abgeordneten (*Hesse*, Rn 600). **496**

Grenzen für den Fraktionszwang bestehen gleichwohl. Sie dürften zum einen bestimmt werden durch die im Einzelfall anstehenden Sachfragen: In dem Maße, in dem hier persönlich zu treffende Gewissensentscheidungen anstehen, müssen Ge- **497** sichtspunkte der Fraktionsdisziplin zurücktreten. So wurde denn auch zu § 218 StGB den Abgeordneten die Stimmabgabe durch die Fraktionen ausdrücklich freigestellt. Zum anderen dürfen keine unzulässigen „Druckmittel" eingesetzt werden. Wo der Bereich der politischen Auseinandersetzung und Willensbildung verlassen und rein wirtschaftlicher Druck auf die Abgeordneten ausgeübt wird (vgl die entsprechenden Grenzen für den „Kampf der Meinungen" im Bereich des Art. 5 GG), ist das Maß des Zulässigen überschritten.

Deshalb sind zB Verpflichtungserklärungen wie im **Fall 59** unzulässig. In der Art und Weise der innerparteilichen Disziplinierung scheint mir hier der ausschlaggebende Gesichtspunkt zu liegen, nicht allein in der Tatsache, dass der Abgeordnete gezwungen wird, von einer eigenen Entscheidung abzusehen: Dies kann die Folge auch durchaus zulässiger Druckmittel – etwa Verlust des „sicheren" Listenplatzes, ggf auch Parteiausschluss – sein.

Klarstellend ist anzumerken, dass Fraktionsdisziplin und Fraktionszwang stets nur politisch, nicht aber rechtlich binden: Rechtlich ist der Abgeordnete in der Stimmabgabe frei. Abgeordnetenstellung und Parteizugehörigkeit sind voneinander unabhängig. Der Abgeordnete, der sich der Fraktionsdisziplin entzieht oder auch aus seiner Partei austritt, behält sein Mandat, ist zu dessen Niederlegung nicht verpflichtet, kann von seiner (bisherigen) Partei hierzu auch nicht verpflichtet werden. *Verzichtserklärungen* für den Fall des Parteiaustritts sind daher *unwirksam*.

498 Parteitagsbeschlüsse uä, durch die Abgeordnete zum Mandatsverzicht aufgefordert werden, können nicht rechtlich binden. Fraglich ist, wie der Verzicht zu behandeln ist, wenn der Abgeordnete sich gleichwohl der Partei beugt. Hier sind jedenfalls die Grenzen der Justiziabilität erreicht. Erklärt der Abgeordnete den Verzicht auf sein Mandat durch Erklärung gegenüber dem Präsidenten des Bundestags, §§ 46, 47 BWG, so bestünde allenfalls die Möglichkeit, die *Verzichtserklärung* auf Grund des Parteitagsbeschlusses als *unwirksam* zu behandeln, die *Bestätigung* der Verzichtserklärung nach § 47 Abs. 1 Nr 4 iVm § 46 Abs. 1 Nr 4 BWG *zu verweigern.* Hiergegen käme ein Antrag des Abgeordneten auf Entscheidung durch den Bundestag nach § 47 Abs. 3 S. 3 BWG in Betracht. Dergestalt könnte dann letztlich die Angelegenheit zu verfassungsgerichtlicher Klärung gebracht werden. Ob aber die Wirksamkeit der Verzichtserklärung letztlich von den Beweggründen des verzichtenden Abgeordneten abhängig gemacht werden kann, erscheint mir *zweifelhaft:* Entscheidungen über die Zusammensetzung eines Verfassungsorgans sind in hohem Grade *formalisiert,* müssen dies sein aus Gründen der *Rechtssicherheit* und *Rechtsklarheit.* Ihre Wirksamkeit von – letztlich schwer nachweisbaren – Beweggründen der einzelnen Organwalter abhängig zu machen, dürfte hiermit kaum vereinbar sein.

– Wie hier in der Tendenz: StGH Niedersachsen EuGRZ 1985, 428 (zum seinerzeitigen „Rotationsprinzip" der „Grünen").

498a Im Fall „parteischädigenden" Verhaltens eines Abgeordneten kann nicht nur dessen Partei ein Interesse daran haben, ein Parteiausschlussverfahren durchzuführen – auch die Fraktion kann sein Verbleiben in der Fraktionsgemeinschaft als unzumutbar empfinden. Anders als der Parteiausschluss ist jedoch der Fraktionsausschluss nirgends geregelt – obwohl hierdurch der Abgeordnete in seiner Mandatsausübung nachhaltig tangiert wird. Denn angesichts der generellen Bedeutung der Fraktionen im parlamentarischen Prozess ist auch der einzelne Abgeordnete in seiner parlamentarischen Arbeit, seiner Mandatswahrnehmung in erheblichem Maße auf die Zugehörigkeit zu einer Fraktion angewiesen. Der **Fraktionsausschluss** bedeutet also einen erheblichen Eingriff in seine verfassungsmäßigen Rechte aus Art. 38 Abs. 1 Satz 2 GG. Andererseits ist auch die Fraktion in ihrem parlamentarischen Wirken auf eine gewisse Übereinstimmung ihrer Mitglieder angewiesen. Wenn die Bildung von Fraktionen frei ist, müssen diese auch die prinzipielle Möglichkeit haben, Mitglieder auszuschließen. Hierfür müssen jedoch rechtfertigende Gründe gegeben sein. Wenn der einzelne Abgeordnete grundsätzlich die Möglichkeit haben muss, in einer Fraktion mitzuarbeiten, eben wegen seines freien Mandats, muss er erst Recht einen Anspruch darauf haben, grundsätzlich in seiner Fraktion zu verbleiben – zumal die Drohung des Fraktionsausschlusses erhebliche Rückwirkungen auf seine Freiheit der Mandatswahrnehmung haben kann. Diese gegenläufigen Interessen sind auch hier nach dem Grundsatz praktischer Konkordanz in Ausgleich zu bringen. Zu fordern ist daher auf jeden Fall ein **Verfahren**, in dem der Abgeordnete seine Rechte wahrnehmen kann. In **materieller** Hinsicht sind hinreichend **gewichtige Gründe** für einen Ausschluss zu fordern. Gründe, die einen Parteiausschluss rechtfertigen, dürften in aller Regel auch einen Fraktionsausschluss rechtfertigen – jedenfalls dann, wenn sie die Annahme einer künftigen erheblichen Belastung der Fraktionsarbeit rechtfertigen; ein Automatismus darf jedoch nicht hergestellt werden (zu den Voraussetzungen s. BbgVerfG NVwZ-RR 2004, 161; LVerfGMV DÖV 2003, 765; s. auch *Schmidt*, DÖV 2003, 846).

Lösung Fall 59 – Verzichtsrevers –: Frage (1) – zur Verzichtserklärung; – hier werden zwei Fragenbereiche durch den Sachverhalt angesprochen: Die Z-Partei ist der Auffassung, H sei nicht mehr Abgeordneter; er sei jedenfalls aber, falls er noch Mitglied des Bundestags sein sollte, zur Niederlegung seines Mandats verpflichtet. **499**

a) Ist H noch Mitglied des Bundestags?

1. Die Erklärung des H kann möglicherweise als aufschiebend bedingte Verzichtserklärung aufgefasst werden, ist als solche aber unwirksam: Die Verzichtserklärung als empfangsbedürftige Willenserklärung wird erst mit Zugang beim Präsidenten des Bundestags wirksam, bedarf im Übrigen einer bestimmten Form, vgl § 46 Abs. 3 BWG; im Übrigen kann im Interesse klarer Verhältnisse hinsichtlich des Mitgliederbestandes die Verzichtserklärung nur bedingungsfrei und ohne Zeitbestimmung abgegeben werden.

2. Abgesehen von der bereits aus formalen Gründen gegebenen Unwirksamkeit einer Verzichtserklärung bestehen auch materiell-verfassungsrechtliche Bedenken im Hinblick auf den Grundsatz des freien Mandats, Art. 38 Abs. 1 S. 2 GG. Ungeachtet des Grundsatzes der parteienstaatlichen Demokratie, wie er in Art. 21 GG zum Ausdruck kommt, ist doch Art. 38 Abs. 1 S. 2 GG die letztlich freie Entscheidung des Abgeordneten in Konfliktfällen zu entnehmen (vgl *Badura,* BonnK, Art. 38, Rn 72); der Bestand des Mandats ist von der Parteizugehörigkeit unabhängig.

b) Aus diesen Erwägungen muss auch einer gegenüber der Partei abgegebenen Verpflichtungserklärung, das Mandat im Fall eines Parteiwechsels niederzulegen, eine rechtlich bindende Wirkung versagt werden.

Zu Frage (2) s.o. Rn 497.

2. Repräsentation und Gleichheit der Abgeordneten – insbesondere: der fraktionslose Abgeordnete

500 Die grundlegende Funktion des Bundestags, das **Volk als Ganzes** zu repräsentieren, wird vom Bundestag in seiner Gesamtheit, also von der **Gesamtheit der Mitglieder** als Repräsentanten erfüllt. Alle Mitglieder sind also in gleicher Weise Repräsentanten des Volkes. Sie müssen daher in gleicher Weise befugt sein, am parlamentarischen Prozess mitzuwirken. Repräsentation setzt also **Gleichheit aller Abgeordneten** voraus. Dies betrifft das Rederecht des Abgeordneten und die weiteren aus der verfassungsrechtlichen Funktion des Parlaments folgenden Befugnisse (s.o. Rn 492); dies betrifft insbesondere auch die Mitarbeit in den **Ausschüssen**, denn gerade dort findet ein wesentlicher Teil der sachlichen Arbeit des Parlaments statt.

Gleichheit der Abgeordneten ist auch deshalb geboten, weil sie nur so ihrem verfassungsrechtlichen Auftrag nachkommen können, frei und nur ihrem Gewissen unterworfen und insbesondere frei von sachfremden Einflüssen ihr Mandat wahrzunehmen. Deshalb fordert das Bundesverfassungsgericht, die Abgeordneten insbesondere in **Statusfragen** gleich zu behandeln, „damit keine Abhängigkeiten oder Hierarchien über das für die Arbeitsfähigkeit des Parlaments unabdingbare Maß hinaus entstehen" und hat aus diesem Grund die Zulässigkeit besonderer parlamentarischer **Funktionsstellen** (wie zB stellvertretende Fraktionsvorsitzende) und damit verbundener Funktionszulagen begrenzt (BVerfGE 102, 224; s. dazu die Bearbeitung bei *Winkler*, JA 2001, 288 sowie die Anm. von *Röper*, DÖV 2002, 655).

501 Das **Benennungsrecht der Fraktionen** entspr § 57 Abs. 2 GeschOBT entspricht deren verfassungsrechtlich anerkannter Bedeutung als maßgebliche Faktoren parlamentarischer Willensbildung (BVerfGE 77, 1, 39 ff). Dies darf jedoch nicht dazu führen, dass **fraktionslose Abgeordnete** generell von der Mitwirkung in den Ausschüssen ausgeschlossen bleiben. Auch sie müssen gleichheitskonform an der Besetzung der Ausschüsse beteiligt werden. Freies Mandat und parlamentarische Gleichheit gelten auch für den **fraktionslosen Abgeordneten**. Auch für ihn gilt der Grundsatz der formalen Gleichheit der Abgeordneten und ihrer gleichberechtigten Teilhabe an der Arbeit des Parlaments. Dies bedeutet dann, wenn die Zahl der zu vergebenden Ausschusssitze insgesamt der der Mitglieder des Bundestags entspricht, das Recht auf einen Ausschusssitz. Insoweit verletzt das alleinige Benennungsrecht der Fraktionen die Rechte fraktionsloser Abgeordneter aus Art. 38 Abs. 1 S. 2 GG.

502 BVerfGE 80, 188 erkennt dieses Recht des Abgeordneten an, nicht ohne es gleichzeitig aber erheblich einzuschränken: zwar müsse er in einen Ausschuss berufen werden und dort das Recht haben, zu reden und Anträge zu stellen. Ein **Stimmrecht im Ausschuss** komme ihm jedoch nicht zu. Denn der fraktionslose Abgeordnete würde im Ausschuss nur für sich sprechen, nicht aber für eine Fraktion, wie der von einer Fraktion entsandte Abgeordnete. Würde man ihm das Stimmrecht zuerkennen, so würde seine Stimme überproportionales Gewicht erlangen; dies sei mit den repräsentativen Funktionen des Parlaments unvereinbar.

Dies begegnet **Bedenken**: Der Abgeordnete ist Vertreter des ganzen Volkes. Er ist dies auch im Ausschuss, auch als fraktionsloser Abgeordneter. Auch wenn die Fraktionen notwendige Institutionen des Verfassungslebens sind und der einzelne Abgeordnete als Mitglied seiner Fraktion am parlamentarischen Betrieb teilnimmt, verfassungsrechtlich ist er doch Repräsentant des ganzen Volkes. Das Bundesverfassungsgericht löst das Spannungsverhältnis zwischen dieser Repräsentativfunktion und der Fraktionszugehörigkeit und damit auch der Parteienstaatlichkeit einseitig zulasten der ersteren unter Heranziehung diffuser Argumentationsmuster wie der „Funktionstüchtigkeit" und „Repräsentationsfähigkeit" des Parlaments (E 80,188, 218 ff). Die Wahrnehmung parlamentarischer Rechte ist nicht abhängig von der Zugehörigkeit zu einer Fraktion. Dies gilt auch für die Ausübung von **Stimmrechten**. Hier erscheint die Argumentation des BVerfG, bereits das Rederecht eröffne hinreichende Wirkungsmöglichkeiten, problematisch: gerade der fraktionslose Abgeordnete ist auf ein Stimmrecht angewiesen, will er sich wirksam an der parlamentarischen Willensbildung beteiligen.

Beachte: Die genannte Einschränkung – Rede- und Antragsrecht, kein Stimmrecht – gilt nicht für jene Abgeordneten, die als Mitglieder von Gruppen iSv § 10 Abs. 4 GeschOBT in Ausschüsse entsandt werden (vgl oben Rn 469).

Lösung Fall 60 – Wüppesahl –: *I. Zulässigkeit des Antrags:* In Betracht kommt Organstreitverfahren nach Art. 93 Abs. 1 Nr 1 GG, §§ 13 Nr 5; 63 ff BVerfGG. **503**

1. Antragsberechtigung des R zu bejahen: im Organstreit kann der einzelne Abgeordnete Rechte geltend machen, die mit seinem Status verfassungsrechtlich verbunden sind.

2. Sowohl Bundestag, als auch Fraktion (da auch sie mit eigenen Rechten ausgestattet) kommen als Antragsgegner in Betracht.

3. Streitgegenstand: es muss ein Streit um gegenseitige Rechte und Pflichten aus dem GG vorliegen; R muss rechtserhebl. *Maßnahmen* oder Unterlassungen des Antragsgegners geltend machen, § 64 Abs. 1 BVerfGG. Als solche kommen hier in Betracht: die angegriffenen Bestimmungen der *GeschOBT.* Diese stellen, so BVerfGE 80, 188, Maßnahmen iSv § 64 BVerfGG dar, soweit sie aktuelle rechtliche Betroffenheit beim Antragsteller auslösen. Dies ist der Fall, wenn auf Grund der hier angegriffenen Vorschriften der GeschOBT R aus dem Rechtsausschuss ausscheiden musste.

Maßnahme iSv § 64 BVerfGG ist ferner: Abberufung durch die Fraktion.

4. Antragsbefugnis: R muss geltend machen, in seinen Rechten als Abgeordneter verletzt zu sein; dies zu bej.: R macht Rechte aus Art. 38 Abs. 1 S. 2 GG geltend.

5. Frist: Gem. § 64 Abs. 3 BVerfGG 6 Monate ab Bekanntwerden der fraglichen Maßnahme. Dabei ist nicht etwa auf Erlass der GeschOBT abzustellen, sondern auf den Zeitpunkt des aktuellen Betroffenseins, also der Mitteilung der Fraktion, dass nunmehr die Abgeordnete Fundamentala an Stelle des Realo Mitglied des Rechtsausschusses; Frist daher gewahrt.

6. Wahrung der Schriftform hier zu unterstellen.

II. Begründetheit des Antrags

1. Antrag des R, BVerfG möge Rechtsverletzung durch Bestimmungen der GeschOBT feststellen:

– Auszugehen ist vom Recht des Abgeordneten auf gleichmäßige Beteiligung an der parlamentarischen Willensbildung, Art. 38 Abs. 1 S. 2 GG; dieses Recht erstreckt sich auch auf die Mitwirkung in den Ausschüssen, dies insbesondere auf Grund der hervorgehobenen Bedeutung der Arbeit in den Ausschüssen: dort vor allem wird sachbezogene Arbeit des Bundestags geleistet.

– Grundsätzlich Besetzung der Ausschüsse durch die Fraktionen zulässig und sachgerecht; Ausschüsse müssen gerade auf Grund ihrer relevanten Funktionen die Mehrheitsverhältnisse im Parlament wiedergeben; Benennungsrecht der Fraktionen entspricht ihrer Bedeutung für die parlamentarische Willensbildung in der parteienstaatlichen Demokratie.

– Benennungsrecht der Fraktionen darf jedoch nicht dazu führen, dass fraktionslose Abgeordnete von Mitgliedschaft in einem Ausschuss gänzlich ausgeschlossen.

Daher Verletzung der Rechte des R aus Art. 38 Abs. 1 S. 2 GG durch Bundestag und die von diesem erlassene GeschO insoweit, als R keine Möglichkeit hat, in zumindest einem Ausschuss (nach BVerfG: nur mit Rede- und Antrags-, nicht mit Stimmrecht) mitzuwirken.

2. Antrag des R, BVerfG möge Rechtsverletzung durch Beschluss der Fraktion über seine Abberufung aus dem Rechtsausschuss feststellen:

Dieser Antrag ist unbegründet, da R kein Recht hat, weiterhin für seine Fraktion im Ausschuss zu bleiben, und umgekehrt der Fraktion nicht das Recht genommen werden darf, eines ihrer Mitglieder in den Ausschuss zu entsenden.

III. *Ergebnis:* Antrag des R daher teilweise begründet entspr II.1, BVerfG wird insoweit Verletzung der Rechte des R feststellen.

3. Weitere Rechte und Pflichten des Abgeordneten

504 Die *Pflichtenstellung* des Abgeordneten ist in Art. 38 Abs. 1 S. 2 1. Halbs. GG angedeutet; seine Verhaltenspflichten im Parlament sind in der GeschOBT näher geregelt, ebenso wie mögliche – beschränkte – Sanktionen.

Zum Anspruch auf Abgeordnetenentschädigung – Art. 48 Abs. 3 S. 1 GG – darf verwiesen werden auf BVerfGE 40, 296 ff („Diäten-Urteil") sowie die – hierauf beruhenden – Regelungen in §§ 11 ff des Gesetzes über die Rechtsverhältnisse der Mitglieder des Deutschen Bundestages idF d. Bek. v. 21.2.1996, BGBl I, S. 326 – AbgG – Sart. Nr 48.

Der Abgeordnete genießt *Indemnität,* Art. 46 Abs. 1 GG, und *Immunität,* Art. 46 Abs. 2, 3 GG. Der Grundsatz der Indemnität – die Begriffe sollten bekannt sein – schützt den Abgeordneten in der Wahrnehmung seines Mandats; er darf wegen seiner parlamentarischen Äußerungen nicht gerichtlich belangt werden. Der Schutz der **Indemnität** erfasst alle Äußerungen im Bundestag (Plenum und Ausschüsse) – mit Ausnahme verleumderischer Beleidigungen, §§ 103, 187 StGB, nicht zB Äußerungen im Wahlkampf. Er gilt für alle gerichtlichen Verfahren, Strafverfahren, Zivilklagen, aber auch sonstige staatliche Maßnahmen wie Disziplinarverfahren. Er gilt auch nach Beendigung der Mitgliedschaft im Bundestag.

Beispiel: Der Abgeordnete A weist während einer Bundestagsdebatte darauf hin, dass der Arzneimittelhersteller X wiederholt nicht hinreichend geprüfte Arzneimittel mit schädlichen

Nebenwirkungen in Verkehr gebracht habe; daraufhin geht der Absatz dieser Firma zurück; X verklagt den A auf Widerruf und Schadensersatz: Die Klage ist unzulässig wegen Art. 46 Abs. 1 GG.

Immunität bedeutet, dass eine Strafverfolgung des Abgeordneten aus jeglichem Grund, also auch wegen seines Verhaltens außerhalb des Parlaments, nur mit Genehmigung des Bundestags zulässig ist. Die Immunität ist Verfahrenshindernis nur für die Dauer des Mandats. Es bezieht sich auf alle Maßnahmen der Strafverfolgung, also bereits die Einleitung eines Ermittlungsverfahrens und die Durchführung strafprozessualer Zwangsmaßnahmen wie zB die Durchsuchung seiner Räume. Es schützt den Abgeordneten in der Ausübung seines Mandats vor willkürlicher oder ungerechtfertigter Verfolgung und dient damit auch dem Schutz des Parlaments. Es handelt sich auch, wie das Bundesverfassungsgericht in seinem *Pofalla-Urteil* (BVerfGE 104, 310) betont, um kein überholtes Relikt aus der Zeit des Kampfes gegen den Absolutismus – auch im Rechtsstaat des Grundgesetzes sind ungerechtfertigte Verfolgungsmaßnahmen nicht auszuschließen. Deshalb hat der einzelne Abgeordnete auch ein Recht darauf, dass der Bundestag nach sachgerechten Kriterien über die Aufhebung der Immunität entscheidet. Dieses Recht kann er im Wege des Organstreitverfahrens nach Art. 93 Abs. 1 Nr 1 GG geltend machen; der Bundestag hat jedoch einen weiten Entscheidungsspielraum. Erst bei eindeutig sachfremden Erwägungen ist seine Entscheidung fehlerhaft. **504a**

Der Bundestag hat im Rahmen seiner Geschäftsordnungsautonomie die in Anlagen zur GeschOBT wiedergegebenen Grundsätze in Immunitätsangelegenheiten beschlossen. Sie wurden relevant im Fall *Pofalla*, der das BVerfG wiederholt, auch in einer ungewöhnlichen prozessualen Konstellation beschäftigte. Der Bundestag hatte nach Art. 46 Abs. 2 GG auf Antrag der Staatsanwaltschaft in NRW die Genehmigung zur Durchsuchung bei dem Abgeordneten erteilt. Diese erwies sich später als rechtswidrig. Die CDU/CSU-Fraktion des Bundestags sah im Verhalten des Landes NRW (die Durchsuchung hatte „zufällig" drei Tage vor der Landtagswahl in NRW stattgefunden) eine Verletzung der Bundestreue und wollte in einem Organstreitverfahren nach Art. 93 Abs. 1 Nr 1 GG die Bundesregierung dazu zwingen, einen Bund-Länder-Streit gegen NRW nach Art. 93 Abs. 1 Nr 3 GG einzuleiten, um eben dies festzustellen – also eine Klage auf Erhebung einer Klage. Dazu sah BVerfGE 103, 81 jedoch keinen Anlass: mit seinem Antrag auf Genehmigung nach Art. 46 Abs. 2 GG hatte das Land sich zwar rechtswidrig verhalten, der Rechtsverstoß lag jedoch auf einfachgesetzlicher Ebene. Daher kam ein Verstoß gegen das Verfassungsgebot der Bundestreue nicht in Betracht, mithin auch kein Bund-Länder-Streit, somit auch keine Verpflichtung der Bundesregierung, einen entsprechenden Antrag zu stellen. In einem weiteren Verfahren entschied BVerfGE 104, 310 dann auf Antrag des Abgeordneten im Organstreitverfahren nach Art. 93 Abs. 1 Nr1 GG. **504b**

Zu Einzelheiten s. *Walter*, Jura 2000, 494 sowie den Klausurfall bei Sachs, NWVBl 2004, 79; zur Immunität des Abgeordneten: *Wiefelspütz*, DVBl 2002, 1229.

Zu den besonderen Statusrechten des Abgeordneten zählen schließlich sein **Zeugnisverweigerungsrecht** und das **Beschlagnahmeverbot** – das einen Schutz gegen Durchsuchungen einschließt – nach Art. 47 GG (dazu *Oehler*, NVwZ 2004, 696). Diese Rechte dürfen nicht verwechselt werden mit der Immunität nach Art. 46 GG: Letzterer schützt den Abgeordneten vor eigener Strafverfolgung, während Art. 47 GG eingreift, wenn der Abgeordnete im Rahmen eines Verfahrens gegen Dritte aus- **504c** sagen oder Unterlagen herausgeben soll. Vergleichbare Zeugnisverweigerungsrechte haben nach der StPO zB Journalisten, Anwälte, Ärzte, Geistliche. Besonderheiten bestehen hier bei Rechtsschutz. So ist gegen die Durchsuchungsanordnung eines Gerichts (wegen Art. 13 Abs. 2 GG gilt hier ein Richtervorbehalt) nach *BVerfG* NJW 2003, 3401 **Verfassungsbeschwerde** einzulegen, s. Rn 604a.

505 Die sog. **Kollegialenenquête** nach § 44b Abs. 2 AbgG, bei der im Rahmen einer parlamentarischen Untersuchung die frühere Stasi-Mitarbeit eines Abgeordneten festgestellt werden kann, berührt die Rechtsstellung des Abgeordneten, da sie, auch wenn Folgen für den Bestand des Mandats damit nicht verbunden sind, dessen Legitimität (im Unterschied zu der im Wahlakt erworbenen formalen Legitimation) in Frage stellt. Sie ist gerechtfertigt im Interesse des Vertrauens der Öffentlichkeit in das Parlament, bedingt aber ein rechtsstaatliches Verfahren, in dem dem Abgeordneten Mitwirkungsrechte eingeräumt werden, BVerfGE 94, 351, 366.

Schrifttum zu IV.: *H.H. Klein*, Status des Abgeordneten, in: HdBStR II (2. Aufl), § 41; *Schulze-Fielitz,* Der Fraktionslose im Bundestag: Einer gegen alle?, DÖV 1989, 829; *Wiefelspütz*, Zur Immunität des Abgeordneten, DVBl 2002, 1229; *ders.*, Die qualifizierte Minderheit im Untersuchungsausschuss, NJ 2002, 398; ders., Die Immunität und Zwangsmaßnahmen gegen Abgeordnete, NVwZ 2003, 38; Schulte, Das Recht der Untersuchungsausschüsse, Jura 2003, 505.

§ 6 Der Bundesrat

➡ **Leitentscheidung:** BVerfGE 37, 363 (Zustimmungsbedürftigkeit); BVerfGE 106, 310 (Zuwanderungsgesetz).

Ausgangsfälle:

506 **Fall 61 – Wohngeldgesetz –:** Ein Bundesgesetz über die Gewährung von Wohngeld (WohnGG) sieht die Gewährung von Mietbeihilfen an einkommensschwache Personen ohne Sozialhilfeanspruch vor. Die Kosten trägt zu 100% der Bund. Das Gesetz sieht bestimmte Einkommensgrenzen vor. Beihilfefähig sind nach dem Gesetz „angemessene Mietkosten". Über die Angemessenheit entscheidet ein bei den Gemeinden zu bildender Gutachterausschuss, dessen Zusammensetzung im Gesetz geregelt wird.

Das Gesetz wird mit Zustimmung des Bundesrats verabschiedet und ordnungsgemäß verkündet.

Durch ein 1. Änderungsgesetz (1. WohnGÄndG) werden die Einkommensgrenzen geringfügig verändert. Der Bundesrat ist der Auffassung, auch zum 1. WohnGÄndG sei seine Zustimmung erforderlich. Zu Recht?

Ein 2. WohnGÄndG sieht vor, dass künftig auch alle Personen, die Sozialhilfe erhalten, Mietbeihilfen nach dem WohnGG erhalten. Dadurch wächst der Kreis der Anspruchsberechtigten um mehr als das Doppelte. Wiederum entsteht Streit um die Zustimmungsbedürftigkeit des Änderungsgesetzes. **Rn 515 f**

Fall 62 – Richtlinienfall –: Der Ministerrat der EG will eine Richtlinie verabschieden betr. den Erwerb akademischer Grade an wissenschaftlichen Hochschulen. Im Bundesrat vertritt der Vertreter des Landes X die Auffassung, die Bundesregierung dürfe am Erlass dieser Richtlinie nicht mitwirken, da es hier um Angelegenheiten der Bundesländer gehe. Jedenfalls dürfe sie der Richtlinie aber nicht zustimmen. Durch einstimmigen Beschluss stimmen die Mitglieder des Bundesrats seinem Antrag zu. **507**

Die Bundesregierung möchte demgegenüber der Richtlinie zustimmen; nur auf diese Weise könnten die Belange der Bundesrepublik noch Berücksichtigung finden. Sie verweist auf die Rahmenkompetenz des Bundes für das Hochschulwesen (Art. 75 Nr 1 a GG). **Rn 520**

Fall 62a – Ländermehr –: Das Gesetz zur Änderung des Grundgesetzes in **Fall 3a** enthält folgenden Art. 79b: Bedarf das Gesetz der Zustimmung des Bundesrates, so tritt an die Stelle der Stimmabgabe durch die Vertreter des Landes im Bundesrat das Abstimmungsergebnis in diesem Land. Dies bedeutet praktisch: das Abstimmungsergebnis in denjenigen Ländern, die für das Gesetz gestimmt haben, wird der Stimmabgabe im Bundesrat gleichgesetzt; wenn also zB in Bayern dem Gesetz zugestimmt wird, zählt dies für 6 Stimmen, während die Zustimmung im Saarland nur 3 Stimmen wiegt. Kritiker des Gesetzes sehen hierin eine unzulässige Aushöhlung der Rechte des Bundesrats. **Rn 520b**. **507a**

I. Rechtsstellung, Bedeutung und Zusammensetzung des Bundesrats

1. Zur Funktion des Bundesrats in der bundesstaatlichen Ordnung des Grundgesetzes: Teilhabe der Länder an der Staatsgewalt im Bund

Der **Bundesrat** ist Staatsorgan des **Bundes**, durch das die Länder Anteil an der Staatsgewalt des Bundes haben. Wichtig ist die Mitwirkung an der **Gesetzgebung** des Bundes sowie in Angelegenheiten der **Europäischen Union**, Art. 50 GG. Da die Länder immer mehr Zuständigkeiten an den Bund und die EG verloren haben, vor allem in der Gesetzgebung, ist der Bundesrat als „Medium des Einflusses der Länder auf den Bund" (Hesse, Rn 609) ein umso wichtigeres Element der bundesstaatlichen Ordnung. Wenn das bundesstaatliche Prinzip auch ein Element der Gewaltenteilung darstellt (Rn 107), so gilt das besonders für den Bundesrat: Seine Mitwirkungsrechte auf Bundesebene erfordern jene Balancierung der politischen Kräfte, die Aufgabe eines Systems gegliederter Gewalten ist. Allerdings: ein vollwertiger Ausgleich für Kompetenzen der Länder und insbesondere der Länderparlamente sind die Mitwirkungsrechte des Bundesrates nicht. Denn im Bundesrat sind die Landesregierungen vertreten. Dies bedeutet: die Landesparlamente verlieren an Gestaltungsmöglichkeiten, die Landesregierungen werden gestärkt. So ist das Verhältnis der Institution des Bundesrates zum **Demokratieprinzip** durchaus komplex (was nicht zuletzt historisch bedingt ist). **508**

2. Zusammensetzung und Verfahren des Bundesrats

509 Mitglieder des Bundesrats sind *Mitglieder der Landesregierungen*, die von diesen entsandt werden – so die Sehweise des Bundesverfassungsgerichts (BVerfGE 106, 310). Andererseits könnte die Formulierung des Art. 50 GG, wonach über den Bundesrat „die Länder" an den dort genannten Angelegenheiten des Bundes mitwirken, durchaus zu der Überlegung Anlass geben, ob es nicht eigentlich die Länder sind, die die Mitgliedschaft im Bundesrat innehaben – zumal es ja auch die Stimmen der Länder sind, die im Bundesrat abgegeben werden, Art. 51 Abs. 2 GG und nach Abs. 3 nur einheitlich abgegeben werden können. Andererseits besteht nach Art. 51 Abs. 1 GG der Bundesrat „aus Mitgliedern der Regierungen der Länder", die von diesen „entsandt" werden. Sie sind ihnen gegenüber **weisungsgebunden**. Es handelt sich daher beim Bundesrat um *keine* echte (parlamentarische) *Zweite Kammer*. Die Mitgliedschaft im Bundesrat wird begründet durch Bestellungsakt der einzelnen Landesregierungen. Stets Mitglied sind in der Praxis die Ministerpräsidenten der Länder. Die Stellvertretung – wiederum nur durch Regierungsmitglieder – wird durch Art. 51 Abs. 1 S. 2 GG ausdrücklich für zulässig erklärt, konnte für zulässig erklärt werden, da die Mitglieder des Bundesrats nur als instruierte Vertreter ihrer Landesregierungen entscheiden, nicht kraft eigenen Mandats (wie die Mitglieder des Bundestags). Die Zahl der Mitglieder, die die einzelnen Länder entsenden können, richtet sich gemäß Art. 51 Abs. 3 GG nach der Anzahl ihrer Stimmen im Bundesrat. Diese ergibt sich aus Abs. 2, der nach der Größe der Länder differenziert: Länder ab 7 Mio Einwohnern haben 6, Länder mit mehr als 6 Mio Einwohnern 5, Länder mit mehr als 2 Mio Einwohnern 4, die kleineren Länder 3 Stimmen. In der Praxis benennen die Länder stets eine größere Anzahl von ordentlichen und stellvertretenden Mitgliedern, die sich wechselseitig vertreten können – an der jeweiligen Bundesratssitzung nimmt dann häufig nur ein Mitglied teil und gibt eine entsprechende Anzahl von Stimmen ab.

510 Die Stimmabgabe muss **einheitlich** erfolgen, Art. 51 Abs. 3 Satz 2 GG. Denn es werden die Stimmrechte der Länder wahrgenommen. Welche Konsequenzen die **uneinheitliche Stimmabgabe** hat, kann mit der Entscheidung des Bundesverfassungsgerichts zum Zuwanderungsgesetz (BVerfG, 2 BvF 1/02 vom 18.12.2002, www.bverfg.de = BVerfGE 106, 310) als geklärt gelten: Die uneinheitlich abgegebenen Stimmen sind ungültig. Wenn die Stimmen nur einheitlich abgegeben werden können, so bedeutet dies eben, dass eine uneinheitliche Stimmabgabe unwirksam ist (BVerfG aaO, Absatz 137 ff). In der Praxis erfolgt bei Anwesenheit mehrerer Mitglieder aus einem Land die Stimmabgabe regelmäßig durch nur ein Mitglied einer Landesregierung. Dieser Vertreter des Landes ist dann „Stimmführer" für das Land – jedoch nur, solange ihm kein anderer anwesender Vertreter des Landes widerspricht. Ein solches Recht besteht – die abweichende Stimmabgabe durch den Innenminister des Landes Brandenburg bedeutete damit im Ergebnis eine uneinheitliche und damit unwirksame Stimmabgabe (wobei man durchaus darüber diskutieren mag, ob überhaupt eine uneinheitliche Stimmabgabe vorlag). Wollte man die Länder als die „Mitglieder" des Bundesrats ansehen, so könnte man die Maßgeblichkeit der Stimmabgabe durch den Ministerpräsidenten in Erwägung ziehen.

Bei der umstrittenen Abstimmung im Bundesrat über das Zuwanderungsgesetz war vor allem umstritten, ob hier eine einheitliche Stimmabgabe vorlag. Zunächst waren die Stimmen des Landes Brandenburg uneinheitlich abgegeben worden, doch hatte der Bundesratspräsident beim Ministerpräsidenten – nur bei diesem – nachgefragt und dessen zustimmende Äußerung als Stimmabgabe für das Land interpretiert. Hierin lag der Verfassungsverstoß: der Bundesratspräsident durfte nach dem eindeutigen Ergebnis der ersten Abstimmung nicht erneut nachfragen und er durfte sich auch nicht nur an den Ministerpräsidenten wenden (BVerfG aaO, Absatz 141 ff). Dass dieser nach der Landesverfassung das Land nach außen vertritt, ist bundesverfassungsrechtlich für das Verfahren im Bundesrat unerheblich (aM *Tetzlaff*, DÖV 2003, 693, 697 ff). – Demgegenüber geht das Minderheitsvotum zum Urteil des Bundesverfassungsgerichts davon aus, das Land Brandenburg habe durch den Ministerpräsidenten seine Stimmabgabe noch wirksam korrigiert und gelangt dadurch zur Annahme einer einheitlichen Stimmabgabe. – Zum Verhalten des Bundespräsidenten s. Rn 562.

II. Aufgaben und Befugnisse

Die Aufgaben des Bundesrats sind in Art. 50 GG in allgemeiner Form benannt. **511**
Seine konkreten Befugnisse werden im Zusammenhang der jeweiligen staatlichen Funktionen genannt. So sind in den Bestimmungen über das Gesetzgebungsverfahren die Mitwirkungsrechte des Bundesrats detailliert geregelt, ebenso in Art. 23 GG für Angelegenheiten der Europäischen Union. Generell sind seine Kompetenzen dort stark ausgeprägt, wo wesentliche Belange der Länder berührt, aber dem Bund Eingriffe in Kernbereiche von Länderkompetenzen – etwa im Bereich der Verwaltung – gestattet werden und deshalb die „**Staatlichkeit**" der Länder etwa unter dem Aspekt der *Organisationshoheit*, der *Haushaltsautonomie*, vgl Rn 102, betroffen ist.

1. Mitwirkung an der Gesetzgebung des Bundes

a) Einspruchs- und Zustimmungsgesetze

Der Bundesrat hat das Initiativrecht nach Art. 76 Abs. 1 GG. Über den Bundesrat **512**
können also die Länder im Kompetenzbereich des Bundes Anstöße zur Gesetzgebung geben. Dies ist von erheblicher praktischer Bedeutung, ist gleichzeitig kennzeichnend für die durch Verschränkung staatlicher Funktionen bestimmte, spezifisch grundgesetzliche Ausprägung des bundesstaatlichen Prinzips. Hinsichtlich der *Mitwirkung im Gesetzgebungsverfahren* ist zu unterscheiden zwischen **Einspruchs- und Zustimmungsgesetzen**. Für das Zustandekommen der Letzteren ist die positive Zustimmung des Bundesrats erforderlich. Bei Ersterem kann der Bundesrat zwar Einspruch einlegen, der Bundestag diesen jedoch mit der Mehrheit seiner gesetzlichen Mitgliederzahl (o. Rn 466) zurückweisen. Legt der Bundesrat Einspruch mit 2/3 Mehrheit ein, bedarf es für dessen Zurückweisung durch den Bundestag einer entsprechend qualifizierten Mehrheit (o. Rn 466). – Der Ablauf des Verfahrens wird u. § 10 näher dargestellt. **Zustimmungsgesetze** sind nur die im Grundgesetz ausdrücklich so bezeichneten Gesetze („Bundesgesetz mit Zustimmung des Bundesrats"). Ist nach dem Grundgesetz die Zustimmung des Bundesrats nicht erforderlich, handelt es sich um ein Einspruchsgesetz.

513 Für zwei wichtige Sachbereiche fordert das Grundgesetz vor allem die Zustimmung des Bundesrats zu Gesetzen: wenn es um **Verwaltungskompetenzen** geht, Art. 83 ff GG und im Bereich der **Finanzverfassung**, Art. 104a ff GG.

Zur ersten Fallgruppe zählen das Zustimmungserfordernis nach Art. 84 Abs. 1 2.Halbs. GG (Einrichtung der Behörden, **Verwaltungsverfahren** – wichtig!), nach Art. 84 Abs. 5 GG (Weisungsbefugnisse der Bundesregierung gegenüber Landesbehörden), nach Art. 85 Abs. 1 GG (Auftragsverwaltung) – hier ist die Organisationshoheit der Länder betroffen, ebenso wie bei Art. 74a GG (Beamtenbesoldung); in den Fällen des Art. 87 Abs. 3 S. 2 GG (Einrichtung neuer Bundesbehörden), der Art. 87b Abs. 1 S. 3, 87c, 87d Abs. 2 GG geht es um die Ausweitung von Verwaltungskompetenzen des Bundes. Zur zweiten Fallgruppe zählen ua Art. 104a Abs. 3 S. 3 GG (ausgabenwirksame Gesetze zulasten der Länder), Art. 104a Abs. 4 und 5 GG (Finanzhilfen), Art. 105 Abs. 3 GG (Steuergesetzgebung bei gänzlicher oder teilweiser Ertragshoheit der Länder, also auch zB für die **Einkommenssteuer** – wichtig!), die verschiedenen Gesetze nach Art. 106 und 107 GG (**Finanzausgleich** – wichtig!) sowie Art. 109 Abs. 3 und 4 GG (Haushaltsgrundsätze), die die Haushaltshoheit der Länder berühren.

Zustimmungsbedürftig sind Gesetze über geringfügige Gebietsänderungen nach Art. 29 Abs. 7 GG, da die Gebietshoheit wiederum unmittelbares Element der Staatlichkeit der Länder ist. Weitere Fälle: Art. 81 Abs. 2, 3, Art. 96 Abs. 5, Art. 134, 135 GG.

Zustimmungsbedürftig sind ferner gemäß Art. 79 Abs. 2 GG Änderungen des Grundgesetzes; hier ist auch im Bundesrat eine 2/3-Mehrheit erforderlich.

b) Problemfall: Änderung des zustimmungsbedürftigen Gesetzes in seinen nicht zustimmungsbedürftigen Teilen

514 Wenn auch nur einzelne Teile eines Gesetzes die Zustimmungspflicht auslösen, ist das Gesetz als Ganzes zustimmungspflichtig. Wird dieses Gesetz nun später geändert, so sind zwei Fallgestaltungen denkbar: Die Änderung kann jene Teile betreffen, die ursprünglich die Zustimmungspflicht ausgelöst hatten. Dann ist zwangsläufig auch das Änderungsgesetz zustimmungspflichtig. Es können aber auch nur jene Teile geändert werden, die – für sich gesehen – keine Zustimmungspflicht ausgelöst hatten. Dann kann fraglich sein, ob das **Änderungsgesetz** gleichwohl **zustimmungspflichtig** ist, etwa weil der Bundesrat für das Gesetz als Ganzes die Verantwortung übernommen hatte, oder ob in diesem Fall die Zustimmung des Bundesrats entbehrlich ist, weil das Änderungsgesetz für sich als gesetzgebungstechnische Einheit zu behandeln ist.

515 Dies betrifft **Fall 61 – Wohngeldgesetz –**: Hier folgt die Zustimmungsbedürftigkeit des ursprünglichen Gesetzes aus Art. 85 Abs. 1 GG: Wegen Art. 104a Abs. 3 S. 2 GG (s.o. Rn 195) wird das Gesetz in Bundesauftragsverwaltung ausgeführt. Da es die Einrichtung der Behörden regelt, ist es nach Art. 85 Abs. 1 GG als Ganzes zustimmungsbedürftig.

Die Änderungsgesetze enthalten demgegenüber Regelungen, die, für sich betrachtet, nicht zustimmungsbedürftig sind: sie beziehen sich nicht auf die Einrichtung der Behörden iSv Art. 85 Abs. 1 GG.

Damit stellt sich das Problem, ob auch die Änderung eines ursprünglich zustimmungsbedürftigen Gesetzes in seinen nicht die Zustimmungsbedürftigkeit auslösenden Teilen zustimmungsbedürftig ist.

Für die Zustimmungsbedürftigkeit spricht, dass der Bundesrat mit seiner Zustimmung die Verantwortung für das Gesetz *als Ganzes* übernommen hat, dass er seine Ermessensentscheidung über die Zustimmung im Hinblick auf den gesamten Inhalt des Gesetzes getroffen hat, dass insbesondere im Fall des Art. 84 Abs. 1 GG verfahrens- und materiellrechtliche Bestimmungen in ihrem Zusammenhang zu sehen sind.

Demgegenüber betont BVerfGE 37, 363 jedoch den Gesichtspunkt der *gesetzgebungstechnischen Einheit:* Für jedes Gesetz sind hiernach die verfahrensmäßigen Voraussetzungen gesondert zu prüfen; es kommt dann nur darauf an, ob das jeweils in Frage stehende Gesetz *seinem Inhalt nach* die Zustimmungsbedürftigkeit auslöst. Ist dies nicht der Fall, so löst die Tatsache, dass durch das Gesetz ein ursprünglich seinem ganzen Inhalt nach zustimmungsbedürftiges Gesetz geändert wird, für sich allein noch nicht die Zustimmungsbedürftigkeit des ändernden Gesetzes aus (BVerfGE 37, 363, 382).

Zustimmungsbedürftig kann das ändernde Gesetz, auch wenn es nur materiell-rechtliche Regelungen betrifft, jedoch dann sein, wenn, so BVerfG aaO, hierdurch die nicht ausdrücklich geänderten, zustimmungsbedürftigen verfahrensrechtlichen Bestimmungen *in ihrer Bedeutung und Tragweite wesentlich betroffen* werden.

Dieser Gesichtspunkt ist zu verdeutlichen aus der *ratio der Art. 84 Abs. 1, 85 Abs. 1 GG* (s.o. Rn 513). Maßgeblicher Gesichtspunkt ist die Organisationshoheit der Länder, sind deren Verwaltungskompetenzen. Mithin ist darauf abzustellen, ob bei einer Änderung materiellrechtlicher, nicht zustimmungsbedürftiger Vorschriften der Eingriff in den Verwaltungsbereich der Länder erheblich intensiviert wird, was dann etwa der Fall sein kann, wenn hierdurch die Inanspruchnahme der Verwaltung der Länder sich erheblich verstärkt, diese somit zu entsprechenden *organisatorischen Vorkehrungen* gezwungen werden. Auch der Gesichtspunkt der finanziellen Belastung kann hier auf Grund seiner bundesstaatlichen Relevanz mit berücksichtigt werden. **516**

Im **Fall 61** dürfte dies dazu führen, dass nicht das 1., wohl aber das 2. ÄnderungsG zustimmungsbedürftig ist.

Bei einer geringfügigen Änderung der Einkommensgrenzen ist nicht mit einer relevanten Erweiterung der Aufgaben der Ausschüsse zu rechnen, wohl aber dann, wenn der Kreis der Anspruchsberechtigten maßgeblich erweitert wird: die verfahrensrechtlichen und organisatorischen Bestimmungen erhalten hier für die Länder eine erheblich größere Tragweite, die Länder werden durch die Ausführung des Gesetzes in erheblich größerem Umfang (verwaltungsmäßig und finanziell) belastet.

2. Mitwirkung bei der Verwaltung des Bundes

An der Ausübung von Verwaltungsbefugnissen durch den Bund ist der Bundesrat **517**
wiederum vor allem dort zu beteiligen, wo Eingriffe in die Verwaltungs- und Organisationshoheit der Länder vorgenommen werden.

Dies ist der Fall beim Erlass allgemeiner Verwaltungsvorschriften durch den Bund, Art. 84 Abs. 2 GG, Art. 85 Abs. 2 GG, Art. 108 Abs. 7 GG, und bei Anordnungen der Bundesregierung gegenüber den Bundesländern im Rahmen der Bundesaufsicht, Art. 84 Abs. 3, 4 GG, des Bundeszwangs, Art. 37 Abs. 1 GG und im Fall des inneren Notstands, Art. 91 Abs. 2 GG. Rechtsverordnungen der Bundesregierung bedürfen der Zustimmung des Bundesrats iFd Art. 80 Abs. 2 GG und des Art. 109 Abs. 4 GG.

Besondere Befugnisse sind dem Bundesrat schließlich für den Fall des Notstands verliehen, vgl Art. 115a ff GG (hierzu s. *Hesse*, Rn 734 ff).

3. Bundesrat und Europa – Art. 23 GG

518 Wenn Hoheitsbefugnisse der Mitgliedstaaten auf die Europäische Gemeinschaft übergehen, so können dies im Fall der Bundesrepublik sowohl Befugnisse des Bundes als auch der Länder sein. Für die EG ist die bundesstaatliche Verfassung der Bundesrepublik unerheblich. An der Ausübung der Gemeinschaftsbefugnisse wirken die Mitgliedstaaten insbesondere über den Ministerrat mit, also über ihre Regierung. Für die Bundesrepublik ist dies stets die Bundesregierung. Ob es sich bei den Gemeinschaftsbefugnissen ursprünglich um Befugnisse der Länder oder des Bundes gehandelt hatte, ist hierfür wiederum unerheblich.

519 Der 1992 neu in das Grundgesetz eingefügte Art. 23 (der ursprüngliche Art. 23 als Wiedervereinigungsartikel, s.o. Rn 14 f, war mit Beitritt der DDR gestrichen worden) will dies dadurch kompensieren, dass der Bundesrat *„an der Willensbildung des Bundes zu beteiligen"* ist, Art. 23 Abs. 4 GG. Insbesondere muss der Bund dann, wenn Interessen oder Kompetenzen der Länder berührt sind, die Stellungnahme des Bundesrats berücksichtigen. Art. 23 Abs. 5 und 6 GG enthalten eine abgestufte Skala von Mitwirkungsrechten, die aus sich heraus nicht eindeutig bestimmbar und der näheren Interpretation durch das nach Abs. 7 vorgesehene Ausführungsgesetz bedürftig sind. Dies gilt zB für die Unterscheidung zwischen „Berücksichtigung" und „maßgeblicher Berücksichtigung" in Abs. 5. Nach Art. 23 Abs. 5 S. 1 GG ist in bestimmten Fällen die Stellungnahme des Bundesrats zu berücksichtigen, nach Satz 2 – wenn „im Schwerpunkt" Länderkompetenzen betroffen sind – ist sie „maßgeblich" zu berücksichtigen. Ersteres bedeutet Kenntnisnahme und sachliche Auseinandersetzung, nicht jedoch Bindung. Bei maßgeblicher Berücksichtigung soll demgegenüber nach § 5 des Gesetzes über die Zusammenarbeit von Bund und Ländern in Angelegenheiten der Europäischen Union – EUZBLG – vom 12.03.1993, BGBl I S. 313 (Sart. Nr. 97) – die Auffassung des Bundesrats maßgeblich iSv „bindend" sein, wenn dieser sie in einem „Beharrungsbeschluss" mit Zwei-Drittel-Mehrheit bestätigt. Mit dem Wortlaut des Art. 23 Abs. 5, 6 GG ist dies wohl nur schwer vereinbar. Neuartig ist die Regelung des Abs. 6, wonach dann, wenn „schwerpunktmäßig" ausschließliche Gesetzgebungsbefugnisse der Länder betroffen sind, die Vertretung der Bundesrepublik einem vom Bundesrat zu benennenden Ländervertreter übertragen werden soll.

Lösung zu Fall 62 – Richtlinienfall –: Dass der Bund an Rechtsetzungsakten auch dann mitwirken darf (und muss), wenn innerstaatlich die Länder zuständig wären, ergibt sich für das Grundgesetz nunmehr ausdrücklich aus Art. 23 Abs. 4 GG. **520**

Die Wahrnehmung der Rechte des Bundes – also auch die Beteiligung an den Verhandlungen und an der Beschlussfassung des Ministerrats – „soll“ jedoch einem Ländervertreter übertragen werden, wenn „im Schwerpunkt“ ausschließliche Gesetzgebungsbefugnisse der Länder betroffen sind, Art. 23 Abs. 6 GG. Für das Hochschulwesen besteht jedoch eine Rahmenkompetenz des Bundes. Abs. 6 kommt also nicht zur Anwendung.

Die Bundesregierung könnte jedoch im Ministerrat an die Stellungnahme des Bundesrats gebunden sein. Als verfassungsrechtliche Grundlage für eine derartige Bindung kommt Art. 23 Abs. 5 S. 2 GG in Betracht. Voraussetzung ist dann, dass

(1) *Gesetzgebungsbefugnisse der Länder betroffen* sind: Ob dies der Fall ist, ergibt sich aus Art. 70 ff GG. Bei konkurrierender Gesetzgebungszuständigkeit von Bund und Ländern ist dies nach Art. 72 Abs. 1 GG der Fall, solange der Bund von seinem Gesetzgebungsrecht noch keinen Gebrauch gemacht hat; bei einem Gegenstand der Rahmengesetzgebung ebenfalls bei noch fehlender bundesgesetzlicher Regelung wie auch dann, wenn es um die Ausfüllung eines bundesrechtlich gesetzten Rahmens geht. Fraglich könnte bei konkurrierender oder Rahmenzuständigkeit sein, ob ein (hypothetisches) Erfordernis bundesgesetzlicher Regelung iSv Art. 72 Abs. 2 bzw Art. 75 Abs. 1 iVm Art. 72 Abs. 2 GG bei noch nicht ausgeübter Bundeszuständigkeit die Anwendung des Art. 23 Abs. 5 S. 2 GG ausschließt; § 5 Abs. 2 S. 1 EUZBLG geht hiervon aus (vgl *Oschatz/Risse*, DÖV 1995, 437, 442). Im vorliegenden Fall geht es – bezogen auf die grundgesetzliche Kompetenzordnung – um die Ausfüllung der Rahmengesetzgebung nach Art. 75 Abs. 1 Nr 1a GG; sie liegt in der Zuständigkeit der Länder. Es sind also Gesetzgebungsbefugnisse der Länder betroffen, doch müssen diese auch

(2) *im Schwerpunkt betroffen* sein; dies ist hier der Fall, da der Richtlinienentwurf iW sich auf Fragen bezieht, für die die Länder gesetzgebungsbefugt sind. Die tatbestandlichen Voraussetzungen der Art. 23 Abs. 5 S. 2 GG sind also gegeben; die Bundesregierung ist dann an die Stellungnahme des Bundesrats gebunden, wenn

(3) *„maßgebliche Berücksichtigung“* als rechtliche Bindung aufzufassen ist, der Bundesrat also das Letztentscheidungsrecht hat. § 5 Abs. 2 S. 5 EUZBLG geht davon aus. Zwingend ist dies nach dem Wortlaut des Art. 23 Abs. 5 GG jedoch nicht; maßgebliche Berücksichtigung ist weniger als Bindung. Einer Verpflichtung der Bundesregierung, die Entscheidung des Bundesrats zu übernehmen, könnte allerdings entgegenstehen, dass

(4) die *gesamtstaatliche Verantwortung* die Zustimmung zur Richtlinie erfordert, vgl Art. 23 Abs. 6 S. 2, 2. Halbs. GG. Das AusführungsG zu Art. 23 GG geht jedoch davon aus, dass der Bund auch unter Berufung auf seine gesamtstaatliche Verantwortung die Entscheidung des Bundesrats nicht übergehen darf, wenn diese mit qualifizierter Mehrheit getroffen wurde, vgl § 5 Abs. 2 S. 5 EUZBLG.

III. Garantie der Mitwirkungsrechte – Bundesrat und „Ewigkeitsgarantie“

Nach Art. 79 Abs. 3 GG sind Verfassungsänderungen unzulässig, die die grundsätzliche Mitwirkung der Länder an der Gesetzgebung des Bundes berühren. Diese Mitwirkung erfolgt nach der gegenwärtigen Verfassungslage über den Bundesrat. Dies bedeutet aber nicht, dass sie auch zwingend über den Bundesrat erfolgen **520a**

(*Bryde*, v. Münch/Kunig III, Art. 79 Rn 23; *Hain*, vMKS III, Art. 79 Rn 133 f), und auch nicht, dass sie ausnahmslos gewährleistet sein muss. Es erscheint durchaus vertretbar, Fälle der Gesetzgebung durch Volksbegehren und Volksentscheid als Ausnahmefälle zu bewerten. Jedenfalls bedeutet eine Teilhabe der Länder in einem Verfahren der gewichteten Ländermehrheit im Volksentscheid eine gleichwertige Alternative zum Verfahren im Bundesrat – denn dass es gerade die Landesregierungen sein müssen, durch die die Länder an der Gesetzgebung des Bundes Anteil haben, dies fällt nicht unter die Unabänderlichkeitssperre des Art. 79 Abs. 3 GG. Daher wäre der verfassungsändernde Gesetzgeber auch nicht gehindert, den Bundesrat in seiner derzeitigen Form durch eine Art zweite Kammer zu ersetzen.

520b **Lösung Fall 62a – Ländermehr –:** Der in Fall 3a erwähnte Gesetzentwurf zur Einführung von Volksbegehren und Volksentscheid auf Bundesebene enthielt die hier im Fall 62a genannte Klausel (Vorbild war das schweizerische „Ständemehr", wonach für erfolgreiche Volksabstimmungen in bestimmten Fällen sowohl die Mehrheit der Stimmbürger als auch eine Zustimmung in der Mehrheit der Kantone erforderlich ist). Damit sollten Einwände aus Art. 79 Abs. 3 GG aufgefangen werden.

Sieht man über Art. 79 Abs. 3 GG die Mitwirkung der Länder an der Gesetzgebung des Bundes nicht notwendig über den Bundesrat garantiert, so bewegt sich die Grundgesetzänderung im Rahmen des Art. 79 Abs. 3 GG. Dieses Ergebnis ist mE zwingend, da die „Ewigkeitsgarantie" nicht zur Versteinerung der Verfassung führen darf und „Abstimmungen" des Bundesvolkes hieraus nicht verhindert werden dürfen.

Schrifttum zu § 6: *Stern II*, § 27; *H.H. Klein*, Der Bundesrat der Bundesrepublik Deutschland als „Zweite Kammer", AöR 108 (1983), 329; *Breuer*, Die Sackgasse des neuen Europaartikels, NVwZ 1994, 417; *Heimlich*, Die Ländermitwirkung bei EG-Entscheidungen, BayVBl 2000, 321; *Gröschner*, Das Zuwanderungsgesetz im Bundesrat, JZ 2002, 624; *Maurer*, Mitgliedschaft und Stimmrecht im Bundesrat, in: Festschrift für Schmitt Glaeser, 2003, S. 157 ff; *Küpper*, Die Mitgliedschaft im Bundesrat – Schwachstellen eines widersprüchlichen Konzepts, Der Staat 42 (2003), 387.

§ 7 Die Bundesregierung

➡ **Leitentscheidungen:** BVerfGE 62, 1 (Bundestagsauflösung); BVerfGE 91, 148 (Umlaufverfahren); BVerfGE 105, 252 (Marktbgezogene Informationstätigkeit – Glykol).

Ausgangsfälle:

521 **Fall 63 – Flick II –:** Nach Herausgabe der Steuerakten in **Fall 56** führt der Untersuchungsausschuss des Bundestags seine Untersuchungen durch und kommt in seinem Abschlussbericht zu dem Ergebnis, dass eine sachwidrige Beeinflussung der Ermessensentscheidung des Bundesministers M zwar nicht nachweisbar sei, aber auch nicht ausgeschlossen werden könne.

Nach einer erregten Bundestagsdebatte über das Verhalten des M beschließt der Bundestag mehrheitlich mit den Stimmen der oppositionellen X- und der oppositionellen Y-Partei, einiger Abgeordneter der A-Partei sowie der Abgeordneten ihres Koalitionspartners, der B-Partei, dem Minister das Misstrauen auszusprechen sowie Bundeskanzler und Bundespräsidenten aufzufordern, ihn nicht mehr im Amt zu belassen.

Bundeskanzler K, selbst der A-Partei zugehörig, überlegt, ob er auf Grund des Ersuchens des Bundestags berechtigt oder sogar verpflichtet ist, den M zu entlassen; er bezieht dabei auch einen Passus der Koalitionsvereinbarungen mit der B-Partei in seine Überlegungen mit ein, wonach die Mitglieder des Bundeskabinetts jederzeit das Vertrauen beider Koalitionspartner besitzen müssen. **Rn 550**

Fall 64 – Minister Ratlos –: Die zuständige Behörde des Landes A hat über die Geneh- **522**
migung der Inbetriebnahme eines Großkraftwerks zu entscheiden. Es sei unterstellt, dass das hierfür einschlägige Gesetz in der Bundesauftragsverwaltung ausgeführt wird, dh, der Erteilung der Genehmigung muss die Bundesregierung zustimmen. Die Zustimmung fällt nach der internen Geschäftsverteilung in das Ressort des Bundesinnenministers.

Nach den maßgeblichen gesetzlichen Bestimmungen „kann" die Genehmigung erteilt werden (Ermessen). Nach bisheriger, vom Kabinett gebilligter Praxis, hat der Bundesinnenminister die Zustimmung zur Erteilung der Genehmigung stets dann verweigert, wenn die Beseitigung der beim Betrieb anfallenden Schadstoffe (Entsorgung) nicht gewährleistet war. Dieser möchte jedoch im anstehenden Fall der Genehmigung durch das Land A zustimmen, um gefährdete Arbeitsplätze zu erhalten. Das Bundeskabinett beschließt jedoch mehrheitlich, die Zustimmung zur Genehmigung solle nicht erteilt werden. In der Öffentlichkeit wird die Angelegenheit kontrovers diskutiert. Der Bundeskanzler möchte sich nicht dem Vorwurf ausgesetzt sehen, zur Vernichtung von Arbeitsplätzen beizutragen; er gibt „aus grundsätzlichen arbeitsmarktpolitischen Erwägungen" dem Bundesinnenminister den Auftrag, die Zustimmung zur Genehmigung auszusprechen.

Noch ehe dieser jedoch die Zustimmung ausgesprochen hat, verabschiedet der Bundestag mit großer Mehrheit eine Entschließung, in der die Inbetriebnahme des Kraftwerks abgelehnt wird. Der Bundeskanzler weist jedoch den Bundesinnenminister an, gleichwohl der Genehmigung zuzustimmen.

Der Bundesinnenminister fragt an, wie er sich nun verhalten solle. **Rn 545**

Fall 65 – Umlaufverfahren –: Durch Bundesgesetz wird die Bundesregierung zum Er- **523**
lass von Rechtsverordnungen zur Durchführung des Gesetzes ermächtigt. Eine 1. DurchführungsVO wurde vom Bundeskabinett in einer Sitzung beschlossen, an der lediglich 6 von 14 Bundesministern sowie der Bundeskanzler teilgenommen haben; die Abstimmung im Kabinett erfolgte einstimmig. Eine 2. DurchführungsVO wurde im Umlaufverfahren nach § 20 Abs. 2 GeschOBReg beschlossen. Dabei haben innerhalb der gesetzten Frist zwei der Bundesminister widersprochen, drei ausdrücklich ihre Zustimmung erklärt, während die übrigen Bundesminister sich nicht geäußert haben; dies wird entsprechend ständig geübter Praxis als Zustimmung gewertet. Demgemäß geht die Bundesregierung vom Zustandekommen eines Beschlusses aus; die Verordnung wird ausgefertigt und verkündet.

Sind die Verordnungen wirksam zustandegekommen? (Der Fall beruht auf BVerfGE 91, 148). **Rn 547**

I. Die Bundesregierung als Verfassungsorgan: Rechtsstellung und grundsätzliche Bedeutung

Die Bundesregierung ist Organ der politischen Staatsleitung. Ihre Kompetenzen sind vor allem auch politischer Natur, ihre Stellung in der Verfassungsordnung kommt in den ihr positiv nach dem Grundgesetz zugewiesenen Befugnissen nur bedingt zum Ausdruck.

524 Für die Bundesregierung als Verfassungsorgan gilt in besonderer Weise, was grundsätzlich für den Bereich der Staatsorganisation angemerkt wurde: Ihre verfassungsrechtlich festgelegten Befugnisse und Kompetenzen können nur bedingt ihre tatsächliche Stellung im Verfassungsleben beschreiben. Sie ist eine Frage des politischen Wirkens, des politischen Zusammenwirkens der Verfassungsorgane, das nicht umfassend in verfassungsrechtliche Kautelen eingebunden werden kann (s. für den Bundestag o. Rn 462). So kommt insbesondere in den der Bundesregierung im Grundgesetz zugewiesenen *Kompetenzen* ihre entscheidende politische Funktion nicht zum Ausdruck: die Teilhabe an der **politischen Staatsleitung**, wie sie von Parlament und Regierung gemeinsam „zur gesamten Hand" ausgeübt wird.

Wenn hier im Folgenden Organisation und Befugnisse der Bundesregierung dargestellt werden, so ist damit zunächst die *Regierung im organisatorisch-institutionellen* Sinn gemeint, als das im VI. Abschnitt des Grundgesetzes konstituierte Verfassungsorgan; *Regierung im formellen Sinn* bezeichnet die Gesamtheit der dem Verfassungsorgan Bundesregierung übertragenen Aufgaben und Befugnisse; mit dem Begriff der *Regierung im materiellen Sinn* schließlich wird der Bereich der politischen Staatsleitung bezeichnet, wie er im parlamentarischen System des Grundgesetzes Parlament und Regierung in ihrem Zusammenwirken zugeordnet ist.

525 Die Bundesregierung als Verfassungsorgan setzt sich zusammen aus dem **Bundeskanzler** und den **Bundesministern**; für die Aufgaben und Befugnisse der Bundesregierung bedarf es jeweils der Feststellung, ob diese der Bundesregierung als *Kollegialorgan* (Bundeskanzler und Bundesminister), einem *einzelnen Bundesminister* oder dem *Bundeskanzler* zugeordnet sind. Spricht das Grundgesetz von „der Bundesregierung", so ist regelmäßig die Bundesregierung als Kollegialorgan gemeint.

Demgemäß hat das Bundesverfassungsgericht eine Bestimmung im Atomgesetz (§ 7 Abs. 2a S. 1, 2. Halbs.), die das für kerntechnische Sicherheit und Strahlenschutz zuständige Bundesministerium ermächtigte, in Form sog. „Leitlinien" allgemeine Verwaltungsvorschriften für den Vollzug des Atomgesetzes zu erlassen, für verfassungswidrig erklärt. Es handelt sich beim Atomgesetz um einen Fall der Auftragsverwaltung, Art. 87c GG. Hierfür kann die Bundesregierung mit Zustimmung des Bundesrats allgemeine Verwaltungsvorschriften erlassen. Um solche handelte es sich bei den Richtlinien. Dann aber durfte der Gesetzgeber im Atomgesetz nicht einen einzelnen Fachminister ermächtigen, sondern nur die Bundesregierung als Kollegialorgan. Deshalb war die Ermächtigung verfassungswidrig und nichtig (es fehlte auch an der vorgesehenen Zustimmung des Bundesrats); BVerfG DVBl 1999, 976.

Die Bestimmung der Geschäftsbereiche der einzelnen Ministerien und auch die Festlegung ihrer Anzahl obliegt dem Bundeskanzler im Rahmen seiner **Organisationsgewalt** (s. hierzu aus Anlass der jüngsten Regierungsbildung *Busse*, DÖV 1999, 313), die auch ein **materielles Kabinettsbildungsrecht** umfasst und in die der Gesetzgeber grundsätzlich nicht eingreifen darf. Der Verfassungsgerichtshof für das Land Nordrhein-Westfalen (NJW 1999, 1243 = DÖV 1999, 427) hat allerdings im Fall der Zusammenlegung von Justiz- und Innenministerium durch den Ministerpräsidenten diese Organisationshoheit für nordrhein-westfälisches Landesverfassungsrecht in Anwendung des Wesentlichkeitsvorbehalts eingeschränkt (s. Rn 338) und auch Zweifel an der materiellen Verfassungskonformität der Organisationsentscheidung geäußert – letzteres vor allem im Hinblick auf die Wahrung der Unabhängigkeit der Justiz und die Gewaltentrennung: so sei es zweifelhaft, ob der für die Polizei zuständige Minister gleichzeitig weisungsberechtigter Dienstvorgesetzter der Staatsanwaltschaften sein könne. Für den Bund ist allerdings die Existenz des Justizministeriums durch Art. 96 GG gewährleistet, ebenso etwa die des Finanzministeriums in Art. 108, 112, 114 GG. IÜ liegt die Organisationsgewalt beim Bundeskanzler. 526

II. Bildung und Amtsdauer der Bundesregierung

Nach Zusammentritt eines neugewählten Bundestags erfolgt die Regierungsbildung durch Wahl des Bundeskanzlers und Ernennung der Bundesminister. Mit dem Zusammentritt des nächsten neugewählten Bundestags endet das Amt der Bundesregierung. Dies ist der Normalfall. Verfassungskonflikte können vor allem aus den Abweichungen vom Normalfall entstehen: dem konstruktiven Misstrauensvotum und der Vertrauensfrage. Sie sind im Schwerpunkt Gegenstand des nachstehenden Abschnitts.

Kennzeichnend für das Regierungssystem des Grundgesetzes ist die rechtlich stark ausgeprägte Stellung des Bundeskanzlers innerhalb der Bundesregierung. Er allein wird unmittelbar vom Bundestag gewählt, auf seinen Vorschlag hin werden die Bundesminister vom Bundespräsidenten ernannt – der Bundeskanzler bildet also die Bundesregierung, entscheidet über deren Zusammensetzung – und entlassen. Die Bundesminister sind damit in ihrem Amt unmittelbar nur vom Vertrauen des Bundeskanzlers abhängig. Mit dem Amt des Bundeskanzlers endet zwingend auch das der Bundesminister, Art. 69 Abs. 2 GG, der „Sturz" eines Bundeskanzlers durch das Parlament – der nur im Wege des „konstruktiven Misstrauensvotums" (dazu nachstehend Rn 531 f) möglich ist – hat also stets den Sturz der gesamten Bundesregierung zur Folge. 527

1. Bildung der Bundesregierung

Die Wahl des Bundeskanzlers vollzieht sich nach den Verfahrensregeln des Art. 63 GG. Erforderlich ist grundsätzlich die Mehrheit der Mitglieder des Bundestags (Mehrheit der gesetzlichen Mitglieder – „Kanzlermehrheit" – s.o. Rn 466). Hier- 528 durch soll die Entstehung von Minderheitsregierungen verhindert werden. In einem ersten Wahlgang hat hierbei der Bundespräsident das Vorschlagsrecht, Art. 63 Abs. 1 GG; sein Vorschlag richtet sich dabei in der Praxis nach dem Ergebnis der vorgehenden Bundestagswahlen, ggf nach den vor der Regierungsbildung getroffenen *Koalitionsvereinbarungen*.

Bei den Koalitionsvereinbarungen dürfte es sich nicht um verfassungsrechtliche Verträge (so *Maunz*, Maunz/Dürig, Art. 65, Rn 18) handeln, sondern um rechtlich nicht bindende politische Absprachen (*Schenke*, BonnK, Art. 65, Rn 25 ff); der typische Inhalt derartiger Absprachen – Verwirklichung von Gesetzgebungsvorhaben, Wahl eines bestimmten Bundeskanzlers, Bestimmung der Kabinettsmitglieder – entzieht sich der rechtlichen Verfügungsbefugnis der Parteien.

529 Kommt in einem ersten Wahlgang die erforderliche Mehrheit nicht zu Stande, so geht in einem zweiten Wahlgang das Initiativrecht auf den Bundestag über. Auch dann ist Mitgliedermehrheit erforderlich, erst in einem *dritten Wahlgang* genügt die *einfache Mehrheit*. Tritt hiernach der Fall einer Kanzlerwahl mit nur einfacher Mehrheit ein, was die Bildung einer Minderheitsregierung zur Folge hätte, so eröffnet Art. 63 Abs. 4 S. 3 GG *fakultativ* die Möglichkeit von **Neuwahlen**: Der **Bundespräsident** kann nach seinem **Ermessen** den mit einfacher Mehrheit gewählten Bundeskanzler ernennen oder aber den Bundestag auflösen.

Die einzelnen Bundesminister werden vom Bundeskanzler dem Bundespräsidenten zur Ernennung vorgeschlagen, dieser hat die *rechtlichen Voraussetzungen* für die Ernennung zu prüfen – sie sind im G. über die Rechtsverhältnisse der Mitglieder der Bundesregierung (BMinG – Sartorius Nr 45) enthalten –, im Übrigen jedoch dem Vorschlag des Bundeskanzlers zu entsprechen.

530 Mehr theoretischer Natur ist die Streitfrage, ob der Bundespräsident eine Ernennung aus Gründen des „Staatswohls" ablehnen kann, etwa bei schwerwiegenden Zweifeln an der Verfassungstreue des Vorgeschlagenen (so *Seifert/Hömig*, Art. 64, Rn 1; ausführlich *Knöpfle*, DVBl 1966, 718; *Stern* II, § 30 IV 4). Grundsätzlich wird man aus der Stellung des Bundespräsidenten im Verfassungsgefüge eine Beschränkung seines Prüfungsrechts auf die rechtlichen Voraussetzungen seines Handelns ableiten müssen. Andererseits erscheint es mit der Verpflichtung auch des Bundespräsidenten auf das Staatswohl schwer vereinbar, ihn als zur Ernennung eines „für Wohl und Ansehen des Staates schlechterdings untragbaren" Ministers (*Stern*, aaO) verpflichtet anzusehen. Dies jedenfalls dürfte sich auch aus seinem Amtseid ergeben (s. aber auch u. Rn 563). Für den genannten Beispielsfall der schwerwiegenden Zweifel an der Verfassungstreue wäre es mE vertretbar, hierin eine ungeschriebene *rechtliche* Voraussetzung für die Ernennung zu sehen. Es handelt sich hier jedoch um Grenzfragen des Verfassungsrechts.

2. Amtsdauer der Bundesregierung, Misstrauensvotum

531 Die Entlassung eines Bundesministers erfolgt wiederum auf Vorschlag des Bundeskanzlers durch den Bundespräsidenten, der hieran gebunden ist. Die Bundesminister sind also rechtlich nur vom Vertrauen des Bundeskanzlers abhängig. Der Bundestag hat keine rechtliche Handhabe, die Entlassung eines Ministers zu erzwingen. Er kann allein dann, wenn die Bundesregierung sein Vertrauen nicht mehr besitzt, diese über das in Art. 67 GG geregelte **konstruktive Misstrauensvotum** gegen den *Bundeskanzler* zu Fall bringen.

Das konstruktive Misstrauensvotum kennzeichnet das parlamentarische Regierungssystem des Grundgesetzes in seinem betonten Anliegen, Regierungsstabilität durch verfassungsrechtliche Sicherungen zu gewährleisten, der Bildung von Minderheitsregierungen entgegenzuwirken: Nur dann, wenn sich gleichzeitig eine hinreichende Mehrheit für die Bildung einer neuen Regierung ergibt, soll der Sturz der bestehenden Regierung möglich sein. Aus diesem Grund lässt Art. 67 GG das Misstrauensvotum gegen den Bundeskanzler nur in Form des „konstruktiven Misstrauensvotums" zu, also durch Wahl eines neuen Bundeskanzlers mit der *Mehrheit der Mitglieder* des Bundestags (Kanzlermehrheit).

Aus diesem Grund – Wahrung der Regierungsstabilität – kennt das Grundgesetz auch kein **532** Misstrauensvotum gegen einzelne Bundesminister (anders noch Art. 54 WRV). Das Schweigen des Grundgesetzes in dieser Frage kann nicht etwa als Indiz für die Zulässigkeit eines derartigen Misstrauensvotums (es geht hier wohlgemerkt nur um das „*echte*" Misstrauensvotum mit Abgangspflicht des Ministers) gewertet werden, auch wenn es sich hierbei um eine traditionelle parlamentarische Institution handeln sollte (eine Erwägung, die ohnehin unzulässig ist, da stets nur aus dem parlamentarischen System *des Grundgesetzes* argumentiert werden darf, *nicht* aus „dem" parlamentarischen System schlechthin). Wenn ein Kanzler nur durch eine sich auf einen neuen Regierungschef einigende Mehrheit gestürzt werden kann, so wäre es unzulässig, dieses Prinzip dadurch zu umgehen, dass der Bundestag gegen den Willen des Kanzlers einzelne Minister zum Abgang zwingen und damit letztlich die Regierung zu Fall bringen könnte. Ein Misstrauensvotum gegen einen einzelnen Minister widerspräche also dem Regierungssystem des Grundgesetzes.

Zulässig ist jedoch ein „schlichtes" Misstrauensvotum gegen einen einzelnen Bundesminister, also ein Beschluss des Bundestags, durch den dieser einem Minister sein Misstrauen ausspricht, ohne dass dies die Rechtspflicht zum Rücktritt bzw zur Entlassung nach sich zieht. Da die Regierung der parlamentarischen Kontrolle unterliegt, muss das Parlament die Möglichkeit haben, seine Kritik an der Amtsführung der Regierung bzw eines ihrer Mitglieder hinreichend klar zum Ausdruck zu bringen, insbesondere auch in der klarsten Ausdrucksform des parlamentarischen Willens, im Parlamentsbeschluss, der als Tadelsantrag, Missbilligungsvotum oder auch Misstrauensvotum gefasst sein kann.

3. Die Vertrauensfrage

Die Regelung des Art. 67 GG hat zur Folge, dass eine Bundesregierung im Amt **533** bleibt, auch wenn sie nicht mehr das Vertrauen des Parlaments besitzt, solange dieses sich nicht mehrheitlich auf eine neue Bundesregierung einigt. Für diesen Fall öffnet Art. 68 GG den Weg zu vorzeitigen Neuwahlen über die **Vertrauensfrage** des Bundeskanzlers. Findet der Kanzler auf seinen Antrag an das Parlament, ihm das Vertrauen auszusprechen, nicht die erforderliche Mehrheit – wiederum die Mehrheit der Mitglieder des Bundestags, „Kanzlermehrheit" –, so **kann** der Bundespräsident *auf Vorschlag des Bundeskanzlers* den Bundestag auflösen. Der *Bundespräsident* hat also hier, wie im Fall des Art. 63 Abs. 4 GG, zu entscheiden zwischen der Möglichkeit einer Minderheitsregierung und Neuwahlen. Ihm ist damit für den Fall *instabiler Mehrheitsverhältnisse* vorrangig die Wahrung der politischen

Stabilität aufgetragen. Er ist demgemäß auch zu einer *politischen Ermessensentscheidung* (BVerfGE 62, 1), ausgerichtet am vorrangigen Ziel der Regierungsstabilität, befugt, sofern die *rechtlichen Voraussetzungen* des Art. 68 GG vorliegen. Die Vertrauensfrage mit einer Sachentscheidung zu verbinden – wenn also der Bundeskanzler, wie am 16.11.2001 geschehen, den Antrag auf Zustimmung zu einer Entscheidung der Regierung mit dem Antrag, dem Bundeskanzler das Vertrauen auszusprechen, verknüpft –, dies wird als zulässig erachtet (*Haass*, BayVBl 2004, 204 ff). Art. 81 Abs. 1 S. 2 GG setzt diese Vorgehensweise offensichtlich voraus (aM: *Schönberger*, JZ 2002, 211 ff).

534 Die verfahrensmäßigen Voraussetzungen für die Entscheidung des Bundespräsidenten nach Art. 68 GG sind nach dieser Bestimmung:

- die *Vertrauensfrage* des Bundeskanzlers an den Bundestag;
- der *Beschluss des Bundestags*, durch den dem Bundeskanzler das Vertrauen verweigert wird;
- der *Antrag des Bundeskanzlers* an den Bundespräsidenten, den Bundestag aufzulösen (der Bundeskanzler braucht diesen Antrag nicht zu stellen; er kann zurücktreten oder aber weiterregieren).

535 Ob darüber hinaus eine *materielle Auflösungslage* gegeben sein muss, ob also auf Grund der Mehrheitsverhältnisse im Bundestag klar sein muss, dass die Regierung nicht mehr vom Vertrauen der Parlamentsmehrheit getragen ist, wurde von BVerfGE 62, 1 dahingehend entschieden, dass Art. 68 GG eine Lage „*politischer Instabilität*" voraussetzt. Gleichzeitig wurde jedoch den zuständigen Verfassungsorganen, Bundeskanzler und Bundespräsident, in der Beurteilung dieser Voraussetzungen weitgehender *Einschätzungsspielraum* zuerkannt. Damit wurden die materiellen Anforderungen an die Auflösung des Bundestags abgeschwächt, wurde vor allem aber ihre Justiziabilität entscheidend eingeschränkt; mE letztlich zu Recht, da Regierungsstabilität nicht in erster Linie durch verfassungsrechtliche Sicherungen – und erst recht nicht durch die Verfassungsgerichtsbarkeit – gewährleistet werden kann.

Die Problematik wird fallmäßig behandelt in Rn 575; zur Vertrauensfrage s. **Klausurenband Fall 2**.

536 **Zusammenfassend** ergeben sich also folgende Möglichkeiten der Beendigung der *Amtsdauer der Bundesregierung:*

1) Das Amt der *Bundesregierung* endet stets mit dem Zusammentritt des neugewählten Bundestags, Art. 69 Abs. 2 GG; – nach Neuwahl wegen Ablauf der Legislaturperiode bzw iFd Art. 68 GG.

2) Das Amt des Bundeskanzlers endet iFd Art. 67 GG bei *konstruktivem Misstrauensvotum* mit der Wahl eines neuen Bundeskanzlers durch den Bundestag; damit endet gemäß Art. 69 Abs. 2 GG auch das Amt der Bundesminister.

3) *Rücktritt:* Im GG nicht ausdrücklich geregelt (aber etwa in Art. 69 Abs. 3 GG vorausgesetzt);

– des einzelnen Bundesministers: Dieser kann jederzeit seine Entlassung verlangen, s. § 9 Abs. 2 BMinG; der Bundeskanzler hat dann nach Art. 64 Abs. 1 GG dem Bundespräsidenten die Entlassung vorzuschlagen;
– des Bundeskanzlers; damit endet nach Art. 69 Abs. 2 GG das Amt der Bundesminister;
– des gesamten Kabinetts.

4) *Entlassung* von *Bundesministern*, Art. 64 Abs. 1 GG, jederzeit auf Vorschlag des Bundeskanzlers durch Bundespräsidenten (zwingend).

Schrifttum zu II.: *Schröder*, Bildung, Bestand und parlamentarische Verantwortung der Bundesregierung, in: HdBStR II, § 51; *Haass*, Vertrauensnotstand – konkretisierende Vertrauensfrage und politische Instabilität, BayVBl 2004, 204.

III. Interne Organisation und Aufgabenverteilung

Wenn im Folgenden die verfassungsrechtliche Kompetenzverteilung zwischen Bundeskanzler und Bundesministern erörtert wird, ist stets zu vergegenwärtigen: es geht hierbei um Fragen des politischen Zusammenwirkens der Verfassungsorgane, die nicht abschließend in verfassungsrechtliche Kautelen eingebunden werden können.

1. Kanzlerprinzip, Ressortprinzip, Kollegialprinzip – zur Aufgabenverteilung innerhalb der Bundesregierung

a) Systematik des Art. 65 GG

Bestimmend für die interne Organisation und Aufgabenverteilung sind **Kanzlerprinzip**, **Ressortprinzip** und **Kollegialprinzip**. Unter *Kanzlerprinzip* ist die in Art. 65 S. 1 GG ausgesprochene Befugnis des Bundeskanzlers zur Bestimmung der *Richtlinien der Politik* zu verstehen, unter *Ressortprinzip* die selbstständige politische Leitung und Verwaltung der einzelnen Geschäftsbereiche der Bundesregierung durch die einzelnen Bundesminister, das *Kollegialprinzip* greift ein, soweit über bestimmte Angelegenheiten die Bundesregierung als Kollegium zu entscheiden hat, so iFd Art. 65 S. 3, 4 GG und in weiteren, an anderer Stelle des Grundgesetzes genannten Fällen. Wird als Träger einer Aufgabe oder Befugnis „die Bundesregierung" genannt, so ist damit typischerweise die Bundesregierung als Kollegialorgan gemeint; vgl für den Erlass einer RVO durch die Bundesregierung BVerfGE 91, 148. **537**

b) Richtlinienkompetenz des Bundeskanzlers

Was „**Richtlinien der Politik**" sind, geht nicht eindeutig aus der Verfassungsnorm hervor. Der Begriff der „abstrakt-generellen politischen Regelungen" erscheint als Kategorie der Rechtsnormenlehre für das Verständnis der Richtlinienkompetenz nicht sachgerecht (vgl *Schenke*, Jura 1982, 339). Vielmehr geht es bei der Bestim- **538** mung der Richtlinien der Politik um die *grundlegenden politischen Leitentscheidungen*, die typischerweise als *Rahmenentscheidungen* (*Schenke,* aaO; *Stern* II, § 31 IV 2a) auf Ausfüllung innerhalb der Ressortverantwortung der Bundesminister angelegt sind, sich aber auch als konkrete politische Einzelentscheidungen darstellen können.

Beispiele hierfür bringt *Stern,* aaO: Entscheidung über die Aufnahme diplomatischer Beziehungen mit Israel im Jahr 1965, Entscheidung über Nichtabwertung der D-Mark im Jahr 1969.

Ob der Bundeskanzler mit einer politischen Entscheidung in unzulässiger Weise in die Ressortverantwortung eines Bundesministers eingreift, ob andererseits ein Bundesminister in unzulässiger Weise über ressortbezogene Maßnahmen politische Leitentscheidungen trifft, dies könnte als Frage der Befugnisse von Verfassungsorganen an sich in einem Organstreitverfahren nach Art. 93 Abs. 1 Nr 1 GG geprüft werden. Praktisch wurde dies nicht relevant: entscheidend ist hier die Verteilung der politischen Gewichte in der Regierung.

539 Die vom Bundeskanzler – formlos – festgelegten Richtlinien der Politik binden den einzelnen Bundesminister in der Führung seines Ressorts, nicht aber *unmittelbar* die Ressortbeamten, die, entsprechend der generellen innerbehördlichen Weisungshierarchie, an die Weisungen des jeweiligen Fachministers gebunden sind. Auch gewährt seine Richtlinienkompetenz dem Bundeskanzler keine Befugnis zum unmittelbaren Eingriff in diese Weisungshierarchie. Er kann also nicht im Wege des „Durchgriffs" (*Hesse*, Rn 642) dem einzelnen Ressortbeamten verbindliche Weisungen erteilen. Ebenso wie der einzelne Ressortminister ist auch das Bundeskabinett *als Kollegialorgan* an die Richtlinien der Politik, wie sie der Bundeskanzler bestimmt, *gebunden.* Nur diese Auffassung (*Schenke*, Jura 1982, 342 ff mwN) entspricht der hervorgehobenen Position des Bundeskanzlers bei politischen Leitentscheidungen. Sie würde entwertet, würde man dem Bundeskabinett in Fragen grundsätzlicher politischer Natur die Befugnis zu richtlinienunabhängigen Kollegialentscheidungen zugestehen. So ist der Bundesregierung als Kollegialorgan das Gesetzesinitiativrecht zugewiesen. Da sich aber politische Staatsleitung entscheidend im Wege der Gesetzgebung vollzieht, würde ein richtlinienunabhängiges Gesetzesinitiativrecht der Bundesregierung die Richtlinienkompetenz des Bundeskanzlers in diesem wichtigsten Bereich der politischen Staatsleitung entwerten. Dies bedeutet praktisch, dass eine vom Bundeskabinett beschlossene Gesetzesvorlage nicht gegen den Willen des Bundeskanzlers in das Gesetzgebungsverfahren eingebracht werden darf; dies ist jedoch str.; daraus, dass die Bundesregierung das Recht zur Gesetzesinitiative hat, wird zT geschlossen, dass dann der Bundeskanzler kein Vetorecht haben dürfe, vgl *Beaucamp*, JA 2001, 478, 481.

540 Das *Parlament* allerdings kann an die vom Bundeskanzler gewiesenen Richtlinien der Politik **nicht** gebunden sein. Denn die Richtlinienkompetenz des Bundeskanzlers verleiht diesem Befugnisse *innerhalb* der Bundesregierung. Der Bundeskanzler kann hierdurch nur innerhalb des Kompetenzbereichs der Bundesregierung entscheiden, nicht aber über Kompetenzen eines anderen Verfassungsorgans verfügen. Das *Parlament* aber hat *gegenüber der Exekutive* – also *auch* der Bundesregierung – ein grundsätzliches *Zugriffsrecht* in politischen Fragen.

Der Bundesregierung (und damit auch dem die Richtlinien setzenden Bundeskanzler) muss hierbei – dies folgt auch aus dem Prinzip der Gewaltenteilung – wohl ein Kernbereich an eigenständigen Kompetenzen als Schranke für das parlamentarische Zugriffsrecht verbleiben; so auch das BVerfG, zuletzt in seiner Entscheidung zur Herausgabe der Steuerakten an den Flick-Ausschuss (o. Rn 483, 487), wo ein derartiger Kernbereich als mögliche (im entschiedenen Fall nicht relevante) Schranke des Enquêterechts gesehen wurde; ein Kernbereich von Exekutivfunktionen wird in diesem Sinn auch vom Schrifttum postuliert, ohne dass eine praktikable Umschreibung gelungen wäre.

Das Parlament kann also den vom Bundeskanzler getroffenen politischen Leitentscheidungen entgegentreten. Es kann seine fehlende Zustimmung im Wege *„sachlicher Parlamentsbeschlüsse"* kundgeben – an die die Bundesregierung rechtlich *nicht* gebunden ist (*Stern* II, § 26 II 2c), es kann aber auch im Wege der *Gesetzgebung* seinerseits verbindliche politische Leitentscheidungen entgegensetzen. **541**

c) Ressortkompetenzen, Kollegialprinzip

Der Umfang der **Ressortkompetenz** des einzelnen Bundesministers ergibt sich aus dem Vorgehenden: Sie wird begrenzt durch die Richtlinienkompetenz des Bundeskanzlers, der zudem die Organisationsgewalt (Rn 526) innehat. *Einzelnen Bundesministern* werden im Grundgesetz und auch durch die Geschäftsordnung der Bundesregierung **Sonderrechte** zugewiesen, so dem Bundesfinanzminister durch Art. 112 GG (auch durch § 28 Abs. 2 S. 2 BHO – Bundeshaushaltsordnung – und durch § 26 Abs. 1 der GeschOBReg), dem Verteidigungsminister durch Art. 65a GG, dem Innen- und dem Justizminister durch § 26 Abs. 2 GeschOBReg. Auch die Ausübung dieser Befugnisse kann nur im Rahmen der Richtlinienkompetenz des Bundeskanzlers erfolgen, die sich hier auch in konkret-maßnahmebezogenen Entscheidungen verwirklichen kann. **542**

Aus der Ressortkompetenz eines Bundesministers wird auch dessen Organkompetenz für **Warnungen** uä im Rahmen staatlicher Öffentlichkeitsarbeit abgeleitet (s.o. Rn 322, dort zur Frage der erforderlichen Ermächtigungsgrundlage und o. Rn 173 zur Verbandskompetenz des Bundes).

Für das **Kollegialprinzip** wurde bereits auf dessen Nachrangigkeit im Verhältnis zur *Richtlinienkompetenz* des Bundeskanzlers verwiesen, unter Bezugnahme insbesondere auf das Gesetzesinitiativrecht der Bundesregierung. Gerade für diesen Fall wird auch die Ressortverantwortlichkeit der Fachminister durch das Kollegialprinzip maßgeblich beschränkt: Für die ihnen obliegende Ausarbeitung der Gesetzesentwürfe ist das Bundeskabinett – das die Entwürfe dann ja zu beschließen hat – weisungsbefugt (*Hesse*, Rn 647). Eine entscheidende Erweiterung des Kollegialprinzips nimmt § 15 GeschO für alle Angelegenheiten von allgemeiner innen- oder außenpolitischer, wirtschaftlicher, finanzieller, sozialer und kultureller Bedeutung vor, zulasten der Ressortverantwortlichkeit der Minister (nicht zulasten der gegenüber Kollegialentscheidungen stets durchgreifenden Richtlinienkompetenz des Bundeskanzlers). Verfassungsrechtlichen Bedenken im Hinblick auf Art. 65 S. 2 GG tritt *Schenke* (Jura 1982, 348) jedoch zu Recht unter Hinweis auf die typischerweise **543** ressortübergreifende Bedeutung der in Frage stehenden Entscheidungen entgegen (ebenso *Seifert/Hömig*, Art. 65, Rn 5).

544 Ergänzend und klarstellend ist auch hier zu betonen, dass es bei der Zuständigkeitsverteilung innerhalb der Bundesregierung primär um Fragen politischer Leitung und politischer Verantwortung geht, die nur bedingt justiziabel und im Konfliktfall wirksam nur politisch lösbar sind, ungeachtet der verfassungsrechtlich vorgegebenen Rangordnung der in Art. 65 GG genannten Kompetenzen (dazu *Maunz*, Maunz/Dürig, Art. 65, Rn 10 ff, 14).

Diese Rangordnung stellt sich nach dem Vorgehenden wie folgt dar: Genereller Vorrang der Richtlinien der Politik (Bundeskanzler); Vorrang der Sonderrechte einzelner Bundesminister vor Kollegialentscheidungen und Entscheidungen der Fachminister; Vorrang von Kollegialentscheidungen – in dem durch das Kollegialprinzip abgegrenzten Rahmen – vor den Entscheidungen der Fachminister.

Die Frage nach der **Rechtsnatur** der auf Grund dieser Kompetenzen getroffenen Entscheidungen ist bereits im Ansatz unrichtig gestellt: Es geht hier um die politische Koordination innerhalb der Bundesregierung, nicht um den Erlass verbindlicher Rechtsakte. Verfehlt wäre deshalb auch die Frage nach der Rechtsnormqualität der Richtlinien der Politik.

544a Soweit allerdings der Bundesregierung die Befugnis zum Erlass verbindlicher Rechtsakte zugewiesen ist, kommt es für deren Wirksamkeit auch darauf an, ob hierfür die Bundesregierung als Kollegialorgan zuständig ist, oder aber ein einzelner Bundesminister. **Verwaltungsvorschriften** nach Art. 84 Abs. 2 und Art. 85 Abs. 2 GG, also Verwaltungsvorschriften, die die Ausführung der Bundesgesetze durch die Länder betreffen, können, so das Bundesverfassungsgericht, auf Grund ihrer intensiven Einwirkung auf die Länderzuständigkeiten im Bereich der Verwaltung ausschließlich durch die **Bundesregierung** als Kollegialorgan erlassen werden (BVerfGE 100, 249, 261 f, s. dazu auch Rn 298; ferner *Koch*, Jura 2000, 179).

545 **Lösung Fall 64 – Minister Ratlos –:** Zunächst handelt es sich bei der Zustimmung zur Inbetriebnahme des Kraftwerks um eine vom zuständigen Fachminister im Rahmen seiner Ressortverantwortung selbstständig zu entscheidende Frage. Doch könnte nach § 15 GeschOBReg die Zuständigkeit der Bundesregierung als Kollegialorgan gegeben sein. Dies wird im vorliegenden Fall zu bejahen sein, da hier eine Grundsatzentscheidung der Energiepolitik zu treffen ist, die Fragen allgemeiner wirtschaftlicher Bedeutung aufwirft. Wenn also die Bundesregierung gegen die Erteilung der Zustimmung durch den Bundesminister stimmt, ist dieser an diese Entscheidung gebunden.

Der Bundeskanzler könnte jedoch in zulässiger Weise von seiner Richtlinienkompetenz Gebrauch gemacht haben, als er den Bundesinnenminister anwies, entgegen der Entscheidung des Bundeskabinetts der Genehmigung zuzustimmen. Fraglich erscheint, ob sich seine Richtlinienkompetenz auf eine solche konkrete Einzelmaßnahme erstrecken kann (vgl *Maunz*, Maunz/Dürig, Art. 65, Rn 2). Doch ist der Begriff der Richtlinien der Politik iSv Art. 65 S. 1 GG nicht im Sinn „abstrakt-genereller Anordnungen" zu verstehen, die Entscheidungen des Bundeskanzlers im Rahmen seiner Richtlinienkompetenz können auch als Einzelfallentscheidungen ergehen, wenn mit der konkreten Sachfrage gleichzeitig über prinzipielle politische Fragen zu entscheiden ist. Dies dürfte hier zutreffen: Es geht um die prinzipielle Frage, ob, entgegen der bisherigen Haltung der Bundesregierung, das Kraftwerk trotz fehlender Entsorgung in Betrieb gehen soll.

Der Bundeskanzler hat also zu Recht von seiner Richtlinienkompetenz Gebrauch gemacht; diese Entscheidung ist für den Bundesinnenminister verbindlich.

Der Bundestag konnte jedoch bei seiner Debatte über diese Frage selbstverständlich eine entgegenstehende Position einnehmen und sich gegen die Erteilung der Genehmigung aussprechen; hierbei bestand keine Bindung an die vom Bundeskanzler vorgegebenen Richtlinien. Es handelte sich bei der Resolution des Bundestags um einen schlichten Parlamentsbeschluss. Dieser ist wiederum für die Bundesregierung rechtlich nicht verbindlich. Bleibt also der Bundeskanzler bei seiner Position, so ist diese für den Bundesinnenminister maßgeblich, nicht aber der entgegenstehende Parlamentsbeschluss.

Dem Bundestag bliebe es dann unbenommen, durch Verabschiedung eines entsprechenden Gesetzes seine Position verbindlich festzuschreiben. Zunächst aber hat der Bundesinnenminister der Genehmigung zuzustimmen.

2. Das Beschlussverfahren der Bundesregierung

Wie Beschlüsse der Bundesregierung verfahrensmäßig zustandekommen, ist im GG **546**
nicht ausdrücklich geregelt; hierfür ist dann auf die Geschäftsordnung (GeschOBReg) zurückzugreifen. Doch muss das Verfahren so ausgestaltet sein, dass es möglich ist, Beschlüsse der Bundesregierung als Kollegialorgan dieser tatsächlich zuzurechnen. Wo insbesondere durch Gesetz der Bundesregierung die Zuständigkeit zum Erlass von Rechtsverordnungen übertragen wird, muss das Beschlussverfahren so ausgestaltet sein, dass tatsächlich von einem **Beschluss des Kollegiums** ausgegangen werden kann. Dies bedeutet materielle Zurechenbarkeit, iE:

- hinreichende **Information** der Regierungsmitglieder,
- Mitwirkung einer hinreichend großen Anzahl von Regierungsmitgliedern an der Entscheidung (**Quorum**), sowie
- eine **Mehrheit** von Stimmen für die Beschlussfassung.

Das Anwesenheitsquorum des § 24 GeschOBReg trägt diesen Erfordernissen Rechnung, wie auch die Unterrichtung der Regierungsmitglieder nach § 15 Abs. 1 lit. b GeschOBReg; ein **Umlaufverfahren** kann, so BVerfGE 91, 148, die Anwesenheit der Regierungsmitglieder iSv § 24 Abs. 1 GeschOBReg ersetzen, doch muss dann hinreichende Beteiligung der Regierungsmitglieder am Umlaufverfahren gewährleistet sein. Dies bedeutet tatsächliche Stimmabgabe: qui tacet consentire videtur – dieser Satz gilt hier also nicht.

Lösung Fall 65 – Umlaufverfahren –: Beide Durchführungsverordnungen sind ver- **547**
fahrensfehlerhaft zustandegekommen:

– Bei Abstimmung über die 1. DVO war das Anwesenheitsquorum nach § 24 Abs. 1 GeschOBReg nicht erfüllt. Dieses Quorum ist nach BVerfGE 91, 148 auch verfassungsrechtlich geboten, da nur dann die Beschlussfassung der Bundesregierung als Kollegium zugerechnet werden kann. Hier führt also ein Geschäftsordnungsverstoß zu einem Verfassungsverstoß.

– Beim – an sich verfassungskonformen – Umlaufverfahren iFd 2. DVO durfte das Schweigen der Mehrheit der Regierungsmitglieder nicht als Zustimmung gewertet werden. Es haben sich damit nur fünf Regierungsmitglieder an der Abstimmung beteiligt.

Damit ist das Quorum des § 24 Abs. 1 GeschOBReg nicht gewahrt. Dieses Quorum aber ist bei verfassungskonformer Durchführung des Umlaufverfahrens einzuhalten, da nur dann die erforderliche materielle Zurechenbarkeit gegeben ist. Eine bis dahin abweichende Staatspraxis führt zu keiner abweichenden Beurteilung: Die Staatspraxis ist, so BVerfG aaO, „Gegenstand, nicht Maßstab der verfassungsrechtlichen Beurteilung".

Allerdings hat das BVerfG im Ausgangsfall von einer Nichtigerklärung der Verordnungen Abstand genommen: Mängel im Verfahren führten nur bei Evidenz zur Nichtigkeit; Evidenz wurde jedoch verneint. Da nunmehr aber die verfahrensmäßigen Anforderungen an die Beschlussfassung durch die Bundesregierung klargestellt seien, ist bei künftigen Verfahrensverstößen, so BVerfG aaO, Evidenz gegeben. Wenn die fraglichen Verordnungen im **Fall 65** also nach der fraglichen Entscheidung des BVerfG (vom 11.10.1994) erlassen worden sind, sind sie wegen evidenten Verfahrensverstoßes nichtig.

Schrifttum zu III.: *Achterberg*, Innere Ordnung der Bundesregierung, in: HdBStR II, § 52; *Schenke*, Die Aufgabenverteilung innerhalb der Bundesregierung, Jura 1982, 337; *v. Arnauld*, Justizministerium und Organisationsgewalt, AöR 124 (1999), 658.

IV. Einzelne Kompetenzen der Bundesregierung

548 Wie eingangs bereits dargelegt, entsprechen die positiv geregelten Befugnisse der Bundesregierung nach dem Grundgesetz nicht ihrer tatsächlichen Bedeutung im Verfassungsgefüge, ihrer eigentlichen und primären Aufgabe der politischen Staatsleitung. Diese kommt zB zum Ausdruck im Recht der Bundesregierung nach Art. 76 Abs. 1 GG, Gesetzesinitiativen einzubringen. Hier verknüpfen sich Funktionen von Parlament und Bundesregierung in der Staatsleitung. Die Bundesregierung nimmt hierdurch erheblichen Einfluss auf die Gesetzgebungsarbeit im Parlament.

Weitere wesentliche Kompetenzen der Bundesregierung wurden bereits in anderem Zusammenhang angesprochen. Im Verhältnis zu Bundestag und Bundesrat bedeutsam ist hier insbesondere das Rederecht der Bundesregierung in den Verhandlungen dieser Organe und ihrer Ausschüsse; auf die Bundesregierung können vom Parlament Rechtsetzungsbefugnisse im Wege der Verordnungsermächtigung nach Art. 80 Abs. 1 GG übertragen werden; s. dazu BVerfGE 91, 148 und o. Rn 273 ff.

Im Bund-Länder-Verhältnis wurden im Rahmen der bundesstaatlichen Kompetenzordnung der ausführenden Gewalt die Direktions- und Aufsichtsbefugnisse der Bundesregierung nach Art. 84 Abs. 2, 85 Abs. 2, 108 Abs. 7 GG – Erlass von *Verwaltungsvorschriften* –, BVerfGE 100, 249, sowie nach Art. 84 Abs. 5, 85 Abs. 3, 108 Abs. 3 GG – *Weisungsrechte* – bedeutsam; regelmäßig ist hier die Beteiligung des Bundesrats erforderlich.

Aus der Aufgabe der Staatsleitung durch die Bundesregierung folgen insbesondere auch deren Informationsaufgaben im Verhältnis zur Öffentlichkeit; hieraus wiederum folgen auch konkrete Äußerungsrechte, wenn es darum geht, der Bevölkerung durch Hinweise, Empfehlungen, Warnungen Orientierungshilfe zu geben (s.o. Rn 322 ff zu BVerfGE 105, 252 und 105, 279).

Im Verhältnis zur Bundesverwaltung steht der Bundesregierung die *Organisationsgewalt* zu, **549**
also die Befugnis, die zur Wahrnehmung ihrer Aufgaben erforderlichen organisatorischen und verfahrensmäßigen Anordnungen zu treffen, auch in Form von Verwaltungsvorschriften. Diese Organisationsgewalt bedurfte ebenso wenig wie die umfassende Direktionsbefugnis der einzelnen Bundesminister gegenüber der unmittelbaren Bundesverwaltung (dazu o. § 2 Rn 175 ff) der ausdrücklichen Festlegung im Grundgesetz. Sie folgt vielmehr unmittelbar aus der Stellung der Regierung als Spitze der Exekutive. Art. 86 GG bestätigt diese Befugnisse, sichert sie insbesondere im Verhältnis zu den Ländern ab. Gesichtspunkte der bundesstaatlichen Kompetenzordnung sind auch bestimmend für die Begrenzung der Organisationsgewalt des Bundes in Art. 87 Abs. 1 S. 2, Abs. 3 GG (dazu o. § 2 Rn 175 ff). Auch gegenüber der Organisationsgewalt der Regierung kann schließlich ein Gesetzesvorbehalt kraft Grundrechtswesentlichkeit eingreifen.

Ausdrückliche Gesetzesvorbehalte im Organisationsbereich enthalten teilweise die Verfassungen der Bundesländer (dazu *Schmidt-Aßmann*, Festschrift Ipsen, 1977, S. 333 ff).

Schrifttum zu IV.: *Busse*, Regierungsbildung aus organisatorischer Sicht, DÖV 1999, 319; *Beaucamp*, Konflikte in der Bundesregierung, JA 2001, 478; zu Art. 113 GG s. *Karehnke*, Die Einschränkung des parlamentarischen Budgetrechts bei ausgabenwirksamen Gesetzen durch Art. 113 GG, DVBl 1972, 811.

Lösung Fall 63 – Flick II –: 1. Berechtigung des Bundeskanzlers, den M zu entlassen: **550**
Bundeskanzler kann gem. Art. 64 Abs. 1 GG den Bundesminister jederzeit entlassen; genauer: dem Bundespräsidenten (für diesen verbindlich) die Entlassung vorschlagen.

2. Verpflichtung des Bundeskanzlers, den M zu entlassen?

– Entscheidung grundsätzlich im Ermessen des Bundeskanzlers;

– „Misstrauensvotum" des Bundestags: zulässig als sog. „schlichtes" oder unechtes Misstrauensvotum (s.o. Rn 531 f); hieraus aber weder Abgangspflicht des M noch Verpflichtung des Kanzlers zur Entlassung;

– Koalitionsvereinbarungen: rechtliche Qualifikation (unverbindliche politische Abrede – verfassungsrechtlicher Vertrag?, s.o. Rn 528) zw., hier aber nicht entscheidend: verfassungsrechtliche Befugnisse des Bundeskanzlers stehen nicht zur Disposition der Parteien der Koalitionsvereinbarungen, hieraus also keine Bindung des Bundeskanzlers im Rahmen des Art. 64 GG.

S. zu diesem „Standard-Fall" *Friehe*, JuS 1983, 208 ff, dort auch eine interessante Abwandlung des Falls.

§ 8 Der Bundespräsident

➡ **Leitentscheidung:** BVerfGE 62, 1 (Bundestagsauflösung).

Ausgangsfälle:

551 **Fall 66 – Prüfungsrecht –:** Der Bundestag verabschiedet mit der Mehrheit seiner Stimmen ein Gesetz zur Neuregelung der Schwangerschaftsunterbrechung, das sich in seinen wesentlichen Inhalten an ein weiteres Urteil des BVerfG zu dieser Problematik anlehnt. Der Bundespräsident, dem es zur Ausfertigung und Verkündung gemäß Art. 82 GG zugeleitet wird, weigert sich, das Gesetz auszufertigen. Der Bundesrat hätte seiner Auffassung nach dem Gesetz zustimmen müssen; ferner verstoße es gegen Art. 2 Abs. 2 GG und sei außerdem ethisch fragwürdig. Hat der Bundespräsident die Ausfertigung des Gesetzes zu Recht verweigert? **Rn 574**

552 **Fall 67 – v. Weizsäcker –:** Hat der damalige Bundespräsident *von Weizsäcker* im Rahmen seiner Kompetenzen gehandelt, als er

a) im Streit um den Sitz von Bundestag und Bundesregierung eindeutig Partei für Berlin ergriff?

b) im Juni 1992 die „Machtbesessenheit" aller politischen Parteien massiv kritisierte?

c) sich dezidiert gegen erweiterte Mitwirkungsrechte der Länder bei Entscheidungen im Rahmen der EG aussprach? **Rn 559, 574**

I. Rechtsstellung und Bedeutung

Der Bundespräsident wird durch das Grundgesetz nur in geringem Maße mit unmittelbaren staatlichen Befugnissen ausgestattet. Wenn ihm besonders die Repräsentation und Wahrung der staatlichen Einheit obliegt, so ist diese Funktion nicht so sehr eine Frage verfassungsrechtlicher Kompetenzen, als vielmehr seiner persönlichen Autorität. Gleichwohl sind die ihm positiv zugewiesenen Befugnisse verfassungsrechtlich nicht irrelevant.

1. Stellung im Grundgesetz

553 Das Grundgesetz hat den Bundespräsidenten mit nur geringen unmittelbaren verfassungsrechtlichen Kompetenzen ausgestattet. Doch zeigt seine Befugnis, bei drohender Minderheitsregierung zwischen der Auflösung des Bundestags und der Hinnahme einer Minderheitsregierung nach eigenem politischen Ermessen zu entscheiden (s. Art. 63 Abs. 4 S. 3, Art. 68 Abs. 1 S. 1 GG, dazu o. Rn 529, 533), dass der Bundespräsident nicht das schlechthin apolitische Verfassungsorgan ist, als das er mitunter dargestellt wird. Seine wesentlichen Funktionen liegen gleichwohl nicht in selbstständiger politischer Gestaltung oder in der Wahrnehmung eigenständiger verfassungsrechtlicher Kompetenzen. Sie sind vorrangig **repräsen-**

tativer und **integrativer** Natur und hierin rechtlich nur bedingt zu erfassen (vgl *Stern* II, § 30 I 4c).

Dass die Stellung des Bundespräsidenten gegenüber der des Reichspräsidenten nach der Weimarer Verfassung wesentlich abgeschwächt ist, dürfte hinreichend bekannt sein, doch betont etwa *Stern* II, § 30 I 4b, zu Recht, dass es der Bedeutung des Bundespräsidenten als Verfassungsorgan nicht gerecht würde, sie lediglich negativ, aus der Entgegensetzung zur WRV zu bestimmen, vielmehr eine eigenständige Entwicklung aus dem Grundgesetz erforderlich ist. Deshalb sollte im Zusammenhang mit der Stellung des Bundespräsidenten auf das – durchaus beliebte – Argumentationsmuster der Entgegensetzung zur WRV möglichst *verzichtet* werden. **554**

Die Stellung des Bundespräsidenten nach dem Grundgesetz ist die eines selbstständigen, **obersten Verfassungsorgans**. Er ist **Staatsoberhaupt** der Bundesrepublik Deutschland (vgl *Stern* II, § 30 II 2). Seine Aufgaben und Befugnisse (dazu nachstehend II.) liegen vor allem in der **Repräsentation** des Staates, insbesondere **nach außen** (Art. 59 Abs. 1 GG), in bestimmten, mit der Stellung als Staatsoberhaupt verknüpften „**staatsnotariellen**" Funktionen – die Ausfertigung von Gesetzen, die Ernennung und Entlassung von Mitgliedern der Bundesregierung wurden hier bereits genannt –, aber auch in **selbstständigen politischen Entscheidungsbefugnissen**, die typischerweise bei geminderter Handlungsfähigkeit anderer Verfassungsorgane mit dem Ziel der Wahrung oder Wiederherstellung stabiler Regierungsfunktionen eingreifen („*Reservefunktionen*"). Die Befugnisse nach Art. 63 Abs. 4 S. 3, 68 Abs. 1 S. 1 GG wurden hier bereits genannt, die Erklärung des Gesetzgebungsnotstands nach Art. 81 GG ist in diesen Zusammenhang einzuordnen. Teilhabe an der *politischen Staatsleitung* ist ihm jedoch *versagt*. Dies impliziert Zurückhaltung in politischen Fragen, insbesondere aber *parteipolitische* Neutralität. **555**

2. Zur Gegenzeichnungspflicht

Dass der Bundespräsident von eigenständiger politischer Staatsleitung ausgeschlossen ist, wird deutlich auch in der **Gegenzeichnungspflicht** des Art. 58 GG, durch die er in die politische Entscheidungsgewalt der *Bundesregierung* eingebunden, durch die – über die parlamentarische Verantwortlichkeit der Regierung – die *parlamentarische Legitimation* der Handlungen des Bundespräsidenten vermittelt wird. **556**

Der Gegenzeichnung bedürfen nach Art. 58 GG „Anordnungen und Verfügungen" des Bundespräsidenten. Der Begriff ist nicht unumstritten.

Nach überwiegender Auffassung fallen unter die Gegenzeichnungspflicht des Art. 58 GG alle *amtlichen und politisch bedeutsamen Handlungen und Erklärungen* des Bundespräsidenten (*Stern* II, § 30 II 7b; *Maunz*, Maunz/Dürig, Art. 68, Rn 2), also insbesondere auch Reden, Interviews uä, *nicht nur rechtlich verbindliche Akte*, nach außen wirkende, schriftförmige Entscheidungen (so die Gegenmeinung, vgl *Schenke*, BonnK, Art. 58 Rn 42 ff; *Seifert/Hömig*, Art. 58 Rn 2). Sieht man einerseits den Zweck des Art. 58 GG in der Wahrung einer einheitlichen Regierungspolitik (hierüber besteht Einigkeit), betont man andererseits die über seine positiv geregelten Kompetenzen hinausgehende Repräsentations- und Integrationsfunktion des Bundespräsidenten, so wird man das Gegenzeichnungserfordernis auch auf die nicht rechtlich verbindlich wirkenden Handlungen des Bundespräsidenten erstrecken müssen: Gerade auch dort kann der Bundespräsident kraft seiner Stellung als Staatsoberhaupt politisch wirken, greift also der *Normzweck* des Art. 58 GG ein. Die *Gegenauffassung* kommt dann jedoch gleichermaßen zu sachgerechten Ergebnissen, wenn sie außerhalb des Bereichs der Gegenzeichnungspflicht eine Bindung des Bundespräsidenten unter dem Aspekt der *Verfassungsorgantreue* annimmt (*Schenke,* aaO).

557 *Zum Begriff:* **Verfassungsorgantreue** impliziert eine ungeschriebene Verpflichtung der Verfassungsorgane, in ihrem Verhältnis zueinander über die positiv festgelegten Befugnisse hinaus sich von wechselseitiger Rücksichtnahme leiten zu lassen, hierin in etwa der Pflicht zu bundesfreundlichem Verhalten (o. § 2 Rn 214 ff) vergleichbar. Vor allem dann, wenn Rechte und Befugnisse von Verfassungsorganen miteinander kollidieren und nach dem Grundsatz „praktischer Kondordanz" in Ausgleich zu bringen sind, ist auf diese immanente Verpflichtung zu wechselseitigem Ausgleich abzustellen, s.o. Rn 483.

558 Die Gegenzeichnung obliegt dem *Bundeskanzler* oder dem ressortmäßig zuständigen *Bundesminister*, richtet sich also nach der Aufgabenverteilung innerhalb der Bundesregierung (s.o. § 7 Rn 537 ff): Sind „Richtlinien der Politik" betroffen (Rn 538), so ist der Bundeskanzler zuständig. Die Gegenzeichnung erfolgt bei rechtlich verbindlichen Anordnungen *schriftlich* (in der Praxis wird dem Bundespräsidenten regelmäßig die bereits gegengezeichnete Verfügung zum Vollzug vorgelegt, also etwa das auszufertigende Gesetz). Bei sonstigen Handlungen und Erklärungen erfolgt die Gegenzeichnung regelmäßig konkludent durch stillschweigende Billigung. Rechtsfolge *fehlender Gegenzeichnung* ist nach Art. 58 GG die „*Ungültigkeit*" der Maßnahme. Die Bestimmung der Rechtsfolge bereitet daher bei rechtlich verbindlichen Akten keine Schwierigkeiten: sie sind ungültig, werden also *nicht* wirksam. Anders bei sonstigen Handlungen und Erklärungen: Bei fehlender Gegenzeichnung wird bereits aus diesem Grund von einer Kompetenzüberschreitung des Bundespräsidenten auszugehen sein.

Der Gegenmeinung, die den Begriff der „Anordnungen und Verfügungen" in Art. 58 GG eng auslegt, ist zuzugeben, dass in der Tat die Wendung „bedürfen zu ihrer *Gültigkeit*" in Art. 58 GG für diese engere Auffassung spricht: nur für rechtlich verbindliche Maßnahmen erscheint diese Rechtsfolge sinnvoll; eine Rede oder ein Interview könne nicht „ungültig" werden.

Folge der Gegenzeichnung ist die Übernahme der *politischen Verantwortung* durch die *Bundesregierung*. Die *rechtliche Verantwortung* verbleibt beim *Bundespräsidenten*: Er hat ein Gesetz, das nicht „nach den Vorschriften des Grundgesetzes zustandegekommen" ist (zur Problematik näher u. II. Rn 562 ff) nicht auszufertigen, auch bei vorliegender Gegenzeichnung.

559 **Fall 67 – v. Weizsäcker –:** Gegenzeichnungspflicht wäre, folgt man der Mehrheitsauffassung, zu bejahen: der Bundespräsident äußerte sich hier durchweg in amtlicher Eigenschaft, nicht als Privatperson. Seine Äußerungen enthielten keine rechtlich verbindlichen Entscheidungen, wirkten jedoch politisch. Eine Gegenzeichnung ist nicht erfolgt, soweit der hierfür bei derartigen politischen Grundsatzfragen zuständige Bundeskanzler den Äußerungen des Bundespräsidenten widersprochen hat. Insoweit wären dann die formellen Anforderungen an sein Handeln nicht gewahrt; zur Frage einer materiellen Kompetenzüberschreitung s. unten Rn 573 f.

Der Bundespräsident wird **gewählt** durch die **Bundesversammlung**, ein nur zu diesem Zweck sich konstituierendes Verfassungsorgan, in dem die Mitglieder des Bundestags und eine gleiche Anzahl von Vertretern der Länder, die von den Landesparlamenten gewählt werden, ihnen jedoch nicht angehören müssen, vertreten sind, Art. 54 GG, – dort auch zu den Einzelheiten. Die Amtsperiode erstreckt sich auf 5 Jahre, einmalige Wiederwahl ist zulässig. **560**

Art. 55 GG legt **Inkompatibilitäten** für das Amt des Bundespräsidenten fest; die Mitgliedschaft in einer *Partei* ist nicht ausgeschlossen, wohl aber – wenngleich dies nicht ausdrücklich niedergelegt ist – aktive Betätigung für die Partei. Zur Frage der *Nachwirkung* des Art. 55 GG nach Ausscheiden aus dem Amt des Bundespräsidenten s. *Stern* II, § 30 II 4d: Gebot zur Zurückhaltung als Frage primär des politischen Stils; aber Verbot der – politischen wie ökonomischen – „Vermarktung" der Amtsstellung. **561**

II. Kompetenzen des Bundespräsidenten, insbesondere Prüfungsrecht

Soweit dem Bundespräsidenten positive verfassungsrechtliche Kompetenzen wie etwa die Ausfertigung von Gesetzen zugewiesen sind, stellt sich regelmäßig die Frage, ob er hierbei lediglich die Entscheidungen der anderen Verfassungsorgane vollzieht oder aber selbst über die Voraussetzungen seines Handelns entscheidet. Die damit angesprochene Frage der Prüfungskompetenz des Bundespräsidenten ist im Schwerpunkt Gegenstand der nachstehenden Ausführungen.

1. Ausfertigung von Gesetzen und Prüfungskompetenz

Gesetze bedürfen zu ihrem In-Kraft-Treten der Ausfertigung durch den Bundespräsidenten, Art. 82 GG. Mit der **Ausfertigung** wird bekundet, dass der veröffentlichte Gesetzestext mit dem vom Gesetzgeber beschlossenen Inhalt des Gesetzes übereinstimmt und das Gesetzgebungsverfahren ordnungsgemäß durchgeführt wurde; hieran schließt sich die Veröffentlichung im Bundesgesetzblatt. **562**

Zentrales Problem bei dieser „staatsnotariellen" Kompetenz des Bundespräsidenten ist die Frage seiner Prüfungskompetenz: Darf der Bundespräsident, muss er ggf die Ausfertigung verweigern, wenn er das Gesetz für verfassungswidrig hält?

Unstreitig ist zunächst: der Bundespräsident hat ein **formelles Prüfungsrecht** in Bezug auf die verfahrensmäßigen Voraussetzungen für das Zustandekommen des Gesetzes. Dies folgt bereits aus dem Wortlaut des Art. 82 GG: Die nach den Vorschriften des GG **zustande gekommenen** Gesetze werden vom Bundespräsidenten ausgefertigt. Diese Formulierung ist wortgleich mit der in Art. 78 GG, der einen Abschnitt im Gesetzgebungs*verfahren* abschließt; auch besteht im Zeitpunkt der Entscheidung durch den Bundespräsidenten erstmals die Möglichkeit, aus dem Überblick über das nunmehr abgeschlossene, gesamte Gesetzgebungsverfahren dieses umfassend zu beurteilen (so auch *Bryde*, in: von Münch/Kunig III, Art. 82, Rn 3).

Der Bundespräsident kann hiernach also beurteilen: Beschlussfassung durch den Bundestag, Wahrung der Rechte des *Bundesrats*, aber auch: *Kompetenz* des Bundes.

Im Streit um die Stimmabgabe des Landes Brandenburg in der Abstimmung des Bundesrats über das Zuwanderungsgesetz (Rn 510) verneinte der Bundespräsident *Rau* einen evidenten Verfassungsverstoß und fertigte das Gesetz deshalb aus. Eine derartige Selbstbeschränkung ist jedoch für Fragen des Gesetzgebungsverfahrens nicht zwingend und sollte dann auch, geht man davon aus, dass die Kompetenzordnung des Grundgesetzes eine zwingende ist, auch nicht erfolgen.

563 *Umstritten* ist die Frage eines **materiellen Prüfungsrechts**.

Der **Wortlaut** des Art. 82 GG erscheint insoweit *nicht eindeutig*, denn „Vorschriften des Grundgesetzes", nach denen ein Gesetz zustandekommt, können *auch* materielle Bestimmungen sein; – zuzugeben ist allerdings, dass die Parallele zu Art. 78 GG für die engere Auffassung spricht, wenngleich der gleiche Begriff in unterschiedlichen Vorschriften durchaus unterschiedlich gebraucht sein kann.

Da die Frage also im Grundgesetz nicht *ausdrücklich* geregelt ist, ist sie aus dessen systematischem Zusammenhang, der hieraus sich ergebenden Aufgabenstellung der Staatsorgane zu beantworten. Gesichtspunkte sind dabei zum einen aus der Einordnung der Gesetzgebung in die *grundgesetzliche Funktionsordnung* zu gewinnen, zum anderen aus der grundgesetzlich umrissenen Stellung des Bundespräsidenten.

Nicht weiterführend erscheint dabei zunächst die Berufung auf den **Amtseid** des Bundespräsidenten, Art. 56 GG: Die Verpflichtung des Bundespräsidenten, „das Grundgesetz zu wahren", sagt noch nichts über den Umfang seiner ihm nach dem Grundgesetz obliegenden Pflichten; die Argumentation aus dem Amtseid beruht also auf einem *Zirkelschluss* (so auch *Bryde,* aaO).

Ebensowenig sinnvoll erscheint mir die Argumentation (*gegen* ein Prüfungsrecht) aus der im Vergleich zur WRV schwach ausgeprägten Stellung des Bundespräsidenten: Dessen Befugnisse sind *aus dem Grundgesetz* zu bestimmen, nicht aus der Rückwendung auf die WRV (s.o. Rn 554).

Die Position des Bundespräsidenten im Verfassungsgefüge gestattet also zunächst noch nicht die Ableitung zwingender Aussagen zur materiellen Prüfungskompetenz. Es handelt sich bei der Prüfung der Verfassungsmäßigkeit eines Gesetzes um keine Frage *politischer Staatsleitung*, die dem Bundespräsidenten eindeutig entzogen wäre.

564 Der Grundsatz der **Gewaltenteilung**, Art. 20 Abs. 2 GG, spricht zwar gegen materielle Eingriffe des Bundespräsidenten als eines nicht der Legislative angehörenden Verfassungsorgans in die Gesetzgebung, ist andererseits im Grundgesetz nicht im Sinn einer durchgehenden scharfen Trennung verwirklicht. Insbesondere obliegt die Verpflichtung zur Wahrung der **verfassungsmäßigen Ordnung** allen Verfassungsorganen, Art. 20 Abs. 3 GG. Deshalb erscheint mir auch der Hinweis auf die vorrangige Kompetenz des *Bundesverfassungsgerichts* zur Prüfung der Verfassungsmäßigkeit von Gesetzen nicht zwingend: Die *Möglichkeit* der *nachträglichen* Kontrolle (auf *Antrag!*) entbindet keinesfalls von der Verpflichtung aller Verfassungsorgane, *von vornherein* die verfassungsrechtlichen Erfordernisse für staatliches Handeln zu beachten.

Der Gesichtspunkt der **Verpflichtung aller Verfassungsorgane auf die verfassungsmäßige Ordnung** spricht insoweit zwar für ein Prüfungsrecht des Bundespräsidenten, ist aber nicht eindeutig. Auch der Bundestag ist eindeutig beauftragt, die verfassungsmäßige Ordnung zu wahren. Mit der Verabschiedung eines Gesetzes bekundet der Bundestag aber gleichzeitig, dass es nach seiner Auffassung der verfassungsmäßigen Ordnung entspricht. Ist der Bundespräsident gegenteiliger Auffassung, so stellt sich letztlich die **Kompetenzfrage, wessen Auffassung** *für das Gesetzgebungsverfahren* den Ausschlag geben soll: die **des Bundespräsidenten oder** die des **Gesetzgebers**. Hier greifen nun Gesichtspunkte der **Gewaltenteilung** ein: Verantwortlich für den **Inhalt** der Gesetze ist primär der demokratisch legitimierte **Gesetzgeber**. Seine Beurteilung der Verfassungsmäßigkeit eines Gesetzes muss *für das Gesetzgebungsverfahren Vorrang* genießen, ihm muss insoweit eine **Einschätzungsprärogative** zukommen (so auch der Vorgänger des jetzigen Bundespräsidenten im Amte, *Johannes Rau*, in seinem Beitrag „Vom Gesetzesprüfungsrecht des Bundespräsidenten", DVBl 2004, 1 – in zT wörtlicher Übereinstimmung mit den hiesigen Ausführungen in S. 2, re. Sp. o.). Dies bedeutet, dass der Bundespräsident grundsätzlich an die vom Gesetzgeber bekundete Auffassung von der Verfassungsmäßigkeit eines Gesetzes gebunden ist, es sei denn, diese Auffassung ist *offensichtlich fehlsam:* bei sich aufdrängender Verfassungswidrigkeit muss das Gebot der Wahrung der Verfassungsordnung gegenüber der grundsätzlichen, aber eben nicht unbegrenzten Einschätzungsprärogative des Gesetzgebers durchgreifen. 565

Im **Ergebnis** möchte ich also eine Befugnis des Bundespräsidenten zur **Evidenzkontrolle** bejahen. Dem entspricht auch weitgehend die Praxis (ebenso *Bryde,* aaO, Rn 6), die sich mitunter auch in Fragen der formellen Verfassungsmäßigkeit auf eine Evidenzkontrolle beschränkt, so zuletzt im Fall des Zuwanderungsgesetzes (Rn 510, 562). 566

Hier werden auch allgemeinere Überlegungen hinsichtlich der Stellung des Bundespräsidenten als Verfassungsorgan sinnvoll: *Als Verfassungsorgan* ist es ihm nicht zuzumuten, bei klar erkannter Verfassungswidrigkeit durch die Ausfertigung eines Gesetzes den Verfassungsverstoß zu billigen. *Hier* könnten iÜ auch Erwägungen aus dem Amtseid des Bundespräsidenten ansetzen: Die Wahrung der Verfassung gebietet, ungeachtet der grundsätzlich gegebenen Kompetenzzuordnung im Verhältnis der Verfassungsorgane, jedenfalls die Abstandnahme von der Billigung des klaren Verfassungsbruchs.

Ein *politisches Prüfungsrecht* hinsichtlich des Inhalts eines auszufertigenden Gesetzes, dies ist klarstellend anzumerken, hat der Bundespräsident ganz unstreitig *nicht:* Hierin läge ein unzulässiger Eingriff in die politische Staatsleitung durch das Parlament.

2. Vertretung der Bundesrepublik nach außen

Der Bundespräsident vertritt *als Staatsoberhaupt* – entsprechend allgemeinen völkerrechtlichen Gepflogenheiten – die Bundesrepublik *nach außen*. Ihm obliegt hierbei insbesondere der *Abschluss* völkerrechtlicher Verträge, Art. 59 Abs. 1 GG (vgl 567 hierzu *Schweitzer*, Rn 135 ff). *Nicht* obliegt ihm die *Außenpolitik*. Träger der materiellen auswärtigen Gewalt sind Parlament und Regierung. Demgemäß bezieht sich die Kompetenz des Art. 59 Abs. 1 S. 2 GG nicht auf die materielle Gestaltung der Außenpolitik, nicht auf die Ausgestaltung völkerrechtlicher Verträge, insbesondere also auch nicht auf Vertragsverhandlungen, sondern *ausschließlich* auf die *Ratifikation* der Verträge (ganz hM, vgl *Stern* II, § 30 III 3b; dort mwN in Anm. 172), dh die Erklärung der völkerrechtlichen Bindung an den bereits durch die Bundesregierung unterzeichneten Vertrag mit Austausch der Ratifikationsurkunden (hierzu *Rojahn*, in: v. Münch/Kunig II, Art. 59, Rn 12 ff). *Wann* Verträge eines Vertragsgesetzes bedürfen, ergibt sich aus Art. 59 Abs. 2 GG (s. Rn 227). Das Vertragsgesetz ermächtigt den Bundespräsidenten zur Ratifikation, also zur Unterschrift unter den Vertrag, wodurch dieser völkerrechtlich bindend wird (*Rojahn* aaO Rn 14).

568 Auch soweit der Bundespräsident im Übrigen die Bundesrepublik nach außen vertritt – sei es durch völkerrechtlich verbindliche Erklärungen, Art. 59 Abs. 1 S. 1 GG, sei es durch Wahrnehmung bloßer Repräsentationsfunktionen –, hat er keine Befugnisse zu selbstständiger außenpolitischer Gestaltung, ist darauf beschränkt, den von den hierfür zuständigen Verfassungsorganen gebildeten Staatswillen kundzutun (*Stern* II, § 30 III 3b, III 4c), also etwa auch bei Reden im Rahmen von Staatsbesuchen die außenpolitische Linie der Bundesregierung und des Bundestags zu wahren. Verfahrensmäßig wird diese Verpflichtung durch die Gegenzeichnungspflicht des Art. 58 GG abgesichert (dazu o. Rn 556 ff).

569 Insbesondere bei ratifizierungsbedürftigen Verträgen stellt sich die Frage nach der **Prüfungskompetenz** des Bundespräsidenten, dies sowohl im Hinblick auf die Ausfertigung des Zustimmungsgesetzes, als auch im Hinblick auf die Vornahme der Ratifizierung selbst. Hierfür gelten die gleichen Gesichtspunkte, wie sie generell für ein Prüfungsrecht des Bundespräsidenten bei der Ausfertigung von Gesetzen maßgeblich sind (*Stern,* aaO, III 4c): also Evidenzkontrolle.

3. Weitere Befugnisse

570 Bei der *Ernennung und Entlassung der Bundesminister* nach Art. 64 Abs. 1 GG ist der Bundespräsident grundsätzlich beschränkt auf die Prüfung der – geringen – rechtlichen Voraussetzungen hierfür (zur Frage der Ablehnungsbefugnis aus Gründen des „Staatswohls" vgl § 7 Rn 530). Bei der *Ernennung des Bundeskanzlers* prüft er lediglich die Voraussetzungen für dessen ordnungsgemäße Wahl, wie sie in Art. 63, 67 GG enthalten sind.

Für die dem Bundespräsidenten durch Art. 60 Abs. 1 GG übertragene *Ernennung der Bundesbeamten*, Bundesrichter und Angehörigen der Bundeswehr wird über die Prüfung der *rechtlichen Voraussetzungen* hinaus dem Bundespräsidenten auch eine begrenzte *sachliche Prüfungsbefugnis* zugestanden, bezogen auf Fragen der Qualifikation (*Stern II*, § 30 III 5g).

571 Nach **eigenem politischen Ermessen** handelt der Bundespräsident bei der Entscheidung über die **Auflösung des Bundestags** nach Art. 63 Abs. 4 S. 3 GG, Art. 68 Abs. 1 S. 1 GG (vgl BVerfGE, 2, 1, dazu bereits o. § 7 Rn 534 f, sowie nachstehend Rn 575 ff). Auch hier geht die Prüfung der *rechtlichen Voraussetzungen* seines Handelns voraus, was insbesondere iFd Art. 68 Abs. 1 S. 1 GG die Frage einschließt, ob eine Lage „politischer Instabilität“ die Vertrauensfrage des Bundeskanzlers rechtfertige. Insoweit jedoch beschränkt die vom BVerfG angenommene *Einschätzungsprärogative* zu Gunsten des *Bundeskanzlers* die Prüfung der rechtlichen Voraussetzungen durch den *Bundespräsidenten* (dazu Rn 535 und u. Rn 575).

Vergleichbare Überlegungen dürften für die Erklärung des **Gesetzgebungsnotstands** nach Art. 81 GG maßgeblich sein. Auch hier trifft der Bundespräsident eine politische Ermessensentscheidung nach Prüfung der rechtlichen Voraussetzungen für sein Handeln; hinsichtlich der „*Dringlichkeit*“ einer Vorlage ist wiederum eine Einschätzungsprärogative zu Gunsten der Bundesregierung in Betracht zu ziehen. **572**

Die Ausübung des *Gnadenrechts für den Bund* ist von praktisch geringerer Bedeutung, da auf *Bundessachen* (dazu *Seifert/Hömig*, Art. 60, Rn 2) beschränkt.

4. „Politische“ Befugnisse des Bundespräsidenten?

Eingangs wurde darauf hingewiesen, dass der Bundespräsident nicht an der politischen Staatsleitung teilhat. Andererseits ist er durchaus befugt, kann sogar dazu verpflichtet sein, sich in Fragen von tragender Bedeutung für das Staatsganze mit dem Gewicht seines Amtes zu äußern. Es entspricht seiner nach außen hin repräsentativen wie nach innen integrativen Funktion als Staatsoberhaupt, wenn er etwa sich in grundsätzlicher Weise zur historischen Verantwortung der Bundesrepublik bekennt, aber etwa auch die Aufmerksamkeit in der Öffentlichkeit auf krisenhafte Entwicklungen lenkt. Dabei ist die Grenzziehung zu unzulässiger Einflussnahme in das politische Tagesgeschehen nicht immer eindeutig zu ziehen. – Zur Frage, ob der Bundespräsident zur Bestimmung einer Nationalhymne befugt wäre, s. den Übungsfall von *Naumann*, JuS 2000, 786. **573**

Lösung Fall 67 – v. Weizsäcker –: a) Bei politischen Auseinandersetzungen, wie sie sich 1991 an der Hauptstadtfrage entzündeten, erscheint eine eindeutige Parteinahme des Bundespräsidenten mit seiner Verpflichtung zur politischen Neutralität schwer vereinbar. Andererseits ist gerade diese Frage mit der Repräsentationsfunktion des Bundespräsidenten eng verknüpft. Er dürfte insoweit noch im Rahmen seiner Kompetenzen gehandelt haben. **574**

b) Mit der Warnung vor krisenhaften Entwicklungen der Parteiendemokratie des Grundgesetzes handelt der Bundespräsident im Rahmen seiner Verantwortung für das Gemeinwesen, die ihm als Staatsoberhaupt obliegt, im Rahmen insbesondere seiner integrativen Funktionen. Anders wäre dies nur, wenn seine Kritik sich auf bestimmte Parteien beschränkt hätte. Ob seinen Äußerungen nach Inhalt und Form beizupflichten ist, ist keine Frage der verfassungsrechtlichen Beurteilung.

c) Eine derartige Einflussnahme auf umstrittene Fragen politischer Gestaltung berührt Bereiche politischer Staatsleitung, die dem Bundespräsidenten verschlossen sind. Er dürfte hier also seine Kompetenzen überschritten haben. Er hat mE auch seine Verpflichtung zu politischer Neutralität nicht beachtet, da er in einem offenen Kompetenzkonflikt im Bundesstaatsverhältnis nicht einseitig Partei ergreifen darf.

Lösung zu Fall 66 – Prüfungsrecht –: Der Bundespräsident macht mit seiner Weigerung zunächst *Verfahrensmängel* geltend; hierzu ist er berechtigt: formelles Prüfungsrecht, Art. 82 GG, s.o. Rn 562. Er weigert sich dann zu Recht, das Gesetz auszufertigen, wenn es verfahrensfehlerhaft zustandegekommen ist. Dies ist der Fall, wenn der Bundesrat entgegen Art. 77 GG nicht verfassungsgemäß beteiligt worden ist.

Der Bundespräsident macht ferner materielle Verfassungswidrigkeit geltend. Beschränkt man seine Prüfungskompetenz auf Fälle evidenter Verfassungswidrigkeit, wird man seine Weigerung aus diesem Grund nicht als berechtigt anerkennen dürfen. Bei einer derart verfassungsrechtlich umstrittenen Thematik wird evidente Verfassungswidrigkeit nicht in Betracht kommen und ist jedenfalls dann zu verneinen, wenn das Gesetz iW verfassungsgerichtlichen Vorgaben entspricht. – Ethische Bedenken liegen auf der Ebene einer politischen Beurteilung des Gesetzes – diese ist dem Bundespräsidenten eindeutig versagt.

Schrifttum zu II.: *Kunig*, Der Bundespräsident, Jura 1994, 217; *Rau*, Vom Gesetzesprüfungsrecht des Bundespräsidenten, DVBl 2004, 1.

Zusammenfassender Ausgangsfall: Bundestagsauflösung 1983

Lösung Fall 55: *Vorb. zum Aufbau:* hier bereits bestimmter Rechtsbehelf eingelegt, daher Zulässigkeit vor Begründetheit zu prüfen.

575 I. *Zulässigkeit des Antrags*

Es handelt sich um ein Organstreitverfahren, Art. 93 Abs. 1 Nr 1 GG.

1. Bundestagsabgeordnete sind *antragsfähig*, da durch Art. 38 Abs. 1 S. 2 iVm Art. 39 Abs. 1 S. 1 GG mit eigenen Rechten ausgestattete „*Beteiligte*" im Sinn des Art. 93 Abs. 1 Nr 1 GG; Bundespräsident ist geeigneter Antragsgegner, da oberstes Verfassungsorgan.

2. *Streit* um gegenseitige Rechte und Pflichten liegt vor: Auflösung des Bundestags und Anordnung der Neuwahlen als rechtserhebliche Maßnahmen des Bundespräsidenten.

3. *Antragsbefugnis*, § 64 BVerfGG: Antragsteller sind in ihrer rechtlichen Stellung als Abgeordnete betroffen; Art. 39 Abs. 1 S. 1 GG – Wahlperiode – gewährleistet verfassungsrechtliche Position des Bundestags, damit auch des einzelnen Abgeordneten, der durch Art. 38 Abs. 1 S. 2 GG geschützt.

4. *Rechtsschutzinteresse*, *Form* und *Frist* nicht zw.

II. *Begründetheit des Antrags*

Der Antrag ist begründet, wenn der Bundespräsident gegen die Verfassung verstoßen und hierdurch Rechte der Antragsteller verletzt hat. In Betracht kommt hier: Art. 68 Abs. 1 S. 1 GG.

Die Vorschrift räumt dem Bundespräsidenten *Ermessen* ein; das BVerfG prüft also fehlerhaften Ermessensgebrauch, zunächst aber die tatbestandlichen Voraussetzungen des Art. 68 Abs. 1 GG:

1. Tatbestandliche Voraussetzungen:

a) – *Vertrauensfrage:* war hier gestellt;
   – *keine* ausreichende *Mehrheit:* hier gegeben, da mehrheitlich Enthaltung;
   – *Vorschlag des Bundeskanzlers*, den Bundestag aufzulösen: hier gegeben.

b) *Problem:* Erfordernis einer „*materiellen Auflösungslage*".

Bundeskanzler könnte hier, obwohl im Besitz einer ausreichenden parlamentarischen Mehrheit (vorgehendes konstruktives Misstrauensvotum!), Vertrauensfrage nur zu dem Zweck gestellt haben, das fehlende Selbstauflösungsrecht des Bundestags zu umgehen und zu einem ihm opportun erscheinenden Zeitpunkt Neuwahlen zu ermöglichen; dies wäre in der Tat unzulässig.

Grundsätzlich ist daher zu fordern, dass eine materielle *Auflösungslage* besteht.

Der Bundespräsident durfte also nur dann den Bundestag auflösen, wenn von einer solchen materiellen Auflösungslage auszugehen war. BVerfGE 62, 1 hat dies bejaht.

Entscheidend hierfür erscheinen mir zwei Überlegungen:

aa) Es genügt bereits eine Lage der *politischen Instabilität*; auf die numerischen Stimmenverhältnisse im Bundestag ist also nicht entscheidend abzustellen.

Von Interesse hier auch der *methodische Ansatz* des BVerfG: Das Instrument des Art. 68 Abs. 1 S. 1 GG sei bereits früher – 1972 – zur Herbeiführung von Neuwahlen bei instabilen Mehrheitsverhältnissen eingesetzt worden, damals bei gemeinsamer Überzeugung aller Verfassungsorgane von der Zulässigkeit dieses Vorgehens. Dies sei für das BVerfG nicht unbeachtlich: die *Konkretisierung einer „offenen" Verfassungsnorm* wie des Art. 68 Abs. 1 S. 1 GG als Element des in der Verfassungspraxis zu entfaltenden parlamentarischen Regierungssystems obliege *allen Verfassungsorganen* im Zusammenspiel der Kräfte dieses Regierungssystems.

Art. 68 Abs. 1 S. 1 GG ist also geeignetes Instrument für Lagen politischer Instabilität; die Vertrauensfrage kann dann gestellt werden, wenn „die politischen Kräfteverhältnisse im Bundestag seine Handlungsfähigkeit so beeinträchtigen oder lähmen, dass er eine vom stetigen Vertrauen der Mehrheit getragene Politik nicht sinnvoll zu verfolgen vermag".

bb) Ob eine solche Situation gegeben ist, ist zunächst vom Bundeskanzler zu beurteilen; eine derartige Beurteilung der politischen Gegebenheiten, der Kräfteverhältnisse im Parlament und in den Parteien, bedeutet eine vorrangig politische Bewertung, erfordert Prognosen hinsichtlich der zu erwartenden politischen Entwicklung. Hier ist – ähnlich wie auch dem Gesetzgeber bei Prognoseentscheidungen – dem Bundeskanzler eine *Prärogative in der Einschätzung* zuzuerkennen.

Der *Bundespräsident* darf im Hinblick auf den Bereich eigenständiger politischer Verantwortung der Verfassungsorgane *seine* politische Bewertung der Verhältnisse nicht an die Stelle der Beurteilung des Bundeskanzlers setzen, sondern sie nur bei evidenter Fehlsamkeit korrigieren.

c) Dies zugrundegelegt, musste der *Bundespräsident* bei der Entscheidung über die Auflösung des Bundestags von einer materiellen Auflösungslage ausgehen.

Angesichts der dargestellten politischen Entwicklung, insbesondere der innerparteilichen Instabilität des Koalitionspartners FDP, wie auch der Tatsache, dass nur über ein sachlich und zeitlich begrenztes Regierungsprogramm („Notprogramm") Einvernehmen bestand, konnte der Bundeskanzler davon ausgehen, dass ein stetiges Vertrauen der Mehrheit nicht gewährleistet war (die bloße Schwierigkeit der anstehenden Sachfragen, die in der Praxis ja immer dargetan werden kann, hätte hierfür nicht ausgereicht).

Diese Einschätzung der Lage durch den *Bundeskanzler* hatte der *Bundespräsident* zu respektieren; ebenso aber auch das *Bundesverfassungsgericht:* Auch ihm gegenüber gilt der Gesichtspunkt eines eigenständigen politischen Verantwortungsbereichs des *Bundeskanzlers.*

Von einer materiellen Auflösungslage, und damit vom Vorliegen der Tatbestandsvoraussetzungen des Art. 68 Abs. 1 S. 1 GG, hatte also der Bundespräsident auszugehen.

2. *Nach* Prüfung der Voraussetzungen des Art. 68 Abs. 1 S. 1 GG hatte der Bundespräsident *nach seinem politischen Ermessen* über die Auflösung des Bundestags zu entscheiden; Ermessensfehler hat das BVerfG hierfür nicht festgestellt: Nach Abwägung der Alternativen habe der Bundespräsident sich für die Auflösung des Bundestags entschieden; die gegenteilige Entscheidung war hier nicht eindeutig vorzuziehen; das Ermessen des Bundespräsidenten ist im Übrigen vom BVerfG zu achten.

Die Entscheidung des Bundespräsidenten war also verfassungsmäßig.

Anhang zu §§ 5-8: Staatsorgane der Länder

576 Die Organisation des Staatsapparates ist notwendiger Inhalt der Landesverfassungen. Sie ist im Rahmen der Homogenitätsklausel des Art. 28 Abs. 1 S. 1 GG der Einwirkung des Bundesrechts verschlossen. Hier ist also Raum für die Entfaltung der Verfassungsautonomie der Länder. Dass diese der unmittelbaren Demokratie breiteren Raum geben, wurde im Zusammenhang mit dem Demokratieprinzip dargestellt (s.o. Rn 43 ff). Im Übrigen folgen die nachgrundgesetzlichen Verfassungen zwar weitgehend dem Vorbild des Grundgesetzes, doch konnte die neueste Verfassungsgebung, also die Verfassungsgebung in den neuen Bundesländern, aber auch in Schleswig-Holstein und Niedersachsen, wo die bisherigen Organisationsstatute durch Vollverfassungen abgelöst wurden, Erfahrungen mit dem Grundgesetz berücksichtigen, Ergebnisse der aktuellen Verfassungsdiskussion aufnehmen. Im Folgenden sind insbesondere wesentliche Besonderheiten der Landesverfassungen darzustellen. Sie betreffen das Wahlrecht, Fragen der Regierungsbildung und der Zuständigkeitsverteilung zwischen den Verfassungsorganen sowie des Parlamentsrechts.

577 Eine aus allgemeinen, unmittelbaren, freien, gleichen und geheimen Wahlen hervorgehende Volksvertretung ist für die Bundesländer bereits durch Art. 28 Abs. 1 S. 2 GG zwingend vorgeschrieben. Die Landesverfassungen legen diese Erfordernisse meist ausdrücklich fest (vgl zB für Baden-Württemberg Art. 26 Abs. 4 BWVerf). Für Bayern fordert Art. 14 Abs. 1 S. 1 BayVerf ausdrücklich die Staatsbürgerschaft, meint hierbei die bayerische Staatsbürgerschaft nach Art. 6 BayVerf. Da aber Art. 8 BayVerf die Gleichheit der staatsbürgerlichen Rechte für alle Deutschen vorsieht, ist die deutsche Staatsangehörigkeit hinreichende Voraussetzung. Die nachgrundgesetzlichen Verfassungen gewähren das Wahlrecht durchweg allen Deutschen, die das 18. Lebensjahr vollendet haben und im Lande wohnen.

578 Vertretung des Volkes ist in allen Ländern mit Ausnahme der Stadtstaaten der Landtag, in Hamburg und Bremen die Bürgerschaft, in Berlin das Abgeordnetenhaus. Das Wahlsystem wird, anders als im Grundgesetz, in einigen Landesverfassungen ausdrücklich festgelegt. In den neuen Ländern wird durchweg ein Wahlverfahren vorgeschrieben, das die Persönlichkeitswahl mit den Grundsätzen der Verhältniswahl verbindet, vgl für Brandenburg Art. 22 Abs. 3 S. 3 BbgVerf, für Mecklenburg-Vorpommern Art. 20 Abs. 2 S. 1 MVVerf, für Sachsen Art. 41 Abs. 1 Satz 2 SächsVerf, für Sachsen-Anhalt Art. 42 Abs. 1 SAHVerf.

579 Brandenburg (Art. 22 Abs. 1 S. 2 BbgVerf) und Sachsen-Anhalt (Art. 42 Abs. 2 S. 2 SAHVerf) wollen ein Ausländerwahlrecht auch zum Landtag offen halten: Es kann, muss in Brandenburg sogar eingeführt werden, sobald das Grundgesetz dies zulässt. Dies ist freilich wenig realistisch.

Die neuen Verfassungen legen die Wahlperiode überwiegend auf 5 Jahre fest, vgl für Brandenburg Art. 62 Abs. 1, für Sachsen Art. 44 Abs. 1, für Niedersachsen Art. 9 Abs. 1. Mecklenburg-Vorpommern (Art. 27 Abs. 1 MVVerf) und Sachsen-Anhalt (Art. 43 SAHVerf) belassen es bei 4 Jahren. Auch die Verfassung des Landes Nordrhein-Westfalen sieht in Art. 34 eine 5-jährige Wahlperiode vor. **580**

Von erheblicher Variationsbreite sind die Landesverfassungen in der Frage der vorzeitigen Beendigung der Wahlperiode. Das von der gemeinsamen Verfassungskommission für das Grundgesetz vorgeschlagene Selbstauflösungsrecht des Parlaments verwirklichen bereits Berlin in Art. 54 Abs. 2 BerlVerf (dazu BerlVerfGH NJ 2002, 310 = DVBl 2002, 412), Brandenburg in Art. 62 Abs. 2 BbgVerf, Mecklenburg-Vorpommern in Art. 27 Abs. 2 MVVerf, Sachsen in Art. 58 SächsVerf, Sachsen-Anhalt in Art. 60 SAHVerf und Niedersachsen in Art. 10 NdsVerf. Teilweise sind bereits für die Antragstellung qualifizierte Mehrheiten vorgesehen, durchweg aber für den Beschluss über die Auflösung selbst. Er muss regelmäßig von 2/3 der Mitglieder des Landtags gefasst werden, in Niedersachsen genügt eine Mehrheit von 2/3 der Abstimmenden, mindestens aber der Hälfte der Mitglieder des Landtags, Art. 10 Abs. 2 S. 2 NdsVerf. Von den älteren Landesverfassungen kennen ein Selbstauflösungsrecht: Bayern, Art. 18 Abs. 1 BayVerf, Berlin, Art. 54 Abs. 2 BerlVerf, Hamburg, Art. 11 HambVerf, Hessen, Art. 80 HessVerf, Nordrhein-Westfalen, Art. 35 NWVerf – dort bereits mit Mitgliedermehrheit –, Rheinland-Pfalz, Art. 84 RhPfVerf, Saarland, Art. 69 SaarlVerf. **581**

Auch im Bereich des *Parlamentsrechts* nehmen die neueren Landesverfassungen die aktuelle Verfassungsdiskussion auf. Art. 89b RhPfVerf (idF des ÄndG vom 16.2.2000, GVBl S. 73) normiert umfassende Informations- und Beteiligungsrechte des Landtags (vgl *Jutzi*, NJW 2000, 1295 ff). Ausdrücklich als Einrichtungen des Verfassungslebens werden die *Fraktionen* anerkannt in den Verfassungen von Berlin (Art. 40, 41), Brandenburg (Art. 67), Mecklenburg-Vorpommern (Art. 25), Sachsen-Anhalt (Art. 47) sowie von Niedersachsen (Art. 19). In der Sache wird hierbei die Rechtsprechung des Bundesverfassungsgerichts zur Stellung der Fraktionen (oben Rn 467) rezipiert. Ausdrücklich der fraktionslosen Abgeordneten nimmt sich demgegenüber die Sächsische Verfassung in Art. 46 Abs. 3 an: ihre Rechte „dürfen nicht beschränkt werden“. Eine Begrenzung ihrer Rechtsstellung, wie sie BVerfGE 80, 188 für den fraktionslosen Bundestagsabgeordneten vornimmt (s. Rn 502), dürfte hiernach ausgeschlossen sein. Keine allzu große Bedeutung dürfte auch die ausdrückliche Anerkennung der Rolle der Opposition in den genannten neuen Verfassungen erlangen. Das Recht auf Chancengleichheit, wie es die einschlägigen Verfassungsbestimmungen in diesem Zusammenhang festlegen, bedurfte an sich keiner ausdrücklichen Erwähnung im Verfassungstext. Und unklar ist etwa auch die praktische Bedeutung des Art. 23a der Hamburgischen Verfassung, wonach die Opposition die Aufgabe hat, „Kritik am Regierungsprogramm ... öffentlich zu vertreten“. **582**

Eine bedeutsame Fortbildung des Parlamentsverfassungsrechts nehmen demgegenüber jene Bestimmungen der neuen Verfassungen vor, die die Kontrollrechte vor allem der Parlamentsminderheit verstärken. Sie ziehen gebotene Konsequenzen aus Veränderungen im Verhältnis von Parlament und Regierung. Die Kontrollfunktionen des Parlaments werden ja bekanntlich nicht mehr so sehr vom Parlament als Ganzem als vielmehr von der die Regierung nicht tragenden Minderheit im Parlament, also der Opposition wahrgenommen. Diese steht der Parlamentsmehrheit und der Regierung gegenüber. Und so bedeutet es eine konsequente Fortentwicklung des Rechts der Untersuchungsausschüsse, wenn nicht nur der parlamentarischen Minderheit das Recht eingeräumt wird, die Einsetzung von Untersuchungsausschüssen zu verlangen, sondern auch der Minderheit in diesen Ausschüssen das Recht, die Erhebung von Beweisen zu verlangen, so beispielhaft die Sächsische Verfassung in Art. 54 **583**

Abs. 3, ebenso die neugefasste Berliner Verfassung in Art. 48, die Brandenburgische Verfassung in Art. 72 Abs. 3 S. 2, die Verfassung von Mecklenburg-Vorpommern in Art. 34 Abs. 3, von Niedersachsen in Art. 27 Abs. 2 S. 2, von Sachsen-Anhalt in Art. 54 Abs. 2 S. 1 und von Schleswig-Holstein in Art. 18 Abs. 3 S. 1. Auch die Verfassung von Nordrhein-Westfalen gewährt in Art. 41 Abs. 2 dieses Recht den Antragstellern, also den Abgeordneten, die die Einsetzung des Untersuchungsausschusses beantragt haben. Ein Beweisantragsrecht der Minderheit kennt auch Baden-Württemberg, Art. 35 Abs. 2 S. 2 BWVerf, nicht aber Bayern, Hessen, Rheinland-Pfalz und das Saarland.

584 Ausdrückliche Auskunfts- und Aktenvorlagerechte auch einzelner Abgeordneter enthalten die Verfassungen von Brandenburg, Art. 56 Abs. 2, 3, Mecklenburg-Vorpommern, Art. 40, Niedersachsen, Art. 24, Sachsen, Art. 51, und Sachsen-Anhalt, Art. 53. Es handelt sich hierbei durchweg um organspezifische Rechte des einzelnen Abgeordneten, die dieser auch im Wege der Organklage durchsetzen kann.

585 In den Fragen der *Regierungsbildung*, der Aufgaben und Befugnisse der Regierungen und ihrer Ablösung halten sich die nachgrundgesetzlichen Landesverfassungen überwiegend an das Vorbild des Grundgesetzes.

Dies gilt für Nordrhein-Westfalen (Art. 51 ff NWVerf), dessen Verfassung allerdings die Vertrauensfrage nicht kennt (s. aber zur Rücktrittspflicht der Regierung im Fall der Ablehnung eines von ihr dem Volk unterbreiteten Gesetzesvorhabens o. Rn 56), uneingeschränkt für Schleswig-Holstein (Art. 26 f SHVerf), Mecklenburg-Vorpommern (Art. 41 ff MVVerf) und Sachsen-Anhalt (Art. 64 f SAHVerf), für Sachsen (Art. 59 ff SächsVerf) mit der Maßgabe, dass die Verfassung hier die Vertrauensfrage nicht vorsieht, sowie für Brandenburg (Art. 82 ff BbgVerf) mit der Maßgabe, dass nach negativ beantworteter Vertrauensfrage auch der Landtag seine Auflösung beschließen kann (Art. 87 S. 1 BbgVerf). In all diesen Ländern sind die Wahl des Ministerpräsidenten durch den Landtag, die Ernennung und Entlassung der Minister, ohne dass hierfür die Zustimmung des Landtags erforderlich wäre, sowie das konstruktive Misstrauensvotum entsprechend der Regelung im Grundgesetz, unter häufig wörtlicher Übernahme von dessen Bestimmungen, ausgestaltet. Dem Vorbild des Grundgesetzes folgen dann auch Aufgabenbeschreibung und interne Zuständigkeitsverteilung für die Landesregierungen, wobei teilweise die Zuständigkeit der Regierung als Kollegialorgan positiv festgelegt wird, vgl zB Art. 64 SächsVerf.

586 Die älteren Verfassungen setzen in stärkerem Maße eigene Akzente. Sie stimmen allerdings durchweg darin überein, dass der Ministerpräsident vom Landtag gewählt wird. Die Regierungsbildung obliegt dann, mit Ausnahme der Stadtstaaten, durchweg dem Ministerpräsidenten. Im Übrigen aber wird das Verhältnis von Landtag und Landesregierung in den Landesverfassungen unterschiedlich geregelt.

587 In Baden-Württemberg bedarf die Regierung als Ganzes der Bestätigung durch den Landtag, Art. 46 Abs. 3 BWVerf; gleiches gilt für jede spätere Berufung eines Regierungsmitgliedes. Die Regierung kann nach Art. 54 BWVerf durch konstruktives Misstrauensvotum gestürzt werden, ein einzelner Minister auch nach Art. 56 durch destruktives Misstrauensvotum mit Entlassungszwang, für das eine Zweidrittelmehrheit im Landtag erforderlich ist. Im Übrigen sind die Minister in ihrem Amt vom Ministerpräsidenten abhängig, Art. 55 BWVerf. Die Vertrauensfrage ist nicht vorgesehen.

588 In Bayern ist der Ministerpräsident bei Ernennung und Entlassung der Minister und der Staatssekretäre durchweg an die Zustimmung des Landtags gebunden. Die Verfassung kennt jedoch keine Vertrauensfrage und kein Misstrauensvotum, wohl aber nach Art. 44 Abs. 3 S. 2 BayVerf eine Rücktrittspflicht, wenn die politischen Verhältnisse „ein vertrauensvolles Zusammenarbeiten" mit dem Landtag unmöglich machen. Hierbei handelt es sich um eine

Rechtspflicht, über die im Streitfall der Verfassungsgerichtshof zu entscheiden hat. Von sich aus kann also der Landtag den Ministerpräsidenten nicht zum Rücktritt zwingen.

589 In den Stadtstaaten Berlin (Art. 56 BerlVerf) und Bremen (Art. 107 BremVerf) muss die Landesregierung – dort jeweils „Senat" genannt – als Ganzes vom Landtag, der „Bürgerschaft", bzw in Berlin dem „Abgeordnetenhaus" – gewählt werden. In Hamburg wird demgegenüber der Erste Bürgermeister durch die Bürgerschaft gewählt. Ihm obliegt die Regierungsbildung, doch ist sein Kabinett (der Senat) durch die Bürgerschaft zu bestätigen (Art. 34 HambVerf). Die Verfassungen dieser Länder kennen durchweg das konstruktive Misstrauensvotum sowohl gegen die Regierung als Ganzes als auch gegen einzelne Regierungsmitglieder.

590 Eine Besonderheit im Verfassungsvergleich stellt in Bremen die Inkompatibilitätsvorschrift des Art. 108 BremVerf dar, nach der sich Mitgliedschaft in Parlament und Regierung gegenseitig ausschließen. Der Ausschluss „befangener" Bürgerschaftsmitglieder von der Beratung und Entscheidung, Art. 84 BremVerf, trägt dort den Besonderheiten eines Stadtstaates Rechnung.

591 In Hessen obliegt die Regierungsbildung zwar dem Ministerpräsidenten, Art. 101 Abs. 2 HessVerf, doch bedarf die Regierung zur Übernahme der Geschäfte des Vertrauens des Landtags, Art. 101 Abs. 4 HessVerf. Der Zustimmung des Landtags bedarf die Abberufung der Minister. Art. 114 HessVerf gibt dem Landtag die Möglichkeit eines „destruktiven" Misstrauensvotums gegen den Ministerpräsidenten, der dann zurücktreten muss, Abs. 4; dies bedeutet automatisch Rücktritt der gesamten Landesregierung, Art. 113 Abs. 1. Einigt sich der Landtag nicht auf einen Nachfolger, so ist er automatisch aufgelöst, Art. 114 Abs. 5 HessVerf.

In Rheinland-Pfalz (Art. 98 f RhPfVerf) bedarf die Entlassung, im Saarland (Art. 87 f SaarlVerf) bedürfen Ernennung und Entlassung der Minister durch den Ministerpräsidenten der Zustimmung des Landtags. Auch in Rheinland-Pfalz bedarf die Landesregierung der Bestätigung durch den Landtag. Die Verfassungen beider Länder (Art. 99 bzw Art. 88) kennen das destruktive Misstrauensvotum sowohl gegen die Regierung als Ganzes als auch gegen einen einzelnen Minister, das Saarland (Art. 88 SaarlVerf) darüber hinaus die Vertrauensfrage.

592 Die Möglichkeit einer vorzeitigen Abberufung des Landtags durch das Volk – und damit auch einer vorzeitigen Ablösung der Regierung – kennen Baden-Württemberg (o. Rn 47), Bayern (o. Rn 48 f) sowie Berlin (o. Rn 49). In den Ländern, in denen die Volksinitiative sich generell auf Gegenstände politischer Willensbildung in der Kompetenz des Landtags beziehen kann, dieser gleichzeitig ein Selbstauflösungsrecht hat, dürfte es zulässig sein, einen Volksantrag auf Selbstauflösung des Landtags einzubringen. Dieser muss dem Antrag freilich nicht nachkommen, sondern sich nur damit „befassen".

Zur nordrhein-westfälischen Besonderheit einer Quasi-Vertrauensfrage der Landesregierung direkt an das Volk s.o. Rn 55a.

§ 9 Das Bundesverfassungsgericht

Zu den obersten Verfassungsorganen zählt auch das Bundesverfassungsgericht. Ihm obliegt die letztverbindliche Entscheidung von Verfassungsstreitigkeiten und damit entscheidend auch der Schutz der Verfassung. Die starke Stellung der Verfassungsgerichtsbarkeit ist kennzeichnend für die rechtsstaatliche Ordnung des Grundgesetzes.

I. Bedeutung und verfassungsrechtliche Stellung

593 Die Stellung des Bundesverfassungsgerichts ist gekennzeichnet durch seine Doppelfunktion als **Gericht** iSv Art. 92 GG (s.o. § 3 Rn 247 ff) und als **oberstes Verfassungsorgan des Bundes**. Das BVerfG ist Gericht: Es entscheidet in konkreten Rechtsstreitigkeiten im Rahmen der ihm übertragenen Zuständigkeiten. Seine Sonderstellung als Gericht resultiert aus dem ihm zur Verfügung stehenden Normenmaterial: Es entscheidet ausschließlich *in Anwendung von Verfassungsrecht*. Stärker als in anderen Bereichen der Gerichtsbarkeit sind hier „offene" konkretisierungsbedürftige Normen anzuwenden. Verfassungsrechtsprechung ist also in besonderer Weise *auch* Rechtsfortbildung, Rechtsschöpfung. Verfassungsrecht ist *politisches Recht:* Es bestimmt die rechtlichen Voraussetzungen, das Verfahren wie bestimmte materielle Schranken der Staatswillensbildung, der politischen Staatsleitung. Diese Schranken in Ausübung von Rechtsprechungsfunktionen aufzuzeigen, bedeutet also, Eingriffe in die politische Staatsleitung vorzunehmen: Verfassungsrechtsprechung ist daher *begriffsnotwendig politische Rechtsprechung*. Aus diesen Besonderheiten seiner Rechtsprechungsfunktionen folgt gleichzeitig die Bedeutung des Bundesverfassungsgerichts als *Verfassungsorgan:* Selbstständig und in richterlicher Unabhängigkeit trifft es letztverbindliche Entscheidungen gegenüber allen anderen Verfassungsorganen, auch dort, wo diese „staatsleitend" tätig werden (vgl auch *Hesse*, Rn 669).

594 Deutlich wird damit die grundlegende **Funktion** der Verfassungsgerichtsbarkeit: Die Wahrung des Verfassungsrechts gegenüber den Organen des Staates, der **Schutz der Verfassung**. Innerhalb dieser Grundfunktion ist zu unterscheiden einerseits zwischen der Entscheidung von Konflikten zwischen den Verfassungsorganen selbst, andererseits dem Schutz des Bürgers in seinen verfassungsmäßigen Rechten. Dem erstgenannten Funktionsbereich sind neben dem *Organstreitverfahren* (u. II. 1.) auch die verfassungsrechtliche Kontrolle des Gesetzgebers auf Antrag anderer Verfassungsorgane zuzuordnen, *abstrakte Normenkontrolle* (u. II. 4. u. 5.), sowie, bedingt durch den bundesstaatlichen Aufbau der Bundesrepublik, Streitigkeiten auf Verfassungsebene im Verhältnis von Bund und Ländern, *Bund-Länder-Streit* (u. II. 2.). Dem zweitgenannten Funktionsbereich ist vor allem der Schutz der Grundrechte im Verfahren der *Verfassungsbeschwerde* zuzurechnen, aber wohl auch die Überprüfung der Verfassungsmäßigkeit eines in einem konkreten Rechtsstreit dem Bürger gegenüber entscheidungserheblichen Gesetzes, *konkrete Normenkontrolle* (u. II. 6.). Hinzu treten Verfahren des *Verfassungsschutzes* im engeren Sinn, etwa *Anklageverfahren* gegen Verfassungsorgane wegen Verletzung ihrer verfassungsrechtlichen Pflichten, Entscheidungen über die Verwirkung von Grundrechten, das Verbot verfassungswidriger Parteien.

595 Die Wahrung des Grundgesetzes obliegt dem BVerfG grundsätzlich auch gegenüber der **Europäischen Gemeinschaft** (vgl o. Rn 305 ff).

596 Das Bundesverfassungsgericht besteht aus *zwei Senaten*, die mit jeweils acht Richtern besetzt sind, die Geschäftsverteilung zwischen den Senaten wird durch § 14 BVerfGG geregelt. Im Verfassungsbeschwerdeverfahren wird gemäß §§ 93a-c BVerfGG, §§ 39 ff GeschO-

BVerfG durch mit 3 Richtern besetzte „*Kammern*“ über die Verfassungsbeschwerde vorentschieden: Endgültige Ablehnung bei Unzulässigkeit oder offensichtl. Unbegründetheit, Stattgabe bei offensichtl. Begründetheit. Die Senate entscheiden grundsätzlich mit Mehrheit. In den Verfahren der Grundrechtsverwirkung, des Parteiverbots und in den Anklageverfahren ist für eine dem Antragsgegner (also etwa der zu verbietenden Partei, dem „angeklagten“ Bundespräsidenten) nachteilige Entscheidung 2/3-Mehrheit erforderlich, § 15 Abs. 4 S. 1 BVerfGG. Wichtig ist, dass bei *Stimmengleichheit* ein Verstoß gegen das Grundgesetz oder sonstiges Bundesrecht *nicht* festgestellt werden kann, Verfassungsbeschwerde oder Normenkontrollantrag also zurückzuweisen sind. In derartigen Fällen wird häufig von der durch § 30 Abs. 2 S. 2 BVerfGG eröffneten Möglichkeit der Mitteilung des Stimmverhältnisses Gebrauch gemacht. Zunehmender Beliebtheit scheint sich auch die Möglichkeit des **Sondervotums** nach § 30 Abs. 2 S. 1 BVerfGG zu erfreuen.

Seine Berechtigung dürfte vor allem in der spezifischen „Offenheit“ der Verfassungsnormen **597**
zu sehen sein. Hieraus resultiert auch seine Bedeutung für den „offenen“ Prozess der Verfassungsfortbildung, im Hinweis auch auf mögliche, offene Entwicklungen in der Rechtsprechung selbst. Dass die dissentierende Minderheit zur Mehrheit werden kann, haben die Auseinandersetzungen um die Parteienfinanzierung (s.o. Rn 83 ff) gezeigt. Das Sondervotum ist also mehr als eine unverbindliche literarische Äußerung.

Dass angesichts der herausragenden auch politischen Funktion des Bundesverfas- **598**
sungsgerichts auch der **Wahl der Richter** erhebliche politische Bedeutung zukommt, ist evident. Sie ist geregelt zunächst in Art. 94 Abs. 1 S. 2 GG; *je die Hälfte* der Bundesverfassungsrichter werden vom *Bundestag* und vom *Bundesrat* gewählt – notwendige Konsequenz des bundesstaatlichen Prinzips angesichts der Befugnisse des BVerfG im Verhältnis von Bund und Ländern. Das komplizierte Wahlverfahren ist geregelt in §§ 5 ff BVerfGG. Erforderlich sind *qualifizierte Mehrheiten* (Bundestag: 8 von 12 Wahlmännern eines nach § 6 BVerfGG zu bestimmenden Wahlmännergremiums, Bundesrat: 2/3). Dies bedingt vorgehende Verständigung der Parteien über die Wahl. In der Praxis hat sich hier ein Proporzsystem herausgebildet. Wiederwahl der für eine Amtsdauer von 12 Jahren gewählten Richter ist ausgeschlossen, hierdurch soll die Unabhängigkeit der Richter gesichert werden.

Schrifttum zu I.: *Simon*, Verfassungsgerichtsbarkeit, in: HdBVfR, S. 1637; *Roellecke*, Aufgaben und Stellung des Bundesverfassungsgerichts im Verfassungsgefüge, in: HdBStR II, § 53; *ders.*, Aufgabe und Stellung des Bundesverfassungsgerichts in der Gerichtsbarkeit, in: HdBStR II, § 54; *Geck*, Wahl und Status der Bundesverfassungsrichter, in: HdBStR II, § 55; *Hesse*, § 19 I; *Maunz/Zippelius*, § 41; *Pestalozza*, Verfassungsprozeßrecht, § 1; *Stern* II, § 44 II; *Jentsch,* Karlsruhe oder Berlin. Die Rolle des Bundesverfassungsgerichts, ThürVBl 2001, 1.

II. Einzelne verfassungsgerichtliche Verfahren

Für die Verfahren vor dem BVerfG gilt das **Enumerativprinzip** – im Gegensatz **599**
etwa zur Verwaltungsgerichtsbarkeit: Dort gilt die *Generalklausel* des § 40 VwGO. Die Geltung des Enumerativprinzips (oder Enumerationsprinzips) bedeutet, dass die Zuständigkeit des Gerichts nicht schlechthin bei verfassungsrechtlichen Streitigkeiten gegeben ist, sondern nur für die gesetzlich – im Grundgesetz, aber auch

durch einfaches Bundesrecht (BVerfGG) – ausdrücklich vorgesehenen Verfahrensarten. Eine Klage vor dem BVerfG ist also nur dann zulässig, das Gericht entscheidet nur dann in der Sache, wenn die Zulässigkeitsvoraussetzungen für eines der gesetzlich geregelten Verfahren erfüllt sind. Diese Zulässigkeitsvoraussetzungen sind im Folgenden für die im Bereich des Staatsorganisationsrechts wichtigsten Verfahrensarten darzustellen.

Für Einzelheiten s. etwa die Darstellung bei *Robbers*, Verfassungsprozessuale Probleme in der öffentlich-rechtlichen Arbeit, 1996 (aus JuS 1994); *Benda/Klein*, §§ 21-28; *Pestalozza*, Verfassungsprozeßrecht, §§ 3-17; *Sachs*, Verfassungsprozessrecht, 2004, S. 47-109; *Hillgruber/Goos*, §§ 3-8.

1. Organstreitverfahren, Art. 93 Abs. 1 Nr 1 GG; §§ 13 Nr 5; 63 ff BVerfGG

600 Gegenstand des Organstreitverfahrens sind Streitigkeiten zwischen Verfassungsorganen um ihre wechselseitigen Rechte und Pflichten; ein Organstreitverfahren ist also dann vorrangig in Betracht zu ziehen, wenn eines der in den vorgehenden Abschnitten (§§ 5-8) behandelten Verfassungsorganen sich in seinen Kompetenzen beeinträchtigt sieht.

Zulässigkeitsvoraussetzungen:

(1) *Antragsberechtigung und Antragsgegner*

Wer *Partei* eines Organstreitverfahrens sein kann – sei es als Antragsteller oder als Antragsgegner, bestimmt sich nach Art. 93 Abs. 1 Nr 1 GG iVm § 63 BVerfGG.

a) Zu prüfen ist also zunächst im Rahmen der Zulässigkeit die *Parteifähigkeit* des Antragstellers.

Antragsteller können jedenfalls die „**obersten Bundesorgane**" iSv Art. 93 Abs. 1 Nr 1 GG sein, also Bundespräsident, Bundestag, Bundesrat und Bundesregierung; auch der gemeinsame Ausschuss nach Art. 53a GG wird hierzu gezählt. Antragsteller können auch Teile dieser Organe sein, wenn sie in den Geschäftsordnungen bzw im GG selbst mit eigenen Rechten ausgestattet sind; **Organteile** in diesem Sinn – und damit „andere Beteiligte" iSv Art. 93 Abs. 1 Nr 1 GG sind insbesondere:

– **Fraktionen** des Bundestags, BVerfGE 67, 100, 124; 68, 1, 63; 70, 324, 350; sie sind durch das GG als notwendige Institutionen des Verfassungslebens (o. Rn 467 ff, 494) und durch GeschOBT mit eigenen Rechten ausgestattet (vgl näher *Benda/Klein,* Rn 1002); dessen **Ausschüsse** wie auch der **Bundestagspräsident**; für den Untersuchungsausschuss erkennt BVerfGE 70, 324, 351 auch der dort gebildeten „Fraktion" Parteifähigkeit zu.

– Der **einzelne Abgeordnete** ist schon wegen Art. 38 Abs. 1 S. 2 GG mit eigenen Rechten ausgestattet und kann im Organstreit die behauptete Verletzung oder Gefährdung jedes Rechts geltend machen, das mit seinem Status verfassungsrechtlich verbunden ist (BVerfGE 94, 351, 362); einzelne **Gruppen von Abgeordneten**, die keine ständigen Gliederungen des Bundestags bilden, sind grundsätzlich als solche nicht parteifähig (nur als Fraktion); eine Ausnahme muss aber etwa gelten für die Minderheit des BT, die gemäß Art. 44 Abs. 1 GG die Einsetzung eines Untersuchungsausschusses verlangen kann, wenn die Mehrheit sich weigert; s. auch BVerfGE 67, 100, 126 zur Parteifähigkeit der *konkreten Antragsminderheit* iSv Art. 44 Abs. 1 S. 1 GG im Verfahren gegen Weigerung der Bundesregierung.

Parteifähige (oder organstreitfähige) **Organteile** sind weiterhin:

Der einzelne Bundesminister als Teil des Organs „Bundesregierung“, da er durch Art. 65 GG – *Ressortprinzip* – mit eigenen Rechten ausgestattet ist; *unzulässig* jedoch ist ein *In-Sich-Prozess* zwischen Mitgliedern der Bundesregierung, da Art. 65 S. 3 GG insoweit die Beilegung von Streitigkeiten durch die Bundesregierung als *Kollegialorgan* vorgesehen hat.

Fallbeispiel: Ein Bundesminister sieht in der Einsetzung eines Untersuchungsausschusses einen unzulässigen Eingriff in seine Amtsführung: Er kann hiergegen einen Antrag im Organstreitverfahren gegen den Bundestag stellen.

Parteifähig sind schließlich „**andere Beteiligte**“ iSv Art. 93 Abs. 1 Nr 1 GG, die das Grundgesetz mit eigenen Rechten ausgestattet hat; dies *auch dann, wenn sie in § 63 BVerfGG nicht ausdrücklich genannt* sind: § 63 BVerfGG kann den in Art. 93 Abs. 1 Nr 1 GG genannten Kreis der Antragsberechtigten nicht einschränken (vgl *Benda/Klein,* Rn 988). Hauptfall sind hier die **politischen Parteien**, soweit sie in ihrer Stellung als Beteiligte am Verfassungsleben betroffen sind (s.o. § 1 Rn 74 f, 91).

Fällt während des Verfahrens der die Parteifähigkeit begründende Status des Antragstellers oder Antragsgegners weg, so ist gleichwohl von fortbestehender Parteieigenschaft auszugehen, bleibt der Antrag also zulässig, wenn ein objektives Klarstellungsinteresse besteht (vgl SächsVerfGH JBSächsOVG 2, 103, 107; 3, 71, 72). Denn dem Organstreitverfahren kommt über den subjektiven Rechtsschutz hinaus auch eine objektive Befriedungsfunktion im Verfassungsleben zu. Wenn es deshalb für die Zulässigkeit des Antrags im Organstreitverfahren nach Art. 81 Abs. 1 Nr 1 SächsVerf nach SächsVerfGH aaO unschädlich ist, wenn ein Abgeordneter des Landtags als Antragsteller während des Verfahrens aus dem Landtag ausscheidet oder die Wahlperiode endet (ThürVerfGH LKV 2000, 449; LVerfG MV DÖV 2003, 765) oder eine Fraktion im nach Verfahrenseinleitung neugebildeten Landtag nicht mehr vertreten ist, sofern ein objektives Klarstellungsinteresse an der den Gegenstand des Verfahrens bildenden Rechtsfrage fortbesteht, so dürfte diese Aussage auch auf das Organstreitverfahren nach Art. 93 Abs. 1 Nr 1 GG übertragbar sein. Ein Klarstellungsinteresse ist jedenfalls dann zu bejahen, wenn vergleichbare Verfassungskonflikte auch künftig zu erwarten sind.

b) Der Kreis der möglichen *Antragsgegner* ist mit dem der Antragsteller identisch.

(2) *Der Streitgegenstand*

Erforderlich für die Zulässigkeit des Antrags ist weiterhin, dass ein Streit um gegenseitige Rechte und Pflichten aus dem Grundgesetz vorliegt. Es müssen insoweit *rechtserhebliche Maßnahmen oder Unterlassungen* des Antragsgegners (vgl § 64 Abs. 1 BVerfGG) geltend gemacht werden (dazu s. BVerfGE 96, 264, 277). **601**

Der Kreis dieser Maßnahmen darf nicht zu eng gefasst werden: Dass bloße Meinungsäußerungen nicht ausreichen sollen, ist in dieser Allgemeinheit nicht richtig: So könnte im **Fall 67** (Rn 552) die Frage, ob der Bundespräsident durch seine Äußerungen seine Befugnisse im Verhältnis zur Bundesregierung überschritten hat, im Wege des Organstreitverfahrens einer verfassungsgerichtlichen Klärung zugeführt werden.

Auch in der Vorbereitung oder im Erlass eines Gesetzes kann eine rechtserhebliche Maßnahme liegen, dann etwa, wenn das Zustimmungserfordernis des Bundesrats umgangen wird.

Auch ein **gesetzgeberisches Unterlassen** kommt als Streitgegenstand in Betracht, BVerfGE 92, 80. Ob die unterlassene Einleitung eines Bund-Länder-Streits beim BVerfG durch die Bundesregierung eine von einer Fraktion des Bundestags im Organstreitverfahren angreifbare rechtserhebliche Unterlassung in diesem Sinn darstellen kann, prüft BVerfGE 103, 81, lässt die Frage aber mangels Entscheidungserheblichkeit offen (ein entsprechender Antrag der Bundesregierung wäre unzulässig gewesen). – S. auch LVerfG MV: Unterlassene Überprüfung der 5%-Klausel (NJ 2001, 138).

Wendet sich ein Beteiligter gegen eine Geschäftsordnung – zB GeschOBT –, so soll nach BVerfGE 80, 188, 209 ff eine Maßnahme erst dann vorliegen, wenn die in Frage stehende Bestimmung der GeschO – zB die Festlegung der Voraussetzungen für die Anerkennung einer Fraktion – ihm gegenüber Wirkungen entfaltet (wenn also zB einer Gruppe von Parlamentariern die Anerkennung als Fraktion versagt wird). Dies ist wichtig für den Beginn der Antragsfrist.

(3) *Antragsbefugnis*

602 Im Rahmen der Antragsbefugnis ist zu prüfen, ob der Antragsteller die Verletzung eigener, verfassungsrechtlich begründeter Rechte hinreichend geltend macht.

a) Es muss sich hierbei um Rechte handeln, die aus der **Verfassung** ableitbar sind, vgl BVerfGE 70, 324, 350 ff. Eine behauptete Verletzung nur der GeschO genügt nicht. Wenn also im **Fall 58** (Rn 494) die Fraktion sich auf Bestimmungen der GeschOBT beruft, muss dargelegt werden, dass mit der GeschOBT verfassungsrechtlich abgeleitete Mitwirkungsrechte der Fraktion als Institution des Verfassungslebens betroffen sind; dies gilt etwa für das Recht der Fraktion auf gleichberechtigte Beteiligung in den Ausschüssen des BT.

b) Es muss sich um **Rechte des Antragstellers** handeln. Die Beteiligten können grundsätzlich nur die Verletzung subjektiver verfassungsmäßiger Rechte geltend machen.

Aus diesem Grund war im **Fall 7** – o. Rn 87 – (BVerfGE 92, 80 sowie E 71, 299) der Antrag der Partei insoweit unzulässig, als diese die Verletzung der Rechte der Bürger auf gleichberechtigte Teilhabe an der politischen Willensbildung, Art. 3 Abs. 1 GG, geltend machten.

Eigene Rechte machten auch bei BVerfGE 62, 1 – **Fall 55**, o. Rn 575 – die einzelnen Bundestagsabgeordneten geltend: es ging um ihre Stellung als Abgeordnete. Gleiches gilt für den Abgeordneten A im **Fall 58**, BVerfGE 70, 324: Missbrauch der Mehrheitsbefugnisse als Verletzung des verfassungsrechtlich verbürgten Abgeordnetenstatus. In diesem Verfahren konnte die *Fraktion*, die von der parlamentarischen Beratung ausgeschlossen worden war, auch *eigene Rechte als Fraktion* geltend machen: Verletzung ihres Rechts auf gleichberechtigte Beteiligung am parlamentarischen Entscheidungsprozess; hierzu s. bes. auch den Fall bei Rn 500 ff: Stellung des fraktionslosen Abgeordneten.

Darüber hinaus wird den *Fraktionen* des Bundestags (nicht aber dem einzelnen Abgeordneten) auch das Recht zugebilligt, nicht nur *eigene Rechte* – zB Minderheitenschutz –, sondern auch *Rechte* des Verfassungsorgans *Bundestag* in seiner Gesamtheit geltend zu machen, vgl BVerfGE 67, 100, 125; vgl Rn 471. Aus diesem Grund konnte im **Fall 56** (Rn 455) die oppositionelle X-Fraktion eine Verletzung der Rechte des Bundestags durch die Bundesregierung geltend machen, ebenso bei BVerfGE 68, 1. Es handelt sich hier um einen Fall der **Prozessstandschaft**. Dem einzelnen MdB wird diese Befugnis jedoch *nicht* zugestanden; er durfte im Fall BVerfGE 70, 324, 352 ff auch nicht etwa Rechte der Fraktion geltend machen; – zur Prozessstandschaft s. etwa *Benda/Klein,* Rn 1020 ff.

c) Die **Rechtsverletzung** muss hinreichend **plausibel geltend gemacht** werden, eine *Gefährdung* genügt bei Unmittelbarkeit.

Der Antrag ist daher unzulässig, wenn *keine Tatsachen* dargetan werden, aus denen sich die behauptete Rechtsverletzung hinreichend plausibel ergibt, aber auch dann, wenn das behauptete Recht unter keinem denkbaren Gesichtspunkt existiert; unzulässig deshalb bei BVerfGE 70, 324 (= **Fall 58**) der Antrag des Abgeordneten, durch seine Nichtwahl in das Gremium sei sein Abgeordnetenstatus verletzt.

(3a) *Rechtsschutzbedürfnis*

Neben der Behauptung einer Rechtsverletzung oder unmittelbaren -gefährdung ist ein gesondertes Rechtsschutzbedürfnis nur zu prüfen, wenn sich für sein Fehlen konkrete Anhaltspunkte ergeben. **603**

Das Rechtsschutzbedürfnis kann zu verneinen sein, wenn der Antragsteller die dargelegte Rechtsverletzung durch eigenes Handeln hätte vermeiden können, vgl BVerfGE 68, 1, 77 f: dort wurde geprüft, ob die Fraktion etwa einen eigenen Gesetzentwurf hätte einbringen müssen, um der Bundesregierung die Zustimmung zur Stationierung zu untersagen. Angesichts der Mehrheitsverhältnisse aber hätte auf diesem Wege der Verfassungsstreit nicht vermieden werden können; die Fraktion konnte also das von ihr mit dem Organstreitverfahren verfolgte Ziel nicht auf näher liegendem Wege erreichen.

Zweifel am Rechtsschutzbedürfnis bestanden demgegenüber beim Antrag von Angehörigen der FDP-Fraktion wegen der Entsendung von Bundeswehreinheiten zu NATO-Aktionen im Jugoslawien-Konflikt gegen die Bundesregierung (BVerfGE 90, 286, Rn 46, 53): da die FDP an der Regierung beteiligt war, hätten ihr möglicherweise andere Wege zur Verfügung gestanden, um ihre Auffassung durchzusetzen. – Andererseits ist der Bundestag gegenüber der Bundesregierung selbstständiges Verfassungsorgan und Träger eigener Rechte; *diese Rechte* – auf Beteiligung des Parlaments an der Entscheidung – werden durch regierungsinterne Einflussnahme nicht aufgewogen.

Im Fall des Wegfalls der Organeigenschaft während des Verfahrens (s. Rn 600), zB bei Mandatsverlust, kann das Erfordernis eines fortbestehenden, objektiven Klarstellungsinteresses auch als eine Frage des Rechtsschutzbedürfnisses für den Antrag gesehen werden und ist dann unter dieser Zulässigkeitsvoraussetzung zu prüfen.

(4) *Form und Frist*

Zum Erfordernis der *Schriftform* vgl § 23 Abs. 1 BVerfGG; zu den Mindestanforderungen an die *Begründung* – ordnungsgemäßer Antrag – s. § 64 Abs. 2 BVerfGG: Bezeichnung der Maßnahme und der als verletzt gerügten Bestimmung des Grundgesetzes; zur Antragsfrist s. § 64 Abs. 3 BVerfGG: 6 Monate ab Bekanntwerden der fraglichen Maßnahme oder Unterlassung (instruktiv BVerfGE 80, 188, 209 und BVerfGE 92, 80). **604**

Prüfungsumfang und Entscheidungstenor:

Das BVerfG *prüft* die angegriffene Maßnahme an den Normen des GG, soweit Rechte des Antragstellers in Frage stehen.

In seiner *Entscheidung* stellt das BVerfG ggf fest, dass die beanstandete Maßnahme oder Unterlassung gegen eine Bestimmung des Grundgesetzes verstößt, hebt eine verfassungswidrige Maßnahme jedoch nicht auf, erklärt insbesondere auch nicht ein Gesetz für nichtig und verurteilt auch nicht den Antragsgegner zur Vornahme einer bestimmten Handlung, vgl § 67 S. 1, 2 BVerfGG; daneben kann es im Entscheidungstenor eine entscheidungserhebliche Rechtsfrage verbindlich klären.

Organstreitverfahren und Verfassungsbeschwerde: Dass es Fälle gibt, in denen der Abgeordnete in seinen parlamentarischen Rechten verletzt ist, gleichwohl ein Organstreitverfahren nicht statthaft ist, zeigt BVerfGE 108, 254: Bei der Durchsuchung des Büros eines Abgeordneten im Bundestag auf Grund des Durchsuchungsbeschlusses eines ordentlichen Gerichts waren Schriftstücke unter Verletzung des Art. 47 GG beschlagnahmt worden. Ein Antrag im Organstreitverfahren war unzulässig: es fehlte an der passiven Beteiligungsfähigkeit – das Gericht, um dessen Beschluss es ging, ist kein Verfassungsorgan. Hier war für den Abgeordneten, weil er in keinem anderen Verfahren seine Rechte geltend machen konnte, die **604a**

Verfassungsbeschwerde statthaft; die Beschwerdebefugnis hierfür ergab sich aus dem grundrechtsgleichen Recht des Art. 38 Abs. 1 Satz 2 GG, das ja in Art. 93 Abs. 1 Nr 1a GG ausdrücklich genannt wird, iVm Art. 47 GG. Der Abgeordnete ist dann „jedermann“. Will sich der Abgeordnete aber dagegen wehren, dass der Bundestag nach Art. 46 Abs. 2 GG die Genehmigung für Strafverfolgungsmaßnahmen erteilt hat, ist ein Organstreitverfahren durchzuführen: der Bundestag ist beteiligtenfähig. – S. dazu den Klausurfall bei *Sachs*, NWVBl 2004, 79; s. ferner *Oehler*, NVwZ 2004, 696.

2. Bund-Länder-Streit, Art. 93 Abs. 1 Nr 3 GG; §§ 13 Nr 7; 68 ff BVerfGG

605 Gegenstand des Bund-Länder-Streits sind Streitigkeiten im Verhältnis von Bund und Ländern um Rechte und Pflichten aus dem Bundesstaatsverhältnis. Dabei kann es sich um Streitigkeiten zwischen Bund und Land, wie auch im Verhältnis von Ländern untereinander (etwa aus dem Prinzip der Bundestreue) handeln; zu einzelnen Anwendungsfällen etwa *Benda/Klein,* Rn 1071 ff. Das Verfahren ist abzugrenzen von verwaltungsrechtlichen Streitigkeiten nicht-verfassungsrechtlicher Art zwischen Bund und Ländern oder zwischen einzelnen Ländern; um solche handelt es sich, wenn geltend gemachte Rechte ihre Grundlage in einem einfachgesetzlich begründeten Rechtsverhältnis haben; vgl zB für einen Streit zwischen Bundesländern aus einem Rundfunk-Staatsvertrag, wo es um die Auslegung einzelner Vertragsbestimmungen ging, BVerwGE 107, 275, 277 f, zu einem Streit zwischen Bund und Land über die Erteilung der Aussagegenehmigung für einen Bundesbeamten als Zeugen vor einem Untersuchungsausschuss des Landes (s. Rn 485) BVerwGE 109, 258. Für derartige Streitigkeiten ist gemäß § 50 Abs. 1 Nr 1 VwGO das Bundesverwaltungsgericht erstinstanzlich zuständig.

Zulässigkeitsvoraussetzungen:

(1) *Antragsteller – Antragsgegner*

606 Der Kreis der möglichen Antragsteller und Antragsgegner wird in § 68 BVerfGG abschließend umschrieben: die Bundesregierung für den Bund, die einzelnen Landesregierungen für die Länder. Partei des Verfahrens sind also Bundesregierung bzw Landesregierung; sie treten dabei in Prozessstandschaft für den Bund bzw das Land auf.

(2) *Der Streitgegenstand*

607 Die Zulässigkeitsvoraussetzungen hinsichtlich des Streitgegenstands werden in § 69 iVm § 64 Abs. 1 BVerfGG gegenüber dem Wortlaut des Art. 93 Abs. 1 Nr 3 GG enger gefasst. Während die letztgenannte Bestimmung des GG von bloßen „Meinungsverschiedenheiten“ spricht, ergibt sich aus § 64 Abs. 1 BVerfGG, auf den § 69 verweist, das Erfordernis eines Streits um eine *konkrete, rechtserhebliche Maßnahme* des Antragsgegners bzw ein *Unterlassen.*

Fallbeispiel für ein „Unterlassen“: **Fall 1** o. zu § 1 (Rn 9, 62a) – Weigerung des Bundeslandes, im Wege der Rechtsaufsicht gegen Gemeinden, die sog. „Volksbefragungen“ durchführen, einzuschreiten. Demgegenüber handelt es sich bei der Durchführung der Volksbefragung durch das Bundesland selbst um eine *rechtserhebliche Maßnahme.*

Rechtserheblich ist eine Maßnahme stets dann, wenn sie geeignet ist, in den Rechtskreis eines der Beteiligten einzugreifen.

Fallbeispiel: Im vorgenannten Ausgangsfall greift das Verhalten des Landes in die Zuständigkeiten des Bundes im Rahmen seiner Gesetzgebungsbefugnisse ein.

Die dergestalt im BVerfGG vorgenommene Einengung einer Prozessvoraussetzung wird als zulässige Konkretisierung der Verfassungsnorm durch den Gesetzgeber gewertet (vgl *Maunz*, in: Maunz/Sigloch/Schmidt-Bleibtreu/Klein, BVerfGG, § 68 Rn 1).

Um eine in diesem Sinn rechtserhebliche Maßnahme muss ein *Streit* im Verhältnis der Beteiligten gegeben sein. Dies ist dann der Fall, wenn der Antragsteller eine Verletzung seiner Rechte durch die fragliche Maßnahme gegeben sieht, auf Grund einer korrespondierenden *Pflichtverletzung durch den Antragsgegner*.

Der Streit muss sich beziehen auf *Rechte und Pflichten aus dem Grundgesetz*. Hierbei kommen auch *ungeschriebene Verfassungsgrundsätze* in Betracht, insbesondere der Grundsatz der *Bundestreue* (s. das vorgehend genannte **Fallbeispiel**).

Diese Rechte und Pflichten müssen *den Parteien übertragen* sein: der Streit muss also seine Grundlage im Bundesstaatsverhältnis haben. Die *bloße* Berufung auf *sonstiges Verfassungsrecht* genügt *nicht*. Auch diese Voraussetzung darf jedoch nicht zu eng gesehen werden. So lässt auch die Verletzung sonstigen Verfassungsrechts eine Verfassungsstreitigkeit dann zum Bund-Länder-Streit werden, wenn hierdurch das Bund-Länder-Verhältnis maßgeblich ausgestaltet wird.

Fallbeispiel: In den **Fällen 14, 23** o. zu § 2 (Rn 164, 216) – *Fernsehstreit* – ließ angesichts der Bedeutung der Rundfunkordnung für das bundesstaatliche Kompetenzgefüge auch die mögliche Verletzung des Art. 5 Abs. 1 GG den Streit zum Bund-Länder-Streit werden (*Pestalozza*, Verfassungsprozessrecht, § 9 I 4).

Ergänzend ist anzumerken, dass auch im Verfahren nach Art. 93 Abs. 1 Nr 3 GG der Erlass bzw die Vorbereitung einer Norm (wenn bereits rechtserhebliche Schritte im Gesetzgebungsverfahren eingeleitet sind) eine rechtserhebliche Maßnahme im dargelegten Sinn darstellen können.

(3) *Antragsbefugnis*

Der Antragsteller muss eine Verletzung in *eigenen*, ihm *durch das Grundgesetz* übertragenen *Rechten plausibel* geltend machen bzw wiederum – wie im Organstreitverfahren, vgl § 69 BVerfGG iVm § 64 Abs. 1 – eine *unmittelbare Gefährdung*; es muss sich um Rechte *aus dem Bundesstaatsverhältnis* handeln (also im vorstehend unter [2] dargelegten Sinn). **608**

(4) *Form und Frist*

§ 69 BVerfGG verweist auch insoweit auf § 64; es gilt das vorstehend zum Organstreitverfahren Ausgeführte. **609**

Prüfungsumfang und Entscheidungstenor:

Das BVerfG prüft die angegriffene Maßnahme an den Normen des GG, soweit Rechte des Antragstellers in Frage stehen. Dabei werden jedoch, wie dargelegt, auch sonstige Verfassungsnormen in die Prüfung einbezogen, soweit sie für das Bund-Länder-Verhältnis von Bedeutung sind.

Fallbeispiel: Fernsehstreit – Art. 5 GG, s.o. Rn 164, 172, 185.

Das BVerfG *stellt* ggf eine Rechtsverletzung *fest*, § 69 BVerfGG iVm § 67.

3. Sonstige föderale Streitigkeiten, Art. 93 Abs. 1 Nr 4 GG; §§ 13 Nr 8; 71; 72 BVerfGG

610 Von nur geringer praktischer Bedeutung sind die sonstigen föderalen Streitigkeiten nach Art. 93 Abs. 1 Nr 4 GG, insbesondere auf Grund der Subsidiaritätsklausel in Art. 93 Abs. 1 Nr 4, 2. Halbs. GG.

In der *1. Variante* betrifft Art. 93 Abs. 1 Nr 4 GG Bund-Länder-Streitigkeiten; handelt es sich hierbei jedoch um verwaltungsrechtliche Streitigkeiten (etwa aus Verwaltungsabkommen), ist die Zuständigkeit des BVerwG gegeben; geht es um Rechte und Pflichten *aus dem Grundgesetz*, greift Art. 93 Abs. 1 Nr 3 GG ein. Staatsverträge zwischen Bund und Ländern – theoretisch als Fall der Nr 4 denkbar – werden in aller Regel grundgesetzlich geregelte Rechte und Pflichten betreffen (vgl hierzu näher *Leisner*, in: Festg. BVerfG, 1976, Bd. I, S. 283 ff).

Praktisch bedeutsam könnte die *2. Variante* von Art. 93 Abs. 1 Nr 4 GG werden: Streitigkeiten *zwischen den Bundesländern*. Erforderlich ist hier jedoch, dass es sich um *verfassungsrechtliche* Streitigkeiten handelt, da für verwaltungsrechtliche Streitigkeiten das BVerwG zuständig ist.

Fallbeispiel: Im Streit um den Staatsvertrag über die Vergabe von Studienplätzen nahm das BVerwG eine verwaltungsrechtliche Streitigkeit an, ausgehend von der *Rechtsnatur des Vertrags*, der, so das BVerfG, sich auf Materien des Verwaltungsrechts bezog; BVerwGE 50, 124; 50, 137; ebenso BVerfGE 42, 103. Dies erscheint nicht unzweifelhaft, vgl *Pestalozza*, aaO, § 10 I 1 b: Der Vertrag selbst mag als verwaltungsrechtlich angesehen werden. Im Verfahren ging es jedoch um die Frage, ob der Freistaat aus Gründen der *Bundestreue* die Entscheidung des BayVerfGH über die Verfassungswidrigkeit des Vertrags – genauer: die Verfassungswidrigkeit des den Vertrag in Landesrecht transformierenden Landesgesetzes – außer Acht lassen musste. Dies dürfte eine verfassungsrechtliche Frage sein.

611 Kommt also als Anwendungsfall für *Länder-Streitigkeiten* nach Art. 93 Abs. 1 Nr 4, 2. Variante GG der Streit um die Anwendung von Verträgen der Länder untereinander in Betracht, so ist doch zunächst im Hinblick auf die nur *subsidiäre Zuständigkeit* des BVerfG die Rechtsnatur derartiger Verträge zu prüfen: Es muss sich um *verfassungsrechtliche* Verträge handeln.

Beispiel bei BVerfGE 22, 221: Staatsvertrag zwischen dem früheren Freistaat Coburg und dem Freistaat Bayern über den staatlichen Zusammenschluss: verfassungsrechtlicher Vertrag; s. auch BVerfGE 34, 216; 38, 231.

Für *Streitigkeiten innerhalb eines Landes*, Art. 93 Abs. 1 Nr 4, 3. Variante GG, ist regelmäßig der Weg zu den Landesverfassungsgerichten eröffnet. Lediglich Schleswig-Holstein hat auf eine eigene Landesverfassungsgerichtsbarkeit verzichtet, jedoch von der Möglichkeit der Übertragung von Verfassungsstreitigkeiten auf das BVerfG nach Art. 99 GG Gebrauch gemacht. Art. 93 Abs. 1 Nr 4, 3. Variante, wird also auch hier nicht aktuell (näher *Pestalozza*, § 11).

Zur *Subsidiarität* dieses Verfahrens s. auch den instruktiven Fall bei BVerfGE 66, 107: auch wenn durch Landesverband einer Partei („Die Grünen" in Baden-Württemberg) Verletzung des Art. 21 GG durch Exekutive geltend gemacht wird, Streitigkeit innerhalb eines Landes; verfassungsrechtlicher Status des Art. 21 GG kommt Parteien auch nach Verfassungsordnung der Länder zu, daher landesverfassungsrechtliche Streitigkeit, hierfür Organstreit beim StGH Baden-Württemberg eröffnet. – Die Subsidiarität des Verfahrens nach Art. 93 Abs. 1 Nr 4 GG greift ein, wenn der konkrete Antragsteller ein Verfahren vor dem Landesverfassungsgericht einleiten könnte.

4. Die abstrakte Normenkontrolle, Art. 93 Abs. 1 Nr 2 GG; §§ 13 Nr 6; 76 ff BVerfGG

Dem Bundesverfassungsgericht obliegt die Kontrolle auch der gesetzgebenden Gewalt; zum einen aus Anlass konkreter Rechtsstreitigkeiten, wenn die Verfassungswidrigkeit einer Norm bei ihrer Anwendung geltend gemacht wird, also im Verfahren der Verfassungsbeschwerde vom normbetroffenen Bürger, wie auch sonst in gerichtlichen Verfahren, wenn es hierbei auf die Gültigkeit der Norm ankommt. Unabhängig davon aber kann auf Antrag bestimmter staatlicher Organe – Bundesregierung, Landesregierung, Bundestag – eine Norm jederzeit zu verfassungsgerichtlicher Überprüfung gebracht werden, im Verfahren der abstrakten – weil von einem konkreten Anwendungsfall losgelösten – Normenkontrolle. **612**

Zulässigkeitsvoraussetzungen:

(1) *Antragsberechtigung*

Der Kreis der Antragsberechtigten ist in Art. 93 Abs. 1 Nr 2 GG abschließend benannt. § 76 Abs. 1 BVerfGG nimmt hierauf Bezug. Für die dritte Alternative – ein Drittel der Mitglieder des Bundestags – ist klarstellend anzumerken, dass der Antrag *von den Abgeordneten* zu stellen ist, also *nicht* etwa von einer *Fraktion*. Im Verfahren nach Art. 93 Abs. 1 Nr 2a sind abweichend hiervon Bundesrat, die Landesregierungen und – dies eine Besonderheit – die Länderparlamente antragsberechtigt. **613**

(2) *Prüfungsgegenstand*

Prüfungsgegenstand ist *jede Rechtsnorm, Bundesrecht* wie *Landesrecht*, auch *untergesetzliches Recht* sowie *Verfassungsrecht*. **Sekundäres Gemeinschaftsrecht** ist nicht geeigneter Prüfungsgegenstand; es wird nicht von Organen erlassen, die unter der Geltung des Grundgesetzes stehen; innerstaatliches Recht, das in Umsetzung sekundären Gemeinschaftsrechts ergeht, unterliegt jedoch der Kontrolle durch das BVerfG. Soweit es allerdings zwingend gemeinschaftsrechtlich veranlasst ist, würde seine Prüfung am Maßstab des GG in der Sache eine Überprüfung des Gemeinschaftsrechts selbst bedeuten, wozu das BVerfG grundsätzlich jedenfalls nicht befugt ist. Deshalb holt das BVerfG in diesem Fall die Entscheidung des EuGH im Vorlageverfahren nach Art. 234 EGV über die Vereinbarkeit des sekundären Gemeinschaftsrechts mit höherrangigem Gemeinschaftsrecht ein; näher *Benda/Klein,* Rn 722. **614**

(3) *„Meinungsverschiedenheiten oder Zweifel"*

§ 76 Abs. 1 BVerfGG engt die Zulässigkeitsvoraussetzungen gegenüber Art. 93 Abs. 1 Nr 2 GG ein: Nach § 76 Abs. 1 BVerfGG ist erforderlich, dass einer der Antragsberechtigten die Norm *für nichtig hält* oder aber im Fall einer Nichtanwendung durch die in Nr 2 genannten Stellen für gültig. Ob durch einfaches Gesetz eine derartige Einschränkung vorgenommen werden durfte, ist zweifelhaft; ein unmittelbarer Rückgriff auf die Verfassungsnorm des Art. 93 Abs. 1 Nr 2 GG soll jedenfalls nicht ausgeschlossen sein, *Benda/Klein,* Rn 730. **615**

Meinungsverschiedenheiten und Zweifel iSv Art. 93 Abs. 1 Nr 2 GG, § 76 BVerfGG müssen ihre Grundlage *im Bundesrecht* haben, der Antragsteller muss also darlegen, dass er die Norm wegen Unvereinbarkeit mit Bundesrecht für nichtig hält.

Für Art. 93 Abs. 1 Nr 2a wird zu fordern sein, dass der Antragsteller die Gesetzgebungsbefugnis des Bundes bestreitet.

(4) *Klarstellungsinteresse*

616 Eine besondere Antragsbefugnis ist nicht erforderlich; der Antragsteller muss also *nicht* darlegen, in seinen Rechten oder Interessen betroffen zu sein; – daher kann auch Landesrecht durch die Landesregierung eines anderen Bundeslandes zu verfassungsgerichtlicher Kontrolle gebracht werden. Erforderlich ist ein *objektives Klarstellungsinteresse*, das aber nur ausnahmsweise verneint wird. Erst nach Abschluss des Gesetzgebungsverfahrens, also *nach Ausfertigung und Verkündung*, kann der Antrag auf Normenkontrolle gestellt werden, wohl aber *vor In-Kraft-Treten der Norm.*

Ausnahme: Zustimmungsgesetze zu Verträgen können bereits vor ihrer Ausfertigung und Verkündung überprüft werden; ist das Zustimmungsgesetz wirksam geworden, der Vertrag – durch Austausch der Ratifikationsurkunden – in Kraft getreten, ändert die nachträgliche Nichtigerklärung des Zustimmungsgesetzes bei *völkerrechtlichen Verträgen* nichts an der vertraglichen Bindung.

Ein Klarstellungsinteresse kann im Übrigen dann entfallen, wenn bereits eine verfassungsrechtliche Entscheidung vorliegt.

Die Möglichkeit *landesverfassungsrechtlicher* Rechtsbehelfe berührt das Klarstellungsinteresse jedoch nicht, da das Landesverfassungsgericht grundsätzlich nur die Vereinbarkeit einer Norm mit Landes(verfassungs-)recht prüft, das BVerfG nur die Vereinbarkeit mit Bundesrecht – wie ja generell Bundes- und Landesverfassungsgerichtsbarkeit selbstständig und voneinander unabhängig sind.

Hat jedoch das *Landesverfassungsgericht* eine *Norm* wegen Unvereinbarkeit mit der Landesverfassung bereits *für nichtig erklärt*, so fehlt es bereits an einem geeigneten Prüfungsgegenstand für die abstrakte Normenkontrolle, die dann aus diesem Grund unzulässig, da gegenstandslos ist.

(5) Zur *Schriftform* s. § 23 Abs. 1 BVerfGG; der Antrag ist *nicht fristgebunden*.

617 **Prüfungsmaßstab:** Das BVerfG prüft die angegriffene Norm **umfassend** am Grundgesetz bzw, falls es sich um untergesetzliches Bundesrecht bzw Landesrecht handelt, am sonstigen Bundesrecht.

Eine Besonderheit ist zu beachten bei der Überprüfung **gemeinschaftsrechtlich veranlassten** innerstaatlichen Rechts (also vor allem von Gesetzen zur Umsetzung von Richtlinien): soweit die Richtlinie selbst mit höherrangigem Gemeinschaftsrecht vereinbar ist – was ggf im Vorlageverfahren vor dem EuGH festgestellt wird – dürfte das BVerfG darauf beschränkt sein, zu überprüfen, ob die Integrationsermächtigung nach Art. 23 GG (Rn 20) überschritten ist, ob also in der Sache innerstaatliches Verfassungsrecht in seinem „integrationsfesten Kern" verletzt ist. – Soweit die Richtlinie dem Gesetzgeber allerdings Spielraum für die Umsetzung belässt, besteht insoweit unverkürzte Bindung an das Grundgesetz (vgl *Benda/Klein,* Rn 722 f).

Zum Inhalt der Entscheidung: Bejaht das BVerfG einen Verfassungsverstoß, so erklärt es gemäß § 78 BVerfGG das Gesetz für **nichtig**; eine Teilnichtigerklärung kommt dann in Betracht, wenn nur einzelne Bestimmungen nichtig sind, das Gesetz im Übrigen noch in sich sinnvoll ist, während andererseits gemäß § 78 S. 2 BVerfGG auch weitere, nicht ausdrücklich angegriffene Bestimmungen des den Gegenstand der Normenkontrolle bildenden Gesetzes für nichtig erklärt werden können, wenn der Nichtigkeitsgrund der gleiche ist. Zu den *Wirkungen der Entscheidung* s. § 79 BVerfGG.

Im *Tenor* stellt das BVerfG den Verfassungsverstoß fest und erklärt das Gesetz für nichtig; unter bestimmten Voraussetzungen beschränkt es sich auf die **Feststellung des Verfassungsverstoßes** (dazu nachstehend III). Die Nichtigerklärung wirkt **ex tunc:** Das verfassungswidrige Gesetz ist als **von Anfang an nichtig** anzusehen; gleichwohl bleiben auf Grund des Gesetzes ergangene Hoheitsakte nach § 79 Abs. 2 S. 1 BVerfGG grundsätzlich in Kraft; die Vollstreckung hieraus ist jedoch unzulässig, Abs. 2 S. 2. Bei Strafurteilen ist Wiederaufnahme möglich, § 79 Abs. 1 BVerfGG.

Die Entscheidung des BVerfG wirkt **inter omnes**, § 31 Abs. 1 BVerfGG, und hat **Gesetzeskraft**, § 31 Abs. 2 BVerfGG.

Hält das BVerfG das Gesetz für gültig, so stellt es auch dies im Tenor ausdrücklich fest; ein neuer Antrag wird nur dann zulässig, wenn sich die Lebensverhältnisse oder die allgemeine Rechtsauffassung nach Ergehen der Entscheidung grundsätzlich geändert haben (*Pestalozza*, § 20 V 2 b dd); andernfalls fehlt es am Klarstellungsinteresse.

5. Die abstrakte Normenkontrolle nach Art. 93 Abs. 1 Nr 2a GG; §§ 13 Nr 6a; 76 ff BVerfGG

Art. 93 Abs. 1 Nr 2a GG sieht eine **zusätzliche** Möglichkeit der **abstrakten Normenkontrolle** speziell für die Überprüfung der Voraussetzungen des Art. 72 Abs. 2 GG, also der Erforderlichkeit eines (Bundes-)Gesetzes bei konkurrierender Gesetzgebungsbefugnis vor. § 76 Abs. 2, 2. Halbs. BVerfGG erweitert die abstrakte Normenkontrolle auf die Voraussetzungen des Art. 75 Abs. 2 GG. **618**

Zulässigkeitsvoraussetzungen:

(1) *Antragsberechtigung*

Abweichend von Nr 2 nur: Bundesrat, Landesregierung, Landesparlament

Wenn die Volksvertretung eines Landes den Antrag stellen will, muss sie dies mehrheitlich beschließen.

(2) *Prüfungsgegenstand*

Nach Systematik und Zielsetzung der Norm nur (formelle) Bundesgesetze: nur für sie gelten die Voraussetzungen des Art. 72 Abs. 2 bzw des Art. 75 Abs. 2 GG, auf die die Normenkontrolle nach Abs. 1 Nr 2a, § 76 Abs. 2 BVerfGG gerichtet ist.

(3) *„Meinungsverschiedenheiten“*

Diese müssen sich auf die Voraussetzungen des Art. 72 Abs. 2 bzw des Art. 75 Abs. 2 beziehen, also die Erforderlichkeit einer bundesgesetzlichen Regelung in Fällen konkurrierender Kompetenz bzw einer Rahmenkompetenz, oder aber Überschreiten der Grenzen des Art. 75 Abs. 2 GG; die muss plausibel dargelegt sein.

(4) *Klarstellungsinteresse* und (5) *Form:* wie bei 4.

Prüfungsmaßstab: nur Art. 72 Abs. 2 GG und Art. 75 Abs. 2 GG.

619 Verhältnis zu Art. 93 Abs. 1 Nr 2 GG: Nr 2a stellt ein zusätzliches Verfahren für die dort genannten Antragsberechtigten bereit. Nach Nr 2a antragsberechtigte Beteiligte können das Fehlen der Voraussetzungen nach Art. 72 Abs. 2 GG bzw nach Art. 75 Abs. 2 GG, vgl § 76 Abs. 2, 2. Halbs. BVerfGG, in diesem Verfahren geltend machen; die in beiden Verfahren antragsberechtigten Landesregierungen können demgegenüber im Verfahren nach Nr 2 weitere Nichtigkeitsgründe über Art. 72 Abs. 2 hinaus geltend machen. Die zusätzliche Normenkontrolle nach Art. 93 Abs. 1 Nr 2a GG wird also vor allem für den Bundesrat und die Landesparlamente bedeutsam.

6. Die konkrete Normenkontrolle (Richtervorlage), Art. 100 Abs. 1 GG; §§ 13 Nr 11; 80 ff BVerfGG

620 Eine verfassungswidrige Norm ist nichtig, darf also nicht angewandt werden. Dies gilt für formelle Gesetze gleichermaßen wie für untergesetzliches Recht, gilt für Gerichte grundsätzlich in gleicher Weise wie für Behörden. Sie sind also nicht nur berechtigt, sondern verpflichtet, sich der Verfassungskonformität des von ihnen anzuwendenden Rechts zu vergewissern (sofern sich Zweifel hieran ergeben). Dies bedeutet jedoch nicht, dass sie jede für verfassungswidrig gehaltene Norm außer Acht lassen, „*verwerfen*" dürften. Denn dies würde nicht nur zu erheblicher Rechtsunsicherheit führen (wenn etwa Amtsgericht A die Regelung des Versorgungsausgleichs als verfassungskonform anwendet, Amtsgericht B jedoch nicht); dies würde bei formellen, vom Parlament beschlossenen Gesetzen bedeuten, dass einzelne Gerichte oder Behörden eine vom demokratisch legitimierten Gesetzgeber getroffene Entscheidung umstoßen, insbesondere auch die vom Gesetzgeber mit der Verabschiedung des Gesetzes bekundete Überzeugung von der Verfassungsmäßigkeit des Gesetzes außer Betracht lassen könnten. Aus diesem Grund ist die **Verwerfungskompetenz für formelle Gesetze beim Bundesverfassungsgericht konzentriert**, muss der **Richter**, wenn er das Gesetz für verfassungswidrig hält, die Entscheidung des Bundesverfassungsgerichts im Wege der **konkreten Normenkontrolle** (konkret, da aus Anlass eines konkreten Rechtsstreits) einholen, Art. 100 Abs. 1 GG.

Dies gilt nicht für die *Exekutive:* Hält hier die das Gesetz anwendende Behörde dieses für verfassungswidrig, so ist im Wege der *Remonstration* die Entscheidung der Exekutivspitze – also der Regierung bzw des zuständigen Fachministers einzuholen; die Regierung *kann* dann ein Normenkontrollverfahren nach Art. 93 Abs. 1 Nr 2 GG einleiten.

Dieses Entscheidungsmonopol des BVerfG gilt nur für *formelle* Gesetze; für untergesetzliches Recht hat das einzelne Fachgericht auch die **Verwerfungskompetenz**, dh es ist befugt, die Vorschrift als verfassungswidrig *nicht* anzuwenden (und hierzu auch verpflichtet).

Zulässigkeitsvoraussetzungen:

(1) *Vorlageberechtigung*

621 Den Antrag nach Art. 100 Abs. 1 GG können nur **Gerichte** stellen; dies können auch Landesverfassungsgerichte sein.

(2) *Gegenstand des Verfahrens*

Nur *formelle Gesetze* (zum Begriff s.o. § 3 Rn 245): nur bei ihnen schließt die Entscheidung des demokratisch legitimierten Gesetzgebers eine Verwerfungskompetenz des Fachgerichts aus. **622**

Aus eben diesem Gesichtspunkt folgt eine weitere, wesentliche Einschränkung für den Gegenstand des Verfahrens: Nur für *nachkonstitutionelle Gesetze* besteht das Verwerfungsmonopol des BVerfG – die Nichtanwendung eines *vor* In-Kraft-Treten des GG erlassenen Gesetzes bedeutet keine Missachtung des demokratisch legitimierten Gesetzgebers nach dem Grundgesetz. Als nachkonstitutionell anzusehen ist ein Gesetz jedoch bereits dann, wenn es der nachkonstitutionelle Gesetzgeber „*in seinen Willen aufgenommen*" hat, wenn er also bekundet hat, dass das vor In-Kraft-Treten des Grundgesetzes ergangene Gesetz weiterhin zur Anwendung kommen soll. Dies kann etwa dann der Fall sein, wenn das vorkonstitutionelle Gesetz maßgeblich geändert wird und die geänderten mit den unveränderten Bestimmungen in sachlich engem Zusammenhang stehen, während die bloße Tatsache der Änderung einzelner Bestimmungen noch nicht ausreicht (vgl *Benda/Klein,* Rn 795 ff). Es muss anhand objektiver Kriterien deutlich werden, dass der Gesetzgeber das geänderte Gesetz insgesamt für gültig hält. Aufnahme in den Willen des Gesetzgebers liegt vor bei Neuverkündung im BGBl; bei *ausdrücklicher Verweisung* auf das Altrecht in einem nachkonstitutionellen Gesetz, aber auch bei *engem sachlichem* Zusammenhang eines nachkonstitutionellen zu einem vorkonstitutionellen Gesetz (BVerfGE 45, 187, 221 f; 48, 396, 398 – weitere Nw der Rspr bei *Pestalozza*, Verfassungsprozeßrecht, § 13 II 3 c cc; *Benda/Klein,* aaO).

Bei umfangreicheren vorkonstitutionellen Gesetzen wie zB dem BGB bedeuten auch wiederholte Änderungen nicht, dass der Gesetzgeber jede einzelne der unverändert gebliebenen Vorschriften „in seinen Willen aufgenommen" hat (vgl für den Deliktstatbestand des § 828 Abs. 2 BGB BVerfG JZ 1999, 251).

Eine im Ansatz vergleichbare *Einschränkung* besteht für das Verhältnis von *Landesrecht und Bundesrecht:* Landesgesetze sind dann im Wege der konkreten Normenkontrolle dem BVerfG vorzulegen, wenn das Gericht sie im Widerspruch auch zu sonstigem Bundesrecht sieht. Sind nun die maßgeblichen Normen des Bundesrechts erst *nach In-Kraft-Treten des Landesgesetzes* erlassen worden, so konnte der Landesgesetzgeber sie nicht berücksichtigen. Das Landesgesetz in diesem Fall nicht anzuwenden (im Hinblick auf Art. 31 GG als hier maßgebliche Kollisionsregel – *Pestalozza,* aaO verweist jedoch auf den lex-posterior-Grundsatz), bedeutet keine „Missachtung" des Landesgesetzgebers. Wohl aber liegt eine solche Missachtung vor, wenn ein Landesgesetz nicht angewandt wird, bei dessen Erlass die als verletzt gesehene Norm des Bundesrechts bereits vorgelegen hatte – sie musste auch der Landesgesetzgeber sehen und berücksichtigen.

Dies bedeutet im Ergebnis, dass Landesgesetze *nur* dann vorzulegen sind, wenn sie *nach Erlass* des nach Auffassung des Gerichts ihre Nichtigkeit begründenden *Bundesrechts* erlassen worden sind; – zu EG-Recht s. Rn 626. Nach Art. 9 Abs. 2 EV fortgeltendes DDR-Recht wird als vorkonstitutionelles Recht behandelt, BVerfGE 97, 117, 122 ff.

(3) *Überzeugung des Gerichts von der Nichtigkeit des Gesetzes*

Das vorlegende Gericht muss *überzeugt* sein von der Nichtigkeit der vorzulegenden Norm, Zweifel genügen nicht. Die Überzeugung des Gerichts muss sich zudem auf einen *Nichtigkeitsgrund* iSv Art. 100 Abs. 1 GG beziehen, bei Landesrecht also auf einen Verstoß gegen früher ergangenes Bundesrecht (s. vorstehend Rn 622). Sieht das vorlegende Gericht die Möglichkeit einer verfassungskonformen Auslegung, hat es diese zugrundezulegen, auch dann, wenn es hierdurch von der Auffassung eines Obergerichts abweicht (BVerfGE 80, 54, 58 f). **623**

Dabei muss das Gericht in seinem *Vorlagebeschluss* darlegen, dass es das Gesetz *für nichtig hält*, darf sich also nicht darauf beschränken, mögliche Nichtigkeitsgründe ohne Darlegung der eigenen Auffassung aufzuzeigen. Liegt jedoch bereits eine Entscheidung des BVerfG hinsichtlich der Gültigkeit der Norm vor, so ist das vorlegende Gericht gemäß § 31 Abs. 1 BVerfGG hieran gebunden, ist seine Überzeugung unmaßgeblich.

(4) *Entscheidungserheblichkeit der Norm*

624 Nur dann *darf* das Gericht die Verfassungsmäßigkeit des Gesetzes zur Überprüfung durch das BVerfG bringen, wenn es hierauf für seine Entscheidung ankommt, wenn also die Entscheidung bei Gültigkeit der Norm anders ausfallen würde als bei Ungültigkeit (näher etwa BVerfGE 80, 96).

Auch dies hat das Gericht in seinem Vorlagebeschluss *darzulegen*. Dabei beachtet das BVerfG grundsätzlich die Rechtsauffassung des Fachgerichts, sofern diese *nicht offensichtlich unhaltbar* ist. Die Auslegung des im konkreten Streitfalls anzuwendenden einfachen Rechts ist Sache des Fachgerichts, nicht des BVerfG.

Entscheidung ist dabei „jede gerichtliche Maßnahme", die ein gerichtliches Verfahren oder einen Teil davon endgültig oder vorläufig beendet (vgl *Erichsen*, Jura 1982, 92; *Stern*, BonnK, Art. 100, Rn 157). Dies sind insbesondere Urteile, Beschlüsse, die an die Stelle von Urteilen treten, auch etwa Beschwerdeentscheidungen, Entscheidungen über die Zulassung von Rechtsmitteln ua.

In Ausnahmefällen kann eine Vorlage zum BVerfG auch bei *Zwischenentscheidungen* in Betracht kommen, vgl BVerfGE 63, 1, 21 ff: bei wesentlicher Bedeutung für die weitere Ausgestaltung des Verfahrens.

Keine Entscheidungen iSv Art. 100 Abs. 1 GG sind Maßnahmen, die die endgültige Entscheidung erst vorbereiten, also insbesondere *Beweisbeschlüsse*. Ist bei Gültigkeit der Norm eine Beweiserhebung erforderlich, während bei Ungültigkeit sogleich ein Endurteil erlassen werden könnte, so hat gleichwohl zunächst ein Beweisbeschluss zu ergehen. Erst nach Durchführung der Beweisaufnahme kann beurteilt werden, ob eine Klage in jedem Fall oder nur bei Ungültigkeit der fraglichen Norm abzuweisen ist.

Eine **Ausnahme** hiervon hat BVerfGE 48, 89 (Kalkar) zugelassen: Es ging hier um die Gültigkeit von § 7 AtG als Ermächtigungsgrundlage für die Genehmigung eines Kernkraftwerks. Der Anfechtungsklage gegen die Genehmigung hätte das Gericht bei Nichtigkeit der Norm – von der es überzeugt war – stattgeben müssen, bei Gültigkeit der Norm musste zunächst eine umfangreiche, sehr langwierige Beweisaufnahme über die Sicherheit der Anlage durchgeführt werden. Die grundsätzliche Bedeutung der Vorlagefrage für das Allgemeinwohl und ihre besondere Dringlichkeit rechtfertigten hier, so das BVerfG, die sofortige Vorlage.

Ausreichend ist *mittelbare Entscheidungserheblichkeit* einer Norm, wenn es sich etwa um eine Ermächtigungsnorm handelt (*Pestalozza*, Verfassungsprozeßrecht, § 15 II 6). **Beispiel:** Ein Gericht hält eine unmittelbar entscheidungserhebliche Rechtsverordnung für nichtig, da es von der Verfassungswidrigkeit der Ermächtigungsgrundlage – also eines formellen Gesetzes – überzeugt ist. Das ermächtigende Gesetz ist vorzulegen.

Zu weiteren Ausnahmen von der Entscheidungserheblichkeit vgl *Pestalozza* aaO; dort auch zu der schwer nachvollziehbaren Rspr des BayVerfGH zur Vorfragenkompetenz.

Entscheidungserheblichkeit ist, wie dargelegt, dann gegeben, wenn das Gericht je nach Gültigkeit der Norm unterschiedliche Entscheidungen zu treffen hat; hierfür kommt es nicht allein auf den Entscheidungs*tenor* an: Auch die Abweisung einer Klage als *unbegründet* ist im Hinblick auf die Rechtskraftwirkung gegenüber der Abweisung als *unzulässig* eine *„andere" Entscheidung* (*Erichsen*, aaO).

(5) *Form des Antrags*

Das vorlegende Gericht entscheidet durch Beschluss über die Aussetzung des Verfahrens und die Vorlage zum BVerfG; ein *Antrag* der Prozessparteien ist gemäß § 80 Abs. 3 BVerfGG *nicht erforderlich*, wirkt lediglich als Anregung an das Gericht, die Frage der Verfassungsmäßigkeit zu prüfen. Nimmt das Gericht von einer Vorlage Abstand, hat die Prozesspartei keine Rechtsmittel hiergegen, ist vielmehr ggf darauf verwiesen, die Verfassungswidrigkeit der Norm im Wege der Verfassungsbeschwerde gegen das auf die Norm gestützte letztinstanzliche Urteil geltend zu machen. **625**

In der *Begründung des Vorlagebeschlusses* ist die Überzeugung des vorlegenden Gerichts von der Verfassungswidrigkeit der Norm und deren Entscheidungserheblichkeit darzulegen.

Wenn es in einem gerichtlichen Verfahren auf die Gültigkeit einer Norm des **Gemeinschaftsrechts** ankommt, hat das Gericht, wie o. Rn 307 f ausgeführt, zunächst die Vorabentscheidung des EuGH einzuholen. Falls dieser die Gültigkeit bejaht, das Gericht aber gleichwohl von ihrer Ungültigkeit wegen Verletzung des nach Art. 23 GG unabdingbaren grundrechtlichen Mindeststandards bzw wegen Überschreitung der Gemeinschaftskompetenzen (Ausbrechen aus dem „Integrationsprogramm" der Verträge) überzeugt ist, kommt eine Vorlage zum BVerfG nach Art. 100 Abs. 1 GG (in entsprechender Anwendung) in Betracht, s. näher o. Rn 306 f. **626**

Demgegenüber ist das in Umsetzung einer EG-Richtlinie ergangene innerstaatliche Gesetz geeigneter Gegenstand eines Normenkontrollverfahrens; dabei ist eine eingeschränkte Kontrolldichte in Erwägung zu ziehen, wenn die Richtlinie dem Gesetzgeber keinen Spielraum in der Umsetzung belässt: in diesem Fall dürfte innerstaatliches Verfassungsrecht wohl nur in dem Maße zur Geltung kommen, in dem es nach Art. 23 GG „integrationsfest" ist, also im Rahmen des hiernach unverzichtbaren Standards (o. Rn 20).

Zu Einzelfragen s. *Benda/Klein,* Rn 807 ff.

Das BVerfG prüft die ihm nach Art. 100 Abs. 1 GG zur Prüfung vorgelegte Norm umfassend am Grundgesetz, Landesgesetze auch an sonstigem Bundesrecht, ohne hierbei an die vom vorlegenden Gericht geltend gemachten Nichtigkeitsgründe gebunden zu sein. **627**

In seiner Entscheidung stellt es ggf die Unvereinbarkeit des Gesetzes mit dem Grundgesetz bzw sonstigem Bundesrecht fest und *erklärt es für nichtig*, § 82 Abs. 1 BVerfGG verweist diesbezüglich auf § 78 BVerfGG. Die Entscheidung wirkt, wie im Verfahren der abstrakten Normenkontrolle, **inter omnes** und hat **Gesetzeskraft**, § 31 BVerfGG; für die Wirkung der Entscheidung verweist § 82 Abs. 1 BVerfGG auf § 79 BVerfGG. Zur Möglichkeit der bloßen Feststellung des Verfassungsverstoßes – unter Verzicht auf Nichtigerklärung – s.u. III.

7. Weitere Verfahren

Abgesehen vom Verfahren der **Verfassungsbeschwerde**, die wegen des Sachzusammenhangs im Grundrechtsband behandelt wird, spielen die weiteren Verfahrensarten in der Praxis eine nur geringe Rolle. **628**

a) Dies gilt insbesondere für die dem **Verfassungsschutz im engeren Sinn** zuzuordnenden Verfahren.

Erst in zwei Fällen wurde ein **Parteiverbotsverfahren** nach Art. 21 Abs. 2 S. 2 GG, §§ 13 Nr 2, 43 ff BVerfGG durchgeführt (BVerfGE 2, 1; 5, 85). Die Zulässigkeitsvoraussetzungen sind unproblematisch und in §§ 43 ff BVerfGG näher umschrieben; antragsberechtigt sind Bundesregierung, Bundestag und Bundesrat, Landesregierungen in Bezug auf Parteien, deren Organisation sich auf das Gebiet *ihres* Landes beschränkt; die Antragstellung liegt im politischen Ermessen der hierfür zuständigen Verfassungsorgane. Zum Inhalt der Entscheidung s. § 46 BVerfGG; Feststellung der Verfassungswidrigkeit *ex nunc*, Auflösung und Verbot von *Ersatzorganisationen*, möglich auch Vermögenseinziehung. Bedeutsam ist, dass mit der Verkündung der Entscheidung auch die Mandate von Abgeordneten der Partei erlöschen, vgl auch § 46 Abs. 4 BWG.

Keine praktische Bedeutung hat das Grundrechtsverwirkungsverfahren erlangt (vgl *Sachs*, Verfassungsprozessrecht, 2004, Rn 356).

629 Keine praktische Bedeutung erlangten auch die **Anklageverfahren**.

Die Anklage gegen den Bundespräsidenten, Art. 61 Abs. 1 GG, §§ 13 Nr 4; 49 ff BVerfGG, kann nur auf *vorsätzliche Rechtsverletzung* gestützt werden (und setzt zu ihrer Erhebung qualifizierte Mehrheiten im Bundestag und Bundesrat voraus). Geeignetes Verfahren zur Klärung von *Kompetenzstreitigkeiten* ist das *Organstreitverfahren*, in dem es auf subjektive Vorwerfbarkeit nicht ankommt. Zur *Richteranklage* s. Art. 98 Abs. 2 GG, §§ 13 Nr 9; 58 ff BVerfGG (Bundesrichter) bzw Art. 98 Abs. 5 GG, §§ 13 Nr 9, 62 iVm 59 ff BVerfGG (Landesrichter).

630 **b)** Dem Bereich der organisationsrechtlichen Streitigkeiten zuzurechnen ist das **Wahlprüfungsverfahren** nach Art. 41 Abs. 2 GG, §§ 13 Nr 3; 48 BVerfGG.

Über Fragen der *Gültigkeit einer Bundestagswahl* entscheidet gemäß Art. 41 Abs. 1 GG ausschließlich der Bundestag im Wahlprüfungsverfahren, das – auf der Grundlage der Ermächtigung in Art. 41 Abs. 3 GG – im Wahlprüfungsgesetz (Sart. Nr 32) geregelt ist. Der Bundestag entscheidet damit auch über die Gültigkeit der Wahl eines einzelnen Abgeordneten, also über die Erlangung des Mandats. Er entscheidet in diesem Verfahren auch über den *Verlust eines Bundestagsmandats* gemäß §§ 46, 47 BWG. Gegen die Entscheidung des Bundestags ist *Beschwerde zum BVerfG eröffnet*, das für die **Wahl- und Mandatsprüfung ausschließlich** zuständig ist, Art. 41 Abs. 2 GG; jeder andere Rechtsweg ist ausgeschlossen.

Im Wahlprüfungsverfahren sind *Wahlmängel* festzustellen, die zum einen sich aus den gesetzlichen Wahlregeln (BWG, s. aber auch §§ 107-108b StGB), zum anderen aus allgemeinen Wahlrechtsgrundsätzen ergeben. Wahlmängel können etwa in *unerlaubter Beeinflussung* durch amtliche Stellen liegen (der Ministerpräsident eines Landes unterzeichnet zB einen Wahlaufruf zu Gunsten einer Partei in einer amtlichen Bekanntmachung in seiner Eigenschaft als Ministerpräsident), in Bewerbermängeln und in der unrichtigen Feststellung des Wahlergebnisses, aber auch in der Verfassungswidrigkeit von Bestimmungen des Wahlrechts. *Fehlerfolge* ist grundsätzlich nicht die Wiederholung der Wahl auf Grund ihrer Nichtigkeit, sondern die *Richtigstellung des Ergebnisses*, unter Berücksichtigung der festgestellten Mängel. Diese Entscheidung wird vom Bundestag im Wahlprüfungsverfahren auf Einspruch der in § 2 Wahlprüfungsgesetz genannten Einspruchsberechtigten getroffen; gegen diese Entscheidung ist dann Beschwerde einzulegen.

Über den Verlust der Mitgliedschaft entscheidet der Bundestag gleichermaßen im Wahlprüfungsverfahren; bzw kann, falls zunächst der Bundespräsident entscheidet, auf Antrag des betroffenen Abgeordneten die Entscheidung im Wahlprüfungsverfahren herbeigeführt werden; hiergegen kann der Abgeordnete, dessen Mitgliedschaft bestritten wird, gemäß Art. 41 Abs. 2 GG Beschwerde zum BVerfG einlegen, vgl Rn 498.

Die *Beschwerdeberechtigung* ist in § 48 BVerfGG geregelt. Beschwerdeberechtigt sind insbesondere im Wahlprüfungsverfahren der Wahlberechtigte, der Einspruch gegenüber dem Bundestag erhoben hatte, unter der Voraussetzung, dass ihm 100 Wahlberechtigte beitreten, ferner eine Fraktion und eine Bundestagsminderheit, im Fall der Mandatsprüfung der betroffene Abgeordnete. Eine *materielle Beschwer* ist nicht gefordert, ausreichend ist die *formelle Beschwer*, die im Wahlprüfungsverfahren in der Zurückweisung des Einspruchs liegt, im Mandatsprüfungsverfahren liegt die Beschwer in der Entscheidung im Wahlprüfungsverfahren; zur *Form* der Beschwerde s. § 23 BVerfGG, zur *Frist* § 48.

c) Vergleichbar der konkreten Normenkontrolle ist das Verfahren der **Qualifikation von Regeln des Völkerrechts** als Bestandteil des Bundesrechts gemäß Art. 25 GG ausgestaltet, Art. 100 Abs. 2 GG, (hierzu näher *Sachs*, Verfassungsprozessrecht, Rn 220 ff). **631**

Im Wege konkreter wie abstrakter **Normenqualifikation** ist gemäß Art. 126 GG über die Fortgeltung vorkonstitutionellen Rechts als Bundesrecht zu entscheiden.

d) Einen **Sonderfall der Verfassungsbeschwerde** regelt Art. 93 Abs. 1 Nr 4b GG. Hiernach können Gemeinden und Gemeindeverbände ihr Selbstverwaltungsrecht aus Art. 28 GG gegenüber Gesetzen – auch Rechtsverordnungen – geltend machen, sofern nicht – bei Landesgesetzen – der Rechtsweg zu den Landesverfassungsgerichten eröffnet ist; dazu näher *Pestalozza*, § 12 III; *Sachs*, Rn 524 ff, 538.

Schrifttum s.o. nach Rn 599.

III. Allgemeine Fragen des Verfahrens und der Entscheidung

Bestimmte Fragen des verfassungsgerichtlichen Verfahrens, der verfassungsgerichtlichen Kontrolldichte und des Entscheidungsinhalts stellen sich in allen Verfahren, in denen es auf die Verfassungsmäßigkeit von Normen ankommt. Auch kommt in allen Verfahren der Erlass einer einstweiligen Anordnung in Betracht.

1. Besonderheiten der Normprüfungsverfahren

Für die Prüfung der Verfassungsmäßigkeit von Gesetzen und den Inhalt der Entscheidung im Fall der Verfassungswidrigkeit haben sich in der Judikatur des BVerfG bestimmte allgemeine Grundsätze herausgebildet, die für die Verfahren der *abstrakten* und *konkreten* Normenkontrolle gleichermaßen gelten wie für die unmittelbar oder mittelbar gegen Gesetze gerichtete *Verfassungsbeschwerde*. **632**

a) Verfassungskonforme Auslegung

Für die genannten Normprüfungsverfahren gilt, dass das Gericht, ehe es ein Gesetz als verfassungswidrig für nichtig erklärt, zunächst versucht, dieses Gesetz im Wege „**verfassungskonformer Auslegung**" zu „halten". Wenn also ein Gesetz verschiedene Möglichkeiten der Auslegung offen hält, bei einer bestimmten Auslegung Verfassungswidrigkeit festzustellen wäre, bei einer anderen, gleichfalls möglichen Auslegung jedoch Verfassungskonformität, so wird *dieser* Auslegung der Vorzug **633** gegeben, das Gesetz also als in dieser Auslegung mit dem Grundgesetz vereinbar erklärt. Doch muss eine dahingehende Auslegung nach den anerkannten Auslegungsmethoden noch möglich sein, darf der Sinn des Gesetzes nicht ins Gegenteil verkehrt werden.

Schrifttum: *Hillgruber/Goos*, Rn 528 ff.

b) Zurückhaltung gegenüber dem Gesetzgeber

634 Mehrfach wurde bereits im Zusammenhang mit Fragen des *materiellen Verfassungsrechts* eine tendenzielle Zurückhaltung des BVerfG bei Eingriffen in die vorrangige politische Entscheidung des Gesetzgebers konstatiert.

Hier ist insbesondere der grundsätzliche Vorrang **gesetzgeberischer Prognoseentscheidungen** anzuführen (vgl o. § 3 Rn 393 ff). Das Gericht sieht sich grundsätzlich nicht befugt, Prognosen des Gesetzgebers hinsichtlich der Auswirkungen eines Gesetzes, der durch das Gesetz zu gestaltenden künftigen Entwicklung durch eigene Prognosen zu ersetzen, konzediert daher dem Gesetzgeber bei Entscheidungen mit Prognosecharakter einen **Beurteilungsspielraum**, beschränkt sich auf eine **Evidenzkontrolle**; erklärt dann aber zum Ausgleich den Gesetzgeber für den Fall, dass sich die Unrichtigkeit seiner Prognose herausstellen sollte, zur „*Nachbesserung*" verpflichtet (vgl zB BVerfGE 50, 290 – näher o. Rn 393 ff).

Dass das BVerfG den Gedanken eines Beurteilungsspielraums bei Entscheidungen mit Prognosecharakter auch auf das Verhältnis zu den anderen mit der politischen Staatsleitung beauftragten Verfassungsorganen übertragen will, wurde im Fall 55 vor § 5 – Bundestagsauflösung – deutlich, s. BVerfGE 62, 1.

Schrifttum: *Pestalozza,* Verfassungsprozeßrecht, § 20 I 3 d; *Schlaich/Korioth*, Rn 431 ff.

c) Die Entscheidung des BVerfG: Nichtigerklärung oder Feststellung der Verfassungswidrigkeit

635 Stellt das Bundesverfassungsgericht einen Verfassungsverstoß des Gesetzgebers fest, so hat es die Norm grundsätzlich **für nichtig zu erklären**, § 78 S. 1 BVerfGG (abstrakte Normenkontrolle), § 82 Abs. 1 iVm § 78 S. 1 BVerfGG (konkrete Normenkontrolle), § 95 Abs. 3 S. 1 BVerfGG (Verfassungsbeschwerde).

Grundsätzlich bezieht sich die Nichtigerklärung auf die *angegriffene Bestimmung*. Sie erstreckt sich auf das *ganze Gesetz*, wenn dieses *insgesamt nichtig* ist. Dies ist der Fall, wenn ein Verfassungsverstoß auf das gesamte Gesetz als gesetzgebungstechnische Einheit durchschlägt: Bei fehlender Kompetenz des Gesetzgebers wie auch bei Verfahrensmängeln, wie fehlender Zustimmung des Bundesrats, ist das Gesetz insgesamt nichtig. Das Gesetz ist unter materiellen Gesichtspunkten insgesamt nichtig, wenn die nach Nichtigerklärung der verfassungswidrigen Bestimmungen verbleibenden Bestimmungen keine sinnvolle Regelung mehr ergeben. Im Übrigen werden nur die verfassungswidrigen Bestimmungen des Gesetzes, soweit sie angegriffen wurden, für nichtig erklärt. Unter den Voraussetzungen des § 78 S. 2 BVerfGG kann jedoch das BVerfG die Nichtigerklärung auf weitere, nicht angegriffene Bestimmungen erstrecken, wenn der Nichtigkeitsgrund der gleiche ist.

Die Nichtigerklärung wirkt, vgl o. Rn 617, **ex tunc:** das Gesetz ist nichtig von Anfang an.

Unter bestimmten Voraussetzungen nimmt das BVerfG jedoch von einer Nichtigkeitserklärung Abstand und beschränkt sich auf die **Feststellung der Verfassungswidrigkeit** der Norm. Zwei Gesichtspunkte sind hierfür maßgeblich: zum einen der der **Gestaltungsfreiheit des Gesetzgebers**, zum anderen der der Rechtssicherheit im Fall eines drohenden **Rechtsvakuums**. **636**

Der Gesichtspunkt der gesetzgeberischen **Gestaltungsfreiheit** – der letztlich aus dem Gewaltenteilungsprinzip folgt – greift ein, wenn das Gericht einen Verstoß gegen den *Gleichheitssatz* konstatiert, der auf unterschiedliche Weise behoben werden kann.

Bei einem Verstoß gegen Art. 3 GG kann Gleichheit auf unterschiedliche Weise hergestellt werden. Wenn etwa das Gesetz dem A eine Leistung gewährt, dem B aber unter Verstoß gegen Art. 3 GG nicht, so kann der Gesetzgeber entweder beiden oder aber keinem von beiden die Leistung gewähren, oder etwa auch, um den Gesamtaufwand nicht zu erhöhen, beiden die halbe Leistung. Dieser Entscheidung des Gesetzgebers kann vom BVerfG nicht vorgegriffen werden: Es beschränkt sich auf die Feststellung des Gleichheitsverstoßes (sofern nicht *ausnahmsweise* aus anderen rechtlichen Gesichtspunkten eine bestimmte Lösung vorgegeben sein sollte). – S. dazu *Klausurenband*, Fall 1, Repetitorium und *Pieroth/Schlink* Rn 440 ff.

Die Nichtigerklärung einer Norm kann zu einem „**Rechtsvakuum**" führen. Auch dies muss mitunter aus verfassungsrechtlichen Gründen vermieden werden. **637**

So beim Finanzausgleich (Rn 196 ff): Die Nichtigerklärung von an sich verfassungswidrigen Regelungen auch für zurückliegende Haushaltsjahre hätte für die Haushalts- und Finanzwirtschaft der Länder ein Chaos bedeutet. Eine geordnete Haushalts- und Finanzwirtschaft ist aber auch verfassungsrechtlich (Art. 109 GG) geboten. Deshalb erklärte BVerfGE 72, 330, 421 ff die Bestimmungen nur für das laufende Haushaltsjahr, nicht für zurückliegende Jahre für unanwendbar.

BVerfGE 33, 303 ordnete die Fortgeltung einer verfassungswidrigen Hochschulzulassungsregelung für eine Übergangsfrist an, da es sonst zu einer verfassungsrechtlich noch bedenklicheren Entscheidungskompetenz der Exekutive ohne gesetzliche Grundlage gekommen wäre (also besser ein „schlechtes" – weil verfassungswidriges – als gar kein Gesetz, war hier der Standpunkt des Gerichts).

Das Gericht beschränkt sich in derartigen Fällen meist auf die Feststellung der Verfassungswidrigkeit, erklärt das Gesetz aber für übergangsweise anwendbar und verpflichtet den Gesetzgeber zu einer Neuregelung, regelmäßig innerhalb bestimmter Frist. **637a**

Einen neuen Weg beschritt BVerfGE 99, 216 für die **Familienbesteuerung**. Dort als verfassungswidrig erkannte Regelungen sollten für einen Übergangszeitraum anwendbar sein, da sonst die Steuerpflichtigen noch stärker belastet worden wären. Der Gesetzgeber wurde zur Neuregelung verpflichtet. Ihr Inhalt – dies ein Novum – wurde detailliert bis hin zur Höhe der Freibeträge vorgegeben. Für den Fall, dass diese Neuregelung nicht zustande kommen sollte, ordnete das Gericht an, die Besteuerung entsprechend den gerichtlichen Vorgaben vorzunehmen, also nicht mehr die verfassungswidrige gesetzliche Regelung, sondern unmittelbar die in der Entscheidung genannten Grundsätze und Beträge zugrundezulegen.

638 Teilweise auf Kritik stieß diese Vorgehensweise im Urteil zu den **Straftäterunterbringungsgesetzen** vom 10.02.2004 (BVerfG NJW 2004, 750; vgl Fall 11a, Rn 112 sowie Klausurenband Fall 3). Für die verfassungs-, weil kompetenzwidrigen Unterbringungsgesetze zweier Länder traf das BVerfG eine begrenzte Weitergeltungsanordnung. Andernfalls hätten „besonders rückfallgefährdete, hochgefährliche Straftäter“ (so die bayerische Regelung) auf freien Fuß gesetzt werden müssen. Auf Grund der befristeten Weitergeltung konnte die Unterbringung andauern. Dies führte zu Freiheitsentziehungen, für die es keine verfassungsmäßige gesetzliche Grundlage gab. Freiheitsentziehungen sind jedoch nach Art. 104 Abs. 1 S. 1 GG nur auf gesetzlicher Grundlage zulässig, wobei an die Bestimmtheit des Gesetzes strenge Anforderungen zu stellen sind (*Degenhart*, in: Sachs, GG, Art. 104 Rn 10). Die Entscheidung des BVerfG führte nun zu Freiheitsentziehungen auf der Grundlage eines verfassungswidrigen Gesetzes, dessen Weitergeltung vom BVerfG angeordnet wurde. In einem Sondervotum vertraten einige Mitglieder des 2. Senats die Auffassung, dies reiche für Art. 104 Abs. 1 GG nicht aus; eine gerichtliche Anordnung nach § 32 BVerfGG könne keine Grundlage für eine Freiheitsentziehung sein (ebenso *Gärditz*, NVwZ 2004, 693).

638a Auf ungewöhnliche Weise wurden Normenkontroll- und Verfassungsbeschwerdeverfahren gegen das brandenburgische Schulgesetz wegen des Faches Lebensgestaltung-Ethik-Religionskunde (LER) beendet: Das Gericht unterbreitete durch Beschluss einen Vorschlag für einen **Vergleich**, in dem die Landesregierung sich ua verpflichtete, einen Gesetzesentwurf bestimmten Inhalts im Landtag einzubringen, die Antragsteller/Beschwerdeführer demgegenüber sich verpflichteten, nach Inkrafttreten eines entsprechenden Änderungsgesetzes ihre Anträge zurückzunehmen, BVerfGE 104, 305; näher: *Kotzur,* JZ 2003, 73. Diese Vorgehensweise wird zT als eine *contra legem* erfolgende Fortbildung des Verfahrens kritisiert (so von *Wolff*, EuGRZ 2003, 463). Deutlich wird hier: das Bundesverfassungsgericht ist in sehr weitgehendem Maße Herr seines eigenen Verfahrensrechts.

Schrifttum: *Hillgruber/Goos*, Rn 538 ff.

2. Einstweilige Anordnungen des Bundesverfassungsgerichts

639 § 32 BVerfGG eröffnet die Möglichkeit **einstweiliger Anordnungen** auch für das verfassungsgerichtliche Verfahren zur Abwehr schwerer Nachteile oder auch aus wichtigen Gründen des gemeinen Wohls. Einstweilige Anordnungen können im Rahmen aller vor dem BVerfG möglichen Verfahren ergehen, auf Antrag oder von Amts wegen; insbesondere kann im Wege der einstweiligen Anordnung die Anwendung eines Gesetzes bis zur Entscheidung im Hauptsacheverfahren ausgesetzt werden, jedoch unter engen Voraussetzungen (BVerfGE 64, 67).

640 Im Rahmen der **Zulässigkeit** eines Antrags auf Erlass einer einstweiligen Anordnung ist zunächst die *Zuständigkeit des BVerfG in der Hauptsache* zu klären; ein Hauptsacheverfahren braucht jedoch noch nicht anhängig zu sein. *Antragsberechtigt* ist jeder, der im Hauptsacheverfahren beteiligt sein *kann*. Der Antrag ist unzulässig, wenn er seinem Inhalt nach auf *Vorwegnahme der Hauptsache* gerichtet ist (sofern dies nicht aus Rechtsschutzerfordernissen unvermeidlich ist).

Beispiele hierfür bei *Pestalozza*, Verfassungsprozeßrecht, § 22 II 2: BVerfGE 46, 160 – Entführungsfall Schleyer: Anordnung der Freilassung von Häftlingen im Wege der eA als Vorwegnahme der Hauptsache. Entscheidung in der Hauptsache würde jedoch möglicherweise zu spät kommen: Antrag auf Erlass einer eA daher nicht wegen Vorwegnahme der Hauptsache unzulässig.

Bei der Prüfung der **Begründetheit** sind – im Rahmen der in § 32 BVerfGG genannten *Anordnungsgründe* – die Folgen, die einträten beim Unterlassen einer einstweiligen Anordnung im Fall eines erfolgreichen Hauptsacheantrags *abzuwägen* gegen die nachteiligen Folgen aus einer einstweiligen Anordnung bei Erfolglosigkeit des Antrags im Hauptsacheverfahren. **641**

Kein Raum ist jedoch für den Erlass einer einstweiligen Anordnung, wenn der in der Hauptsache gestellte (bzw noch zu stellende) Antrag entweder *von vornherein unzulässig* oder aber *offensichtlich unbegründet* ist (BVerfGE 66, 39; 108, 34). Der Antrag auf Erlass der eA ist dann unbegründet. Andernfalls ist in die **Folgenabwägung** einzutreten. Dabei sind die in Frage stehenden Belange jeweils in ihrer verfassungsrechtlichen Bedeutung zu gewichten – es muss sich um verfassungsrechtlich relevante Nachteile handeln.

Beispielhaft für diese Abwägung in einem Grundrechtsfall, also in einem Verfahren der *Verfassungsbeschwerde*, erscheint BVerfGE 64, 67 – *Volkszählung:* Der Antrag war gerichtet auf Aussetzung des Vollzugs des Volkszählungsgesetzes zum Stichtag 27.4.1983: Würde – so BVerfG aaO – der Antrag abgelehnt, die Volkszählung also durchgeführt, so würden bei Verfassungswidrigkeit des Gesetzes irreparable Grundrechtsbeeinträchtigungen bewirkt: Der einmal – durch die Datenerhebung – erfolgte Eingriff in die Persönlichkeitssphäre könnte nicht mehr rückgängig gemacht werden. Würde dem Antrag stattgegeben, das Gesetz dann aber im Hauptsacheverfahren als verfassungsgemäß beurteilt, so könnte die Volkszählung ohne gravierende Nachteile nunmehr stattfinden. Zusätzliche finanzielle Aufwendungen seien zu rechtfertigen, zumal nach Klärung der Verfassungsmäßigkeit zuverlässigere Ergebnisse (auf Grund erhöhter Akzeptanz) zu erwarten seien.

BVerfGE 108, 34 (Rn 68a) lag in der Hauptsache ein *Organstreit* zugrunde. Die Antragstellerin – eine Fraktion des Bundestags – wandte sich gegen die deutsche Beteiligung an der AWACS-Überwachung über der Türkei und beantragte den Erlass einer einstweiligen Anordnung. Hier wurde die Bedeutung des konstitutiven Parlamentsvorbehalts in Abwägung zur Regierungsverantwortung gebracht.

Im Übrigen werden die *Erfolgsaussichten im Hauptsacheverfahren* bei der eA grundsätzlich *nicht* geprüft, vgl BVerfGE 64, 67. Tatsächlich erwies sich bisher jedoch meist beim Erlass einer eA auch der Hauptsacheantrag als erfolgreich.

Insgesamt stellt das BVerfG an den Erlass einstweiliger Anordnungen *hohe Anforderungen*, insbesondere bei Gesetzen und Regierungsakten; instruktiv in diesem Zusammenhang auch BVerfGE 80, 74: einstweilige Anordnung im Bund-Länder-Streit (Zustimmung der Bundesregierung zu einer EG-Richtlinie als Eingriff in Länderkompetenzen). Keine eA ergeht, wenn rechtzeitig in der Hauptsache entschieden werden kann.

Schrifttum: *Hillgruber/Goos*, Rn 747 ff; *Sachs*, Verfassungsprozessrecht, Rn 542 ff.

Anhang I zu § 9: Landesverfassungsgerichtsbarkeit

Mit Ausnahme von Schleswig-Holstein haben alle Bundesländer eigene Verfassungsgerichte eingerichtet, deren Bedeutung und tatsächliche Inanspruchnahme jedoch sehr unterschiedlich ist; eine voll ausgebaute, Rechtsbehelfe des Bürgers einschließende Verfassungsgerichtsbarkeit kannten zunächst Bayern und Hessen; **642** hierfür haben sich auch die neuen Bundesländer und Berlin entschieden. Im folgenden wird ein Überblick über die wichtigsten Verfahrensarten und Besonderheiten gegeben; für Einzelheiten s. *Pestalozza*, Verfassungsprozeßrecht, 2. Teil – die Landesverfassungsgerichte.

Baden-Württemberg

643 Hier besteht gemäß Art. 68 BWVerf auf Grund des Gesetzes über den Staatsgerichtshof vom 13. Dezember 1954 der **Staatsgerichtshof** mit Sitz in Stuttgart, dessen 9 Mitglieder vom Landtag gewählt werden (Art. 68 Abs. 3 BWVerf). Seine Zuständigkeiten ergeben sich aus Art. 68 Abs. 1 BWVerf und § 8 BWStGHG.

Die wichtigsten Verfahren:

Für das Verfahren der Auslegung der Verfassung bei Verfassungsstreitigkeiten **(Organstreitverfahren)**, Art. 68 Abs. 1 Nr 1 BWVerf, §§ 44 ff BWStGHG sind die Zulässigkeitsvoraussetzungen dem Verfahren vor dem BVerfG nachgebildet; im Verfahren der **abstrakten Normenkontrolle**, Art. 68 Abs. 1 Nr 2 BWVerf, §§ 48 ff BWStGHG besteht die Besonderheit, dass jede Norm des Landesrechts Prüfungsgegenstand ist, der StGH aber nur am Maßstab der Verfassung und – bei untergesetzlichem Recht – nicht sonstigen Landesrechts prüft. Bei der **konkreten Normenkontrolle**, Art. 68 Abs. 1 Nr 3 BWVerf, § 51 BWStGHG erfolgt die Vorlage über das zuständige oberste Gericht des Landes (zB VGH oder OLG). Eine **präventive Normenkontrolle** eröffnet Art. 64 Abs. 1 S. 3 BWVerf für **Verfassungsänderungen**.

Bayern

644 Der **Bayerische Verfassungsgerichtshof** besteht auf Grund des Gesetzes über den Verfassungsgerichtshof vom 22.7.1947 (idF vom 10. Mai 1990) und der Art. 60 ff BayVerf. Er entscheidet in unterschiedlicher Besetzung je nach Verfahrensart nach Maßgabe des BayVerfGHG (vgl auch *Pestalozza*, NVwZ 1991, 1059 und *Schmitt Glaeser*, NVwZ 1992, 443; *Schmitt Glaeser/Horn*, BayVBl 1994, 289).

Der BayVerfGH ist also „älter" als das BVerfG; demgemäß sind die unterschiedlichen Verfahren, anders als bei den neueren Landesverfassungsgerichten, nicht durchweg an die bundesverfassungsgerichtlichen Verfahren angepasst. Deshalb und auch wegen der umfangreichen Rechtsprechungstätigkeit des BayVerfGH ist hierauf ausführlicher einzugehen.

Keine Besonderheiten bestehen allerdings beim **Organstreitverfahren**, Art. 64 BayVerf, Art. 49 BayVerfGHG, sieht man davon ab, dass hier auch das Volk im Zusammenhang mit Volksbegehren beteiligtenfähig ist. Auch Meinungsverschiedenheiten über die Zulässigkeit einer Verfassungsänderung können Verfahrensgegenstand sein, Art. 75 BayVerf. Im Verfahren der konkreten Normenkontrolle, Art. 65, 92 BayVerf, sind nach Art. 50 BayVerfGHG auch untergesetzliche Vorschriften iFd Unvereinbarkeit mit der BayVerf vorlagefähig.

645 **Verfassungsbeschwerde**, Art. 66, 120 BayVerf, Art. 2 Nr 6, 51 ff BayVerfGHG:

Zulässigkeitsvoraussetzungen:

(1) *Statthaftigkeit:*

Gegenstand der Verfassungsbeschwerde sind gem. Art. 120 BayVerf Maßnahmen einer (bayerischen) „Behörde", nicht wie bei der VB zum BVerfG, generell Akte hoheitlicher Gewalt. Auch Rechtsprechungsakte werden darunter gefasst (vgl Art. 51 Abs. 1 S. 2 BayVerfGHG), nicht aber Rechtsetzungsakte (→ Popularklage), auch nicht der Exekutive.

(2) *Beteiligtenfähigkeit*

Der Bf muss Träger subjektiver verfassungsmäßiger Rechte aus der BayVerf sein; beteiligtenfähig können daher auch juristische Personen des öffentlichen Rechts sein, vgl BayVerfGHE 24, 48; 27, 82 – zu beachten ist, dass der BayVerfGH Gemeinden als grundrechtsfähig nach Landesverfassungrecht sieht, jedenfalls was ihr Eigentum betrifft. Nach Art. 120 BayVerf kann „jeder Bewohner Bayerns" VB einlegen – wegen Art. 33 Abs. 1 GG ist diese Einschränkung bedeutungslos.

(3) *Antragsbefugnis:*

Bf muss geltend machen: Verletzung subj. Rechte aus der BayVerf; Bf muss selbst, gegenwärtig und unmittelbar betroffen sein (wie bei VB zum BVerfG).

(4) *Rechtswegerschöpfung*, Art. 51 Abs. 2 S. 1 BayVerfGHG.

(5) *Fristen:* Art. 51 Abs. 2 S. 2 BayVerfGHG: grundsätzlich 2 Monate nach Erschöpfung des Rechtswegs; Ausnahmen: s. Art. 51 Abs. 3 S. 3, Abs. 4 BayVerfGHG.

(6) *Form:* Schriftform erforderlich, Art. 14 Abs. 1 BayVerfGHG.

Die VB ist **begründet**, wenn Verwaltungsbehörde bzw Gericht gegen subjektive Rechte verbürgende Normen der BayVerf verstoßen hat; wie das BVerfG, ist auch der BayVerfGH keine Superrevisionsinstanz.

Entscheidung des BayVerfGH: grundsätzl. Feststellung der Verfassungsverletzung und Aufhebung der angegriffenen Entscheidung.

Für die **Aufhebung gerichtlicher Entscheidungen im Verfahren der Verfassungsbeschwerde durch Landesverfassungsgerichte** s. Rn 663 ff.

Popularklage, Art. 98 S. 4 BayVerf, Art. 2 Nr 7, 55 BayVerfGHG: **646**

Eine Besonderheit der bayerischen Verfassungsgerichtsbarkeit stellt die Popularklage gegen Rechtsnormen dar, in der jedermann – ohne in eigenen Rechten verletzt zu sein – Normen des Landesrechts auf ihre Grundrechtskonformität durch den VerfGH überprüfen lassen kann.

Zulässigkeitsvoraussetzungen:

(1) *Antragsberechtigung:* jedermann, natürliche und juristische Personen, unabhängig davon, ob Bewohner Bayerns oder Deutscher.

(2) *Gegenstand des Verfahrens:* alle Rechtsvorschriften des bayer. Landesrechts, Art. 55 Abs. 1 S. 1 BayVerfGHG, Gesetze, RVOen, Satzungen, auch vorkonstitutionelles Recht, auch *Normen der BayVerf selbst* („verfassungswidriges Verfassungsrecht").

Gegenstand der Popularklage können insbesondere auch Gesetze sein, die im Wege der Volksgesetzgebung beschlossen wurden, BayVerfGH NVwZ-RR 1998, 82 (der allerdings offenlässt, ob für Verfahrensverstöße in diesem Fall nicht das Verfahren nach Art. 81 BayVerf einschlägig ist).

(3) *Klagebefugnis* im Sinn einer Verletzung eigener Rechte nicht erforderlich, doch muss Verletzung von Grundrechten der BayVerf plausibel geltend gemacht werden.

(4) *Schriftform erforderlich, keine Frist:*

Bei Prüfung der **Begründetheit** prüft der VerfGH, sofern die Popularklage überhaupt zulässig ist, umfassend an der BayVerf, *nicht aber am GG*. S. aber BayVerfGH AfP 1987, 394 ff: im Rahmen der Prüfung des BayMEG war auch zu prüfen, ob Art. 111a BayVerf (Rundfunkartikel), auf dem das MEG (Mediengesetz) beruhe, seinerseits mit Art. 5 Abs. 1 GG vereinbar war (mit der Folge der Vorlagepflicht nach Art. 100 Abs. 1 GG).

Offensichtliche Verstöße gegen Bundesrecht und neuerdings auch gegen Gemeinschaftsrecht prüft der BayVerfGH jedoch als Verstöße gegen das Rechtsstaatsprinzip des Art. 3 BayVerf, s. dazu die E. zum Kommunalwahlrecht für EU-Ausländer, BayVerfGH BayVBl 1997, 495.

Entscheidung des VerfGH: grundsätzl. Nichtigerklärung der Norm; Ausnahmen wie bei Normenkontrollverfahren durch BVerfG.

Weitere Verfahren: neben den üblichen **Wahlprüfungs-** und **Anklageverfahren** ist hinzuweisen auf das „präventive Normenkontrollverfahren" bei **Volksbegehren**, dazu Rn 48.

Berlin

647 Die Verfahren vor dem BerlVerfGH sind in Anlehnung an die entsprechenden Verfahren vor dem BVerfG ausgestaltet, vgl Art. 84 BerlVerf; auch Berlin hat sich damit für eine voll ausgebaute Verfassungsgerichtsbarkeit entschieden, nachdem mit der deutschen Einigung bis dahin bestehende Hindernisse auf Grund des Sonderstatus Berlins entfallen waren.

Seine Prüfungszuständigkeit im Rahmen der **Verfassungsbeschwerde** legt der BerlVerfGH weit aus: er prüft generell, ob bei der Anwendung von Bundesrecht gegen Grundrechte der BerlVerf verstoßen wurde, akzeptiert für sich also nicht die Beschränkungen, denen sich der BayVerfGH und der HessStGH unterwerfen. In seiner umstrittenen E. im Fall *Honecker* (NJW 1993, 515) sah der BerlVerfGH in der E. des *KG Berlin*, das Verfahren nicht einzustellen, einen Verstoß gegen die Menschenwürdegarantie (die in der BerlVerf nicht ausdrücklich enthalten ist), da der Angeklagte das Ende des Verfahrens mit an Sicherheit grenzender Wahrscheinlichkeit nicht erleben werde und hob sie deshalb auf.

VB zum BVerfG war nicht erhoben worden; in diesem Fall hätte die Subsidiaritätsklausel in Art. 84 Abs. 2 Nr 5 BerlVerf (s. dazu BerlVerfGH JuS 2000, 917) eingegriffen. In der – geradezu lehrbuchartigen – *Mielke*-Entscheidung (NJW 1994, 436) begründet der BerlVerfGH – insgesamt durchaus überzeugend – seine Position.

Brandenburg

648 Für Brandenburg ist als Besonderheit im Verfahren der **Verfassungsbeschwerde** – ähnlich wie für Berlin – anzumerken, dass diese nach Art. 6 Abs. 2, Art. 113 Nr 4 BbgVerf, §§ 45 ff BbgVerfGHG nur zulässig ist, soweit nicht VB zum BVerfG erhoben wird – damit wird zweigleisiger Rechtsschutz vermieden, der Bf hat jedoch ein Wahlrecht. Die VB kann wie stets auf die behauptete Verletzung von Grundrechten gestützt werden; für eine Reihe von Bestimmungen der Landesverfassung ist jedoch angesichts ihrer insoweit wenig stringenten und wohl auch bewusst verunklarenden Systematik die Zuordnung zu den Grundrechten oder zu bloßen Staatszielbestimmungen nicht eindeutig. **Organstreitverfahren**, Art. 113 Nr 1 BbgVerf, §§ 35 ff BbgVerfGHG und **abstrakte Normenkontrolle**, Art. 113 Nr 2 BbgVerf, §§ 39 ff BbgVerfGHG sind den entsprechenden Verfahren vor dem BVerfG nachgebildet, ebenso die konkrete Normenkontrolle nach Art. 113 Nr 3 BbgVerf, §§ 42 ff BbgVerfGHG.

Bremen

649 Das *Gesetz über den Staatsgerichtshof* fasst in § 1 Nr 1 Normenkontroll- und Organstreitverfahren unter eine umfassende Zuständigkeit für „Zweifelsfragen über die Auslegung der Verfassung und andere staatsrechtliche Fragen" zusammen. Die *Antragsberechtigung* ist in diesem landesstaatsrechtlichen Verfahren gemäß § 1 Nr 1 BremStGHG beschränkt auf die dort genannten Organe (Senat, Bürgerschaft, ein Fünftel der Mitglieder der Bürgerschaft, andere öffentlich-rechtliche Körperschaften des Landes). *Gegenstand des Verfahrens* kann eine Maßnahme sein, durch die Beteiligte sich in ihren Rechten verletzt sehen, aber auch die Gültigkeit einer Norm; es genügen aber auch bloße Zweifel über die Auslegung von Verfassungsrecht, ohne dass eine konkrete, rechtserhebliche Maßnahme vorliegt; ein objektives Klarstellungsinteresse dürfte aber auch hier zu fordern sein.

Auch das BremStGHG kennt die **konkrete Normenkontrolle** (Richtervorlage), die gem. Art. 142 BremVerf für Gesetze und Rechtsverordnungen vorgesehen ist, sowie **Anklage- und Wahlprüfungsverfahren**.

Hamburg

Die Zuständigkeiten des *Hamburgischen Verfassungsgerichts* sind in § 14 HambVerfGG auf- **650**
gezählt; hinzuweisen ist insbesondere auf folgende Verfahrensarten:

Streitigkeiten „aus der Auslegung der Verfassung", Art. 65 Abs. 3 Nr 1 HambVerf, §§ 14 Nr 1, 38 f HambVerfGG:

Das Verfahren entspricht etwa einem **Organstreitverfahren; Zulässigkeit:**

(1) *Antragsberechtigung:* Senat oder ein Fünftel der Abgeordneten der Bürgerschaft, s. Art. 65 Abs. 3 Nr 1 HambVerf und § 14 Nr 1 HambVerfGG;

(2) *Antragsgegner:* nicht ausdrücklich genannt, jedenfalls aber andere Verfassungsorgane oder Organteile, die am Streit beteiligt sind.

(3) *Streitgegenstand:* nicht notwendig „Maßnahme" wie beim Organstreitverfahren nach BVerfGG; erforderlich nur „Streitigkeit" um Auslegung der Verfassung; also auch Meinungsverschiedenheiten.

(4) Verletzung *eigener* Rechte nach Wortlaut des Art. 65 Abs. 3 Nr 1 HambVerf nicht erforderlich, jedoch Rechtsschutzinteresse (vgl *Pestalozza*, § 26 II 1 f).

(5) *Frist* nicht vorgesehen, bei langem Zeitablauf aber wohl *Verwirkung* denkbar.

(6) *Form* und *ordnungsgemäßer Antrag:* s. § 39 HambVerfGG.

Die **abstrakte Normenkontrolle** gemäß Art. 65 Abs. 3 Nr 2 HambVerf; §§ 14 Nr 2; 40 ff HambVerfGG ist dem Verfahren vor dem BVerfG nachgebildet, Gegenstand des Verfahrens kann *jede Norm des Landesrechts* sein.

Eine Besonderheit stellt das Verfahren der **abstrakten Norminterpretation** nach Art. 65 Abs. 3 Nr 3 HambVerf dar; die dort genannten *Antragsberechtigten* können die verbindliche Interpretation einer Norm des Landesrechts durch das HambVerfG beantragen, wenn *„Meinungsverschiedenheiten oder Zweifel"* über ihre Auslegung oder Anwendung bestehen; § 43 HambVerfGG verweist *nicht* auf § 41 Abs. 2, sodass die für die abstrakte Normenkontrolle geltenden Voraussetzungen hinsichtlich des Streitgegenstandes auf das Norminterpretationsverfahren nicht übertragen werden können (näher *Pestalozza*, § 26 II 3 f).

Bei der **konkreten Normenkontrolle** (Richtervorlage) nach Art. 65 Abs. 3 Nr 4 HambVerf, §§ 14 Nr 6, 44 ff HambVerfGG besteht die Besonderheit, dass, wie der Umkehrschluss aus Art. 64 Abs. 1 HambVerf belegt, hinsichtlich des formell ordnungsgemäßen Zustandekommens eine Prüfungs- und Verwerfungskompetenz des Gerichts besteht, während das Gericht dann, wenn es eine entscheidungserhebliche Norm des Landesrechts – Gesetz *oder Rechtsverordnung* – aus materiellen Gründen für verfassungswidrig hält, zur Vorlage verpflichtet ist.

Hessen

651 Hessen gehört zu den Bundesländern mit einer mit umfassenden Zuständigkeiten ausgestatteten Verfassungsgerichtsbarkeit. Rechtsgrundlage sind Art. 130 ff HessVerf und das *Gesetz über den Staatsgerichtshof.*

Abstrakte Normenkontrolle, Art. 131 HessVerf, §§ 41 ff HessStGHG:

(1) *Antragsberechtigung:* neben den in Art. 131 Abs. 2 HessVerf genannten Verfassungsorganen kann auch eine Gruppe von Stimmberechtigten, die mindestens ein Hundertstel aller Stimmberechtigten umfasst, den Antrag auf Normenkontrolle stellen; es ist dies neben der bayerischen Popularklage der einzige Fall, in dem ein Verfahren der abstrakten Normenkontrolle aus dem Volk eingeleitet werden kann (allerdings hat das Verfahren nicht die praktische Bedeutung der Popularklage nach Art. 98 S. 4 BayVerf erlangt).

(2) *Prüfungsgegenstand:* Gesetze *und Rechtsverordnungen*, Art. 131 Abs. 1, 132 HessVerf, jedoch nur Rechtsverordnungen der Landesregierung und der Landesminister nach Art. 107, 118 HessVerf, vgl *W. Schmidt*, in: Meyer/Stolleis, S. 43.

(3) Meinungsverschiedenheiten oder Zweifel sind nicht Voraussetzung; es genügt ein „*objektives Klarstellungsinteresse*", das nur ausnahmsweise zu verneinen ist, vgl Rn 616.

652 **Grundrechtsklage**, Art. 131 HessVerf, §§ 43 ff HessStGHG:

Die Grundrechtsklage nach Art. 131 Abs. 1 HessVerf, §§ 43 HessStGHG kann durch Jedermann mit der Behauptung der Grundrechtsverletzung erhoben werden. Sie entspricht einer Verfassungsbeschwerde im Bereich der Bundesverfassungsgerichtsbarkeit.

Zulässigkeitsvoraussetzungen:

Gegenstand der Grundrechtsklage ist jeder Akt öffentlicher Gewalt des Landes; bei Rechtsprechungsakten ist die Klage nur zulässig, wenn kein Bundesgericht entschieden hat; § 48 Abs. 4 HessStGHG stellt klar, was für alle Verfassungsbeschwerdeverfahren des Landesrechts gilt; dabei ist vor Abgabe des Verfahrens an ein Bundesgericht Aussetzung zu beantragen (HessStGH DÖV 1990, 204). Beteiligtenfähigkeit und Klagebefugnis sind entsprechend der VB zum BVerfG zu handhaben; zur Rechtswegerschöpfung ist die detaillierte Regelung des § 44 HessStGHG zu beachten; zur Schriftform und zur Substantiierungspflicht s. §§ 19 Abs. 1 S. 1; 43 Abs. 2 HessStGHG; zur Frist s. § 44 Abs. 1, 2.

Entscheidung des HessStGH: Urteile werden nach § 49 HessStGHG regelmäßig für kraftlos erklärt, unter Zurückverweisung oder Entscheidung in der Sache durch den HessStGH; bei Rechtsvorschriften dürfte nach § 43 HessStGHG Nichtigerklärung in Betracht kommen (näher *Pestalozza*, Verfassungsprozeßrecht, § 27 III 5).

Die **konkrete Normenkontrolle** nach Art. 133 HessVerf, §§ 41 ff HessStGHG erstreckt sich auch auf Rechtsverordnungen; auch hierfür besteht Vorlagepflicht. Die Zulässigkeitsvoraussetzungen entsprechen denen der Richtervorlage nach Art. 100 Abs. 1 GG. Unter „**Verfassungsstreitigkeiten**", für die der StGH nach Art. 131 Abs. 1 HessVerf zuständig ist, sind nach § 42 HessStGHG insbesondere Organstreitigkeiten zu verstehen. Antragsberechtigt sind hier nach § 42 iVm § 17 HessStGHG auch Bürger, in Gestalt einer Gruppe von Stimmberechtigten, die ein Hundertstel aller Stimmberechtigten ausmacht; diese müssen die Verletzung eigener Rechte aus der Verfassung – wie stets im Organstreitverfahren – geltend machen. Zur **präventiven Normenkontrolle** im Verfahren der Volksgesetzgebung s.o. Rn 48, 53.

Der HessStGH verneinte bisher eine Prüfungszuständigkeit immer schon dann, wenn es um die Anwendung von Bundesrecht geht, insoweit also restriktiver als der BayVerfGH oder gar der BerlVerfGH; s. aber jetzt BVerfGE 96, 345, dazu Rn 663 ff.

Mecklenburg-Vorpommern

Die Landesverfassung von Mecklenburg-Vorpommern lässt nach Art. 53 Nrn 6, 7 die **Verfassungsbeschwerde** zu gegen Gesetze, gegen sonstige Hoheitsakte nur dann, wenn keine Zuständigkeit des BVerfG eröffnet ist. Es besteht also keine Wahlmöglichkeit. **653**

Die weiteren Verfahren wie Organstreit, abstrakte und konkrete Normenkontrolle sind entsprechend den jeweiligen Verfahren zum BVerfG ausgestaltet (s. LVerfG MV NJ 2001, 138)

Niedersachsen

Auch die neue Verfassung ist beim Konzept des Staatsgerichtshofs (ohne Individualverfassungsbeschwerde) geblieben, s. Art. 54. **654**

Nordrhein-Westfalen

Das Gesetz über den **Verfassungsgerichtshof für das Land Nordrhein-Westfalen** lehnt sich, ähnlich wie die niedersächsische Regelung, eng an das BVerfGG an. Dies betrifft insbesondere die **Organstreitverfahren**, Art. 75 Nr 2 NWVerf, §§ 43 ff NWVerfGHG, das Verfahren der **abstrakten Normenkontrolle**, Art. 75 Nr 3 NWVerf, §§ 47 ff NWVerfGHG und der **konkreten Normenkontrolle**, Art. 100 GG, §§ 50 f NWVerfGHG. Neben den üblichen Wahlprüfungs- und Anklageverfahren ist die präventive Normenkontrolle im Rahmen von Volksbegehren und Volksentscheid hervorzuheben. Verfassungsbeschwerden des Bürgers sind nicht eröffnet (wohl aber die Kommunalverfassungsbeschwerde gegen landesrechtliche Vorschriften wegen Verletzung des Selbstverwaltungsrechts, § 52 NWVerfGHG). **655**

Rheinland-Pfalz

Nach Art. 130 Abs. 1 RhPfVerf können Landesregierung, Landtag, Landtagsfraktion und Körperschaften des öffentlichen Rechts, die sich in ihren Rechten beeinträchtigt glauben, sowie politische Parteien (unter der Voraussetzung, dass sie 10 v.H. der Stimmen bei der jeweils letzten Landtagswahl erhalten haben) und Teile von Organen die **Kontrolle der Verfassungsmäßigkeit von Gesetzen und von Handlungen der Verfassungsorgane** beim **Verfassungsgerichtshof** beantragen. Normenkontroll- und Organstreitverfahren werden hier in einem einheitlichen Verfahren zusammengefasst. **656**

Zulässigkeitsvoraussetzungen:

(1) Die *Antragsberechtigung* ergibt sich aus Art. 130 Abs. 1 RhPfVerf.

(2) *Streitgegenstand:* Gesetze sowie sonstige rechtserhebliche Maßnahmen von Verfassungsorganen (Landtag, Regierung, Volk im Verfahren der Volksgesetzgebung).

(3) *Antragsbefugnis:* Verletzung *eigener* Rechte nur bei öffentlich-rechtlichen Körperschaften zu fordern (insoweit verfassungsbeschwerdeähnliches Verfahren), Art. 130 Abs. 1 RhPfVerf, § 23 Abs. 3 RhPfVerfGHG.

(4) *Rechtswegerschöpfung* und *Fristen* gelten wiederum nur für öffentlich-rechtliche Körperschaften.

(5) IÜ muss ein konkreter Streit – abweichend vom Organstreitverfahren nach BVerfGG – nicht gegeben sein, wohl aber ist Klarstellungsinteresse zu fordern.

Zur **Entscheidung** des RhPfVerfGH s. § 26 RhPfVerfGHG; die Möglichkeit, von der Nichtigerklärung von Gesetzen ex tunc abzusehen, ist in § 26 Abs. 3 RhPfVerfGHG ausdrücklich festgelegt. Dies gilt auch für das Verfahren der **konkreten Normenkontrolle**, Art. 130 Abs. 3 RhPfVerf, § 24 RhPfVerfGHG, für das iÜ keine Besonderheiten bestehen.

Dass auch **verfassungsändernde**, also mit verfassungsändernder Mehrheit zustandegekommene Gesetze vom VerfGH zu überprüfen sind, ist in Art. 135 Abs. 1 Nr 2 RhPfVerf ausdrücklich klargestellt. Es sind ferner die üblichen Wahlprüfungs- und Anklageverfahren eröffnet, nicht aber die Individualverfassungsbeschwerde (vom obsoleten Sonderfall der Sozialisierung abgesehen).

Saarland

657 Die Verfassung des Saarlandes und das Gesetz über den **Verfassungsgerichtshof** enthalten einen umfassenden, dem des BVerfGG vergleichbaren Zuständigkeitskatalog. **Abstrakte** und **konkrete Normenkontrolle** entsprechen in ihren Zulässigkeitsvoraussetzungen den Verfahren vor dem BVerfG, vgl §§ 43 ff SaarlVerfGHG, ebenso das **Organstreitverfahren**, §§ 9 Nr 5, 39 ff SaarlVerfGHG.

Für **Verfassungsänderungen** eröffnet Art. 101 Abs. 3 SaarlVerf auch die vorbeugende Normenkontrolle bereits auf Antrag von nur 5 Abgeordneten des Landtags. In das Verfahren der Volksgesetzgebung kann auch hier der VerfGH einbezogen werden (o. Rn 57). Die **Verfassungsbeschwerde**, §§ 9 Nr 13, 55 ff SaarlVerfGHG ist gegenüber der VB zum BVerfG **subsidiär**; sie kann also nur unter Berufung auf Grundrechte oder sonstige subjektive Rechte aus der SaarlVerf erhoben werden, die über den Schutzbereich der in Art. 93 Abs. 1 Nr 4a GG genannten Rechte hinaus gehen. Sie ist daher von geringer praktischer Bedeutung (abgesehen möglicherweise von der Kommunalverfassungsbeschwerde: hier ist nach Art. 93 Abs. 1 Nr 4b GG das BVerfG nur subsidiär zuständig).

Sachsen

658 Sachsen hat sich für eine voll ausgebaute Verfassungsgerichtsbarkeit unter Einschluss der Individualverfassungsbeschwerde entschieden. Die einzelnen Verfahren sind weitestgehend an die entsprechenden bundesverfassungsgerichtlichen Verfahren angelehnt.

Die gilt für das **Organstreitverfahren** nach Art. 81 Abs. 1 Nr 1 SächsVerf, §§ 17 ff SächsVerfGHG wie auch für das Verfahren der **abstrakten Normenkontrolle**, Art. 81 Abs. 1 Nr 2 SächsVerf, §§ 21 ff SächsVerfGHG, für das jede Norm des – auch untergesetzlichen – Landesrechts Prüfungsgegenstand sein kann. Prüfungsmaßstab ist die SächsVerf – da aber in Art. 1 Abs. 1 S. 1 SächsVerf ausdrücklich die Einordnung in die bundesstaatliche Ordnung des Grundgesetzes festgeschrieben wird, und dies als Einordnung auch in die bundesstaatliche Kompetenzordnung aufzufassen ist (vgl auch SächsVerfGH JBSächsOVG 3, 97, 100), dürfte auch die Kompetenz des Landesgesetzgebers zum Erlass der angegriffenen Norm Prüfungsmaßstab sein (näher hierzu s. *Degenhart,* Degenhart/Meissner, HdBSächsVerf, § 18 Rn 19 ff).

Im Verfahren der **Verfassungsbeschwerde**, Art. 81 Abs. 1 Nr 4 SächsVerf, §§ 27 ff SächsVerfGHG sieht sich der SächsVerfGH befugt, auch die Anwendung von Bundesrecht auf die Verletzung von Grundrechten der SächsVerf hin zu überprüfen, soweit es jedenfalls um Verfahrensrecht geht; zur Bestätigung durch BVerfGE 96, 345 s.u. Rn 663 f. Demgemäß ist die Verfassungsbeschwerde auch dann zulässig, wenn sie sich darauf stützt, dass bei Anwendung von Bundesrecht mit Grundrechten des GG inhaltsgleiche Grundrechte der SächsVerf verletzt wurden. Verfahrensgegenstand muss wie stets bei der Landesverfassungsbeschwerde ein Akt öffentlicher Gewalt des Landes sein; iÜ entsprechen die Zulässigkeitsvoraussetzungen denen der Verfassungsbeschwerde zum BVerfG. Die Funktion einer **Kommunalverfassungsbeschwerde** erfüllt die kommunale Normenkontrolle nach Art. 90 SächsVerf; zulässiger Verfahrensgegenstand sind auch Rechtsverordnungen; der Beschwerdeführer muss, was aus Art. 90 SächsVerf nicht eindeutig hervorgeht, aber der Ausgestaltung als subjektives Rechtsschutzverfahren entspricht, eine Verletzung *eigener* Rechte geltend machen, SächsVerfGH SächsVBl 1994, 232.

Die Zulässigkeit von Volksanträgen kann nach Art. 71 Abs. 2 SächsVerf, § 33 SächsVerfGHG Gegenstand einer präventiven Normenkontrolle sein.

Sachsen-Anhalt

Die Landesverfassung von Sachsen-Anhalt lässt nach Art. 75 die Verfassungsbeschwerde nur gegen Gesetze zu, nicht gegen sonstige Hoheitsakte – hier verbleibt es bei der alleinigen Zuständigkeit des BVerfG – deshalb stellt sich hier nicht das Problem der Prüfungszuständigkeit für die Anwendung von Bundesrecht. **659**

Die weiteren Verfahren wie **Organstreit**, abstrakte und konkrete Normenkontrolle sind entsprechend den jeweiligen Verfahren zum BVerfG ausgestaltet. Zum Organstreitverfahren instruktiv SachsAnhVerfG LKV 1998, 101 zum Recht einer **Oppositionsfraktion** iSd Art. 48 Abs. 2 SAVerf auf Chancengleichheit im Parlament im Blick auf die besondere Hervorhebung der parlamentarischen Rechte der Opposition im Verfassungstext.

Thüringen

Für eine voll ausgebaute Verfassungsgerichtsbarkeit unter Einbeziehung der Individualverfassungsbeschwerde hat sich auch Thüringen entschieden, Art. 80 ThürVerf. Organstreitverfahren, Art. 80 Abs. 1 Nr 3 ThürVerf, §§ 38 ff ThürVerfGHG, abstrakte Normenkontrolle, Art. 80 Abs. 1 Nr 4 ThürVerf, §§ 42 ff ThürVerfGHG und konkrete Normenkontrolle, Art. 80 Abs. 1 Nr 5 ThürVerf, §§ 45 ff ThürVerfGHG, sind nach grundgesetzlichem Vorbild ausgestaltet, ebenso die Verfassungsbeschwerde, Art. 80 Abs. 1 Nr 1 ThürVerf, §§ 31 ff ThürVerfGHG, die auch gegen Gerichtsentscheidungen in bundesrechtlich geregelten Verfahren statthaft ist und hierbei, ebenso wie etwa nach SächsVerf, auch auf eine Verletzung von den entsprechenden Grundrechten des GG inhaltsgleichen Grundrechten der Landesverfassung bei Anwendung von Bundesrecht gestützt werden kann. **660**

IV. Bundes- und Landesverfassungsgerichtsbarkeit im Verhältnis zueinander

Bundes- und Landesverfassungsgerichtsbarkeit stehen selbstständig nebeneinander. Dies kann dazu führen, dass in der gleichen Sache sowohl das Bundesverfassungsgericht als auch ein Landesverfassungsgericht angerufen werden können. Darum geht es im folgenden, wie auch um das viel diskutierte Problem der Prüfungszuständigkeit der Landesverfassungsgerichte bei bundesrechtlich geregelten Verfahren.

1. Der Grundsatz: Selbstständiges Nebeneinander

Grundsätzlich stehen Bundes- und Landesverfassungsgerichtsbarkeit **selbstständig** **661**
nebeneinander; das Bundesverfassungsgericht ist zuständig für das Bundesverfassungsrecht; die Landesverfassungsgerichte sind zuständig für das Landesverfassungsrecht. Dh, das **Bundesverfassungsgericht** ist zuständig für die Prüfung, ob

Akte des Bundes oder der Länder gegen das Grundgesetz verstoßen. Es ist insoweit auch zuständig für Akte der **Länder**, da auch diese in der Ausübung ihrer staatlichen Gewalt **an das Grundgesetz** gebunden sind.

Dies bedeutet konkret: Das BVerfG prüft im Verfahren der **abstrakten Normenkontrolle** alle Normen des Landesrechts auf ihre Vereinbarkeit am GG und sonstigem Bundesrecht, Rn 614 f; grundsätzlich ist auch im Verfahren der **konkreten Normenkontrolle** Landesrecht vorzulegen, s. hierzu ie Rn 622 f; die **Verfassungsbeschwerde** richtet sich gegen Akte der öffentlichen Gewalt auch der Länder, wenn hierdurch Grundrechte des GG verletzt werden.

Die **Landesverfassungsgerichte** sind im **Prüfungsmaßstab** auf Landesverfassungsrecht beschränkt, hinsichtlich des **Prüfungsgegenstandes** grundsätzlich auf Akte des **Landes**.

Dies bedeutet, dass wegen derselben Akte des Landes sowohl das BVerfG, als auch das jeweilige Landesverfassungsgericht angerufen werden können, wenn sowohl das GG als auch die Landesverfassung verletzt sind; dies gilt auch für gleich lautende Grundrechtsbestimmungen, da ja Grundrechte der Landesverfassungen neben gleich lautenden Gewährleistungen des Grundgesetzes weitergelten, Art. 142 GG.

Konkurrenzen ergeben sich insbesondere bei **Normenprüfungsverfahren** (konkrete und abstrakte Normenkontrolle, Verfassungsbeschwerde, Popularklage).

Im Verfahren der **konkreten Normenkontrolle** sind grundsätzlich **beide** Verfahren nebeneinander zuzulassen; vgl zB für Baden-Württemberg o. Rn 643. Ebenso kann im Verfahren der **abstrakten Normenkontrolle** die Landesregierung nebeneinander Verfahren vor dem BVerfG und dem Landesverfassungsgericht einleiten. In **Normprüfungsverfahren** stellt sich wegen der Beschränkung des Prüfungsmaßstabs auf Landesverfassungsrecht die Frage, ob das Landesverfassungsgericht die **Gesetzgebungskompetenz** prüfen kann – die einschlägigen Art. 70 ff GG sind Bundesrecht. Gleichwohl prüfen die Landesverfassungsgerichte zT auch die Kompetenzfrage. Sie sehen in Verfassungsbestimmungen des Inhalts, dass das jeweilige Land Gliedstaat der Bundesrepublik ist, gleichzeitig eine Anerkennung der bundesstaatlichen Kompetenzordnung und in deren Verletzung damit auch einen Verstoß gegen Landesverfassungsrecht (so zB RhPfVerfGH NVwZ 1993, 57; vgl zu BVerfGE 103, 322 den Beitrag von *Winkler*, JA 2002, 23). So leitet auch der SächsVerfGH aus Art. 3 Abs. 1 SächsVerf, wonach dem Landtag (und dem Volk) das Gesetzgebungsrecht zustehen, sowie aus Art. 1 Abs. 1 SächsVerf – Sachsen als Land der Bundesrepublik – eine Inbezugnahme der Kompetenznormen des Grundgesetzes ab (SächsVerfGH, U.v. 10.7.2003).

Für **Verfassungsbeschwerdeverfahren** gilt, dass die Möglichkeit, sich an das jeweilige Landesverfassungsgericht zu wenden, keinen „Rechtsweg" iSv § 90 BVerfGG darstellt, den der Beschwerdeführer erst erschöpfen müsste, ehe er sich an das BVerfG wendet. Insbesondere in *Bayern* und *Hessen*, wo dem Bürger die Möglichkeit der Popularklage bzw Grundrechtsklage zum VerfGH bzw StGH eröffnet ist, kann so eine Norm des Landesrechts vom Bürger parallel auch beim BVerfG angefochten werden.

Die **Subsidiarität** landesverfassungsrechtlicher Rechtsbehelfe ist ausdrücklich für das Saarland geregelt, vgl Rn 657, ferner für Mecklenburg-Vorpommern und Sachsen-Anhalt (vorst Rn 659). In Berlin und Brandenburg kann Verfassungsbeschwerde zum Landesverfassungsgericht nicht erhoben werden, wenn in der gleichen Sache Verfassungsbeschwerde zum BVerfG erhoben wurde; es besteht also ein faktisches Wahlrecht (s. dazu BerlVerfGH JuS 2000, 917). Das BVerfG ist nur subsidiär zuständig im Fall der Kommunalverfassungsbeschwerde kraft der ausdrücklichen Anordnung des Art. 93 Abs. 1 Nr 4b GG.

Die **Verfahren** laufen grundsätzlich **selbstständig** nebeneinander. Wird nun in einem der Verfahren der angegriffene Akt **aufgehoben**, also etwa das Gesetz für **nichtig erklärt**, so ist damit das konkurrierende Verfahren gegenstandslos geworden: hat etwa der BayVerfGH ein Gesetz für nichtig erklärt, weil es gegen Grundrechte der BayVerf verstieß, so ist nunmehr kein Gesetz mehr vorhanden, das vom BVerfG für nichtig erklärt werden könnte. Hat allerdings das BVerfG die VB zurückgewiesen, da Grundrechte des GG nicht verletzt sind, so kann das Landesverfassungsgericht gleichwohl das Gesetz noch wegen Verstoßes gegen Grundrechte der Landesverfassung für nichtig erklären; dies auch dann, wenn es sich um gleich lautende Grundrechte handelt: die Verfassungsordnungen des Bundes und der Länder stehen auch insoweit selbstständig nebeneinander. **662**

Ebenso ist das Verfahren vor dem LVerfG gegenstandslos bei Nichtigerklärung durch das BVerfG, kann das BVerfG gleichwohl noch ein Gesetz für nichtig erklären, wenn das Landesverfassungsgericht es als vereinbar mit der Landesverfassung gesehen hat.

Gegen die Entscheidung des **Landesverfassungsgerichts** ist schließlich **Verfassungsbeschwerde zum BVerfG** möglich, wenn jenes Grundrechte des GG bei seiner Entscheidung verkannt hat; das Landesverfassungsgericht muss schließlich nach Art. 100 Abs. 1 GG zum BVerfG vorlegen, wenn es ein förmliches Landesgesetz für unvereinbar mit Bundesrecht hält (zu den näheren Voraussetzungen s.o. Rn 621 ff).

2. Insbesondere: Landesverfassungsbeschwerde wegen Verletzung von Landesgrundrechten in Anwendung von Bundesrecht

Insbesondere in Verfassungsbeschwerdeverfahren vor den Landesverfassungsgerichten kann deren Prüfungskompetenz dann fraglich sein, wenn es (auch) um die **Anwendung von Bundesrecht** geht; s. dazu SächsVerfGH JB SächsOVG 3, 97 (dazu *Dietlein*, Jura 2000, 19); BerlVerfGH NJW 1994, 436; BVerfGE 96, 345; HessStGH DÖV 1999, 388, RhPfVerfGH NJW 2001, 2621. Dies betrifft Landesverfassungsbeschwerden gegen gerichtliche Entscheidungen, also wegen des Erfordernisses der Rechtswegerschöpfung alle Verfassungsbeschwerden, die nicht unmittelbar gegen Rechtsnormen gerichtet sind. Das Problem, um das es hier geht, ist dies: **663**

Gerichtliche Entscheidungen ergehen in **bundesrechtlich** geregelten **Verfahren**; das Gerichtsverfahrensrecht (GVG, ZPO, ArbGG, StPO, VwGO, FGO, SGG) ist Bundesrecht. Behauptet nun der Beschwerdeführer einen **Verstoß gegen Verfahrensgrundrechte der Landesverfassung** (zB das Recht auf Gehör), so macht er geltend, dass in Anwendung von Bundesrecht das Landesverfassungsrecht verletzt worden ist. **Bundesrecht** selbst ist an die Landesverfassung nicht gebunden – ob aber die **Anwendung** des Bundesrechts nicht gegen die Landesverfassung verstoßen kann, ist damit noch nicht gesagt. Es ist dies keine Frage des Art. 31 GG (vgl dazu SächsVerfGH JBSächsOVG 3, 97, 102 f und hierzu BVerfGE 96, 345; ferner BerlVerfGH NJW 1994, 436). Denn es geht nicht um die Kollision von Bundes- und Landesrecht – eine solche Kollision liegt dann vor, wenn die Anwendung der Rechtsnormen auf den gleichen Sachverhalt zu unterschiedlichen Rechtsfolgen führt. Es geht vielmehr um die Frage, ob die staatlichen Organe eines Landes auch dann zur Beachtung der Grundrechte der Landesverfassung verpflichtet sind, wenn sie Bundesrecht anwenden. Dies ist jedenfalls dann zu bejahen, wenn das anzuwendende Bundesrecht Spielraum belässt für die Verwirklichung der Grundrechte – was bei der Gestaltung des gerichtlichen Verfahrens im Hinblick vor allem auf die Prozessgrundrechte des Grundgesetzes wie der Landesverfassungen der Fall ist. Voraussetzung ist, dass Bundes- und Landesgrundrechte insoweit inhaltsgleich sind, ihre Anwendung also nicht zu unterschiedlichen Ergebnissen führt (BVerfGE 96, 345; HessStGH DÖV 1999, 388). Die Anwendung von **Verfahrensrecht** des Bundes durch Gerichte eines Landes kann deshalb vom Landesverfassungsgericht daraufhin überprüft werden, ob mit Grundrechten des Grundgesetzes inhaltsgleiche Grundrechte der Landesverfassung (dies werden in erster Linie die Prozessgrundrechte sein – die Prüfung ist jedoch nicht hierauf beschränkt) gewahrt sind. Ob dies auch für die Anwendung **materiellen** Bundesrechts gilt, wurde vom BVerfG offen gelassen (aber nicht ausgeschlossen). In der Konsequenz der Entscheidung liegt es aber, die Frage zu bejahen: wo bei der Anwendung von Bundesrecht Spielräume zu eigenständiger Ausfüllung eröffnet sind, ist der Rechtsanwender generell an höherrangiges Recht gebunden (s. dazu auch *Degenhart*, in: Degenhart/Meissner, HdBSächsVerf, § 7 Rn 4 ff, 9 ff). Hält das Landesverfassungsgericht die maßgeblichen landesgesetzlichen Vorschriften selbst für verfassungswidrig, so hat es nach Art. 100 Abs. 1 GG vorzulegen (BerlVerfGH JR 1999, 456).

Die Verfassungen von Brandenburg, Mecklenburg-Vorpommern und Sachsen-Anhalt sehen von vornherein Beschränkungen der Landesverfassungsbeschwerde vor.

664 Eine faktische Begrenzung seiner Prüfungskompetenz hat allerdings auch der Hessische Staatsgerichtshof (DÖV 1999, 388) entwickelt; er hatte ja zunächst seine Befugnis zur Prüfung von gerichtlichen Entscheidungen am Maßstab der Grundrechte der Landesverfassung generell verneint und damit wegen Art. 100 Abs. 3 GG den Vorlagebeschluss des SächsVerfGH veranlasst, auf den hin wiederum BVerfGE 96, 345 erging. Der HessStGH will im Rahmen der Urteilsverfassungsbeschwerde dann, wenn ein Urteil eines Gerichts des Landes unter Berufung auf gleich lautende Grundrechtsgewährleistungen auch vor dem BVerfG angegriffen ist, das Verfahren aussetzen, „da zur Entscheidung der von beiden Verfassungsgerichten zu prüfenden Frage der Verletzung von Bundesgrundrechten zuvörderst das BVerfG als der insofern maßgebliche Interpret berufen ist".

665 Zu erinnern ist jedoch an die gegenständliche Begrenzung der Landesverfassungsgerichtsbarkeit: nur **Akte des Landes** unterliegen ihrer Kontrolle; dies gilt auch für Entscheidungen von Gerichten eines Landes, die in der Sache durch ein Bundesgericht bestätigt worden sind (RhPfVerfGH NJW 2001, 2621). Deshalb können Entscheidungen von Bundesgerichten nicht vor dem Landesverfassungsgericht angegriffen werden. Aus den gleichen Erwägungen hat sich der SächsVerfGH auch – zu

Recht – außer Stande gesehen, die Entscheidung eines Landessozialgerichts, dessen Gegenstand eine Maßnahme der Bundesanstalt für Arbeit, also einer **Bundesbehörde** war, im Wege der Verfassungsbeschwerde auf Verstöße gegen die Landesverfassung zu überprüfen. Denn in diesem Fall hätte er in der Sache die Entscheidung einer Bundesbehörde überprüfen müssen – daran aber sind Landesverfassungsgerichte aus Kompetenzgründen gehindert (SächsVerfGH NJW 1999, 51; zust. *E. Klein/Haratsch*, JuS 2000, 209, 214).

Anhang zu § 9 II: Prozessuale Hinweise zu einigen Ausgangsfällen

Im folgenden sollen zu einigen der Ausgangsfälle einige Hinweise zur prozessualen Seite des Falles gegeben werden, insbesondere dazu, welche Verfahrensarten in Betracht kommen, wer ein Verfahen einleiten kann und welche besonderen Zulässigkeitsprobleme sich ergeben könnten; für die Zulässigkeitsprüfung wird iÜ auf den vorgehenden Abschnitt, § 9 II, verwiesen.

Allgemeines zu den Normprüfungsverfahren: In zahlreichen Fällen ist nach der **Verfassungsmäßigkeit eines Gesetzes** gefragt. Hier gilt prozessual: 666

Die Verfassungsmäßigkeit eines **Gesetzes** kann im Wege der *abstrakten Normenkontrolle* nach Art. 93 Abs. 1 Nr 2 GG, §§ 76 ff BVerfGG (Rn 612 ff) zu verfassungsgerichtlicher Überprüfung gebracht werden. Der Antrag kann jedoch nur von Bundesregierung, Landesregierungen und 1/3 der Mitglieder des Bundestags beantragt werden. Der einzelne Bürger kann Verfassungsbeschwerde unmittelbar gegen das Gesetz einlegen, wenn dieses ihn auch unmittelbar in seinen Rechten betrifft; in aller Regel aber muss er zunächst den (Verwaltungs-)Rechtsweg beschreiten und kann dann in einer Verfassungsbeschwerde mittelbar die Verfassungswidrigkeit des Gesetzes geltend machen. Schließlich kann das konkrete Normenkontrollverfahren (Richtervorlage) nach Art. 100 Abs. 1 GG durchgeführt werden. – Bei **untergesetzlichen Normen** (RVO, Satzung) besteht die Möglichkeit der verwaltungsgerichtlichen Normenkontrolle nach § 47 VwGO, allerdings nicht gleichermaßen in allen Bundesländern. Die Richtervorlage nach Art. 100 Abs. 1 GG scheidet aus, da das Gericht die Verwerfungskomptenz hat. IÜ kommen abstrakte Normenkontrolle und Verfassungsbeschwerde in Betracht.

Im folgenden werden für Normprüfungsverfahren nur etwaige Besonderheiten und spezielle Probleme ausgeführt.

Fall 1 – Volksbefragung –, Rn 9: 666a

Welche Verfahren in Betracht kommen, hängt von der konkreten Fallgestaltung ab: wenn die Bundesregierung dem Volk verschiedene Entwürfe zur Abstimmung vorlegt, könnte der Bundestag – der ja übergangen wird – ein *Organstreitverfahren* einleiten (Rn 600). Antragsgegner wäre die **Bundesregierung**, Streitgegenstand die Anberaumung des Volksentscheids, die Antragsbefugnis würde sich dann daraus ergeben, dass die Bundesregierung dem Bundestag das Recht zur Gesetzgebung entzieht. Führt die

Bundesregierung nur eine Volksbefragung durch, könnte der Bundestag sich gleichwohl dagegen wehren. Denn er könnte geltend machen, in seiner Entscheidungsfreiheit und damit in seinen verfassungsrechtlichen Funktionen beeinträchtigt zu sein.

Dem Fall BVerfGE 8, 104 lag ein *Bund-Länder-Streit*, Art. 93 Abs. 1 Nr 3 GG, §§ 68 ff BVerfGG – Rn 605 ff – zugrunde. Denn das Land hatte dadurch, dass es nicht gegen die Gemeinden eingeschritten war (was es im Wege der Rechtsaufsicht konnte) seine Verpflichtung zu **bundesfreundlichem Verhalten** verletzt. Die konnte die Bundesregierung für den Bund geltend machen.

Fall 2 – Legislaturperiode –, Rn 10:

Auch gegen ein verfassungsänderndes Gesetz ist die *abstrakte Normenkontrolle* Art. 93 Abs. 1 Nr 2 GG, §§ 76 ff BVerfGG (Rn 612 ff) zulässig. Der Antragsteller muss dann geltend machen, das verfassungsändernde Gesetz halte die Schranken für eine Verfassungsänderung nach Art. 79 Abs. 1, 2 GG nicht ein. IFd Änderung der laufenden Wahlperiode dürfte auch der einzelne Bürger befugt sein, Verfassungsbeschwerde nach Art. 93 Abs. 1 Nr 4a einzulegen – Grund: ihm wird sein grundrechtlich garantiertes Wahlrecht für den Zeitraum der Verlängerung entzogen.

Fall 3 – Ausländerwahlrecht –, Rn 11:

Normprüfungsverfahren (Rn 666) – *abstrakte Normenkontrolle* nach Art. 93 Abs. 1 Nr 2 GG kann auch durch die Landesregierung eines **anderen Bundeslandes** beantragt werden (auf Antrag „einer Landesregierung"); da es sich hier um ein objektives Beanstandungsverfahren handelt, ist eine Beschwer nicht erforderlich.

Fall 3a – Europäische Verfassung –, Rn 11a:

Gegen das **Zustimmungsgesetz** zum Vertrag ist die abstrakte Normenkontrolle nach Art. 93 Abs. 1 Nr 2 GG eröffnet – **Besonderheit**: der Antrag ist bereits zulässig, wenn das Gesetz beschlossen ist, s. Rn 616. Nach BVerfGE 89, 155 (s. Rn 19) müsste auch der einzelne Bürger, gestützt auf Art. 38 Abs. 1 GG, **Verfassungsbeschwerde** erheben können.

Fall 5 – Pershing und Adriaeinsatz –, Rn 64:

Klassischer Anwendungsfall des Organstreitverfahrens!

Fall 6 – Stadthallenfall –, Rn 72:

Die Partei muss zunächst gegen die Stadt den Verwaltungsrechtsweg beschreiten und kann ggf nach Rechtswegerschöpfung Verfassungsbeschwerde einlegen, gestützt auf Art. 3 Abs. 1 GG; im Organstreitverfahren wäre sie hier nicht beteiligtenfähig, da sie nicht in ihrer Funktion als Verfassungsorgan betroffen ist (s. Rn 91); auch auf der Passivseite fehlt es an der Beteiligtenfähigkeit: die Stadt ist kein Verfassungsorgan.

Fall 7 – Parteienfinanzierung –, Rn 73:

Hier kommt ein Organstreitverfahren in Betracht, s.o. Rn 91, da die Partei hier in ihrer Stellung als Beteiligte am Verfassungsleben berührt ist; Bundestag und Bundesrat sind Antragsgegner, da sie am Zustandekommen des Gesetzes beteiligt sind; *Streitgegenstand* ist der Erlass des Gesetzes.

Fälle 8, 10, 11-13 – Gesetzgebungskompetenzen –, Rn 94 ff, 109 ff:

Normprüfungsverfahren – auch bei verfassungsändernden Gesetzen – (Rn 666); auch könnte das Land, das sich durch ein Bundesgesetz in seinen Kompetenzen verletzt sieht, einen Antrag im *Bund-Länder-Streit* nach Art. 93 Abs. 1 Nr 3 GG stellen (Rn 605 ff); hier kann allerdings nur die Feststellung der Rechtsverletzung durch das BVerfG erreicht werden, nicht die Nichtigerklärung der Norm.

Fall 15 – Künstler-Sozialversicherungsanstalt –, Rn 165:
Normprüfungsverfahren.

Fall 14 mit **Fall 23 – Deutschland-Fernsehen-GmbH –**, Rn 164, 216:
Bund-Länder-Streit, Art. 93 Abs. 1 Nr 3 GG, §§ 13 Nr 7; 68 ff BVerfGG.

1. *Antragsteller – Antragsgegner*: Landesregierung – Bundesregierung;
2. *Streitgegenstand*: Gründung der Fernsehen-GmbH als rechtserhebliche Maßnahme; hieraus Streit um Rechte und Pflichten;
3. *Antragsbefugnis*: Rechtsverletzung des Landes durch Kompetenzüberschreitung; durch Vorgehen des Bundes (prozedere – Bundestreue); nach BVerfGE 12, 205 auch durch Verletzung des Art. 5 GG: die Rundfunkordnung sei bedeutsam für Bund-Länder-Verhältnis; – sehr zw., da die Grundrechte nicht Teil des Bundesstaatsprinzips sind.
4. *Form und Frist*: s. §§ 69, 64 BVerfGG.

Fall 16 – Schulprogramm –, Rn 166:
Ein Antrag im *Bund-Länder-Streit*, Art. 93 Abs. 1 Nr 3 GG kann dann gestellt werden, wenn eine *rechtserhebliche Maßnahme* vorliegt, also das Programm tatsächlich durchgeführt wird, noch nicht beim bloßen Angebot des Bundes.

Fall 17 – Atomrechtliche Weisung –, Rn 167:
Aufsichtliche Weisungen sind klassischer Anwendungsfall für einen *Bund-Länder-Streit*, Art. 93 Abs. 1 Nr 3 GG.

Fall 18 – FAG –, Rn 190:
Der Finanzausgleich ist geregelt durch Gesetz, dessen Verfassungsmäßigkeit bestritten wird: abstrakte Normenkontrolle Art. 93 Abs. 1 Nr 2 GG; zur Entscheidung des BVerfG s.o. Rn 636: Abstandnahme von Nichtigerklärung.

Daneben käme noch in Betracht: Bund-Länder-Streit, Art. 93 Abs. 1 Nr 3 GG; hier müsste das Land, das glaubt, entweder zu wenig zu bekommen oder zu viel abgeben zu müssen, sich auf seine Rechte aus Art. 107 Abs. 2 GG und dem „bündischen Prinzip des Einstehens füreinander“ berufen.

Fall 19 – Arbeitsmarktabgabe –, Rn 191: Normprüfungsverfahren.

Fall 20 – Verpackungssteuer –, Rn 192:
Normprüfungsverfahren, untergesetzliches Recht.

In den **Fällen 21-23** (Rn 214 ff) ist der Bund-Länder-Streit, Art. 93 Abs. 1 Nr 3 GG das richtige Verfahren ist, um Rechte aus dem Bundesstaatsprinzip geltend zu machen. Für Streitigkeiten aus einem Staatsvertrag (**Fall 24**, Rn 217) ist zunächst die Verwaltungsgerichtsbarkeit zuständig.

Fall 24 – Eros-TV –, Rn 217:
Da der Inhalt des Vertrags verwaltungsrechtlicher Natur ist, kommt Bund-Länder-Streit nicht in Betracht (*Benda/Klein* Rn 1065), sondern: erst- und letztinstanzliche Zuständigkeit des **BVerwG**, § 50 VwGO.

Fall 25 – Kulturabkommen –, Rn 226:
Gegen das Zustimmungsgesetz zum Vertrag kommt abstrakte Normenkontrolle in Betracht; der Vertragsschluss kann Gegenstand eines Bund-Länder-Streits sein, gerichtet auf Feststellung des Verfassungsverstoßes (Art. 32 GG – Kompetenzüberschreitung); gegen die Weigerung der Länder könnte der Bund im Bund-Länder-Streit vorgehen.

Streitgegenstand wäre das Unterlassen entsprechender Maßnahmen der Länder im Wege der Gesetzgebung und Verwaltung; dann müsste eine Handlungspflicht geltend gemacht werden. *Antragsbefugnis* ist gegeben, wenn der Bund eine Verletzung der Bundestreue durch die Länder ihm gegenüber darlegt, was im Rahmen der Zulässigkeit jedenfalls plausibel dargetan werden kann – ob tatsächlich eine Verpflichtung der Länder besteht, ist Frage der Begründetheit.

Fall 26 mit Fall 30 – Investitionsmaßnahmegesetz –, Rn 239, 261:
Normprüfungsverfahren, hier Fall der Verfassungsbeschwerde unmittelbar gegen ein Gesetz. – Keine verwaltungsgerichtliche Klage, auch wenn der Betroffene geltend macht, es handle sich um einen Verwaltungsakt in Gesetzesform: Maßgeblichkeit der Rechtsform.

Fall 28 – Ladendiebstähle –, Rn 241: Normprüfungsverfahren.

Fall 29 – Parteispendensünder –, Rn 242:
Auch hier sind die gängigen Normprüfungsverfahren, insbesondere abstrakte Normenkontrolle einschlägig; auch ist hier ein denkbarer Anwendungsfall für einstweilige Anordnung gegeben (o. Rn 639 ff).

Fall 32 – Approbationsordnung –, Rn 271, **Fall 33 – Fehlbelegungsabgabe –**, Rn 272; **Fall 34 – Berufsordnung –**, Rn 289: Normprüfungsverfahren gegen untergesetzliches Recht.

Fall 35 – Ausgleichszahlung –, Rn 295 und **Fall 36 – Beihilferichtlinien –**, Rn 296:
Es handelt sich hier um allgemeine Verwaltungsvorschriften, *keine Rechtsnormen*, mithin ist kein Normprüfungsverfahren eröffnet, sondern es sind die verwaltungsgerichtlichen Rechtsbehelfe zu ergreifen (nach Rechtswegerschöpfung: Verfassungsbeschwerde).

Fall 38 – Zuzugsabgabe –, Rn 311: Normprüfungsverfahren gegen untergesetzliches Recht.

Fall 40 – Pressesubvention –, Rn 313: Der Verlag muss verwaltungsgerichtliche Rechtsbehelfe gegen die Subventionierung des Konkurrenten ergreifen (*Schenke* Rn 272 ff, 521 ff).

Fall 41 – Sexualkunde/Rechtschreibreform –, Rn 314:
Hier ist zunächst Verwaltungsrechtsschutz nachzusuchen; da die Richtlinien keine Rechtsnormen sind, kein Normprüfungsverfahren.

Fall 42 – Braunkohlentagebau –, Rn 315:
Auch hier ist zunächst Verwaltungsrechtsschutz nachzusuchen; handelt es sich beim Plan um eine Rechtsnorm (dies ist landesrechtlich unterschiedlich), kann die Gemeinde Kommunalverfassungsbeschwerde nach Art. 93 Abs. 1 Nr 4b GG bzw Landesverfassungsrecht einlegen.

Fall 43 – Ausländergesetz –, Rn 348: Normprüfungsverfahren.

Fall 44 – Haustürgeschäfte –, Rn 358: Normprüfungsverfahren.

Fall 45 – Frankenstein –, Rn 359: Normprüfungsverfahren.

Fall 46 – Müllsatzung –, Rn 360: Normprüfungsverfahren gegen untergesetzliches Recht.

Fall 47 – Sozialpfandbriefe –, Rn 361: Normprüfungsverfahren.

Fall 48 – Grundstücksabgaben –, Rn 387:

Teure Heimat muss gegen Bescheid klagen und dann Verfassungsbeschwerde mittelbar gegen das Gesetz einlegen.

Fall 50 – Flugblätter –, Rn 389: Normprüfungsverfahren gegen untergesetzliches Recht.

Fall 51 – Enthemmungsgesetz –, Rn 406: Normprüfungsverfahren; in verwaltungsprozessualen Streitigkeiten, in denen es auf fragliche Bestimmungen ankommt: Richtervorlage; nach Rechtswegerschöpfung: Verfassungsbeschwerde.

Fall 55 – Bundestagsauflösung 1983 –, Rn 454: s. Rn 575.

Fall 56 – Flick-Ausschuss –, Rn 455: s. Rn 487.

Fall 57 – Teure Heimat –, Rn 456:

Hier kann gegen den Beschluss des Ermittlungsrichters beim BGH Verfassungsbeschwerde eingelegt werden.

Fall 58 – Geheimdienstkontrolle –, Rn 457: s. Rn 494.

Fall 59 – Verzichtsrevers –, Rn 458:

Frage 1:

a) Ob H noch Mitglied des Bundestags ist, prüft zunächst der Bundestag im **Wahlprüfungsverfahren**, hiergegen Entscheidung des BVerfG, s.o. Rn 630 ff.

b) Ob H verpflichtet ist, sein Mandat niederzulegen, betrifft Fragen des Verhältnisses von Partei und einzelnen Abgeordneten als Organe des Verfassungslebens, daher in Betracht zu ziehen: Organstreitverfahren, Art. 93 Abs. 1 Nr 1 GG, §§ 63 ff BVerfGG.

– Antragsberechtigung der Partei dürfte zu bejahen sein, da hier unmittelbare Teilhabe an der Staatsorganisation in Frage steht, antragsberechtigt jedenfalls auch Fraktion; Abgeordneter hier als Antragsgegner parteifähig, da freies Mandat, also seine Rechtsstellung als Mitglied des Verfassungsorgans „Bundestag" in Frage steht;

– Streit um gegenseitige Rechte und Pflichten zu bejahen;

– mögliche Rechtsverletzung der Partei dürfte im Rahmen der Zulässigkeitsprüfung wohl zu bejahen sein.

Frage 2: Partei müsste zivilrechtlich gegen Abgeordneten vorgehen, hierbei Nichtigkeit des Versprechens geltend zu machen; verneint Gericht die Nichtigkeit, Verfassungsbeschwerde (des Abgeordneten) wegen Verletzung des Art. 38 GG (in Art. 93 Abs. 1 Nr 4a GG genannt).

Fall 60 – Wüppesahl –, Rn 459: s. Rn 503.

Fall 61 – Wohngeldgesetz –, Rn 506: Abstrakte Normenkontrolle, etwa auf Antrag einer Landesregierung; daneben kann *Bundesrat* im *Organstreitverfahren* Verletzung seiner Mitwirkungsrechte geltend machen; *Bundesrat* ist *antragsberechtigt, Antragsgegner* dann Bundestag; *Streitgegenstand:* Recht des Bundestags, G ohne Zustimmung des Bundesrats zu beschließen; *Antragsbefugnis* aus Verletzung der Mitwirkungsrechte des Bundesrats. E. des BVerfG beschränkt sich dann jedoch auf *Feststellung* dieser Rechtsverletzung, keine Nichtigerklärung.

Fall 62 – Richtlinienfall –, Rn 507:

Hier ist ein Organstreitverfahren Bundesrat gegen Bundesregierung einzuleiten, da das Verhalten der Bundesregierung Mitwirkungsrecht des Bundesrats nach Art. 23 GG verletzt.

Fall 62a – Ländermehr –, Rn 507a: auch gegen verfassungsänderndes Gesetz sind die üblichen Normprüfungsverfahren möglich.

Fall 63 – Flick II (Misstrauensvotum gegen Minister) –, Rn 521: Die Streitfragen sind im *Organstreitverfahren* zu klären.

Bundestag – Bundeskanzler –: Der Bundeskanzler ist hier möglicher Antragsgegner als Teil des Verfassungsorgans Bundesregierung, der insoweit in Wahrnehmung eigener grundgesetzlicher Befugnisse (Art. 64 GG) entscheidet.

Bundesminister – Bundeskanzler –: Hier läge ein „**Insichstreit**" innerhalb der Bundesregierung vor. Da aber die Rechtsstellung des Ministers innerhalb der Bundesregierung betroffen und dies keine Frage der regierungsinternen Aufgabenverteilung ist, wäre M *parteifähig*, ebenso Bundeskanzler.

Streitgegenstand: Zw ist hier, ob bereits das Entlassungsersuchen des Bundeskanzlers eine rechtserhebliche Maßnahme darstellt, oder erst Entlassung durch Bundespräsidenten; nimmt man letzteres an, Klage gegen diesen zu richten, gegen Bundeskanzler unzulässig.

Antragsbefugnis: Zw. ist hier, ob überhaupt ein Recht des Ministers auf Verbleib in der Regierung angenommen werden kann, da der Bundeskanzler jederzeit Entlassung vorschlagen kann. Es dürfte aber doch ein Recht darauf bestehen, dass ein Entlassungsersuchen unter Beachtung der rechtlichen Voraussetzungen erfolgt. M müsste also darlegen, dass Bundeskanzler etwa rechtsfehlerhaft Bindung durch Beschluss des Bundestags oder Koalitionsabrede angenommen hat. Dies gilt auch für einen – reichlich theoretischen – Antrag des M gegen den **Bundespräsidenten.**

Bundeskanzler – Bundespräsident: Eine Weigerung des Bundespräsidenten, M zu entlassen, könnte Gegenstand eines Organstreitverfahrens sein. Im Verhältnis **Bundesminister – Bundestag** ist zw, ob das Votum des Bundestags schon eine *rechtserhebliche* Maßnahme darstellt.

Fall 64 – Minister Ratlos –, Rn 522:

Hier wäre ggf die Überschreitung der Richtlinienkompetenz des Bundeskanzlers (Antragsgegner) geltend zu machen durch den Fachminister (subjektive Rechtsstellung aus Ressortprinzip) bzw auch die übrigen Bundesminister; rechtserhebliche Maßnahme dann Anweisung des Bundeskanzlers an Fachminister.

Beachte: In einem Rechtsstreit um die Rechtmäßigkeit der dann erteilten Genehmigung können diese Fragen der Organstellung der Mitglieder der Bundesregierung nicht geltend gemacht werden.

Der **Bundestag** kann kein Organstreitverfahren einleiten, da kein denkbarer Rechtsanspruch auf Beachtung der Resolution durch Bundesregierung besteht.

Fall 65 – Umlaufverfahren –, Rn 523: Normprüfungsverfahren gegen untergesetzliches Recht.

Fall 66 – Prüfungsrecht –, Rn 551:

Wenn der Bundespräsident das Gesetz nicht ausfertigt, kann der Bundestag, da er in seinen Kompetenzen als Verfassungsorgan (Gesetzgebung) betroffen ist, Antrag nach Art. 93 Abs. 1 Nr 1 GG (Organstreit) stellen. Im Fall der Ausfertigung des Gesetzes durch den Bundespräsidenten wäre der Bundesrat antragsbefugt. Nach Ausfertigung und Verkündung des Gesetzes sind iÜ die üblichen Normprüfungsverfahren möglich.

Ist das Gesetz ausgefertigt und verkündet worden, auch abstrakte Normenkontrolle, etwa auf Antrag einer Landesregierung.

Fall 68 – 1. Durchgang –, Rn 667: Der Bundesrat kann, wenn er seine Rechte aus Art. 76 Abs. 2 GG verletzt sieht, dies im Wege eines *Organstreitverfahrens* geltend machen. Er ist antragsberechtigt, als *Antragsgegner* kommen in Betracht: *Bundesregierung* wegen Nichtbeachtung des Art. 76 Abs. 2 GG, *Bundestag* wegen Beschlussfassung bei fehlerhaftem Verfahren; *Streitgegenstand* ist Einleitung des Gesetzgebungsverfahrens durch Bundesregierung entgegen Art. 76 Abs. 2 GG bzw Beschlussfassung des Bundestags. Die *Antragsbefugnis* folgt aus Art. 76 Abs. 2 GG. Der Antrag ist zulässig, sobald die streitgegenständliche Maßnahme vorliegt, also gegen die Bundesregierung mit Zuleitung der Vorlage an den Bundestag, gegen Bundestag mit Beschlussfassung durch Bundestag.

Nach Ausfertigung und Verkündung des Gesetzes, wenn also eine „fertige Norm" vorliegt, sind die üblichen Normprüfungsverfahren statthaft.

Fall 69 – Aufspaltung eines Gesetzentwurfs –, Rn 668:

Organstreitverfahren: Bundesrat gegen Bundesregierung wegen Verfahren bei Gesetzesinitiative; Bundesrat gegen Bundestag wegen Beschlussfassung über Gesetze; Antrag gerichtet auf Feststellung der Verletzung von Rechten des Bundesrats. Nach Ausfertigung und Verkündung des Gesetzes sind wiederum die üblichen Normprüfungsverfahren statthaft.

Im **Fall 70 – Fachgerichtsbarkeit –**, Rn 695 kommen die üblichen Normprüfungsverfahren in Betracht. In den **Fällen 71, 72, 73** zum **rechtlichen Gehör** bzw **fairen Verfahren** sind zunächst alle prozessualen Rechtsbehelfe auszuschöpfen. Dann ist wegen Art. 93 I Nr 4a GG Verfassungsbeschwerde zum BVerfG zu erheben.

Dritter Teil

Staatsfunktionen: Gesetzgebung, Rechtsprechung

§ 10 Gesetzgebung – Das Gesetzgebungsverfahren

Vorbemerkung: Nachstehend wird für die Staatsfunktion der Gesetzgebung nur das Gesetzgebungs*verfahren* behandelt. Zu materiell-rechtsstaatlichen Aspekten s. § 3, zur bundesstaatlichen Kompetenzverteilung s. § 2 II.

Ausgangsfälle:

667 **Fall 68 – 1. Durchgang –:** Die Bundesregierung leitet im **Fall 66**, Rn 551 eine Gesetzesvorlage unmittelbar dem Bundestag zu, der einen entsprechenden Gesetzesbeschluss fasst. Verstoß gegen Art. 76 Abs. 2 GG? **Rn 690**

668 **Fall 69 – Aufspaltung –:** Die Bundesregierung leitet im **Fall 61**, Rn 506 den Entwurf des Gesetzes dem Bundesrat zu.

Dieser äußert detaillierte Bedenken und legt Alternativvorschläge dar. Daraufhin zieht die Bundesregierung den Entwurf zurück, streicht die Bestimmungen über den Gutachterausschuss und bringt den gekürzten Gesetzentwurf iÜ unverändert vor den Bundesrat. Eine Woche später leitet sie die ursprünglichen Bestimmungen über Einrichtung und Organisation des Ausschusses und über das Verfahren sachlich unverändert in Form eines eigenen Gesetzentwurfs dem Bundesrat zu. Zu beiden Vorlagen äußert sich der Bundesrat nicht mehr. In einer Stellungnahme weist er darauf hin, dass er bereits die Rücknahme des ersten Entwurfs, erst recht aber dessen Aufspaltung in zwei Gesetze, für verfassungswidrig halte. Der Bundestag beschließt beide Gesetze.

Bestehen die Bedenken des Bundesrats zu Recht? **Rn 690**

I. Der Ablauf des Gesetzgebungsverfahrens

Der Ablauf des Gesetzgebungsverfahrens wird in Art. 76-78 GG geregelt; die Beachtung der dort aufgestellten Verfahrenserfordernisse ist grundsätzliche Voraussetzung für das Zustandekommen eines verfassungsmäßigen Gesetzes. Dies ist Gegenstand des folgenden Abschnitts.

669 Für das Gesetzgebungsverfahren sind nach Art. 76-78 GG folgende Stadien zu unterscheiden: **Gesetzesinitiative – Beschlussfassung durch Bundestag und Bundesrat – Ausfertigung und Verkündung** des zustandegekommenen **Gesetzes**.

1. Gesetzesinitiative

a) Initiativrecht

Das Recht zur *Gesetzesinitiative* ist in Art. 76 GG geregelt. Es steht der *Bundesregierung*, dem *Bundestag* und dem *Bundesrat* zu. **670**

Gesetzesvorlagen der **Bundesregierung** werden durch diese als Kollegialorgan beschlossen; da Art. 76 Abs. 1 von „der Bundesregierung" spricht, ist von der Zuständigkeit des Kollegialorgans auszugehen; § 15 GeschOBReg bestätigt dies.

Gesetzesvorlagen „**aus der Mitte des Bundestags**" sind von einer zumindest der *Stärke einer Fraktion* (dazu o. § 5 Rn 467 ff) entsprechenden Anzahl von Abgeordneten einzubringen, vgl § 76 GeschOBT: Gesetzentwürfe müssen von einer Fraktion oder von 5 v.H. der gesetzlichen Mitgliederzahl des Bundestags unterzeichnet sein.

Ist die Gesetzesvorlage „aus der Mitte des Bundestags" von einer geringeren Anzahl von Abgeordneten unterzeichnet worden, als in der GeschOBT vorgesehen, so führt dieser Mangel **im Verfahren jedoch** *nicht* zur Nichtigkeit des Gesetzes. Verstöße gegen die Geschäftsordnung führen als solche *nicht* zur Nichtigkeit des Gesetzes, wie bereits der Wortlaut des Art. 82 GG belegt: „Die nach den Vorschriften *dieses Grundgesetzes* zustande gekommenen Gesetze" (für Unerheblichkeit etwa auch *Maunz*, Maunz/Dürig, Art. 40, Rn 23). Im Übrigen macht sich der BT mit der Beschlussfassung über die Gesetzesvorlage diese jedenfalls zu Eigen.

Zw ist, ob dies auch dann noch gilt, wenn der Gesetzentwurf durch einen **einzelnen Abgeordneten** eingebracht wurde. Versteht man die Formulierung „aus der Mitte des Bundestages" dahingehend, dass es sich jedenfalls um eine, wenn auch zahlenmäßig nicht festgelegte Gruppe von Abgeordneten handeln muss, so läge in der Tat ein Verstoß auch gegen das Grundgesetz (und nicht nur gegen die GeschOBT) vor (so *Stern* II, § 37 III 4; aM *Bryde*, in: von Münch/Kunig III, Art. 76, Rn 13). Man wird jedoch Art. 76 Abs. 1 GG dahingehend verstehen dürfen, dass hier keine zahlenmäßigen Vorgaben gemacht werden, also auch der Gesetzentwurf eines einzelnen Abgeordneten „aus der Mitte des Bundestages" erfolgt. **671**

Gesetzesvorlagen des **Bundesrats** erfordern dessen vorausgehenden Mehrheitsbeschluss.

b) Zur weiteren Behandlung der Gesetzesinitiative

Gesetzesvorlagen der Bundesregierung werden zunächst gemäß Art. 76 Abs. 2 GG dem Bundesrat zur Stellungnahme zugeleitet. Der Bundesrat kann, muss jedoch nicht zu Vorlagen der Bundesregierung Stellung nehmen, Art. 76 Abs. 2 S. 2 GG, der hierfür eine Frist von 6 Wochen festlegt. **672**

Nach S. 3 kann der Bundesrat aus „wichtigem Grund" **Verlängerung** auf 9 Wochen beantragen, „*insbesondere*" bei umfangreichen, aber etwa auch bei besonders schwierigen oder umstrittenen Vorlagen. Bei Grundgesetzänderungen und in den Fällen der Art. 23, 24 GG beträgt nach S. 5 die Frist stets 9 Wochen. Andererseits kann die Bundesregierung eine Vorlage als **besonders eilbedürftig** bezeichnen, aber nur **ausnahmsweise**. In diesem Fall bleiben zwar an sich die Fristen nach S. 2, 3, innerhalb derer der Bundesrat sich äußern kann, unverändert; die Bundesregierung kann aber schon nach 3 bzw 6 Wochen die Vorlage dem Bundestag zuleiten, auch wenn der Bundesrat sich noch nicht geäußert hat, S. 4. In diesem Fall ist die

Stellungnahme des Bundesrats, sobald sie eingeht, unverzüglich durch die Bundesregierung nachzureichen. Bei Grundgesetzänderungen und in den Fällen der Art. 23, 24 GG darf nach S. 5 2. Halbs. eine Vorlage nicht als besonders eilbedürftig bezeichnet werden.

673 Für Vorlagen des **Bundesrats** gilt Abs. 3. Sie sind dem Bundestag durch die Bundesregierung zuzuleiten, gehen also zunächst an diese, S. 1. Die **Frist** beträgt nach S. 1 6 Wochen, doch kann die Bundesregierung nach S. 3 **Fristverlängerung** auf 9 Wochen beantragen. Andererseits kann der Bundesrat eine Vorlage ausnahmsweise als besonders **eilbedürftig** bezeichnen; in diesem Fall beträgt die entsprechende Frist für die Bundesregierung 3, oder, wenn sie aus wichtigem Grund nach S. 3 Fristverlängerung beantragt, 6 Wochen, vgl S. 4. Bei Grundgesetzänderungen und in den Fällen der Art. 23, 24 GG beträgt die Frist stets 9 Wochen, S. 5; die Vorlage kann hier nicht als besonders eilbedürftig bezeichnet werden, S. 5 2. Halbs. In jedem Fall „soll“ die Bundesregierung ihre Auffassung darlegen, wenn sie die Vorlage dem Bundestag zuleitet, S. 2.

Abs. 3 S. 6 verpflichtet den Bundestag zur Beratung und Beschlussfassung in angemessener Frist; dies gilt für alle Gesetzesvorlagen, die beim Bundestag eingebracht werden (vgl *Jarass/Pieroth*, Art. 76, Rn 4, 7).

674 Ungeklärt ist für *Regierungsvorlagen*, ob ein *Verstoß gegen Art. 76 Abs. 2 S. 1 GG* zur Nichtigkeit des Gesetzes führt, vgl **Fall 68**. Für einen materiellen Gehalt des Art. 76 Abs. 2 S. 1 – und damit für Nichtigkeitsfolge bei dessen Verletzung – spricht zunächst der Wortlaut: Gesetzesvorlagen *sind* dem Bundesrat zuzuleiten; S. 2 spricht für eine korrespondierende Rechtsposition des Bundesrats. Die frühzeitige Vorlage beim Bundesrat soll zudem dem Bundestag die Möglichkeit geben, in einem frühzeitigen Verfahrensstadium den Standpunkt des Bundesrats zu berücksichtigen und soll dessen Sachverstand in das Verfahren einbringen (*Bryde*, in: von Münch/Kunig III, Art. 76, Rn 17). Andererseits ist die Stellungnahme des Bundesrats rechtlich nicht bindend; sie ist auch nicht zwingend vorgeschrieben. Auch gibt der Bundesrat dann, wenn er dem Gesetz, nachdem der Bundestag Beschluss gefasst hat, zustimmt, bzw auf Einspruch verzichtet, zu erkennen, dass er sich die Gesetzesvorlage zu Eigen macht. Dies könnte es rechtfertigen, Art. 76 Abs. 2 S. 1 GG als bloße Ordnungsvorschrift anzusehen, einen Verstoß hiergegen nicht als Nichtigkeitsgrund zu werten. Letztlich aber dürfte der Wortlaut des Art. 76 Abs. 2 S. 1 GG den Ausschlag geben: Gesetzesvorlagen der Bundesregierung *sind* dem Bundesrat zuzuleiten; ist dies unterblieben, so ist das Gesetz *nicht nach dieser Vorschrift des Grundgesetzes* zustandegekommen.

675 Der erste Durchgang beim Bundesrat nach Art. 76 Abs. 2 GG wird vermieden, wenn ein *Gesetzentwurf der Bundesregierung* von einer *Fraktion* des Bundestags – also etwa der Regierungsfraktion – als Gesetzesvorlage „aus der Mitte des Bundestags“ eingebracht wird. In diesem – in der Praxis nicht unüblichen Verfahren – ist kein Verstoß gegen das Gebot der Organtreue (Rn 483, 557, vgl *Nolte/Tams*, Jura 2000, 158, 160) und auch keine unzulässige Umgehung des Art. 76 Abs. 2 GG zu sehen (vgl *Stern* II, § 37 III 4b): Das Initiativrecht des Bundestags ist unbegrenzt, der Bundestag kann sich daher Gesetzentwürfe der Regierung bereits im Stadium der Gesetzesinitiative zu Eigen machen.

Aus diesem Grund sollte bereits nicht von einer „Umgehung“ des Art. 76 Abs. 2 GG gesprochen werden (so *Stern,* aaO; *Bryde,* aaO, Rn 21). Es handelt sich vielmehr um eine durch die

Verfassung eröffnete Gestaltung der politischen Willensbildung im parlamentarischen System, von der hier Gebrauch gemacht wird.

Die Rechte des Bundesrats werden im Übrigen im zweiten Durchgang gewahrt. Vor allem aber ist das *Verfahrensrecht* in diesem Bereich auf *Rechtssicherheit durch Formalisierung* angewiesen. Gesichtspunkte wie Umgehung oder Rechtsmissbrauch sollten daher nur zurückhaltend eingesetzt werden. *Verfassungswidrigkeit* des unter „Umgehung" des Art. 76 Abs. 2 zustandegekommenen Gesetzes wird daher auch ganz überwiegend *verneint* (so auch *Stern*, aaO; *Nolte/Tams*, Jura 2000, 158, 160).

2. Beschlussfassung in Bundestag und Bundesrat

An das Initiativverfahren schließt sich das Verfahren der **Beschlussfassung durch** 676
Bundestag und Bundesrat, das **Hauptverfahren** an.

a) Gesetzesbeschluss des Bundestags

Im **Bundestag** wird die Gesetzesvorlage in **drei Lesungen** behandelt, vgl §§ 78 ff GeschOBT; die GeschO spricht von „*Beratungen*".

In der *ersten Beratung* werden nur allgemeine Erklärungen der Fraktionen abgegeben; die Gesetzesvorlage wird dann an die *Ausschüsse* (dazu § 5 Rn 467 ff) verwiesen. Die Ausschüsse – bei „Justizgesetzen" wie zB BGB, ZPO, StPO der Rechtsausschuss, bei Steuergesetzen der Finanzausschuss – können Änderungen empfehlen, nach § 62 Abs. 1 Satz 2 GeschOBT Ergänzungen aber nur insoweit, als diese in sachlichem Zusammenhang zum Inhalt der Gesetzesinitiative stehe. Dies hat die Frage aufgeworfen, ob dann, wenn dem Text der Gesetzesinitiative auf Empfehlung eines Ausschusses Regelungen beigefügt werden, die diesen sachlichen Zusammenhang nicht mehr wahren, mit einem Verstoß gegen § 62 Abs. 1 S. 2 GeschOBT der Ausschuss in verfassungswidriger Weise ein Initiativrecht entgegen Art. 76 GG wahrnimmt und das Gesetz damit verfahrensfehlerhaft zustandekommt; vgl dazu *Brandner*, Jura 1999, 449 ff. Die maßgebliche parlamentarische Willensbildung im Plenum des Parlaments findet in der *zweiten Beratung* statt, durch Einzelberatung über die Bestimmungen des Gesetzes mit jeweils anschließender Abstimmung; hier kann jeder Abgeordnete Änderungsanträge stellen. Die *dritte Beratung* – in der Änderungsanträge nur begrenzt zulässig sind – kann mit der zweiten Beratung zusammengezogen werden, s. iE § 85 GeschOBT. Wird die Vorschrift des § 78 GeschOBT nicht beachtet, der Gesetzentwurf also in einer Lesung beschlossen, führt dies nicht zur Verfassungswidrigkeit: die Pflicht zur Gesetzesberatung in mehreren Lesungen folgt nicht unmittelbar aus dem Grundgesetz (vgl dazu Fall 3 bei *Nolte/Tams*, Jura 2000, 158, 160 f).

Die dritte Beratung endet mit der **Schlussabstimmung**. Damit liegt – wenn der Bundestag der Gesetzesvorlage zustimmt – der **Gesetzesbeschluss des Bundestags** vor, Art. 77 Abs. 1 S. 1 GG.

Erforderlich ist einfache *Abstimmungsmehrheit* (vgl o. § 5 Rn 466). Enthaltungen werden nicht mitgezählt. Die *Anwesenheit* einer bestimmten Anzahl von Abgeordneten bei der Schlussabstimmung ist *nicht* erforderlich. Die Beschlussfähigkeit des Bundestags ist in § 45 GeschOBT geregelt: Erforderlich ist zwar die Anwesenheit der Hälfte der Mitglieder des Bundestags, doch muss die Beschlussunfähigkeit vor Beginn der Sitzung durch den Bundestag *festgestellt* werden; ohne diese Feststellung ist der Bundestag beschlussfähig; zur Problematik s. auch BVerfGE 44, 308; s. dazu Fall 3 bei *Nolte/Tams*, Jura 2000, 158, 161.

677 **Verstöße gegen die Geschäftsordnung** führen auch insoweit nicht zur Nichtigkeit des Gesetzes. Dies gilt jedoch nur für Verstöße gegen die Geschäftsordnung *als solche:* Wird etwa durch eine Verletzung der Geschäftsordnung das Recht der parlamentarischen Minderheit auf Mitwirkung am Verfahren verletzt, so liegt hierin ein Verfassungsverstoß, der zur Fehlerhaftigkeit des Verfahrens führen kann (vgl zu den Minderheitsrechten insoweit o. Rn 492 f).

Denkbar wäre die Annahme eines in verfassungswidriger Weise fehlerhaften Verfahrens möglicherweise auch dann, wenn schwerwiegende Verstöße gegen die GeschO dazu führen, dass das parlamentarische Verfahren die ihm durch die *Verfassung* zugeordneten Funktionen der Beratung und Entscheidungsfindung nicht mehr erfüllt; stets aber müssen Verfahrensverstöße aus der Verfassung begründet sein (also etwa aus Erfordernissen des Demokratiegebots, des repräsentativen Prinzips).

b) Beteiligung des Bundesrats

678 Der Bundestagspräsident leitet den Gesetzesbeschluss unverzüglich an den Bundesrat, Art. 77 Abs. 1 S. 2 GG. An die Beschlussfassung im Bundestag schließt sich nun die **Beteiligung des Bundesrats** an. Hierbei ist zu unterscheiden zwischen Einspruchs- und Zustimmungsgesetzen (s.o. § 6 Rn 512 f).

aa) Verfahren bei Einspruchsgesetzen

Will der Bundesrat Einspruch gegen ein Gesetz einlegen, so ist zunächst der **Vermittlungsausschuss** anzurufen, Art. 77 Abs. 2 S. 1 GG.

Der Vermittlungsausschuss wird gebildet aus Mitgliedern des Bundestags und des Bundesrats; er soll einen einvernehmlichen Ausgleich unterschiedlicher Standpunkte von Bundestag und Bundesrat ermöglichen, kann hierbei auch eigene Änderungsvorschläge entwickeln, ist insoweit von erheblicher praktischer Bedeutung. Er gibt sich eine eigene Geschäftsordnung, die das Verfahren näher regelt, vgl Art. 77 Abs. 2 S. 2 GG. Zum Streit um die Besetzung des Vermittlungsausschusses nach den Bundestagswahlen 2002 s. *Stein*, NVwZ 2003, 557.

Die Anrufung des Vermittlungsausschusses muss innerhalb einer Frist von *drei Wochen nach Eingang des Gesetzesbeschlusses* beim Bundesrat erfolgen. Wird innerhalb dieser Frist der Vermittlungsausschuss *nicht angerufen*, so ist das **Gesetz zustandegekommen**, vgl Art. 78 Var. 2 GG.

Wird der Vermittlungsausschuss angerufen, so findet im Ausschuss eine Beratung des Gesetzesbeschlusses statt. Der Ausschuss kann hier *Änderungsvorschläge* machen, die auch auf eine Zurückziehung des Gesetzesbeschlusses abzielen, nicht aber auf ein sachlich neues Gesetz hinauslaufen dürfen (vgl *Stern* II, § 37 III 7); in der Praxis erstreckt der Ausschuss seine Befugnisse jedoch mitunter über diesen Rahmen hinaus (*Stern,* aaO).

678a Dies ist verfassungsrechtlich deshalb nicht zweifelsfrei, weil der Ausschuss damit faktisch ein Gesetzesinitiativrecht in Anspruch nimmt, das ihm nicht zusteht, und damit auch das parlamentarische Verfahren verkürzt und die parlamentarische Öffentlichkeit beschränkt wird (der VA tagt nichtöffentlich).

Eine Klarstellung bringt ein Urteil des BVerfG vom 07.12.1999 (s. die Urteilsbesprechung bei *Heselhaus*, JA 2001, 205). Der VA darf hiernach Änderungen, Streichungen und Ergänzungen im Gesetz vorschlagen. Sein Beschlussvorschlag muss jedoch die Rechte der Abgeordneten wahren und muss inhaltlich im Rahmen des bisherigen Gesetzgebungsverfahrens und der hierbei eingebrachten Anträge und Stellungnahmen bleiben. Der VA darf nichts vorschlagen, was nicht schon bisher erörtert wurde, sei es im Gesetzesvorschlag, sei es in Änderungsanträgen und Beschlussempfehlungen der Ausschüsse oder in Stellungnahmen nach Art. 76 GG.

Entwickelt der Vermittlungsausschuss **Änderungsvorschläge**, so geht der Geset- **679**
zesbeschluss **erneut an den Bundestag**, Art. 77 Abs. 2 S. 5 GG, der hierüber **berät und abstimmt**. Nach dieser erneuten Behandlung im Bundestag, bzw, wenn der Vermittlungsausschuss keine Änderungsvorschläge gemacht hat, unmittelbar nach dessen Beratung, wenn also das **Verfahren nach Art. 77 Abs. 2 GG abgeschlossen** ist, kann der Bundesrat über einen Einspruch beraten und beschließen, Art. 77 Abs. 3 GG. Die **Einspruchsfrist** beträgt **zwei Wochen** ab Abschluss des Verfahrens nach Art. 77 Abs. 2 GG.

Das Verfahren nach Art. 77 Abs. 2 GG wird abgeschlossen durch den Beschluss des Bundestags über Änderungsvorschläge des Ausschusses; dieser Beschluss ist dem Bundesrat zuzuleiten, mit Eingang beim Bundesrat beginnt die Frist. Macht der Ausschuss keine Änderungsvorschläge, so teilt sein Vorsitzender gemäß Art. 77 Abs. 3 S. 2 GG dem Bundesrat den Abschluss des Verfahrens mit; mit Eingang dieser Mitteilung beginnt der Fristablauf.

Wird innerhalb der Frist **kein Einspruch** eingelegt, so ist das Gesetz **zustandege-** **680**
kommen, Art. 78 Var. 3 GG, ebenso dann, wenn der Bundesrat seinen **Einspruch zurücknimmt**, Art. 78 Var. 4 GG.

Hat der **Bundesrat** – innerhalb der Zweiwochenfrist des Art. 77 Abs. 3 S. 1 GG – **681**
Einspruch eingelegt, so geht der Gesetzesbeschluss erneut an den Bundestag. Er hat – ohne erneute Beratung – Beschluss zu fassen, ob er den Einspruch des Bundesrats **zurückweisen** will. Hierfür sind qualifizierte Mehrheiten erforderlich: Hat der Bundesrat mit einfacher Mehrheit beschlossen – erforderlich ist jedoch die *Mehrheit der Stimmen des Bundesrats*, vgl Art. 52 Abs. 3 S. 1 GG –, so bedarf die Zurückweisung des Einspruchs der *Mehrheit der gesetzlichen Mitgliederzahl des Bundestags* (dazu o. § 5 Rn 466). Hat der Bundesrat mit zwei Drittel seiner Stimmen beschlossen, Einspruch einzulegen, so muss der Beschluss über die Zurückweisung des Einspruchs mit einer Mehrheit von zwei Dritteln der *abgegebenen Stimmen*, mindestens aber der Mehrheit der gesetzlichen Mitgliederzahl des Bundestags gefasst werden, Art. 77 Abs. 4 GG.

Beispiel: Mehrheit der gesetzlichen Mitgliederzahl 300; Bundesrat beschließt Einspruch mit 2/3-Mehrheit, Zurückweisung durch Bundestag mit 280 von 420 abgegebenen Stimmen: Einspruch *nicht* wirksam zurückgewiesen; mit 320 von 580 abgegebenen Stimmen: Einspruch *nicht* wirksam zurückgewiesen; mit 400 von 590 abgegebenen Stimmen: Einspruch wirksam zurückgewiesen.

Wird der **Einspruch** mit der nach Art. 77 Abs. 4 GG erforderlichen Mehrheit **zu-** **682**
rückgewiesen, ist das **Gesetz zustandegekommen**. Kommt die **erforderliche Mehrheit nicht** zustande, ist das Gesetzesvorhaben (endgültig) **gescheitert** (kann aber jederzeit neu eingebracht werden).

bb) Verfahren bei Zustimmungsgesetzen

683 Bei Zustimmungsgesetzen ist die Anrufung des **Vermittlungsausschusses nicht vorgeschrieben**. Dies wird aus einem Umkehrschluss aus Art. 77 Abs. 3 GG hergeleitet: bei **Einspruchsgesetzen muss** zunächst das Verfahren nach Abs. 2 durchgeführt werden. Der Bundesrat **kann** jedoch den Vermittlungsausschuss anrufen; dies ergibt sich aus Art. 77 Abs. 2 S. 4 GG („auch").

Wird der Ausschuss vom Bundesrat angerufen, so ist das Verfahren zunächst das gleiche wie bei Einspruchsgesetzen, ggf muss also – bei Änderungsvorschlägen – der Bundestag erneut abstimmen.

Der Bundesrat hat nun, ggf also nach Abschluss des (*fakultativen*) Verfahrens vor dem Vermittlungsausschuss, darüber Beschluss zu fassen, ob er dem Gesetz zustimmt. Er muss dies nach der (deklaratorischen, vgl *Jarass/Pieroth*, Art. 77, Rn 6) Bestimmung des Art. 77 Abs. 2a in „angemessener Frist" tun. Nur wenn er *mit der Mehrheit seiner Stimmen*, Art. 52 Abs. 3 S. 1 GG, dem Gesetz zustimmt, kommt dieses zustande, Art. 78 Var. 1 GG. Bei Verweigerung der Zustimmung ist das Gesetzesvorhaben wiederum *gescheitert;* solange der Bundesrat untätig bleibt (er ist jedoch zur Beschlussfassung binnen angemessener Frist verpflichtet, Art. 77 Abs. 2a), kommt das Gesetz nicht zustande.

684 Verweigert der Bundesrat die Zustimmung, so können Bundestag und Bundesregierung nach Art. 77 Abs. 2 S. 4 GG ihrerseits die Einberufung des Vermittlungsausschusses verlangen; im Fall von Änderungsvorschlägen gilt auch hier S. 5: erneute Beschlussfassung durch den Bundestag. Nach Abschluss des Verfahrens vor dem Ausschuss (für dessen Anrufung *Stern* II, § 37 III 7b die Geltung der 3-Wochen-Frist des Art. 77 Abs. 3 S. 1 GG annimmt, dies ist str) findet eine erneute Beschlussfassung des Bundesrats statt. Stimmt er nun dem Gesetz zu, ist dieses zustandegekommen.

c) Zustandekommen eines Gesetzes

685 **Zusammenfassend** gilt also für das **Zustandekommen eines Gesetzes:**

Einspruchsgesetze kommen zustande, wenn

- der Bundesrat nicht innerhalb von 3 Wochen den Vermittlungsausschuss anruft, Art. 77 Abs. 2 GG;
- der Bundesrat den Vermittlungsausschuss anruft, nach Abschluss dieses Verfahrens jedoch nicht innerhalb von 2 Wochen Einspruch einlegt;
- der Bundesrat Einspruch einlegt, diesen jedoch zurücknimmt;
- der Bundesrat Einspruch einlegt, der Bundestag jedoch den Einspruch mit der Mehrheit des Art. 77 Abs. 4 GG zurückweist.

Zustimmungsgesetze kommen nur zustande, wenn der Bundesrat ausdrücklich zustimmt.

Ein Gesetzesvorhaben ist **gescheitert**, wenn

- die Gesetzesvorlage in der Schlussabstimmung des Bundestags keine Mehrheit findet, Art. 77 Abs. 1 S. 1 GG;

- ein Einspruch des Bundesrats nicht mit der erforderlichen Mehrheit zurückgewiesen wird;
- der Bundesrat die Zustimmung zu einem zustimmungsbedürftigen Gesetz verweigert, Bundesregierung und Bundestag den Vermittlungsausschuss nicht anrufen oder aber auch nach Anrufung des Vermittlungsausschusses der Bundesrat dem Gesetz nicht zustimmt.

Bei **umstrittener Zustimmungsbedürftigkeit** wird im Fall verweigerter Zustimmung durch den Bundesrat gleichwohl der Bundestag das Verfahren der *Ausfertigung* durch den *Bundespräsidenten* einleiten (über die Bundesregierung, s.u. Rn 687 ff), der seinerseits die Frage der Zustimmungsbedürftigkeit zu prüfen hat; das nicht zustimmungsbedürftige Gesetz kommt ja bereits dadurch zustande, dass der Bundesrat keinen Einspruch innerhalb der Frist des Art. 77 Abs. 3 GG einlegt. Demgemäß wird empfohlen, der Bundesrat solle vorsorglich jedenfalls Einspruch einlegen, um zumindest die erneute Beschlussfassung durch den Bundestag nach Art. 77 Abs. 4 GG zu erzwingen (*Maunz*, Maunz/Dürig, Art. 77, Rn 20 ff). Möglicherweise kann auch die Verweigerung der Zustimmung in einen Einspruch umgedeutet werden. Jedenfalls die ausdrücklich verweigerte Zustimmung dürfte in einen Einspruch umzudeuten sein. Denn sie enthält die eindeutige Erklärung, dass der Bundesrat das Zustandekommen eines Gesetzes verhindern will (so zutr. *Nolte/Tams*, Jura 2000, 158, 160). **686**

Die Entscheidung des Bundespräsidenten kann dann ggf im Wege des Organstreits zu verfassungsgerichtlicher Klärung gebracht werden; ist das Gesetz ausgefertigt und verkündet worden, kann die Frage der Zustimmungsbedürftigkeit im Wege der abstrakten Normenkontrolle, etwa auf Antrag einer Landesregierung, die das Gesetz für zustimmungsbedürftig hält, geklärt werden.

Die auf Seiten des Bundestags erforderlichen Verfahrensschritte müssen innerhalb der laufenden Legislaturperiode erfolgen: Grundsatz der **sachlichen Diskontinuität**. Gesetzesvorlagen *verfallen*, das Gesetzgebungsvorhaben ist also gescheitert, wenn vor Ablauf der Legislaturperiode der Bundestag keinen Gesetzesbeschluss gefasst hat, der im Fall des Art. 77 Abs. 2 S. 5 GG erforderliche erneute Beschluss nicht mehr gefasst, bzw ein Einspruch des Bundesrats nicht zurückgewiesen wurde (*Stern* II, § 26 III 4b).

3. Ausfertigung und Verkündung: das Abschlussverfahren

Ist das **Gesetz** nach einer der vorstehend genannten Möglichkeiten **zustandegekommen** – Art. 78 GG fasst diese Möglichkeiten *klarstellend* zusammen –, so folgt die **Ausfertigung und Verkündung durch den Bundespräsidenten**, Art. 82 Abs. 1 S. 1 GG. **687**

Dabei wird zunächst die **Bundesregierung** tätig: Ihr wird der Gesetzentwurf zur **Gegenzeichnung** nach Art. 58 S. 1 GG zugeleitet; die durch den Bundeskanzler und den Minister des federführenden Ressorts sowie weitere beteiligte Bundesminister, vgl § 29 Abs. 1 GeschOBReg, bereits **gegengezeichnete Gesetzesurkunde** wird dann dem **Bundespräsidenten** zum Verfahren nach Art. 82 GG zugeleitet.

Mit der **Ausfertigung** gem. Art. 82 Abs. 1 S. 1 GG – der Unterzeichnung der Gesetzesurkunde – bescheinigt der Bundespräsident den ordnungsgemäßen Abschluss **688** des Gesetzgebungsverfahrens und die Übereinstimmung des Gesetzestextes mit dem im Verfahren festgestellten Gesetzesinhalt. Gleichzeitig ordnet der Bundespräsident die Verkündung des Gesetzes an. Mit der **Verkündung im Bundesgesetzblatt** ist das **Gesetzgebungsverfahren abgeschlossen**.

Die Verkündung von Rechtsvorschriften ist ein unmittelbares Erfordernis des Rechtsstaatsgebots: der Bürger soll in verlässlicher Weise von ihrem Inhalt Kenntnis nehmen können (zum Gebot der Rechtsklarheit s.o. Rn 349 ff), wie der HessStGH in seiner Entscheidung zur Ersatzverkündung durch Auslegung in einer behördlichen Dienststelle (NVwZ 1989, 1153) zu Recht betont; vgl auch BayVerfGH NVwZ 1989, 1053 zum Publikationsgebot des Art. 76 BayVerf.

Von diesem Zeitpunkt an liegt ein *„fertiges"* Gesetz vor, kann dann etwa auch ein Normenkontrollverfahren nach Art. 93 Abs. 1 Nr 2 GG durchgeführt werden.

Bis zu diesem Zeitpunkt müssen jedoch auch die kompetenzmäßigen Voraussetzungen für den Erlass des Gesetzes gegeben sein. Wenn also hierfür eine Kompetenzzuweisung durch Grundgesetzänderung erforderlich ist, muss zum Zeitpunkt der Verkündung des Gesetzes diese bereits in Kraft getreten sein; In-Kraft-Treten der Komptenzzuweisung nach Verkündung des auf Grund dieser Kompetenznorm erlassenen Gesetzes genügt auch dann nicht, wenn dieses Gesetz selbst zu einem späteren Zeitpunkt in Kraft tritt, BVerfGE 34, 9.

689 Das **In-Kraft-Treten** des Gesetzes bestimmt sich nach Art. 82 Abs. 2 GG; sofern nicht der Tag des In-Kraft-Tretens nach S. 1 bestimmt ist, tritt das Gesetz nach S. 2 vierzehn Tage nach Ausgabe derjenigen Nummer des Bundesgesetzblatts in Kraft, in dem es verkündet wird; davon zu unterscheiden ist der Tag der Ausfertigung, unter dem Gesetze üblicherweise zitiert werden („Gesetz vom …"). Entscheidend ist der Tag des erstmaligen Inverkehrbringens der jeweiligen Nr des Bundesgesetzblatts, BVerfGE 87, 48, 60; der Ausgabetag selbst wird bei Bestimmung der Frist nach Art. 82 Abs. 2 S. 2 GG nicht mitgezählt (vgl näher *Gröpel*, Jura 1995, 641).

690 **Lösung der Ausgangsfälle:**

Fall 68 – 1. Durchgang –: Hier liegt ein Verstoß gegen Art. 76 Abs. 2 GG vor. Das Gesetz ist, wenn man, wie hier, die Bestimmung nicht als bloße Ordnungsvorschrift auffasst, nicht nach den Vorschriften des Grundgesetzes zustandegekommen, vom Bundespräsidenten nicht auszufertigen, vgl Rn 674.

Wird jedoch die Gesetzesvorlage von einer *Fraktion des Bundestags* – auch der Regierungsfraktion – als eigene Gesetzesinitiative eingebracht, so kommt das Gesetz gültig zu Stande, vgl Rn 675.

Fall 69 – Aufspaltung –: Das *Zurückziehen des Entwurfs* durch die Bundesregierung nach dem ersten Durchgang im Bundesrat nach Art. 76 Abs. 2 GG wird überwiegend als zulässig erachtet: Der Entwurf hat bis zu diesem Zeitpunkt nur vorläufigen Charakter; der Bundesrat hat insoweit keine selbstständige Rechtsposition (*Janson*, DVBl 1978, 321); aussichtslos gewordene Vorlagen aufrechtzuerhalten erschiene zudem wenig sinnvoll (*Fiedler*, ZRP 1977, 10). – AM: *Pestalozza*, ZRP 1976, 155.

Aufspaltung des Gesetzentwurfs: Hier erscheint, ähnlich wie im Fall der Änderung der ursprünglich zustimmungsbedürftigen Gesetze in ihren nicht zustimmungsbedürftigen

Teilen (o. § 6 Rn 515 f zum **Fall 61**), der Gedanke der *gesetzgebungstechnischen Einheit* ausschlaggebend. Einerseits ist das *Initiativrecht* nach Art. 76 Abs. 1 GG nicht begrenzt; andererseits erfordern Aspekte der *Rechtssicherheit* die selbstständige Beurteilung des Gesetzes als gesetzgebungstechnische Einheit im Verfahren. Die Aufspaltung ist also *zulässig* (BVerfGE 105, 313). Eine Trennung aus sachfremden Motiven mag zwar im Einzelfall als *rechtsmissbräuchlich* beurteilt werden (zurückhaltend aber zu Recht *Bryde*, in: von Münch/Kunig III, Art. 77, Rn 23), doch sollte mE auch hier das in besonderer Weise auf Rechtssicherheit durch Formalisierung angewiesene Verfahrensrecht allenfalls in Ausnahmefällen aus derartigen Erwägungen durchbrochen werden.

Hierfür dürfte in der politischen Praxis auch kein Bedürfnis bestehen: Der Bundesrat kann durch Verweigerung der Zustimmung zu dem zustimmungsbedürftigen Gesetz den Bundestag auch hinsichtlich des nicht zustimmungsbedürftigen Gesetzes hinreichend in seinem Sinn beeinflussen.

Schrifttum zu I.: *Stern* II, § 37 III; *Nolte/Tams*, Das Gesetzgebungsverfahren nach dem Grundgesetz, Jura 2000, 158 ff.

Schematische Übersicht S. 294 ff.

II. Verfassungsändernde Gesetzgebung, Art. 79 GG

Für verfassungsändernde Gesetze enthält Art. 79 GG besondere Anforderungen in formeller und materieller Hinsicht. Bestimmte Grundsätze der Verfassung können auch durch verfassungsänderndes Gesetz nicht aufgehoben werden.

In *verfahrensmäßiger* Hinsicht ist zu beachten, dass durch Gesetze zur Änderung 691
des Grundgesetzes stets der *Text der Verfassung* selbst *geändert* werden muss, Art. 79 Abs. 1 S. 1 GG.

Aus dieser Vorschrift wird mitunter ein materielles Prüfungsrecht des Bundespräsidenten abgeleitet: Da ein Gesetz, das materiell im Widerspruch zur geltenden Verfassung steht, diese abändert, handle es sich um ein verfassungsänderndes Gesetz. Hierfür sei eine Änderung des GG erforderlich. Sei eine solche Änderung im Text nicht erfolgt, so sei die Verfahrensvorschrift des Art. 79 Abs. 1 S. 1 GG verletzt. Doch ist die Frage, *ob* eine Änderung des GG vorliegt, ob gegen die Verfassung verstoßen wird, eine Frage des materiellen Verfassungsrechts, dazu s.o. § 8 Rn 563 ff.

Für das Gesetzgebungsverfahren erfordert Art. 79 Abs. 2 GG qualifizierte Mehrheiten von *zwei Dritteln* der *Mitglieder des Bundestags* (*gesetzliche* Mitgliederzahl) und *zwei Dritteln* der *Stimmen des Bundesrats*; verfassungsändernde Gesetze sind also stets *Zustimmungsgesetze*. Zweidrittelmehrheit bedeutet, dass im Bundestag bei 598 Abgeordneten mindestens 399 Ja-Stimmen (bzw bei derzeit – wegen der Überhangmandate – 603 Abgeordneten 402 Ja-Stimmen) erforderlich sind; im Bundesrat sind bei derzeit 69 Mitgliedern 46 Stimmen erforderlich.

Zu den beitrittsbedingten Änderungen des Grundgesetzes s. BVerfGE 84, 90 sowie *von Mangoldt/Klein/v. Campenhausen*, Art. 143, Rn 17; näher die Vorauflagen.

Materielle Schranken der Verfassungsänderung bezeichnet **Art. 79 Abs. 3 GG** (zu 692
einem Beispielsfall s.o. § 2, **Fall 8**, Rn 94, 102 ff).

Bestimmte Grundprinzipien der Verfassung werden durch Art. 79 Abs. 3 GG auch dem Zugriff des verfassungsändernden Gesetzgebers entzogen; das *Mehrheitsprinzip* der parlamentarischen Demokratie findet also hier seine Grenzen. Doch ist zu beachten, dass die in Art. 79 Abs. 3 GG genannten Verfassungsgrundsätze nicht in ihrer konkreten, positiven Ausgestaltung unabänderlich sind, sondern nur als Verfassungs*grundsätze*. Der verfassungsändernde Gesetzgeber kann also durchaus die konkrete bundesstaatliche Kompetenzordnung ändern, solange nicht die bundesstaatliche Ordnung selbst aufgehoben oder in ihrer Substanz ausgehöhlt wird. Er kann Stellung und Befugnisse der Verfassungsorgane abändern, solange nicht das demokratische Prinzip und das Rechtsstaatsgebot selbst durchbrochen werden.

693 Im Einzelnen fallen unter die **Unabänderlichkeitssperre** des Art. 79 Abs. 3 GG:

Die Gliederung des Bundes in Länder und die Mitwirkung der Länder bei der Gesetzgebung. Damit wird die **bundesstaatliche Ordnung** (nicht der Bestand einzelner Bundesländer) für unabänderlich erklärt; insbesondere müssen den Ländern Befugnisse zu eigenständiger politischer Gestaltung verbleiben, ist insbesondere ihre **Staatsqualität** zu wahren (zur Bedeutung dieses Kriteriums s. im Zusammenhang des bundesstaatlichen Prinzips, o. § 2 Rn 99 ff). Die Garantie der Mitwirkung der Länder bei der Gesetzgebung bezieht sich auf ihre Teilhabe an der *Gesetzgebung des Bundes*, wie auch das Erfordernis *eigener Gesetzgebungsbefugnisse*, das zudem von der Garantie der Gliederung des Bundes in Länder, der Staatsqualität der Länder umfasst wird. Die Garantie der Mitwirkung der Länder auch an der Gesetzgebung des Bundes stünde einer *ersatzlosen* Abschaffung des Bundesrats bzw seiner Befugnisse im Rahmen der Gesetzgebung entgegen.

In der Verteilung der Gesetzgebungsbefugnisse dürfte die Schranke des Art. 79 Abs. 3 GG zwischenzeitlich annähernd erreicht sein.

694 Unabänderlich sind die in **Art. 1 GG** genannten Grundsätze, also der Schutz der **Menschenwürde**. Nicht genannt sind die **Einzelgrundrechte** der Art. 2-19 GG, auf die andererseits Art. 1 Abs. 3 GG Bezug nimmt. Im Ergebnis bedeutet dies Unabänderlichkeit dieser Grundrechte in ihrem sachlichen Gehalt, soweit der **Kernbereich** der Grundrechte, also ihr **Menschenwürdegehalt** betroffen ist, Unabänderlichkeit aber auch der Geltung der Grundrechte – in diesem Kernbereich – als **unmittelbar** für die staatliche Gewalt verbindliches Recht, Art. 1 Abs. 3 GG.

Die Gewährleistung der in Art. 20 GG genannten Grundsätze bezieht sich insbesondere auf **Rechtsstaatlichkeit** und **Demokratie**, in dem etwa vom BVerfG im Rahmen des Begriffs der „**freiheitlich-demokratischen Grundordnung**“ bezeichneten Umfang: Demokratisches Mehrheitsprinzip bei Minderheitenschutz und Chancengleichheit der politischen Kräfte, insbesondere Freiheit und Chancengleichheit für politische Parteien und Recht auf Opposition; Verantwortlichkeit der Regierung, Gesetzmäßigkeit der Verwaltung, Unabhängigkeit der Gerichte.

Art. 79 Abs. 3 GG selbst muss einer Verfassungsänderung entzogen sein, soll die hierin liegende Beschränkung auch des verfassungsändernden Gesetzgebers nicht gegenstandslos werden; doch sind hier die Grenzen des Geltungsanspruchs der Verfassung erreicht.

Schrifttum zu II.: *Hesse*, Grundzüge, § 21.

§ 11 Rechtsprechung: Gerichtsorganisation, Gerichtsverfahren

Vorbemerkung: Zum **Begriff der Rechtsprechung** nach dem Grundgesetz, zum **Richtervorbehalt** des Art. 92 GG und zum Verhältnis der Rechtsprechung zu den übrigen Teilgewalten s. § 3 II. 2c; zur **bundesstaatlichen** Kompetenzverteilung im Bereich der Rechtsprechung s. § 2 IV. Im Folgenden werden schwerpunktmäßig die grundgesetzlichen Anforderungen an die Gerichtsorganisation und das Gerichtsverfahren erörtert.

– Zum Rechtsschutz gegen die **öffentliche Gewalt** gemäß Art. 19 Abs. 4 GG s. § 3 VII.

Fall 70 – Fachgerichtsbarkeit –: Im Interesse einer Vereinheitlichung und Vereinfachung der gerichtlichen Verfahren wird vorgeschlagen, die Gliederung der Gerichtsbarkeit in unterschiedliche Fachgerichtsbarkeiten (ordentliche Gerichtsbarkeit, Verwaltungs-, Sozial-, Finanzgerichtsbarkeit, Arbeitsgerichte) zugunsten einer einheitlichen Gerichtsbarkeit zu beseitigen. Ferner wird vorgeschlagen, in allen gerichtlichen Verfahren nur noch eine Tatsacheninstanz vorzusehen und die Zulässigkeit von Rechtsmitteln zu beschränken. Wäre ein entsprechendes Gesetz verfassungsgemäß? **Rn 703** **695**

Fall 71 – Kanzleigehilfe – (nach BVerfGE 57, 117): Rechtsanwältin R beauftragt am letzten Tag einer ihr in einem Zivilprozess vom Gericht gesetzten Schriftsatzfrist ihren Kanzleigehilfen K, einen Schriftsatz zu Gericht zu bringen. K gibt den Schriftsatz wenige Minuten vor Dienstschluss in der Posteingangsstelle des Gerichts ab, obwohl dort ein gut sichtbarer Hinweis angebracht ist, wonach fristwahrende Schriftsätze unmittelbar auf der Geschäftsstelle der jeweiligen Kammer einzuliefern sind. Der Schriftsatz gelangt im Laufe des folgenden Tages zur zuständigen Kammer. Er wird für die Urteilsfindung nicht mehr berücksichtigt. **696**

R als Vertreterin der unterlegenen Prozesspartei sieht hierin einen Verstoß gegen das Recht auf Gehör und gegen die Grundsätze einer rechtsstaatlichen Verfahrensgestaltung. Welche Rechtsschutzmöglichkeiten stehen ihr offen? **Rn 713**

Fall 72 – Wahlverteidiger –: A ist in einer Wirtschaftsstrafsache angeklagt vor dem LG Nürnberg. Mit seiner Verteidigung hat er einen spezialisierten Strafverteidiger aus München beauftragt. Das Gericht ordnet ihm zusätzlich und gegen seinen Willen einen in Nürnberg zugelassenen Pflichtverteidiger bei, da die Beteiligung eines am Ort befindlichen Anwalts im Interesse einer funktionstüchtigen Strafrechtspflege liege. **697**

A wird auf Kosten der Staatskasse rechtskräftig freigesprochen.

Bei der Kostenfestsetzung werden jedoch die Gebühren des Pflichtverteidigers auf die des Wahlverteidigers angerechnet, so dass A Letztere iW selbst tragen muss.

A sieht hierdurch sein Recht auf Verteidigung verfassungswidrig eingeschränkt. **Rn 717**

698/699 *In der Rechtsprechung erfüllt der Staat seine grundlegende rechtsstaatliche Funktion der Wahrung der Rechtsordnung. Sie ist notwendiges Korrelat der Verpflichtung des Bürgers zum Rechtsgehorsam und zum Gewaltverzicht bei der Durchsetzung seiner Rechte. Der Bürger hat die Entscheidung der Gerichte als verbindlich hinzunehmen; sie sichern ihm einerseits seine Rechte, können aber, zumal sie unter Einsatz staatlichen Zwangs vollstreckbar sind, tief in seine Rechtssphäre eingreifen (BVerfGE 54, 272, 292 f). Hieraus folgen verfassungsrechtliche Vorgaben an die Organisation der Gerichtsbarkeit und an das gerichtliche Verfahren.*

I. Gerichtsorganisation und Grundgesetz

700 Auf der Ebene der Gerichtsorganisation ist sicherzustellen, dass der konkrete Rechtsfall durch Richter entschieden wird, die sich auch in diesem konkreten Fall allein dem Recht verpflichtet sehen und die in der Lage sind, neutral, sachlich und „distanziert" Recht zu sprechen. Sachwidrigen Einflüssen ist entgegenzuwirken, effektiver und chancengleicher Rechtsschutz „*due process in law*" anzustreben. Hieran sind die Bestimmungen über den Aufbau der Gerichtsbarkeit, die Zusammensetzung der Spruchkörper, über Zuständigkeiten und Instanzenzüge und ist deren Handhabung im konkreten Fall zu messen.

1. Grundlinien der Gerichtsorganisation

a) Gewährleistung der fachlich gegliederten Gerichtsbarkeit?

701 Ob die bestehende **fachliche Gliederung** der Gerichtsbarkeit (s.o. Rn 187 f) **von Verfassungs wegen** gewährleistet wird, ist nicht ganz unstr, dürfte jedoch zu bejahen sein.

Art. 95 GG sieht zwingend die Errichtung oberster Bundesgerichte für die dort genannten Teilgerichtsbarkeiten vor (s.o. Rn 187). Die Bestimmung bezieht sich zwar nicht unmittelbar auf die Instanzgerichte in den Ländern, doch dürfte der Bestand einer fachlich gegliederten Instanzgerichtsbarkeit vorausgesetzt sein. Dies belegt auch eine *historische Interpretation* der maßgeblichen Grundgesetznormen: zunächst hatte Art. 96 aF die Errichtung eines „obersten Bundesgerichts" vorgesehen. Dieser nicht erfüllte Verfassungsauftrag wurde durch das 16. ÄndG zum GG vom 18.6.1968 (eingehend dazu *Achterberg*, BonnK, Art. 96, Rn 41-103) gestrichen. Hierin dürfte eine Grundsatzentscheidung *gegen* eine Vereinheitlichung zu sehen sein.

Die Schaffung von einheitlichen **Rechtspflegeministerien** ist dadurch ebenso wenig ausgeschlossen, wie eine weitergehende **Vereinheitlichung der Verfahrensordnungen** und Verschiebungen in den bestehenden Zuständigkeiten dies sind. Zur Zusammenlegung von Justiz- und Innenministerium in NRW s. Rn 337, 526.

b) Gewährleistung einer mehrinstanzlichen Gerichtsbarkeit?

702 Die Rechtsschutzgarantie des Art. 19 Abs. 4 GG bzw der allgemeine **Justizgewähranspruch** (Rn 409) bedeutet für den Bürger, dass **Gerichte** iSv Art. 92 GG (s.o. Rn 247 ff) über seinen Fall entscheiden müssen, bedeutet jedoch **nicht**, dass

ihm **mehrere gerichtliche Instanzen** eröffnet sein müssen. Einen Anspruch auf Zugang zu einer zweiten und weiteren Instanz hat die Rechtsprechung des Bundesverfassungsgerichts stets verneint (s. BVerfGE 54, 277, 291; BVerfG, 1 PBvU 1/02 vom 30.04.2003, www.bverfg.de Absatz 18 ff). Anforderungen an einen Instanzenzug könnten sich jedoch aus Art. 95 GG ergeben. Hieraus folgt jedenfalls, dass *oberste Bundesgerichte* bestehen müssen, die letztinstanzliche Entscheidungen treffen und hierdurch auch die *Einheitlichkeit der Rechtsprechung* im Interesse der Rechtssicherheit herstellen (vgl Rn 347 ff). Auch das *Bundesstaatsprinzip* fordert die Wahrung der Rechtseinheit durch die Rechtsprechung. Deshalb darf der Rechtsweg zu den Bundesgerichten nicht generell abgeschnitten werden – die Ausgestaltung i.e. ist aber Sache des Gesetzgebers, der unter dieser Voraussetzung auch Rechtsmittel weitgehend beschränken könnte. Soweit aber der Gesetzgeber Instanzenzüge eröffnet hat, ist gleichmäßiger und berechenbarer Zugang zu den Instanzen zu gewährleisten. Deshalb durften lt. BVerfGE 54, 277, 292 Bestimmungen über die Zulassung der Revision nicht dergestalt gehandhabt werden, dass das Gericht auch erfolgversprechende Revisionen im Wege einer „Selbststeuerung" seiner Arbeitsbelastung zurückweisen konnte.

Erhöhte Anforderungen entwickelt die Entscheidung des Plenums des BVerfG (also der Mitglieder beider Senate, § 16 BVerfGG), BVerfG, 1 PBvU 1/02 vom 30.04.2003, www.bverfg.de Absatz 41 ff für die Rüge des rechtlichen Gehörs nach Art. 103 Abs. 1 GG: für eine Gehörsverletzung darf die Möglichkeit einmaliger fachgerichtlicher Nachprüfung nicht ausgeschlossen werden.

Lösung Fall 70 – Fachgerichtsbarkeit –: Die *Vereinheitlichung der Gerichtsbarkeiten* dürfte gegen *Art. 95 GG* verstoßen, da dort der Bestand fachlich gegliederter Gerichtsbarkeiten vorausgesetzt wird. Nicht gänzlich ausgeschlossen wäre uU eine Vereinheitlichung der Instanzgerichtsbarkeit bei Erhalt diversifizierter Rechtsmittelgerichte. **703**

Die *Beschränkungen des Instanzenzugs* berühren den Schutzbereich der Rechtsschutzgarantie des Art. 19 Abs. 4 GG (für den Rechtsschutz gegen die Exekutive) sowie des allgemeinen Justizgewähranspruchs aus Art. 2 Abs. 1 GG iVm dem Rechtsstaatsprinzip (vgl BVerfG, 1 PBvU 1/02 vom 30.04.2003, www.bverfg.de Absatz 23 ff). Hieraus folgt jedoch nur, dass überhaupt der Zugang zum Gericht offensteht und eine gerichtliche Entscheidung in der Sache gewährleistet wird. Die Ausgestaltung des Rechtswegs in den einzelnen Voraussetzungen ist Sache des Gesetzgebers.

Verfassungsrechtlich zwingend gefordert wird nur die Bereitstellung *einer Instanz* (BVerfG, 1 PBvU 1/02 vom 30.04.2003, www.bverfg.de Absatz 18). Damit aber verstößt die Beschränkung auf nur eine Tatsacheninstanz weder gegen die Rechtsschutzgarantie des Art. 19 Abs. 4 GG noch gegen den Justizgewährsanspruch aus Art. 2 Abs. 1 GG iVm dem Rechtsstaatsgebot. Auch die Beschränkung von Rechtsmitteln ist hiernach zulässig.

2. Das Recht auf den gesetzlichen Richter

Zu den grundlegenden rechtsstaatlichen Garantien im Bereich der Rechtsprechung **704**
zählt das grundrechtsgleiche **Recht auf den gesetzlichen Richter** in Art. 101

Abs. 1 S. 2 GG. Es umfasst zwei wesentliche Aspekte: zum einen das Recht auf den gesetzlich bestimmten, den **zuständigen** Richter; zum anderen das Recht auf den gesetzlichen Anforderungen, insbesondere den Anforderungen des Grundgesetzes gemäßen Richter; s. näher *Degenhart*, in: Sachs, GG, Art. 101 Rn 5 ff, 8 f.

705 Art. 101 Abs. 1 S. 2 GG als das Recht auf den **zuständigen Richter** erfordert, dass der im konkreten Einzelfall zur Entscheidung berufene Richter **im Voraus** eindeutig bestimmt sein muss; diese Bestimmung muss grundsätzlich durch (formelles) **Gesetz** erfolgen; soweit eine Bestimmung durch Gesetz aus praktischen Gründen ausgeschlossen ist, also für die Verteilung der Rechtssachen auf die einzelnen Spruchkörper innerhalb der Gerichte (als organisatorische Einheiten, also Amtsgericht X, Verwaltungsgericht Y), sind **im Voraus** Geschäftsverteilungspläne aufzustellen, die nach generellen Kriterien die eindeutige Bestimmung des innerhalb des Gerichts zuständigen Spruchkörpers und grundsätzlich – bei überbesetzten Kammern – auch des einzelnen Richters ermöglichen; ferner müssen für den Fall der Verhinderung des an sich zuständigen Richters Vertreter bestimmt sein; näher *Degenhart,* aaO, Rn 14.

Die **Geschäftsverteilungspläne** werden in richterlicher Unabhängigkeit vom Präsidium des Gerichts aufgestellt und dürften als besonderer Fall von autonomen Satzungen einzustufen sein.

An diesem Erfordernis der **weitestmöglichen gesetzlichen Vorausbestimmung** des zuständigen Richters sind die gesetzlichen Zuständigkeitsregelungen zu messen; als verfassungsrechtlich problematisch gilt daher das System der *beweglichen Zuständigkeiten* in der *Strafprozessordnung*, das es der Staatsanwaltschaft, also der Exekutive erlaubt, zwischen verschiedenen Gerichtsständen in einer Sache zu wählen (so auch *Pieroth/Schlink* Rn 1145).

706 Art. 101 Abs. 1 S. 2 GG als Recht auf den **grundgesetzmäßigen Richter** fordert Regelungen, die die Ausschließung von Richtern ermöglichen, die nicht die hinreichende Gewähr für Sachlichkeit und Unparteilichkeit bieten. So wird etwa durch § 23 Abs. 2 StPO im *Wiederaufnahmeverfahren* ein vorher mit der Sache befasster Richter ausgeschlossen. Wirkt er gleichwohl entgegen dieser Bestimmung im Wiederaufnahmeverfahren mit, so wird hierdurch der gesetzliche Richter entzogen.

Hier ist also der Verstoß gegen einfachgesetzliches Verfahrensrecht gleichbedeutend mit einem Verstoß gegen Verfassungsrecht. Demgegenüber ist der bloße Irrtum des Gerichts über seine Zuständigkeit – der *error in procedendo* – nur dann als Verfassungsverstoß zu werten, wenn das Gericht seine Entscheidung willkürlich getroffen hat. Andernfalls würde das *Bundesverfassungsgericht* in die Rolle einer „Superrevisionsinstanz" in Bezug auf die Zuständigkeitsregelungen der Verfahrensordnungen gedrängt; näher *Degenhart*, in: Sachs, GG, Art. 101, Rn 18 ff.

707 Gesetzlicher Richter iSv Art. 101 Abs. 1 S. 2 GG ist auch der **Europäische Gerichtshof** (s.o. Rn 189). Ein Gericht, das seiner Verpflichtung, eine Vorabentscheidung des EuGH über die Auslegung von Gemeinschaftsrecht nach Art. 234 EGV herbeizuführen, nicht nachkommt, verletzt daher das Recht auf den gesetzlichen Richter. Dies ist vom BVerfG im Verfahren der Verfassungsbeschwerde festzustellen, jedoch beschränkt auf Fälle einer „offensichtlich unhaltbaren", in diesem Sinn willkürlichen Anwendung des Art. 234 EGV (BVerfGE 82, 159, 195 f, dort zu den näheren Voraussetzungen).

Schrifttum zu I.: *Barbey*, Der Status des Richters, in: HdBStR III, § 74; *Bettermann*, Die rechtsprechende Gewalt, aaO, § 73; *Degenhart*, Gerichtsorganisation, aaO, § 75; *ders*., in: Sachs, GG, Art. 101; *Pieroth/Schlink*, § 30.

II. Gerichtsverfahren und Grundgesetz

Aufgabe des gerichtlichen Verfahrens ist es, effektiven Rechtsschutz durch **rechtsstaatliche Verfahrensgestaltung** zu sichern. Dem dient insbesondere als „**prozessuale Grundnorm**" das durch Art. 103 Abs. 1 GG als Grundrecht gewährleistete **Recht auf Gehör**; weitere verfassungsrechtliche Anforderungen an das gerichtliche Verfahren werden unmittelbar aus dem Rechtsstaatsprinzip abgeleitet. **708**

1. Das Recht auf Gehör

Rechtliches Gehör bedeutet zunächst, dass den Verfahrensbeteiligten Gelegenheit gegeben wird, sich zum Gegenstand des Verfahrens in tatsächlicher und rechtlicher Hinsicht zu äußern, und dass das Gericht seinerseits nur solche Tatsachen und Beweisergebnisse zugrundelegt, zu denen die Beteiligten sich äußern konnten. Wird ihnen keine **Gelegenheit zur Äußerung** gegeben, so liegt hierin eine Verletzung des Rechts auf Gehör. **709**

So wurde die Entscheidung über einen Wiedereinsetzungsantrag ohne vorhergehende Anhörung der Gegenpartei ebenso als Verstoß gegen Art. 103 Abs. 1 GG gewertet (BVerfGE 61, 14), wie die Entscheidung über einen Verweisungsantrag des Klägers ohne Anhörung der beklagten Partei (BVerfGE 61, 37). Ausnahmsweise darf von der *vorherigen* Gewährung rechtlichen Gehörs abgesehen werden, wenn sonst der Zweck einer gerichtlich angeordneten Maßnahme, etwa einer Durchsuchungsanordnung, gefährdet würde (BVerfGE 75, 346).

Sollen die Beteiligten Gelegenheit zur Äußerung erhalten, so ist ihnen zunächst von der Sache Kenntnis zu geben: das Recht auf Gehör begründet **Informations- und Mitteilungspflichten** des Gerichts.

So ist es zur wirksamen Strafverteidigung für den Angeklagten unabdingbar, Kenntnis zu erlangen von allen Gesichtspunkten, die durch die Anklagebehörde in das Verfahren eingebracht werden; die Frage, ob das Gericht zur Beiziehung sog. „*Spurenakten*" verpflichtet ist, hat BVerfGE 63, 45, 60 ff („Entführungsfall Oetker") allerdings nicht als ein Problem des Art. 103 Abs. 1 GG gesehen, sondern primär als Frage eines „rechtsstaatlich-fairen" Strafverfahrens, dazu nachstehend Rn 715 ff; ebenso die „V-Mann-Entscheidung" des BVerfG, E 57, 250, 274 ff.

Das Gericht muss weiterhin die Äußerungen der Beteiligten auch tatsächlich **zur Kenntnis nehmen** und sie im Verfahren **berücksichtigen**, „in Erwägung ziehen" (vgl etwa BVerfG NJW 1988, 817); zu den einzelnen Realisierungsstufen des Rechts auf Gehör s. *Degenhart*, in: Sachs, GG, Art. 103 Rn 8 ff, 15 ff, 21 ff, 29 ff.

Aufgabe des **einfachgesetzlichen Verfahrensrechts** ist es, die Voraussetzungen und Modalitäten, unter denen rechtliches Gehör zu gewähren ist, näher zu bestimmen; es darf dabei etwa die Berücksichtigung des Parteivorbringens von der Einhaltung bestimmter Formen und **Fristen** abhängig machen, insbesondere auch verspätetes Parteivorbringen präkludieren. Die **Präklusionsnormen** der ZPO beschränken daher in zulässiger Weise das Recht auf Gehör. Sie sind gerechtfertigt durch die legitime Zielsetzung der **Verfahrensbeschleunigung**, zumal wirksamer Rechtsschutz auch zeitgerechten Rechtsschutz bedeutet. Doch sind andererseits die Ge- **710** richte gehalten, bei Anwendung von Präklusionsvorschriften der Bedeutung des Rechts auf Gehör Rechnung zu tragen; wir begegnen auch hier der typischen **Wechselwirkung** zwischen Verfassungsgarantie und einfachem Gesetz; näher *Degenhart*, in: Sachs, GG, Art. 103 Rn 39 ff.

711 /712 Das Recht auf Gehör ist in jedem Fall verletzt, wenn fristgerecht eingegangene Schriftsätze vom Gericht nicht berücksichtigt werden. Bei Handhabung der Fristen ist wiederum die Bedeutung des Art. 103 Abs. 1 GG zu berücksichtigen. Dies betrifft die Bemessung von Fristen durch das Gericht ebenso (vgl BVerfGE 60, 313, 318) wie die Kriterien, nach denen der fristgerechte Eingang von Schriftsätzen beurteilt wird.

713 **Lösung Fall 71 – Kanzleigehilfe –:** Der am letzten Tag der Schriftsatzfrist bei der Poststelle eingereichte, aber erst am Tag danach zur zuständigen Kammer gelangte Schriftsatz durfte nicht als verspätet behandelt werden: ausreichend ist, dass er rechtzeitig in den Verantwortungsbereich des Gerichts gelangt ist. Das Gericht durfte nicht seinerseits die Anforderungen an die Wahrnehmung des rechtlichen Gehörs hier zu Lasten der Parteien extensiv bestimmen. Vielmehr dürfen die Prozessbeteiligten darauf vertrauen, dass die von ihnen rechtzeitig in den räumlichen Verantwortungsbereich des Gerichts gebrachten Schriftstücke dort ordnungsgemäß weitergeleitet werden. Dies folgt sowohl aus dem Recht auf Gehör gemäß Art. 103 Abs. 1 GG als auch aus dem Rechtsstaatsgebot des Grundgesetzes.

Wegen der Verletzung des rechtlichen Gehörs ist an sich die Verfassungsbeschwerde zum BVerfG eröffnet. Um das Bundesverfassungsgericht zu entlasten, wurde jedoch im Rahmen der ZPO-Reform mit **§ 321a ZPO** ein besonderes **Rügeverfahren** eingeführt. Es ist bei unanfechtbaren Urteilen 1. Instanz durchzuführen; bei Urteilen, gegen die die Berufung bzw Revision stattfindet, ist die Gehörsrüge mit dem jeweiligen Rechtsmittel geltend zu machen. Erst wenn alle Rechtsmittel ausgeschöpft sind, kann Verfassungsbeschwerde eingelegt werden.

Der Fall wurde entschieden durch BVerfGE 57, 117; s. auch BVerfGE 52, 203; BVerfGE 62, 334; BVerfG NJW 1988, 250.

714 Das Recht auf Gehör als prozessuale Grundnorm des Verfassungsrechts ist mithin sowohl Maßstab für die Ausgestaltung des Verfahrensrechts als auch für dessen Anwendung im Einzelfall. Regelungen zur Prozessbeschleunigung sind hieran zu messen. Das Verfahrensrecht ist in einer Weise anzuwenden, die den Verfahrensbeteiligten die Verfolgung ihrer Rechte nicht unverhältnismäßig erschwert.

In grundsätzlicher Weise hat BVerfGE 107, 395 in einer seiner seltenen Plenarentscheidungen (Entscheidungen durch beide Senate gemeinsam) das Recht auf Gehör in Zusammenhang mit der Rechtsschutzgarantie des allgemeinen Justizgewährsanspruchs (Rn 409) gebracht: Eine gesetzliche Ausgestaltung des Verfahrensrechts, durch die bei Gehörsverletzungen durch das Gericht dem Verfahrensbeteiligten die Möglichkeit einer gerichtlichen Überprüfung vorenthalten wird, verstößt gegen den rechtsstaatlichen Justizgewährsanspruch (der außerhalb des eigentlichen Anwendungsbereichs des Art. 19 Abs. 4 GG dessen Funktion übernimmt) iVm Art. 103 Abs. 1 GG. Denn hiernach muss bei Verletzungen des Grundrechts auf Gehör Rechtsschutz gewährleistet sein.

Art. 103 Abs. 1 GG erlangt diese umfassende Bedeutung in erster Linie für den Zivilprozess; für das verwaltungsgerichtliche Verfahren wird demgegenüber in erster Linie auf Art. 19 Abs. 4 GG zurückgegriffen, Präklusionsvorschriften werden hieran gemessen (s.o. § 3 VII 4). Für den Strafprozess hat die Rechtsprechung demgegenüber ein eigenständiges Recht auf ein „faires Verfahren" aus dem Rechtsstaatsprinzip abgeleitet, dazu im Folgenden. Vgl auch Art. 78 Abs. 3 SächsVerf, der ausdrücklich ein „faires Verfahren" garantiert; dazu *Degenhart*, in: Degenhart/Meissner, HdBSächsVerf, § 7.

2. Rechtsstaatlichkeit und „Fairness" des Verfahrens, insbesondere im Strafprozess

Ziel des Strafverfahrens ist die Feststellung und Durchsetzung des **staatlichen Strafanspruchs**, unter Wahrung rechtlicher **Garantien** für den Betroffenen – also den **Beschuldigten** –, im rechtsstaatlich geordneten, **justizförmigen Verfahren**. Dies erfordert „Waffengleichheit" gegenüber der Anklagebehörde, bedeutet **wirksame Verteidigung** und ein „faires Verfahren". Geschützt ist nicht etwa nur das Interesse des unschuldigen Angeklagten an der Feststellung seiner Unschuld: eben diese Feststellung muss im justizförmigen, rechtsstaatlichen Verfahren ermittelt werden. Hierauf hat jeder Verdächtigte einen Anspruch; seine Schuld ist ja erst im Verfahren zu ermitteln; bis zu deren rechtskräftiger Feststellung streitet die **rechtsstaatliche Unschuldsvermutung** für ihn. **715**

Das Recht des Beschuldigten auf wirksame Verteidigung kann mit dem Interesse des Staates an wirksamer Strafverfolgung kollidieren, das unter dem Gesichtspunkt des Interesses an einer „**funktionstüchtigen Strafrechtspflege**" vom *Bundesverfassungsgericht* in den Rang eines Verfassungsgutes erhoben wird (BVerfGE 57, 250; BVerfG NJW 1990, 563 – instruktive Entscheidung zur Verwertung tagebuchartiger Aufzeichnungen des Beschuldigten im Strafverfahren).

Dies ist **nicht unproblematisch:** zweifellos besteht ein legitimes staatliches Interesse an wirksamer Strafverfolgung. Erhebt man dieses Interesse in den Rang eines Verfassungsgutes – das BVerfG greift auf das Rechtsstaatsprinzip zurück –, so läuft man Gefahr, die wirksame Verteidigung des Beschuldigten als „störenden Eingriff" in eine „funktionstüchtige Rechtspflege" und damit ihrerseits als legitimationsbedürftig zu betrachten.

Wirksame Verteidigung bedeutet für den Angeklagten das Recht, in der Hauptverhandlung **anwesend** zu sein und hier seine Rechte wahrnehmen und sich in jedem Stadium des Verfahrens des **Beistands eines Verteidigers** bedienen zu können. Das Recht auf **freie Wahl des Verteidigers** ist verfassungsrechtlich geschützt, ebenso das **Vertrauensverhältnis** zwischen Verteidiger und Mandanten. Wiederholt wurde vom *Bundesverfassungsgericht* zu Recht die extensive Auslegung von Ausschließungsgründen – etwa des Verbots der Mehrfachverteidigung – durch die Fachgerichte als Eingriff in das Recht auf freie Verteidigerwahl beanstandet (näher etwa *Roxin*, Strafverfahrensrecht, § 19 C 4). **716**

717 **Lösung zu Fall 72 – Wahlverteidiger –:** Als Eingriff in das Recht auf **freie Verteidigerwahl** erscheint hiernach auch das Vorgehen des Gerichts. Ein solcher Eingriff liegt bereits in der Beiordnung eines Pflichtverteidigers zusätzlich zum Wahlverteidiger gegen den Willen des Angeklagten; dieser Eingriff wurde (wenngleich *extra legem* erfolgend) durch BVerfGE 66, 313, 318 ff aus dem Erfordernis einer „*funktionstüchtigen Strafrechtspflege*" gerechtfertigt. Die Kosten hierfür durften jedoch, so das BVerfG, nicht über die Anrechnung auf die Kosten des Wahlverteidigers dem Angeklagten überbürdet werden. Ein derartiges Vorgehen könnte im Ergebnis den Angeklagten daran hindern, einen Wahlverteidiger zu bestellen.

718 Das **Recht auf faires Verfahren** wird in erster Linie aus dem **Rechtsstaatsgebot** des Grundgesetzes abgeleitet. Es kann vom Beschuldigten unter Rückgriff auf **Art. 2 Abs. 1 GG** im Zusammenwirken mit dem Rechtsstaatsgebot im Wege der **Verfassungsbeschwerde** geltend gemacht werden. Es umfasst als wesentlichsten Aspekt das Recht auf wirksame Verteidigung, allgemein die Verpflichtung des Gerichts zur „rechtsschutzfreundlichen" Handhabung des Verfahrensrechts.

Weitere **rechtsstaatliche Anforderungen an die Strafrechtspflege** folgen aus dem Rechtsstaatsgebot im Zusammenwirken mit den materiellen Grundrechten der Art. 1 Abs. 1, 2 GG, insbesondere betrifft dies das Erfordernis einer schuldangemessenen Strafe (BVerfGE 54, 100), der Tatangemessenheit staatlicher Reaktion im Strafrecht (instruktiv etwa BVerfG NJW 1986, 767 für das Unterbringungsverfahren).

Das **Gebot fairer Verfahrensführung** gilt für **alle gerichtlichen Verfahren**, doch stellt die Rechtsprechung für den Zivilprozess in erster Linie auf Art. 103 Abs. 1 GG ab, teilweise auch auf Gesichtspunkte der prozessualen Gleichheit der Parteien (instruktiv BVerfGE 52, 131 zur Handhabung der Beweislastregeln im Arzthaftungsprozess); zu Einzelfragen s. *Degenhart*, in: Sachs, GG, Art. 103 Rn 44 ff.

Wenn die Landesverfassung gleich lautende Prozessgrundrechte enthält, wie das GG, kann gegen Entscheidungen von Landesgerichten neben dem BVerfG ggf auch das Landesverfassungsgericht angerufen werden; zu den damit verbundenen Zuständigkeitsfragen s. Rn 647, 661 ff.

719 Das Gebot eines „fairen Verfahrens" gilt auch im **Verfassungsprozess**. In seiner Entscheidung vom 18.03.2003 über die Einstellung des NPD-Verbotsverfahrens hat das Bundesverfassungsgericht (BVerfG, 2 BvB 1/01, 2/01, 3/01 vom 18.03.2003, www.bverfg.de, in den Gründen vollständig abgedruckt in DVBl 2003, 593) aus der Unterwanderung der Parteispitze durch V-Leute des Verfassungsschutzes ein **absolutes Verfahrenshindernis** abgeleitet (aaO Absatz 73 ff), unter Bezugnahme auf die Rechtsprechung zum Strafprozess (BVerfGE 51, 324, 343 ff). – Dies war zwar nur die Ansicht einer Minderheit des 2. Senats, während die Mehrheit ein prozessuales Verwertungsverbot für ausreichend hielt – für Entscheidungen im Parteiverbotsverfahren ist jedoch eine Mehrheit von zwei Dritteln erforderlich, § 15 Abs. 4 Satz 1 BVerfGG.

Schrifttum zu II.: *Degenhart*, Gerichtsverfahren, in: HdBStR III, § 76; *ders.*, in: Sachs, GG, Art. 103; *Knemeyer*, Rechtliches Gehör im Gerichtsverfahren, in: HdBStR VI, 1989, § 155; *Niemöller/Schuppert*, Die Rechtsprechung des Bundesverfassungsgerichts zum Strafverfahrensrecht, AöR 107 (1982), 387; *Papier*, Justizgewähranspruch, in: HdBStR VI, 1989, § 153.

Schematische Übersicht: Gesetzgebungsverfahren

Verfahrensstadium: **Gesetzesinitiative**

Bundestag	Bundesregierung	Bundesrat
Gesetzesvorlage „aus der Mitte des Bundestags", Art. 76 I, § 76 GeschOBT	Beschluss über Gesetzesvorlage; diese an Bundesrat →	Erster Durchgang beim Bundesrat, Art. 76 II; mit Stellungnahme an: Bundestag Art. 76 II 2, 3
	Art. 76 II 4 (wenn eilbedürftig)	
	← Art. 76 III mit Stellungnahme weiter an: Bundestag, Art. 76 III	Beschluss über Gesetzesvorlage, diese an: Bundesregierung

Gesetzesvorlage zur Beschlussfassung im Bundestag

Verfahrensstadium: **Beschlussfassung im Bundestag**

Bundestag

Plenum: 1. Lesung → Ausschüsse: Beratung

Plenum: 2. und 3. Lesung ←

Schlussabstimmung: **Gesetzesbeschluss**,
Art. 77 I 1;
wird vom Bundestagspräsidenten weitergeleitet an:

Bundesrat

Verfahrensstadium: **Beteiligung des Bundesrats**

Verfahren unterschiedlich für Einspruchs- und Zustimmungsgesetze

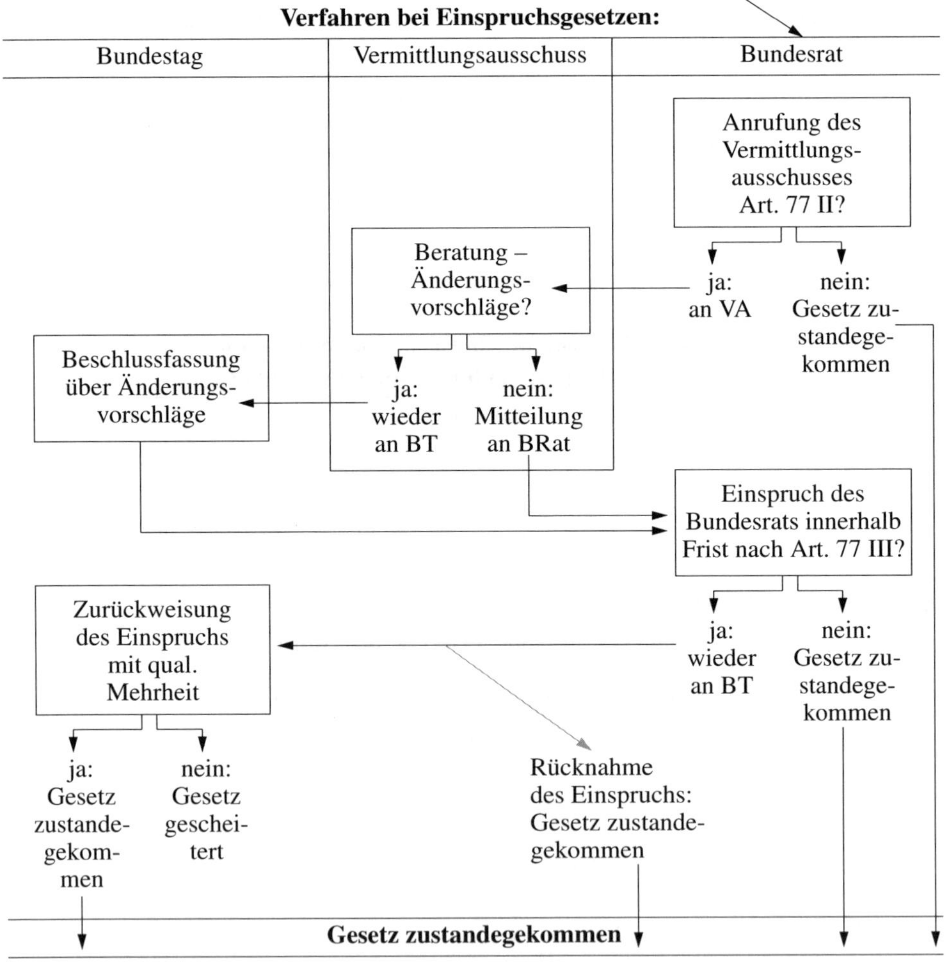

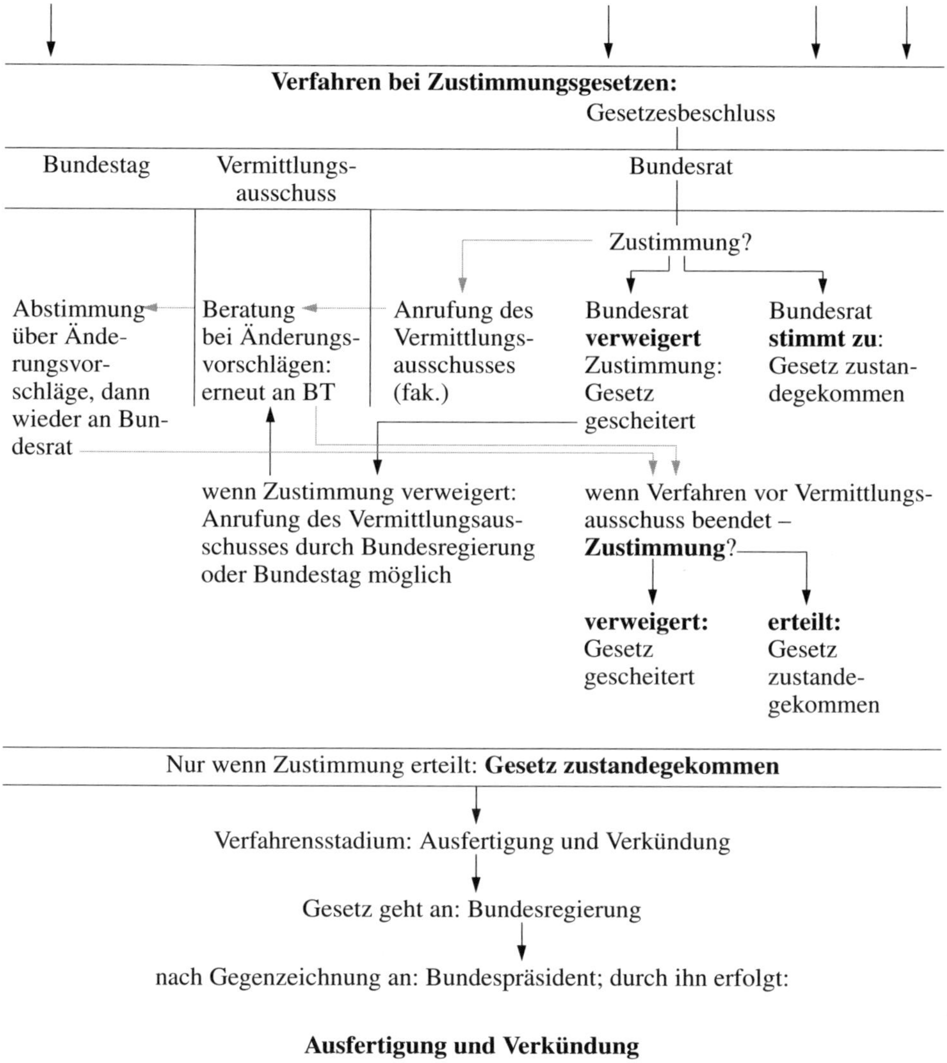
Verfahren bei Zustimmungsgesetzen:
Gesetzesbeschluss
Bundestag
Vermittlungs-ausschuss
Bundesrat
Zustimmung?
Abstimmung über Änderungsvorschläge, dann wieder an Bundesrat
Beratung bei Änderungsvorschlägen: erneut an BT
Anrufung des Vermittlungsausschusses (fak.)
Bundesrat **verweigert** Zustimmung: Gesetz gescheitert
Bundesrat **stimmt zu**: Gesetz zustandegekommen
wenn Zustimmung verweigert: Anrufung des Vermittlungsausschusses durch Bundesregierung oder Bundestag möglich
wenn Verfahren vor Vermittlungsausschuss beendet – **Zustimmung**?
verweigert: Gesetz gescheitert
erteilt: Gesetz zustandegekommen
Nur wenn Zustimmung erteilt: **Gesetz zustandegekommen**
Verfahrensstadium: Ausfertigung und Verkündung
Gesetz geht an: Bundesregierung
nach Gegenzeichnung an: Bundespräsident; durch ihn erfolgt:
Ausfertigung und Verkündung

Sachregister

Die Ziffern bezeichnen die Randnummern, halbfett gesetzte Ziffern die Hauptfundstellen. Für Besonderheiten des Landesverfassungsrechts ist unter den jeweiligen Bundesländern (Baden-Württemberg, Bayern usw) nachzuschlagen.